U0043727

中國通史

金兆豐著

中華書局印行

中國通史

目錄

卷一　總論

中世二

近世三

卷二　地形編

農政二

錢幣三

漕運四

卷四　職官編

官制一

卷五　刑法編

卷六　兵政編

兵制一

學校一

科舉二

卷八　外交編

文篇二

卷十　學說編

中國通史卷一

總編

敍言

歷史者，國家隆替分合之樞軸；制度文物，得藉之以資考鏡，而爲人類進化比較之學問也。然欲知隆替分合之由來，則不能不先就本國歷史研究之。歷史之範圍，各國學者觀察不同：德意志學者海爾漫洛旦氏，謂歷史上有五種之見解：曰智力，曰工業，曰美術，曰宗教，曰政治，此一說也；英吉利學者又大別之爲三：曰德義，曰智力，曰生產，此又一說也；要各就其本國之觀察而得也。玆研究本國之範圍，而亦得其五焉：（一）民族。原夫中土民族，自西而來，立國於黃河流域，號曰華夏，而東朝鮮，西回藏，及越南緬甸遺氓，猶勞面嚮內，而震先聖之聲靈者，皆華族也；餘則南苗、北胡、西羌而已。（二）地勢。古有大九州之稱，所包至遠，自炎漢而後，則由黃河流域而及於長江流域矣；自近百餘年，則由黃河長江流域擴而至於閩粵江流域矣。（三）國統。虞夏以前，爲官天下，夏禹以後，爲家天下，其間征誅雖擞局，而皐位繼承仍重血統。（四）學術。孔子之道，既集三代之大成，而亦爲百世所宗仰；後乎此，佛教輸入，國人之思想亦受其影響。（五）社會。古人有言曰，歷史本社會之傳記，吾國社會狀態，至爲複雜，而究其大概，則貴賤之階級太分，生計之程度日進而已。依其演進，區而畫之，大致可分爲三世：自三五而迄姬周，曰上古；自嬴秦而至隋唐，曰中古；自宋逮清，外交漸繁，事勢所趨，莫能相遏，是曰近世。茲擬以三世彙纂總編，復爲量事區類，舉地形、食貨、職官、刑法、兵政、選舉、外交、文字、學說，次爲分編。雖不敢謂已盡隆替分合之原，然提綱挈領，於歷朝政事之得失，與其風俗之隆汙，亦足少闚涯涘矣。輯總編。

上世一

第一章　三皇五帝事略

三五之說

夫開闢之事，荒渺難稽，通常言古史者，多以伏羲氏爲斷。渾沌既開，三皇繼起，天皇澹泊化俗，始制干支；地皇定三辰，分晝夜，制日月；至人皇氏，則相山川，分九區，淳風汾穆，主不虛王，臣不虛貴，君臣以定，政教以興，飲食男女以肇。當日者九皇、五龍、攝提、合雒、連通、敍命、八十六君，自是循蜚、因提、禪通、疏仡，皆有世次可紀。稽其所存，則矩靈揮五丁而反山川，竟開闢未竟之功；泰壹調鴻氣而正神明，盡陰陽不盡之變；辰放茹皮絢髮，民漸冠裳；有巢構木爲巢，害遠蟲豸；遂皇氏作，鑽木取火，烹飪利興，作結繩之政，立傳教之臺，交易起而人情以遂；女媧氏興，革亂補天，五常攸復，造通俗之笙，製一音之管，琴瑟調而情樂兼和。其他亦皆神靈制作，以前民用。然世遠年湮，說多茫昧不可考。宋牧仲、鄭樵，斷以太昊、炎帝、黃帝爲三皇，而以少昊、顓頊、帝嚳、堯舜爲五帝，其說較爲可信。

伏羲神農政績

伏羲一名少皞，風姓，都陳。（今河南淮陽縣）德合上下，日月象其明，龍馬河圖神其應。始畫八卦，教民佃漁畜牧，以龍紀官，造書契，擨干戈，文武咸備。又配干支，作甲子，以爲曆象之宗。正姓氏，制嫁娶，以正人倫之本。萬古文明，實始基之。帝崩，傳十五世，凡一千二百六十年。神農亦名炎帝，姜姓，都陳，遷曲阜。（今山東曲阜縣）樸重端慤，始藝五穀，制耒耜，嘗百草，作方書，以火紀官。其俗不忿爭而財足，無制令而民從，東至暘谷，西至三危，南至交趾，北至幽都，普天率土，喁喁如也。既崩，傳至八世，榆罔貧固，諸侯離叛，凡五百二十年而黃帝氏作。

黃帝以下世次

黃帝名軒轅，姓公孫，修德振兵，戰阪泉而榆罔降，戰涿鹿而蚩尤僇。以雲紀官；委任風后力牧常先大鴻大山稽而天下以治。乃攟前世制作之意，命容成作渾天，隸首定算數，倉頡制六書，握奇衍陣法，大撓置甲子，伶倫造律呂；復製弓矢鉦鞞，以建六師；立步制畝，以定井田；畫野分州，以營國邑；廣宮室，垂衣裳，興貨幣，制舟車，咨於岐伯，而作內經。其元妃西陵氏教民蠶桑，以治繭絲。先儒謂其世爲文明之漸，信然。帝崩，子少皞嗣業。

少皞金天氏，己姓，都曲阜，以鳥紀官。立磬鼓以通山川，作大淵而諧神人，及其衰也，九黎亂德。既崩，弟昌意子顓頊立，號高陽氏，姬姓，都帝邱，（今河北濮陽縣）以民事紀官。命南正重司天而鬼神治，命北正黎司地而綱紀明；革九黎之亂，作承雲之樂，以建寅之月爲歲首。其時五星會於營室，鳥獸萬彙莫不應和。既崩，少皞之孫帝嚳高辛氏立，都亳，（今河南偃師縣西）郁郁嶷嶷，修其身而天下服。惜闇於立嗣，使荒淫之摯，履至尊而制六合，九年而廢，其亦幸矣。帝嚳凡四子：元妃姜嫄生棄，次妃簡狄生契，各爲商周祖；三妃慶都生堯，四妃常儀生摯，諸侯廢之而尊堯。自黃帝至此已五世，凡三百五十三年。

帝堯政績

帝堯陶唐氏，都平陽。（今山西臨汾縣）土階茅茨，昭其儉；不虐不廢，昭其慈；始命羲和氏治曆象，置閏法。在位六十一載，洪水汎濫，使鯀治之，九載無功，復察共工有滔天之罪，舉虞舜於側陋之中，歷試之以爲賢，俾攝政。舜用鯀子禹治水，禹隨山刊木，先治河，始壺口，（山名山西吉縣西南）瀹濟自沇水，（卽濟源河南濟源縣王屋山出）導淮自桐柏，（山名河南桐柏縣）導江自岷山，（四川茂縣北）使北條之水入河濟，南條之水入江淮，並注於海，號爲四瀆。於時平章昭明，協和於變，所以康衢有謠而華封有祝也。在位百有一年而崩，天下不歸其子朱而歸舜，舜於是踐天子位。

帝舜政績

帝舜有虞氏，姚姓，都蒲坂，（山西永濟縣）以陶漁耕稼之夫，升聞在位。初代堯攝政，罪四凶，舉元、愷，賞罰大明，天下咸服。於是詢四岳，命九官，齊七政，輯五瑞，設旌陳鼓而言路開，藏金捐珠而儉德著；干羽兩階而有苗來格；簫韶九成而鳳凰來儀，地平天成，而庶績咸熙矣。其子商均不肖，在位三十有二載，命禹攝位，閱十七年，舜崩，禹踐天子位。自黃炎以降，神明之冑，駢武以登天位者，猶世承也。雖顓頊以昌意子而嗣金天，帝嚳以少昊孫而繼高陽，非盡守傳子之法，然傳流雲昆，獨保初旨。至堯以天下付舜，始開禪讓之局焉。虞夏雖亦禪讓，而舜與禹同爲顓頊之後，則連衍而接緒者，猶是軒轅之苗裔也。要之天命去留，即彼舍此之際，得人而遂授之，與者受者，兩無容心焉，蓋即聖人公天下之心也。

第二章　古代文化發生次序

游牧時期

上古穴居野處，小民生活，逐捕禽獸，茹者毛，飲者血，衣者皮革，第知有母而不知有父，此漁獵時代也。人類進化，第一期必使知養生之術，君民之道，莫大乎養，而教即行其中。庖廚之不充也，伏羲教以佃漁畜牧。男女之無別也，復制嫁娶，以儷皮爲禮，而民始不瀆。於是家室之制，隨之以立。

耕稼時期

室家既立，生齒日繁，僅資游牧，非所以爲養也；是以神農因天時，相地宜，斷木爲耜，揉木爲耒，闢草萊，設農官，藝五穀，黃河流域，川原平衍，土地肥饒，尤便於種植焉；農事大興，此耕稼之時代也。夫舍逸就勞，人事之進步也，視茹草木而食禽獸，其新機已啓矣。

制作時期

民既脫游牧，趨耕稼，生養之道漸備矣。然其時狉獉未化，人生皆不識不知，至黃帝氏而制作大啓。譬如登高由下，漸至於上；譬如行遠自邇，漸及乎遐，此進化之說也。而世物之變，更運會之遞易，亦莫不皆然。既至制作時代，自陰陽五行之宜，射御書數之術，窮天極地，殫形盡色，靡不具焉；誠生民以來一大觀已！雖然，其間有一事最關於歷史之光榮者，則戰勝外族是也。蚩尤以蠻夷大長，乘榆罔之衰，阻兵怙亂，作刀戟大弩，以暴虐天下。帝乃徵師諸侯，與戰於涿鹿之野。蚩尤作大霧，軍士昏迷，帝爲指南車以示四方，遂禽而僇之，是爲南北種族一大競爭，而華族之得以奠居黃河流域上，由此始也。

平成時期

由耕稼時代進而爲制作時代，使其間無梗而阻之者，則文明之進步，何可限量？乃洪水之禍，懷襄昏墊，是誠爲進化一大阻厄矣！及禹繼鯀而治，窮八年之力而後平之，四瀆修而民始宅土，號爲平成時代。論郅治者，舍唐虞莫屬。夫自天皇以無爲闢治，伏羲以一畫開天，炎黃二帝文明漸起，至是始啓執中之傳，闡精一之訓，而斯文大明，如日中天，一元文明之會，不在茲乎？

第三章　夏商周事略

禹啓建國之遠謨

夏禹，姒姓，顓頊孫，鯀子也。以邁種之德，始封夏伯，故曰伯禹。受舜禪，國號夏，天下宗之，故曰大禹。以金德王，都安邑，（山西安邑縣。）以建寅月爲歲首，改載曰歲，封丹朱於唐，商均於虞。立貢法，建學校，養耆老，定車制，作大夏樂，以五聲聽治。泣罪人，絕旨酒。會諸侯於塗山，承唐虞之盛，執玉帛者萬國。維時淮江之間，苗族雜處，禹平洪水，復率令征苗，苗衰，至是華族勢力侵及長江流域矣。禹崩，子啓象賢，家天下而嗣位，享諸侯於鈞臺。（河南禹縣）有扈（陝西鄠縣）不道，載主親征，人心敵愾；帝則增修於德，無勤兵於遠，卒之天用勦絕，則帝之奮發有爲可知也。天嗇其齡，享國不永，惜哉！一姓相承，家天下之局，遂自此而定。

夏祚之興絕

太康尸位，逸豫滅德，遊畋弗返，逆羿操戈，鬱陶於心，顏厚忸怩，蓋帝之自取爾。國既失，寄都陽夏，（河南太康縣）傳至仲康，猶能命胤侯而收既倒之兵權，征羲和而翦已成之羽翼；終帝之世，羿不敢逞，亦似有大過人者。子相嗣，逼於羿，徙商邱，（河南商邱縣）依斟灌，（山東壽光縣東北）斟尋氏，（山東濰縣東）征畎夷，（九夷之一）七歲來賓。八歲，羿臣寒浞殺羿。羿自鉏還窮石，因夏民以代夏政。迺天道好還，卒爲其下寒浞所殺，遂起師滅斟灌、斟尋以弒相。相后緡方娠，奔有仍，（山東濟寧縣）生少康。少康既長，自仍奔虞，（河南虞城縣）虞君妻以二姚，而邑諸綸，（虞城東南）有田一成，衆一旅，能布其德，而兆其謀，以收夏衆，撫其官職，委任遺臣靡，恢復禹績，揮戈於過而澆誅，揚鑣於戈而豷滅，元凶克殄，夏道復興。論者謂少康爲歷代中興冠，豈其然乎？

夏桀之滅亡

少康七傳至孔甲，淫亂而信鬼神，夏道始衰。又三傳至履癸，是稱曰桀，尤爲不道，寵有施氏女妹喜，爲瓊室、象廊、瑤臺、玉牀，又爲肉山、脯林、酒池，淫縱無度。愛民節用之規進，而龍逢見殺；鑿池苑宮之諫入，而終古奔商。時商湯德聞諸侯，桀惡之，囚之夏臺，既而得釋。湯以國人之苦桀也，會諸侯伐之。戰於鳴條；（在安邑縣）桀敗，走南巢，蓋至是而四百三十九歲之夏祉墟矣。

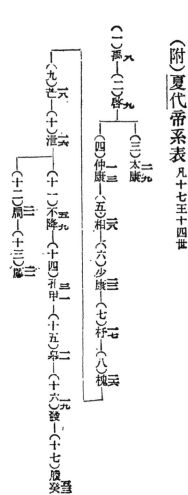

（附）夏代帝系表　凡十七王十四世

- （一）禹 八 —（二）啓 九
  - （三）太康 二九
  - （四）仲康 一三 —（五）相 二八 —（六）少康 三一 —（七）杼 一七 —（八）槐 二六 —（九）芒 一八 —（十）泄 一六
    - （十一）不降 五九 —（十四）孔甲 三一 —（十五）皋 一一 —（十六）發 一九 —（十七）履癸 五三
    - （十二）扃 二一 —（十三）廑 二一

商道之盛衰

商湯名履，先世曰契，子姓，封於商，（陝西商縣）自契至成湯八遷，湯始居亳。（湯即位都南亳後徙西亳）改建丑月爲歲首，歲曰祀，大誥諸侯，以伊尹仲虺爲相。立禹後及古聖賢之裔，封孤竹等國有差。制爵祿，立助法，建學校，制官刑。製風愆之訓，爲諸器之銘；鑄莊山之金，作大濩之樂，立六百祀之章程，開十六傳之統緒，上繼堯舜，下啓文武，夫豈有慙德也哉！湯崩，子太丁早卒，伊尹奉太丁子太甲即位，實爲太宗；習與性成，欲敗度，縱敗禮，尹放之於桐。（山西聞喜縣西南）三年，處仁遷義，復歸亳，益修厥德，諸侯咸服，百姓以寧。沃丁委任若單，尊崇伊訓，稱太平之治。太庚以弟繼兄，遂啓亂源。小甲雍己不能綱紀庶政，商道寖衰。中宗太戊以伊陟（伊尹子）臣扈巫咸爲相，大修成湯之政，此一中興也。仲丁亳都河決，爰遷於囂，自是而後，廢嫡階亂，諸弟爭立，禍延九世，外壬嗣服。至河亶甲而帝都再徙於相。祖乙復遷於耿，（山西河津縣有耿城）簡相巫賢，（巫咸子）諸侯賓服，天下太和，此亦一中興也。祖辛以來，爭於奢侈，沃甲、祖丁、南庚三世，爭奪相尋。陽甲崇侈宮室，民居墊隘，諸侯不朝，商道復衰。至盤庚，苦河患，累徙都，至是南居亳，改國號殷；行湯之政，殷邦嘉靖，此又一中興也。小辛小乙，再世不競。武丁相甘盤，舉傅說，朝重譯，克鬼方，此又一中興也。蓋商道於是四衰四振矣。既武乙都朝歌，（河南淇縣）最後有紂辛之無道。

殷紂之滅亡

紂之亡國也，事與桀相類；桀寵妺喜，而紂嬖妲己；桀為瓊室、瑤臺，而紂則瓊其室而玉其門；桀為肉山、脯林、酒池，而紂則池其酒而林其肉；桀殺關龍逄，而紂殺比干；桀囚湯於夏臺，而紂則囚文王於羑里。（河南湯陰縣）至斮朝涉之脛，作炮烙之刑，剝喪元良，刳剔孕婦，鹿臺貫朽，鉅橋粟紅，自絕於天，結怨於民，則罪浮於桀矣。故岐山之師一興，孟津之會旋合，白旄黃鉞，向闕稱戈；血浸朝歌，身作燬燼，蓋至是而六百四十四年之殷社墟矣。

（附）商代帝系表 凡二十八王十六世

（一）湯 一三 —（二）太甲 三三
（二）太甲 →（三）沃丁 二九；（四）太庚 二五
（四）太庚 →（五）小甲 一七；（六）雍己 一二

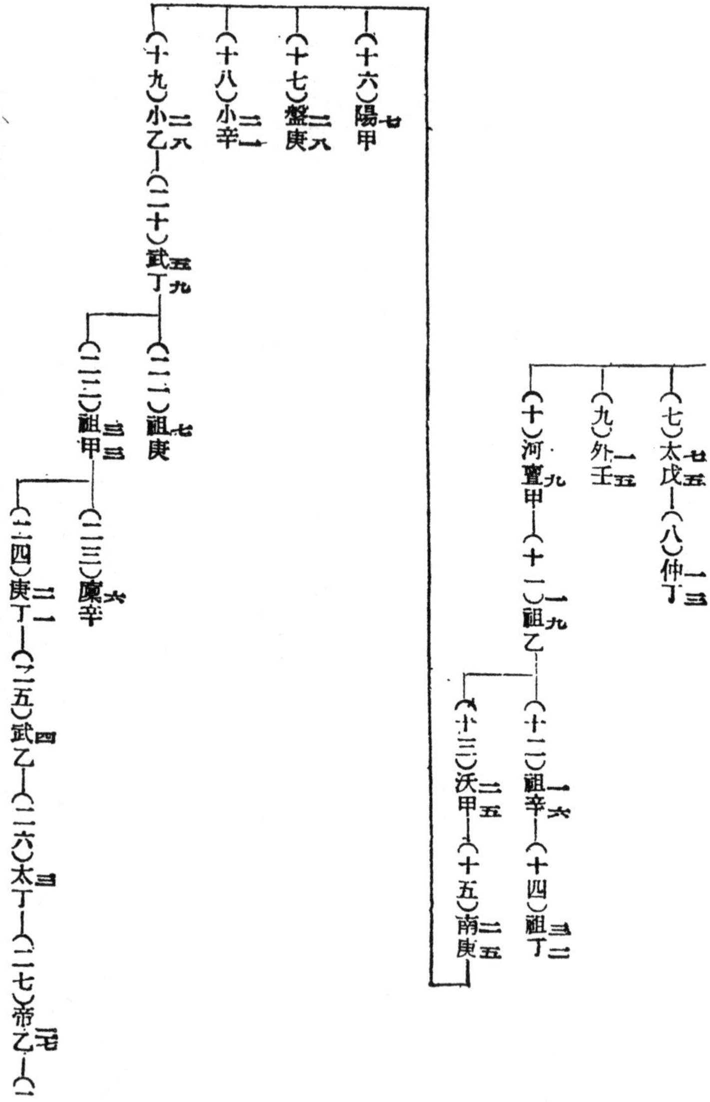

西周之世

周自姜嫄履跡生棄，號曰后稷，姬姓，封有邰。（陝西武功縣西南）教民稼穡，俾民不飢。子不窋失官，自竄於戎翟之間孫鞠陶，生公劉，能修后稷之業，遷國於豳，遂成沃壤。十三傳至亶父，再徙岐，國號周。終南雍隴之區，王氣所鍾，拔木通道，民如歸市，肇基王迹，實始翦商，誠非誣也。紂之亂，西伯昌伐崇，（崇國陝西鄠縣地）子發，克商有天下，遷鎬，（陝西長安縣西）是爲文王、武王。武王大封建諸侯於天下，追王太王、王季、文王，遂定謚法，以建子月爲歲首，改祀曰年，立徹法，受丹書之戒，作銘自警。訪道於箕子，作大武樂。雖其「反之」之聖，或亞「生」「安」，然拜尙父而受書，師箕子而訪範，虎賁綴衣，時加警惕，戶牖几杖，皆有銘箴，則武王之所以爲武者，豈偶然哉？及崩，成王（名誦）襁褓，不能莅祚，周公（名旦）負扆委裘，制禮作樂。管蔡流言，挾紂子武庚叛，公討平之。乃作立政，遷殷民於洛邑，蒐於岐陽，因盟諸侯，復營東都。（河南洛陽縣西）自陝以東，周公主之，陝以西，召公主之，周召夾輔，王業大隆。康王即位，（名釗）徧告諸侯，申明文武之業，朝諸侯於酆宮。史稱成康之際，天下太平，四十餘年，刑措不用，信哉！昭王（名瑕）舟膠楚澤，周道陵夷。穆王（名滿）西巡，徐戎僭叛，迄於夷王，（名燮）下堂見諸侯，而周始衰。厲王（名胡）繼之，淮寇陸梁，民亦勞止矣；顧不思惠綏之道，而乃縱詭隨，致憯怒，挾百倍之欲，畜榮夷以竭民財；恃三尺之威，置衞巫以防民口。民之怨者，道路以目，卒至赤子弄兵，出居於彘。（山西霍縣）孔子云：我觀周道，幽、厲傷之，豈不悲歟！宣王（名靖）崛起，周召協和理政，號曰共和，內修政事，外伐四夷：命秦仲征西戎，命南仲伐玁狁，（北狄）命方叔討荊蠻，命召虎平淮夷；車駕親征徐戎，繇是文武之政，燦然復興，諸侯宗周，會於東都，誠可謂中興之主矣。乃勵志初年，墜志晚節，君子惜之。子幽王（名涅）立，寵褒姒，廢適立庶，申侯以犬戎入寇，遂弒王驪山下。（陝西臨潼縣）周室自此東遷。

東周之世

自東遷以前，爲成康，爲文武，自東遷以後，則爲春秋、戰國，此誠一消長升降之交會也。平王畏戎遠避，遷都洛邑，豐鎬千里，宗社蕩然。當是時，秦作鄜時，而僭端已著；魯請郊禘，而王命已違；周鄭交惡，起師入寇，繻葛（卽長葛）一戰，王師敗績；自是而政教號令，不行於天下，此二百四十年春秋所繇託始歟。桓王（名林）助沃逐翼，乾綱不振；晚年以王子克屬周公黑肩，而惑辛伯亂本之諫，致使莊王（名佗）嗣立，黑肩隱不軌之謀，辛伯討亂，周室賴以不搖，亦云幸矣。奈何桓王已誤，莊王再誤，嬖王姚，寵子頹，復尋覆轍，以開大衅也！在位五年，僅亦守府而已。況又荆蠻南狄橫北，戎介河山之間，賴齊桓尊周攘夷，申罪召陵而荆懾，陳師聶北而戎弭，其翊戴之功，誠有足多者。然以王位相爭，至惠王（名閬）有子頹之亂，襄王（名鄭）有子帶之亂，敬王（名匄）有子朝之亂，皆以母弟起兵奪國。頹之亂，惠王假鄭、虢之援，誅頹復位，卒以虎牢（河南汜水縣）畀鄭，酒泉（今陝西大荔縣）畀虢，時齊雖爲霸主，莫能救也。至子帶亂作，晉文方謀稱霸，乃以右師圍溫，左師逆王，討平王室，被賜陽樊、溫、原、欑茅之田，晉始啓南陽。（河南沁陽縣）然以兩次內亂，而黃河緣岸腴險之區，割棄殆半。其後敬王爲子朝所偪，狄泉姑蕕，奔走不暇，賴晉之力，逐子朝而都成周，（今洛陽縣東）自是天下大勢，遂入於戰國，而天子拱手而已。至考王（名嵬）以王城故地封弟揭於河南，（卽東都洛邑）號西周桓公，桓公之裔，別封於鞏，（河南鞏縣）號東周惠公，是爲東西二周，此固不在王數。威烈繼位，九鼎震動，天示災異，紫陽綱目所爲託始於此也。七傳而至赧王（名延）微弱已甚，東西二周，分制周事，時有西周武公與赧王奔秦獻地，後二年，秦遷東西二周而滅之，而八百六十七年，蒼姬之數盡矣。周自武王受命，歷二百七十年有彘之變，宣王中興，至於戎難，又七十年，而周轍東。東周當平王之四十九年，入於春秋，於是爲春秋時代者二百四十二年爲戰國時代者二百三十年，而爲秦所滅。

(附)周代帝系表 凡三十七王三十三世

- (一)武王 六 —(二)成王 三七 —(三)康王 二六 —(四)昭王 二五 —(五)穆王 五五
  - (六)共王 一二 —(七)懿王 二五 —(九)夷王 一六 —(十)厲王 五一 —(十一)宣王 四六
  - (八)孝王 一五
- (十二)幽王 一一 —(十三)平王 五一 （太子洩父）—(十四)桓王 二三 —(十五)莊王 一五 —(十六)僖王 五 —(十七)惠王 二五 —(十八)襄王 三三 —(十九)頃王 六
  - (二十)匡王 六
  - (二一)定王 二一 —(二二)簡王 一四 —(二三)靈王 二七 —(二四)景王 二五
    - (二五)悼王 不踰年
    - (二六)敬王 四八 —(二七)元王 七 —(二八)貞定王 二八
      - (二九)哀王 不踰年
      - (三十)思王 不踰年
      - (三一)考王 一五 —(三二)威烈王 二四 —(三三)安王 二六
        - (三四)烈王 七
        - (三五)顯王 四八 —(三六)愼靚王 六 —(三七)赧王 五九

第四章　春秋分併事略

春秋十四國之盛衰

禹會諸侯於塗山，玉帛萬國；至湯受命而三千，至周而千八百；沿及春秋之初，尚有一千二百國。訖獲麟之末，二百四十二年，弒君三十六，亡國五十二，其餘奔走不保社稷者，不可勝數，見於春秋經傳者百有七十國焉，百三十九知其所居，三十一盡亡，其處蠻夷戎狄，不在其間。茲將同異姓諸侯，可考者十有四，分述左方：

同姓諸侯之盛衰

（一）曰魯，公國，都曲阜。（山東曲阜縣）爲魯所滅者九國：極、（山東魚臺縣）向、（今山東莒縣）郜、（今山東濟寧縣）鄅、（今山東臨沂縣）須句、（今山東東平縣）鄟、（今山東郯城縣）鄫、（今山東嶧縣）顓臾、（故城在今山東費縣西北七十里）根牟（今山東沂水縣）是也。戰國時爲楚所覆。

（二）曰衞，侯國，都朝歌。（今河南洪縣）爲衞所滅者三國：共、（今河南輝縣）邶、（今河南湯陰縣東南一說在今洪縣）鄘（今河南新鄉縣）是也。至秦二世始絕。

（三）曰晉，侯國，都唐，（今山西太原縣北）累徙新田。（今山西曲沃縣西南）爲晉所滅者，二十有九國：沈、姒、蓐、黃、（以上並在山西境）韓、（今陝西韓城縣西南十八里）魏、（今山西芮城縣東北）虞、（今山西平陸縣東北六十里）西虢、（河南陝縣）樊、（今河南濟源縣）原、（同上）溫、（今河南溫縣）梁、（今陝西韓城縣）賈、（今陝西蒲城縣西南）冀、（今山西河津縣）荀、（今山西臨晉縣）霍、（今山西霍縣）楊、（今山西洪洞縣）焦、（今河南陝縣）滑、（今河南偃師縣）彭衙、（今陝西白水縣）邢、（今河北邢臺縣）潞、（今山西長治縣）留吁、（今山西屯留縣）鐸辰、（長治縣）甲氏、（今河北雞澤縣）肥、（今河北藁城縣）鼓、（今河北晉縣）陸渾、（今河南嵩縣）無終（山西東境）是也。後爲韓、趙、魏三家所分。

(四)曰鄭，伯國，都新鄭，（河南新鄭縣，桓公始封在今陝西華縣，後徙此）爲鄭所滅者四國：東虢（今河南汜水縣）、檜（今河南密縣）、管（今河南鄭縣）、許（今河南許昌縣）是也。入戰國，爲韓所覆。

(五)曰曹，伯國，都陶邱。（今山東定陶縣）春秋役於晉，入戰國，爲宋滅。

(六)曰蔡，侯國，都蔡。（今河南上蔡縣）春秋時，先後爲吳楚附庸，累徙都，入戰國，爲楚滅。

(七)曰吳，子國，都梅里，（今江蘇無錫縣東）後徙吳。（今江蘇吳縣治）爲吳所滅者五國：州來（今安徽壽縣）、鍾離（今安徽鳳陽縣）、巢（今安徽巢縣）、徐（今安徽泗縣）、鍾吾（今江蘇宿遷縣）是也。越起，遂覆其國。

異姓諸侯之盛衰

(一)曰齊，姜姓，侯國，都營邱，（今山東昌樂縣東南）累徙臨淄。（今山東臨淄縣）爲齊所滅者九國：陽（今山東沂水縣）、祝（山東長清縣）、紀（山東壽光縣）、宿（今山東東平縣）、譚（今山東歷城縣）、遂（今山東寧陽縣）、介（今山東膠縣）、牟（今山東萊蕪縣）、萊（山東蓬萊掖縣等地）是也。後爲田氏所簒。

(二)曰宋，子姓，公國，都商邱。（今河南商邱縣）爲宋所滅者六國：杞（今河南杞縣）、戴（今河南考城縣東南五里）、蕭（今江蘇蕭縣）、彭城（今江蘇銅山縣）、偪陽（今山東嶧縣）、曹（今山東菏澤縣）是也。入戰國，爲齊所覆。

(三)曰陳，媯姓，侯國，都宛邱。（今河南淮陽縣）役於楚，爲楚滅。

(四)曰許，姜姓，男國，都許，（今河南許昌縣）累遷徙，役於鄭，爲鄭滅。

(五)曰秦，嬴姓，初爲附庸，東周時始列諸侯。伯國，都汧，（今陝西隴縣南）累徙雍。（今陝西鳳翔縣西）爲秦所滅者七國：杜（今陝西長安縣）、鄭（今陝西華縣）、小虢（今陝西寶雞縣）、芮（今陝西大荔縣）、驪戎（今陝西臨潼縣）、邽（今甘肅天水縣西北）、西戎（今甘肅東境）是也。終春秋世，不得志於中國；入戰國，國力始厚。

（六）曰楚，羋姓，子國，都丹陽。今湖北秭歸縣東南為楚所滅者，四十有三國：鄀、今湖北宜城縣羅、同上穀、今湖北穀城縣鄖、今湖北鍾祥縣貳、今湖北應山縣軫、今湖北應城縣絞、今湖北鄖縣州、今湖北監利縣蓼、今河南沘源縣南九十里那、今湖北荊門縣息、今河南息縣申、今河南南陽縣呂、同上鄧、今河南鄧縣夔、今湖北秭歸縣鄾、今湖北襄陽縣權、今湖北當陽縣弦、今湖北蘄春縣黃、今河南潢川縣鄀、今湖北宜城縣項、今河南項城縣英、今安徽六安縣六、同上蓼、今安徽霍邱縣宗、今安徽合肥縣麇、今湖北鄖縣庸、今湖北竹山縣道、今河南確山縣柏、今河南西平縣西有柏亭故柏子國房、今河南遂平縣沈、今河南汝南縣蔣、今河南固始縣潁、今河南息縣舒蓼、今安徽舒城縣舒庸、同上舒鳩、同上唐、今湖北隨縣不羹、今河南襄城縣頓、今河南商水縣胡、今安徽阜陽縣陳、今河南淮陽縣盧戎、今湖北南漳縣戎蠻今河南臨汝縣是也。自吳興，破楚入郢，賴秦人救之，昭王始復國；然其後終敗於秦。

（七）曰越，姒姓，子國，都會稽。今浙江紹興縣至允常稱王，始見於春秋，後為夫差所敗；勾踐報之，卒以沼吳。入戰國，滅於楚。

霸業之終始

春秋二百四十年間，列國最著者十四；然矯激奮起，實惟鄭、齊、晉、秦、楚、吳、越七國。繻葛一役，為春秋之大變。鄭於周室，最親密，邇畿甸，正宜帥先諸侯，以奉王命；迺因王畀虢公政，遽興師入寇，又拒王逆戰，無君之罪著矣。嗣是中原諸侯，數興征伐，當是時，楚文王武王蓄意北略，漢上諸姬，薦食殆盡。齊桓創霸，會師伐楚，仗義執言，楚人懾服，衣裳會九，兵車會四，天下咸知尊周而攘夷。宋襄不足言霸。繼此而起者，惟有晉文。踐土之盟，赫然震其功，以張赤縣幟。襄公承業，再戰破秦，晉之勢力，亦云盛已。然葵邱束牲，而小白求三脊之茅；城濮館穀，而重耳爲隧道之請，王靈不振，具贅卒荒。楚莊之霸，觀兵周疆，問鼎輕重，敗晉於泌，楚勢復振。晉用申公巫臣之策，繇此通吳制楚，悼公繼霸，三駕而楚不敢爭，是以天下大勢，不在晉則在楚。晉楚衰而吳越起。夫差敗越夫椒，吳於是用兵齊魯，會晉黃池，而晉不敢與爭盟長；吳猶恐齊宋害己，使公孫駱告勞於王。黃池之會未終，而越已入吳，以兵渡淮，會諸侯於徐州，而亦致貢於王，號令齊楚秦晉，皆輔周室，誠不愧霸王哉！要之未有霸以前，鄭最跋扈，諸侯相制，權不下移；既有霸以後，霸者僅以虛名奉之，而公然攫取大權以去，此前後霸國代興之略也。自是而後，春秋變而爲戰國矣。

第五章　戰國分併事略

戰國七雄之盛衰

周自西轍轉東，王迹掃地，威烈之際，泯棼尤甚，三晉强梁，弁髦其君，瓜分其國，而九鼎大震。司馬光以命三家爲諸侯，歸咎於天子之壞禮，而紫陽作綱目，亦託始於此，以見壞法亂紀所自繇。是時田氏代齊，燕起河北，與西南秦楚號爲七雄，虎攫狼呑，未聞有西歸以受好音者，而宇內封邦，亦自此無能幸存矣。茲分述於下：

（一）曰趙，都晉陽，（山西太原縣）臯徙邯鄲，（今河北邯鄲縣）蘇厲所謂萬乘之彊國也。初，晉有六卿：范氏、智氏、中行氏與韓、趙、魏，並擅國政。厥後范氏中行氏亡，并六爲四，而智氏獨彊，且率韓魏以攻趙晉陽，被圍，智氏益驕縱。韓魏懼禍及己，潛與趙共圖智伯，三家分晉自此始。時洛陽蘇秦倡六國合從之說，趙實主謀，以蘇秦爲從約長，合討虎狼之秦。傳至武靈王父子，秦屢挫而趙稱極盛焉。乃自白起坑降卒四十萬，國勢漸衰，然以廉頗李牧在，秦尙忌之，未敢動也。至斥廉頗，誅李牧，王遷被虜，代王嗣立四年，爲秦所滅。六國唯趙戰秦最力，亦最利，惜趙竟先魏而亡。

（二）曰魏，都安邑，後徙大梁。（河南開封縣）地方千里，衛鞅所謂魏居嶺阸之西，獨擅山東之利者也。自桓子滅智氏，子斯立，以魏成爲相，吳起爲將，卜子夏田子方段干木爲師。克中山，（河北定縣）拒秦韓，河山以東諸國，聲勢無如魏者。是以蘇秦爲諸侯謀，必首存魏；衛鞅爲秦謀，必先削魏。乃秦用鞅言，銳意經營，頻年克敵，魏乃力斂於所爭，勢詘於所守，幾不可以歲月支。幸有信陵飛仁揚義，日夜謀所以救趙弱秦，果能始終倚仗之，安見不可用寡而捍彊？乃秦行萬金爲間，魏果疏而不用，韓趙既亡，秦起兵引河溝以灌大梁，卒爲秦所滅。

（三）曰韓，都陽翟。（今河南禹縣）地方千里，范雎所謂天下之樞也。康子之子武子虔既列於諸侯，併鄭而有國，徙都之。至昭侯，用申不害爲相，內修政治，外應諸侯，天下稱爲彊國。後屢蹙於秦，勢益弱，至王安時國亡；蓋秦滅六國，韓最先也。

（四）曰齊，田氏自春秋之末，專擅國政，四傳至田和，季年始列爲諸侯。迨威王，任孫臏爲將，再戰破魏。繼此而宣王勝燕，湣王滅宋，遂稱西帝，而致東帝於秦。秦東諸侯勢力與秦相頡頏者，惟齊也。逮燕師入臨淄，湣王被殺，而其地盡沒。子襄王保東境之莒城凡四年，田單襲破燕軍，逐北至河上，齊七十餘城皆復。後秦日夜攻三晉、燕、楚，五國各自救；齊王建立四十四年，得免兵禍，亦云幸矣。及后勝相齊，與賓客多受秦閒金，勸王朝秦，不修戰備，不助五國攻秦，使秦得滅五國。然五國盡滅，而齊亦隨之；第較五國為最後耳。

（五）曰燕，都薊。（河北薊縣）春秋末見經傳，至戰國始大，地方二千里。燕王噲讓國於其相子之，而國大亂。昭王立，弔死問孤，卑禮招賢，為郭隗築宮以師事之。於是樂毅自魏往，劇辛自趙往；王任毅為上將，以秦、魏、韓、趙之師伐齊，入臨淄，齊君地出走，收七十餘城，獨莒與卽墨兩城未下。昭王薨，齊田單縱反間，燕使騎劫代毅，乃大破燕軍。其時燕齊劇戰，國力俱疲，而秦益得志矣。趙之亡也，燕太子丹使荊軻刺秦王，不中；秦擊破燕，燕王喜走遼東，越三年，國遂亡。

（六）曰楚，六國唯楚為最大，陳、蔡、吳、越、魯地並入於楚，地方五千里。乃懷王昏愚，受秦紿，離齊交，卒為秦所敗。旋與秦會武關，（陝西商縣）被執死焉。其時秦已得巴蜀，制楚上游，未幾，秦拔郢，（湖北江陵縣）燒夷陵，（宜昌縣）頃襄王徙都陳以避之，最後徙壽春。（安徽壽縣）秦日偪，而楚益東，負芻立三年，猶能走李信，入兩壁，殺六都尉。六國之亡，唯楚獨稱健者。楚自熊繹始封，至是凡四十一傳，為秦所滅，國亡。

（七）曰秦，當安王時，河山以東彊國六，淮泗之間小國十餘，楚魏與秦接壤，皆以夷翟遇之，不得與於會盟之列。至秦獻公屢敗三晉，斬首六萬，國勢漸振。子渠梁立，（卽孝公）用衞鞅為左庶長，變法令，徙都咸陽，（今陝西咸陽縣）東伐魏，魏獻河西地，（陝西膚施等縣地）秦於是始彊大。惠王任張儀，更東略魏地，擁有函谷之固，南收巴蜀，開秦富饒，田肯謂秦形勝之國，帶河阻山，縣隔千里，持戟百萬，秦得百二焉。而復以兵力脅制諸侯，破縱為衡，秦力益厚，而諸侯始困。至昭襄王時，范睢說以遠交近攻之策，於是白起伐楚，舉郢，拔韓野王，（河南沁陽縣）攻趙上黨，坑軍長平，而遙與燕齊相結。自此頻歲用兵，以暴露百姓之軍於中原。逮始皇，陰縱反間，離其君臣，再遣良將隨其後，不數年卒併天下。

秦之變法及縱橫之大勢

戰國之大勢在秦，諸侯亦唯秦是懼；及孝公發憤修政，而衞鞅以刑名佐之，乃定變法之令：令民什伍而相收司連坐，告姦者與斬敵首同賞，匿姦者與降敵同罰；民二男以上不分異者，倍其賦；有軍功者受爵；有私鬭者被刑；耕織致粟帛多者，復其身；事末利及怠而貧者，收其孥；宗室非有軍功，不得爲屬籍；明尊卑爵秩，有功者顯榮，無功者雖富無所芬華。令既具，未布，恐民之不信，乃立三丈之木於國都南門，募民能徙置北門者，予五十金。令行期年，倶言新令不便，會太子犯法，鞅曰：『法之不行，自上犯之，太子不可刑，』乃刑其師傅。明日，秦人皆趨令。行之十年，國大治。秦民初言令不便者，有來言令便，鞅曰：『此亂化之民也，』盡遷之於邊。其後民莫敢議令。未幾，田開阡陌而使富，勇戰怯鬭而使彊，肴函虎視，遂與諸彊國角，而獨踞其巔。當其時，山之西山之東，談士雲起，狙詐如星儀秦，掉電光之舌，以簧鼓天下，今日說合從，則欲倚衆以擯孤秦；明日說連衡，則欲拱袂而臣六國。而齊孟嘗、趙平原、魏信陵、楚春申，又皆養猛將，禮謀臣，夙夜以弱秦爲亟務，宜可以得志矣。況乎秦之兵，不如三晉之多也；秦之德義，不如魯衞之盛也；秦人用民之力，不如山東諸侯之甚也；且秦未有愛民之君，山東列國，又未必無賢君令辟也。向使六國之君，申盟締好，一唱五從，如常山之蛇，首動尾應，吾恐秦雖彊暴，食之亦未必下咽。奈何諸國不悟，而韓魏二君，捐廉棄恥，反哫訾粟斯、喔咿嚅唲以事之，而秦猶狡謀深計，萬方以求達所欲而不已也。大梁人尉繚說秦王曰：『以秦之强，諸侯如郡縣，但恐諸侯合從翕而出，願大王毋愛財物，賂其豪臣，以亂其謀，不過亡三十萬金，則諸侯可盡。』而秦王獨能用繚之策，交晉鄙之客，以死信陵；結郭開之懽，以殺李牧；援引彊齊之大臣，與其士大夫，寂然不折一矢，不絕一弦，倉卒舉泱泱表海二千餘里之地。秦人誠善於用賂哉！此其尤大彰明較著者也。綜計秦之兼幷，先滅韓，次滅趙、魏，次之楚，次之燕，次之齊，而六國爲一。而其大略，在先收韓以脅趙、魏，陰驅韓、魏以攻齊、楚；因而鬬齊楚，離三晉，諸國恐懼，交散援絕，然後威脅而智取之。故天下皆動而秦獨靜，天下皆勞而秦獨逸，天下皆亂而秦獨治，夫豈一朝一夕之故哉！蓋其所由來者漸矣！

第六章　東遷以還文化之變遷

自春秋訖戰國，上以結上古史之局，下以啓中古史之機，蓋因諸國競爭之趨勢，未能拘拘於故常，窮通久變，理有固然，文化之宣發，亦人羣進化之公例也。茲約舉變革之大概如左：

族制之變

三代之制無世官，自入春秋以來，諸侯世其國，卿大夫亦世其家；一國政權，操自公族，故白衣無繇致搢紳之列。自商鞅變法，受爵止限軍功；逮楚材晉用，獎厲不專本國，族制既破，客卿在位矣。戰國時，蘇秦挾雄辯爲天下始，於是張儀、陳軫、樓緩、蘇厲、蘇代之輩，接踵羣起，各是其謀，以爭相雄長，故縱橫家者，古法家、兵家之勁敵，而亦鄭清社會階級之前鋒也。

學術之變

古時但有六經：易、書、詩、禮、樂、春秋，（次序依漢書藝文志）皆三代治化之所聚，實爲有史以來第一大觀。掌其事者曰史祝，有官斯有法，故法具於官；有法斯有書，故官守其書；是以有官學無私學。自老聃爲柱下守藏史，始發明新說，孔子至遂全發六經，俾縱觀之。龔自珍曰：『孔子未生以前，天下有六經久矣。』孔子晚年，知道終不行，退而刪訂六經，以游夏分任編輯，閱三載而其書告成。以視六經所存，不及十一，而儒道之派由此別。厥後墨子又師孔子，一主親親，一主兼愛；於是儒道二家外，復有墨家，其勢力均足傾倒一世。周秦諸子，亦遂本其所心得，著書立言，別樹一幟。於是儒道墨三大家外，又有陰陽、名、法、縱橫、兵、農諸家，枝條蔓衍，分爲九流，其文章之浩漫瑰瑋，亦自可驚而可喜，此學術極盛之時代也。

政治之變

三代法制，詳於王制，周官至美備也。入於春秋，齊有軌里連鄉，魯有邱甲田賦，楚建令尹，鄭鑄刑書，舊時遺制，蕩焉以盡。史稱衛鞅爲秦作咸陽，築冀闕，秦徙都之，并諸小鄉聚集爲大縣，田開阡陌，東地渡洛，初爲賦，於是古封建井田之制大變。夫封建，非求其捍衛於諸侯也，因民之所歸，與天下共之，故天子卽易姓，而諸侯不易封。井田，非以官有其田而授之於民也，以民有其田而任之於官。馬氏曰：『秦廢封建，而始以天下奉一人矣；廢井田，而始捐田產以予百姓矣。秦於其所當與者取之，所當取者與之。』竊謂馬氏論封建則是，論井田則非井田者，乃以田公諸民者也，私之，自鞅之開阡陌始。至秦與六國之設官，文以卿相，武以將軍，郡縣以守令，殆無一與古合。要其平貴族之階級，開君主之政體，皆以此爲權輿者也。

戰術之變

自古立國於大河流域，川原平衍，軌轍縱橫，其習慣利於車戰。春秋之世，唯戎狄山谷之民，軍行以徒，而吳越澤國，利用舟師，然猶各不相謀也。晉申公巫臣以兩之一卒適吳，教吳戰陣射御，於是江海立國者，始兼有中原民族陸戰之利。晉荀吳毀車崇卒，敗狄太原，於是中原立國者，始習有山谷民族徒戰之能。至吳徐承自海率舟師入齊，趙武靈王胡服騎射，則水師由江而海，陸戰由步而騎，戰術乃日進而有功矣。孫吳崛起，論軍事奇正，自成專學，讀漢書藝文志，自孫吳以下，凡五十三家，大率皆奇制用以立攻守之勝。我聞其言曰，以正守國，以奇用兵。夫兵以奇用，斯天下苦兵矣，然兵愈用而戰術亦愈精，斯亦自然之趨勢歟。

中世二

第一章　秦室興亡事略

秦之一統

無道秦起圉隸之徒，驅走之夫，竊附庸之封，效畜牧微勞，非有明堂彝鼎之勳，因緣盛遇，幸國家多故，據地數十里，地小而近戎，與戎族雜居，然世以滋大，傳其國數百年，遂繼周而有天下。

秦王政二十六年，既并六國，自以功過三皇，德兼五帝，乃除謚法，以世次自號始皇帝。夫自伏羲以訖商季，天子皆以名稱，生既無諱，死亦無謚，至公也。乃以懼世之訾議而除之，則雖公亦私，至稱皇稱帝，則又私之尤私者。廢封建，銷兵器，一法度、衡石、丈尺，集權中央。自以爲天下既定，攻伐之事息，乃慕古封禪，遣徐市入海求神仙，使蒙恬發卒三十萬，因地形險塞，築長城萬餘里。而恬復爲除直道，道九原，抵雲陽，塹山堙谷，凡千八百里，數年不能就。越既平矣，而以謫徙民五千萬戍五嶺，與越民雜處。又作阿房之宮，隱宮徒刑者七十萬人，下民積怨怒，無所控愬，側目重足，人不樂生，此天下大亂之兆也。徐市其先幾邪？知亂之將至而避之，有所託以行其說也。又從李斯議，燒詩書百家語，以愚黔首。會盧生侯生議始皇，始皇怒，坑殺諸生四百六十餘人。長子扶蘇諫，使出監蒙恬軍，非怒而欲廢之也，特愛之而欲鍊其才，試其術耳。始皇愛胡亥，而使從趙高受法，始皇愛扶蘇，而使從蒙恬治軍；法與軍，皆殺人之具也，故置之殺人之地，以習此殺人之事，而漸動其殺人之心耳。逮焚書令下，坑儒獄起，人謂始皇愚，吾謂始皇智，惜其智乃近於私。彼爲愚民之計，而不欲愚其子孫，故盡藏其書於祕府，而令其子孫私之，以爲如是，始可以制天下。博士官所職者，書也，以天下之書私之天子，而令博士習之，天子以博士爲師，而天下以吏爲師，於是天下皆愚，一人獨智，以一智天子，制千萬億兆之愚夫，其不服從於其下者尠矣。智哉始皇帝也！晚歲東巡，崩於沙邱，河北平鄉縣 高與斯矯詔死扶蘇，奉少子胡亥即位，是爲二世皇帝。

六國復興

祖龍既死，胡亥襲尊，趙高用事，作爲苛法，殺諸王大臣，益興擧無藝。坐未及煖，而廣勝之徒，斬木揭竿，譊號而起，望屋而食，橫行天下。野無交兵，縣無守城，而先人蒙雪霜、冒矢石、寸攘尺取之地，復喪而爲諸國。

楚王陳勝（勝自立爲楚王以吳廣爲假王擊滎陽復以周文爲將軍西擊秦並分遣諸將北徇趙魏）

齊王田儋（周市略地至齊儋擊走之自立爲王）

魏王咎（周市受勝命徇魏迎魏公子咎立之）

燕王韓廣（廣受武臣命略燕豪杰立以爲王）

趙王武臣（初受勝命徇趙自立爲趙王尋爲下所殺求趙後趙歇立之）

會稽守項梁（起兵於吳兄子籍爲裨將）

沛公劉邦（起兵於沛立爲沛公）

劉項亡秦

楚將周文，既鼓行而西，二世益發兵，遣長史司馬欣，都尉董翳，佐章邯擊楚；楚師敗績，勝爲其下所殺。先是，秦嘉立景駒爲楚王，爲項梁所殺，與沛公合兵居巢人范增，年七十，往說梁，請復楚後，梁乃求得楚懷王孫心，立以爲王。於是張良在沛公所，說梁立公子成爲韓王，西略韓地，以良爲司徒，自此六國多樹王矣。未幾，章邯擊破齊魏軍，楚將項梁救却之，梁屢勝而驕，敗死於定陶。（山東定陶縣）秦軍大振，圍趙王於鉅鹿，（今河北平鄉縣）楚使宋義救趙，使項籍爲次將，更分遣沛公西入關，項籍矯殺宋義而代之，大破章邯軍，虜王離。宋義能策項梁之敗，而自不免項籍之矯殺，所謂當局者迷乎？鄗敗即降楚，沛公因乘虛下南陽，（河南南陽縣）入武關，（陝西商縣）其時二世立三年矣。趙高先讒殺李斯，益顓政柄。二世聞沛公兵入關，責高，高遂弒之望夷宮，立子嬰為王。子嬰族誅高。沛公進至霸上，（今陝西咸寧縣）子嬰降，秦亡。

秦之關繫

自秦制既行，而皇族之貴，下淪匹夫，庶孽之徒，無爵於國，為古今一大變局也。而其可紀者，則尤有數事焉。偶語者棄市，不舉者同罪，以故上將則詔書賜死，丞相則下吏誣服，此君權之重也。取南越之地，以置三郡，收河南地為四十四縣，益以發兵三十萬，北逐匈奴，遣男女數千人東留日本，此民族之移也。始皇徭役大興，以為天下無事，冀民各崇其業，竭意經營，為久安計，於是倮以鄙人牧長富儗王侯，清以窮鄉寡婦禮抗萬乘，此社會之變也。而且窮奢極侈，土木並起，作極廟渭南，道通驪山，作甘泉前殿，築甬道自咸陽屬之。外此，如築長城，除直道，造阿房之宮，則皆建築之宏也。此亦當時得失之林也。

（附）秦代帝系表 起始皇二十六年訖二世三年凡十五年

- （一）始皇帝政 一二
  - 扶蘇 —（三）子嬰
  - （二）二世皇帝胡亥 三

第二章　楚漢之際事略

項羽分建諸王

昔者秦失其道，禁網牛毛，山東豪傑，處處飆起。赤帝子寸土不基，一民不版，提三尺劍以驅百萬軍，約法三章之政行，而萬民悅；新城三老之說用，而四海從。當是時，項羽既定河北，帥諸侯兵欲西入關，秦降卒多怨言，羽計衆心不服，至關必危，於是夜擊殺之於新安（河南澠池縣）城南，凡二十餘萬，而獨與章邯及長史欣都尉翳入秦。及聞沛公已定關中，大怒，進兵函谷，欲遂擊沛公；張良因羽季父項伯爲道其意，使沛公謝罪鴻門。（坂名在臨潼縣東）羽意乃解。數日，羽引兵西屠咸陽，殺秦降王子嬰，燒秦宮室，大掠而東，陽尊楚懷王爲義帝，自立爲西楚霸王。（孟康曰『江陵爲南楚，吳爲東楚，彭城爲西楚』）秦亡，諸將兵力皆出羽下，羽以是獨執霸權，分割天下。

一帝——義帝心，都郴（湖南郴縣）

十九王

秦分爲四

漢王劉邦，都南鄭。（今陝西南鄭縣）

雍王章邯，都廢丘。（今陝西興平縣）

塞王司馬欣，都櫟陽。（今陝西臨潼縣）

翟王董翳，都高奴。今陝西膚施縣

楚分爲四

西楚霸王項籍，都彭城。今江蘇銅山縣

衡山王吳芮，都邾。今湖北黃岡縣

臨江王共敖，都江陵。今湖北江陵縣

九江王英布，都六。今安徽六安縣

燕分爲二

遼東王韓廣，都無終。今河北薊縣

燕王臧荼，都薊。今北平市

韓分爲二

韓王成，都陽翟。今河南禹縣

河南王申陽，都洛陽。今河南洛陽縣

趙分爲二

代王趙歇，都代。今察哈爾蔚縣

常山王張耳，都襄國。今河北邢台縣

魏分爲二

西魏王豹，都平陽。今山西臨汾縣

殷王司馬卬，都朝歌。今河南淇縣

齊分爲三

膠東王田市，都卽墨。今山東平度縣

臨淄王田都，都臨淄。今山東臨淄縣

濟北王田安，都博陽。今山東泰安縣

漢定三秦

初，楚懷王與諸將約，先入定關中者王之。沛公先入，當王，羽惡之，以巴蜀道險，曰：『巴蜀亦關中也，』立沛公爲漢王；而三分關中王秦降將，以距塞漢道。至是漢王怒，欲攻羽，蕭何諫止之，於是諸侯罷兵就國。

劉項之成敗

漢王入居南鄭，因蕭何得韓信，信建進取之策曰：『項王棄關中而都彭城，背約而以親愛王諸侯，不平；逐義帝置江南，所過殘滅，民不親附，故其彊易弱。今大王能反其道，任天下武勇，何不誅？以天下城邑封功臣，何不服？以義兵從思東歸之士，何不散？且三秦王欺其衆降諸侯，及項王阬秦卒，惟此三人得脫，秦人痛入骨髓。大王入關，秋毫無犯，秦民無不願大王王秦者；誠舉而東，三秦可傳檄定也。』漢王於是留蕭何收巴蜀租，給軍糧食，以韓信爲大將，張良爲謀臣，引兵東出，時以爲漢家三傑云。及漢破章邯，降司馬欣、董翳。其時田榮以不得爲王，陳餘僅封三縣，並怨羽。榮并三齊，自立爲王，使彭越將兵擊楚。漢既定三秦，良特以榮越反書遺項王，且曰：『漢得關中，如約卽止，不敢復東。』項王以故無西意，而東擊齊。陳餘聞田榮自立，約榮擊常山，張耳敗走漢。餘因迎代王歇，復王趙，歇立餘爲代王。臧荼至燕，則亦擊殺韓廣，并有遼東。諸所分建，甫踰年，叛者四起。而項王又使人弒義帝江中，遂爲漢後來所藉口。是時天下舍項王無與沛公敵，沛公之所畏者羽，而羽之所臣者懷王；故沛公以信懷王者疑羽。懷王能殺羽，此沛公之所禱祀而求也；懷王不能殺羽，而反爲羽所弒，此亦沛公之所禱祀而求也；智哉沛公也！漢既定三秦，東出關，收河南、（河南王申陽）韓（楚廢韓王成以鄭昌王韓）地，渡河降魏、下殷，遂至洛陽，爲義帝發喪，乃聲大義討楚罪。士皆願從，諸侯王擊楚之弒義帝者，雖無董公遮說，而天下響應，早在沛公意計中耳。項王方擊殺田榮，田橫立榮子廣爲王，拒楚。楚連戰未下，而漢王已將五諸侯兵凡五十六萬人來伐彭城；時漢之二年也。項王聞國都破，亟引三萬精兵還擊，大破漢軍，入穀、泗、睢水，死者二十餘萬，漢王僅以身免，室家悉爲楚獲。諸侯背漢，復與楚。

漢王至滎陽，（河南滎陽縣）收集散卒，蕭何發關中老弱未傳者（未著名籍者）詣軍。一方使韓信擊魏，虜魏王豹，遂北擊趙、代。明年，信與張耳復伐趙，大戰井陘，（河北井陘縣）斬陳餘，禽趙王歇，乘勝發使下燕。一方遣辯士隨何說九江王黥布歸漢，於是漢勢復盛。而陳平復設計行反間，離間楚君臣，項王果疑范增，增怒遂去。我謂此皆沛公所爲也。沛公治兵善用間，故前以間下黥布，此以間殺范增，離楚君臣之交，謂沛公之有天下，皆以間得之，可也。

已而楚圍滎陽急，漢王遁去，退保成臯。（河南汜水縣）楚破彭越，還拔滎陽及成臯，漢王走渡河，奪韓信張耳軍，令耳守趙，信伐齊。會彭越往來梁楚，數攻擾楚軍，項王屢擊之不下。四年，漢乘機復成臯，與楚相持廣武。（山名在汜水縣）久之，楚軍食盡，且韓信已定齊地，將移師會擊楚，項王大恐，乃與漢約，中分天下，以鴻溝（河南滎陽縣東南）爲界，解而東歸。漢王亦欲西歸，良平請乘楚疲亟擊之。五年，漢兵追項王至固陵，（河南淮陽縣治西北）不勝；良又請捐梁楚地以與韓信、彭越，信越始引兵來會，圍項王垓下。（安徽靈壁縣東南）項王潰圍南走，渡淮至烏江，（安徽和縣東北）知不免，自刎死，楚地悉定。漢王還至定陶，（山東定陶縣）奪韓信軍，以爲楚王，遂即位汜水之陽。劉項相持，擾攘五載，至是而四百五十二年之業始定，素靈方斷，赤火隨炎矣。

第三章　西漢事略

高帝初政

赤帝子，無前人之迹，起布衣有天下，爲古來一大刱局。始居洛陽，後徙關中，懲秦孤立，大封同姓，以塡撫天下。始剖符封功臣，自蕭何、曹參以次畢侯。韓信初之國，或告信反，帝用陳平計捕之，降爲淮陰侯。時天下初定，反側未安，帝復疑忌諸功臣，於是韓王信以匈奴故背漢，趙王敖以貫高故國廢，陳豨、黥布、盧綰，鋌而走險，皆以反誅，又因陳豨之反，旁連韓彭，蓋六七年間，功臣之強者，殺戮殆盡矣。雖未遑遠略，結親匈奴，似非正道；然留心內治，其規模已宏遠矣。觀其作三章之法後，使蕭何定律令，韓信申軍法，張蒼定章程，叔孫通制禮儀，雖不足以上咸五，下登三，而知人善任，亦不愧爲眞主；第以言純治，則猶末耳。分羹擁篲，孝乎？追羽固陵，信乎？欲易太子，慈乎？僞游雲夢，誠乎？封三庶孽，制乎？輕士慢駡，禮乎？智術有餘，學術不足，宜乎四皓甘亡匿而兩生不肯行也。帝崩，子惠帝嗣。

文景之治

惠帝以仁柔之資，幼年嗣位，一以淸淨爲治，尊禮宰輔，優厚親王，有孝弟力田者舉之，法有妨吏民者省之，挾書律除之，（張晏曰「秦律有挾書者族」）可謂有君人之德。惜夫孝惠無子，呂牝司晨，往往以他人子擅主大器，劉氏不絕如帶。帝立七年而崩。呂后即臨朝稱制，遂疏忌宗室王諸呂，並使呂台呂產將南北軍。呂后崩，呂產呂祿謀爲變，於是齊王襄（高祖孫）起兵討諸呂，朱虛侯章（齊王襄之弟）入衞，陳平周勃交驩，使人紿祿，解將軍印，勃遂入北軍，下令：爲呂氏右袒，爲劉氏左袒。軍中皆左袒。勃與章共誅產祿，盡夷呂氏。使無此舉，則非其種者，孰鉏而去之乎？亂既平，於是諸大臣共迎代王恆立之，是爲文帝。

文帝以高皇側室之子，入纘帝業，恭修玄默，專務以德化民，除肉刑，免田租，止貢獻，求直言極諫之臣，除誹謗妖言之法，振窮養老，宮苑車服，無所增益；吳王不朝，賜几杖以安其心；張武受賂，賜金錢使知所恥；內則幾致刑措，而外則和匈奴，懷南粵。南粵者，故秦龍川（廣東龍川縣）趙佗也。任囂死，據番禺險阻，東西南北數千里，復擊併桂林象郡，自立爲南粵武王。處此四十餘年，根蒂盤固，高帝時，已知其不易制矣。帝乃賜佗書，令去帝號，佗頓首受命，史冊美其坐而撫柔之。夫文帝，豈偏於柔者？濟北、淮南，立予誅夷，何獨於佗而寬之也？且其備夷也，外雖和親，而每飯不忘李齊，拊髀卽思頗牧，內亦不廢圖治之策，蓋亦善用其術者。然是時同姓諸王，齊楚强大僭侈，吳王濞招致郡國亡命者，不循法。於是賈誼上治安策，請諸侯得割封子弟以分其勢，帝報可。乃分齊爲六，（以將閭爲齊王志爲濟北王賢爲菑川王雄渠爲膠東王卬爲膠西王辟光爲濟南王）淮南爲三，（淮南王長謀反廢徙蜀立其子安爲淮南王勃爲衡山王賜爲廬江王）而吳楚勢尙盛。

景帝承富庶之餘，坐致晏安，迺智囊之鼂錯請削弱諸侯，舉議莫敢難。又言楚趙皆有罪，各削一郡，膠西賣爵，削六縣。吳王先舉兵殺漢吏，於是膠西王卬、膠東王雄渠、菑川王賢、濟南王辟光、楚王戊、趙王遂與吳約，以誅錯爲名，趙王北結匈奴，閩與東越，亦發兵從吳楚。帝使周亞夫擊之，又誅錯以爲解，吳不奉詔，亞夫間行自武關，抵洛陽，引兵東北，走昌邑，（山東金鄉縣）分遣輕騎，出淮泗口，（江蘇淮陰縣）絕吳楚饟道，大破之，亂平。自是諸侯不得自治民補吏，令內史治之，復用蒼鷹之郅都，以嚴法刦治列侯，宗室之在長安者。且皇后以無罪廢，而夫婦之道虧；太子以無罪廢，而父子之道絕；亞夫以無罪死，而君臣之道乖；先儒謂爲忌刻少恩所致，洵非誣也。然其爲治，節儉存心，刑獄用情。紅腐太倉之粟，貫朽都內之錢，民俗純厚；周云成康，漢言文景，此漢室極盛時也。

武帝之治

武帝卽位之初，發奮有爲，而從董仲舒言，罷黜申韓蘇張之說，尊崇儒術，修明學校貢舉之制，緝禮裁樂，化俗移風。公孫弘至以治春秋位至丞相，學者靡然從風，吾國以儒學爲國教，自此始。使其遵仲舒勉强之言，用申公力行之語，守汲黯多欲之戒，而以學術濟之，則西京政治之美，雖駕軼前王可也。然覈其功業，皆在外擴：用衞青霍去病爲將，連歲破匈奴，收河南地，匈奴卒遠徙漠北。復使張騫通西域，結烏孫，（今新疆綏定縣）以斷匈奴右臂，而北胡始衰。然後專謀南略，將軍路博德楊僕等度嶺平南越，僕等又討定東越；（閩地）郭昌收西南夷，降滇國；於是嶺海之表，獲置郡縣。又東北略朝鮮，遣李廣利踰葱嶺伐大宛；（今浩罕）漢族聲威，至是大振。帝既頻年征伐，以從役而驅元元，又凝神蓬萊，作蜚廉觀，造通天臺，以冀神仙之一遇，卒致猾民蝗國，國用益虛，徵求益亟。於是造皮幣，鑄白金，告緡錢，征鹽鐵，算商車，置均輸，及武功爵。使東郭咸陽（齊之大鬻鹽）孔僅（南陽大冶）桑弘羊（洛陽賈人子）輩幹度支兵事、外交、土木、游宴之費，皆賴以濟。而投其所好者，遂乘機而起：公孫弘以曲學進，李少君以卻老進，欒大以神仙進，文成以致鬼進，卜式以輸財進。復用張湯杜周諸酷吏以舞文弄法，法繁於秋荼，利析於秋毫，天變盜興，乃作沈命法以牢籠天下。晚歲巫蠱禍作，京師流血，徒作思子宮，爲歸來望思之臺，已非復文景之漢矣。幸聽田千秋言，頗悔往事，乃斥方士，罷田輪臺，（今新疆輪臺縣）與民更始；漢室危而復安。武帝所爲，蓋誠有大過人者哉！

宣帝之治

昭帝年幼嗣統，大將軍霍光受託孤之命，輔少主，問民疾苦，賑貸貧民，復罷田租，罷榷酤，可謂知所先務矣。時上官桀亦受遺詔輔政，頗忌光，思有以中之。帝年僅十四，即能辨其無罪，桀等內懼，遂以謀反伏誅，此非其明乎？李德裕曰：『使天假之以年，而又得伊周之佐，雖周成王不是過也。』信哉！帝崩無子，光以太后命，迎立昌邑王。及其即位，游戲無度，在位止二十七日，而使者旁午徵發凡一千二百二十七事，光廢之而迎立武帝曾孫，是爲宣帝。光久握政柄，族卿盈朝，其妻霍顯，至毒殺許后，而納其女爲后。未幾，光卒，帝親政，以諸霍事叢釁積，益加裁奪，諸霍怨懼謀亂，盡夷其族。帝起閭閻，稔知民瘼，以故綜核名實，信賞必罰，愼刺史守相之官，嚴二千石之選，使吏久於其任。且求直言，除租賦，並得魏相丙吉爲輔，上下相安，莫有苟且之意。又黃霸朱邑龔遂韓延壽以和惠得民，尹翁歸趙廣漢張敞以明察致治，漢世循吏，於斯稱盛焉。至於域外之功，亦有足多者：匈奴攻烏孫，校尉常惠持節護烏孫兵，共擊之，破其衆，諸屬國皆叛，匈奴大衰耗。時莎車（今新疆莎車縣）車師（今新疆吐魯番縣）之屬屢反覆，馮奉世鄭吉等先後擊定之，又使趙充國平西羌，號令得頒西域。值匈奴內亂，五單于爭立，呼韓邪單于來朝，自是烏孫以西至安息諸國，近匈奴者，皆尊漢。帝思股肱之美，繪形麟閣，以著中興輔佐之猷。議者謂功光祖宗，業垂後嗣，豈不信歟！

王莽篡漢

孝元立既三年，郅支單于自徙居堅昆（在單于庭西今鄂羅斯南境地）怨漢擁護呼韓邪，因困辱漢使者，不奉詔。陳湯乃與甘延壽謀襲郅支於康居，斬之，朔漠平。亞東諸國，無復有敢犯者。於是顓心內治，賑困乏，罷宮館，徵用儒生，委之以政。雖文景初治，未有過是者。然宦官外戚之禍，即已潛伏，恭顯搆扇，千歧萬轍，蔽主耳目，使不聰明，且與史高表裏擅權，中傷大臣，如蕭望之周堪劉向俱得罪，威權不肅，優柔之過也。而孝宣之業隳矣。成帝纘業，罷黜石顯，宦官之勢漸衰，而外戚之勢遂盛。王氏一姓，乘朱輪華轂者二十有三人，五侯僭逼乘輿，王鳳以元舅柄政，尤爲專恣，成帝反若綴旒，不一舉手，太后又左右之，帝不能見形察影，杜漸防微，而唯是校獵長楊，鬭雞走馬，俾宿衞之士執干戈而守空宮言之可爲於邑。鳳死，諸弟相繼當國，王莽尤爲矯飾邀譽。當是時，王氏勢力益厚，而大臣如張禹孔光輩皆阿附之。哀帝入承大統，躬行儉約，罷斥王氏，朝廷拭目，謂太平之治，可立致也。然所用者多傅晏丁明之黨，寵信讒諂，嫉惡忠良，上崇傅后，下嬖董賢，所爲如此，他復何望焉。帝既崩，太皇太后尊寵王莽，迎立平帝。莽稱安漢公，加號宰衡，而政自莽出。引經義以文奸，託符命以惑世，乃改風俗，更制度，網羅異能之士，以詔事母后，而挈劉氏之天下，玩弄於掌股之上。自以北伐匈奴，東致海外，南懷黃支，而包藏不軌。時龔邴辭職而去，逢萌挂冠而逃，梅福棄家而隱，奈何吏民上書頌莽功德者至四十八萬七千五百七十二人。噫，莽之謙恭，豺虎之不噬也。繇是弒平帝，立孺子嬰，居攝踐阼，求玉璽於漢家老婦，而火德灰矣。乃建國號曰新，自稱新皇帝，尊元后爲新室文母。（後五年崩年八十四）乃陋小漢家制度，爲古井田法，更名天下田曰王田，奴婢曰私屬，皆不得買賣。立五均、司市、錢府官，令民各以所業，爲貢，榷酒酤，復改造錢貨而增損其價值，罷大小錢，更作貨布、泉布，於是農商失業，食貨俱廢，天下謷謷，陷刑者衆。猶復改變制度，政令煩多，前後相乘，憒耗不渫。於是民始怨苦，重以開衅匈奴，調發勞極，而亂機四起。瑯琊樊崇起於莒，（山東莒縣）號赤眉；新市王匡等起於綠林山中，（今湖北當陽縣）號綠林，後復分爲新市、（匡北入南陽號新市兵）下江（王常西入南郡號下江兵）兵；平林（今湖北隨縣）陳牧廖湛起兵應之，號平林兵。漢宗室劉縯及弟秀，亦起兵舂陵，（今湖北棗陽縣）新市平林合，銳氣益壯。諸將議以兵多，無所統一，欲立劉氏以從人望，遂奉劉玄（舂陵戴侯曾孫，字聖公，在平林軍中，號更始將軍）爲帝，入都宛。（今河南南陽縣）莽懼，發兵四十二萬擊之，秀乃與敢死者三千人，衝其中堅，莽兵大潰。更始遣上公王匡攻洛陽，大將軍申屠建攻武關。建入長安，誅莽，傳首詣宛，莽稱帝凡十五年而亡。

漢自高帝至宣帝，凡百七十年。文章政治，燦然可觀，至元帝而漢業始衰。成哀平歷三十餘年，政由外家出，王氏遂以移祚。

（附）前漢帝系表 起高帝訖孺子嬰凡十二帝二百一十四年

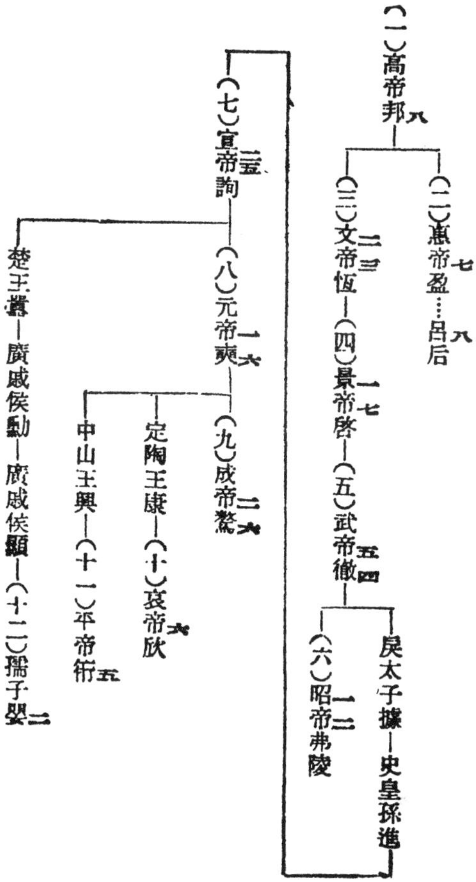

更始平王莽，北都洛，尋徙長安。初，劉縯與秀事更始，諸將以兵不統一，南陽豪傑欲立縯，而新市平林將

帥憚縯兄弟威名，勸更始誅之，縯被誅，秀深自引過，并不敢服喪。更始慙，拜秀爲破虜大將軍，封武信侯；復以秀行大司馬事，徇河北。時卜者王郎，詐稱成帝子子輿，稱帝於邯鄲，趙國以北，遼東以西，皆望風響應，秀至薊，（河北薊縣）薊城亦反應。秀走信都、（今河北冀縣）和戎，（今河北晉縣）發兵擊邯鄲，乘勝擊元氏、（今河北正定縣）房子，（今河北高邑縣）皆下。更始封秀爲蕭王，令罷兵。秀從耿弇言，辭以河北未平，不就徵。於是始貳於更始，遂擊降銅馬諸賊，南下河內。（河南武陟縣）會赤眉將樊崇，西攻長安。秀度長安必破，乃拜鄧禹爲前將軍，西入關；以寇恂守河內，馮異拒洛陽；而自引兵徇燕趙。自薊還至中仙，諸將請上尊號，不許；行至鄗，（河北高邑縣）復奏請，遂即帝位，是爲光武皇帝。會赤眉入長安，更始降。光武亦下洛陽，入都之。是時更始王郎雖滅，而羣雄蜂駭，阻兵怙亂者，尚有十一隅，分述於下：

（一）長安赤眉 樊崇奉劉盆子爲帝逐更始居長安

（二）黎邱秦豐 莽末南郡秦豐起兵黎邱稱楚黎王（湖北宜城縣）

（三）廬江李憲 更始初臨江（安徽舒城縣）連率李憲據郡尊稱淮南王

（四）成都公孫述 更始初莽道江（即蜀郡）卒正公孫述起兵成都尊稱帝

（五）天水隗囂 更始初成紀隗囂起兵應漢自稱西州上將軍

（六）河西竇融 更始時融爲張掖屬國都尉自稱河西五郡大將軍

（七）安定盧方 莽末方起兵安定（甘肅固原縣）詐稱武帝曾孫劉文伯匈奴迎之以爲漢帝

（八）漁陽彭寵 更始初爲漁陽（河北密雲縣）太守建武二年叛自稱燕王

（九）睢陽劉永 更始封梁王位之子永為梁王仍都睢陽（河南商丘縣）尋自稱帝

（十）臨菑張步 步受劉永官爵治兵於劇（山東壽光縣）後永封為齊王

（十一）東海董憲 莽末起兵東海（山東郯城縣）為赤眉別校後劉永封為海西王

第四章 東漢事略

光武中興

光武除莽苛政，噓高皇之死灰，而復燃之。一時謀臣武將，皆能攖戾執猛，破堅摧剛。於是命馮異而盆子乞降，攻邯鄲而王郎殄滅，擊銅馬而關西寧謐，委吳漢而江淮肅澄，攻隴西而隗囂蕩平，遣耿弇而張步泥首，征巴蜀而公孫述就誅，席捲虔劉，其鋒無對，洪規遠略，亙古莫疇。其時已建武十三年矣。乾坤清夷，海內一統，大行爵賞，保全功臣。如鄧禹賈復耿弇皆令去甲兵，敦儒術，以列侯就第。又閉玉關，謝西域，自是諸將無敢言兵者。蓋帝雖起戎行，頗崇儒行，故其時吏治蒸蒸，張堪守漁陽，杜詩守南陽，第五倫守會稽，劉昆守宏農，董宣令洛陽，皆其卓卓者。且夢想賢士，側席幽人，（徵任永馮信輩）物色嚴光，榮封卓茂，起太學，親臨視之，投戈講藝，息馬論道，東都之業，炳炳麟麟。惜其易太子位，絕馬援爵，侈志東封，不能不為盛德之累焉。

明章之治

明帝即位，克遵舊制，嚴絕外家，聽鍾離意疏而止北宮，納東平王蒼諫而罷校獵，風教可謂盛矣。漢之盛世，在乎永平於時坐明堂朝羣后；登靈臺，望雲物，以李躬爲「三老，」桓榮爲「五更，」臨辟雍，行養老禮，親祖制牲，升堂講說，諸儒執經問難，冠帶搢紳之人，圜橋門而聽者億萬。宗室諸王，大臣弟子，莫不受經。外戚四姓（樊郭陰馬四氏）小侯，立學南宮，自期門羽林之士，悉令通孝經章句，即匈奴亦遣子入學，郁郁然禮縟五帝，儀炳三王矣。至其武功，則遼東太守祭彤討破烏桓，（東胡部族）塞外震讋，西自武威（甘肅武威縣）東盡玄菟，（朝鮮咸鏡道）野無風塵。大將竇固（竇融姪）伐北匈奴，取伊吾盧地；（新疆哈密縣）班超自此經營西域，西域諸國，且遣子入侍焉。漢書建武永平之政，所以爲東都之首稱也。且其時遣使天竺，求佛法書，遂啓後世之浮屠，爲宗教史開一紀元焉。章帝因仍前轍，事從厚寬，納陳寵琴瑟之喻，寬刑也；公上林池籞之賦，愛民也；立白虎觀以議五經同異之辨，尙文也。而復孝隆太后，友愛諸王，（不遣就國）勸課農桑，平徭簡賦，又使班超再定西域。故明章之治，足以繼美文景，史稱長者，誰曰不宜？

戚宦之禍

和帝幼冲，竇太后臨朝，兄憲頗用事，陰殺宗室，懼誅，自求擊匈奴贖死。憲出塞遠至五千餘里，遂滅北匈奴，其武功亦有可觀者。及帝知其謀逆，乃奮宸斷，殲厥大憝，亦有爲之君也。況納諫崇儒，屛遠國之珍羞，除小民之租稅，迹其所爲無可訾議。所可惜者，誅憲之舉，謀於鄭衆，且以爲大長秋，封鄛鄉侯，中官由此用權。外戚敗而宦官勝，致成十常侍亡漢之階，亦何異於前拒虎而後進狼哉。帝崩，鄧后以淸河王子祜入承大統，是爲安帝。時帝年已十三，而后猶臨朝稱制，權不釋手，故論者以災變屢生，爲女主當陽之故。后旣死，而山崩地震，水雹日食，曾不少減；宜可以惕然者矣。乃外戚耿氏，（帝母家）閻氏，（帝后家）宦者江京李閏，及帝乳母王聖之徒，高官隆秩，黑白渾殽，天下喧嘩。司徒楊震尚書陳忠等抗論其罪，帝皆不聽，震且為羣小譖死。欲以弭災靖亂，尚可得邪？時外戚宦官已並盛。安帝既崩，閻后擅國大權，貪立孩孺，（章帝孫北鄉侯懿）天誘其衷，北鄉尋殞，宦者孫程等十九人，起誅閻氏，奉故太子保，（初譖廢太子保降為濟陰王）是為順帝，誅閻顯，遷太后，權皆在十九侯，於是外戚再敗，而宦官再勝矣。未幾，帝又疏宦者，尊寵乳母，復尋覆轍，梁氏子弟榮顯兼位，公卿類多拱默，外戚又復當權；此其時政為何如。然葬楊震，赦虞詡，朝太后，却貢珠，起太學，擢周舉；以孱弱帝子，而善政可紀有如此，亦愈於昏庸者歟。冲帝二歲即位，梁后臨朝，委任宰輔，（李固所言后多從之）庶乎可望治平，然其時梁冀秉政，權甚盛也。至質帝立，而跋扈將軍冀竟以毒餅弒之，迎立桓帝，意氣凶凶，操行不軌；禮儀比蕭何，封縣比鄧禹，甲第比霍光，紆青拖紫，一門顯貴，時則外戚之權獨盛。帝心不平，知宦者唯單超等五人與梁氏有隙，遂共謀誅冀。由是左回天具獨坐徐臥虎唐兩墮，四侯橫行都下，外戚三敗而宦官三勝矣。天既垂異，地復吐妖，國家有三空之阨，正人君焦心毀顏之時。乃猶仇讎善類，屏隔讜言，終身暗惑，未有勝政，可勝嘆哉！靈帝既立，中常侍曹節王甫輩，扇侫謀奸，搖弄國柄，竇武陳蕃謀盡誅之，而語以泄敗，一跌不收，俾羣奄愈以無忌。黃巾賊倡亂，而中常侍封諝徐奉至與約為內應，朝士益切齒於宦官。帝崩，袁紹勸何進誅之，乃議外召董卓兵。中常侍張讓等先殺進，於是紹勒兵入宮，盡誅宦者，凡二千餘人，漢室自此大亂矣。

黨錮之獄

當桓靈之際，士大夫頗厲志節，目擊宦官橫肆，思以清議爲維持，又復矜言標榜，自立門戶；宦官乘之，而黨錮之獄以起。初，尚書周福，（甘陵人）爲桓帝師，與同郡房植，並有名當朝。二家賓客，成尤隙，甘陵始有南北部，遂啓黨人之漸。汝南太守宗資，以范滂爲功曹；南陽太守成瑨，以岑晊爲功曹；並使褒善糾違，悉心聽政。太學諸生三萬餘人，郭泰賈彪爲其冠，與李膺陳蕃王暢更相褒重。於是中外承風，以臧否相尙，自公卿以下，皆憚其貶議；宦官尤畏之。宦官戚族，驕橫鄉里，諸郡守相，有風節者，嚴治之，反得罪。河內張成，美風角，推占當赦，教子殺人，膺收捕，逢宥，竟案殺之。成素以方技交通宦官，宦官教成弟子牢修上書，告膺等養太學游士，共爲部黨，誹訕朝廷。於是桓帝怒，捕膺等下北寺獄，詞連杜密陳寔范滂之徒二百餘人，皆懸金購募。陳蕃屢諫不聽，且被免。自是朝臣震栗，莫敢復爲黨人言者。賈彪乃說竇武霍諝，使訟之，膺等乃得解。又多引宦官子弟，宦官懼；白帝赦黨人。時膺等聲名益高，海內希風指者，至有三君、（竇武劉淑陳蕃）八俊、（李膺荀昱杜密王暢劉祐魏朗趙典朱寓）八顧、（郭泰宗慈巴肅夏馥范滂尹勳蔡衍羊陟）八及、（張儉岑晊劉表陳翔孔昱苑康檀敷翟超）八廚（度尚張邈王考劉儒胡母班秦周蕃嚮王章）諸目，而禁錮重申，爰及五屬，億兆悼心，智愚同痛。靈帝時，黃巾賊起，始赦黨人歸里。黨始於甘陵汝南，成於李膺張儉，海內塗炭二十餘年，而帝方鬻獄賣官，後宮列肆，寵任宦豎，奴隸朝士，方之於桓，抑又甚焉。

漢末大亂

袁紹既誅宦官，董卓將兵入洛陽，謀執朝權。時皇子辯甫立，卓廢之，立陳留王協，是爲獻帝。劫遷帝室，宮廟烟灰，於是關東諸侯，並以誅卓爲名，九州幅裂，海內大亂。關東軍與卓戰，互有勝負，諸將復自相乖離。卓在長安，益肆殘暴，司徒王允，構其將呂布誅之。卓部曲李傕郭汜等起兵殺允，李郭又爭權互攻，帝乃走洛陽。董卓亂至是已七年矣。時則公孫瓚舉事於幽州，劉表雄視於荆土，袁紹稱强於河北，孫權虎踞於江東，袁術僭號於壽春，劉焉遠據於巴蜀，張魯負嵎於南鄭，曹操遷駕於許都。它如徐州之陶謙，遼東之公孫度，涼州之馬騰、韓遂，羣雄覬覦，連城帶邑，一人尺土，帝無獲焉。

先是，李郭亂起，呂布東走陳留太守張邈，迎布拒操，爲操所破，布走徐州依劉備。（字玄德漢中山靖王後）尋布襲據徐州，備歸許，詔以爲豫州牧。時操有大志，以徐州輻轂南北，攻布下之，遂破袁術，術死。然袁紹勢甚盛，擅有冀青幽兗四州地，操復大破之。會其子譚尙鬩牆，操乘其敝，遂入鄴，以次削平青幽兗諸州，進攻烏桓，袁氏平。方袁術之衰也，孫策據有江東，逮袁曹相持官渡間，獻帝潛使備討操，不克，備走依紹；紹亡，南依劉表。其時策已死，其弟權代立。操既平紹，遂南攻荆州，表死，子琮降。操乘勝東下，將滅吳，孫權大懼；會備奔夏口，權遣將與合，大戰於赤壁，（山名在湖北嘉魚縣）盡夷其衆，自此南北之局定。既而備入蜀，是爲蜀漢。操封魏公，子丕篡漢，爲魏朝，與孫吳劃江而立，成鼎足之勢。

東漢自光武明章六十餘年，爲極盛時代。和帝以降，外戚宦官，互相盛衰者亦六十年，而宦官獨勝。桓靈之世，黨禍大興，善士幾無噍類，前後四十年，爲宦官獨盛時代。於是董卓入朝，敢行廢立，而羣雄蠭起，干戈擾攘者又三十年，卒乃析分爲三國。

（附）後漢帝系表 起光武訖獻帝凡十二帝百九十六年

(一)光武帝秀 三三 —(二)明帝陽 一八 —(三)章帝炟 一三 —(四)和帝肇 一七 —(五)殤帝隆 未踰年
　　├清河王慶—(六)安帝祜 一九 —(七)順帝保 一九 —(八)冲帝炳
　　├千乘王伉—樂安王寵—渤海王鴻—(九)質帝纘
　　└河間王開
　　　　├蠡吾侯翼—(十)桓帝志 二一
　　　　└解瀆亭侯淑—萇—(十一)靈帝宏 二二 —(十二)獻帝協 三一

第五章　三國事略

三國初期情勢

自赤壁一戰，而三國鼎峙之勢以成。設當時無孫劉之勁敵，曹操早已統一寰區矣。然曹氏全據中原，孫氏全據江南；劉備國最後，地雖偏陋，經百敗而其志不回，展轉於公孫覊縻於呂布，棲遲於袁紹，乍合乍散，乍奔乍離，殆不知其幾矣。而三顧隆中，諸葛亮爲言天下大計曰：『曹操挾天子以令諸侯，此誠不可與爭鋒。孫權國險民附，賢能効用，此可與爲援而不可圖。荊州爲用武國，其主不能守，殆天所以資將軍也。益州險塞，若跨有荊益，西和諸戎，南撫蠻越，外結孫權，內修政治，徐以覲時變，則霸業可成。』未幾，操兵下荊州，備東走；權

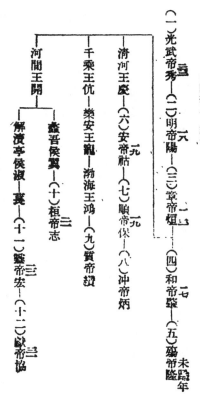

集諸將議戰守，僉謂操得荊州水軍，與吳共長江之險，遂主迎降。魯肅周瑜獨不可，亮亦往說權，約共拒曹於是有赤壁之役時獻帝十有九年也。操既敗還，備乘其隙，連下武陵長沙桂陽零陵。瑜破曹仁於江陵，謀取蜀，未行而卒。肅勸孫權以荊州借備，與共禦操。備留關羽江陵，而自引軍入蜀，襲降劉璋。時操已進爵魏王，謀篡位，備因北取漢中地，稱漢中王，蜀漢之基已建於此。關羽自江陵進據襄陽，中原響應，而適值權遣呂蒙襲破江陵，羽還救敗沒，荊州遂為吳有。吳既開罪於蜀，遂北面事魏，上書勸進，欲以媚魏而拒蜀。俄而操卒，子丕嗣，稱皇帝，廢獻帝為山陽公。備聞其篡漢，乃正帝號於蜀，是為昭烈帝。帝以權據荊州，大起兵伐吳，論者謂備不能仗義，而使猇亭之役，折辱於陸遜之師也。白帝託孤，子禪續位，孔明以文武之才，兼將相之任，遣使重修吳好。初，吳臣魏，魏責吳任子，不至，伐之，及是遂絕。魏專與漢連和，吳蜀復通。魏文帝頻歲以舟師擊吳，皆臨江而返，歎曰：『此天所以限南北也！』魏自是不復圖南。權亦改稱帝號，屹然立為三國矣。

孔明輔蜀

三國蜀最小，然得諸葛亮孔明為之輔佐，國勢遂大振。其治蜀也，循名責實，賞罰明信，夙以聯吳攻魏為職志，故自昭烈之崩，即與吳通好。時南夷雍闓孟獲畔，亮討之，盡平滇南諸郡，後顧可無憂矣。亮以南方已定，宜北定中原。建興六年，遂率大兵攻祁山，（甘肅西和縣西北）戎陣整齊，號令明肅。初，魏以昭烈死數年，寂然無聞，略不戒備，今聞亮出，上下震恐。魏使張郃拒之，與蜀將馬謖戰街亭，（甘肅秦安縣）謖違亮節度，敗績；亮揮淚斬之，而撫其遺孤。乃自請貶秩，還屯漢中，厲兵講武，以圖後舉。會吳伐魏，魏兵東下，於是亮再疏請擊魏，圍陳倉，（陝西寶雞縣）不克，糧盡退師。自是連歲出兵，魏使司馬懿頓兵長安，斂兵阻險，蜀師數出，皆以糧盡無功，亮因作木牛流馬運糧。最後大軍出五丈原（陝西郿縣境）分兵屯田渭濱，爲久住計。吳亦發兵分三道伐魏，魏使司馬懿堅守勿戰，懿不敢出，亮以巾幗婦人之服遺之，方圖鞠躬盡瘁，而中營星已告殞矣。亮相蜀十餘年，政修民和，入不毛而七擒孟獲，忘歲月而六出祁山，功蓋三分，名成八陣，魏人恆畏之。厥後蔣琬、費禕、董允相繼秉政者又二十餘年，此皆亮所簡拔，悉遵亮之成規也。故區區之蜀，得以自存焉。

司馬篡魏

魏自文帝禪，鑒於漢世宗王外戚宦官之覆轍，諸侯皆寄地空名而無實國，設佐輔監國之屬伺察之；令羣臣毋奏事太后，后族毋專政，并詔宦者官不得過尙方、黃門、掖庭、永巷、御府諸署令。三害雖除，而其禍獨起於權臣，遂有司馬氏之竊國。司馬懿當明帝之世，畏蜀如虎，亮死，不復出兵。公孫淵據遼東，叛服靡恆，懿討平之。會明帝疾，召懿還洛陽，臨終，懿與曹爽同受託孤之命，輔養子芳繼位。爽白帝以懿爲太傅，實削其權，自爲大將軍，諸弟親黨皆爲侍從。爽欲自樹威名，伐蜀，爲蜀帥費禕所敗，關中虛耗，而爽驕侈益甚，兄弟數出游。懿僞病，爽等不設備。魏王芳十年，車駕謁高平陵（明帝陵），爽從。懿與其子師謀，以皇太后令閉城拒爽，誣爽謀逆，并其黨與夷三族，自爲丞相。於是魏之政權，盡在司馬氏。懿卒，子師爲大將軍，執政柄，尋廢其主芳，立高貴鄉公髦（文帝孫）。揚州都督毌丘儉與刺史文欽起兵討師，爲師所敗，以諸葛誕都督揚州。師卒，弟昭繼之，後一年，誕復舉兵討昭，遣使稱臣於吳求救。昭奉魏帝擊之，敗吳兵，踰年，拔壽春，斬誕。自是朝臣節鎮，無復敢貳於司馬氏者。魏主髦忿甚，率殿中宿衛蒼頭官僮攻昭，昭之黨賈充入戰，弒之。立常道鄉公奐，（武帝孫）是爲元帝。昭自爲相國，封晉公，漸謀篡魏。

三國之亡

蜀自費禕死，姜維繼丞相之任，時勢洶洶。會司馬氏兩廢立，思乘其釁，頻年出兵攻魏隴西地。蜀國褊小，上非英主，下有奸奄，國勢漸衰弱。魏元帝四年，司馬昭使鍾會鄧艾大舉伐蜀，鍾會帥師趨漢中，姜維退守劍閣。（四川劍閣縣東北）明年，艾自陰平（甘肅文縣境）入無人地七百餘里，至江油，（四川江油縣）敗諸葛瞻於緜竹，蜀人出不意，不爲備，後主遂面縛詣艾營矣。時鍾會內懷異志，姜維陰勸會畔，會所忌唯艾，遂奏艾反狀，詔檻車徵艾，艾去，會反，將士襲殺維會，而艾亦爲監軍衛瓘所殺。蜀平，司馬昭進爵稱王，後三年，死，子炎受魏禪，是爲晉武帝。其時三國唯吳尚存。吳自孫權死，少子亮立，宗室孫峻孫琳，先後專權。方是時，魏揚州諸將，屢起兵討昭，吳苟有爲，正可乘勢圖利，而以內政淆亂，反遭喪敗。亮年長，琳廢之，迎立琅琊王休，是爲景帝。帝乃族誅琳。魏伐蜀，帝出兵救之，旋崩，諸大臣迎烏程侯皓（孫權孫）即位。皓性驕暴，耽酒色，濫刑罰，吳政大亂。晉武帝使羊祜鎮襄陽，窺吳釁，吳使陸抗督軍與相持，祜不敢動。抗死，祜始表請伐吳。祜病革，舉杜預自代。預與益州刺史王濬復並請伐吳，乃大舉分六道攻之。上游之師，預出江陵，濬下巴蜀，燒吳沈江鐵鎖，遂下武昌，直指建業，皓出降，時晉武帝十六年也。是歲，晉改元泰始，天下復統於一。

三國前半期，尙爲漢之末世。自曹氏受禪，蜀亦稱帝，後十年，吳亦建帝號。凡蜀漢立國四十三年而亡，又三年，晉代魏，又十六年，晉滅吳。

(附)三國帝系表 蜀漢自昭烈至後主凡二世四十三年魏自文帝至元帝凡五世四十六年吳自孫權至皓凡四世五十二年

蜀漢 (一)昭烈帝備 二 —(二)後主禪 四一

魏 武帝操 —(一)文帝丕 七 —(二)明帝叡 一三 —(三)廢帝芳 一四
　　　　　　　　　　　—東海王霖—(四)廢帝髦 六
　　　—燕王宇—(五)元帝奐 六

□ (一)大帝權 二四 —南陽王和—(四)歸命侯皓 一六
　　　　　　　　—(二)廢帝亮 六
　　　　　　　　—(三)景帝休 六

第六章　兩漢三國政教之大概

秦火既熄，至於漢初，政事文章，粲然可觀，沿至三國，南方文化，亦漸啓矣。

儒學之統一

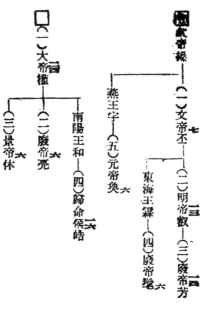

漢初，以清靜致治，是黃老極盛時代，而儒學廢絀。雖叔孫自楚歸高祖，即以爲博士，孔襄爲惠帝博士，但其時猶襲秦官，未必專司一經也。文帝立魯齊詩，景帝立韓詩，亦但有詩之博士。至武帝罷黜百家，始置五經博士。於是齊魯大儒，各以其學傳世。自宣帝有石渠閣之議，章帝有白虎觀之會，順帝時，蔡元講論五經異同，甚合帝意，則皆兼通五經矣。前漢經生，守家法，學說則尚今文，後漢經生，守師法，學說則尚古文，至鄭玄而始集其成。魏世王肅偏注羣經，力矯鄭說，遂開鄭王二派。又漢時好言讖緯，王莽既託言符命，光武復信重圖讖，東平王蒼且受詔正五經章句，皆命從讖，俗士趨時，益爲其學，要不過蔓衍支流而已。故其時儒學，定於一尊。

戰術之演變

自秦銷兵器，講武之事，闃焉無聞。逮亂者四起，衆猶藉農器爲刀劍，執鉏耰爲干戈。漢室繼興，點將登壇，專崇韓信，制度遂重武子兵法。劍舞鴻門，勝報烏江，自此北討南征，西封東略，劍戟林立，戈矛山積矣。至武帝，築宣房，鑿昆明，始習水戰，而武庫益大備。沿及後漢，王者之師，與侯國之師，各更其制，各美其名，兵威咫尺，互相上下。迄三分漢室，蜀魏與吳，各有名將，而南陽臥龍，尤爲傑出。博望燒屯，遂開後日火攻之先矣。赤壁鏖兵，益宏水師戰艦之制矣。木牛流馬，且啓近時機變之巧矣。故其時戰術，漸趨於變化。

道佛之流播

周末學術紛歧，漢初儒道二家，互相角逐，而儒卒踞其顛。神仙本非道家學，學者但以其長生之說，謬相傅會，於是道家遂有此一派。自漢武溺方士之言，弊風相仍，浸至張角等藉符呪以惑衆，此派乃愈趨而愈幻。

張道陵以之傳布蜀中，其孫張魯以之雄據漢中，遂爲後世道家符籙所自起。至佛教流通，則在東漢明帝永平八年，始其時遣蔡愔等入天竺求經，偕印度高僧二人以歸，建白馬寺，使二僧繙譯經典，佛經入中國，當在永平十年也。（即耶穌降世六十餘年）吳主孫權，大爲崇信，遂以流衍南方，蓋東西文化之溝通，多賴佛氏弟子爲之媒介，此道佛流布之所繇來也。

交通之發展

始皇既築長城，華夷之界甚嚴，漢武時，始開河西，（張掖武威酒泉敦煌）而西域始通，然兵力所至，猶未及葱嶺以西。考漢書言大夏大月氏安息罽賓，已駸駸由西域通至阿富汗俾路芝波斯諸境矣。後漢書和帝永元九年，甘英使大秦，至安息。安息即波斯，大秦即羅馬。大秦者，傳言其人民皆長大平正，有類中國，故謂之大秦。又言大秦嘗欲通使於漢，而安息貪以漢繒采與之互市，故遮閡不得自達。至東漢桓帝延熹九年，大秦王安敦遣使自日南徼外獻象牙犀角瑇瑁，始乃一通焉。此爲中西交通之始。自此陸路自中亞細亞，海道自印度南洋，凡商旅釋徒，皆得以通亞東西之郵矣。

第七章　兩晉興亡事略

西晉初期之情勢

司馬懿之事魏也，挾其睥睨一切之埶，攫取大權。而其子師昭如狼，孫炎如虎，復從而播弄天綱，欲盜天下於筐篋中而視爲私產。三世垂延，大志果遂，於是炎遂受魏禪焉，是爲晉武帝。帝即位之初，屏奇巧，懷仁儉，南除吳亂，作施固不凡矣。然孫座方設，而怠志遂萌。自以天下無事，日耽遊宴，后族楊駿與弟珧濟始用事，入官錢於私室，出親賢於海隅，經國遠猷，略不厝意。故其時風俗之壞，亦日以甚。嵆康阮籍輩時號竹林七賢，莫不崇尙虛無，輕蔑禮法。其尤失策者，雜夷之種，本爲異族，而乃處以內地，是何異臥榻之側，容他人鼾睡邪？宜乎災變迭生，而史不絕書也。帝崩，惠帝孱弱嗣位，楊駿輔政。皇后賈氏，充女也，牝雞司晨，南風烈烈，（后名南風洛中謠云南風烈烈吹黃沙）內弑太后太子，外殺太宰亮太保衛瓘，與楊氏爭權，潛召楚王瑋誅駿，大權遂集於賈氏。由是女主宗藩，更迭爲亂，帝位傾移，（趙王倫自稱帝遷帝金墉城）八王生釁矣。八王者，汝南王亮，（司馬懿子）長沙王乂，（武帝子）楚王瑋，（同上）成都王穎，（同上）趙王倫，（司馬懿子）河間王顒，（司馬懿弟孚之孫）齊王冏，（武帝弟攸之子）東海王越，（司馬懿弟泰之子）是也。瑋既矯詔殺亮瓘，后因坐瑋罪，去駿死才數月耳，此爲諸王互爭之始。

八王之變

厥後賈模張華裴頠同心輔政，以后淫虐日甚，屢諫不從，模以憂卒。惠帝十一年，倫與冏率兵弑后，并戮其黨，華頠皆死。然外戚雖除，內亂未已。倫自爲相國，加九錫，使冏出鎭許昌，（河南許昌）明年篡位。冏與穎顒起兵討之。此爲諸王互爭之第二期。倫既被誅，帝復位，以冏爲大司馬，穎顒各還鎭。冏滋驕，顒表其罪狀，檄乂討之，乂反誅冏。會穎亦惡乂搆顒反，偪京邑，乂奉帝城守，輒敗其衆。時越適在京，慮不濟，因乂納外兵，穎遂入洛陽，殺乂，此爲諸王互爭之第三期，時惠帝十五年也。穎還本鎭，遙執朝權，嬖佞用事，越再奉帝征之，敗績，車駕入鄴，越歸國。幽州刺史王浚等討穎，穎挾帝走洛陽，顒遣將救穎，復挾帝及穎至長安，於是政權又在顒矣。明年，越起兵徐州，尋攻長安，迎車駕還京，任越爲太傅，顒穎並被殺，此爲諸王互爭之第四期。帝旋崩，或曰越酖之也。

五胡之起

晉世之亂，肇自家族之紛爭，其影響遂及於外界。又法弛俗敝，五胡乘之，割裂土宇，此神州之所以陸沈也。試分述其種類如左：

(一)匈奴 劉淵稱漢劉曜改趙亦爲前趙此五胡首也最後沮渠蒙遜稱北涼亦匈奴種

(二)羯 石勒稱趙亦爲後趙

(三)鮮卑 燕慕容廆最先起爲前燕厥後慕容氏一派垂稱後燕沖稱西燕德稱南燕其他則乞伏國仁稱西秦禿髮烏孤稱南涼與拓跋祿官皆鮮卑別部

(四)氐 氐之先竊據者仇池有楊茂搜成都有李特其最強者則前秦苻堅也呂光稱後涼亦氐種

(五)羌 姚萇繼苻氏之後爲後秦

西晉之亡

漢魏之際，西北民族漸次內徙，晉初家國未寧，胡羌之兇傑者，竊覬不虞。時則慕容廆虎踞遼東，拓跋祿官蠶食河北，李特與子雄負嵎漢中，楊茂搜遠據仇池，而劉淵以五部帥負文武長才，尤赫爍一世，穎表淵監五部軍事，使將兵頓鄴。穎越相攻，淵貳於晉，脫歸還左國城，山西永寧縣地建國號曰漢，自稱漢王。未幾，惠帝崩，懷帝立，淵亦稱帝，徙平陽。山西臨汾縣西南遣劉曜劉聰王彌石勒，分略大河南北。淵死，太子和立，弟聰弒而代之。時石勒進寇襄陽，越帥甲士四萬討之，佐吏名將，悉入其府，於是宮省無復守衛。越卒於軍，石勒追敗越軍，執王衍等殺之，遂引兵陷洛陽，囚執天子，尋弒之。時太子業攻下長安，遂即帝位，是爲愍帝。帝於奔播之後，第守虛名，事多草創，鯨鯢未掃，梓宮未返，而長安戎馬聲嘶已繼，懷帝著青衣行酒狄庭矣。銅駝荊棘，於是七帝之數已終，（魏明帝時張掖郡寶石負圖有石馬七及犧牛之象）而西晉亡。

東晉方鎭之禍變

長安既陷，其時瑯琊王以安東將軍鎭建業，（南京）懷帝凶問至，遂即帝位，是爲東晉元帝。初，王導掌機政；王敦總師干，恃功而驕。帝迺引劉隗刁協爲腹心；餘如顧榮賀循祖逖陶侃劉琨溫嶠戴淵周顗輩，皆一時賢儁，股肱左右，則所以生縛劉粲而滌嵩洛之垢者，胥於是乎賴。惜乎化龍之後，（童謠云五馬浮渡江一馬化爲龍）日即宴安，以致賊臣逆子，近出臣族，苞禍歲月，朝士被誅，憂憤而死，誰曰不宜。史稱恭儉有餘，明斷不足，信哉！明帝纘業，奮發有爲，鑾鉞一臨，凶黨冰泮，亦可謂佳主矣。而得位日淺，誠可惜焉。成帝甫六齡，即帝位，擬業尙淺，而元舅庾亮少年當國，任法裁物，人頗怨之，遂激成蘇峻之變，橫挑彊賊，召釁稔禍，憂及國母，（庾太后以憂崩）兵入臺城，雖闔門投竄山海，亦不足以蔽其辜矣。而復使之擁彊兵，據上流也，何哉？幸而嶠侃共討峻，始平其亂，祖約亦敗奔後趙。時石勒方破洛陽，滅劉曜，以故東晉初期，雖內亂迭生，而外寇不至。康帝享年未久，穆帝襁褓登基，褚太后臨朝。先是庾翼移鎭襄陽，桓溫爲先鋒，至是翼卒，何充建議以溫代之。會漢主李勢不修政事，溫率兵滅之，晉遂得蜀地，溫勢大盛，尋復破秦兵。瑯琊王丕立，是曰哀帝，以溫爲大司馬，三年崩。瑯琊王奕立，溫爲燕所敗，思立威乃廢帝奕立會稽王昱，是曰簡文帝。雖清談差勝，實無可述。簡文立不一年崩，太子昌明立，是曰孝武帝。溫亦病死，朝廷始安枕焉。然苻堅已謀伐晉，曰：「投鞭於江，足斷其流。」其時人情恇擾，至有左衽之憂。幸而謝安石王文度當國，桓冲督江荊，謝玄（安姪）鎭江北，中外協心。玄復募驍勇之士，得劉牢之參軍事，號北府兵，敵人畏之。佈置已定，安得玄書曰：「小兒輩遂以破賊。」晉無亡矢遺鏃之費，而堅已敗在肥水。帝至末年，信任會稽王道子，好家居爲「繈兒撞壞，」長星見則終夜酣歌，語云：貶酒闕色，所以無汚，曷不少鑒邪！安帝繼統，童騃無知，東錄西錄，（時謂道子爲東錄，元顯爲西錄）私門互樹，以故王殷孫恩之亂，國內騷然，而劉裕起矣。桓玄反，迫帝禪位；裕獨力一呼，鋒摧氣沮，馮遷殺天子之賊；而舊物反正，亦晉之幸也。奈何盧循徐道覆等逆腸叛膽，交搆縱橫，仍賴裕起兵吞滅，以成其功業。然諸逆雖消，而裕之威權益盛，遂爲相國宋公。又信讖言以昌明之後，尙有二帝，乃殺帝於東堂。恭帝方二年，裕進爵宋王，受晉禪。烏虖噫嘻！司馬氏父子兄弟，欺孤淩寡，得以意行消息，驟登天位，意氣之盛，可謂壯哉！迺不一傳而骨肉相殘，不再傳而羈魂沙漠，（懷愍）不六傳而疆臣脇侮，以至綱維潰破，憤敗旋趾，又何其遽也！蓋悖入悖出，理或固然歟？

東晉對外之兵力

東晉立國，內亂滋多，而對外之兵力頗振。桓溫初鎭江陵，即出師討蜀，旋滅漢主李勢，威名日盛，朝廷忌之，用殷浩相抵制，浩無功，由此大權盡歸桓氏。溫大破秦軍，進至灞上，圍長安。是時東晉兵力，已北盡大河，西抵雍梁矣，此實晉人恢復時機之第一期也。惜溫懷異志，上下不協，無實力以爲後勁，故所得地復失，不能歸咫尺之侵疆，拱手而讓苻秦以攫取也。秦既強盛，具有席捲江淮之勢，而肥水一役，謝玄等以八萬之師，破秦百萬之衆，用寡捍彊，此爲種族戰爭漢族優勝所自始。初，秦軍寇襄陽，執朱序，苻堅再圖大舉，率師東下，晉使安弟石爲征討大都督，玄爲前鋒，拒之。堅敗，登壽陽城，見晉兵部伍嚴整，又見草木人形，風鶴王師，憮然始有懼色。兵迫肥水，玄請少卻，晉兵且渡，堅欲乘半渡擊之，果麾兵退，秦兵遂潰，堅遁還長安，謝安因思乘勝以開拓中原，此實晉人恢復時機之第二期也。而孝武荒淫，道子專政，遂疏謝安，而其事卒不成。迄桓玄之亂，賴劉裕倡義，晉室復安。於時譙縱叛成都，慕容德據廣固，並爲晉疆，盧循擁有廣州，名附朝廷，實爲後顧之憂。裕以蓋世英略，進討南燕，克廣固，燕甫滅而循已度嶺，自南康（江西贛縣）下尋陽，（九江）進逼建康矣。裕轉戰克之，復遣朱齡石規蜀，譙縱走死，然後北伐，收洛陽，下長安，盡併姚秦之地，執姚宏至建康殺之，此實晉人恢復時機之第三期也。是蓋盛於桓溫時也。然裕方圖篡竊，既定長安，留幼子守之，已而已南歸，長安旋爲赫連勃勃所陷，裕且不暇問。迺自稱宋公，加九錫，弒安帝，立恭帝，行受禪禮而代晉。

西北諸國之迭興

其在北方，自劉淵劉曜起，破滅西晉。旋石勒復貳於曜，自爲一部。當晉室初東，僅守偏安之局，而北方則有漢、趙、秦、涼諸國，五胡十六國之局，由茲而始。匈奴種劉淵傳聰，聰死，太子粲立，其臣靳準作亂，劉曜與石勒討之。曜即位，徙都長安，國號曰趙，即前趙也。羯種石勒，與劉曜有隙，別建國曰趙，都襄國，略平河北，遂滅前趙稱帝，在位六年殂。太子弘立，石虎弒之，始遷鄴。虎死，養子冉閔篡立，盡殺石氏子孫，改號魏國，尋亂，前燕滅之。

氐種成主李雄之族弟壽，廢雄子而自立，改號漢。壽殂，子勢立，爲桓溫所滅。鮮卑種慕容廆，撫有遼東，於中原無與。子皝立，稱燕王，西破段氏，南卻趙兵，東伐高麗，北滅宇文氏。皝殂，子儁立，因石趙衰，始入居薊，稱帝。尋殺冉閔，徙鄴，爲秦所滅。漢人張軌，爲涼州刺史，居姑臧，據河西，再傳至茂，略有隴西之地。張駿迭爲前後趙所屈服，趙亡，涼州復振，西域來朝。子重華，始稱涼王，亦爲秦所滅。

五國之外，尙有拓跋猗盧居代，稱代公，爲元魏所繇起。隴蜀之間，有楊氏據仇池，稱仇池公，蕞爾國不能自立，恒依附石勒。勒之强也，兵力已至大河南北，且以張賓爲謀主，所向無敵，復勸課農桑，禁胡人不得陵侮華族，國勢稱盛焉。逮石虎縱暴，苦役晉人，其後子孫屠僇，禍起肘腋，於是慕容儁自東入，苻健自西入，燕秦並逐，而趙亡矣。此十六國前半期之大略也。

當石趙之亡，冉魏據襄國，慕容恪擊滅之。是時關中一大國出焉，幾乎混一中原，垂成帝業，卒以失機致敗，則苻秦是也。秦之先世蒲洪，再傳至堅而盛。又得奇才王猛，委以國政，百缺俱修，民以大和。値燕有內訌，慕容垂來奔，饒將略，以爲冠軍將軍，遂滅燕。猛卒，堅又西滅涼，（張天錫）北破代，（什翼犍）西南降仇池。（楊纂）是時苻秦勢大張，海內泰半附屬，夷戎入貢者六十餘國。堅意滋驕，大舉伐晉，爲謝玄大敗於肥水，國勢頓衰。蓋肥水之戰，爲苻秦盛衰之一大機鍵也。秦兵旣潰，堅歸，國勢瓦解，其時諸將叛者四起：慕容垂首倡亂，與翟斌合，都中山，（河北定縣）稱帝，爲後燕；已而慕容永據長子，（山西長子縣）稱帝，爲西燕；姚萇起兵渭北，自稱秦王，爲後秦；乞伏乾歸據有隴西，稱苑川王，（今甘肅榆中縣）爲西秦；其臣呂光，氐種也，叛據姑臧稱王，爲後涼。堅子丕雖在晉陽稱帝，不能救，後爲慕容永所破，走洛陽，爲晉將所殺。丕族子登稱帝，爲姚興所殺。登子崇，走湟中，爲乞伏乾歸所殺，遂以亡秦。然慕容昆季皆不振。時國勢稱盛者，唯後燕、後秦二國。燕秦甫立足，而竊據者又四起矣：慕容德據滑臺，（河南滑縣）曰南燕；馮跋曰北燕；禿髮烏孤曰南涼；沮渠蒙遜曰北涼；李暠曰西涼；赫連勃勃據朔方，曰夏天王。自是河朔以西，豆剖瓜分矣。

拓跋氏自什翼犍子寔君爲苻堅滅後，孫珪振起於北，國號曰魏。同時楊定又據仇池，譙縱復叛於蜀，此十六國後半期之大略也。於是魏并北方，劉裕收南方，而諸國悉定，天下遂分爲南北朝。

（附）十六國興亡表

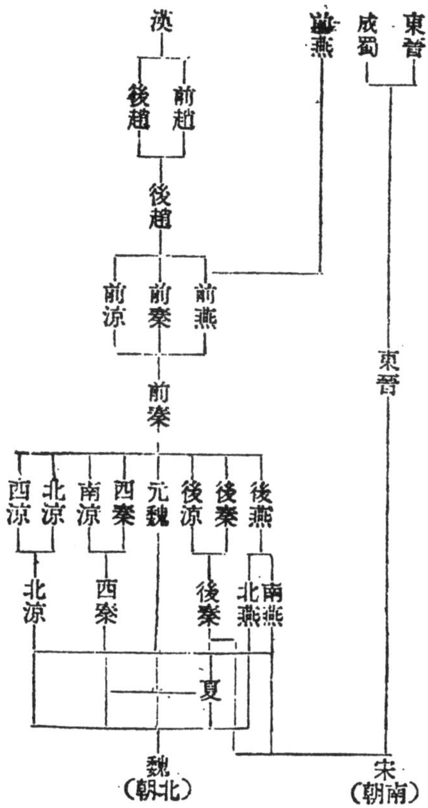

西晉自武帝平吳後，歷十年而賈后專國，又十年而趙王倫篡位，自此藩禍、胡亂迭興，凡十六七年，而晉遂東，東晉歷三十餘年，迄穆帝在位，其間桓溫經略中原，國勢頗振，阼及孝武，肥水勝秦，上下五十年，稱極盛焉。又二十年而桓玄亂，劉裕興，國外兵力稱雄，而晉亦移於宋。

（附）兩晉帝系表　晉凡十五世百五十六年西晉四世五十二年東晉十一世百有四年

- 司馬懿
  - 昭
    - （西晉）（一）武帝炎 二六
      - （二）惠帝衷 一六
      - （三）懷帝熾 六
      - 吳王晏
        - （四）愍帝業 四
  - 伷
    - 覲
      - （東晉）（一）元帝睿 六
        - （二）明帝紹 三
          - （三）成帝衍 一七
            - （六）哀帝丕 四
            - （七）廢帝奕 六
          - （四）康帝岳 二
            - （五）穆帝聃 一七
        - （八）簡文帝昱 二
          - （九）孝武帝昌明 二四
            - （一〇）安帝德宗 二二
            - （一一）恭帝德文 二

第八章　南北朝興亡事略

劉宋事略

劉裕既進爵爲宋王，遂以恭帝二年受禪，國號宋，是爲宋高祖武帝，三年崩。義符不綱，居喪無禮，游狎無度，徐羨之等廢之，迎立宜都王義隆，曰文帝。帝仁厚恭儉，勤於爲政，親臨聽訟，重民命也；像寺有禁，示知節也；書鑄渾儀，能象器也；修孔子廟，嘉右文也。且百官皆令久任，以故元嘉之治，稱爲小康。然五臣秉政，（王華劉湛王曇首殷景仁謝弘微時號爲五臣）黑衣充位，（慧琳參權披緇衣稱爲黑衣宰相）殺道濟而使長城自壞，取河南而謀白面書生。於是魏人不復足懼，遂滅夏、克燕、（北燕）併涼，統一北方，連歲侵宋，宋亦大舉伐魏。魏太武帝自將禦之，臨江次瓜步，（江蘇儀徵縣江口）將渡江，尋引兵還。然所過殘掠，赤地無餘，宋經此劫，已非復元嘉之舊矣。文帝旋爲太子劭所弒，少子駿起兵，誅劭自立，是爲孝武帝。即位未幾，而殺南平，（鑠）殺武昌，（渾）由是而義宣反江州，竟陵反廣陵，休茂反襄陽，骨肉猥藉，朝廷隱憂，孰非宋主之不德有以致之！十二年崩。子業繼之，昏暴無道，穢德闖門，翦除宗室，囚辱諸父，卒爲阮佃夫等所弒，曰廢帝。立湘東王彧，明帝是也。潯陽兵起，諸郡皆送款承風，休仁之兵方出，而子勛之帝已稱，雖曰湘東太祖之昭，晉安世祖之穆，當璧幷無不可。然兩雄不並立，今社稷有奉，而復干戈，是爭矣。猜忌宗室，劉氏子孫，殺僇殆盡，繇是蕭道成得以顧命大臣而弒之。李昱紹統，是爲後廢帝蒼梧王。桂陽王反，道成討平之，自此威權大盛，尋殺帝，立安成王準，是曰順帝。道成自齊公進爵爲王，廢帝自立，宋亡。凡八世五十九年。

蕭齊事略

蕭道成之仕宋也，無赫赫大功，而遽以王儉褚淵之謀，不廢斗糧，不折一矢，篡宋祚而自居之，是爲齊太祖高帝。帝性清儉，嘗言『使我治天下十年，當使金與土同價。』且珍奇異物，毀棄不用，亦有齊之良主也。傳子武帝，聰明能斷，留心政治，外和强魏，內保舊基，故永明（武帝年號）十餘年間，百姓豐樂，羣盜屛息，江左言內治者，宋稱元嘉，齊推永明也。太孫昭業嗣世祖而立，矯情飾詐，僉壬分權，不能裁削其黨，與忞后淫汚，塊然尸位。蕭鸞生睥睨覬覦之心，蓋自啓之耳，是爲廢帝鬱林王。昭文嗣統，政由鸞出，鄱陽王等七人以無罪見殺，衡陽王等四人，以疑忌加刑。日月在軀，（鸞胸有赤志，示王洪範曰『人言此是日月相，幸勿泄』洪範曰『日月在軀何可隱』）迺扼新安（昭文）之吭，以攫其大器，而再行弑逆，是爲廢帝海陵王。鸞卒自立，是爲明帝，殄滅河東王鉉等十王，以絕太祖世祖世宗子孫，誠所謂豺狼之性矣。鳥虖！高帝欲爲子孫計，以盡滅劉氏之裔，而子孫卒塗炭於明帝。明帝亦爲子孫計，以盡滅本宗之支，而子孫復傾亡於蕭衍。天道洵不爽乎？果也，魏孝文聞齊篡亂，大舉南攻，齊業復衰。及崩，子寶卷嗣，兇惡熾禍，刀敕秉軸，（提刀應敕之人用事時人謂之刀敕云）寵任六貴，嬉戲無度，而衍兵起矣。衍初鎭襄陽，知齊將亂，潛修武備，衍兄懿爲豫州刺史，復爲帝所殺。至是遂起兵，奉南康王寶融爲帝，即位江陵，曰和帝。及衍圍建康，廢爲東昏侯，王珍國等尋弑之，是爲廢帝東昏侯。衍入京，封梁公，進爵爲王，受禪，齊亡，凡七世二十三年。

蕭梁事略

蕭衍既代齊，是爲梁高祖武帝。數其政蹟，可紀者多：赦吉翂之代死，卻郡縣之獻奉，修孔子廟，書行五禮，使克有終，何至爲天下所戮。奈何性本殘忍，復溺於佛教，以故杜漸譏其毒螫滿懷，妄敎戒業也。大誅齊之宗族，蕭寶寅即引魏兵入寇，侯景來附，封爲河南王，旋以爲豫州牧。帝與東魏和，景遂反，圍建康，陷臺城。吁！捨身同泰，猶可贖也，捨身侯景，不可贖矣，自得自失，佛力安在哉？簡文嗣之，岌岌焉如在網中，時湘東王繹在江陵，岳陽王詧在襄陽，河東王譽在長沙，互相戰爭，尋仇不已。既而繹殺譽，詧降魏，繹遣兵攻侯景，景已自稱爲漢王，廢簡文而弑之，立豫章王棟，（武帝孫）又廢之，自稱漢帝。先是，始興（廣東曲江縣）太守陳霸先起兵，與繹將王僧辯會師討景，景爲其下所殺，繹遂卽位，都江陵，是爲元帝。時東魏爲高齊所篡奪，取江北諸郡，西魏亦侵略巴蜀，梁僅保江南一隅而已。而詧附於西魏，反與魏師襲取江陵，帝出降，西魏迺移梁王詧於江陵，稱帝，是曰後梁。烏虖！詧助魏滅宋，罪彌天地，而復奉魏正朔，稱帝江陵，身爲中國主，迺俛首承睫於夷，亦何顏面以列人上哉！幸而方智（元帝子）依王僧辯陳霸先以卽位建康，庶乎承梁正統，而迺納蕭淵明於齊，復奉爲帝。甚至方智既廢而又立，淵明已立而又廢，二三孰甚焉！方智既立，是曰敬帝。霸先殺僧辯，遂自爲相國陳公，進爵爲王，尋篡位，梁亡，凡四世五十六年。

陳朝事略

陳霸先乘梁末喪亂之餘，欺弱主，夷凶翦亂，以竊大寶，是爲陳高祖武帝。卽位之初，私宴用瓦器，後宮屏金翠，儉德亦可風焉。然捨身莊嚴，以尋梁武覆轍。又其時淮南已入於齊，荆州以上已入於魏，而梁將王琳據有長沙江夏之地，東取江州，且乞援於齊，與陳相攻，强鄰四偪，其勢甚蹙。三年崩，姪臨川王蒨立，曰文帝。破王琳，復江（江西九江縣）郢，（湖北武昌縣）收巴湘，（湖南境）疆土所收，差足自立矣。惜在位日淺，七年而崩。太子伯宗立，並無失德，而安成王頊廢之以自立焉，是曰宣帝。北齊之亂，取江北各郡，及周滅齊，曾北伐取徐兗之地，爲周所破，其地復爲周有，陳始終以長江爲限矣。安成王其果足爲周旦乎？（孔奐謂安成王足爲周旦）十四年崩，叔寶賴叔堅之力，（初叔陵欲謀殺叔寶，叔堅救之）狠狽嗣統，曰後主長城公。即便精心圖治，猶懼不給，而乃撮手掌之地，恣谿壑之險，（見隋伐陳詔）貂蟬盈座，玉樹被聲宮人有學士之稱，文士有狎客之號。荒淫無度，國用不足，又重以關市之稅，士民嗟怨。時北朝隋已代周，有統一中原之志，既滅後梁，迺以晉王廣爲帥，賀若弼韓擒虎爲將，入建康，俘叔寶以歸。陳亡，凡五世三十三年，南北始歸於一。

南朝自劉裕代晉，迄元嘉末葉三十年間，號爲全盛，後此三十年，皆篡弒相承。齊興，高武兩朝，凡十餘年，政治粗舉；又十年，東昏無道，齊本無大功德，乘危竊國，其亡也忽焉。梁武在位四十餘年，北略軍威頗振，晚歲國亂，疆土日蹙。陳氏支持殘局，亦三十年，始併於隋，而南朝遂亡。故論疆土，陳爲小，敘年期，齊最促云。

（附）南朝帝系表　宋八主五十九年　齊七主二十三年　梁四主五十六年　陳五主三十三年　合一百七十一年

（宋）（一）武帝裕 三
- （二）少帝義符
- （三）文帝義隆 三〇
  - （四）孝武帝駿 十一 —（五）廢帝子業 不踰年
  - （六）明帝彧 八 —（七）後廢帝昱 四
  - 桂陽王休範 —（八）順帝準 二

（齊）
- 始安王道生 —（五）明帝鸞 五
  - （六）廢帝寶卷 二
  - （七）和帝寶融 一
- （一）高帝道成 四 —（二）武帝賾 十一 — 長懋
  - （三）廢帝昭業 不踰年
  - （四）廢帝昭文 同上

（梁）（一）武帝衍 四八
- （二）簡文帝綱 二
- （三）元帝繹 三 —（四）敬帝方智 三

（陳）
- 昭烈王道譚
  - （二）文帝蒨 七 —（三）廢帝伯宗 二
  - （四）宣帝頊 十四 —（五）後主叔寶 七
- （一）武帝霸先 三

拓跋氏事略

五胡雲擾西北，裂爲戰國，元魏興，始并於一，是爲北朝。魏之先拓跋氏，鮮卑種也。魏晉之際，匈奴內徙，拓跋氏據其地。西晉衰，其酋猗盧入居代，（山西代縣）晉封爲代王。後寖衰微，自什翼犍（猗盧從孫）寔君爲苻堅滅後，孫珪依

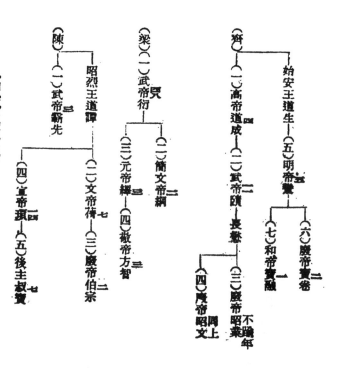

劉庫仁，庫仁子顯欲殺珪，珪奔賀蘭部。既而諸部大人，推珪爲代王，改國號曰魏，是爲道武帝，時正東晉安帝初年也。帝併燕涼秦夏，逐吐谷渾，破柔然，遂雄長北方，與南朝對峙，曰北朝，實奄有中國本部之泰半。帝爲淸河王紹（道武子）所弒，子嗣繼位，爲明元帝。劉裕討秦，自洛入關，帝斂兵北岸避之。裕歸，關中盡爲赫連勃勃地。是時西北形勢，夏爲强，北涼次之。西涼西秦皆淩夷矣，東北則後燕保有龍城，亦敗亡之餘耳。而元魏擁有河北，與劉宋劃河而守。帝方用崔浩爲謀主，內勤政治，按兵觀變，乘宋之喪，遣將克宋河南地，亦令主也。帝崩，太子燾立，曰太武帝。太武雄略蓋世，委用崔浩，執夏主昌（勃勃子），昌弟自立於平涼，擊滅西秦，又欲攻北涼地，吐谷渾（青海地）禽獻於魏，於是關中盡入魏矣。乃東平北燕，西取北涼，北破柔然。又略仇池，擊吐谷渾，遂平西域。二十七年，南侵，觀兵瓜步，宋之江北，緣此衰耗。蓋自西晉之亡，北方諸國，興滅靡恆，至此已歷百三十餘年矣，始有太武之統一。太武晚歲，爲中常侍宗愛所弒，立南安王余，又弒之。羣臣立太武帝孫濬，爲文成帝，族誅愛。十四年崩，太子弘立，是爲獻文帝，嗜黃老浮屠學，有厭世之志，內禪孝文，自稱上皇。（上皇年十八，宏僅五歲）上皇嫡母馮太后，內行不正，酖弒上皇，臨朝稱制。孝文性至孝，凡事稟承而已。后崩，帝親政，慕中國先王之制，聖賢之學，乃銳意復古。均民田，制戶籍，立學校，興禮樂。故事百官無祿，至是始班祿，文章政事，炳然可觀。又惡國風之陋，移都洛陽，禁胡服胡語，改國姓曰元，爲宗姓，娶中州名族，注意種族同化，然舊臣族戚多不悅者，而尚武之風，亦寖以銷亡，拓跋之衰，實基於此，蓋失其固有之種族性質故也。帝屢伐宋齊皆無功，二十九年崩，而一統之業卒不成。

魏歷宣武孝明兩朝，政治寖衰。孝明年幼，胡太后臨朝，有宿衞武士之亂，太后不能治。內有嬖倖，外多盜賊，於是葛榮杜洛周分據河北，莫折（羯西複姓）念生蕭寶寅各反關中，梁復收略淮南諸城鎭，魏之封疆日益蹙。時有秀容酋長爾朱榮者，討賊有功，爲六州大都督，擁兵屯晉陽。（山西陽曲縣）懷朔鎭函使（函使往來之使）高歡勸淸君側。會胡后弒帝，立臨洮王世子釗，（孝文孫）榮遂舉兵入洛，是爲孝莊帝。沈胡后及幼主釗於河，殺王公以下二千餘人。榮歸晉陽，而遙執朝權。已而梁送元顥入洛，孝莊北走，榮出師擊走顥，帝復國，榮竊抱異圖，入朝，帝刺殺之。榮弟世隆及兆遂反，立長廣王曄，（孝文從弟）合師入洛，執孝莊，還晉陽弒之。復以曄疏遠無人望，廢之，立廣陵王恭，是爲節閔帝。初胡后專政，武臣跋扈，擅殺大臣，高歡至洛觀狀，知魏將亂，還家傾財結客；已又從爾朱榮參軍事。至是兆使歡統六鎭。（武川撫冥懷朔懷荒柔元禦夷並在舊宜大邊外）會河北大使高乾起兵，以冀州（河北冀縣）迎歡，歡往，養士繕甲，合師討爾朱氏，立渤海太守朗，（太武帝元孫）連破爾朱氏兵，入洛，廢節閔及朗，立平陽王修，是爲孝武帝。歡自爲丞相，建府居晉陽。時賀拔岳在關中擁重兵，孝武潛與搆結，欲以謀歡。岳爲其將侯莫陳悅所害，夏州刺史宇文泰討誅之，帝以泰督關中，謀伐歡，歡舉兵反，孝武奔長安，依宇文泰。歡別奉淸河王世子善見都鄴，爲孝靜帝。由是魏分爲東西，（孝武居長安半年爲宇文泰酖死立文帝）東魏權在高氏，西魏屬宇文氏，爲周齊二國所自始。

魏分東西

魏之始分也，高歡宇文泰頻年角逐，而有沙苑邙山兩大戰。東魏靜帝四年，（西魏文帝三年梁武帝三十六年）高歡乘關中之飢，大舉攻西魏，泰拒之沙苑。（陝西大荔縣東）時西魏兵單，歡輕之，大爲泰所敗。越六年，東魏北豫州（今虎牢）刺史高仲密叛降西魏，泰帥師應之，與歡大戰邙山，（河南洛陽縣北）兩軍勝負相當，自此東西之局定。

東魏孝靜帝，以高歡爲丞相，政權盡入其掌握。歡卒，（爲神武帝）子澄爲大將軍，方謀受禪，爲其下所殺。（爲文襄帝）澄弟洋嗣爲齊王，遂篡東魏，是爲北齊文宣帝。東魏一世十七年。

西魏孝武帝入長安，與宇文泰有隙，泰弒帝，立孝文帝孫寶炬，是曰文帝。泰爲太師，專攬朝權，以蘇綽有王佐才，推心任之，仿周官之法，定六官，又計戶籍，作府兵法，俱爲隋唐所本。帝崩，太子欽立。欽欲殺泰，泰廢而弒之，立其弟廓，曰恭帝。泰死，子覺嗣，封周公，遂受禪，是爲北周孝愍帝。西魏四世二十四年。

北朝齊周事略

齊文宣帝即位，初亦留心治術，嗣得志滋驕，縱酒色，頗淫暴，殺魏宗室至七百餘人；唯委任楊愔，政事粗舉。十年崩，太子殷立，是曰廢帝。（濟南王。）愔輔政，帝叔常山王演殺愔，廢帝而自立，是曰孝昭帝，頗有善政。及崩，弟湛立，曰武成帝。四年傳位太子緯。緯無道，政治遂衰。時北周勢盛，緯傳位太子恆，出奔，爲周獲，遂滅齊。凡五世三十年。周自孝愍即位，泰兄子宇文護爲大冢宰，專權驕蹇，帝欲誅之，反爲所弒。立其庶兄毓，曰明帝，護又弒之，立其弟邕，曰武帝。護屢興師伐齊，屢敗。齊帝方殺斛律光，昏迷不問國事。武帝誅護，大振國政，會陳宣帝破齊軍，周乘之，圍鄴滅齊。於是周武在位十七年矣。北方復合而爲一。明年帝崩，宣帝嗣，無道，以楊堅女爲后，立一年，即讓位太子闡，曰靜帝。堅輔政，進爵隨王，加九錫，竟以篡位，是爲隋（以周齊不遑寧處，去辵作隋。）高祖文帝。帝秉政九月得國，自來篡國之易，未有如是速者。遂盡滅宇文氏之族，其後南平陳，統一天下。

元魏自道武興，歷三世至太武十八年，凡五十餘年間，統一北方，又歷七十年，而胡后亂國，自此迄東魏之亡，又三十餘年，皆爲君弱臣强時代。齊氏有國，幾三十年，暴君接踵。周亦二十餘年，惟武帝稍有爲，遂以併齊，子孫庸闇。齊亡甫四年，而隋亦代周矣。

（附）北朝帝系表

元魏自道武至孝武帝入關凡十一主百五十八年分爲東西魏東魏一主十七年先亡西魏三主二十二年後亡齊自文宣帝至後主凡五主二十八年周自孝愍帝至靜帝凡五主二十五年

後魏

- （一）道武帝珪 二三 —（二）明元帝嗣 一五 —（三）太武帝燾 二六 — 太子晃 —（四）文成帝濬 一四 —（五）獻文帝弘 六
  - （六）孝文帝宏 二八
    - （七）宣武帝恪 一六 —（八）孝明帝詡 一三
    - 京兆王愉 — **西魏**（一）文帝寶炬 一七
      - （二）廢帝欽 二
      - （三）恭帝廓 四
    - 清河王懌 — 亶 — **東魏**（一）孝靜帝善見 一七
    - 廣平王懷 —（十一）孝武帝脩 三
  - 彭城王勰 —（九）孝莊帝子攸 三
  - 廣陵王羽 —（十）節閔帝恭 一

北齊

- 神武帝歡
  - （一）文宣帝洋 一〇 —（二）廢帝殷 一
  - （三）孝昭帝演 二
  - （四）武成帝湛 四 —（五）後主緯 一三

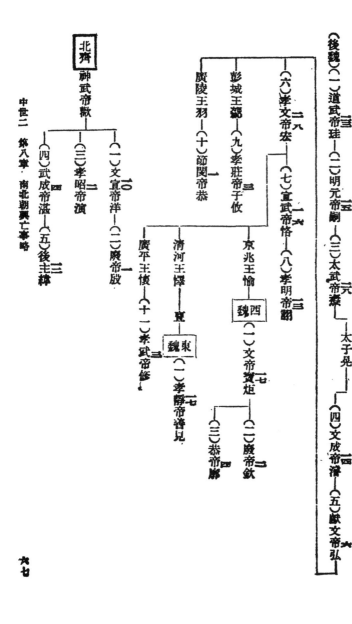

後周 文帝泰
- (一)孝愍帝覺 未踰年
- (二)明帝毓 四
- (三)武帝邕 一七 —(四)宣帝贇 一 —(五)靜帝闡 三

(附)兩晉南北朝存亡分合表

兩晉南北朝之際國家倏興倏滅紛如亂絲茲以系統法列其分合次第如左

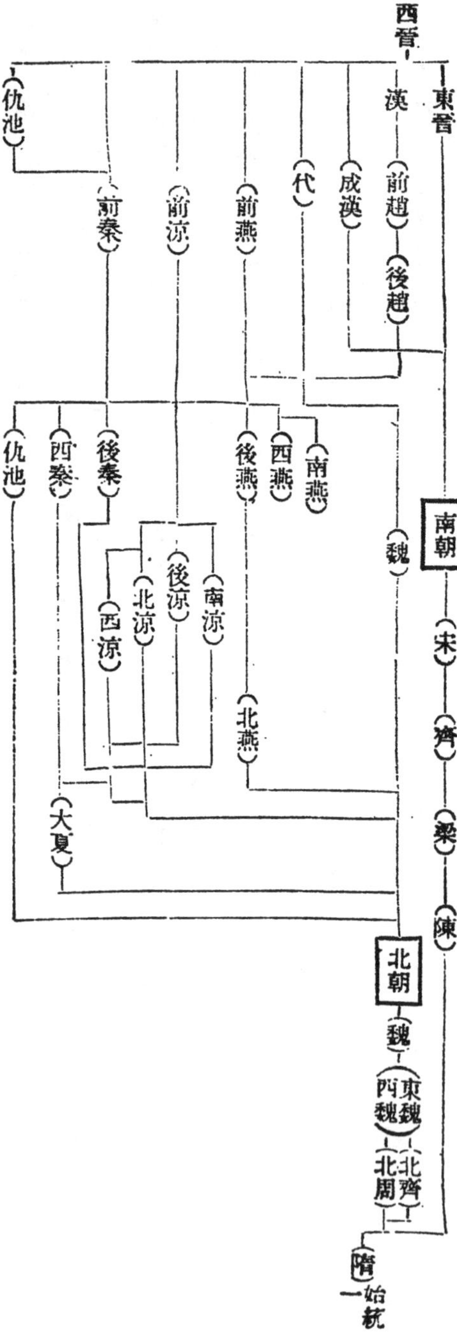

第九章 兩晉南北朝政敎之大概

兩晉南北朝風氣之不同，雖關地理，亦歷史關繫使然哉，其畛域顯然可觀者，則政教是也。茲據其事實而條證之。

制度之改革

晉沿八公九卿之制，終南朝無大區別。北朝魏孝文用王肅言，官制悉仿南朝；迄西魏宇文泰執政，行蘇綽六官法，後世六部之設，悉本於此。兩晉行均田法，南朝不用；北朝魏從李安世言，仿行之。東晉沿用晉律，齊造新律，梁曰梁律。唯北朝魏律則甚酷虐，腰斬族誅等非刑，寧能堪此？至孝文，大改刑制，務從寬厚。齊周各有律書，大致如五刑而加梟首。周復加車裂刑。選舉之法，晉沿魏制，以九品中正取人，故時有「上品無寒門，下品無世族」之譏。南朝重門第，其風氣蓋因此。而北朝亦重門第焉。

學術之盛衰

兩晉學術不振，故當時曠達之士，皆優游竹林，棄禮法如土梗，拯至簡文惠帝之流，亦清談差勝。南朝專尚文學，好排偶，諧聲韻，後世謂之六朝文。詩歌尤多風神，如二陸（機雲）鮑（照）謝（朓）江（淹）沈（約）范（雲）任（昉）徐（陵）庾（信）輩，聲譽尤噪，人才雖彬雅，而經術則大衰。北朝自道武帝設大學，置五經博士，獻文又每郡置博士；孝文修國子太學四門小學，造明堂辟雍，經師蔚起，鄭玄學派，多流傳焉。他如徐遵明李鉉諸大家，亦燦然述作之林也。

宗教之興替

東漢之末，道佛並起，浸浸焉欲冠儒席。至晉時，士夫崇尚虛無，人人莊襟而老帶，而道家特勝。石趙時，有印度僧佛圖澄來傳教，繇是釋家勢力漸張。惠遠來東晉，結白蓮社。逮後秦之姚興時，有鳩摩羅什至，而大乘宗法始傳。中國人法顯，往印度數年始歸國。南朝至齊梁，大崇佛教，梁主蕭衍，至捨身寺院，以求福利。是時適達摩東來，自此寺主連雲，梵聲徹戶矣。北朝魏太武信崔浩言，廢佛崇老，寇謙之一派盛行。獻文時，始解佛教之禁；孝文又重佛教。終魏之世，佛經譯至四百十五部，寺院三萬餘，僧尼殆二百萬。

地理之沿革

武帝平吳，凡增置郡國二十有一，省司隸置司州，別立梁秦寧平四州。太康初元，分合浦之北爲廣州，凡十九州，郡國一百七十三；仍吳所置二十六，仍蜀所置十二，仍魏所置十七，仍漢九十五，置二十三。宋劉裕受禪時，州郡概仍晉舊，大約有荆揚益梁寧交廣等七州郡，而徐兗豫青幽冀幷雍等皆僑置，其實已淪於北朝；唯劉裕滅南燕，曾得徐兗青豫等州，於是始有北徐北青北兗之設。是時南朝之形勝所恃，荆州上游及青徐北陲與壽春一重鎮。及文帝遣王玄謨北征，魏太武帝大舉禦之，直逼瓜步，遂致失南兗徐兗豫青冀六州，而北邊形勢盡喪，岌岌可危。齊梁以降，雖幅員贏縮靡常，大都不能贏於宋初矣。

第十章 隋室興亡事略

隋之初政

隋文帝既滅陳，統一宇內，頗留心政治，尙節儉，太子勇心非之，獨孤后亦惡勇，勸帝廢勇立廣。帝疾亟，廣與楊素書，問帝崩後事，素答書誤送帝所，又辱帝妃陳夫人，帝大怒，欲復立勇，廣遂弒帝，即位，是爲煬帝。文帝乘周宣昏虐之餘，躬行節儉，又更新法度，改周官制。中原自永嘉亂後，典籍散佚，復詔求遺書，崇奬文學，故開皇之治，頗有可觀。然性沈猜，未達大體，元勳宿將，誅夷不恤。又內制於悍后，晚年喜怒靡恆，持法益亟，多所殺僇，隋祚遂不得長，未始無其因也。

隋之全盛

阿麼（煬帝小名）自爲藩王，謀奪太子，旣位東宮，而宇內同日地震，傾亡之禍，已胚胎於此矣。及纘大業，恃其富外勤遠略，南平林邑，（安南南境）西定西域，東收流求，（即琉球國）自將北巡至榆林，（綏遠鄂爾多斯東南）啓民可汗來朝，吐谷渾盛（青海）高昌（新疆吐魯番縣）並入貢，域外之功，何其盛也。乃旣縱遊巡，蹤跡所至，北達塞外，南走江都，（江蘇江都縣）所至勞費，天下騷然。自以爲承平日久，慕秦皇漢武故事，迺役夫二百萬人，營東京，造西苑，所在離宮連屬，窮極侈靡，募士使絕域，與屯田於玉門柳城外。迺開運河，自西苑引穀洛水達於河，引河入汴，引汴入泗，以達於淮，曰通濟渠。又開邗溝永濟渠，即今衞河也。又穿江南河，起京口，訖餘杭，實爲今運河南段之嚆矢。當時雖怨咨，至今猶利賴焉。又造晉陽汾陽諸宮，動費鉅萬。時西北屬國皆臣服，獨高麗不朝，遂下令親征，不克而還；九年渡遼再伐，未下，諸盜蠭起，割據四方，而隋社墟矣。

隋末諸盜

當帝之降高麗而還也，猶南北巡遊不止。斯時也，王世充專擅於東，薛仁杲竊據於西，梁蕭銑角立於南，劉武周飛揚於北。其間林士宏都豫章，江西南昌縣稱楚帝；杜伏威據歷陽，安徽和縣稱總管；竇建德據樂壽，河北獻縣稱長樂王；郭子和據榆林，綏遠鄂爾多斯東南稱永樂王；李密居洛口，河南鞏縣自稱魏公；梁師都居朔方，鄂爾多斯南境自稱梁帝；突厥號為大度毗伽可汗；薛舉居金城，甘肅皋蘭縣自稱西秦霸王，後稱秦帝；李軌起兵河西，稱河西大涼王。其它徐圓朗、負嵎兗州，朱粲轉掠荊沔間，河南南陽湖北襄陽一帶恃險擅命，環隋區皆勁敵也。

惟太原留守李淵，方拒突厥不利，其子世民勸起兵，乃北與突厥和，鼓行南下，轉戰入長安。煬帝方在江都，以代王侑留守西京，越王侗留守東都。二王為元德太子昭子淵遂奉侑為帝，曰恭帝，遙尊煬帝為太上皇，自為丞相，稱唐王。時大業十有三年也。明年，煬帝被弒，淵在長安，遂受侑禪，自稱帝。東都留守諸官，聞煬帝凶問，奉侗即帝位。又一年，王世充廢之而自立。嗚呼！侑侗名曰隋君，而布席禮佛，願自今不復生帝王家，良可哀也！維時羣雄賡續而起者：世充弒恭帝，自即帝位；宇文化及弒煬帝，據魏縣，河北大名縣又弒浩，稱許帝；沈法興居毗陵，江蘇武進縣藉口討宇文化及，稱梁王；高開道初從河間賊帥格謙，謙死，陷據漁陽，河北密雲縣稱燕王。是時之紛擾，殆不減於十六國，蓋自煬帝用兵高麗以後，六七年間，先後割據如此，而楊氏之業以亡。

(附)隋代帝系表 起文帝訖恭帝侗凡四帝三世三十八年

(一)文帝堅 二四 —(二)煬帝廣 三 —元德太子昭—(三)恭帝侑 一
　　　　　　　　　　　　　　　　　　　　　　—(四)恭帝侗 一

第十一章　唐室興亡事略

唐初削平中原

隋失其鹿，羣雄蜂駭，裂山分河，皆成戰場。李淵以世民爲將，令提一旅雄師，先伐西秦，下薛仁杲；遣張興賢襲河西，執李軌，破劉武周，劉走死；命李靖伐蕭銑；世民自將討王世充，王乞援竇建德，竇帥師至洛陽，世民擊破之汜水，擒建德，世充降。既而劉黑闥又起兵漳南，稱漢東王，徐圓朗應之，稱魯王，東北諸州多叛，世民使弟元吉攻劉徐，不克，自將擊徐，破之。是時吳主李子通已襲破沈法興，勢頗張，杜伏威執送京師，尋聞世民破圓朗，杜懼，請入朝，楚王林士宏亦卒，東南地悉平。世民旋破黑闥，黑闥奔突厥，屢借兵入寇，後爲其將所殺。武德七年，僭僞諸國盡滅，海內大定，存者唯梁師都，然伏處塞外，無能爲矣，至貞觀二年始滅之。

太宗之內治

高祖起自晉陽，六年之間，化家爲國。開國之始，定律令，建學校，奠先師，擢直諫，制租庸調法，錄隋氏子孫，具見興王氣象，然以不能早定大計，優游致禍，君子惜焉。當時既定天下，以世民功大，欲立爲嗣，世民固辭，乃立長子建成爲太子，世民爲秦王，元吉爲齊王。建成耽酒色，爲游畋，元吉阿附之，見世民功名獨盛，恐不敵，乃謀除世民。秦府寮屬房玄齡杜如晦，勸世民行周公之事，衆亦慫慂之，世民意始決。會建成元吉將入朝，遂率兵隱玄武門外，自追射建成，殺之；尉遲敬德射殺元吉。帝始以世民爲太子，軍國事一以咨之，是謂「玄武門之變。（一）雖高祖謀之不臧，而世民喋血禁門，摧殘骨肉，亦不能無失焉。已而帝自稱太上皇，傳位世民，是爲太宗皇帝。

太宗爲秦王時，即以杜如晦等十八人爲文學館學士，號十八學士。奪儲事既定，以玄齡爲尚書左僕射，如晦爲尚書右僕射，魏徵爲諫議大夫，每事規諫，輒虛心受之，用人行政，一決於徵。羣臣亦各盡力，綱紀肅然。史稱三代下善政，必曰貞觀，蓋無愧焉。帝承大亂後，勤求內治，躬行節儉，爲天下式。出宮女，罷貢獻，收瘞暴骸，葬隋戰士，此美德之昭也；寬刑誅，縱死囚，定三覆五覆，慎失入失出，此仁政之著也；置弘文館，躬釋奠禮，聚四部書，選學士直宿講論，此文教之振也；掃蕩羣雄，鋒無前對，命統軍爲折衝都尉，別將爲果毅都尉，此軍政之修也；餘如官制、田賦、學校、選舉諸大端，亦多爲後人所取法。讀世南聖德論，披師古王會圖，善政彙彙，史籍與有榮焉。

太宗之外攘

帝既修內政，復能征外域，版圖之廣，亙古莫比。（一）降突厥。始唐與突厥約和後，突利與頡利二可汗數內犯，太宗初立，突厥兵騎至渭橋，（陝西咸陽縣東南）車駕親征，責以負約，受盟而還。嗣頡利勢衰，又與突利有隙，北部回紇、薛延陀（皆在今蒙古境）叛之，唐外結薛延陀，而遣李靖破之陰山，東突厥平，分突利地四州，頡利地六州，置定襄雲中兩都督。（二）制吐谷渾。東境既定，靖又率侯君集攻之，逕積石河源，（即星宿海在青海境）窮其西境，大破之，繇是其南則吐蕃入貢求婚，其北則高昌數跋扈，侯君集討滅之。西突厥之在天山北路者，亦來降。（三）征高麗。泉（姓蓋蘇文（名）弒其王建武，柄政專國，并絕新羅貢道，與唐相抗。帝自將渡遼水，攻安市城，（遼寧蓋平縣東北）得遼州巖州地，遂班師。（四）收薛延陀，初屢入寇，命江夏王道宗阿史那社爾等討之，會回紇殺其國王，餘衆立可汗於漠北。帝遣李世勣再討之，可汗請降，於是回紇、拔野古、僕固、多覽葛、同羅、思結、阿跌、奚結、渾、斛薛、契苾十一國酋長，亦各遣使歸命，盡以其地為府州，設燕然都護府以統制之。（五）服天竺，僧玄奘自天竺還，具言其狀，帝因遣王元策諭諸國令入貢，天竺王以兵襲元策，元策遁入吐番，復以兵攻天竺，擒其王阿羅那順。（六）臣龜茲，西域龜茲王，數擾鄰境，帝遣阿史那社爾契苾何力等合吐番吐谷渾討之，分兵五道，遂擒其王，下大城五，小城七百餘。西域諸國皆大震，西突厥于闐等，皆來貢。此貞觀武功震懾域外之情形也。

武韋之禍

太宗子承乾不才，侯君集恃功觖望，勸之反，帝廢之，立晉王治。帝崩，治立，是為高宗。高宗以懦弱之資，賴舅氏得繼丕基，首引刺史入閣，問民疾苦，詔獻鷹隼犬馬者罪之，察道裕希旨而自咎，覩胡氏進戲而自戒，矢心求諫，尊禮大臣，外如突厥西突厥高麗等，俱至是而始收全功，故永徽之政，大有貞觀之風焉。（通鑑）奈何溺愛於長髮尼，（太宗才人武氏為尼，帝納之）而貽譏於聚麀，娬媚入宮，甫越月而大水繼作，女寵之戒昭然，乃廢王皇后，立昭儀武氏。后明敏有膽略，涉獵文史，帝又苦風眩，或使代決事，輒稱旨，自此參預政事，權傾人主矣。廢太子忠，立弘；又酖殺之，立雍王賢，又廢，立英王哲。高宗在位三十四年，政在中宮者二十五年，以致垂簾二聖，而棄太宗之法，如掃塵櫱涑；用北門之學士，寵笑刀之李貓，反使忠臣呑聲赤族，則亦寄生焉耳。哲既嗣位，是為中宗，而武氏專政如故，甫二月，即廢徙房州，（湖北房縣）立其弟豫王旦。后以虺蜴之心，豺狼之性，一旦大權在握，女可殺，（武氏生女，潛抱殺之以誣王皇后）子可殺，（酖死弘）兄可殺，（殺兄懷良）王后淑妃可斷其手足。李敬業起兵討之，亦即敗死。后自知內行不正，欲大誅殺以威之，於是開告密門，撰羅織經，多用周興、來俊臣、索元禮之徒，助惡於下，而一時無辜者，皆泥耳籠頭，以求睟死。又大殺唐之宗室，甚者改旂幟，易服色，立七廟，而文皇帝櫛風沐雨之天下，遂轉而爲周。自名曌，稱皇帝，睿宗於是立七年矣，以爲皇嗣，賜姓武。其時后之政術，純以祿位收人心，然有權略賢能，皆爲所用，如狄仁傑輩維持朝右，賴以安堵。后威權既盛，益自荒佚，始寵懷義，繼得張昌宗兄弟，侈絕一時。武三思謀爲太子，狄仁傑說以姑姪母子孰親之義，后始感悟，召中宗還，立爲太子，以睿宗爲相王。狄死，張柬之爲相，因后寢疾，謀入宮斬張昌宗兄弟，迫后禪位太子，尊后爲則天大聖皇帝；是歲，則天崩，（年八十二）唐祚遂復，其功皆出自狄仁傑，而張柬之成之。然未幾又有韋氏之禍。

中宗既復位，乃不復懲武氏之毒，徒以貶廢時相從之約，即與婦人共政，而牝雞復鳴，禍水再起，其壞法亂紀，乃甚於武氏。帝方黜宮中之雙陸，信女嬖之攬權，竄殺五王，（敬暉桓彥範張柬之等）擢用方士，崇奬僧道，請謁公行。中宗女安樂公主適武三思之子崇訓，繇是三思結寵，而五狗株連，（周利貞冉祖雍李俊宋之遜姚紹之爲三思耳目時人謂五狗）斜封亂飛，而三無坐處。與后合謀殺張柬之，羣小復集，而安樂公主亦滋驕乘勢專權，賣官鬻爵，太子重俊非后所生，因與李多祚謀誅三思父子，事敗而死。韋后淫亂日甚，恐人謀己，聽安樂公主言，弒中宗，臨朝執政，多用諸韋於是相王旦子隆基，密圖恢復，厚結羽林豪傑，起兵討亂，誅韋后及安樂，幷其黨皆殺之。廢少帝，奉睿宗即位。睿宗再稱尊又三年，傳位隆基，爲玄宗。太平公主倚上皇之勢，附者日衆，謀廢立；玄宗斬其黨，太平母子皆賜死。自武韋亂政，至此爲一結束，遂啓開元之治。

開元天寶之盛衰

玄宗紹統，首擧姚崇宋璟爲相，綱紀肅然。二人先後執政，能使薄斂省刑，百姓富庶。唐世賢相，前稱房杜，後稱姚宋，故政治之隆，比於貞觀。黜宮嬪，屏女樂，定官制，汰僧尼，除酷吏，行鄉飲酒禮，罷員外檢校官，政如冰霜，過擧者少。韓休張九齡秉政，每事納諫，猶著直聲。天下二十餘年，號稱至治。在位既久，漸事奢慾，又吐蕃勢盛，屢寇邊境，頻年用兵，國用不足，因事聚斂，用楊愼矜韋堅等，搜括民財。至李林甫爲相，奸佞日進，朝政大紊，帝專以聲色自娛，而委政林甫。自天寶以來，變楊玉環芙蓉之面，寵阿犖山（安祿山小名）赤心之腹，林甫口蜜腹劍，居其中，排除異己，蔽主固位，爲相十九年，養成天下大亂。林甫死，楊釗（國忠小名）當國，五家各隊，燦若雲錦，帝又殺三子瑛瑤琚，而奪壽王妃楊氏，兄弟姊妹皆用事。天寶十四年，祿山反於范陽，（今北平市）陷東京；明年，哥舒翰敗於靈寶，（河南靈寶縣）賊兵入長安，帝出幸蜀，父老遮留，擁太子亨，馬不得行，太子北赴平涼，而安史之亂起矣。

安史之大亂

初，祿山爲張守珪小將，本營州雜胡也。軍敗當死，守珪惜其勇，送之京師，帝以爲營州都督，旋自平盧節度使封東平郡王，出入宮禁，得楊妃歡心，穢聲四播，唯帝不知。祿山威權既盛，遂萌反志，頗畏林甫，不敢發；及國忠爲相，遂無忌憚。國忠知其謀，言之帝，帝不疑。至是祿山請獻馬三千匹，帝遣使止之，遂擧兵反，稱燕帝，占洛陽其時精兵皆在北邊，天下之勢偏重，致肅宗起靈武，遙尊帝爲太上皇，召李泌謀，遣使借回紇兵。肅宗三年，以廣平王俶（肅宗子即代宗）總師，郭子儀副之，遂復西京。先是李光弼在太原，張巡守睢陽，（河南商丘縣）分制南北之衝，賊以是不獲逞，是歲睢陽粮盡城陷，張巡許遠死之。官軍旋復東京，祿山爲子慶緒所殺，徒衆北走相，（河南安陽縣）兩京平，帝入長安，上皇亦還。慶緒垂滅，而史思明已降復叛；四年，子儀等九節度圍相州，思明自范陽來援，破子儀兵，殺慶緒，還范陽，復出兵取東京，賊勢再振。思明爲其子朝義所殺。已而肅宗崩，代宗立，復徵回紇兵，以雍王适（代宗子即德宗）僕固懷恩（回紇十一姓僕固部之裔）討史朝義，收復東京，賊將在河北者皆來降，朝義自縊死。蓋自天寶之末，至此凡九年矣，所謂安史之亂也。

代宗以下世次

代宗十八年崩，子适立，是曰德宗。以楊炎盧杞爲相，大亂朝政，河北藩鎭多反者。朱泚至據長安，帝奔奉天，李晟復之始還長安。二十一年崩，子誦立，是爲順宗。僅八月，傳位子純，是爲憲宗。帝頗自振作，不尙姑息之政，諸鎭歛迹，遵約束，然晚年驕侈，好神仙，朝政寖衰，在位十六年，爲宦官陳弘志所弒，此宦官弒主所自始。立子恆，是爲穆宗。恣意聲色，紀綱不整，四年崩，子湛立，是爲敬宗。荒淫無度，亦爲宦官蘇佐明等所弒，立絳王悟；宦官王守澄又殺之，立江王昂，是爲文宗。文宗深知兩朝之弊，去奢從儉，慮己焦心，恥爲凡主。然宦官勢已大盛，不可制，卒有仇士良甘露之變，而事益不可爲。帝十五年崩，士良等廢太子，立潁王炎，是爲武宗。牛李大修黨怨，雖取太原如反掌，克上黨如拾芥，驅役三鎭，（王元逵何弘敬二鎭討澤潞，張仲武一鎭禦回紇）如臂使指，而國是不一，七年崩。宦官立光王忱，是爲宣宗。帝威懾閹豎，杖配監軍，大中之治，海內安靖，幾十五年，人謂之小太宗。然卒以少子屬王歸長，而致以中尉之賤，得行國憲，實昧君人大體。及崩，宦官又矯詔立鄆王漼，是爲懿宗。水旱頻仍，國勢益弱，且南詔屢寇邊，盜賊蠭起，十五年崩。宦官又立普王儇，是爲僖宗，專事嬉游，黃巢寇關東，方自誇擊球狀元，及陷東都，君臣了無一策，田令孜（宦官）首倡幸蜀，黃巢遂稱齊帝。李克用以沙陀兵平之，帝始還，十五年崩，宦官立壽王傑，是爲昭宗。李茂貞犯長安，帝出奔華州，尋還，謀誅宦官，事洩，宦官幽帝，立太子裕。崔胤誅宦官，復帝位，旋崔召朱全忠入宮，宦官悉就誅，然全忠進爵，尋弒帝，立其子祝，是爲哀帝。既而逼帝禪位，即梁太祖也。

邊圉之患

安史之亂甫平，邊圉之患旋起。初，吐蕃在肅宗朝，屢入寇，安史亂時，乘間蠶食，河西隴右，爲其所取，遂犯奉天。（陝西乾縣）代宗立，命雍王适爲關內元帥，郭子儀副之。吐蕃旋渡渭水，進陷長安，帝倉卒出奔陝州，急令子儀禦之，吐蕃引去，帝還京師。未幾，僕固懷恩恃功驕恣，遂懷異志，率回紇吐蕃兵入寇，命子儀守奉天，敵兵勢盛，幸爲子儀等所滅；懷恩病死，吐蕃與回紇又不和，子儀單騎赴回紇軍，約攻吐蕃，吐蕃聞之遁走。時南詔亦數寇邊，據有雲南地，外患方殷，而藩鎭之禍又亟。

藩鎭之强

節度使之名，起自睿宗時，玄宗始於邊鎭置十節度使，以禦外蕃，自是藩鎭兵權日盛，至代宗時而亂作。

初，安史亂時，平盧諸將劉客奴董秦王玄志等，舉鎭歸朝，玄宗以客奴爲平盧節度使，賜姓名李正臣，玄志旣之，代領其軍。玄志卒，其將李懷仙又殺其子，推侯希逸爲節度使，帝許之。繇是益橫，輒廢立主帥。又賜董秦姓名李忠臣，以爲淮西節度使，此爲淮西一鎮所自始。安史事寧，僕固懷恩慮賊平寵衰，奏留諸降將，分帥河北，自樹黨援。代宗因以張忠志鎮成德，（治恆州，今河北正定縣）賜姓名李寶臣；薛嵩鎮相衛；（治相州，今河南安陽縣）田承嗣鎮魏博；（治魏州，今河北大名縣）李懷仙鎮盧龍；（治幽州，今北平市）此爲河北三鎮所自始。帝專事姑息，不復能制，且有殺主自立者，即授以官。如李懷仙逐侯希逸，懷仙即爲留後；朱希彩殺懷仙，希彩即可領鎮；希彩又被殺於朱泚，泚即爲節度。泚入朝，又以弟滔代；帝且以公主妻田承嗣子。承嗣益驕慢不奉朝請，陷昭義諸州，李正己李寶臣等俱按兵不進，此藩鎮跋扈之由來也。是時諸道貢賦多闕，吐蕃又數寇邊，賴劉晏斡鹽利，涌漕運，制百貨之低昂，國用以濟。德宗嗣立，楊炎又爲兩稅法，以清戶籍，足賦稅。炎忌晏，譖殺之。諸鎮既擅土地，抗朝命，又惡炎之殺晏，且德宗方銳欲有爲，革諸鎮世襲之弊，於是田承嗣死，田悅嗣，與李正己通謀，帝命朱滔討之，反通悅共起兵，滔稱冀王，悅稱魏王，王武俊稱趙王，李納稱齊王。李希烈在淮西，滔等結之，希烈亦叛，五鎮遂以聯兵。帝發涇原兵討希烈，過長安，其將姚令言作亂，帝與太子諸王出奔奉天。朱泚在長安，亂兵奉爲主，稱秦帝，滔爲皇太弟，尋爲李晟李懷光所破。帝還京師，貶盧杞，陸贄復勸帝下詔罪己，大赦天下，王武俊田悅李納皆上表謝罪，去王號。唯滔以兄故，尚抗命，希烈恃其強，自稱楚帝，泚猶據長安，而懷光復與泚通謀以叛，帝出奔梁州。晟再復長安，泚與滔旋死。憲宗立，始專意裁制藩鎮，擒劉闢，殺惠琳，執李錡，反側者始心惕，王承宗田季安俱未大擾。會裴度平淮西，擒吳元濟，自是王承宗劉總李師道次第歸命，藩鎮跋扈六十餘年，至是稍戢。然未幾而有宦官之禍，藩鎮勢力復盛，表裏爲奸，盜賊乘間而起。始有李國昌之亂，繼有李茂貞之變，破長安，殺宰相，及朱全忠與李克用有隙，以帝爲孤注，崔胤召外兵以誅宦官，全忠遂得入據津要，窺竊神器，與漢末董卓之禍如出一轍，又加厲焉。

宦官之禍

自代宗姑息養奸，而藩鎮始横，自德宗令參機務，而宦官日强，不待長安再陷，甘露生變，君子已知二者之足以亡唐矣。唐初內侍省無三品官，防患甚密，中宗朝始多變倖，宦官至千餘人。玄宗信任高力士楊思勗，思勗數將兵出平叛變，以功爲輔國將軍，力士常居中侍衛，表奏皆先呈力士，然後奏御，小事即決，累官至驃騎將軍，宦官之勢漸盛矣。唯力士性和謹，士夫不甚嫉之。及李輔國擅權於肅宗之世，程元振魚朝恩繼起於代宗之朝，吐蕃入寇，元振遏絕邊報，壅蔽日甚，車駕遂以蒙塵，而魚朝恩典禁軍，管國學，恣睢無比，三人皆不善終。蓋宦官雖横，猶以不久即敗，其根株盤結未復也。至德宗懲涇原之變，凡猜忌宿將，始以左右神策神威等軍委內寺主之，自是宦官專長禁兵，氣勢益盛。陳宏志弒憲宗，王守澄立穆宗，一弒一立，均出於宦官之手，自此諸帝廢立，無不由宦官操其權。蘇佐明劉克明等弒敬宗，王守澄等又殺絳王悟（憲宗第六子）立文宗。文宗欲誅宦官，謀諸鄭注李訓，訓勸帝擢仇士良，分守澄之權，士良勢復盛。訓與注又爭功，伏兵謀誅士良，託名甘露降，帝使士良往觀，謀洩，反爲所捕殺，士良遂大誅朝臣，所謂甘露之變也。自是天下事皆決於北司，宰相行書而已。文宗崩，士良廢太子，立武宗，武宗崩，馬元贄又矯詔立宣宗，宣宗與令狐綯謀漸減宦官，宦官知之，益與朝臣相惡。宣宗崩，王宗實亦矯詔立懿宗；懿宗崩，劉行深韓文約又矯詔立僖宗。僖宗時田令孜專權自恣，勾通藩鎮，迫帝出奔。僖宗崩，楊復恭等又矯詔立昭宗。帝頗英爽，不甘屈於宦官，與崔胤謀誅之，爲劉季述王仲先幽於少陽院，胤以兵誅季述等，帝得復位。胤遂召外兵，欲盡誅宦官，朱全忠率兵至長安，宦官果芟夷，而唐之宗社亦同歸於盡已。

黨爭之烈

當文宗武宗兩朝，藩鎮宦官，方蝟起以剝蝕唐室，而士大夫復盛行朋黨，浸淫糾葛者，前後四十年，亦朝廷禍患之一也。初，李德裕爲翰林學士，因考試事，與中書舍人李宗閔有隙，緣是搆怨，各樹黨援。文宗立，德裕貳兵部，宗閔貳吏部，宗閔得宦官之助，排德裕，引牛僧孺爲相，合力以傾軋之；德裕遂出鎮西川。（治成都）吐蕃將悉怛謀以維州（四川理番縣西）來降，德裕受之。時唐與吐蕃媾和，僧孺梗其議，詔歸其城及叛將，吐蕃誅之境上，怨毒益深。僧孺罷，德裕入相，宗閔亦罷；宗閔再相，德裕又罷；自此互出互入，勢力消長不一，而朋黨之怨終不解。及武宗用德裕，謀平昭義（治潞州今山西長治縣）節度使之亂，始信任德裕，德裕遂以其間報修舊怨，僧孺宗閔皆坐貶。及宣宗時，德裕亦失勢，出爲荆南節度使，復由潮州司馬貶崖州司馬。兩黨紛紜，以文宗一朝爲尤烈。自三人死，朋黨之風始息云。

唐季紛亂

唐自安史亂後，藩鎮宦官朋黨，循環不已，外則吐蕃南詔爲寇，西邊不寧。然自肅代德以降，尙有意文武宣勤求治理。宣宗明察惠愛，以故禍亂雖形，未至潰裂。懿僖兩朝，昏主接踵，水旱頻仍，徵歛無度，而盜賊之禍乃起。有裘甫者，起浙東，擾江南，爲浙東觀察使王式所討平。龐勛又起於林州，入湖南，浮舟下江，掠淮南，至徐州，沙陀朱邪赤心以兵破之，帝賜姓名李國昌，沙陀繇是漸得勢。濮州人王仙芝又起於長垣，河北長垣縣寃句山東菏澤縣人黃巢應之，橫行河南江淮間。仙芝尋敗死，巢勢獨盛，南剽江西福建地，轉入廣州，又自桂緣湘而下，陷潭，湖南長沙縣鄂，湖北武昌縣東還江西，復渡江過淮，進陷洛陽，西入長安。僖宗奔蜀，巢乃僭即帝位，國號大齊。是時李國昌亦爲亂北方，旋盧龍蔚朔兵破之，與其子克用逃入韃靼。帝以巢勢猖獗，赦克用罪，命討之，遂復長安。巢走汴，爲其下所殺。已而宦官田令孜惡王重榮，命朱玫李昌符攻之，克用助重榮破朱玫，逼長安，令孜刼帝奔鳳翔。朱玫別立襄王熅爲帝，克用攻之，玫爲下所殺，帝還京師，流令孜於端州。昭宗既立，思欲恢復前烈，然李茂貞王行瑜等益跋扈，舉兵犯長安，帝奔華州，克用救之。韓建恐朱全忠迎帝，乃送帝還長安。帝謀誅宦官，遂有少陽院之變。崔胤乃召全忠以兵入誅宦官，宦官滅而全忠勢成，逼帝遷洛陽，遂弒帝，立哀帝，尋受禪自立，唐亡。

唐興四十年間，號稱全盛。高宗晚年，武氏預政，既而改號稱周者十五年。至玄宗始治紛亂，天寶盜起，唐室漸衰。上溯開國時已百四十年矣。以後羣閹濁亂於中，藩鎮擅命於外，百餘年間，元和大中頗有可紀。逮黃巢禍作，海內塗炭，宦官藩鎮，鴟張蟠結，中更四十年紛亂，卒爲强藩所亡。

(附)唐代帝系表 起高祖訖哀帝凡二十帝十六世二百九十年

（一）高祖淵 九 —（二）太宗世民 二三 —（三）高宗治 三四 —

（四）中宗哲　武后廢之，立睿宗者六年，自稱帝者十五年，中宗復辟者五年。

（五）睿宗旦　前六年 後三年 —

（六）玄宗隆基 四三 —（七）肅宗亨 七 —（八）代宗豫 一七 —（九）德宗适 二五 —（十）順宗誦 一 —

（十一）憲宗純 一五 —

（十二）穆宗恆 四 —（十三）敬宗湛 二　（十四）文宗昂 一四　（十五）武宗炎 六

（十六）宣宗忱 一三 —

（十七）懿宗漼 一四 —

（十八）僖宗儇 一五

（十九）昭宗傑 一五 —（二十）哀帝祝 四

第十二章　隋唐政教之大概

隋唐一統，制度典禮，彪炳史籍，內治外攘，稱極盛焉。其關於後來之事實，有可紀者。

政制之因革

唐因隋制，設三省長官，尙書令、中書令、侍中握宰相實權，後又有同中書門下及同平章事之職，嗣又以祕書殿中內侍三省，併前三省曰六省，外有一台、六部、九寺、五監之制，此中央職官也。地方則有都督都護，後改爲節度使，府曰牧尹，州曰刺史，縣曰令。隋定刑律十八篇，唐爲十二篇，分笞、杖、徒、流、死五種。死刑有絞斬二等。又設十惡之目：謀反、大逆、謀叛、惡逆、不道、大不敬、不孝、不睦、不義、內亂，犯此者雖八議不赦。八議者，親、故、賢、能、功、貴、勤、賓，罪得議免者也。又尊卑貴賤，刑律有殊，五品以上官得自盡於家。隋設進士科，以詩賦取士；唐因之，特法較密耳，約分三種：(甲)以京師學館及州縣學校卒業者，受尙書省考試，曰生徒；(乙)非學校卒業，由州縣考試中選者，送京師，曰貢擧；(丙)有非常之士，天子臨軒親策，曰制擧。其進取法規，尙與漢近，第試法不同，有方略策、時務策、經帖諸制，又有身、言、書、判四科。均田之制，因南北朝男子十八以上給田百畝，八十畝爲口分，二十畝爲永業，不得買賣田地，貧困不能葬者，得賣永業田。凡賦稅之目三：曰租、庸、調。百畝出粟二斛，稻三斛，謂之租；每歲就役二十日，謂之庸；以土產如絹綾絁麻之類輸之，謂之調。又立蠲免法。至玄宗後，均田法廢，楊炎遂行兩稅法，至今仿行之。

學術之蔚起

隋高祖仁壽初，詔以學校生徒，多而不精，唯簡留國子學生七十人，太學、四門及州縣學並廢。劉炫上表切諫，始改國子爲太學。論者謂其目不悅詩書所致。煬帝侈奢不休，啓民入朝，製豔篇，造新聲，幸帳賦詩，徒尙虛文，而惜短於武略。唐初學校頗盛，隸國子監者，有國子、太學、四門學、律學、書學、算學；隸門下省者，有廣文館、弘文館；崇文館，各府州縣，均置學校，故學術亦極盛。學校以習經爲主，有大經、中經、小經；經學以注疏爲長，孔穎達其表表者。史學至唐而編纂大備：姚思廉編梁書，李百藥編北齊書，令狐德棻等編周書，魏徵編隋書，房喬等編晉書，李延壽以南北史繁蕪，乃撰南史北史二書；劉知幾作史通，深明史例；顏師古注漢書，韓昌黎作順宗實錄，皆於史學有關者。又編開元禮，爲言禮者所宗。文學初唐四傑，尚行駢文，詩則律詩，自昌黎文起八代之衰，而柳李繼之，文體始高。李杜元白，並挾詩家重名。書如虞褚歐陽薛張顏柳，畫如閻李吳王張，亦稱一代之神技。

宗教之林立

高祖晚年，崇信佛道，詔禁毀佛天尊及神像，嗣又以日本來求佛法，煬帝遣使報之。至唐玄奘遊五印度歸，譯經至七十四部千三百三十八卷，僧尼始給度牒，傳播既多，宗派迭出，自此有三論宗、律宗、華嚴宗、禪宗、法相宗、天台宗、眞言宗、淨土宗。道教則玄宗始奉老子，設道士女冠，建玄元廟，有崇玄學生。又景教亦於此時傳入中國。景教者，羅馬舊教之一派也，先行於波斯，號奈司脫利安派，波斯人阿羅本來長安，太宗特建西京波斯寺，即所稱大秦景教也。德宗時，僧景淨謀立景教流行碑。（後埋土中明時始出土）有摩尼教，附會佛氏，傳自回紇。有祆教，傳自波斯。又有天方教，即今之回教也。

全亞之開拓

隋煬以無道亡國，然修長城，開運河，利在後世；且其周巡天下，大治馳道，尤與運河同爲交通之益。其時南北聯屬，水陸交馳，論者謂開通中國之文化不少；然亞洲全土，猶未盡開拓也。海東之地，隋已發使搜求異俗，流求羣島繇是發見。迄於唐興，日本士夫留學中國者不絕，唐置安東都護，乃至朝鮮半島盡爲領土。其西比利亞一帶，則骨利幹以唐貞觀中來朝，其國晝長夜短，蓋近北冰洋矣。其希馬拉雅山左右，若吐蕃，若印度，皆爲唐代兵力所及。又邊境有互市監，西方番舶自海道來通商者漸多，如阿剌伯人至廣浙閩是也。厥後商販接續，交通益廣，以是西方諸國，今猶沿稱我國民曰唐人；日本亦然。

第十三章　五季之亂

五季初期之情勢

五代之亂極矣，權姦驕將，一旦擁兵，即耿耿焉窺竊神器，以致海內分崩，豪杰乘時紛起，較南北之際，又加厲焉。故自唐亡梁興二十餘年間，四方藩鎮抗命者十國：

一曰吳楊行密爲廬州刺史，僖宗末，淮南軍亂，行密入據揚州，嗣爲秦宗權餘黨孫儒所攻，渡江保宣州。（安徽宣城縣）昭宗時，行密破斬儒，還揚州，封吳王。子渥嗣，再傳至石晉朝，楊溥稱帝，爲徐知誥所篡，是爲南唐。二曰吳越，錢鏐爲杭州刺史，董昌稱帝越州，鏐討平之，并其地，居杭州。初封越王，改封吳王，梁拜吳越王。三曰荊南，高季興初爲全忠將，昭宗末，全忠取荊南，旋以季興鎮之，居荊州。全忠稱帝，拜渤海王，後唐改封南平王。四曰楚，馬殷初爲宗權將，孫儒死，殷從劉建鋒襲潭州（長沙縣）據之，建鋒死，殷代立，梁拜楚王。五曰閩，王潮起羣盜，僖宗末，授泉州刺史。昭宗初入據福州，授節度，弟審知嗣，梁拜閩王。再傳至延鈞稱帝，四傳延羲（更名曦）石晉朝與建州刺史王延政相攻，延政并滅之，亦僭稱帝國號殷。六曰南漢，唐末朱全忠表劉隱爲清海節度，治廣州，梁初拜南平王。弟巖嗣（更名龔），稱帝國號越，改稱漢。七曰岐，昭宗朝李茂貞鎭鳳翔，再犯闕，稱雄關中，封岐王。自爲朱全忠所敗，漸不振，後唐初，改封秦王。八曰蜀，王建初爲利州刺史，僖宗末，西川節度陳敬瑄（田令孜兄）拒命，建討平之，據其地，封蜀王，梁初稱帝。九曰燕，劉仁恭初爲幽州將，奔河東，昭宗初，李克用入幽州，表以爲留後，唐末，子守光叛，自立，梁拜燕王，後稱帝。十曰晉，李克用鎭晉陽，黃巢大亂，三帥犯闕，皆賴以平定，昭宗封爲晉王。全忠既盛，晉地日蹙，子存勗嗣。此十國之顚末也。同時契丹阿保機（後作阿巴堅）起臨潢（熱河巴林旗東北），北侵室韋（西伯利亞東部），靺鞨（吉黑二省），西取突厥故地，雄強塞外。晉王李克用與結兄弟，約共滅梁，阿巴堅尋背盟，與梁合。此當時立國之大勢也。自契丹盛，亘千年來，亞洲民族之勃興，輒在東北一隅矣。

後梁事略

朱全忠以碭山一民，從巢爲逆，巢敗，始歸命國家，樹黨弒君，視唐機上肉不啻。逮破秦宗權，乘勢略收河南北諸鎭，遂擁兵入關，挾天子而東，篡唐祚，更名晃，爲後梁太祖，都洛陽。因與李克用有隙，連歲爭潞州，得失靡恆。克用卒，子存勗即位，大破梁軍，晉勢復振。會梁祖寵養子友文妻，爲次子友珪所弒。嗟乎！朱晃以臣弒君，以致友珪以子弒父，祿山之報，昭昭不爽矣。未幾，三子友貞爲東都（梁以開封爲東都，洛陽爲西都）指揮使，起兵誅友珪，即位，改名瑱，爲末帝。時存勗已破燕，斬劉守光，又與梁戰，擒王彥章，遂入大梁。友貞令其下殺己以迎存勗，是爲末帝，梁凡二世十七年。

後唐事略

後唐莊宗皇帝，卽存勗也。莊宗起百戰，滅燕克梁，淮江以南諸國，皆朝貢。岐王李茂貞勢微弱，以地入唐，蜀主王衍（建之子）昏亂，莊宗三年，遣皇子繼岌及郭崇韜滅蜀，於是梁初十國之局，至是僅存其六矣。使當此時雪國家之恥，復列聖之仇，懍承業爲唐之忠言，烏得以五代君目之。惜乎不承權輿，非荒於貨色，卽般於遊獵，殺郭崇韜，閹門屠膾，克用養子嗣源乘之，遂據大梁。梁震曰：『唐主得蜀益驕，亡無日矣。』旨哉言乎！卒之「唐主帝河南，令公帝河北」，登高浩歎，石橋涕悲，徬徨四顧，淒然無歸，伶人弄矢，骨燼肌灰，吾爲唐主惆焉。嗣源卽位，是爲明帝，遠女色，誅宦寺，選文學，謹天變，錮逋負，廢內藏，迹其所爲，亦稱令主。惜也年幾七十，諱言儲嗣，以致從榮稱兵，驚亂宮闈，父子祖孫，一日而絕，謂爲不學誰曰非宜？次子從厚立，是爲閔帝。時潞王從珂（本姓王，明宗養子）鎭鳳翔，石敬瑭鎭河東，各得民心，執政忌之，欲移其鎭，從珂遂叛。起兵入洛，閔帝出走，從珂自立，是爲廢帝。而「除去菩薩，扶立生鐵」，單有悔心，能久恃乎？果也與敬瑭有隙，詔徙鄆州，敬瑭固奉表稱臣，乞援契丹，大破唐兵，敬瑭乃卽帝位，於是後唐之局終，後唐凡四世十四年。

後晉事略

石敬瑭之立也，是爲後晉高祖。敬瑭以明宗愛壻，手握利器於河東，而以劉知遠倡謀，桑維翰進策，而借兵契丹，卒以亡唐，契丹之德，信不能忘矣。獨不思割幽（今北平市）薊（河北薊縣）瀛（河北河間縣）莫（河北任邱縣）涿（河北涿縣）檀（河北密雲縣）順（河北順義縣）新（今察哈爾涿鹿縣）嬀（察哈爾懷來縣）儒（察哈爾延慶縣）武（察哈爾宣化縣）雲（山西大同縣）應（山西應縣）寰（山西朔縣）朔（今山西右玉縣）蔚（山西靈邱縣）十六州，即大失中國控扼之險乎？又不思向穹廬屈膝，爲異日中國之隱患乎？縱不得帝，猶不失爲帝室郎舅，奈何靡靡焉銷剛爲柔，惕惕怵怵，俛俛伈伈，爲犬羊一臣子而不自恤乎？是時契丹盛強，自耶律阿保機幷七部，復引漢人韓延徽爲謀主，常握制中國之勝算，邊臣有不美晉祖所爲者，或執其使，帝至殺重臣以謝，未嘗敢失其歡心。及崩，立齊王重貴，是爲出帝，景延廣專政，以稱孫激怒契丹，契丹入寇，敗之，驕惰不設備，契丹遂長驅入大梁，執帝及太后，晉凡二世十二年。

後漢事略

劉知遠以晉陽贅壻，効力晉朝，見契丹覆晉，褎如充耳，一任胡騎剽掠，郊畿數十里，財畜殆盡，又括借諸州，民不聊生，內外皆怨，居汴三月，擁兵不救，及聞遼主崩，遂入大梁稱帝，是爲後漢高祖。（後更名暠）伐鄴，（河南安陽縣）降杜重威，在位一年崩，子周王承祐立，曰隱帝，時李守貞據河中，王景崇據鳳翔，趙思綰據長安，共舉兵叛，使樞密使郭威先後討定之，功高得民心，尋還鄴，帝遂驕恣，歷殺大臣楊邠、史弘肇、王章等，又欲殺郭威，威以兵入汴，帝爲亂兵所弒。威迎立贇，未至，出兵禦契丹，將士鼓譟南還，裂黃旗被威體，乃卽帝位，是爲周太祖皇帝。漢凡二世四年。

後周事略

郭威柄漢室之兵權，屬衆心之推戴，滅漢代立，建國爲周。雖難逃簒國弒君之罪，而在位三年，美政不無可紀：毀寶器，罷貢獻，謁聖廟，釋唐俘，有國雖淺，爲治已固，亦賢矣哉！榮以柴氏子，嗣太祖而立，是爲世宗，撰通禮，正樂書，設科目，文敎彬彬，而且禁度僧尼，親錄囚徒，貸淮南之飢，立三稅之限，其所以注意黎民，留心治道者，無美不備。即論其外征，亦頗有可觀者。當是時，契丹侵略於北，四方割據，諸雄承唐晉漢以來，至此又有五國二鎮：

南唐　石晉初徐知誥簒吳，知誥本姓李，更名昪，改號唐，都金陵，稱帝，子璟嗣，自李昪李璟兩朝，乘閩楚之亂，頗侵略其地

後蜀　唐莊宗平蜀，以孟知祥鎭西川，董璋鎭東川，會明宗入洛，二人合謀拒命，尋知祥併有東川地，都成都，稱帝，子昶嗣

南漢　劉隱四傳至宏熙，更名晟，周初乘楚亡，取其桂（屬廣西）連（屬廣東）諸州，始盡有嶺南地，子鋹嗣

北漢　劉崇據太原，附於遼，遼册封爲帝，更名旻，周初數引之入寇，國小而悍，子鈞嗣

吳越　錢鏐三傳至宏佐，晉末乘閩亂取福州，至是再傳至宏俶嗣

以上五國

荊南　高季興以荊南節度受唐封爲南平王，再傳至保融，漢以來領節度使如故

武平　馬殷據湖南，五傳至希蕚，周初爲南唐所滅，朗州將王逵等奉劉言爲帥，據境自守，稱武平留後，其地幾盡復，已而逵代劉位，爲下所殺，周行逢入朗州，稱留後

以上二鎭

五季末期之衰亡

五代後半期，始終割據者凡七。蓋自孟知祥據蜀，歷晉至漢，閩雖爲南唐所滅，（唐兵攻建州王延政降）周興而劉崇復起太原也。世宗初立，崇引遼兵入寇，世宗自將禦之，戰高平，（山西高平縣）大破漢軍，宿衛將趙匡胤功最，以爲殿前都虞侯。周師乘勝逼晉陽，（即太原）不克而還。劉崇憂憤死，子鈞嗣。時南唐據有江淮，漢以來，破楚滅閩，稱雄南方。世宗先遣王景（鳳翔節度）伐蜀，取秦成階三州，威振西方，欲幷南唐，命匡胤襲唐將皇甫暉姚鳳於淸流關。（安徽滁縣西南）自是連歲引舟師，攻略淮江間，唐盡獻江北地，去帝號請和，時顯德五年也。明年，又伐契丹，取瀛莫，於是關南（河北雄縣）始爲周境，方議進取幽州，疾作班師。及崩，子梁王宗訓立，曰恭帝，年甫七齡。匡胤奉命出師拒契丹，至陳橋驛，兵士仿周太祖故事，戴匡胤爲王，以黃袍加身，恭帝因禪位，是爲宋太祖。周凡三世十年。

五季之衰，雖曰天命，蓋亦人事焉。自唐代藩鎭擅命，至是而天子皆出於節度之强者，復以擁立節度之故習，移而擁立之。以故李嗣源郭威趙匡胤等，莫不朝爲臣僕，暮爲君主。安重榮曰：『今世天子，惟兵强馬壯者爲之。』五代之世，大抵然耳，此軍將之驕恣也。廉恥風衰，勛舊公卿，運數不隨國家爲長短，更迭閏位，圖簒弈改，數年一見，士生其間，不以爲辱，反以爲榮，如馮道其尤著者。事五朝十一君，常不離將相公師之位，漁獵大官，馳封門蔭，晚年且自號「長樂老」以誇榮遇，而時人亦復稱譽之。死年七十三，至謂其孔子同壽，士習所趨，寖成風俗，此士夫之無恥也。唐晉與漢，皆以殊類而據中州，契丹鼓忿，胡騎長驅，石敬瑭且資其力以得國，尊爲父皇帝，北使惠臨，別殿拜受詔敕，迨禍至神惑，運盡天亡，翁怒來戰，表稱孫男，彼猶諭曰「孫勿憂，必使汝有啜飯所。」彼成之而彼傾之，致使生爲負義侯，死作羈魂鬼，亂華之禍，誰作俑乎！此外族之憑陵也。有此三者之弊，釀爲五季之亂，可勝悼哉！

（附）五代世系表 通計十三帝五十五年

（梁）（一）太祖全忠 六 ——（二）末帝瑱 一一

太祖李克用
（唐）（一）莊宗存勗 三 ——（二）明宗嗣源 八 ——（三）閔帝從厚 未踰年
　　　　　　　　　　　　　　　　　　　　——（四）廢帝從珂 三

石敬儒
（晉）（一）高祖敬瑭 七 ——（二）出帝重貴 四

（漢）（一）高祖知遠 一 ——（二）隱帝承祐 三

（周）（一）太祖威 三 ——（二）世宗榮 六 ——（三）恭帝宗訓 未踰年

（附）五代十國興亡表

國名	第一世	年數	建都	傳世	滅其國者
梁	朱全忠	十七年	大梁	二世	唐
唐	李存勗	十四年	遷洛陽	四世	晉

晉	石敬瑭	十一年	大梁	二世	漢
漢	劉知遠	四年	同上	同上	周
周	郭威	十年	同上	三世	宋
吳	楊行密	四十五年	揚州	四世	南唐
前蜀	王建	三十五年	益州	二世	唐
楚	馬殷	五十六年	潭州	六世	南唐
閩	王審知	五十二年	福州	七上	同上
吳越	錢鏐	八十六年	杭州	五世	宋封淮海王
南漢	劉隱	六十八年	廣州	五世	宋
南唐	李昪	三十九年	江寧	三世	同上
後蜀	孟知祥	三十三年	益州	二世	同上
荊南	高季興	五十七年	荊州	五世	同上
北漢	劉崇	二十九年	晉陽	四世	同上

近世三

第一章　北宋興亡事略

太祖政略

太祖既定鼎汴京，患彊臣恣肆割據，諸國未平，與趙普謀先削藩鎮之權，以杜隱患，於是假杯酒以固歡，勸石守信等罷典禁軍，旋罷諸功臣節鎮，使奉朝請，節度使有死或致仕者，輒以文臣代之，諸州復置通判，使治軍民之政事，得專達朝廷。又置轉運使，專司租稅，而罷藩鎮收稅之權，自是藩鎮權始輕。而且踐阼伊始，勤求內治，課農桑，寬刑賦，懲貪贓，興學育材，與民休息。又復親臨講武，留意邊備，以靖西北。然後專心圖南，所向獲利；收淮南，（李重進）克澤潞，（李筠）降荊南，（高繼沖）下湖南，（周保權）平蜀，（孟昶）滅漢，（南漢劉鋹）服越，（錢俶）取唐，（李煜）逆賜叛瞻，消縮順嚮。至是唐以來外重之弊盡革，而宇內略定矣。十六年崩，從杜太后命，傳位於弟光義，是爲太宗皇帝。

太宗政略

太宗沈謀英斷，親征北漢，漢主劉繼元，混一版圖，而契丹之交涉始起。北漢既滅，帝乘勝欲取幽薊諸地，迺帥師圍幽州，契丹來援，大敗而還；自是契丹數入寇，太宗亦數禦之，恆不利。夏州李繼遷時反側，據銀州，（陝西米脂縣）旋請降，以爲銀州觀察使，賜名趙保吉；未幾復叛，尋復送款，而西夏爲宋患之勢成矣。然其致治之美，亦有足多者：立崇文院，封文宣後，賑江南飢，納直諫疏，嚴贓吏之誅，重循吏之選，迹其所爲，亦庶幾有道令主矣。惜其改號更名，（改名炅）怒姪（德昭自殺）貶弟，（廷美貶房州）皇后不成服，且無以解斧聲燭影之疑，不無盛德之累焉！二十二年崩。初，昭憲太后（太祖母杜氏）遺命太祖傳弟光義，光義傳弟光美，（後名廷美）光美傳德昭，（太祖子）故太宗以弟得立。至是太宗違母命，立其子恆，是爲眞宗。

西北邊事

眞宗立，契丹復來寇，濟河侵齊地，帝拒之大名，至則契丹縱掠而歸。然自是侵寇益甚，遂城之役，王顯敗之，望都之戰，王繼忠被執，尋復遣使議和。景德初元，（在位七年）契丹大舉深入，逼澶州，時寇準方同平章事，邊書告急，一夕五至，臨江王欽若請幸金陵，閬州陳堯叟請幸成都，準力爭，勸帝親征。車駕即至澶州南城，（德勝寨見南城）契丹軍盛，欲退，準又爭，遂濟河，御北城門樓。契丹知親征，大懼，漸引去，遣使請盟。準尙思以策制之，使稱臣，且獻幽燕地。帝不從，有譖準者，事且變，遂許契丹。曹利用如契丹議，帝願以百萬歲幣求安。準謂利用：「踰三十萬必斬爾。」既而利用以歲銀十萬兩，絹二十萬匹成約，契丹許以以兄禮事，各解兵歸，所謂澶淵之盟也。然自是寇準爲小人所側目矣。邊塵甫靖，帝侈志漸萌，準既爲欽若所譖，又建議封禪，於是天書之事起，西祀東封，迄無寧日，而五鬼（王欽若丁謂陳彭年劉承珪林特時人目爲五鬼）復諛昏佞舌，專事逢迎，於是中外上雲霧草木之瑞，羣臣奏野雉山鹿之祥，致使京師諺語謂：「欲得天下寧，當拔眼中丁；欲得天下好，莫如召寇老。」既不競於外國，乃徒恃此以塗飾耳目，人其可欺乎？

澶淵定盟，北境靜謐，而西夏之戰事又起。李氏自唐末據夏州，（陝西懷遠縣）太宗之世，李繼捧來歸，賜姓趙氏，其弟繼遷叛走塞外，尋復內附。傳子德明，爲宋外藩，然亦通款契丹，兩方皆封爲西平王。仁宗朝，德明子元昊，雄毅有大略，設官興學，大修國政，開地萬里，居興慶府，（寧夏省寧夏縣）阻河依賀蘭山以爲固，遂稱帝，國號大夏，屢寇邊。帝乃削元昊爵，命夏竦范雍嚴守禦。元昊寇延州，西陲繹騷。復命韓琦范仲淹分路制討，琦主戰，仲淹主和，意見既歧，元昊益得志，盡銳寇渭州。(治平涼) 琦將任福逆戰，違節度，敗死好水川，(甘肅隆德縣) 關右大震。既而夏人分兵四出，大肆抄掠，涇汾以東，閉壘固守。帝使仲淹為陝西路經略安撫招討使，總四路事，夏患少息。會契丹與宋和，元昊恐宋合契丹進攻，遂亦挽契丹陳通款意。

契丹越二十餘年境內無事。及聞元昊寇西陲，復有南侵之志，因欲乘釁取關南地。乃遣使來言，帝意不欲予地，謂若增歲幣可結婚以和。乃使知制誥富弼報聘，凡兩往，反覆辯論，拒其割地之要求，且盛陳和戰利害，契丹亦遣使偕弼至宋，增歲絹十萬匹，銀十萬兩，其書辭曰納，是為慶歷和約。同時西夏亦遣使上書，帝遣邵良佐往議，封元昊為夏王，賜絹十萬匹，茶十萬斤，元昊要求歲幣與茶各二十五萬五千。和議成，終元昊之世未犯邊，傳子諒祚，帝亦封為夏王。

黨案之起

仁宗嗣統，率多善政，其尤著者，衆賢拔茅以進：小范老子(范仲淹) 主西事，鐵面御史(趙抃) 專彈劾，黑王相公(王德用) 在樞密，閻羅包老(包拯) 任要府，而且鄭公(富弼) 善北使之職，魏公(韓琦) 寒西賊之膽，歐陽(修) 正時文之體，武襄(狄青) 成廣南之功。論者謂四十二年之仁澤，續以培之也。所惜者外交既有夏遼之約，內治尤多朋黨之爭。初呂夷簡為相，勸帝廢郭后，范仲淹等在臺諫上疏力爭，被貶。後歸，頻論時政，夷簡謂其越職言事，離間君臣，引用朋黨，乃貶知饒州；余靖尹洙力爭，皆坐貶；歐陽修貽書高若訥亦貶。蔡襄乃作四賢(范余歐陽尹) 一不肖之詩，夷簡益惡其黨，遂榜仲淹等黨人名於朝堂，為越職言事者戒。旋徙仲淹嶺南，帝又感悟，除其禁，增置諫官，以歐陽修蔡襄知諫院，余靖爲右正言，韓琦仲淹爲樞密副使。後仲淹參知政事，富弼爲樞密副使，日夜想望太平，改磨勘法，去任子之弊，僥倖者多不便，同聲誹謗，而朋黨之見益深。仲淹與弼不自安，先後出爲宣撫司，此實有宋黨禍之伏流也。帝四十一年崩，太宗曾孫曙立，是爲英宗。優禮大臣，愛民好儒，臨政必問官治所宜，德號彰聞，雖嗣服不長，亦稱良主。四年崩，太子頊立，是爲神宗。

英宗時，朝臣自爲門戶，紛紜膠葛，久而未已，遂爲宋史黨爭中一大事者，「濮議」是也。英宗以濮王子入繼大統，欲追尊所生，司馬光抗言爲人後者不得顧私親，執政韓琦歐陽修等有異說，呂誨范純仁等謂宜從光議，章七上不報，遂劾琦修等導諛。後帝卒從中書議，誨等遂納敕告退，琦修亦自請帝裁處，乃貶誨等出知州縣，傅堯俞亦請貶。時僅意氣之爭，無關軍國大事，亦相持不下若此，黨禍之來，不得謂非諸君子有以召之也。

神宗變法

神宗既立，銳意圖治，他務未遑，乃急急於養兵理財，命政治家王安石越次入對，不一年而驟登相位。迨變法議起，立制置三司條例司，專司經畫邦計，分遣使察農田、水利、賦役於天下，諸所更張，約有十事：

（一）均輸　舊制，上供有常數，年豐可多致，不能贏餘；年嗛難供億，不敢不足。乃令江浙荊淮發運使假以錢貨，預知在京倉庫所當辦者，得以便宜蓄買，制其有無。

（二）青苗　貸錢於民，俟穀熟還官，號青苗錢。陝西轉運使李參嘗行之，至是依陝西例，以諸路常平廣惠倉錢穀，民願預借者，給之，令出息二分，隨夏秋稅輸納。

(三)改更戍　宋初四方勁兵悉隸禁旅，更番外戍，雖無難制之患，而兵將不相習，緩急不足恃。乃部分諸路，各自為將，總隸京師，平居知有訓練，使兵將相習，無番戍之勞，亦謂之將兵法。

(四)保甲　十家為保，五十家為大保，十大保為都保，戶兩丁以上選一，為錄丁，授弓弩，教戰陣。每一大保輪五人警盜。

(五)募役　往時民充役者輒破產，乃計民貧富，分五等輸錢，曰免役錢。若官戶、女戶、寺觀，與單丁、未成丁者亦分等以輸，曰助役錢。又斂錢先視州若縣應用雇直多少，隨戶等均取雇直，又增取二分以備水旱欠闕，曰免役寬剩錢。

(六)科舉　罷詩賦，以經義策論取士，頒安石所著三經新義於學宮。

(七)學校　諸州縣皆立學，京師則立太學三舍。始入太學為外舍，外舍升內舍，內舍升上舍，既列上舍，召試賜第。

(八)市易　置市易務於京師，凡貨之可市及滯於民而不售者，平其價市之，民以田宅金帛為抵當者，貸之錢而取其息。

(九)保馬　保甲願養馬者，以監牧見馬給之，或官予直令自市，歲一閱其肥瘠，死病者補償。

(十)方田均稅　以東西南北各千步當四十六頃六十六畝百六十步為一方，量地辨色，分為五等，以定稅則。

先後五年間，其所設施者如此。是時宋廷守舊派如司馬光韓琦程頤蘇轍等，持論皆忤安石。唐介既憤卒；富弼復稱病；趙抃無如何，但呼苦苦；曾公亮亦告老。時人致有「生老病死苦」之謠。神宗排衆難，頗任安石。諸臣既以意氣爭之，而其所與契合者，則唯笑罵之鄧綰，廁僕之王珪，家奴之薛向，爪牙之李定，鷹犬之張商英，筌相之陳升之，朋奸比黨。故新法之行，匪唯無利，且以爲害。琦言青苗法不便，帝欲罷之，安石求去，帝不許；安石持新法益堅。光等極言其非，先後罷斥。蘇軾復以廷試策反對坐貶。會大旱，鄭俠繪流民圖以進，帝動容，欲罷新法。安石與呂惠卿力言不可，安石出知江寧府；惠卿代相，陰拒安石，事聞，帝復召安石，與惠卿不相能，惠卿訐其過，帝亦厭棄之，安石始退不復用，然海內已騷然矣。故曰惠卿等誤安石，安石誤帝，帝誤百姓也。神宗欲大有爲，而卒不獲成功，遂飲恨而崩。

安石當國時，內既蹙國勢，外又生邊釁。初，夏王諒祚既受封爲夏王，又寇環慶等州，爲宋將所襲擊，迺圖報復。建昌軍司理王韶，詣京師上平戎策，以爲欲取西夏，先寇河湟，欲復河湟，先招撫沿邊諸夷。安石用其議，韶因伐吐蕃破之，築武勝軍，尋復河州，吐蕃木征來寇，韶復擊破之。然西羌難服，終不能逞其志。及入爲樞密使，李憲以兵攻靈州，（今寧夏靈武縣）無功而還，夏人乃陷永樂城，（以永樂川得名在米脂縣南）宋兵死者六十萬。至是帝始知邊臣不可信，罷西伐之兵，而國力已疲矣。同時契丹改國號遼，又遣使議地界事，王安石主欲取姑予之策，失新界地凡七百里。大凡景德以前，宋遼交爭，每戰輒敗；景德以後，宋遼結好，每和輒屈；宋始終不能得志。

北宋之衰亡

神宗崩，太子煦立，是爲哲宗。年尙幼，太皇太后高氏聽政，召用故老名臣，（呂公著司馬光等）以新法不便，罷保甲、方田、保馬、青苗、免役諸法，所用者皆正人，（程頤范純仁等）所黜者皆奸黨，（蔡確韓縝章惇等）所建者皆良法。（置新理所廣惠倉修定學制立十科舉士之法）安石尋卒，呂惠卿知無所容而懇求散地，未幾，光亦卒，而惠卿等伺隙搆禍，諸賢猶不悟，至各分黨與而有洛黨、（程頤爲首朱光庭等輔之）蜀黨、（蘇軾爲首呂陶等輔之）朔黨、（劉摯梁燾爲首而輔者尤衆）諸目，主行新法者爲熙豐黨人，此則元祐（哲宗年號）諸黨也。時熙豐用事之臣雖去，其徒猶分布中外，呂大防等患之，欲稍引用以平夙怨，謂之調停，轍力爭乃止。太后沒，帝親政，禮部侍郎楊畏（初附宰相呂大防至是叛依新黨）首倡紹述，用章惇等以尋舊轍，君子方欲以元祐爲元嘉，而不知紹聖又轉而爲熙寧矣。

楊畏既倡紹述之說，改元紹聖，講述熙豐之政，新黨復振，新法復行。司馬光等皆追貶，元祐諸臣竄逐殆盡，並起同文館獄，搆陷諸人反狀，劉摯梁燾既貶死嶺南，禁錮及其子孫，又置看詳訴理局，治黨人至八百三十家，是爲紹聖黨案。二蔡（蔡卞蔡京）二惇（章惇安惇）實主之。帝崩，神宗子端王佶卽位，是爲徽宗。

徽宗既立，向太后權聽政，追復司馬光等官，罷章惇蔡卞，以韓忠彥（琦子）爲相，欲以大公至正，消釋朋黨，改元曰建中靖國，而邪正雜進矣。當是時忠彥爲首相，曾布貳之。（初附章惇至是力排惇黨得相）以布希帝風指，倡議紹述，風御史排擊元祐諸臣，寺人童貫乘勢援引蔡京，忠彥與布俱罷，新黨三振。京既得志，講述新法，掊擊舊臣，不遺餘力，立黨人碑端禮門外，以司馬光等百二十人爲姦黨，黨禍大作。及至元符末年（哲宗是年三月崩）言事諸臣皆坐貶，是爲崇寧（徽宗年號）黨案。其於元祐黨籍學術之禁，歷二十有四年，至金人圍汴，禁始弛。新法之行，本以圖強，其後爲小人之猖焉，而北宋由此亡矣。

徽宗本庸闇，蔡京當國，既排斥善類，遂倡豐亨豫大之說，導帝爲奢侈，大興土木，建延福宮、保和殿、萬歲山，羅致名花異木，珍禽奇獸。帝又崇道教，信神仙，政事日弛，重以朱勔在東南采運花石珍異之品，舳艫相銜於淮汴，號花石綱，擾民之政迭起。及京再相，其子攸條，俱專恣，是時民生重困，法令滋張，危證洊臻，壞形層出。而方臘則起於睦州（今浙江建德縣），宋江則起於淮南，張仙則起於山東，高託山則起於河北，潢池弄兵，敗亡之兆，近在目前，童貫又復生事於邊境，而金人之禍始作。初，童貫聞金數破遼州，乞舉兵應之，時天祚帝兵敗，已西走，遼（契丹復號）人奉耶律淳爲帝，守燕京。二十三年，貫攻遼，大敗於高陽關（河北高陽縣東）。嗣又與遼降將郭藥師再襲燕，復大敗，累朝軍儲，喪棄殆盡。金兵遂自克燕。宋遣趙良嗣與議疆事，金以宋無功，邀挾過當，宋宰相王黼欲速成，遂許遼人舊歲幣四十萬外，再加燕京代稅錢百萬緡。於是金許割燕京及薊景（景州契丹置，今遵化縣）檀順涿易六州事在攻遼次年。兩國疆議甫定，故遼平州（河北盧龍縣）守將張瑴既降金，頃之怨叛歸宋，宋受之，金以納叛來責，且遣將攻襲平州，宋殺瑴函首以獻之。又宋嘗許送遼粮二千萬石，亦負約不與，始啓兵端。金將粘沒喝（今作尼瑪哈）斡離不（今作斡喇布）分道南侵，粘沒喝進攻太原，貫逃歸；斡離不至燕京，藥師降，令爲鄉導，長驅而下。徽宗大懼，遂禪位太子桓，是爲欽宗，自稱道君皇帝。金人渡河圍汴，尚書右丞李綱主戰守，金忽宣和，斡離不索巨金，乃盡括公私財帛以餉。然猶婪索無厭，帝復聽李綱言主戰。都統制姚平仲貪功，夜襲金營，不克，帝大驚，急罷綱，詔割太原河間中山三鎮，始退師，時欽宗元年也。金退而廷議變，欲構遼故族以圖金，其秋，金再南下，盡破三鎮，遂至汴宋，復請和。郭京謂以六甲法可禦敵，帝信之，使出戰，兵敗城陷，帝詣金營請降。金人大括金帛，明年立宋臣張邦昌爲楚帝，以徽欽二帝及后妃太子宗戚北去。時惟哲宗廢后孟氏留宮，欽宗弟康王構總師在外。邦昌見人心不附，迎孟太后權主國政。康王在南京（今河南商邱縣）聞變，即帝位，爲高宗，自此遂爲南宋。

（附）北宋世系表 北宋起太祖訖欽宗凡九帝百六十七年

（一）太祖匡胤 十六
- 燕王德昭
- 秦王德芳 — 七世孫即南宋孝宗

（二）太宗光義 二十二
- （三）真宗恆 二十五 — （四）仁宗禎 四十一
- 商王元份 — 濮王允讓 — （五）英宗曙 四 — （六）神宗頊 十八
  - （七）哲宗煦 十五
  - （八）徽宗佶 二十五 — （九）欽宗桓 一

第二章 南宋興亡事略

南渡中興

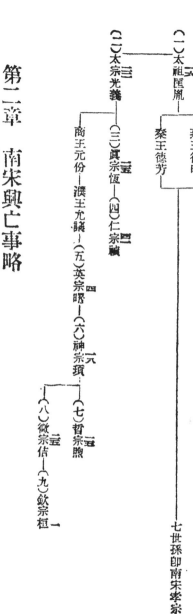

當高宗之初立也，本有不共戴天之仇，又居河南完善之地，使終用李綱議主戰，縱棉力薄財，安見不鳴劍伊洛以直抵黃龍府，急救父若母乎？乃黃潛善作左相，汪伯彥作右相，朝進一言以告和，暮建一說以乞盟，二人皆帝藩邸舊僚，日夜擠綱而去之，勸帝幸東南避敵，遂如揚州，實之背者也。宗澤在汴，數卻敵，累表請還京，不聽，踰年憂憤卒，汴京尋陷，中原自此不復可為矣。金將兀朮（後改名宗弼又作烏珠）自山東趨淮南，建炎三年，帝自鎮江至杭州，扈從統制苗傅劉正彥作亂，逼帝禪位太子旉，頃之亂平，帝復位。金兵入建康，帝走明州，（浙江鄞縣）又泛海入溫州。金兵追襲至明州引還，韓世忠邀擊於黃天蕩，（江寧縣城東北）兀朮敗退，金人自此不敢渡江，故論南渡之功，世忠為最。帝復用張浚扼陝西，兀朮來攻，又敗；吳玠保和尚原，（陝西寶雞縣西南）以拒之，又分兩道入蜀，玠遂破之和尚原，別將又破之箭筈關，蜀以保全。紹興二年，帝自越州（浙江紹興縣）還臨安，（浙江杭縣）後遂定都焉。金又分中原之地以帝劉豫，（仕宋知濟南府降金）居汴，令抗宋。會宋將岳飛收復襄漢，豫搆金入寇，世忠破之大儀；（江蘇江都縣）嗣又寇淮西，楊沂中亦敗之藕塘；（安徽定遠縣東）金兵在陝者，又先後御之饒風關（陝西石泉縣西）仙人關；（陝西鳳縣西南）宋邊圉差足自守。七年，金廢豫，遣宋使王倫還，繇是宋廷和戰之問題以起。

和戰之局

自北宋以和戰不定而亡，南宋廷臣頗以此為戒，建炎末葉，秦檜倡南北分立議，王倫亦言金有和意，二人者皆還自金也，金人亦許檜歸河南陝西地，宋亦遣使謁汴京陵寢，置留守，事在紹興九年，是為宋與金第一次和戰。旋兀朮渝盟，四道南侵，時宋之良將，皆在邊鎮，吳璘戰勝扶風，（陝西扶風縣）劉錡戰勝順昌，（安徽阜陽縣）而岳飛引兵自襄鄧出，收復河南州郡，進至朱仙鎮。(河南開封縣南)諸將方圖協力，而檜乃為金人奸細，竭力主和，詔飛班師，璘方進克陝西諸州，亦奉詔還鎮，所得地盡失。兀朮遺檜書，謂必殺飛，始可言和，檜遂誣陷之，並割唐鄧(河南南陽縣境)商秦(陝西長安縣境)予金，東以淮水，西以大散關(陝西寶雞縣西南)為界，歲貢銀絹各二十五萬，奉表稱臣，金人為歸徽宗梓宮及帝生母韋氏。(時欽宗尚在宋未請還也，後沒於金)和議成，事在紹興十一年，是為宋與金第二次和戰。越二十年，金完顏亮弒主自立，復有南侵之志，渡淮臨江，謀自采石(安徽當塗縣城西北)濟，為虞允文所敗。適金內亂，亮欲急還，軍士懼誅，乃弒亮。烏虖！金以和愚宋，檜以和愚帝，帝以和自愚，卒致國勢飄搖，如燕巢危幙，使無采石之役，帝尚有駐蹕之所哉？江南既獲安，帝遂禪位太子昚，是為孝宗。(高宗太子敷早卒，以太祖六世孫昚撫為己子)

孝宗居藩邸時，便慨然有興復之志，及即位，倚魏公(張浚)如長城，首擢辛次膺而顯渡江之直，復任李顯忠而成靈壁之功。雖符離大潰，而猶倚張浚為重，立馬殿庭，斷弦傷目，立志不為不堅。無如善戰宿將，凋零殆盡，而廷臣主和主戰兩派，復爭決不定，又值金世宗賢明仁恕，無隙可乘。終之卒申前好，以乾道元年再締和約：易表為書，改臣稱姪，減幣十萬，地界如舊，視紹興和約稍正國體而已，是為宋與金第三次和戰。終二君之世，邊庭不鼓，烽燧不烟，亦斯民之幸也。晚歲禪位太子惇，是為光宗。(時金世宗殂，章宗即位)立五年，有心疾，上皇崩，不成服，宰相趙汝愚躬定大策，請於太皇太后，禪位嘉王擴，是為寧宗。

寧宗既寅紹丕圖，中外晏然，汝愚乃首貶內侍，召大儒朱熹，以黃裳等為講讀官，天下引領望治。惜其處事太疏，韓侂胄有定策功，而不能以厚賞償所望，俾得以懷怨，行奸誣斥善類，從知閤門事劉弼計，以內批罷臺諫，未幾而朱熹罷，而彭龜年罷，又未幾而以京鏜計，汝愚亦罷。又自北宋道學一派，二程（曰顥曰頤）以後，四傳及熹，熹在孝宗朝，王淮以私怨惡之，希旨者遂請禁道學，道學之目，遂爲世詬病。至是侂胄得權，乃一切目爲僞學，僞學之禁，其視君子若掌上土瓦。而小人之倖進者，皆漁獵大官，若許及之趙師羼陳自強蘇師旦輩，或爲宰執侍從，或爲臺諫藩闔，皆出自門廡，而天子亭亭然孤立於上。侂胄進位太師，益思張大其權力，聞蒙古侵金，以爲機會可圖，遽思乘隙北伐。開禧二年，（寧宗在位十二年）遂出兵，於是金人數道來侵，淮漢之間，所至殘破。蜀中自吳氏世執兵柄，吳璘之孫曦在蜀，侂胄假以事權，使出師攻金，曦叛，以關外四州（階成和鳳）獻金，封蜀王，四川轉運使安丙設計誅之。宋既喪師，又遭曦亂，而侂胄猶用兵不止。踰歲，侍郎史彌遠與楊后謀，即誅侂胄，幷斬師旦，使與金和。函首送金，改稱伯姪，增歲幣爲三十萬，犒軍錢三百萬貫，是爲宋與金第四次和戰。史彌遠得勢，寧宗崩，無子，立宗室貴和爲太子，（更名竑）太子與彌遠有隙，彌遠矯詔廢之，別奉王子貴誠（更名昀）即位，是爲理宗。

南宋之衰亡

理宗既立，於時蒙古已滅夏，頻歲攻金，遣使王檝來約攻金，趙范獨言不可，帝不聽，詔京湖制置使（治襄陽）史嵩之進兵取唐鄧。值金哀宗棄汴走蔡，（河南汝南縣）又合蒙古兵破之，金亡，宋僅得唐鄧蔡三州地，蒙古氣勢甚盛。而趙范趙葵忽倡收復三京之議，（東京開封西京洛陽南京商丘）鄭清之當國，力主之，葵因與全子才會兵趨汴，徐敏之入洛陽，蒙古遂引兵而南，葵等潰還。繇是襄漢淮蜀，日啓兵爭，成都襄陽且破陷，賴孟珙余玠力戰恢復，未幾，珙玠俱死，外失良將，而內政日亂，閻妃怙寵，匪人雜進，三凶居路，（梁成大等時稱三凶）四木當塗，（薛極等）三犬同地，（陳大方丁大全）

胡大昌六君子遠竄，太學生陳宜中黃鏞等「閻馬丁當，國勢將亡。」又曷怪作事之乖？方是以蒙古乘之，而三道來侵，帝顧以賈似道獨當重任，似道畏懦，陰以乞和蒙古，而反以諸路大捷報聞，較之南詔喪師而以捷聞者尤甚焉。漸至國用不足，而賣公田行經界推排法，江南之地，尺寸皆有稅，民多破產失業者。故理宗一朝四十年間，雖能崇周程張朱，貶黜安石，而昧於小人勿用之戒，致邊疆日蹙，然則理宗之理，文焉已耳。帝崩，太子禥立，是為度宗。

度宗以宗王入立，感似道定策功，尊為師相。先是，蒙古兵歸，遣使來申盟，似道拘執之，因是數起兵來攻。宋將呂文德先守四川，繼鎮荊湖，號能軍。文德死，弟文煥代之。及是襄陽被圍五六年，久困援絕，而似道壅不上聞，日逍遙西湖葛嶺間，匿敗諱亡，以養寇。文煥遂降元，時蒙古改號元江南江北之險，拱手與敵，天下之勢，十去八九。平章軍國重事，果半間堂中能了邪？帝崩，太子㬎立，是為恭帝，然宋事益不可為矣。

恭帝年功，四歲元巴延舊作伯顏大舉深入，以宋降將呂文煥劉整初以瀘州降元分軍前導，至一州則一州破，至一縣則一縣殘，半壁江南，已無尺寸乾淨地。似道猶自幸天助，出師蕪湖以禦之，錯愕傍徨，了無一策。繇是江淮州軍望風唯唯，虜兵所指，到處平夷。雖張世傑遣兵入衛，文天祥起兵勤王，李芾率師進援，而巴延入建康，已扼其吭而有之，內而庶寮叛官離次，外而守令委印棄城。趙氏之祚，不絕如縷，而又殺行人於獨松關，餘杭縣西北獨松嶺上，為江浙二省要隘以速其怒。虜兵深入，無恥輩結角稽首，容易迎降。元主問宋降將曰：「汝等降何容易」而帝及太后與元俱北。時元世祖十二年也。宋宰相陳宜中奉二王益王昰廣王昺走福州，立益王為帝，世傑天祥陸秀夫均至，相與共圖恢復。天祥轉戰閩贛間，皆失利。元兵入建寧，益王遁入海，自是延息廣海中。昰卒，（年十一歲）秀夫等立其弟衛王昺，遷居新會之厓山。（廣東新會縣南大海中，亦曰厓門山）時元已略定閩廣之地，天祥兵敗。元將張宏範襲執之，不屈而死。元進攻厓山，世傑兵潰，於是趙氏一塊肉，葬於魚腹之中，（秀夫負帝溺海，世傑殉之）而三百二十年之命脈，於斯竟絕矣。

宋興經略二十年，宇內渾一，又更九十年，雖外屈遼夏，而內政乂安。神宗變法，以後五十年間，新舊黨爭不絕。迨遼滅金興，甫三年而宋轍亦南矣。南渡初期十餘年，諸將協力奮戰，而秦檜主和，偏安永定百年之中，與金和戰不常。金滅元興，相持幾五十年，卒爲元併。歷觀宋之爲國，待夷狄以至誠，而乃始侮於遼，繼蹙於金，終亡於元，而受禍爲最酷。昔人謂其聲容盛而武備衰，議論多而成功少，理或然歟。

（附）南宋世系表　南宋起高宗訖帝昺凡九帝百五十三年

（一）高宗構 三六
- 太祖七世孫（二）孝宗眘 二七 —（三）光宗惇 五 —（四）寧宗擴 三〇
- （太祖十世孫）（五）理宗昀 四〇 —（六）度宗禥 一〇
  - （八）端宗昰 二
  - （七）恭帝㬎 一
  - （九）帝昺 二

合南北宋凡十八帝十三世，共三百二十年。

第三章　兩宋政教之大概

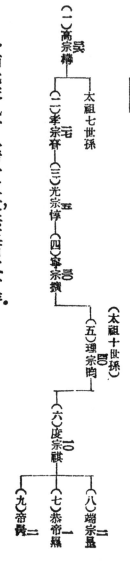

宋初，趙普諸賢，經營創制，頗復唐代舊觀，名臣碩儒，相望史册。然因新舊黨派紛爭，政治遂尠進步，重以外侮日棘，姦人奄豎，接踵朝端，覆亡之痛，不待臨安局處時矣。茲述其制作之有關繫者：

學制之概略

宋初，稍增修國子學舍，慶歷中，詔天下州縣皆立學，內建大學，置內舍生二百人，學始萌芽。神宗增擴大學，置三舍法，頒學令，益學費，學校至是大振，舉而大盛於熙寧元豐之世。自三舍法行，凡律算書畫醫五學，悉準於此，立國雖弱，學校大端固可觀也。科舉自進士以下，有九經、五經、開元、三史、三禮、三傳、學究、明經、明法等科；武舉亦分立焉。但既第即除官，此異於唐制也。其考試法，初制有帖經、墨義，而無口義，有詩賦、雜文而不及策。仁宗朝，試進士者有策論、詩賦、帖經、墨義四場。逮神宗用安石法，專取經義，於程文中特開一新制焉。哲宗初政，復詩賦，紹聖昌言紹述，又專用經義。南渡雖兩科並行，而學者競習浮華，經學寖微矣。

道學之緣起

自漢迄宋初，學者多習訓詁章句，有宋中葉，濂洛關閩諸大儒起，專言義理。於是漢儒爲說經之儒，宋儒爲言道之儒，而道學之名自此始。揆厥緜來，厥有二端：一、歷代說經名物訓詁，其說漸窮，唯於義理，尚少闡發，以故窮心殫性，冀別樹一幟，以求吾道之源。一、玄談禪學，盛自先朝，此二派皆偏於理論者，不求厥眞，學者即受其影響，以道學相標尚，藉以與二氏角，而冀據其巔；且孔孟遺言，閱秦火之鬱伊，怨漢儒之支離，懲晉代之作僞，大笑唐以還之不審是非，至是遂煥然而有光輝，此宋儒所以度越諸子也。

學術之禁黜

道學之傳，首推程朱，南北兩宋，師儒迭起，然無裨於國家治亂也。君子道消，小人道長，竊爲宋危焉。其始爲元祐學術之禁，蔡京當國，昌言紹述，元祐諸臣皆得罪。及崇寧二年，復請立黨人碑，禁元祐學術，於是追毀程頤出身文字，所著書並加監察，范致虛又言頤邪說詖行，尹焞張繹爲之羽翼，乞下河南盡逐學徒，從之。是禁歷二十四年，至金圍汴，乃罷。其繼爲紹興專門學之禁，秦檜當國，右正言何若斥程頤張載遺書爲專門曲學，請加禁絕，是禁歷十二年，及檜死，乃已。終爲慶元僞學之禁，韓侂冑當國，欲盡斥正士，或言以道學目之，則又何罪，當名曰僞學。慶元二年，禁用僞學之黨，胡紘言入，遂削朱熹官，竄蔡元定於道州，是禁歷凡六年，京鏜死，侂冑意稍悔，乃弛。迄理宗之朝，雖表章諸賢，從祀孔廡，而儒術漸衰，國亦亡矣。此學術之禁黜也。

宗教之流行

佛教自唐會昌以來，即遭「三武之禍，」宣宗務反其政，僧尼之弊，皆復其舊。宋眞宗時，有譯經四百十餘卷，僧尼四十六萬人，且大會道釋於天安殿。其道教之盛，則始於天書之發現，其書類洪範道德經。侈志既萌，繇是東封泰山，西祀汾陰，南幸亳州，尊老子爲混元上德皇帝，而玉淸、昭應、會靈、景靈，紛然繼作，不曰獻天書於朝元殿，即曰刻天書於寶符閣；不曰以方士爲武衛將軍，即曰贈道士爲眞靜先生；不曰聖祖降於延恩殿，即曰天書得於乾佑山。至徽宗，信仰尤甚。眞宗謀封禪，則天書見；徽宗祀圜邱，則天書降；且作天眞降靈示現記，至立道士學，置道學博士，又令天下僧尼，盡依道士法；自是佛家見屈於道家矣。汴京圍急，欽宗猶信用六甲兵、六丁力士、北斗神兵、天闕大將，以禦外敵，卒至君臣為虜，則又天書天神荒誕之餘毒也。

第四章　遼金夏之建國

遼之得志中原

契丹自後魏以來世居潢水南，（即遼水上源西喇木倫河）後分八部，各部大人推一人為主。五季初，耍尼氏（舊作遙輦）在位，衆以不任事，推阿保機代之。至梁末，始稱帝改元，（國人稱天皇王）是為太祖。後唐明宗初，太祖崩，太宗德光立，會唐帝從珂攻石敬瑭於河東，敬瑭乞援，太宗自將救之，破唐兵，立敬瑭為帝，敬瑭割燕雲十六州以獻。旋改國號曰遼，制度略備。敬瑭奉命唯謹，逮景延廣啓衅，太宗傾國南伐，屢大敗。時唐幽州帥趙德鈞子延壽在遼，太宗許以滅晉而立之，於是延壽約晉為內應，晉使杜重威出師，遇伏大敗。太宗又紿重威，謂果降，當立為帝，重威遂來降，晉亡。太宗稱帝於大梁，以羣盜颷起，令蕭翰守汴，自將引還，道崩。延壽以不得立，引兵入恆州，（正定縣）自稱權知南朝軍國事。遼宗王鄂約執之，自立為世宗。耽酒色，失民心，被弒。太宗子舒嚕（舊作述律）立，為穆宗，昏主也，國人謂之「睡王」。漢周之世，中國北境稍定，而周世宗且得收復關南，由遼之內亂所致也。穆宗為庖人所弒，景宗嗣立，有疾，蕭后臨朝，時宋興已七年矣。帝助北漢抗宋，宋平海內，北漢後亡，微遼人之助不及此。景宗仍舊復國號契丹，傳子隆緒，是為聖宗。蕭氏專政如故，國勢稱全盛。旋入寇，有澶州之盟，至興宗有增幣之約，至道宗有展拓河東疆界之利。道宗朝，復號遼，然姦臣耶律伊遜（舊作乙辛）用事，遼亦自此衰矣。

金之滅遼（附）西遼

興宗子天祚立，道宗孫也。初，道宗子濬爲伊遜誣死，天祚以嫡孫繼統，實當宋之徽宗元年。既即位，酗酒遊畋，后兄蕭奉先秉政庸懦，政益亂。是時女眞起於東北。女眞者，居混同江東，唐世所稱黑水靺鞨是也。當遼興宗時，其曾完顏烏古鼐（舊作烏古迺）始强，五傳至阿古達，（舊作烏古打一作阿骨打）益驍桀，起兵叛遼，拒遼軍。遼遣蕭嗣先（奉先弟）伐之，戰珠赫店，（今吉林扶餘縣城南）遼大敗。阿古達既勝遼，稱帝，國號大金，是爲金之太祖。下詔親征，率大軍七十萬，相遇於鴨綠江。會內亂，遼主引還，金人追擊之，大破遼諸州縣，嗣以遼兵終不利，遂議和。時宋之童貫，方經營遼事，以降人趙良嗣入宋，訂約夾攻遼，遼主走雲中，遼臣立耶律淳，金下西京，淳死，立其妻蕭氏爲皇太后，主軍國事；宋金往返議夾攻，遂下燕京，蕭后奔天德。金主殂，弟烏奇邁（舊作吳乞買）立，卽太宗也。遼主北走，金獲之，遼亡，凡七世二百十年。遼族耶律達什（舊作大石）猶稱帝於克埒木，（土耳其地今蘇聯中亞細亞）是曰西遼。

耶律達什者，太祖八世孫。初與蕭幹共守燕京，立魏王淳，城破，隨蕭后出走，歸於天祚。天祚謀出兵復燕雲，達什勸諫不從，乃率衆西走，假道回鶻，遂至塔什罕，（蘇聯浩罕西北）西域諸國，聯兵來拒，擊卻之，奄有阿姆河及錫爾河以東一帶地，建都呼遜鄂爾多，（在潮河上流）號天祐帝，是爲西遼德宗。嘗遣兵東出圖恢復，行萬餘里，無所得而還。西遼自德宗建國，又傳三世，爲乃蠻（科布多一帶地）王屈出律所篡云。

金之得志中原

金太宗既滅遼，亦降夏，以宋納叛負約，遣將南攻，再舉兵破汴，宋徽宗欽宗爲虜，徙之五國城，（吉林寧安縣東北）

金初宗室多將才，尼瑪哈（後改名宗翰）斡喇布（後改名宗望）定兩河，洛索下陝西，而烏珠（後改名宗弼）兵力嘗南渡江，克明越西入關，破和尚原，志滅江南。當時河南山東陝西，盡爲金有，金立劉豫爲齊帝，使抗宋。太宗崩，太祖之孫亶嗣立，爲熙宗，以劉豫累敗於宋，廢之。宋因遣使議和，元帥達賚（舊作撻懶）請於朝，太宗長子博勒郭（後改名宗磐舊作蒲盧虎）秉政，許之，於是有歸地於宋之約。會博勒郭以謀反誅，遂棄前議，烏珠等分道南伐，然爲劉錡岳飛所敗，不得志，始與宋和，割其唐鄧商秦地，金自此盡有中原矣。熙宗後爲完顏亮所弒。亮自立，大誅宗室，淫虐特甚，自會寧（金襲遼五京之制以會寧府爲上京，今吉林寧安縣）徙燕，謀南侵，遂大舉伐宋，越淮而南。亮既失衆心，將軍在外，金人已奉太宗孫雍即位，爲世宗。宋虞允文又敗亮兵。軍中聞新天子立，苦亮殘暴，遂殺之。世宗再遣將攻宋，値宋孝宗立，亦銳意圖恢復，金將赫舍哩志寧（舊作紇石烈志寧）敗之於符離，宋軍不振，復言和。世宗仁賢恭儉，稱小堯舜，力守女眞純實之風，以漢俗文勝爲戒，國勢稱盛。章宗（世宗孫）繼之，修正禮刑，典制粲然矣。

蒙古滅金

章宗末年，塞外諸族，積爲邊患，雖南用兵於宋，一得志，而金之國力漸弱。章宗無子，從弟衛王永濟，柔懦鮮智能，愛之遂傳位焉。時蒙古太祖特穆津（舊作鐵木眞）已起於鄂諾河，（舊作敖嫩，黑龍江上源）尋進破西京，（山西大同縣）留守赫舍哩呼沙呼（舊作紇石烈執中）棄城遁還，西北諸州皆沒。蒙古兵掠居庸，金主猶令呼沙呼典軍，呼沙呼怒金主之見責，遂以兵入弒之，立昇王珣（章宗弟）爲宣宗。金爲蒙古兵所蹙，自兩河至遼西，諸皆破碎。宣宗始南徙汴，已而燕京不守，河北之地，唯恆山公武仙守眞定，（河北正定縣）與蒙古抗。又大盜李全據青州，始附宋，旋附蒙，山東亦失。金所有者，止河南一隅，及河北陝西數州。然歷宣宗至哀宗，前後爭持二十年。先是，蒙古太祖臨沒，遺言金兵精銳，盡在潼關，欲破金兵，宜假宋道。至是太宗從其言，以一軍自金州（陝西安康縣）趨唐鄧，北出一軍，自懷慶濟河入鄭州，會兵攻汴。哀宗走歸德，復走蔡州，蒙古會宋兵蹙之。逾年糧盡，城亦陷，哀宗禪位宗室承麟，赴水死，承麟爲亂兵所殺，金亡。

西夏之始末

金宋代興，而晏然瓜立於西者，夏也。其先爲拓跋氏，唐末，拓跋思恭爲宥州（陝西榆林縣西境）刺史，以討黃巢功，授定難節度使，賜姓李。九傳至李繼捧，宋初獻地來歸，太宗命鎮夏州，賜姓名趙保忠，令圖繼遷（李繼捧之弟時尚叛宋）。繼遷內附，賜姓名趙保吉，尋復俱叛。宋克夏州，執保忠，而保吉跋扈如故。眞宗令還夏（在今陝西橫山縣西）綏（綏德縣）銀（米脂縣）宥（見上）靜（米脂縣北）五州。越數年，保吉復陷靈州（寧夏省靈武縣），取西涼（今甘肅省），尋攻西蕃，爲流矢所中而死。子德明立，遼封爲夏國王，亦受宋封，臣附兩朝。子元昊雄毅多才，設官興學，大修國政，自製蕃書，教國人，擊回鶻，盡取河西地，建都興慶府（寧夏縣），稱帝，爲景宗。華州張吳二生，久困場屋，走依夏，元昊寵任之，凡立國規模，攻宋方略，唯二人是賴。自此連歲伐宋，宋疲而夏亦虛耗。元昊十一年（宋仁宗二十二年），與宋和，宋邊事甫定，契丹又以夏攻其屬部，興宗自將擊夏，元昊誘而敗之，契丹遂與夏平。夏以一隅抗拒兩大，亦云强矣。元昊死，子諒祚立，爲毅宗，尚幼，諸大將分治國政，契丹復來攻，執諒祚之母以去。諒祚既長，慕中國衣冠，去蕃禮，從漢儀。傳子秉常，爲毅宗。時宋神宗經略西方，宋夏復用兵，夏於是有永樂之勝。及崇宗乾順（秉常子）在位，屢爲宋蹙，國勢始衰，會遼與北宋先後亡，夏亦為金屬國。金衰，蒙古盛，夏人附之。自乾順附金以後，六傳至夏王晛，始為蒙古太祖所滅，夏亡，時南宋理宗二年也。

遼興，經五代至北宋哲宗末百八十年間，雄於北部。天祚之世，金人崛起，又二十餘年國亡。金自太祖稱帝後，歷十年滅遼，又三年滅宋，自此八十年，南宋比於屬邦，金之國勢鼎盛。蒙古復興，北境全失，宣宗南徙，又二十年而蒙古滅之。當金亡之前七年，夏滅，後四十五年，南宋亦亡。

（附）遼金夏世系表

遼起太祖訖天祚凡九帝二百十一年，金起太祖訖哀宗亦九帝百二十年，夏起太宗（鍾淵暎建元考斷自元昊稱帝—即元昊即位之第七年—為始自元昊以景祐元年甲戌改元寶元戊寅稱帝至寶慶三年丁亥國滅止）訖南平王晛凡十一世一百九十四年

遼

(一)太祖阿巴堅 二 —(二)太宗德光 三 —(四)穆宗舒嚕 一八
├ 東丹王托允—(三)世宗鄂約 五 —(五)景宗賢 一四 —(六)聖宗隆緒 四九 —(七)興宗宗眞 二四 —(八)道宗洪基 四六 —太子濬—(九)天祚帝 二五

金

(一)太祖阿古達—宗峻—(三)熙宗亶 一四
(二)太宗烏奇邁 三
├ 宗幹—(四)廢帝亮 三

宗輔—(五)世宗雍 二九
　├(七)廢帝永濟 五
　└太子允恭
　　├(六)章宗璟 一九
　　└(八)宣宗珣 一〇—(九)哀宗守緒 二

夏

(一)太宗德明 二六—(二)景宗曩霄 一七—(三)毅宗諒祚 一九—(四)惠宗秉常 一九—(五)崇宗乾順 五四—(六)仁宗仁孝 五五—(七)桓宗純祐 一三—(八)襄宗安全 六—(九)神宗遵頊 一三—(十)獻宗德旺 三—(十一)南平王睍 二

第五章　元室興亡事略

元初兵威之盛

元之先曰蒙古，姓卻特氏，居烏桓北，今熱察一帶世爲遼金屬邦，至伊蘇克依舊作也速該始大。子特穆津舊作鐵木眞深沈大略，克塔塔兒，興安嶺一帶破泰楚特，舊作泰赤烏貝加爾湖畔攻幷奈曼，舊作乃蠻阿爾泰山麓太陽可汗敗誅，漠南北諸部降附。於是稱帝鄂諾河，黑龍江上流號靑吉斯汗，舊作成吉斯汗都和林，今蒙古杭愛山東是爲蒙古太祖。先征西夏，次取燕南，下山東河北五十餘城，滅山西河南六十餘國。自是東略高麗，西入西域。又率四子卓沁特、舊作朮赤察罕台、舊作察合台諤格

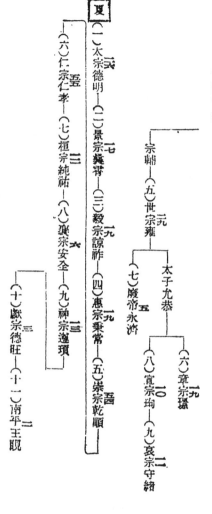

德依（舊作窩闊台）圖類（舊作拖雷）分道西征，略定貨勒自彌，（即花剌子模）南侵報達，（回教國今波斯境）西越裏海，攻奇卜察克（舊作欽察裏海東岸）敗俄羅斯援兵。太祖二十年滅夏，復自西伐金，抵六盤山，（甘肅固原縣西南）病歿，謂格德依繼統，是爲太宗。德量恢宏，遵太祖遺命，約宋滅金，至蔡州城破而金已亡。同時再定高麗，東方稍靖。命卓沁特子巴圖（舊作拔都）西征，再擊奇卜察克，進攻俄羅斯，克其都城，南略匈奥，因以開藩裏海之北，幅員已包歐亞兩洲矣。唯宋猶在南方一隅，乃遣子庫騰（舊作闊瑞）侵宋，入成都，略淮西。俄太宗崩，庫裕克（舊作貴由）立，皇后鼐馬錦（舊作乃馬眞）臨朝，四年，始命即位於昂吉蘇默托里，（舊作汪吉宿滅禿里在和林境）是爲定宗。昏庸不綱，任用嬖倖，諸王諸部，日肆誅求，民不聊生，太宗之政衰矣。定宗崩，皇后烏拉海額錫（舊作斡立海迷失）抱庫春（舊作曲出太宗第四子）子錫哩瑪勒（舊作失列門）聽政。越二年，諸大臣推圖類子莽賚扣（舊作蒙哥）立之，爲憲宗。即位奎騰敖拉，（舊作闊帖兀阿蘭）錫哩瑪勒及諸弟心不平。帝察諸王有異同者，羈縶之，取主謀者誅之，頒便宜事，罷不急役，政始歸一，並封其弟呼必賚（舊作忽必烈）綜治漢南，開府金蓮川。（在察哈爾沽源縣北東南距獨石口二百十四里）呼必賚自蜀徼南出，降吐蕃，滅大理，西南夷盡降。同時烏特哩哈達入交趾，屠其城，又命其弟輯魯（舊作旭烈兀）伐西戎，前後平西域克什密爾（舊作乞石迷在拂菻北拂菻在西海上）十餘國，兵力至於地中海，輯魯遂留鎮波斯。憲宗八年，自將伐宋，入自劍門，圍合州，（四川合川縣）呼必賚亦渡淮而下。踰歲，帝爲飛石所中，崩於軍，呼必賚北還，諸王哈丹（舊作合丹）穆格塔齊爾會開平，（獨石口外）輯魯亦自西域遣使勸進，唯阿里克布克（舊作阿里不哥圖類七子）不至，廉希憲等力言宜定大計，呼必賚遂即位，爲世祖。阿里克布克聞之，亦稱帝於和林，西北諸王應之。世祖北征，敗其衆於錫默圖。（漢北地舊作昔木土）五年，阿里克布克與諸王玉隴哈什（舊作玉龍荅失）三人及謀臣布拉噶（舊作不里花）托思齊（舊作脫里察）等來歸，世祖以諸王皆太祖裔，貸勿問，唯誅其黨布拉噶等，北方略定。世祖入都燕，（以開平爲上都 燕京爲大都）十二年，改號元。十六年，大舉南伐，入臨安，執恭帝北去。後二年，張宏範破張世傑於厓山，嶺海悉平。至此遂撫有全亞，兼包歐土，而爲東方一大帝國。

世祖之內治外征

當太祖破金時，羣臣皆言漢人無用，至欲盡殺之以肥牧地。至世祖居藩邸，聞姚樞許衡輩賢，即虛席以求，思恢前烈，引用漢人自此始。既即位，遂命劉秉忠許衡釐定官制，諸官之長，蒙人爲之，漢人貳焉。發行交鈔，製新字，授時曆，詔榷酤，焚邪書，行祫享，制作大備，善政纍纍。自平宋後，武暢四海，諸夷來朝，唯日本不至。二十二年，立征東行省，乃命安塔哈等擊之，敕各處造海船，集漕船，旋東征帥阿樓罕卒於軍，副帥范文虎抵平壺島，（日本壹岐島南）遇颶，諸將棄十萬衆而歸。世祖謀再舉，會占城（即眞臘在安南之南）叛，詔封子脫歡（第九子）爲鎭南王，假道安南征之，安南拒守境上，師失利，詔罷征，專力安南，凡十七戰皆捷，其王日烜入於海。師還，日烜復集散兵遏托歡歸路，又敗。安南尋遣使入貢引罪。其西南邊徼，自元滅大理，始與緬甸接壤。世祖遣諸王桑阿克達爾（舊作相吾答兒）總師滅之。後又招致西洋諸國，爪哇辱使者，命史弼泛海南征，破其國。

北邊諸王之叛

世祖一朝，用兵耗費無算，因之聚斂之臣日進，先後有阿哈瑪特（舊作阿合馬）盧世榮僧格（舊作桑哥）苛斂病民，俱積暴侵漁伏誅。於是江南各地盜賊蠭起，當其初政，固已若此矣。元人統有亞歐，其西北藩封，有四大汗國。（自裏海以北爲巴圖分地裏海以南亞洲西境爲轄魯分地阿爾泰山一帶爲太宗諤格德依始封地鹹海以東至新疆全境爲察罕台分地自憲宗繼統，太宗子孫心弗服，帝徙之邊，使分居太宗舊封，實維金山之麓，繇是成仇怨。憲宗崩，阿里克布克爭立，太宗子孫實助之。及世祖伐宋，太宗孫海都乘隙叛擾北部，其時巴圖後王又以宗教之故，與轄魯兵爭，西北諸王，幾無寧日。迨元既滅宋，海都之難猶未已也。至元二十四年，東北部宗王納延舊作乃顏烈祖伊蘇克伊之後封地在吉林反，五月，帝自將討平之。踰歲，海都兵入和林，宣慰使奇卜舊作怯伯等反應之，車駕復親征，勿克。世祖崩，皇孫特穆爾舊作鐵木耳即位上都，是爲成宗。太子精吉木早卒成宗命兄子海桑帝兄達爾瑪巴拉之長子即武宗海桑舊作海山達爾瑪巴拉舊作答刺麻八刺鎭漠北，海都復入寇，且引察罕台後王都斡舊作篤哇爲助，海桑大破之，海都走死，都斡尋率屬來降，海都之子徹伯爾舊作察八兒亦歸命，自是西北積年之亂患平矣。時府庫空虛，已成外強中乾之勢，成宗猶不悟，大勞兵於西南夷，連歲寢疾，國家政事，內決宮闈，外委大臣，其不至廢墜者，則以去世祖未遠，成憲具在也。

中葉帝位繼續之紛爭

成宗之崩也，無子，左丞相阿呼岱等謀奉皇后臨朝，以安西王阿南達世祖孫攝政，右丞相哈喇哈期遣使迎懷寧王海桑於漠北，與其弟阿裕爾巴里巴特喇於懷州，河南沁陽縣皇后勿願也。阿裕爾巴里巴特喇至，誅后黨，執阿南達而自監國，遂迎海桑即位，爲武宗。武宗感其弟之推戴，立爲太子。武宗在位四年，優禮大臣，加封尼聖，敦崇儒生，裁汰冗職，慨然欲改法創制。然而枯樹當兩斧之斵，蹶蹶濫上賞之恩，宦者何人，遽任以大司徒，兼丞相，番僧何德，遽聽其毆留守，凌王妃，政綱亦漸弛矣。江浙大水，淮揚旱蝗，荊襄山崩，戾氣相感，寔其然乎？傳弟阿裕爾巴里巴特喇，爲仁宗。帝頗革除秕政，會有立太子之議，議者謂宜立武宗子和錫拉，(舊作碩德八剌)而丞相特們德爾(舊作鐵木迭兒)欲邀寵，請立皇子碩迪巴拉，(舊作碩德八剌)又與太后幸臣錫哩瑪勒(此又一人非前定宗時錫哩瑪勒也)譖和錫拉於西宮，遂封爲周王，出鎮雲南。和錫拉怨，叛奔漠北。特們德爾夙有寵於仁宗皇后，至是又得仁宗信任，特寵驕恣，朝綱中隳，帝雖怒，卒以太后故不加罪。九年崩，太子碩迪巴拉繼之，爲英宗。英宗至孝，父大漸，憂形於色，露禱北辰，居喪哀毀骨立，不改父臣，不更父政。既承鉅業，禮儒臣，黜諛佞，息巧辯，除苛法，四年之間，天下晏然也。第特們德爾特擁立功，暴滋甚，帝亦疏之，專任拜住。故至治之際，號稱得人，所惜者，醞私忿而愎太后，遂致母氏鬱疾，胡昔孝於父而今仇於母乎？特們德爾死，其黨特克錫(舊作鐵失)不自安，遂殺拜住，復弒帝，迎立成宗從子伊遜特穆爾(舊作也先鐵木耳)於北邊，即位龍河，(即臚朐河今名克魯倫河)爲泰定帝。泰定以支庶之親，上膺神器，立誅弒逆諸臣，并昭雪拜住冤，法當於理矣。賊黨既清，賢臣日進，賑荒蠲賦，罷役有刑，文物斌斌，風俗熙皞。第受佛法於帝師，頒道經於宮觀，賜大天源延聖寺田，猶襲蒙古之家法耳。久之崩於上都，子阿蘇奇布(舊作阿速吉八)立，年九歲爲天順帝。初武宗有二子，長即周王和錫拉，遁漠北，次懷王圖卜特穆爾，(舊作圖帖睦爾)謫江陵。泰定帝崩，燕京留守雅克特穆爾(舊作燕帖木兒)自以受武宗恩，遣使迎立懷王。天順在上都，遣兵來攻，陝西宗王亦以兵應天順，天順兵數戰弗勝，圖卜特穆爾攻上都，陷之，天順帝不知所終。圖卜特穆爾已正位號，至是遣使奉璽綬讓位於其兄和錫拉，爲明宗，以圖卜特穆爾爲太子。元世以皇弟爲太子，凡兩見，亦異聞也。明宗北發，太子迎謁，入見，明宗暴崩，圖卜特穆爾襲位上都，爲文宗，崇重儒流，考索典禮，其臣如張養浩、范梈諸君子，協理郅治，文物煥然，而小謇不至，釀成大變者，則以內治無乖而守成有道也。文宗崩，遺命以明宗子嗣位，於是鄜王額琳沁巴勒（舊作懿璘質班）嗣，為寧宗。（年七歲）在位二月而崩。托歡特穆爾（舊作妥懽帖睦爾）明宗長子，謫居廣西靜江，（廣西桂林縣）至是迎而立之，是為順帝。順帝之立，文宗皇后主其事，雅克特穆爾滋不悅，以故順帝至京，猶不即立；會雅克死，始正位焉。自成宗至此已九傳，而亂滋甚，未嘗有一歲寧也。

元末大亂

順帝初立，民間已騷然不靖，薩敦既死，巴延（舊作伯顏）專政，雅克特穆爾之子騰吉斯（舊作唐其勢）作亂，巴延誅之，遂獨秉國鈞，益專恣，漸生異謀。其姪托克托（穆齊爾台之子，巴延養為己子）密陳於帝，迺竄之南恩州。（廣東陽江縣）是時帝耽聲色，靡一善政，唯見其罷科舉，拘民馬，禁南人持軍器，與漢人習蒙古文字。以故朝綱蝟亂，國勢瓦崩，蝗旱洊臻，汴梁雨血，京師震地，太白經天，災異薦臻，危象疊興矣。又發丁夫治黃河，怨讟日聞。永平韓山童乃以白蓮教聚衆叛，穎州劉福通為應，藉詞山童為徽宗八世孫，當為中國主。縣官捕之急，山童被擒，而福通黨盛不可制，成流寇。（分遣其黨毛貴下山東，白不信陷陝甘，關先生略山西，山衆走大同宣化，焚上都，掠遼陽入高麗。福通自引兵陷汴）自餘稱帝稱王，窺伺神器者，亦所在割據：徐壽輝帝蘄水，韓林兒據中原，陳友諒徇湖廣，方國珍擅東浙，張士誠扼姑蘇，明玉珍擾劍閣，何真虎視於廣東，劉益鴟張於遼陽，已成四海分崩之勢。方劉徐兵起，定遠郭子興亦雄踞濠州。（安徽鳳陽縣）州人朱元璋從之，子興妻以養女。既而元璋別將一軍，略淮南，據滁州，勢漸盛。子興為其下所不容，走依元璋，旋卒。元璋兵日強，與友諒戰鄱陽湖，大破之，友諒中矢死。元璋即王位，國號吳，繇此遂建明業。是時福通之黨在關中者，已為元將察罕特穆爾（舊作察罕帖木耳）所破，察罕又定山西，復河南，（福通挾韓林兒走保安豐）克山東，福通遂衰。（後爲張士誠所攻殺）元雖收復中原，而將帥則縱橫於外。察罕死，子庫庫特穆爾繼之，（舊作擴廓帖木兒一稱王保保）博囉特穆爾（舊作孛羅帖木兒）與有世仇，遂互相戕害，內則姦臣用事，太子擅權，博囉益跋扈，太子不善其所爲，博囉遂反，爲太子搆兵，卒伏誅。於是專任庫庫，封河南王，總制諸道軍馬，元將李思齊張良弼等在關中不受命，與庫庫日治兵相攻。既又詔削庫庫官爵，奪其軍。然是時吳王朱元璋已擒張士誠，平江浙，遣大將徐達，克山東全境矣。帝聞之，大懼，起用庫庫，詔下而明軍已逼大都，旋陷，帝與后妃太子夜半遁去，常遇春追擊至北河，獲皇孫。元璋遂建帝號於金陵，而元以亡。後二年，順帝殂於應昌，（熱河克什克騰旗）其子孫猶世嗣不絕云。

第六章　元代政教之大概

元以蒙古入主中原，挾先世射獵之餘威，以武功侵略建國，故兵事爲其特長。世祖以前，殆無所謂朝章國典也。自耶律楚材以淹博之才，當草創之役，規模略定，而元之制度少有可觀。但其國祚最短，而內亂最劇者，覈衡厥繇，不外秕政數端焉：

（一）種族之見深。而以他族人爲色目；科舉分進士爲兩榜，右蒙古色目人，左漢人南人，賜出身者，亦須通蒙古文字及回回教。其官制以中書省爲總政務所，又有平章政事、左右丞、樞密院、御史臺，唯諸官長均以蒙古人爲之，爲前古所無。兵制有蒙古軍與探馬赤軍，探馬赤爲諸部族所領，蒙古軍皆其同族人，且嘗優恤蒙古部民及衛士。又漢人南人，亦分畛域，至使宗潢威福過甚，而民間階級不平。(一)財用之源塞，兵費日增，則國用日絀，必搜民財以足之。自世祖時，即用聚斂之臣，寖至徵門攤役，而括諸路馬，而括雲南金，而括江南戶口稅，而括江南隱蔽田，其後民力不堪，以致所在盜起，日朘月削，以趨於亡。(二)儲位之不定。元制，帝位相續，類由諸王大臣推戴，故授受之際，每有紛爭，自憲宗世祖時已如此，及武宗以來，君庸臣闇，權臣貪擁立功，擅威福者三十年，國事陵替，漸至不振。迨文宗舍子姪，王禕謂其公天下人心，其說尤謬，文宗此舉，不過欲掩其弒君之罪，且欲播仁宗不傳位武宗二子之非耳。孰知鄜王既不永年，而順帝并至覆其宗社。論者謂元室之亡，實文宗之蔑視神器有以釀之也。雅克特穆爾首搆禍端，釁生骨肉，觀其遷延數月，尚未立君，視神器若贅旗，其意似不在雅克，使非病死，順帝能繼守宗祧乎？則謂元祚淪胥，由順帝怠荒政事也，亦無不可。(四)爵賞之過濫。法律不一，以致朝廷紀綱不振，民心無所維繫。世祖即位時，大事初定，故於左右三五有功之人，爵之太高，遂使近倖之臣，因而相襲，王公師保，接踵於朝。武宗時，越王圖剌，本武宗疏屬，定位伊始，僅能手縛一賊臣，有何大勳，而遽膺茅土，賞過其分，轉致怨望。仁宗初政，雖令王公追印，裁罷曾未經歲，又復紛然。至文宗初元，徒以雅克特穆爾擁戴之功，驟加隆寵，罷置左相，令其獨秉國政，亦乖馭下之道，姑息養奸，勢必至尾大不掉。順帝時，博囉特穆爾身為元臣，舉兵犯闕，藉口欲殺綽斯戩布木布哈，帝即執二人畀之，且加授官階。迨其再舉犯順，凶謀益彰，猶復相對啜泣，毋予宴賚，漢獻唐昭，又何異焉。(五)番僧之寵用。世祖初即位，即以西僧嘉木揚喇勒智綜攝江南釋教，并除僧租稅，禁擾寺宇者。至武宗朝，西番僧之在上都，強市民薪，民訴留守李璧，僧已率其黨持白梃突入公府，隔案引璧髮捽諸地，捶朴交下，拽歸，閉之空室，久乃得脫，奔訴於朝，僧竟遇赦。俄而其徒龔柯等與王妃爭道，拉妃墮車毆之，亦貸勿治。番僧爲蒙古所尙，習俗難除，然處之自有其道，元代崇奉太過。宣政院方奉旨謂毆西僧者斷手，詈者截舌，而其徒憑藉勢力，擾害閭閻，已爲不法，而梃擊留守，釋而不問，守土者奚以伸彈壓之威？至陵毆王妃，尤失國家體統，不第不繩之以法，而方爲下此斷手截舌之令，縱其妄爲，紀綱安在乎？卒之供億無度，淫虐日甚，元代主德之隳落，無不由此成之。有是五者，卽無種族之感痛，而其亡也必矣；況蒙漢之畛域未除，華夷之意見未泯乎！

元自太祖開國，五傳而至世祖，統一中夏，至元大德兩朝，號稱全盛，然强藩抗命，西北之勢力衰矣。自此易世輒爭，凡兄弟叔姪，篡弒相仍，君祚益促。順帝享國最久，而荒暴淫昏，四海鼎沸。蓋元起西北六十餘年，君臨中土者又及九十年云。

（附）元代世系表　起太祖訖順帝凡十四主通計一百五十六年

（一）太祖特穆津〢〢
- 卓沁特
- 察罕台
- （二）太宗諤格德依〡〣——（三）定宗庫裕克〤（又太宗后稱制三年）

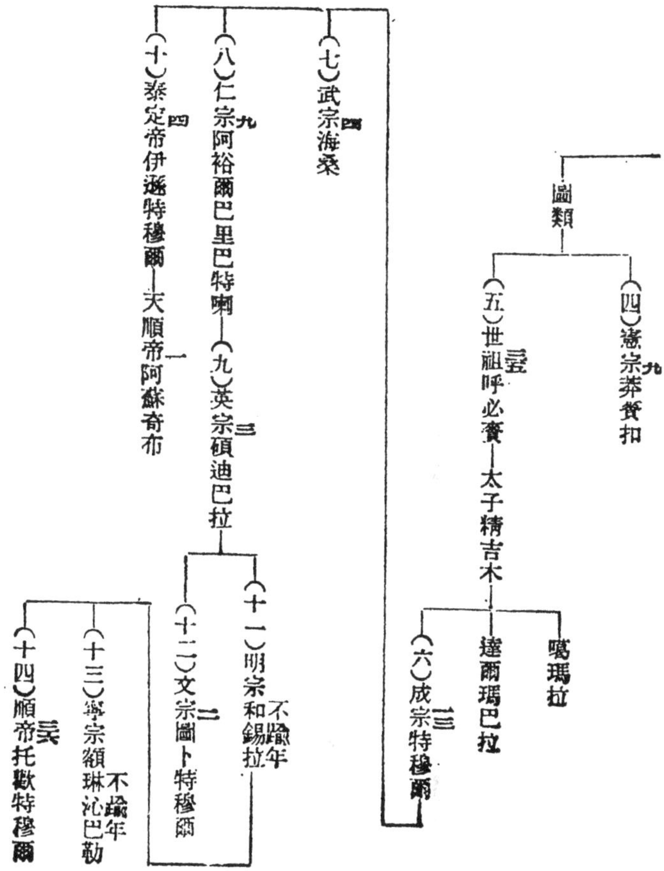

第七章　明室興亡事略

明初之內治外征

朱元璋奮跡濠滁，卽位應天，時羣雄猶角逐，元順帝未出大都，明玉珍明昇據四川，稱夏王，元宗室巴咱爾斡爾密（舊作巴布刺瓦爾密）據雲南，元諸臣據廣東西福建者，俱未殄滅。帝遣徐達取大都，常遇春平山西，又平陝西，嗣以順帝在應昌，乃遣徐達李文忠等北伐，順帝崩，子戰敗北走，西北邊略定。然後令湯和傅友德從事四川，明昇奉表降，四川平。雲南猶恃遠抗命，復遣友德藍玉等討之，梁王巴咱爾斡爾密赴滇池死，雲南平。於是宇內一統，劉基李善長皆王佐才，推心任之，遂成帝業。正綱紀，釐祀典，碎寶玩，卻貢獻，禁祥瑞，購遺書，祀至聖，訓儲貳，封功臣，褒忠義，獎耆德，求賢賜租之詔，無歲不下，作施固不凡矣。復懲宋元孤立，以大都名城，分封諸子：樉王秦，棡王晉，棣王燕，橚王周，楨王楚，榑王齊，梓王潭，檀王魯，椿王蜀，柏王湘，桂王代，楧王肅，植王遼，㮵王慶，權王寧，楩王岷，橞王谷，松王韓，模王瀋，楹王安，桱王唐，棟王郢，㰘王伊，皆祿萬石，置相傅官屬，護兵三千以上，萬九千以下，吡不臨民，不錫土，與周漢制夐殊。然卒有燕王靖難之師，蓋擁兵馭將之權，未嘗少減也。分建都指揮使、布政使、按察使三司，轄軍民之事。洪武十三年，胡惟庸亂政，以謀反誅，乃罷中書省，歸政六部。自惟庸之反，事連李善長弟存義，帝置善長不問，幷安置存義於崇明，善長不謝，帝銜之。越十年，顯因占驗賜善長死，以應星變，株連死者至三萬餘人，作姦黨錄。二十六年，涼國公藍玉以罪誅。玉負勇略，數總大軍，多立功，浸驕恣，人告謀反，亦夷其族，坐黨而誅者萬五千。繇是元功宿將，相繼殆盡。蓋帝晚年，太子先死，孫又孱弱，恐其不能制諸功臣，於是疑獄迭起，而未免傷於刻矣。烏虖！鳥盡弓藏，較之漢高尤過甚焉！

太祖既廣建宗藩，皆擁強兵居要衝，已成外重之勢。燕王棣鎭北平，沿邊諸將，並受節度，尤雄強，帝在位三十二年崩，太孫允炆立，爲建文帝。建文初爲太孫，即憂諸王驕橫，與黃子澄齊泰謀，隱有削平諸藩之志。及即位，周王橚子有爋首其父謀不軌，詞連燕齊湘三王。子澄主先取周，藉以翦燕手足，於是遂執周王，竄蒙化。燕王懼，選壯士以自衞，帝又執湘王，王自焚死；廢齊王，幽代王於大同。燕王遂反，以誅齊黃爲名，號靖難兵，詔遣將討之，攻戰失利，唯山東軍帥盛庸再破其衆，燕王幾就擒，以帝先有詔，毋使朕負殺叔父名，諸將莫敢發矢，縱之去。明日復戰，庸復敗，帝不得已，乃貶泰與子澄，諭罷兵，燕王不奉詔。兵起三年，燕雖數勝，亦甚疲，未敢即南下，會有宦官潛以京師空虛告，遂大出兵，掠徐泗而下，陷揚州。方孝孺建議遣使割地緩師，燕王不從，渡江逼京，陷之。宮中火起，帝不知所終。燕王遂即帝位，爲成祖。是日殺方孝孺，且夷三族，羣臣多被戮者。當成祖起兵，皆姚廣孝主謀，廣孝僧也，拜少師，寵幸無比。自成祖一朝，南北經略，軍威大振，以北平形便控禦，移都之。遣張輔伐交趾，顧成平貴州，交貴自前世等於羈縻，至是開建郡縣矣。成祖既好武功，頗思張威域外，聞西南諸國多殊俗，欲一一通之，媲美漢武，且疑建文亡海外，藉以蹤跡之。初遣中官侯顯往烏斯藏，已復遣馬彬使爪哇蘇門答臘諸國，李興使暹羅，尹慶使滿剌加柯枝。逾年，又使鄭和王景和使西洋，多齎金帛，率三萬七千餘兵，造大艦六十有二，自蘇州劉家港出海，至福建，達占城，以次遍歷西洋，實所至者，爲三佛齊錫蘭蘇門答臘等國，即今南洋羣島是也。諸中官至其國，頒詔宣威德，不服，以兵力攝之，各國皆遣使隨和入朝，威儀烜赫，爲自古宦官所未有，而諸宦者亦乘勢勸帝通商互市，私爲姦利，國人豔稱之曰三保太監下西洋。然中國耗費亦不貲矣。時元族韃靼知院阿嚕台擁立元裔別部衞拉特（舊作瓦剌）據西陲，畔服靡恆，成祖自將親征，破阿嚕台於鄂諾河，又征衞拉特，抵圖拉河，（在庫倫河）其酋瑪哈木特兵敗遠遁，二部不相合，亦數搆兵。成祖車駕凡五征，一攻衞拉特，四攻韃靼，漠北元裔納貢受封，西境自哈密（今屬新疆）以西悉來歸附。唯割大寧（今熱河境）畀烏梁海（舊作兀良哈）又棄東勝（今河套境）不守，爲後來侵擾之漸。帝崩，太子高熾立，爲仁宗。

仁宗在位止一年，太子瞻基立，曰宣宗。息武勤民，罷兵棄交趾，大臣如蹇義夏元吉楊士奇楊榮楊溥輩，皆負時望，故君臣交儆，恪遵祖訓，軫念民瘼，躬秉耒於三推，觸豳風於殿壁，蓋身黼黻而心田野者。宣德十年中，元首股肱，喜起一堂，頗彰太平之盛焉。帝即位後，漢王高煦謀反，先是，煦謀奪嫡，自雲南徙國樂安，益怨望，至是日夜招集亡命，置五軍都督府，部下諸軍，皆授官爵。以山東都指揮靳榮爲爪牙，先取濟南，然後犯闕，遣使京師，約張輔爲內應，輔捕其使者以聞。煦乃遣使請誅朝臣楊榮夏原吉等，勸帝親征，遂出師次樂安，以書諭煦，且諭城中人執之，煦乞降，械其父子送京師。羣臣請並執趙王高燧以絕後患，楊士奇諫乃止。趙王亦自削衞兵以謝。帝還京，廢煦爲庶人，尋殺之，帝自製東征記著其事。

土木之變

宣帝在位十年崩，太子祁鎮立，是爲英宗。九齡踐阼，首開經筵，期進聖學，賴太皇太后（張氏）賢明，委任臺閣，邊陲戒嚴，國紀整肅，雖有王振在側，猶懾而不敢肆。故正統之始，內治外寧。太后晏駕，楊溥勢孤，內閣之柄歸振掌握。戮侍講劉球，繫法司薛瑄，枷祭酒李時勉，囚御史范霖楊球，廷臣稱爲翁父，望塵跪拜者甚衆。會北部衞拉特浸強，其酋額森（舊作也先）入寇，邊將敗沒，振欲藉此要功，力主親征，大臣諫不從。帝自總六師，出居庸關，至宣府;振勸再進,至大同,因郭敬言,始班師,額森追襲軍後。次日,車駕次土木堡,去懷來(今察哈爾懷來縣)止二十里,爲額森所及,振及從官皆死,帝被虜,是歲正統十四年也。敗報聞,或議徙都避之,于謙不可。郕王(英宗弟)受太后命監國,以于謙爲兵部尙書,籌戰守,旋正帝位,爲景泰帝,遙尊英宗爲上皇。額森奉上皇大舉深入,至紫荊關,京師戒嚴,遷都之議又起;于謙又不可,督軍擊卻之,敵不獲逞,引退,然猶屢寇邊,皆叛閹喜寧(從帝同入虜者)教之。喜寧因事至京,伏誅,額森失間諜,遣使請還上皇,帝不悅,于謙勸之,迎上皇歸,居南城宮。自土木之變,微于謙,國事幾壞。謙整軍紀,改兵制,帝亦推心任之,國賴以安。初,景帝之立,以英宗子見深爲太子,既而廢見深(改封沂王),立己子見濟,見濟死,帝亦病,儲位未定,于謙方失勢,帝位蓋岌岌可危矣。武淸侯石亨與太監曹吉祥等,謀復上皇,副都御史徐有貞助之,以兵至南城,進薄南宮,舁上皇,自東華門入,至奉天門,升座,百官震駭入謁,上皇諭以任事如故。英宗復辟,改元天順,廢景泰帝爲郕王,(旋薨)論奪門功,封賞有差,殺于謙。久之,曹石等謀不軌,誅之。英宗再出臨御,又八年崩,傳子見深,爲憲宗。

宦官之橫

憲宗從事兩宮,加慈懿之稱,定合祔之禮,上景帝之號,卹于謙之寃,釋陳循江淵之戍,委韓雍朱英項忠等以鎭邊,成化初政,有可觀者。自信任汪直,而中官始橫。初,永樂設東廠,掌刺察姦人,至是更置西廠,命直詗刺外事以聞。直憑權恣肆,氣燄鴟張,羅織內外,輒起大獄,甚至擅行逮問,易置近臣。廷臣交章彈劾,請罷西廠,帝不省。直皆誣以罪名,士夫莫敢與競,咸俯首事直,而且耳目羣小,(韋瑛王英吳綬等)搆怨女眞,挑釁韃靼,辱國殃民,莫此爲甚。會韃靼入寇，直出巡邊境，襲敵不備，輒報大捷，論功加直歲祿，監督十二團營，西廠權力益盛。後韃靼尋仇復入，直出塞，破之威寧海子，(今綏遠興和縣)增祿三百石，直兇燄益熾。時東廠太監尚銘有捕盜功，帝賞之，直滋怒，銘懼被擠，乃刺探直所洩禁中祕語劾之，盡發其與王越交通不法狀，適小中官阿丑以滑稽之言進，帝始悟，罷西廠，貶直南京，小人之燄稍戢。然李孜省以符籙致位，僧繼曉以祕術加封，僉王盈廷，紀綱益壞矣。及崩，太子祐樘立，是曰孝宗。

孝宗登極後，誅孜省，戮繼曉，罷斥劉吉萬安尹直輩，起用言事謫降諸臣。因地震而納文升之疏，罷壽塔而從劉健之諫，臺閣率多碩望，邊方盡屬干城。宏治十八年間，朝野稱慶。但其時邊事頻繁，先是哈密衞左都督哈商(舊作罕慎)受封爲忠順王，爲吐魯蕃所誘，襲殺之，據哈密，帝命張海等討之，無功。韃靼小王子亦往來河套爲寇，王越破之賀蘭山。後小王子復寇固原寧夏，恣掠而去，幸內政尚修，猶未爲大害也。孝宗崩，太子厚照立，是曰武宗。武宗在東宮時，卽喜狎游倂弄，有寵八人，曰八虎，(劉瑾張永馬永成谷大用魏彬邱聚高鳳羅祥)劉瑾尤剛狠。帝既卽位，常偕八黨出游，大學士李東陽諫，不聽，尋九卿大臣共諫，帝爲動。瑾知之，夜至帝前申辨，反惑其言，以爲司禮監，威福漸甚。而帝益耽游戲，築豹房，朝夕處其中，政務悉委之瑾。瑾大得志，興黨禍，排正士，榜黨人名五十三於朝堂。繇是朝政既紊，財力大耗，流賊蝟起。及張永平賊王寘鐇，始上瑾罪狀，而江彬復以窮兵黷武，導帝四出游獵，羣臣諫者皆下獄。會寧王宸濠反，王守仁起兵討平之，帝往南京行受俘禮。十六年崩，憲宗孫厚熜立，是曰世宗，乃誅江彬。

大禮之議與倭寇之亂

世宗以憲宗孫孝宗姪奉太后命，自安陸而踐位，詔議興獻王主祀及尊稱。禮部尚書毛澄受意楊廷和，以漢定陶王宋濮王故事爲據。會羣臣議稱皇叔父忤旨，令再議，廷和等以故事相要，勢不可。進士張璁窺帝意，請尊崇所生，立興獻王廟於京師，帝從之。廷和等大譁，交章劾璁，帝不聽，自是爭執日甚。而南京主事桂萼與璁合疏，言宜稱孝宗爲皇伯考；禮臣又大譁，然帝卒從璁等議。朝士水火之見益深，旦夕黨伐不已，國政幾無人過問矣。況其時外患迭起，韃靼小王子徙東方，號土默特，（舊作土豪）其別部曾諳達（舊作俺答）濟農（舊作吉囊）據河套，以中國人邱福趙全爲謀主，尤雄强。兵部侍郎曾銑總三邊，（榆林寧夏固原）創收復河套議，爲嚴嵩所忌。嘉靖二十九年，諳達循潮河川南下，至古北口，（河北省密雲縣）進兵入犯，京師戒嚴。仇鸞黨附嵩，貪庸不知兵，帝拜鸞大將軍，節制勤王軍。會諳達本無意攻城，乃掠近郊而去，鸞掩敗狀以捷聞，帝益加寵任，命總戎政府，選邊兵番衛。然鸞怯畏寇，開馬市大同宣府，兵部員外郎楊繼盛奏言十不可、五謬，得戮尸罪。馬市雖罷，然西北邊已無寧歲。其在東南沿海地，倭寇騷擾尤甚。自海禁漸弛，內地船主土豪，往往搆倭作奸，至是大舉入寇浙東西、江南北，濱江數千里，同時告警。山東巡撫王忬破之，旋殘兵復掠江北諸縣，以李天寵代之不能制；更擾乍浦海寧崇明，嗣又屢犯蘇州松江沿江諸縣。帝以工部尚書趙文華督三省軍務，海寇徐海伏誅，江浙略定。已而海寇汪直再起掠寧波，總督胡宗憲誘殺之，同時倭又起沿海，北族亦數內犯，宗憲總軍務討倭，卒平其亂。

權臣之禍

外寇既屢訌不已，內政亦日益壞，而罪魁禍首，實在嚴嵩。嵩窺帝日事齋醮，好靑詞，即以靑詞進，納賄賂，暱羣小，凡正直之士，皆被斥戮。大學士翟鑾因罷職，山東按察使葉經杖斃，借曾銑事，并譖夏言殺之。子世蕃爲太常寺卿，父子濟惡，西北有寇，隱匿不報，楊繼盛上其罪狀，嵩計殺之，兼害沈鍊等，舉朝側目。及帝信用徐階，御史鄒應龍極言嵩父子不法，於是帝使嵩致仕，世蕃下獄，嵩寄食而死。未幾帝崩，太子載垕立，是曰穆宗。即位後，褒楊沈之忠，釋海瑞於獄，建言諸臣存者錄用，沒者優卹，民方引領望治，然諒陰三期，未嘗召一大臣，問一講官。陳以勤吳時來二劉體乾奮庸疏奏不行，石星鄭履淳李己詹仰庇直諫被杖，燕雲代遼鼓鼙震動，齊魏徐梁洪波蕩析，地陷天鳴，星變人化，孰非彰帝之失德耶！但罷監軍之役，俾戚繼光專任練兵，納巴噶之降，使諳達定盟歸叛，不得謂非度越先朝也。在位六年崩，太子翊鈞立，是曰神宗。

張居正之當國

神宗十齡，江陵張居正當國，進帝鑑圖說，上寶訓錄，啓沃多方，十年之間，度民田，淸驛傳，蠲逋貧，賑災荒，整飭吏治，邊備無虞，洵爲一代名臣。初居正以才幹風節見長，徐階雖宿老居首輔，視之蔑如也，而語輒中旨，人皆嚴憚之。及徐階李春芳以次罷退，居正權力益專，旋以父喪奪情起復，士林羣議其非，而帝信任尤堅，中旨諭留，編修吳中行等獲杖成罪，以是頗爲淸議所訾。然節奏浮費，減均徭，加派中央及地方行政，俱得其理，薦舉方逢時總督宣大軍務，申明約信，邊境以安；寧遠伯李成梁分屯遼左要害，屢遏寇患，國紀肅然，未始非其功業之可見者也。惜乎申時行王錫爵格君無術，帝益深宮靜攝，郊廟不親，儲嗣不定，於是變亂四起，調兵饟餉，府庫空虛，計臣束手，於是礦稅貂璫，毒徧天下。先是成化時因開礦之故，致羣盜滿山，前鑒非遠，至是神宗以中官爲礦稅使，廷臣諫不便者甚多，皆寢不報。諸璫藉是四出騷擾，紛紛乘傳威福，憑陵誣逮，徧於守臣，搜括盡於雞犬，先後進奉銀三百餘萬兩，金珠寶玩貂皮名馬稱是，帝以爲能。沈鯉奏陳鑛稅害民狀，且言鑛實破壞名山大川，恐於聖躬不利，帝意稍動。蓋當時士夫雖藉利害動人主，而鑛之利稅之害，在此不在彼，其識未能及此也。且風水之說，尤近鄙謬，神宗不得已，始命稅務歸有司，歲輸所入之半於內府，半入戶工二部，然中使仍不撤，吏民之苦益甚，終帝世未改。

東林黨議

初吏部文選郎顧憲成，因事落職，歸無錫，修葺東林書院，與高攀龍等講學其中，往往議論朝政，裁量人物，時鄒元標在京師所立首善書院，遙爲相應，天下目之爲清流，而國子祭酒湯賓尹等謂之崑宣黨，指憲成等爲東林黨，緣是東林黨之名大著，非黨中人大側目。宰相葉向高欲調護之，諸反對者益譁然。神宗一無所問，而黨爭之風益熾，國事遂無復論及者。葉向高既失勢，吏部尚書趙煥力攻東林，御史李三才爲東林辨白，因罷職，黨見益深，朝政益紊。帝日益荒怠，吏治日益廢弛，明祚至是殆岌岌矣。

三案之爭

神宗晚年，盈廷紛諑，迄國亡而猶未已者，所謂三案是也。一曰梃擊。萬歷四十三年，太子居慈慶宮，有男子張差，持梃而入，擊傷守門內侍，至殿前始被執，及鞫訊，始知內監劉成、龐保、馬三道、李守才所指使，語涉鄭貴妃，帝寵妃，不欲窮究，而東林黨必欲追理其事，非東林黨竄帝旨大攻之，此梃擊案之爭端也。二曰紅丸。神宗崩，太子常洛立，是曰光宗。即位數日，即遘疾，鴻臚寺官李可灼進藥丸，服之稱平善，日晡又進一丸，昧爽暴崩。東林黨指首輔方從哲有奸謀，非東林黨則力白其誣，此紅丸案之爭端也。三曰移宮。光宗崩，李選侍居乾清宮，內閣諸臣入白，出皇子由校御極，是曰熹宗。楊漣左光斗力請移噦鸞宮，東林以爲薄待先朝妃嬪，非臣子禮，此移宮案之爭端也。爭端既啓，水火益深，非東林黨多僉人，務報排斥之仇，乃厚結宦官以禍搢紳，於是魏璫之禍起。

魏閹之禍

於時邊方孔棘，遼瀋既失，黔蜀齊魯，草竊橫行，人日火雲，妖怪旋作，而忠賢客嫗表裏爲奸。忠賢初名進忠，爲光宗母王才人典膳，搆內監王安與熹宗乳母客氏通。王安得勢，見忠賢侵權，重懲之。乃與客氏謀殺安，忠賢益恣，自掌東廠，擅內批，開內操，驚殺皇子，幽弒宮妃，魚肉搢紳，冒濫封爵，計墮皇后張氏胎。楊漣首發二十四大罪，帝置不問。大學士魏廣微比忠賢，書葉向高等六七十人姓氏，表爲邪人，忠賢遂矯旨殺之，無一免者。尋進忠賢爲上公，其黨五虎（文臣崔呈秀田吉吳淳夫李夔龍倪文煥）五彪（武臣田爾耕許顯純孫雲鶴楊寰崔應元）立致大位，一時病狂喪心之流，爲立生祠亙州郡，祝拜擬帝王；兵權財政，悉歸掌握，駸駸乎不可制。元氣消亡，國是益墮，雖有賢者，蓋無如何矣。熹宗七年崩，弟信王由檢立，首貶忠賢，忠賢自殺於道，誅客氏及崔呈秀，黨與悉除。然事勢已迫，不可復支，加以流寇日訌，外患逼處，而明遂以亡。

流寇亡明

清太祖既破尼堪外蘭，旋平滿洲五部，又下長白鴨綠部，葉赫八國懼，以三萬兵攻之，爲清太祖所破。嗣太祖復滅輝發及烏拉，進攻葉赫，葉恃明援，不服，太祖乃伐明，破明遼東經略楊鎬軍，是爲薩爾滸之役，太祖遂滅葉赫，逮明以袁應泰爲經略，太祖攻下瀋遼，遂定都焉，所謂盛京是也。明復用熊廷弼，而太祖已下錦州等四十餘城，廷弼遁入關，王在晉爲經略，旋又以孫承宗代之，頗整軍備。及高第代，復撤備，專事退保，太祖遂渡遼河，攻寧遠，未幾，太祖崩，太宗嗣位，力攻錦州，明將袁崇煥遣使議和，不成。會有行反間者，逮崇煥下獄，復用承宗，太宗破之大凌河，聲勢益盛，乘勝破寧武，始建國號大清，克昌平，逼燕京，取十二城，旋班師，又破保定鉅鹿，進取鎮定，破濟南，擒德王，既而攻錦州。洪承疇爲薊遼總督，清兵下松山，虜承疇，下錦州，克杏山，明廷大震。太宗崩，世祖繼之，使睿親王多爾袞伐明，進次遼河。明廷既爲流寇李自成所逼，吳三桂聞毅宗殉國，乞援清廷，多爾袞遂與三桂入山海關，破燕京，自成西走，世祖遂定都焉。

當毅宗初立，首戮元凶，魏客崔等籍虎彪，定逆案，贈卹冤陷諸臣，非不厲精圖治也。然而飢饉洊至，國事日非，流賊蔓延，神州破碎。帝於是審量東事以息民，併力西向以破寇，任盧象昇、史可法而將之，起劉宗周、倪元璐而相之，或可挽回天心於萬一。乃溫體仁、周延儒繼相，一柄兩操，疑忌橫生，將帥被逐，遂至山之東、河之南、關之西、江之北，掠野攻城，民生日困，雖洪承疇、陳奇瑜、曹文詔、賀虎臣諸將屢奏捷音，而用楊鶴、熊文燦招撫之議，寇勢益橫，兵方急於西北，師又至於東南，羣盜縱橫，併而爲二：延安人張獻忠，米脂人李自成，轉輾蔓延，愈不可制。帝又因兵食不足，驟增田賦，民心益怨憤，且使臣銜命四出，暴掠殆遍，天下解體。自成既降復叛，獻忠自江淮轉戰入蜀，大肆淫威。自成旋由豫陷荆襄，衆至百萬，破潼關陷西安，僭王號，國曰大順，寧武關破，周遇吉死，而明廷方略，唯以考選科道爲急，甚者議南遷，議閉門，信哉君非亡國之君，臣皆亡國之臣也。順闖逼京師，西獻亦據成都響應。

當自成之犯闕也，毅宗召羣臣問計，莫能對，有泣者。闖攻九門，降賊太監杜勳入城，勸帝自爲計，帝怒叱之，手詔親征。已而出宮登煤山，望見烽火徹天，因嘆曰：「苦吾民耳。」還宮以劍斫公主，趣皇后自盡，又殺妃嬪數人，復登山，書衣襟爲遺詔，無傷吾民，而自縊山亭，太監王承恩縊於側。國君死社稷，義也；勿傷百姓一人，仁也；后妃俱盡節也；亡國之君，亙古未有如帝者。自成入承天門，羣臣亦多殉難者。及清兵至，遂挾太子慈烺二王永定西走，自山西入陝，復走湖廣，爲鄉民所殺。

自成既陷燕京，明南都大臣史可法等聞變，乃立福王由崧，改元宏光。可法督師江北，清豫親王多鐸收河南諸邑，進下江南，以書招可法，不降；城陷，死之。清兵遂破南京，福王降，江南平。貝勒博洛追潞王常淓，下松江太倉，進至杭州，浙西平。時唐王聿鍵入閩，黃道周等立之，好學愛士，頗有君人之度。而魯王以海，在紹興監國，各地遺臣多起兵，陳子龍等起松江，吳易等起吳江，盧象觀等起宜興，閻應元等起江陰，他若崇明，崑山，嘉定，嘉興，徽州，各有兵拒守。又益王由本據建昌，永寧王慈炎據撫州。閩浙本爲脣齒地，聲勢果能相通，成敗未可逆料。乃閩浙水火，徒倚鄭氏兄若弟，芝龍鴻逵遂令清兵以次下崇明，松江，宜興。博洛既虜潞王，乃破吳江，下江陰，取建昌撫州，益王敗走。肅親王豪格征李張餘黨，以浙東未定，博洛進逼紹興，魯王奔台州，航海而遁。清兵遂由浙而閩，唐王奔汀州，鄭芝龍降，其子成功不從。時丁魁楚瞿式耜復立桂王由榔於肇慶，據手掌之地，操同室之戈，流離播遷，迄無寧日。迨孔有德陷桂林，殺式耜，桂王奔梧州。魯王亦自舟山奔廈門，依鄭成功。成功遂由浙破瓜洲，取鎮江，進犯南京。其將張煌言下徽寧諸路，東南大震，後爲清總兵梁化鳳所破，成功遁入臺灣。桂王既自滇走永昌，清使吳三桂鎮雲南，桂王逃入緬甸，三桂脅緬酋以獻，殺之。魯王薨，成功亦卒，其子鄭經，猶據臺灣，用明年號，然明實已早亡矣。

第八章　明代政教之大概

明祖懲元敝政，奮志革除，乃未幾遭靖難之變。自是厥後，外患寇虜，內病閹寺，卒未能整飭紀綱，故二百數十年間，雖有善政可紀，而制度大端，與蒙古建國不甚懸殊。茲述其大概如左：

制度之失當

明代人君，宴處深宮，罕聞召見大臣之事。孝宗時，從容延接諸司，章奏面加裁決，當知圖治之道，惜中葉以後，堂廉睽隔，百度日墮。神宗偷安，已成痼疾，章奏盡束之高閣，留中一節，尤爲秕政之尤。至簡擢臣工，出自廷推，亦失用人之柄。嘉靖獨能以特旨還除，似能矯正其失，顧所授止及侍直諸臣，而郭樸高拱仍由徐階所薦，得與機務，究無當於拔本塞源。其後張居正用事，遂以私意爲進退，迨至季葉，枚卜亦付廷推，則更濁濫難制矣。

宦官之專橫

明初宦官但供洒掃，不得干預政典，法至善也。永樂時，始命內臣出鎭，又建東廠，使刺外事，遂爲一代厲階。英宗九齡踐阼，賴太后英明，雖有王振亘奸，猶懼誅而不敢肆張。后晏駕，楊溥勢孤，振權日盛，帝爲振所誤，歷八年始見天日。景泰不悟，興安用事，大臣唯命是從。至憲宗，信任汪直，復爲特置西廠，羅織內外，其勢益橫。武宗鍾愛奄寺，八黨朋興，劉瑾尤剛很，浸至皇莊盛而生業衰，監鎭多而民財竭。嘉靖有鑒於此，方欲裁抑中官，而命相大事，亦聽若輩之言，植黨之風，自此而熾。神宗時，礦稅貂璫，毒徧天下，水旱洊至，天意可知。至熹宗，勢已一蹶不振，而魏璫客媼，又復從而朘削之。譬猶疾病，氣已縣惙矣，莊烈雖翦元凶，究何補哉？

宗教之紛乘

西番佛教，明初凡元代法王國師，後人來朝貢者，仍許其世襲。成祖則兼崇其教，聞西番僧哈里瑪（舊作哈立）麻有道術，爲高帝高后薦福靈國寺，封大寶法王、西天大善自在佛，使領天下釋教。厥後番僧受封者衆。景帝時，太監興安用事，侫佛甚於王振，請帝建大建福寺，費數十萬。先是，僧道三年一度，帝特詔停之，至是興安以皇后旨度僧道五萬餘人。武宗御極，復度四萬餘人。帝於佛經梵語，靡不通曉，自稱大慶法王西天覺道圓明自在大定慧佛。至世宗，始好道教，用太監崔文言，建醮宮中，自此益好長生，齋醮無虛日。命夏言充監禮使，湛若水充導引官，顧鼎臣進步虛詞七章，列上壇中應行事，詞臣多以青詞干進矣。復惑段朝用神仙服食之說，遂欲少假靜持，如方士導引延年，自比於深山修煉之舉，其愚已甚；且令太子監國，而一二年脫屣朝綱，議踰旋罷，而以此殺直臣楊最，其鄙可嗤也。二十年後，移居西內，日禱長生，郊廟不親，朝講盡廢，君臣不相接，獨方士陶仲文得時見，且加少師，封恭誠伯。於是小人顧可學、盛端明、朱隆禧輩，皆緣以進，道教盛而佛教少衰。至明末瑪罷、特西入新疆，羣以聖裔相推，（爲謨罕默德二十六世孫）天山南部，遂成回教盛行之區。自歐人東渡，耶穌教亦因之東布。神宗時，意大利人利瑪竇來華，爲傳教至南京，游說士夫，漸見尊信。禮部尚書沈㴶、疏言異教不宜入陪都，不報。後復與龐迪我至北京，獻方物及基督畫像，帝許中外崇建教堂，廷臣徐光啓等且習其教。厥後德人湯若望繼之，信者尤衆。永曆母后，並遣羅馬教皇書，謂爲明祈福。（書存羅馬教會藏書樓）西教東漸，自此益盛矣。

倭寇之蹂躪

明太祖慮倭患，數遺書倭大州太宰府，責禁海賊，倭不答，卒與倭斷絕交通。成祖時，倭將足利義滿，遣使上書，欲受封冊稱臣，多捕海賊誅之，明封之爲日本國王，自後貢使遂不至。宣德中，命琉球國王轉諭之，始復來。倭性黠，時載方物戎器，出沒海濱，得間則張戎器而肆攻掠，不得則陳方物而稱朝貢，以故瀕海州縣，數被騷擾。然利中國互市，每貢所攜私物，逾貢數十倍。舊制：浙東設市舶司，海船至則平其直，制馭之權在官。世宗初年，罷市舶不設，倭貨至，奸商屢負倭直，已而嚴通番禁，遂移之貴官勢家，負直愈甚。倭大怨恨，迺盤踞海岸，剽掠浙東，中國羣不逞之徒，從而附之，汪直、徐海其尤奸者也。倭以爲謀主，往來剽忽，覃及浙西、江北，沿海城鎮，陷沒不少。胡宗憲總兵事，誅汪、徐，倭患稍紓。餘衆入閩粵，又爲戚繼光等所破。及萬曆中，倭酋平秀吉陷朝鮮，抵平壤，中朝大震，命李如松救之，復平壤，尋敗於碧蹄館。（在朝鮮京畿道碽石嶺之北）後秀吉死，陳璘等復邀擊之，始揚帆去。自倭亂朝鮮七載，喪師數十萬，糜餉數百萬，而明之元氣亦漸傷矣。

明之立國，綱舉目張，故自洪武永樂洪熙宣德之治，凡七十六年間，不遜美於成康。傳至成化宏治，朝綱未墜者四十一年。自正德而後，主怠臣驕，閹寺弄權，朋黨交搆，凡百四十年，名爲無事，根本實傷，迨至天命已去，雖有善者，亦無如之何矣。

（附）明代世系表 起太祖訖由榔帝凡傳十九世二百九十四年

- （一）太祖皇帝元璋 三一
  - 懿文太子 —（二）惠帝允炆 四
  - （三）成祖棣 二二 —（四）仁宗高熾 一 —（五）宣宗瞻基 一〇
    - （六）英宗祁鎮 一四
    - （七）景泰帝祁鈺 七
      - （六）英宗 八 —（八）憲宗見深 二三 —（九）孝宗祐樘 一八 —（十）武宗厚照 一六
  - 興獻王 —（十一）世宗厚熜 四五 —（十二）穆宗載垕 六 —（十三）神宗翊鈞 四八 —（十四）光宗常洛 三月
    - （十五）熹宗由校 七
    - （十六）毅宗由檢 一七

—(十八)帝聿鍵

福王—(十七)帝由崧

桂王—(十九)帝由榔 一五

第九章　清代興亡事略

太祖之崛起

秦漢以降，封建埀絕，崛起有天下者凡十數，而遼金以東部雄長，鞭策中原，蒙古世爲邊患，卒混南北，此崛起之大異尋常者也。然而聲敎淪，國祚促，不能與漢唐侔。唯清代起自遼瀋，戡定武功，肇祖始振雄略，居黑圖阿拉，四傳至太祖，騎射軼倫。先是，旁近諸國紛亂，有蘇克蘇護河部、渾河部、完顏部、棟鄂部、哲陳部、納殷部、鴨綠江部、渥集部、瓦爾喀部、庫爾哈部、哈達部、葉赫部、輝發部、烏拉部，先後爲太祖所滅，諸貝勒勸進，乃稱尊號。其時明邊臣以採蔘啓衅，太祖本七大恨告天伐明，神宗亦思侵略滿洲，攜葉赫與朝鮮同出兵三十萬，爲太祖所敗，太祖遂取瀋陽，定爲都，又取遼陽，滿洲建國自此始。

太宗繼起攻明

天命十一年，太祖崩，太宗嗣統，改元天聰。首命貝勒等征朝鮮，入平壤，乞和，許之。復略漠南蒙古，多所征服。朝鮮旋通明，再征之，卒降，受封號。又大舉伐明，入關，取錦州，改國號大清，又入山海關，抵山東，執德王，自是歸[illegible]關[illegible]有[illegible]，獲洪[illegible]返盛京，崇德八年崩。時漠南蒙古之敖漢奈曼喀喇沁巴林察哈爾瓦[illegible]喀等部，次第歸款，南削明邊；三次入關，一統南北，於此已兆其端矣。

清兵入關

太宗既再入關，知明勢日蹙，又諱言和，遂有席捲中原之志，未及而崩。世祖尙冲齡，睿親王攝政，值明流寇李自成陷京師，方議進止。吳三桂聞城陷帝殉，乃降清，隨清軍入關，破走自成。清軍又助三桂追之，略定山西河北地，世祖於是定鼎北京，遣將分略河南山東。時明福王即位江南，史可法督師屯江上，遏清軍南下，遣使至清犒師，乞合兵討賊，清不禮焉。福王又庸闇，昵比憸人，清遂乘勝攻江上軍，取南京，以次平浙魯王、贛永寧王、閩唐王，最後滅粵西桂王，遁入緬甸。其時適世祖崩，聖祖嗣位，於是封吳三桂於雲南，耿繼茂於福建，尙可喜於廣東，命各鎮其地，自是北極沙漠，南瀕瓊海，開國之規模大定。

臺灣三藩與遺臣

易姓之際，倉猝歸命，類未忘故君之感而奔走，冀倖於萬一者；兵戈四起，藉詞恢復，而利於自救者，三藩是也。而其志節昭著者，則維臺灣鄭氏。明天啓時，臺灣爲荷蘭人所據，自海寇鄭芝龍降明，積勛至都督同知。會閩旱，芝龍請徙飢民數萬墾島荒，漸成邑聚，勢與荷人埒。順治十七年，其子成功自江南敗歸，命子經留守廈門，而自率艦隊入島，荷總督科愛脫下令捕治成功，遂率銳攻之，悉爲所逐。成功既據臺灣，內則設政府，建學校，興農業，修武備，用處士陳永華爲謀主，並築館舍以居明宗室遺臣之來歸者；外則置兵守金門、廈門爲犄角。次年，清誅芝龍，成功飲恨死，子經嗣立，閩督李率泰貽書招之，經請如琉球朝鮮例，不登岸，不薙髮，不易衣冠，不報。未幾，魯王薨，桂王亦被難雲南，經猶奉永曆年號不改，其時康熙二年也。率泰施琅等攻之，荷蘭亦發軍艦十六艘圖報復，經不得已退回臺灣。二十年，鄭氏內亂，施琅又分三路進討，經子克塽降，於是臺灣遂爲清海東重鎮。

三藩强大，實握兵馬財政大權，隱如敵國，吳三桂尤跋扈，及移藩撤藩之論起，而其禍乃發。康熙十二年，三桂先反，分略四川湖南，先後陷落，廣西襄陽皆附叛。三桂益分兵，一自長沙出江西，一自四川窺陝西，聯其養子王輔臣。其出江西者，分擾袁州萍鄉安福上高，與耿精忠兵合，連陷三十餘城，漢俗不悅薙髮者，所在響應。唯尚可喜鎮廣東，守臣節。會精忠構鄭經來援，三桂亦遣將圍肇慶，夾攻可喜，十郡已失其四。清軍往援，比至而之信已變，可喜憂憤死，之信亦降。其時聖祖命岳樂鎮江南，圖海略關中，傑書則自浙討閩，諸路皆捷。三桂既失陝閩粤三大援，又失江西，年已六十有七矣，旋暴卒。孫世璠立，勢益衰，二十年悉平。是役也，用兵甫八載，而三逆蕩除，集勳之速，史册罕覯焉。魏源論戰勝之原，謂有數端：一則不蹈漢殺鼂錯之轍，二則不從達賴裂土罷兵之請，三則不寬王貝勒老師養寇之誅；豈其然乎？

聖祖事業

羣頑既殲，帝益厲精圖治，禁圈地，誅鰲拜，罷十三衙門，整飭紀綱，崇祀孔子，親行釋奠，數命國子監講求學術，廣徵文人學士，編纂字典諸書，復購求遺篇，表章理學，所以綜覈文化，陰消暴戾，而宇內益安堵矣。又嘗巡幸江南，定治河方略，頒召試盛典，民心始有所慕效。帝博聞强記，學無不窺，且知人善任，雖古之令辟，其猶劣諸至滋生人丁，永不加賦之制，尤足以郵民依而培國本。惜中葉以後，皇子朝臣，各樹朋黨，而考官舞弊，尤疊見不鮮，不無盛明之累焉。

準部及西藏之經營

聖祖在位六十年，內綏外服，國力鼎盛，而其所最著者凡二事：(一)外蒙古喀爾喀內附也，(二)西藏綏定也。其首禍皆因準噶爾部之噶爾丹。初噶爾丹篡立，兼并四衛拉特，南摧回部，西擾藏衛，又北窺喀爾喀，乘機攻土謝圖汗車臣汗，札薩克汗亦敗走，款塞乞降。噶爾丹據其地，聖祖敕令西歸，不奉詔，且寇內蒙古，帝二次親征，大破之昭莫多。已而策妄阿拉布坦結回部青海內叛，詔許招撫之，噶爾丹不至。乃自寧夏進兵，噶仰藥死，姪獻其尸，始歸三汗於喀爾喀，自是阿爾泰山以東皆內屬。又以策淩分土謝圖汗二十一旗，命為賽音諾顏汗。其後策妄阿拉布坦誘結西藏，襲殺拉藏汗，帝命皇十四子為撫遠大將軍，遣兵分道趨藏，追策零，擁立達賴。其武功烜赫如此。

世宗事業

聖祖在位六十一年，太子允礽廢死，皇子二十餘人，樹黨爭位，唯長子允禔及世宗禛禟禩禵等勢尤强，世宗卒以第四子繼承。當其居藩邸時，內困諸王排擠，外困臣僚黨習，宮廷大擾，至是踐阼，即布偵騎，嚴吏治，首誅兄弟之為敵者。為政强毅綜覈，蠲浮糧，興社倉，除賤民階級，罷一切不急之務，朝野震慄，綱紀肅然。猜忌旣深專務摧壓，於是文字之獄興，而功臣如年羹堯隆科多輩，亦不自保，因鑒諸子爭立，垂訓永不建儲貳，防弊亦云密矣。

用兵西北與征撫西南

至其武略之最著者有二事：(一)用兵西北。青海會羅卜藏丹津叛，犯西寧，遣年羹堯等討之，羅會投準部，朝使索之，策會不奉詔。及其子噶爾丹策零立，復謀犯邊，世宗以準部有事必擾及喀爾喀青海西藏，岳鍾琪籌禦準策，獻車營法，至交綏亦以車戰爲主。論者謂和通淖爾之敗，以致準勢洶洶，進攻奇蘭河附近。朝命策凌禦之本博圖，（烏里雅蘇台東南）準兵襲擊其帳塔米爾河，策凌怒，亟調蒙兵三萬，經擊喀喇森齊泊，轉戰至光顯寺，（即額爾德尼昭蒙古謂寺曰昭）大潰準部始請和，於是定阿爾泰山以東地。(二)征撫西南。其時諸苗擾亂，邊民患之，議改土歸流。鄂爾泰疏言聯粵蜀，練兵選將，事權歸一，即可制苗。朝旨俞允，給三相總督印，令兼制廣西，於是張廣泗哈元生等勦撫互施，自四年迄九年，土司悉改流，苗疆始定。未幾，黔苗變起，命張照爲撫定苗疆大臣，照奏改流非計，首創棄地議，中外和之，前功幾墮。金川居小金沙江上游，帝以土會莎羅奔爲安撫司，自號大金川，謂舊土司澤明爲小金川，互相攻擊，並傷官軍，詔張廣泗征之，無功逮治，更遣傅恆，始破莎會，既罷兵，又以邊界紛議，使命往來，蓋自是征戍雖撤，而猶未釋西顧之憂也。

高宗之內治外征

世宗崩，高宗纘業，雄才大略，善政纍纍，捐賦豁累，增赦起廢，懲誅玩惕，汰除僧道，猶慮日即縱弛，復揭寬猛互劑之政策。世宗以猛糾聖祖之寬，高宗以寬濟世宗之猛，因時制宜，故六十年間，稱郅治焉。又優禮文人廣徵書籍，屢頒欽定殿板諸書，而綜甄文化，影響及於千古者，唯此四庫全書之鉅製。六次南巡，免逋賦，謁孔廟，尤眷眷於塘工，自製南巡記，以章其盛。乾隆初葉，鄂爾泰張廷玉當國，權勢相埒，疑忌互生，一滿一漢，各立門戶，儼然政府兩大黨焉。繇是胡中藻之詩獄以起。于敏中秉政，朝局士風爲之少變，至和珅，則益無忌憚，中外多其私黨，而寵眷始終不衰，以故寵尤隆，而勢尤赫。

於時雲貴川南，多已改土歸流，而厥庸顯然彪炳於史册者，有數事焉：(一)征準部之役。準噶爾自康雍以來，叛服靡恆，帝命兩路出師，班第爲定北將軍，阿睦爾撒副之，永常爲定西將軍，薩拉爾副之，兩副將軍皆準部渠帥，建舊纛先進，敵望風奔潰，復會師博羅塔拉河，達瓦齊遁，餘皆降。同時青海叛酋羅卜藏亦就擒。(二)征回部之役。初命雅爾哈善往討，僅得空城，高宗怒誅之，令兆惠竣其事。先戰黑水營，繼定天山南路，素爾坦河殺其酋，以霍集占首來獻，準回之平，用兵五年，闢地二萬餘里。(三)征金川之役。大金川既降，詔傅恆班師，乃不數年，小金川澤旺老病，子僧格桑用事，遂入寇。溫福克資里及阿喀，桂林克革布什札，漸逼小金川。桂林被劾，阿桂代之，直搗其巢，溫福中鎗死，明亮海蘭察馳援，阿桂略其東，明亮攻其南，小金川盡復。乃移師攻大金川，先以水困之，繼以礮轟之，索諾木降，大金川再平，用兵亦五年，獲地不逾千餘里。(四)征臺灣之役。康熙末葉，朱一貴亂平，至是林爽文亂又起。居大理杙，設天地會，橫行數十年，因有司逮捕，遂陷彰化，圍諸羅。莊大田亦乘亂陷鳳山。總兵柴大紀，決堰澗破礮車，以數千人抗敵數萬，先後百餘戰，殺死過當。會福康安增兵入，敵遂披靡，爽文大田均就俘，臺灣遂定。(五)征緬甸之役。緬兵襲擊木邦，觀音保戰死，明瑞自經。傅恆率師討之，三路大捷，抵老官屯。緬兵分扼東西，師逼其東寨，緬人徧插木簽，百計不獲進，卒用火攻，始乞和，定十年一貢制。(六)征安南之役。安南內亂，帝以興滅繼絕，宜出師問罪，諭分三路進：一出廣西鎮南關為正路，一自廣東泛海至其海東府，一自雲南蒙自陸路入其洮江，敵皆奔遁，不匝月，復其國都，滇師猶未至也。(七)征廓爾喀之役。廓既吞併尼泊爾，又侵略西藏，嗣又以責貢為名，再舉深入。駐藏大臣保泰欲以藏地委敵，廓兵大掠札什倫布，全藏大震。帝命福康安海蘭察自青海入後藏，連敗其屯兵，敵請降，不許；復三路進攻，六戰六捷。敵一方請和，一方與英訂商約乞援兵，援未至，再乞和，於是留番兵三千；漢蒙兵一千，官兵駐藏自此始。尼泊爾朝貢，至清季猶未絕。高宗御製十全記以志武成，(十全者平準為二平回為一掃金川為二靖台灣為一降緬甸安南各一降廓爾喀為二) 立石紀功，先後相望。文臣唱和，歌詠太平，四夷朝貢，遠及先朝所未至，實三百年來全盛之時代也。

乾隆一朝，文治武功，並臻極盛，自和珅專恣，即養成貪墨之風，而吏治益不堪問矣。重以國用日絀，民間患貧，政府又不思為之補救，亂源醞釀，由來者漸。是以三十九年有山東王倫之亂，四十六年有甘肅回民之變，雖不久撲滅，而亂事已種其根苗。至六十年，苗民發難於湖南，貴州間，川匪紛然並作，而國勢遂以日衰矣。御極六十年，立皇十五子嘉親王為太子，明年遂即位，是為仁宗。

仁宗時之內變

仁宗受內禪四年，高宗崩，首誅權奸和珅，籍其產，福長安亦干朋黨律，朝綱漸肅。是時承平之後，俗尚侈躋生計稍稍不給，民力凋敝，姦宄乘機煽動，於是教匪禍作：(一)白蓮教之叛。教創於安徽奸民劉松，後其黨劉之協等假經咒惑人。乾隆間，有旨大索，官吏奉行不善，騷擾閭閻，因以激變。內起於湖北，蔓延陝甘河南諸省，四川徐天德應之。其時滿兵不競，額勒登保德楞泰楊遇春等於是始用鄉兵。翌年，擒劉之協於河南；又一年，誅徐天德，又二年，川楚陝悉定，益搜捕南山餘匪，事遂寧。(二)天理教之變。亦白蓮教支派，其傳習京南者，有八卦、榮華、紅陽、白易諸目。八卦黨徒尤衆，徧布直隸河南山東山西諸省，而河南滑縣李文成、直隸大興林清爲之魁，復變名曰天理，勾結日廣。初，林清謀入京乘帝木蘭回鑾時，襲據京師，文成在外同日舉事。會滑縣知縣强克捷偵知之，捕文成下獄，不及赴林清外應之約，事機歧誤，禁門亂起，林遂爲護軍所擒，那彥成楊遇春等又破文成於滑。同時有陝西三才峽賊，雖與天理教不同，然二事適相首尾。岐山三才峽有木商集老林，伐木作薪，貿易山外，號曰「木箱」，傭作者皆無賴子。會岐陽大飢，木商停工，伐木者遂糾衆掠食，浸至木箱盡焚，箱工從者日衆，山南新起之徒復來合勢，更盛。明年，俱討平，而粵閩浙海疆亦以此時患艇盜。盜始於康乾時安南阮氏之爭，縱掠助饟，沿海奸民又附和之，至是蔡牽領其衆，李長庚擊卻之，垂獲牽，長庚中礮死。時朱濆亦肆擾，長庚裨將王得祿邱良功合粵撫阮元討之，濆死，牽自沈，艇盜始平。苗疆亦適告定。餘如贛民胡秉輝等假託明裔，臨安邊外夷民高羅衣等假逐漢人爲名，均起事不久，卽爲有司捕滅，致不得釀成大亂云。

宣宗時亂機之萌

仁宗崩，宣宗卽位，改元道光，亦思銳意圖治，力除數朝秕政，試行海運，整飭河員，改行淮北票鹽法，至獎勵開礦，尤有裨國計民生。其武功，首平回疆張格爾之亂。張格爾搆布魯特兵，屢降屢叛，卒結浩罕，陷喀什噶爾英吉沙爾葉爾羌和闐等城，楊芳以計擒之，回疆再定。然易爲人所蒙蔽，故在位三十年間，穆彰阿曹振鏞先後當國，內以遺太平天國之亂，外以啓粵東鴉片之爭。雖阮元陶澍松筠林則徐等，才智皆有可爲，而衰象卒不免迭見者，豈國運使然歟？

鴉片戰爭

初，英人既得印度商權，以鴉片爲出產大宗，乾隆時輸入漸多，道光初至二萬餘箱，十八年始有禁烟之議，命林則徐督粵查辦。明年抵粵，燬其烟，絕互市，英通商監督義律恥被辱，圖報復，時各國均受查驗，獨英以兵艦至，則徐與戰澳門外洋，火其舟，數有斬獲，始駛出口。復藉口索償不許，則移師援浙，陷定海寧波，分兵北犯，入白河口。朝廷咎則徐啓衅，削職戍伊犂，詔琦善等赴粵議和。至則裁水師，撤戰備，務以媚外爲事。英人佯撤兵，突襲尖沙角礮臺。宣宗大怒，逮問琦善，後知有私讓香港事，籍其家。英人再犯廣東，將軍奕山等勢屈乞和，英人遂掠廈門，再陷定海，旋入鎭海乍浦寶山上海，溯江而上，陷鎭江，逼江寧。朝命耆英赴江寧議和，乃與英使璞鼎查定休戰約。自是往返措議，至二十二年，締結南京條約，（詳見外交編）戰局始罷。

洪楊之勃興

自鴉片戰後，國政日紊，飢嗛頻仍，粵西被災爲尤甚，奸民誘煽，羣盜竊發，廣西羅大綱陳金剛等紛紛起事。洪秀全默察大勢，當趨東南，亦起於桂平金田村。秀全花縣諸生也，有才智，爲其黨所信服，益假上帝教之說，內以天道誘民衆，外以冀各國之不干涉，而自爲教首。於是馮雲山曾玉珩楊秀淸韋昌輝蕭朝貴石達開等爭入會，令富民助銀入教，黨羽日衆，遂思進取。達開定計，分東西二路，取桂林，巡撫周天爵向粵督徐廣縉告急，粵吏正骫骳不治事，勢益熾。

宣宗崩，文宗即位，首正穆彰阿耆英之罪，諭戒臣工因循之習。兵不足，兼用勇；漕不繼，改海運，餉不給，製大錢，改口岸以整鹺綱，輸米石以實倉庾，其政不無可紀。奈外患已深，有司旣多泄沓，而任勦伐之責者，復多委靡遷延，以致師久勞而無功。帝乃起林則徐視師，道卒，洪軍勢益盛。秀全遂陷永安，烏蘭泰退入斜谷，又爲馮雲山所截擊中鎗死。秀全遂建王號，稱太平天國，餘封王爵丞相各職有差。明年，陷武昌，軍聲大振，官軍不敢攖其鋒。舟行而東，連陷九江安慶，進據江寧，定爲都，分遣其黨略河南湖北諸省。議渡河未果，提督向榮追至金陵，建江南大營圍守之，洪黨內亂，官軍乘勢規進取。會向榮卒，江南大營以爭餉潰，洪勢復盛，迭陷江浙名城，東南糜爛，大局岌岌。其時皖豫以北，復患捻，與洪軍相爲應。幸湘淮軍繼起，艱苦百戰，乃次第削平。

英法聯軍之役

先是鴉片戰後，英撤兵屯城外，因前約許領事駐城邑，乃援以爲請，粵民大憤，大創之三元里。已而洪軍起廣東，羣盜如毛，葉名琛時已晉總督，治之亟，諸附賊者或遁棲海島。英故憾粵民，遂招羣匪，使揭英國旗乘舟入內河，有一船名「亞羅」，水師執而捕之，毀其旗。咸豐六年，英領事巴夏禮稱兵入犯廣城，約名琛面評曲直，名琛不之應。粵民又縱火燬洋行六所，連及法美人居室，於是法美二國亦怨。英人歸報，遣使至粵，以兵艦問罪。七年，英使兩致書，名琛不答，會法教士又被殺於廣西，英遂煽法美共搆釁，美人不欲戰。英法聯軍徑破廣州，執名琛送印度，聯軍四出騷擾，粵人率鄉團拒之。八年，英法俄美四國使聯名致牘政府，議此事未決，聯軍遽率軍艦進攻天津，要迫和議，許之。翌年，在天津換約，（詳見外交編）我以大沽設防，令各國自北塘入，（大沽北十餘里）英人不聽，軍艦逕入大沽，親王僧格林沁轟沈其二艘，於是戰釁復啓。

咸豐十年，英法兵二萬，駕巨艦犯天津，逕大沽，膠淺不獲進，佯張白旗乞緩攻，我師不知其詐。旋水漲入口夾擊，我師敗績，敵遂陷津，重開和議，命怡親王載垣赴通州議之。英公使額羅金遣其參贊巴夏禮來，載垣以其言不遜，執之。於是敵引兵深入，至張家灣，逼通州，我師又失利，敵進犯京師。時文宗狩熱河，命恭親王奕訢留守。敵攻海淀，禁兵潰，敵據圓明園，聲言攻城。王大臣釋英俘請和，俘有死者。英人不悅，再擾海淀，焚圓明園，且入京城，俄公使居間調解，始講和焉。引二國軍至禮部堂，訂盟約，是爲北京續約。（詳外交編）更開登州臺灣潮州瓊州九江漢口天津牛莊八口，割九龍予英，許英法人入內地游歷傳教，遣公使駐京城。湘軍主帥請以兵入衞，會和議成，乃止。

中興之治績

洪軍既得勢，而各處紛然起應者，於是豫皖有捻亂，陝甘有回亂，賴中興諸名將以次平復，始奏膚功。

（一）曾左戰蹟。曾名國藩，籍湖南湘鄉，以侍郎居憂在籍，承旨辦團練，仿明戚繼光兵法，募練湘民，號湘軍。諸生王鑫羅澤南李續賓等統之，出境討伐。各省創設釐局以濟軍糈，復與胡林翼仿江忠源成議，設長江水師，彭玉麟楊載福等統之。尋克武昌，扼敵上游。已而江南大營潰，張國樑死，蘇杭迭陷。國藩疏薦李鴻章左宗棠堪大用，於是宗棠率蔣益澧等復浙，鴻章率程學啓等復江蘇，復用洋將華爾戈登白齊文等統常勝軍，頗有功。齊文等叛，宗棠獲之於閩，舟覆死。既而國藩督兩江，令彭玉麟楊岳斌（即楊載福）鮑超緣江東下，李續賓死於皖，曾國荃卒復安慶。厥後浙贛既復，敵勢大衰，國荃玉麟以水陸軍逼金陵，太平軍突至，攻圍至四十六晝夜，卒擊卻之，嗣以地道攻克江寧，秀全先死，其子福逃奔，爲席寶田等斬於贛。(一)平捻戰蹟。捻盛於皖豫間，其渠率李士林劉疙瘩張樂刑張總愚尤兇悍，與苗沛霖搆結，勢洶洶。其先袁甲三勝保科爾沁親王僧格林沁分軍進擊，捻皆殊死戰，未能平，走山東。國藩既平洪黨，遂倡圈制之策，既捻分爲二：總愚入秦爲西捻，任柱賴文光入魯爲東捻；鴻章以郭松林劉銘傳平東捻，宗棠率師破西捻，殲總愚等黃運徒駭間。(二)平回戰蹟。初，豫撫嚴樹森募回勇，旋給貲遣散，因事與漢民齟齬，遂合滇回赫明堂任五倡亂，戕團練大臣張芾，掠同州，圍西安。甘回馬化龍白彥虎遙爲聲應，據金積堡。詔遣多隆阿往討，未捷而死。劉蓉楊岳斌繼之，而回黨憑陵，淹移日月，宗棠卒以三路進兵之策，平陝西。尋劉錦棠克金積堡，下寧夏蘭州，屠回七千餘人，至是粵捻回皆肅澄。

文宗與穆宗

初，聯軍北犯，車駕幸熱河，次年崩，穆宗即位，改元同治，尚幼沖，兩宮皇太后聽政，用國藩鴻章，平定洪軍捻亂，宗棠再定新疆，四境寧謐。親政後，宵衣旰食，綱舉目張。天津之役，英美法德皆已訂約，至是丹荷西比義奧先後踵至，與數國訂約，自此始。東邦日本，通商最早，然自道咸以來，海禁雖開，未與結約。十年，始遣使來議約事久乃許之，於是兩國使臣，會於天津，訂修好規條及通商章程。（詳見外交編）會日人海上遇颶，漂至臺灣遇禍，遂於十三年發師入臺灣後山，朝命沈葆楨渡臺示形援，卒償兵費以自解。是歲，始遣公使至日本及西洋各國。未幾穆宗崩，無嗣，兩宮皇太后以醇親王之子即位，是爲德宗。

德宗時之朝局

德宗幼冲，兩宮皇太后臨朝，其時文祥與恭親王奕訢同心輔政，海內乂安，逮李鴻藻翁同龢相繼當國，南北分立黨援，於是雲南報銷之案起，言路發舒，始於爭改俄約，嗣復歸於斯役，遂至搆成法越戰爭。戰衅既開，樞臣又號召親黨，紙上談兵，未及旬時，疆事大壞，鴻藻坐是失敗。孫毓汶繼之，厭惡言路，朝局大變，至甲午一役，毓汶亦被擠而去，然亦無以善其後。及帝親政，銳欲有爲，力矯守舊之失，而翻雲覆雨，卒釀成戊戌庚子之變。厥後改革紛紜，而國事益不可爲矣。

新疆之紛擾

先是，中國內困洪楊，外迫英法，俄國乘衅而起，咸豐八年，與訂愛琿條約，（詳外交編）越二年，又有北京之約，東北疆事，視尼布楚舊約大異，然其西界約未定也。同治三年，將軍明誼奉勘西北界，已將塔城之雅爾（塔城西二百里）及伊犂以西之特穆爾伯（即伊斯色克庫里湖）劃入界外，値新疆回亂，遂占我伊犂。光緒四年，戡定新疆，議收伊犂，遣崇厚往議，崇厚擅許償兵費盧布五百萬，以伊犂西界及南界各數百里與俄，侵占反多。（詳外交編）言者大譁，責其辱命，詔逮治，更命曾紀澤自英赴俄，俄拒之，分遣黑海軍艦赴中國，圖封遼海。我西路軍帥左宗棠金順亦主廢約力戰，幾決裂。嗣中國赦崇厚罪，俄亦允改約，於是曾紀澤避重就輕，與俄改訂新約，時光緒七年十一月也。（詳外交編）伊犁既交還我國，劉錦棠等奏改建行省，始定新疆省增設之制。

法越之役

法因廣南王阮文惠有舊情，獲割地通商傳教權，法人益橫。及阮福映復仇，為越南國王，拒法甚力，嗣位者或因過激殺法教士，與法結怨。咸同間，法遣兵據西貢，破越南軍，復取其附近三郡。會黎氏舊臣起兵掠東京東北部，並遣使西貢乞援，越王大懼，與法締盟，出償金，法人始有覬覦之志。未幾，又有柬埔寨之叛，法乘機據之，認為保護國。是時越西南部皆為法屬矣。同治末，以內地傳教及紅河行船條件逼越，尋率兵陷東京，越王憤甚。粵西人劉永福者，竄安南，有游兵數千，號「黑旗兵」，越利用之以抗法兵，戰輒有功。光緒九年，法又陷河內，（越東京）安南不支，曾紀澤使法爭越為我藩屬，久不決。朝旨使左宗棠援越，率黑旗兵攻法人於河內，敗之。旋法增兵，復陷北寧，掠順化，李鴻章力主和議，定約天津。法又索償，未允，法將孤拔率軍艦攻臺灣，破基隆，其秋戰馬江，（福州海口）張佩綸失策先遁，孤拔雖斃，軍艦盡燬。法軍之在越者，亦為馮子材敗卻，請和。紀澤密電力主戰，不報。法允不索兵費，以越南讓與我，師遂棄諒山諸城還，乃有中法新約之結，（詳外交編）時光緒十一年四月也。同時英亦滅緬甸，於是西南藩屬盡棄。

朝鮮之失

自同治間認償兵費，日人益輕我，遂以兵刼朝鮮，立約尊之為自主，明非我藩屬，更悍然滅琉球矣。光緒八年，朝鮮與美德兩國結約，皆請於我，命道員馬建忠蒞盟。其夏，朝鮮軍亂，焚日本使署，殺兵官數人，事聞，我先發水陸軍以往，爲定其亂。建忠等至仁川，執大院君歸，遂議和，朝鮮償金五十萬圓。大院君雖廢，閔妃悍而專制，朴泳孝等議變法，與外戚意見不合，國中分新舊二黨，日本陰助新黨。十年，泳孝等殺舊黨首領閔泳翊，擁國王頒新政，日本助之，我駐朝軍將吳長慶率兵入衛，以王歸我營，斬亂者以徇，爲朝難故，明年日遣其大使伊藤博文西鄉從道兩人來天津，朝命李鴻章與議約，嗣後派兵朝鮮，互相照會。甲午之役已伏於此。

光緒二十年，朝鮮東學黨倡亂，蔓延忠清全羅諸道，來乞師。直隸提督葉志超率兵三營赴援，屯牙山，（忠清南道洪州北）並告日本援朝師期。援師既至，東學黨人聞之，已棄金州遁。內亂既寧，約日本撤兵，日欲聯我改革朝鮮內政；拒之。時日兵來不已，皆據要害，而我兵逍遙牙山，漫無戒備。日兵突入王宮，刼朝王，令大院君（朝王之父）主國政，實歸日人掌握，並襲我運船沈於海，牙山兵亦敗於成歡。（驛名，牙山東北五十里）七月朔，廷議宣戰，班戰書未匝月，而陸軍潰平壤，水師敗大東溝。日軍連破我九連鳳皇諸城，遂渡鴨綠江，進逼遼陽，諸軍連戰皆北，名城迭陷，關內外大震，丁汝昌盡失海軍，北洋艦隊無存焉。明年，美公使出而調停，朝命李鴻章爲頭等全權大臣，至馬關，與伊藤博文訂約。（詳外交編）

還遼之役

當美主調停，朝廷先遣侍郎張蔭桓，巡撫邵友濂往日，不納而返，私以鴻章爲請；許之。鴻章以二月初行，適吳大澂牛莊陸路之兵又大潰，水陸兩無可恃，割地償款，唯所欲索。三月議成，中外大譁。會俄以遼東讓日，於己不利，乃搆德法出而干涉，責日以遼東地歸我，日本畏之，九月，定還遼約於京師。

港灣之租借

俄既以陰忌日人，故仗義責言脅還遼東於我，日人深銜之。既而德法諸國，俱以有德於我，索償之意甚奢。德首以山東殺二教士故，突率軍艦入膠州灣，强租其地。於是法報謂爲分內之報酬，英報謂爲適當之舉動，俄本與有密謀，絕無異議。故未匝月，而俄租旅順大連灣，英租威海衞，法租廣州灣，紛然而起，而我之海疆，遂無完土矣。

臺灣之割據

馬關之約，本割遼東臺灣澎湖三處，遼東既索還，而臺灣遂永淪矣。臺灣自施琅平鄭氏後，已入行省，土沃物阜，一歲三穫，亦南疆要地也。康熙朝有朱一貴之亂，乾隆朝有林爽文之叛，俱用兵討平之。及嘉慶後，福建巡撫移臺南。光緒二十一年，既定割讓之約，臺民大駭，哀懇收回成命，不報。巡撫唐景崧自立爲總統，總兵劉永福主軍政，不數日而兵變，日本援約收地，唐等遂倉皇內渡。（按民國三十四年抗戰勝利，臺灣重歸我國。）

戊戌政變

光緒六年，慈安太后崩，十五年，孝欽太后歸政，中日既議和，外侮日棘。德宗銳意自强，令主事康有爲上書言事。二十四年夏，有旨嚴飭中外大臣實行新政，擢楊銳林旭劉光第譚嗣同四品卿銜，參預機務。樞臣剛毅等徒伴食，遂廢制藝文及文武試制，許士民上書，詔各省徧設學堂，中外條陳新政者，日數十起。獨張之洞與陳寶箴條舉其應行事甚詳，帝倚畀甚至。未幾，密召銳等入告以朝臣倚太后，梗新政，思以袁世凱代榮祿，司北洋兵柄，衛己變法。嗣同以告世凱，世凱赴津告祿，祿以告太后，遂生大變。八月，太后復聽政，徵名醫視帝疾，召祿入樞府，以康有爲等謀圍頤和園，捕治之。有爲及梁啓超遁，黜其舉主徐致靖、李端棻、陳寶箴，殺其黨康廣仁、楊深秀及銳等四人，悉罷新政。嗣之洞以唐才常謀革命，誅之，新機大阻。

拳亂始末

初，山東奸民承八卦等教餘風，倡義和團，立大師兄、二師兄諸目，設壇演拳，詭言能避鎗礮，以妖術愚民。魯撫袁世凱治之急，竄入畿輔。時內地莠民借入教爲護符，魚肉鄉里，積忿已久，拳民乘隙煽之，以扶清滅洋爲幟，焚教堂，戕教士，並燬鐵路電線。詔遣剛毅、趙舒翹赴涿州辦理。剛毅等遽撫之，拳民入京師，端王以大阿哥溥儁故，方預政，頗信之，任其焚刼商市，京師大擾。拳民殺德公使克林德及日本書記官杉山彬。端王憤袁昶、許景澄、徐用儀等持正論，矯詔棄諸市。拳民復與亂軍合，環攻使館。各公使告急本國，援軍麕至。疆臣劉坤一、張之洞、袁世凱等與各國約，互相保護，東南始無恐。英俄法德美日意奧八國兵，突攻大沽口，陷之，義和團潰，遂進兵陷天津，直督裕祿自殺。李秉衡聞變入都，倉卒命視師，至通州，兵潰，亦自殺。京師戒嚴，德宗奉太后西幸，慶親王奕劻留守。八月，車駕至太原，京城陷。閏八月，幸西安，詔奕劻、李鴻章與各國議和。各國索償四百五十兆兩；誅庇拳民諸臣；燬大沽礮臺及天津城；拓京師各使館界，得駐兵保護；仇教各府縣，停試五年，凡十二條，(詳外交編)並允之。黜端王載漪、輔國公載瀾爵，並戍新疆；殺莊王載勛、毓賢、趙舒翹、英年、啓秀、徐承煜等；秉衡剛毅已先卒，追奪官謚；譴董福祥職，遣醇親王載灃赴德、侍郎那桐赴日本修舊好。初，俄人乘亂據東三省，既而和議成，各國撤兵歸，唯俄占東三省如故。二十七年，帝奉太后回鑾，廢大阿哥，詔行新政，立圖強雪恥之策焉。

拳亂後三案

拳亂既劇，而風潮繼此而起者凡三大案：當日俄之戰，遼東半島也，我國守中立之界限，概不與聞戰事。日遂與各公使約定圈出戰地，警告政府不得有偏袒舉動。嗣因俄數徵軍需於蒙古，且留軍艦戍滬，幾致破壞中立，和議成，各國藉詞不肯退，至光緒二十八年秋，始行撤回，是爲東南撤兵之案。聯軍之在直隸也，京津蘆保鐵路，英法實轄之，關外則俄人司之，而天津則爲軍隊公管之區。和議成，聯軍自京退津，直督袁世凱與議，至二十八年春，始次第收回，是爲交路還津之案。俄之據關東也，脅將軍增祺與訂約，陰聽俄人之節制，列國守津，陰與相持。津既還，俄迫於公議，與政府訂立撤兵約，二十八年春，約成，是爲交還東三省之案。

日俄戰爭

日以還遼之舉，甚不慊於俄，故時思報復。庚子之變，俄據東三省，久不撤兵，又以朝鮮保護事齟齬不下，俄關東總督阿力克雪夫堅持原議。日人爲先發制人計，擊敗俄艦於仁川，復敗之旅順，於是兩國始決戰，時光緒二十九年十二月二十四日也。中國政府乃於域內援局外之例，不敢復爭主權。日軍自朝鮮進奪旅順，陸軍一方攻取遼東半島，俄調波羅的海艦至東，大敗，日生擒其兩大將。於是美總統力勸兩國和，俄舉所得於中國東三省南部之權利，盡以畀日。(詳外交編)我政府亦將關東三省改爲行省。然日營其南，俄營其北，交涉紛紜，凡疆界、路礦、森林、漁業各事，日以棘手矣。

藏約糾結

西藏與英領印度之間，向以廓爾喀哲孟雄不丹三部爲屏障。既而英取哲孟雄，開鐵路至大吉嶺，於是印藏始有界務之交涉。光緒十六年、十九年，與英立約，闢亞東爲商埠；而適值俄人謀擴利權於中國西部，遣使與達賴喇嘛相款洽，並誘使從俄。達賴本有倚俄心，又誤以俄爲同教國，遂親俄而遠英。英約未實行，俄復爲達賴畫策，購置軍火圖抗英。會達賴殺弟穆呼圖克圖，籍其產，藏人頗不直之，達賴漸失衆心，而俄爲日所困，不及謀藏，英遂藉事進兵，時光緒三十一年也。駐藏大臣裕鋼往解之，達賴以有恃無恐，欲與英戰，嗣是藏兵屢敗，英禍日迫，遂結英藏條約：藏地自亞東外，江孜、(後藏地)噶大克(阿里境)皆闢商埠，償兵費二百五十萬盧布。我政府以蔑視主權太甚，遣唐紹儀爲全權大臣，與英使薩道義磋商廢約，英不允，別訂正約六條，(詳外交編)於三十二年在北京籤押後，又遣張蔭棠赴印度議商約，三十四年始議定。達賴輾轉至京，反錫以封號。宣統二年，達賴以叛走印度，革封號，遂留住印度云。

憲局譸張

日俄戰後，外侮益亟，蒙回見逼於俄，西藏受制於英，越南朝鮮，次第攘削，海疆虛設，內亂時聞，朝廷決意施行新政以救危局，士民亦多數主張立憲，各省督撫咸以爲言。時太后當國，乃命載澤端方戴鴻慈徐世昌紹英（徐紹以炸彈受驚改派李盛鐸尚其亨）五大臣赴東西各國，考察政治。未幾歸國，隨於光緒三十二年秋，下預備立憲詔；嗣於三十三年夏，下各省督撫實行預備立憲政詔；更於三十四年秋，下九年籌備立憲詔；並先後設會議政務處、考察政治館、憲政編查館、憲政籌辦處；又設資政院於京師，諮議局於各省，以立議院基礎。會孝欽后及德宗先後崩，醇親王載灃子嗣立，改元宣統，載灃自爲監國攝政王，以當憲政之衝。

載灃本以拳亂時赴德國謝罪，蓋游歷東西洋，一旦出而執政柄，故海內喁喁，望治甚切，顧於憲政無所進步。而果能以中央集權揭政要，化除滿漢，結人心，亦未始非持危之道。乃內而樞府與資政院相詰責，外而督撫與諮議局相競爭，本思靖國，國反以囂。重以間島片馬，諸未解決，士民皇皇，上速開國會請願書，或斷指瀝血以叩閽，而袞袞諸公，反以國民程度未及爲詞。於是國民愈激愈奮，一請不已，繼之以再，再請不已，繼之以三。政府不獲已，乃縮九年籌備期爲五年，部院疆臣，按歲奏報，元年二年之間，增飾品目，剗勦故常，於三年夏組織內閣，以奕劻爲總理，其弟載洵載濤及毓朗載澤善耆等，多據要津，士民以皇族內閣不利國家，堅請改組政府，不允。自茲以往，國事日非，民心乃大去。

民國肇興

奕劻之總理內閣也，以盛宣懷長郵部，盛遂上鐵路國有策，外而鄭孝胥和之。於時風雲日亟，外人之覬覦路權者益甚，而各省所籌路錢，財力既絀，人心復歧，往往緩不及事。朝廷以司農仰屋，困於支應，利用此策，以大借外債，並諭有抗爭者，律以違制。而適值籌備憲政之第四年，諸凡籌備之事，應交資政院協議，由內閣議決，政府電資政院阻梗，不交院而輒行。鄂湘川粵人民，請暫緩收路，均嚴旨申飭。川省因路事風潮正烈，學校停課，商賈罷市，輟租稅捐納，爲迫切要求。乃命趙爾豐爲川督。爾豐即拘保路會代表鄧孝可等若干人，紳民環請保釋，又擊殺十餘人，並請端方督兵入省。諮議局副議長蕭湘自京至漢，亦以嫌疑爲鄂督瑞澂所執，川亂益熾。淸命岑春煊赴川，爾豐又以亂事敉平入報，並電知各省。於是端方瑞澂合奏川漢粵漢兩路，實行收爲國有，淸廷方傳旨嘉獎，而不意革命軍已起於武昌。

初，洪軍失敗，民心潛伏者數十年，第鬱之久，發之必暴。於是孫文謀起於廣州，唐才常謀起於漢口，徐錫麟熊成基先後謀起於安徽，至三年三月，黃興趙聲等復舉兵於粵，均失利。逮八月十九日，民軍大起武昌，瑞澂及司道官皆遁，唯提法使馬吉樟不屈，統制張彪不知所往。協統黎元洪，衆擁爲鄂軍都督，隨下漢陽，據兵工廠，旋占領漢口。淸廷遣廕昌薩鎭冰分督陸海軍馳援。元洪以軍政府名義，照會各領事，以保護租界爲己責，請外人毋干涉，各領事電各政府俱贊同。各省民軍，以次響應。淸廷大震，下罪己詔，釋黨禁，罷皇族內閣，以袁世凱爲總理，頒布憲法信條，宣誓太廟，分遣各省宣慰使。時淸已軍攻陷漢陽，勢復振，然南京爲民軍所得，世凱遣代表赴鄂議和，未獲要領，各領事居間調停，南北停戰。載灃辭攝政職，世凱復以唐紹儀爲全權代表，與民軍代表伍廷芳議和於上海。會是時十七省代表公舉孫文爲臨時大總統，就職南京，而和議猶遷延未就緒，世凱遂日電達議和。議定，淸帝遜位，孫文旋辭職，由參議院公舉世凱爲臨時大總統，合漢滿蒙回藏五大民族，組織共和政治，於是數千年君主政體，乃告終云。

第十章　清代政教之大概

一國之政教與文明進化爲比例。滿洲入關，以用武得國，而其所以致治之原，唯政與教，實具左右一世之勢力。茲擇其重且大者，簡略言之。

編制之不同

自滿洲肇興，典禮職官，以編制八旗爲本。至併內蒙古，取遼東各部，各編八旗，爲二十四旗。統一而後，以採用漢俗，故一切制度，悉沿明舊。喪祭冠昏，尚存漢禮。衣服辮髮，男子同之，女則任沿舊俗，男之薙髮，女之纏足，始皆禁之，而其後卒弛之。官制，始用滿洲名號，唯內閣六部，兼存漢名，（後皆通用漢字）唯理藩院內務府無漢員。武職則京營僅副將以下，餘自宿衛以逮期門羽林，皆旗籍也。祭祀唯堂子祭禮稍異。而其與前史不同者，尤有二端，一爲滿漢不婚，一爲捐納實官，後亦捐除此例。

學術之迭興

至於學術，自聖祖高宗以談經講藝爲化成上策，取士沿用制藝經義對策，嚴定科場程式，召試博學宏詞，廣徵文藝，春秋，常御經筵，親祀孔子。高宗且詔釐正文體，凡詭奇婞直者，悉指摘訛謬，分別治罪誅鉏，既嚴，士習遂日漸粹美。經師家派，直追馬鄭。康熙中，有閻若璩胡渭張爾岐馬驌惠周惕惠士奇朱彝尊，乾隆中有江聲王鳴盛錢大昕洪亮吉江永金榜戴震盧文弨孔廣森，皆先後得稽古之榮。推理學正宗者，首稱二陸。（陸一世儀一陸隴其厥後桐城一派，恪守程朱。咸同之際，海內多故，其手夷大難之湘中諸賢自曾國藩以下，羅澤南劉蓉輩，皆以理學名臣，著中興偉績，斯亦盛矣。季世外患刺激，漸趨於實驗之學，於是上海製造局翻譯西書，益進而未有已也。

財用之匱乏

清承明季民窮財匱之後，庫藏空虛，又除三餉加派，歲用不足，乃議節流，故當時政費甚少。然終順治之世，歲支常浮於入；康熙時，三藩協餉，幾糜天下財賦之半，於是籌款之說興，改折漕貢，量增課稅，裁停俸工，開捐事例，然猶蠲免全國糧賦。其時內外官吏侵漁中飽，相習成風。世宗首抉弊害，懲治無遺，於是耗羨歸公之議定，而國庫不虞匱乏。承平日久，漸開奢侈之端，生計盈虛，以北賈南鹽為斂財之樞紐。乾隆中葉，河工兵費，屢用巨帑，蓋藏漸寡，卒致鹽斤加價，公攤養廉，關稅加贏餘，紛然並起，以故嘉道兩朝，景況益形凋敝。咸同軍興，全恃鹽金以為挹注，至季葉制作紛紜，網羅財賄，民生日蹙，朝政日非，以迄於亡。

喇嘛之崇奉

滿洲舊奉薩滿教，兼崇喇嘛教。崇德時，達賴貢方物，並獻丹書，順治朝禮遇有加。聖祖末葉，西陲俶擾，遣兵送達賴入藏，準夷敗走。先是，章嘉呼圖克圖為達賴第五世大弟子，聖祖命住持多倫諾爾（以北三廳之一）彙宗寺。至高宗時，奉詔入京，審定大藏經咒，又佐莊親王修同文韻統，此黃教之衍於西北諸部者也。其班禪則居後藏。宗喀巴經言達賴班禪，六世後不復再來，故後此登座者，無復真觀密諦，祇憑垂仲（猶內地師巫）降神指示，其弊滋甚。高宗獨運神斷，掀頒金奔巴瓶一，供於中藏大招寺，遇有呼畢勒罕出世，（呼圖克圖第二世猶華言化生）互報差異者，納籤瓶中，誦經降神，駐藏大臣會同達賴班禪，掣籤取決。其蒙古所奉之呼圖克圖轉生，亦報名理藩院，與住京之章嘉呼圖克圖掣之，瓶供雍和宮。蓋所以順俗而懷柔之也。厥後蒙藏交涉日漸棘手，爲西北邊防計，亟思有以智其民爲先務云。

清自太祖稱帝在關外二十九年；世祖定鼎燕京，下迄高宗，其間爲極盛時代者百五十二年；嘉道間內變外爭相繼而起，名爲中衰者五十五年；咸同軍興，前後十五年，始平定；光宣之間，國家益多事矣，計三十七年而國亡。

（附）清代世系表 起太祖訖宣統凡傳十二世二百九十六年

（一）太祖努爾哈赤（十一）—（二）太宗皇太極（十七）—（三）世祖福臨（十八）—（四）聖祖玄燁（六十一）—（五）世宗胤禛（十三）—
（六）高宗弘曆（六十）—（七）仁宗顒琰（二十五）—（八）宣宗旻寧（三十）—（九）文宗奕詝（十一）—（十）穆宗載淳（十三）
（十一）德宗載湉（三十四）—（十二）宣統溥儀（三）

中國通史卷二

地形編

敍言

自禹貢別九州，定山川，分圻略，條物產，遂爲千古言地志者之所祖。周官以其事分之衆職，而冢宰掌邦六典，實總其事，太史以典逆冢宰之治，其旨蓋亦爲史官之職。史遷所記，但述河渠，班氏繼之，因州繫郡，因郡繫縣，戶口風俗，各有攸敍。厥後畿服、經區宇志、諸州圖經集，紀載所加，博洽鬼瑣。昔鄭夾漈之稱禹貢也曰：『州縣之設，有時而更，山川之形，千古不易。故其分州，必有山川定疆界，使兗州可移，而濟河之兗州不可移；梁州可遷，而華陽黑水之梁州不可遷。』韙哉言乎！洵地志之達例也。夫蕭何收亡秦圖籍，故能知天下要害，馬援陳天水形勢，故能示道徑往來。吾國地志不少專書，遠而杜典馬考，往轍可尋；近而人文地理，自然地理，澤篇甚富。竊以爲經世之略，宜注重政治。顧氏祖禹曰：『時代之因革，視乎州域，州域之乘除，關乎形勢。州域之建置有定，而形勢之變動無方。禹跡茫茫，其得失成敗之故，不越於此也。』爰取斯旨，輯地形編。

第一章　古代九州

禹貢以前之九州

昔黃帝方制九州，（鹽鐵論大夫曰：鄒子推終始之運，謂中國天下八十一分之一，名赤縣神州，而分爲九州）列爲萬國。或曰，九州爲顓帝所建，帝嚳受之，（帝王世紀：冀兗靑徐揚荊豫梁雍九州爲顓帝所建，通典亦云）孔子稱其北至幽陵，南暨交趾，西蹈流沙，東極蟠木者是也。堯遭洪水，天下分絕，舜攝帝位，命禹平水土，以冀靑地廣，分冀東恆山（尚書曰「十有一月朔巡狩至於北岳」註北岳恆山也。地理志云在常山曲陽縣西北，五嶽圖曰恆山高三千九百丈，上方三十里，周迴三千里）之地，爲幷州，冀東北、醫無閭（周禮職方氏「東北曰幽州其山鎭曰醫巫閭」在今遼寧北鎭縣西五里，高十餘丈，周二百四十里）爲幽州，東北遼東之地爲營州。故書曰：『肇十有二州。』此禹貢以前疆域之大勢也。

禹貢之九州

禹平水土，還爲九州，禹以治水功爲最著，洪水既平，疆理九州，任土作貢，故以禹貢名篇。

都邑考：伏羲都陳；（今河南淮陽縣）神農亦都此，後徙曲阜；（山東曲阜縣）黃帝邑於涿鹿之阿；（括地志、嬀州懷戎縣東南五十里有涿鹿山，舊直隸宣化府懷來縣，民國初屬直隸口北道，今改屬察哈爾省）少昊自窮桑登位，（曲阜縣北）復徙曲阜；顓頊自窮桑徙帝邱；（河北省濮陽縣西南）帝嚳都亳；（河南商邱縣東南）至堯始都平陽；（世紀堯始封唐縣，後徙晉陽，今山西太原縣治，及爲天子都平陽，今山西臨汾縣）舜都蒲坂；（今山西永濟縣北三十里曰虞都鎭）禹都安邑。（舊屬山西解州，民國移治運城，今爲山西省安邑縣）其後帝相都帝邱，少康中興，復還安邑。自上古至夏，都邑不過二百里，皆在冀州之內。

冀州。三面距河，東距兗河，西距雍河，南距豫河。（今河北山西二省及河南黃河以北遼寧遼河以西之地）

濟河惟兗州。東南距濟，西北距河。（李巡曰：濟河間其氣專質，厥性信謙，故曰兗；兗，信也。即沇水，山東舊東昌府及兗州濟南靑州之西北境，直隸舊大名府及正定河間之

一六六

東南境皆古兗州地。

海岱惟青州。東北距海，西南距岱。（論者謂土居少陽，其色爲青，故名。舊山東之膠東及濟南道東境皆是，兼有瀋陽遼河以東之地。）

海岱及淮惟徐州。東距海，北距岱，南距淮，西距濟。不言濟者，以鄰州互見也。（李巡曰：淮海間其氣寬舒，稟性安徐，故曰徐。徐，舒也。今江蘇舊徐州府及邳縣，山東舊兗州府，安徽之宿縣泗縣皆其地也。徽則鳳陽、泗州在淮水以北者皆屬焉。）

淮海惟揚州。北距淮，東南距海，西與荊豫分界。（李巡註：江南其氣躁勁，厥性輕揚。今江蘇、安徽、江西、浙江、福建之地。）

荊及衡陽惟荊州。北距南條荊山，南距衡山之陽，以衡山之南，無復有名山大川可以爲記，故言陽以見其境過山南也。（李巡曰：漢南其氣燥剛，稟性彊梁，故曰荊。荊，彊也。釋名以爲取荊山之名。今湖南、湖北及四川舊重慶府、貴州舊遵義、思南、銅仁、思州、石阡等府及廣西之全縣、廣東之連縣皆其地也。）

荊河惟豫州。西南距南條荊山，北距大河。（李巡曰：河南其氣著密，厥性安舒，故曰豫。豫，舒也。即今河南省，或曰兼山東舊曹州、安徽舊潁州、湖北舊襄陽、鄖陽境。）

華陽黑水惟梁州。西距黑水，東距華山之陽。（今四川及陝西舊漢中、興安府境。）

黑水西河惟雍州。西南距黑水，東距西河，河在雍州之東，而曰西河者，以冀州西界而言之也。（應劭曰：西方金剛，其氣强梁。今陝西、甘肅二省及青海、額濟納之地皆是。）

殷商之九州

殷商革命，詩稱九有，因夏之制，略有變更。

都邑考：契始封商，（今陝西商縣）相土遷商邱，（今河南商邱縣）湯居亳，受命後都西亳，（河南偃師縣西亦曰尸鄉，即古西亳）遷囂，（河南廣武縣）河亶甲徙相，（河南安陽縣西北五里洹水南岸）祖乙徙耿，（山西河津縣）復徙邢，（河北邢臺縣）盤庚復歸西亳，武乙徙朝歌（今河南淇縣東北）所謂沬邦也。

王制於商，亦曰九州千七百七十三國。商之九州，蓋襲夏而已。孫炎以爾雅九州與禹貢周禮不同，疑爲殷制。陸氏佃亦云禹貢有青徐梁而無幷幽營，爾雅有徐幽營而無青梁幷，職方有青幽幷而無徐梁營，三代不同故也。班氏志地理，以爲殷因於夏，無所變政，然殷所因者，禮也；謂因地，則亦無明文。

爾雅九州考

冀州　釋地九州，兩河間曰冀州。郭璞注：自東河至西河。此蓋殷制，孫炎李巡同。舜肇十有二州，鄭注謂舜於舊九州外，分青州爲營州，冀州爲幷州，幽州，至夏乃合爲九。禹貢無幽幷二州，則幽幷之地周分置。幽幷俱在禹貢冀州域內，是殷周冀州視夏制差小。

豫州　河南曰豫州。註：自南河至漢北。禹貢豫州以荊山之北爲界，爾雅豫州以漢水之北爲界，夏殷殊制。職方云：河南曰豫州，正南曰荊州，則周時荊州，兼有漢北之地，與殷制異。郭知自南河至漢北，以豫州居冀荊之間，其界爲南河之南，漢水之北也。周禮疏云：周之雍豫，兼梁州之地，爾雅無梁州，則殷之豫地，亦兼梁地。

雍州　河西曰雍州。注：自西河至黑水。職方云：正西曰雍州。殷周雍州俱兼梁州之地，與禹貢異。

荊州　漢南曰荊州。注：自漢南至衡山之陽。殷時荊州以漢水爲界，則自大別以東，江南之地，屬於揚州；

大別以西，漢東之地，屬於豫州，視夏制差小。謂凡在漢水以南，皆屬荊州，其南界則越過衡山之陽也。

揚州　江南曰揚州。注：自江南至海。殷制割淮南江北之地以屬徐州，故揚州以江爲界，兼有大別以東之地，蓋較夏之揚爲小。

兗州　濟河間曰兗州。注：自河東至濟。殷制與夏同。職方云：河東曰兗州。賈疏：周之兗州，於禹貢侵青徐之地，兗州之域河東與冀分界；濟自滎至菏西南與豫分界，自菏至會汶南與徐分界，會汶後東北行，東與營分界。

徐州　濟東曰徐州。注：自濟東至海。殷仍夏制。職方云：正東曰青州，其山川皆禹貢徐州之域。周無徐州，蓋以徐爲青也。徐與兗以濟爲界，自濟而東，兼有淮南江北之地，與揚州分界。周之青州於禹貢侵豫州地，故其澤藪曰望諸，殷爲徐州，則望諸亦當在境內。

幽州　燕曰幽州。注：自易水至北狄。禹貢以幽州之地，合於冀州。職方云：東北曰幽州，正北曰幷州。爾雅無幷州，幽州兼有幷州之地。故下文云：燕有昭余祁，昭余祁爲周禮幷州之澤藪也。殷以昭余祁屬燕，是爲幷合於幽之證。職方幷州其浸淶易。殷制合幷於幽，故易水在幽州境內。水經云：易水出涿郡——故安縣——閻鄉西山。周時幽州偏於東北，其正北則爲幷州，殷以東北之地割屬營州，則幽州之境，縮於東北，而羸於正北。

營州　齊曰營州。注：自岱東至海。禹貢云：海岱惟青州。公羊疏引鄭注云：今青州界，東至海，西至岱，東嶽曰岱山。職方云：正東曰青州，夏商俱無營州。釋文云：爾雅營州爲禹貢之青州矣。營者，蓋取營邱以爲號。博物志云：營與青同，海東有青邱，齊有營邱，豈是名乎。說苑齊曰青州，是青卽營也。公羊疏引孫氏自岱東至海。郭注本孫炎書疏云：青州之境，非至海畔而已，堯時青州，當越海而有遼東也。舜時十有二州，分青邱爲營州，營州卽遼東也。爾雅營州之境，與禹貢青州同。

周職方氏之九州

周既定鼎，職方所掌，亦曰九州，與禹貢所紀有略異者。

都邑考：后稷始封邰，（今陝西武功縣西南二十里）公劉徙豳，（今陝西栒邑縣西三十里有古豳城）太王遷岐，（今陝西岐山縣東北五十里）南有周原，改號曰周。王季宅程，亦曰郢，（今陝西咸陽縣東二十里有安陵城古程邑也）文王居豐，（今陝西鄠縣東）武王都鎬，（今陝西長安縣西南）成王營洛邑，（今河南洛陽縣西五里）名曰東周，懿王徙犬邱，（今陝西興平縣東南十里）平王避犬戎之難，東遷於洛，卽洛邑也。

（東南）曰揚州。山、會稽，（在浙江紹興縣）藪、具區，（卽太湖在江蘇舊蘇州府西南五十里與舊常州府及浙江舊湖州府分界）川、三江，（松江婁江東江跨江蘇浙江境）浸、五湖。（孔氏曰太湖東岸五灣也水瀰漫而湖淺者曰藪窪下而鍾水者曰浸）

（正南）曰荊州。山、衡山，（在湖南衡山縣西）藪、雲夢，（湖北安陸縣南五十里）川、江、漢，（江發源今四川茂縣西北之岷山歷梁荊揚三州至今江蘇海門縣西入海漢發源陝西寧羌縣東北之嶓冢山至湖北漢陽縣城東北入大江）浸、潁、湛。（潁水發源河南登封縣陽乾山至安徽潁上縣入淮湛出河南臨汝縣魚齒山下流入汝水在禹貢爲豫州川）

（河南）曰豫州。山、華山，（陝西華陰縣南）藪、圃田，（河南中牟縣西）川、滎洛，（或以爲滎澤誤滎瀆通卽汴水洛水出陝西商縣南冢嶺山）浸、波溠。（波出河南魯山縣西北下流入汝水溠出湖北棗陽縣東北下流入溳）

（正東）曰青州。山、沂山，（山東臨朐縣西）藪、孟諸，（河南商邱縣東北禹貢爲豫州境）川、淮泗，（淮出河南桐柏縣桐柏山至江蘇漣水縣東北入海泗今自山東濟寧縣入運）浸、沂沭。（沂沭二水皆出山東臨朐縣沂山）

（河東）曰兗州。山、岱山，（山東泰安縣北）藪、大野，（山東鉅野縣東亦曰鉅野澤）川、河泲，（泲即濟河出河南濟源縣王屋山至山東利津縣入海）浸、盧濰。（盧水在山東長淸縣今堙濰出山東莒縣下流入海）

（正西）曰雍州。山、嶽山，（陝西隴縣南）藪、弦蒲，（隴縣西）川、涇汭，（涇出甘肅平涼縣西下流入渭汭出弦蒲藪下流合涇）浸、渭洛。（渭出甘肅渭源縣洛出慶陽縣北三百里白於山亦曰女郎山）

（東北）曰幽州。山、醫無閭，（見上）藪、貕養，（山東萊陽縣東禹貢屬青州）川、河泲，浸、菑時。（菑即淄水出山東萊蕪縣東原山至壽光縣入海時出臨淄縣合小濟河入海二水並泲水禹貢屬青州川）

（河內）曰冀州。山、霍山，（山西霍縣東南）藪、揚紆，（即水經注大陸澤在河北平鄉寧晉隆平等縣境）川、漳，（今名漳河上源二淸漳出山西平定縣治東南沾嶺西南流逕和順縣折東南逕遼縣入河南涉縣合源泉河水又東南分支復合至林縣北合濁漳濁漳西源出山西長子縣西南發鳩山東流至長治縣折北逕潞城至襄垣縣東北北源出沁縣西北伏牛山東南流來會又東南逕黎城平順至回風峪入河南會淸漳由是東逕安陽臨漳折東北流至河北大名縣入衛河）浸、汾潞，（汾出山西靜樂縣管涔山至榮河縣西入河潞在密雲縣北即今通縣之白河）

（正北）曰幷州。山、常山，（即禹貢恒山）藪、昭余祁，（山西祁縣東）川、滹沱嘔夷，（滹沱出山西繁峙縣東北泰戲山至河北天津入海嘔夷即唐河出山西靈邱縣西北高是山至河北安新縣北流合於易水）浸、淶易，（淶出河北淶水縣北一名拒馬河下流合於易水易水有三源並出易縣下流合衛河滹沱河入海）

周職四履

以上言九州者三：禹貢之冀兗青徐揚荆豫梁雍，夏制也；爾雅之冀幽營兗徐揚荆豫雍，商制也；職方之揚荆豫青兗雍幽冀幷，周制也；商有幽幷而無禹貢之青梁，周有幽幷而無禹貢之徐梁，此三代九州之不同也。然禹貢職方之界有相侵者：禹貢曰：海岱及淮惟徐州，又曰大野既豬。職方：青州之川淮泗，兗州之澤大野，是以徐而入青兗。禹貢曰：華陽黑水惟梁州，又曰厥貢璆鐵銀鏤砮磬；職方豫州之山華山，雍州之利玉石，是以梁而入於雍豫。職方既以青兗而包徐，故青州多入禹貢之豫，兗州多入禹貢之青。禹貢豫州曰被孟豬，而職方青州曰其澤望諸；禹貢青州曰鹽絺海物，而職方兗州曰其利蒲魚。職方既分冀而爲幽幷，故幽州多入禹貢之青；冀州多入禹貢之雍。職方曰：幽州其山醫無閭，醫無閭在遼東，遼東於禹貢屬青。職方曰：冀州其澤揚紆，爾雅謂秦有揚紆，於禹貢屬雍。大抵周以禹之一冀州，析而爲三；以禹之八州，合而爲六；其勢必不能如禹之舊。杜氏與二鄭，不本此說，不改職方之字，則改職方之意，疏矣。

左傳（僖公二十四年）富辰曰：『管、（河南鄭縣治即古管城）蔡、郕、（今山東汶上縣北二十里）霍、（山西霍縣）魯、衞、毛、（畿內，河南宜陽縣境；一云在甘肅天水縣）聃、（亦作冉，又爲郜，今湖北井門縣）郜、（山東滋陽縣有郜城）雍、（河南修武縣西）曹、（山東菏澤縣）滕、（山東金鄉縣東）畢、（陝西咸陽縣北）原、（河南濟源縣西北）酆、（杜氏曰：酆在今陝西鄠縣東，今長安縣）郇、（山西臨晉縣東北）文之昭也；邘（今河南沁陽縣西北）晉、應（河南魯山縣東）韓，武之穆也；凡、（河南輝縣西南）蔣、（河南固始縣西北）邢、（今河北邢臺縣治）茅、（山東金鄉縣西北）胙、（今河南延津縣北三十五里）祭，（畿外國，今河南鄭縣東北十五里）周公之胤也。』又景王使詹桓伯辭於晉曰：我自夏以后稷，魏、（山西芮城縣東北）駘、（陝西武功縣西南）芮、（今陝西大荔縣城南）岐、（陝西岐山縣）畢，（陝西咸陽縣）吾西土也；及武王克商，蒲姑、（山東博興縣東）商奄，（山東曲阜縣東）吾東土也；巴、（四川巴縣）濮、（湖南舊辰州常德二府境）楚、（楚之先國於丹陽，今湖北秭歸縣東南）鄧，（河南鄧縣）吾南土也；肅愼、（當在今吉林寧安縣以北，直至松花江南北之地）燕、（今河北省）亳，（陝西北境）吾北土也。黃氏曰：荆、宛、幷、韓，（荆州之宛，幷州之韓，宛即申也）其國都皆近京師，宛衞武關以制楚，（武關在陝西商縣東北八十里）韓捍臨晉以制翟，（臨晉關即蒲津關在山西永濟縣西門外黃河西岸）皆天下形勝，故宣王中興，特著二詩焉。大抵周代幽據全燕，齊據海岱，（燕制翟齊制淮夷）兗冀翼蔽洛陽，并荊控扼咸陽，此天下全勢也。觀九州山川險要之處，與其建牧規模，而經略大體可見矣。

第二章　春秋戰國疆域形勢

東周之疆域

周自平王畏戎遠避，遷都洛邑，豐鎬千里，宗社蕩然。當時遂以岐豐之地予秦，坐棄西周舊壤而不惜，此春秋所由託始歟。嗣後惠王割虎牢（河南汜水縣西）畀鄭，酒泉（今陝西大荔縣境或曰河南澠池縣地）畀虢，而東南之屏蔽失。至襄王又畀溫（河南溫縣）原（河南濟源縣）數邑於晉，而東北之大局去矣。迄於二周之亡，所有者惟河南（即王城）洛陽（即下都）穀城（洛陽縣城西北）平陰（河南孟縣東）偃師（河南偃師縣）鞏（河南鞏縣）緱氏（偃師縣南）七城而已。

春秋各國之形勢

自春秋之世，齊、晉、秦、楚號為大國，四隅分建，互相爭雄。魯、衛、宋、鄭介乎其間，事彼事此，左右為難。吳、越抗衡江表，爭長中原，又後起之勁也。其強弱之勢，恆以地利形勢為轉移，茲先述魯，次齊、晉、楚、宋、衛、鄭、秦，次吳、越。

魯（今山東滋陽縣以東南及江蘇沛縣安徽泗縣等皆其地也）本望國，當泰山之南，據汶泗上流，其地平衍，終春秋世，常畏齊而服晉。其西南則宋、鄭、衛及邾、莒、杞、鄫諸國地，犬牙相錯，時吞滅小國以自附益。祊（在泰山下）易於鄭，防（山東金鄉縣西北）取於宋，須句（今東平縣東南）取於邾，向（今莒縣南）鄆（今嶧縣東）取於莒，而邾（今鄒縣）則空其國都，收邾眾退保嶧山，（鄒縣東南）與莒爭鄆（沂水縣北）無寧日。逮晉文分曹地，則有今濮縣西南。而越旣滅吳，與魯泗東方百里地，界稍稍擴矣。然終不能抗衡齊晉，豈特其君臣之孱弱，亦地當走集，以守以攻，皆不足也。

都邑考：魯都曲阜，故少皞都也。故春秋傳曰：命伯禽而封於少皞之墟。

齊（今自山東益都以西至歷城聊城之間北至河北景滄諸縣東南際海皆其地也）地形勢，險要不如晉，幅員廣遠不如吳楚，徙以東至海，饒魚鹽之利；西至河，憑衿帶之固；南至穆陵，（今山東臨朐縣大峴山）有大峴之險；北至無棣，（今河北慶雲縣山東無棣縣皆其地也）收廣莫之地。用管子之計，官山府海，遂成富強，爲五伯首。豈惟地利，抑亦人謀之善也。

都邑考：太公初封營邱，（即山東臨淄縣或曰昌樂縣東南廢營陵城爲古營邱）胡公徙薄姑，（山東博興縣東北十五里）獻公徙臨淄。（即臨淄縣）

晉（今自山西舊平陽太原以東至舊直隸廣平大名諸府地）初僻處太原，自周室東遷，猶彈丸黑子地。及曲沃武公伐晉，列於諸侯，漸肆吞併。嗣是滅虢，據崤函之固；啓南陽，扼孟門（即白陘爲太行八陘之第三陘在今河南輝縣）太行（太行陘爲八陘中之第二陘在今河南沁陽縣）之險，南據虎牢，（河南汜水縣西）北據邯鄲，（今河北邯鄲縣西南十里）擅河內之殷墟，（衛之朝歌今之河南淇縣商所都也）連肥（國名今河北藁城縣西南）鼓（國名今河北晉縣）之勁地，西入秦域，（伐秦取汪及彭衙（皆在陝西大荔縣白水縣界）又伐秦取少梁（今山西大荔縣韓城縣南））東軼齊境，（伐齊取犂（山東臨邑縣西）及轅（山東禹城縣西北））天下扼塞鞏固之區，無不爲晉有。然後以守則固，以攻則勝，擁衛天子，鞭笞列國，周室藉以少定。然則晉之取威定霸，亦地勢使然哉。

都邑考：虞叔封唐，（山西太原縣）燮父徙居晉，（太原縣洽東北）穆侯徙絳，（山西翼城縣東南十五里）孝侯改絳曰翼，既而曲沃（山西聞喜縣東）滅翼，復都絳，景公遷新田。（曲沃西南二里）

楚（今湖南湖北安徽江蘇浙江及四川巫山以東廣西蒼梧以北陝西洵陽以南皆其地也）居南服，其北嚮以抗衡中夏也，自文王滅申（見上）始也。（莊十六年）自後滅呂（見上），滅息（故城在今河南息縣西南），滅鄧（今河南鄧縣），南陽汝寧之地，悉為楚有，遂平步以窺周疆。故楚出師，則申息為之先驅；守禦，則申息為之藩蔽。城濮之敗，而子玉羞見申息之老；楚莊初立，而申息之北門不啓。子重欲取申呂以為賞田，而巫臣謂晉鄭必至於郊，申之係於楚，豈小補哉？故論當日楚之形勢：東拒齊，則召陵（河南郾城縣東）為咽喉之塞；西拒晉，則武關（陝西商縣東）通往來之道；南面捍吳，則鍾離（今安徽鳳陽縣東北二十里）居巢（今安徽巢縣）州來（今安徽壽縣北）屹為重鎮；迨州來失而吳人入郢之禍始兆矣。

都邑考：熊繹封丹陽（故城在今湖北秭歸縣東南七里），文王始都郢（即今湖北江陵縣北十里之紀南），平王更城郢而都之（郢湖北江陵縣東南之故郢城也）。昭王遷鄀（今湖北宜城縣西南九十里），旋還郢。至襄王，東北保陳城（即故陳國）。考烈王遷鉅陽（或曰安徽潁州西北四十里即今阜陽境也），又還壽春（即今安徽壽縣），亦曰郢。最後至秦時，懷王孫心都盱眙（安徽盱眙縣），又徙長沙郴縣而亡（即今湖南郴縣）。

宋（今自河南商邱縣以東至江蘇銅山縣以西皆其地也）為四望平坦之地，入春秋乃有彭城（即今銅山縣）。彭城俗故勁悍，又當南北之衝。晉悼公之再霸也，用吳以犄楚，先用宋以通吳，實於彭城取道。楚拔彭城以封魚石，實欲使吳晉隔不得通。晉滅偪陽以畀宋，欲宋為地主通吳晉往來之道。蓋彭城為宋有，而相（襄十年晉合諸侯會吳子於相）偪陽為楚與國，皆在今沛縣境。宋有偪陽，而吳晉相援如左右手矣。故當日楚最仇宋，常合鄭以齮宋，亦最力。而宋以有彭城之故，遂為天下所輕重。

都邑考：宋都商邱，即相土所遷者

衞（今自河北舊大名開州以西至河南舊衞輝懷慶府境皆其地也）地西隣晉，東接齊，北走燕，南距鄭宋；楚與晉爭霸，爭鄭宋，而衞不受兵，以鄭宋南面爲之蔽也。自晉文城濮之役，用兵於衞，衞自後受制於晉，幾同晉之鄙邑。

都邑考：衞都朝歌，卽殷紂都也。故酒誥曰：『明大命於妹邦。』（妹沫通）其後戴公廬曹，（河南滑縣）文公遷楚邱，（見上）成公徙帝邱，卽顓頊都也。故春秋傳曰：『衞，顓頊之墟，』（又傳云衞成公夢康叔曰相奪予享蓋夏后相亦徙帝邱也）亦謂之濮陽（戰國時名）至元后徙野王而祀絕。（野王今河南沁陽縣治）

鄭，（今河南河以南中部皆其地也）西有虎牢之險，北有延津（卽廩延河南延津縣北爲古黃河經流之道）之固，南據汝潁之地，特其險阻，左支右吾；蓋滎陽成皋自古戰爭地，南北有事，首被兵衝，地勢然也。至子產之世，虎牢已屬晉，犨、（今河南魯山縣東南）郟、（今河南郟縣）櫟（河南禹縣）已先屬楚，地險盡失，所恃者區區辭命，以大義折服晉楚而已。自後三家分晉，而韓得成皋，（卽虎牢）卒以滅鄭，則鄭之虎牢，豈非得之以興，失之以亡哉！

都邑考：鄭都新鄭。（在濟西濟東河南潁北四水間卽今河南新鄭縣是也）

秦（今自陝西長安以西皆其地也）據豐鎬故都，其東則晉限以桃林之塞；少南則楚限以武關之險；故滅滑（河南偃師縣南）爲晉所得，滅鄀（河南淅川縣西）爲楚所得，終春秋無能越中原一步。且自今同華延綏之境，晉地皆陸入其中，故雖以穆公之雄心不忘東向，而卒無以逞其志。力之所至，止於開斥戎疆，稱霸西戎而已。二百年來，秦人屛息而不敢出氣者，實晉有以制之也。

都邑考：非子封秦城，（今甘肅天水縣有秦亭非子所封）莊公復居犬邱，（在天水縣西南有故城爲莊公所居）襄公徙居汧，（陝西汧陽縣）文公復卜居汧渭間，陝西郿縣東北寧公徙平陽，郿縣西四十六里有平陽故城德公徙居雍，陝西鳳翔縣治獻公徙櫟陽，陝西臨潼縣北五十里孝公作爲咸陽，從都之。咸陽縣東三十里自孝公至子嬰，凡九世，皆居此。

吳今自淮泗以南至浙江嘉湖之境皆其地也跨江南北立國，其始服屬於楚，自吳晉交通，晉敎吳叛楚，以後遂爲勁敵。吳楚交兵數百戰，楚得上游，從水則楚常勝；而從陸則吳常勝。楚以水師臨吳，而吳常從東北以出楚之不意也。鍾離、居巢、州來，此三城者，爲楚備吳之重鎭，吳爭之七十年而後得。三城滅，而楚淮右之藩籬盡撤，吳遂由陸道從光州今河南潢川縣逕義陽三關大隧即黃峴關在河南信陽縣南其東曰冥阨即平靖關又東曰直轅即武陽關也皆南接湖北麻城應山二縣界之險，以瞰郢都，湖北江陵縣北而置大江於不問矣。

都邑考：吳都吳。江蘇吳縣治

越今自浙江杭縣以南東至海之地自允常始見於春秋，再世至句踐，遂成霸業。其初疆域，南至於句無，一名甬東今浙江定海縣北至於禦兒，今浙江崇德縣東至於鄞，浙江鄞縣西至於姑蔑。浙江龍游縣然檇李浙江嘉興縣、餘汗，江西餘干縣皆爲越壤，則西北境且不止此，及其滅吳，遂有吳之全土，北與齊魯接壤。以上節取春秋大事表列國疆域表

都邑考：越都會稽。浙江紹興縣治

至子男附庸之屬，見於春秋經傳者，百有十三國，餘皆亡其處矣。

邾文十三年邾文公遷繹魯繆公時改爲鄒今山東鄒平縣地　杞今河南杞縣

茅見上　滕今山東滕縣

薛　滕縣西南四十里

向　今山東莒縣南

夷　山東即墨縣西

鄫　山東嶧縣東有鄫城

譚　今山東歷城縣東南莊十年齊滅譚

郜　山東城武縣僖二十年郜子來朝

邿　山東濟寧縣東南襄十七年取邿

宿　山東東平縣東二十里莊十年宋人遷宿

須句　即今東平縣文七年取須句

郯　山東郯城縣西南有古郯城

鄣　東平縣東六十里莊三十年齊人降鄣

於餘邱　或曰在今山東臨沂縣北莊二年魯伐於餘邱

鄅　山東臨沂縣北故開陽城即此昭十八年邾入鄅

根牟　山東沂水縣南宣九年取根牟

介　山東高密縣西僖二十九年介葛盧來朝

莒　山東莒縣

紀　山東壽光縣西南三十餘里有紀城

郳　山東滕縣東南有郳城

遂　山東寧陽縣北有遂城莊十年齊滅遂

偪陽　山東嶧縣南五十里

鑄　山東寧陽縣西北

鄟　或曰山東郯城縣東北成六年取鄟

任　今濟寧縣即古任國

顓臾　山東費縣西北

州　山東安邱縣東桓六年州公如曹

牟　山東萊蕪縣東桓十五年牟人來朝

郕　山東汶上縣北二十里隱五年衞人入郕

極　山東魚臺縣西南隱二年魯入極

陽　沂水縣南閔二年齊人遷陽

萊　今山東掖縣治襄六年齊滅萊

虞　山西平陸縣東北僖五年晉滅虞

祭　今河南鄭縣東北隱元年祭伯來

南燕　今河南延津縣北三十五里春秋時爲南燕胙爲所并也

蘇　今河南溫縣西南爲蘇子國都

周　畿內國采邑在今陝西岐山縣北東遷後其采邑在今洛陽東郊

毛　畿內國在河南宜陽縣一云在甘肅天水縣僖二十四年狄伐周獲毛伯

單　畿內國河南孟津縣東南

雍　河南修武縣

尹　畿內國河南新安縣東南

鞏　畿內國河南鞏縣

魏　山西芮城縣東北閔元年晉滅魏

梁　陝西韓城縣南僖十九年秦取梁

耿　今山西河津縣東南閔元年晉滅耿

冀　山西河津縣東北僖三年冀爲不道

黎　山西黎城縣東北宜十五年晉立黎侯

虢　見上

共　河南輝縣隱元年鄭叔段出奔共

凡　在今河南輝縣西南隱七年天王使凡伯來聘

原　今河南濟源縣西北十五里

召　畿內國采邑在今陝西鳳翔縣治後徙而東其采邑在今山西垣曲縣東

甘　畿內國在今河南洛陽縣西南二十五里襄王弟子帶之封邑

成　畿內國在今洛陽縣境成十年成肅公會晉侯伐秦

樊　畿內國或曰在濟縣源西南十五里

劉　畿內國河南偃師縣南三十五里宣十年劉康公來報聘

芮　陝西大荔縣治或曰山西芮城縣桓三年芮伯萬出居於魏

荀　亦曰郇今山西臨晉縣東北十五里

賈　陝西蒲城縣西南桓八年虢仲芮伯梁伯荀侯賈伯伐曲沃

霍　山西霍縣閔元年晉滅霍

崇　或曰今陝西大荔縣境一云陝西鄠縣東五里宣元年晉侵崇杜曰秦與國

鄧　今河南鄧縣莊十六年楚滅鄧

申　今河南南陽縣北十五里莊六年楚滅申

息　河南息縣莊十四年楚滅息

江　今河南息縣西南文四年楚滅江

道　河南息縣西南十里即春秋道國

沈　今安徽阜陽縣西北一百二十里有沈丘集即其地

項　河南項城縣東北僖十七年晉滅項

胡　故城在安徽阜陽縣西北二里定十五年爲楚所滅

唐　湖北隨縣西北八十里定五年楚滅唐

戴　河南考城縣隱十年鄭取戴

蕭　今江蘇蕭縣宣十二年楚滅蕭

六　今安徽六安縣北一云在安徽舒城縣東南六十里文五年楚滅六

宗　安徽廬江縣西境文十二年楚執宗子

英氏　安徽六安縣西僖十七年齊人徐人伐英氏

舒　安徽舒城縣僖三年徐人取舒

舒庸　今安徽懷寧縣境成十七年楚滅舒庸

滑　河南偃師縣南滑僖三十三年秦人滅滑

黃　河南潢川縣西十二里又山西境內亦有黃國

弦　今河南潢川縣西南僖五年楚滅弦

柏　河南西平縣西有柏亭應劭曰即古柏國

頓　今河南項城縣北五十里南頓故城定十四年楚滅頓

鄀　河南內鄉縣西文五年秦人入鄀

隨　今湖北隨縣

房　今河南遂平縣

葛　河南寧陵縣北桓十五年葛人來朝

徐　今安徽泗縣北五十里昭三十年吳滅徐

蓼　安徽霍邱縣西北文五年楚滅蓼

巢　安徽巢縣文十二年楚圍巢

桐　安徽桐城縣西南定二年桐叛楚

舒鳩　今安徽合肥縣境襄二十五年楚滅舒鳩

鍾吾　江蘇宿遷縣昭三十年吳執鍾吾子

穀　湖北穀城縣桓七年穀伯來朝

軫　湖北應城縣西桓十一年楚屈瑕將盟貳軫

絞　在湖北鄖縣西北桓十二年楚伐絞

賴　河南商城縣南昭四年楚滅賴遷賴於鄢

權　湖北當陽縣東南左傳楚武王克權

庸　湖北竹山縣東文十六年楚滅庸

夔　今湖北秭歸縣東僖二十六年楚滅夔

邢　今河北邢臺縣治僖元年邢遷於夷儀

焦　今河南陝縣南二里有焦城

韓　陝西韓城縣南有古韓城

貳　湖北應山縣境

鄖　亦作䢵今湖北鄖縣治

羅　湖北宜城縣西二十里有羅川城即羅故國

州　湖北監利縣東桓十一年鄖與隨絞州蓼伐楚師

厲　湖北隨縣北境僖十五年齊師曹師伐厲

麇　湖北鄖縣治文十一年楚伐麇

巴　在四川巴縣或曰舊夔州以西敍州以北皆古巴國地

北燕　今北平市春秋時北燕都也

揚　山西洪洞縣東南

不羹　音郎河南襄城縣東南昭十一年楚子城陳蔡不羹

又成周之世，中國之地最狹，以今地考之，吳越楚蜀閩皆爲蠻；淮南爲羣舒；秦爲戎；河北、眞定、中山之境，乃鮮于肥鼓國；河東之境有赤狄、里氏、留吁、鐸辰、潞國；洛陽爲王城，而有楊拒泉皐蠻氏陸渾伊雒之戎；齊東有萊牟介莒皆夷也；杞都雍邱，今汴之屬邑，亦用夷禮；邾近於魯，亦曰夷。其在中國者，獨晉衛齊魯宋鄭陳許而已，通不過數十州，蓋於天下特五分之一耳。今此種蠻夷可考者，約十有八國云。

戎蠻　今河南臨汝縣西南有蠻城哀四年楚圍蠻氏

陸渾　河南嵩縣北三十里昭十七年晉滅陸渾

無終 今河北玉田縣即山戎無終子國

潞氏 今山西潞城縣宣十五年晉滅赤狄潞氏

白狄 今陝西膚施縣境及山西汾陽縣境

犬戎 今陝西鳳翔縣北境

茅戎 今河南陝縣境成元年劉康公伐茅戎

鄋瞞 今山東歷城縣北境亦曰長狄

淮夷 今江蘇銅山邳縣諸境亦曰東夷

鼓 今河北晉縣昭二十二年晉滅鼓

濮 亦曰百濮今雲南曲靖境文十六年楚人率百濮伐楚

鮮虞 今河北正定縣西北哀三年齊衛求援於中山即此

廧咎如 山西太原縣境亦赤狄別種

驪戎 今陝西臨潼縣

山戎 今河北盧龍縣境莊三十年齊伐山戎

盧戎 今湖北南漳縣東五十里

北狄 山西大同縣察哈爾蔚縣境

肥 山西昔陽縣東昭十二年晉滅肥

戎 山東曹縣東南有楚邱城

戰國七雄之形勢

由春秋入戰國，并吞之禍益亟。於是田氏代齊，三家分晉，燕亦崛起於東北之陬，遂有秦韓趙魏燕齊楚之七國。而是時魯越滅於楚，宋滅於齊，鄭滅於韓，衛侵削於晉，而天下之形勢又一變。

秦於七國爲最強　蘇秦曰：「秦西有巴蜀漢中之利，北有胡貉代馬之用，王氏曰「胡如樓煩林胡之屬貉如長韓之屬今山西太原府（今改縣）岢嵐州（今改縣）以北故樓煩胡地大同府（今改縣）朔州（今改縣）以北故林胡地遼東三萬衛以東北即貉地而大同蔚州（今改縣）屬察哈爾）之境古代地也皆產良馬焉其代屬趙貉屬燕時巴蜀胡代皆非秦所有蘇秦誇侈言之耳」 南有巫山 四川巫山縣東三十里 黔中 湖南辰州常德府及其西諸郡 之限，東有崤函 崤阪在河南洛寧縣北函谷關在河南靈

（賈縣南）之固，沃野千里，地勢形便，此所謂天府、天下之雄國也。又謂趙王：「秦下軹道，（河南濟源縣南三十里有軹城）則南陽動；（今河南沁陽縣境，春秋時晉人自太行以西皆謂之南陽）劫韓包周，則趙自銷鑠；據衛取淇，（河南淇縣）則齊必入朝；秦欲已得行於山東，則必舉甲而向趙。秦甲涉河逾漳，（今河南沁陽縣南境之河，安陽縣境之漳）據番吾，（今河北平山縣或曰磁縣境）則兵必戰於邯鄲之下。（趙都也）」楚人謂頃襄王：「秦左臂據趙之西南，右臂摶楚之鄢郢，（見上頃國及楚都）膺擊韓魏，垂頭中國，處既形便，勢有地利。」

韓爲秦魏之門戶　蘇秦曰：「韓北有鞏，（河南鞏縣）洛，（河南洛陽）成皋，（河南汜水縣西二里，亦曰虎牢關）之固，西有宜陽，（河南宜陽縣）商阪，（即商洛山，陝西商縣東南）之塞，東有宛，（河南南陽縣治北）、穰，（河南鄧縣）洧水，（出河南密縣，至西華縣入潁）南有陘山，（河南新鄭縣西南）地方千里。」其自成皋渡河上黨，（今山西長治縣）亦韓郡也。」張儀說韓曰：「秦下甲據宜陽，斷絕韓之上地，東取成皋滎陽，則鴻臺之宮，桑林之苑，（鴻臺桑林宮苑名也，在韓都城內）非王所有。」三晉分知氏地，段規謂韓王曰：「分地必取成皋，」王謂石溜之地無所用，規曰：「不然，一里之厚，而動千里之權者，地利也。」

都邑考：晉封韓武子於韓原，（即故韓國）宣子徙居州，（河南沁陽縣東南五十里）貞子徙平陽，（堯所都）景侯徙陽翟，（河南禹縣本鄭地爲韓所併，故韓亦兼鄭之稱）哀侯徙新鄭。（故鄭都）

魏爲天下之胸腹，據河北之襟喉　蘇秦曰：「魏南有鴻溝，（即汴河自滎陽東南至安徽泗水入淮）東有淮潁，（淮出河南桐柏山東流入安徽境，瀦於江蘇安徽間之洪澤湖，其下游本由江蘇漣水縣入海。潁出河南登封縣西境潁谷，東南流經禹縣臨潁西華商水，與沙河合而東流，至淮陽周家口會賈魯河，又東南流入安徽，經太和阜陽潁上至西正陽關入淮）西有長城，（史記魏築長城自鄭（陝西華縣治）濱洛以北有上郡（陝西膚施縣綏德縣境）固陽（榆林縣北）魏惠王初河西之地皆魏有也，其後築於滎陽陽武間矣）北有河外，（河之南邑，對河內言）地方千里。」衛鞅曰：「魏居嶺阨之西，都安邑，與秦界河，而獨擅山東之利。」張儀曰：「魏地四平，諸侯四通，條達輻輳，無名山大川之限。」左太冲所謂「旁極齊秦，結湊冀道，開胸殷衞，跨躡燕趙」者也。

都邑考：晉封畢萬於魏城，（即故魏國）悼子徙霍，（故霍國）莊子徙安邑，（夏都）至惠王遷大梁，（今河南開封縣）因稱梁。

趙爲河北之强國　蘇秦曰：「當今之時，山東之建國，莫如趙强，趙地方二千里，西有常山，（即恆山今河北曲陽縣北）南有河漳，東有清河，（河北清河縣西境）北有燕國。」又言：「秦甲渡河逾漳，據番吾，（今河北磁縣）兵必戰於邯鄲之下。」張儀曰：「秦趙戰於河漳之上，再戰而趙再勝」是也。武靈王北破林胡樓煩，築長城，自代傍陰山下，置雲中（今綏遠歸綏縣城南）鴈門（山西舊大同朔平二府）代郡，（即今代縣）東南擁太行以爲固。蘇厲所謂萬乘之强國也。

都邑考：造父始封趙城，（今山西臨汾縣西南）趙夙邑耿，（故耿國）成子居原，（故原國）簡子居晉陽，（故晉都）獻侯治中牟，（河南湯陰縣西五十里）後復居晉陽，肅侯徙都邯鄲。（河北邯鄲縣）

燕附齊趙以爲重　蘇秦曰：「燕東有朝鮮遼東，（朝鮮遼東塞外國）北有林胡樓煩，（胡種約在山西舊大同朔平二府左右之境戰國時雄於北方爲趙所破）西有雲中九原，（山西邊外綏遠烏喇特旗境）南有滹沱易水，地方二千里。南有碣石（山名河北昌黎縣西北）鴈門（關名山西代縣北）之饒，北有棗栗之利，此天府也。」韓非子曰：「燕襄王以河爲境，以薊爲國，襲涿方城殘齊，平中山，有燕者重，無燕者輕。」鮑氏曰：「雲中九原及鴈門，本趙地而兼言之者，與燕接壤也。跨河而南，與齊毘隣，故曰附齊趙以爲重。」

齊據東海之表　蘇秦曰：「齊南有泰山，東有琅琊，（山東諸城縣東南百四十里）西有清河，北有勃海，地方二千餘里，所謂四塞之國也。」春申君曰：「齊南以泗水爲境，東負海，北倚河而無後患。」國子曰：「是以天下之勢，不得不事齊，秦得齊則權重於中國，趙魏楚得齊則足以敵秦，故秦楚趙魏得齊者重，失齊者輕。齊有此勢，不能以重於天下者何也，其用者過也。」

楚居南服之勁　蘇秦曰：「楚，天下之强國也。西有黔中（見上）、巫郡，（四川巫山縣）東有夏州（今漢口）、海陽，（楚幷吳越東至海）南有洞庭（今湖南岳陽縣洞庭湖）、蒼梧，（即九疑山湖南寧遠縣南）北有陘塞（即陘山與韓接境）、郇陽，（郇水之陽在陝西郇陽縣）地方五千里，此霸王之資也。」淮南子曰：「楚地南卷沅湘，（沅有二源北源出貴州甕安縣曰鎮陽江南源爲平越之豬梁江都勻之馬尾河合流爲淸水江東流入湖南至桃源常德湘出廣西興安縣南陽海山至湖南長沙北境二水並入洞庭湖）北遶穎泗，西包巴蜀，東裹郯淮，（郯見前郯國）穎汝（汝出河南魯山縣大孟山至安徽穎上縣入淮）以爲洫，江漢以爲池，垣之以鄧林，（河南鄧縣西多山林）綿之以方城，（今河南方城縣東北四十里）山高尋雲，谿肆無景。」楚後滅越，盡取故吳地，東北接於齊境。夫江淮河漢，古稱四瀆，而楚占其三焉，故楚地爲最廣。

方七國强盛之時，秦楚之地爲大，次齊趙，次燕魏，韓最小。於時儀秦輩掉三寸舌，今日說合從，欲悉慮以擯孤秦；明日說連衡，欲拱袂而臣六國；如是其謀，以爭相雄長。且齊有孟嘗，趙有平原，魏有信陵，楚有春申，又皆養猛將禮謀臣，日夜以弱秦爲計，而卒爲秦所併者，何哉？初秦之不能爭雄於中國也，有晉足以制之也，及三家分晉，而晉非復春秋之舊矣。然衛鞅之言曰：「秦之與魏，譬人有腹心之疾，非魏併秦，即秦併魏，魏必東徙，然後秦可據山河之固，東鄉以制諸侯。」是一魏猶足以難秦也。蓋魏之强，以河西安邑；而韓之强，則以上黨；趙之强，則以晉陽及雲中九原。自魏失安邑，勢遂不復振，重以拔上黨，拔晉陽，而三晉以亡。於是秦始憑黃河，據崤函，而又南通巴蜀，循江而下，攻楚拔郢，（湖北江陵縣治）取巫黔，握長江之上游，中原形勢，都入掌握中矣。執敲朴以鞭笞天下，先後殆百八十年。先滅韓，次滅趙，魏次之，楚次之，燕又次之，而齊之四十餘年不受兵者，亦付之「松耶柏耶」之歌。故三晉分而秦強，范睢遠交近攻之策行而六國吞併之禍成。唐杜牧曰：「滅六國者，六國也，非秦也。」信然！

第三章　秦漢州郡及三國分立之地位

秦拓關中以馭六國

秦王政既併六國，分天下爲三十六郡，又平百越，置四郡，郡置一守。綜天下四十郡，守秩皆二千石。顧亭林曰：「自漢以下之人，莫不謂秦以孤立而亡，不知秦之亡，不封建亡，封建亦亡，而封建之廢，固自周衰之日而不始於秦也。故曰周者名家之天下，秦者法家之天下。秦唯膠膠然固天下於掌握，顧盼驚猜，恐強有力者旦夕崛起，效己而劫其藏。故罷侯置守，以救其失，欲以凝固鴻業，長久一姓，而僨敗旋踵。蓋封建之制，私其天下於一家，郡縣之制，私其一家之天下於一子，始皇帝此舉，乃其私天下之極軌，而無可復加者也。夷考其地，西臨洮，（甘肅岷縣）北沙漠，東縈南帶，皆臨大海，盡四海之內而郡縣之，以爲如是始可以制天下，始皇帝蓋欲愚四海而智一人哉。」

秦四十郡表

郡名	郡治	釋地概要

內史	咸陽秦都陝西咸陽縣東	陝西舊西安鳳翔同州等府及今商縣乾縣境爲秦之畿內
三川	洛陽河南洛陽縣	河南舊河南開封二府及懷慶衞輝二府地
河東	安邑山西安邑縣	山西舊平陽蒲州二府及今解縣夏縣平陸芮城新絳垣曲聞喜絳縣稷山河津霍縣汾西靈石趙城隰縣大寧蒲縣永和境
上黨	壺關山西長治縣	山西舊潞安澤州二府及今沁縣沁源武鄉諸境
太原	晉陽山西太原縣東北	山西舊太原汾州二府及霍縣代縣忻縣平定縣保德縣境
代郡		今山西平遙縣及大同以北境
鴈門		今山西代縣以北及右玉寧武諸境
雲中		今綏遠歸綏縣一帶
九原		今綏遠五原縣及茂明安旗一帶地
上郡		今陝西膚施縣至榆林縣皆其地也
北地	義渠甘肅寧縣	甘肅舊慶陽平涼寧夏三府及今固原涇川諸境
隴西	狄道甘肅臨洮縣	甘肅舊鞏昌府秦州階州及今皋蘭縣黃河以南境
潁川	陽翟河南禹縣	今河南禹縣及舊陳州府汝寧府許州汝州境
南陽	宛河南南陽縣	河南舊南陽府及湖北襄陽府境
碭郡	碭江蘇碭山縣	河南舊歸德府及山東曹州府寧東平兩州又江蘇碭山縣至安徽亳州境

邯鄲	邯鄲 河北邯鄲縣	河北舊廣平府及河南彰德府境
上谷		河北舊保定河間二府及順天府之南境西境又易州及宣化府境
鉅鹿	鉅鹿 河北平鄉縣	河北舊順德正定二府及定州趙州冀州深州境
漁陽		今北平市東至薊縣一帶
右北平		今河北盧龍縣至薊縣又北至熱河西南境
遼西		今盧龍縣以北至熱河及遼寧錦縣新民諸境
遼東		今遼寧瀋陽之東南境
東郡	濮陽 河北濮陽縣西南	河北舊大名府山東東昌府臨清州及長清縣以西境
齊郡	臨淄 山東臨淄縣	舊山東登萊青三府及泰安武定府及今歷城縣東境
薛郡		今山東滋陽縣東南至江蘇東海縣一帶
琅琊		山東舊沂州府至青州府南界萊州府南境膠州一帶之境
泗水	沛 江蘇沛縣	今江蘇銅山縣及淮安縣北境安徽鳳陽縣至泗縣一帶境
漢中		陝西舊興安漢中二府及湖北鄖陽府境
巴郡	巴 四川巴縣	四川舊保寧順慶夔州綏定重慶諸府及忠州瀘州境
蜀郡		四川舊成都龍安潼川嘉定雅州等府及茂州綿州資州邛州眉州境

九江　壽春（安徽壽縣）　江蘇舊揚州淮安安徽之安慶廬州鳳陽等府六安滁和等州及江西境內

鄣郡　江蘇舊江寧安徽池州太平寧國等府廣德州及浙江之嚴州湖州二府境

會稽　吳（江蘇吳縣）　江蘇舊蘇松常鎮諸府及浙江境內皆其地

南郡　郢（湖北江陵縣）　今湖北全境惟襄陽北境屬南陽鄖縣屬漢中餘皆是

長沙　臨湘（湖南長沙縣治）　湖南舊長沙寶慶岳州衡州永州諸府及桂陽州郴州又廣東北一隅

黔中　湖南舊常德永順辰沅等府及澧靖二州皆是

閩中（以下四郡後置）　侯官（福建閩侯縣）　今福建全境皆是

南海　番禺（廣東番禺縣）　今廣東全境自舊高雷廉三府及欽州外餘皆是

桂林　今廣西全境

象郡　廣東舊高雷廉欽諸府及廣西梧州以南並越南境內

漢初諸王分地之大勢

夫繼秦而有天下者，劉氏；而將五諸侯滅秦，縱兵入咸陽，焚其宮室，誅其君，爲天下報仇者，羽也。二人皆自匹夫起，寸土不基，一民不版，而及始皇帝之卒未三年，因海內之變，乘時奮發。沛公先引兵自南陽（河南南陽縣）入武關，羽亦自河南進兵函谷。然羽勢甚盛，沛公莫能及，以故分王諸將，政由羽出。楚分爲四：羽自王梁楚地，號西楚霸王，吳芮王衡山，英布王九江，共敖王臨江。秦分爲三，并漢中爲四：沛公王漢，章邯王雍，司馬欣王塞，董翳王翟。韓趙魏燕各分爲二：韓王成王韓，申陽王河南，張耳王常山，趙王歇王代，魏豹王河東，司馬卬王河內。韓廣王遼東，臧荼王燕。齊分爲三：田都王齊，田安王濟北，田市王膠東。是時天下洶洶，復喪而爲六國，而唯漢王能用三傑，還定三秦，與楚相持滎陽（今河南鄭縣）京（滎陽縣東南）索（故京城西）間。漢堅守成皋，卒平強楚。天下既定，於是懲秦孤立之弊，封建王侯。其初以異姓而王者凡七國：楚，（韓信）梁，（彭越）趙，（張耳）韓，（韓王信）淮南，（英布）燕，（臧荼）長沙，（吳芮）然不數年，以次翦除。（自漢五年始封至十一年皆相繼廢滅，唯長沙獨存）乃復改封同姓子弟，大啓九國：自雁門太原以東至遼陽，爲燕、（以燕王盧綰地立子建爲燕主）代、（始以兄喜爲代王，後文帝亦爲之，兼有韓王信故地）常山；以南太行左轉渡河濟，東漸於海，爲齊、（立子肥爲齊王）趙；（以趙王張敖地徙少子代王如意爲趙王）自陳以西，南至九疑，東帶江、淮、穀、（卽睢水，自汴河分逕徐州南境，下流入于泗）泗，奄有龜、蒙，（龜山山東新泰縣西南，蒙山山東費縣西北）爲梁、（分彭越地益以東郡地立子恢爲梁王）楚；（分韓信地以淮北諸郡立弟交爲楚王）東帶江湖，薄會稽，爲荊吳；（分韓信地以淮東諸郡立從兄賈爲荊王，後更吳王）北界淮、瀕，略廬、衡，（漢文分淮南爲三：淮南治壽春，衡山治六，廬江治舒，包有漢之臨淮、廬江、九江郡）爲淮南。（以英布地立子長爲淮南王）唯被漢之陽，亙九疑，（山名，湖南永順縣）爲長沙，此特異姓耳。漢獨有三河，（河東河南河內）東郡、潁川、南陽，自江陵以西至蜀北，自雲中至隴西，與內史凡十五郡，而公主列侯頗食邑其中。何者？天下初定，骨肉同姓少，故廣彊庶孽，以鎮撫四海，用承衞天子也。此漢初封域之大略也。

兩漢之疆域

都邑考：高祖初自南鄭徙都櫟陽，既滅楚，還都洛陽，（因周都也）既而從婁敬張良之言，復還櫟陽，定都長安。（今長安縣西北三十里長安故城是）景帝時，吳、（吳王濞）楚、（楚王戊）趙、（趙王遂）膠東、（膠東王雄渠）膠西、（膠西王卬）菑川、（菑川王賢）濟南（濟南王辟光）七國變起，中以吳楚齊趙爲最強。賈誼請舉淮南地以益睢陽，而爲梁立後，則梁足以捍齊趙，睢陽足以禁吳楚。復用周亞夫力制之，卒致吳楚散敗，齊趙皆平，是以諸侯帖然而委伏。逮武帝時，主父偃勸令諸侯得推私恩分子弟邑，於是齊分爲七，（齊城陽濟北濟南菑川膠東膠西凡七國）趙分爲六，（趙河間廣川中山常山清河凡六國）梁分爲五，（梁濟陰濟川濟東山陽凡五國）淮南分爲三。（淮南廬江衡山凡三國）及天子支庶子爲王，王子支庶爲侯，百有餘焉。是時燕代無北邊郡，吳淮南長沙無南邊郡，齊趙梁楚支郡名山陂海，咸納於漢，諸侯益以衰息矣。武帝又逐匈奴，平南越及西南夷，通西域，開朝鮮，南置交趾，北置朔方，郡國增置，拓地益廣。王氏曰：「秦地東不過浿水，（朝鮮平壤城東今名大同江）西不越臨洮，（甘肅臨洮縣）茲以朝鮮地分四郡：曰樂浪，（今平安道南境及黃海道）臨屯，（江原道）玄菟，（成鏡道及平安道北境）眞番，（遼寧瀋陽縣東境）則東境已接於朝鮮之漢江。其西收河西四郡，（張掖武威酒泉敦煌今甘肅西北境）酒泉亭障接於玉門，（甘肅敦煌縣西）又循天山之麓而有西域諸國。故揚雄云：大漢左東海，右渠搜，（古西戎國今新疆西南安集延埏今屬蘇聯）前番禺，後陶塗，（今沙漠地）東南一尉，（會稽東郡都尉今浙江臨海諸縣）西北一侯。」（敦煌玉門關侯即廢沙州西北二百六十里）是漢又廣於秦矣。大凡西漢之世，郡國一百有三，縣邑千三百十四，道（邑通蠻夷曰道）三十二，侯國二百四十一，東西九千三百二里，南北萬三千三百六十八里，其郡與國所繫，綜爲十三部云。

西漢季葉，哀帝既崩，太皇太后尊寵王莽，迎立平帝，而政自莽出，自以北伐匈奴，東致海外，南懷黃支，而挈劉氏之天下，玩弄於股掌之上。於是羣雄蠭起，稱王稱帝，瓜分四國，嚮切九州，人人有窺竊神器之心。赤眉據長安，王郎起邯鄲，秦豐擅黎邱，（湖北宜城縣）李憲屯廬江，（郡治舒）公孫述掠成都，隗囂還天水，（甘肅通渭縣西南）竇融擾河西，盧芳徇安定，（今甘肅平涼縣）而彭寵虎視於漁陽，張步鯨吞於臨菑，劉永梟雄於睢陽，董憲鴟張於東海，田戎豕突於夷陵。九垓爲爐，四海鼎沸，卯金一綫，不絕如縷，而天下之謳吟思漢，已非一日矣。

光武一旅，攻入長安，誅莽除苛政，一時攀龍附鳳之輩，莫不研精殫慮，躍馬披甲，噓高皇帝之死灰復燃之。攻邯鄲而王郎授首，命馮異而盆子赤眉歸降，擊銅馬而關西投死，委吳漢而江淮悉平，斬董憲等遣耿弇而張步款附，征隴西而隗囂穴破，攻巴蜀而公孫述隕首，天戈所指，以次翦除，乾清坤夷，改宅東京。并省郡國十，縣邑道侯國四百餘所，厥後漸復分置，迄乎孝順，凡郡國百有五，縣邑道侯國千一百八十。東樂浪，西敦煌，南日南，即今安南北雁門，西南永昌。今雲南保山縣仍分天下爲十三部：司隸治河南，即洛陽豫治譙，今安徽亳縣兗治昌邑，見前後徙治鄄徐治郯，青治臨菑，涼治隴，今甘肅清水縣并治晉陽，冀治鄗，河北柏鄉縣幽治薊，揚治歷陽，安徽和縣後治壽縣荊治漢壽，湖南常德縣東四十里益治雒，四川廣漢縣交治廣信，今廣西蒼梧縣四履之盛，蓋與前漢相埒云。

兩漢十三州郡合表西漢刺史不常所治表中所列州治專屬後漢兩朝增省或有不同今爲識別凡前漢有而後漢無者用「。」後漢有而前漢否者用「·」

州	州治	郡國	領縣	釋地概要
司隸校尉部	河南今洛陽縣	京兆尹	長安等縣二十三	今陝西長安縣渭水之南迤東至潼關皆是
		左馮翊	高陵等縣二十四	今陝西大荔縣及長安縣渭水之南兼有鄜縣之地高陵縣安徽今陝西陝縣西南一里有故城
		右扶風	渭城等縣二十一	今陝西鳳翔等縣至長安縣西兼有乾縣邠縣地渭城今咸陽縣
		宏農	宏農等縣十一	今河南洛陽以西至陝縣又南陽縣西境及陝西商縣境宏農今河南靈寶縣
		河內	懷縣等縣十八	河南舊懷慶衛輝府及彰德南境懷縣今河南武陟縣
		河南	洛陽等縣二十二	河南洛陽縣至開封縣西兼有沁陽縣南境又南得臨汝縣
		河東	安邑等縣二十四	安邑今山西夏縣北

豫州刺史部	譙 安徽亳縣	潁川	陽翟等縣二十	陽翟今河南禹縣
		汝南	平輿等縣三十七	河南舊陳州汝寧二府南境及今潢川縣兼有安徽舊潁州府境平輿今河南汝南縣
		沛 後漢改國	相縣等三十七	相縣今安徽宿縣
		梁國	都睢陽有縣八	河南商邱縣以南及江蘇碭山縣睢陽即商邱縣
		魯國	都魯有縣八	山東舊兗州府境魯今山東曲阜縣
		陳國	前漢即淮陽國	
冀州刺史部	鄗 河北柏鄉縣	魏郡	鄴縣等十八	河北舊大名廣平二府及河南安陽縣境兼有山東臨清縣地鄴今河南臨漳縣
		鉅鹿	鉅鹿等縣二十	河北舊順德府及正定府南境並今冀趙二縣鉅鹿今河北鉅鹿縣
		常山 後漢改國	元氏等縣十八	河北舊正定府至趙州兼有順德府之平鄉內邱地元氏今河北元氏縣
		清河 後漢改國	清陽等縣十四	河北舊廣平府及今冀縣山東則聊城縣以北兼有臨清縣地清陽今河北清河縣
		趙國	都邯鄲有縣四	河北舊廣平府西境兼有順德府地邯鄲今河北邯鄲縣
		廣平國 後漢并入鉅鹿	都廣平有縣十六	河北舊順德府東境及廣平府是其地廣平今河北永年縣
		眞定國 後漢并入常山	都眞定有縣四	眞定今河北正定縣
		中山國	都盧奴有縣十四	河北舊定州以北及保定府境盧奴今河北定縣治
		信都國 後漢改安平	都信都有縣十七	今河北冀縣深縣及景縣皆是信都今冀縣治
		河間府	都樂城有縣四	樂城今河北獻縣
		渤海 前漢屬幽州		詳後幽州渤海部

兗州刺史部（昌邑 見下）			
陳留	陳留等縣十七	河南舊開封府東至歸德府並衛輝及河北舊大名府南境陳留今河南陳留縣	
山陽	昌邑等縣二十二	山東舊兗州府並濟寧州所屬又兼有曹州府境昌邑今山東金鄉縣	
濟陰	定陶等九縣	山東舊曹州府境定陶今山東定陶縣	
泰山	奉高等縣二十四	山東舊泰安及兗州府東北境兼得蒙陰費縣地奉高今泰安縣	
東郡	濮陽等縣三十二	直隸舊大名東南境山東東昌泰安南界曹州北界並河南延津縣地濮陽今河北開縣	
城陽國	都莒有縣四	莒今山東莒縣	
淮陽國	都陳有縣九	河南舊陳州府境並有歸德府南境陳今河南淮陽縣	
東平國	都無鹽有縣七	山東舊泰安府東平州至濟寧州界無鹽今山東東平縣	
任城國	分東平國地	治任城縣今山東濟寧縣	
濟北國	分泰山郡地	治盧縣今山東長淸縣	
徐州刺史部（郯 見下）			
琅邪 後漢改國	東武等縣五十一	東武今山東諸城縣	
東海	郯縣等三十八	山東舊兗州府東南連沂州至江蘇海州邳州境郯今山東郯城縣	
臨淮 後漢改下邳國	徐縣等二十九	今安徽泗縣江蘇自宿遷至舊淮揚二府境徐今泗縣西	
泗水國	都淩有縣三	今江蘇宿遷縣東南一帶之境淩即宿遷縣	
廣陵國 後漢改郡	都廣陵有縣四	江蘇舊揚州府境廣陵今江都縣	
楚國 後漢改彭城	都彭城有縣七	舊徐州府境彭城今江蘇銅山縣	
靑(cont.)			
平原	平原等縣十九	山東舊濟南府北境及武定府境平原今山東平原縣	

州刺史部	臨淄見下	千乘後漢改樂安國	千乘等縣十五	山東舊青州府以北至濟南府東境千乘今山東高苑縣
		濟南後漢改國	東平等縣十四	山東舊濟南府境東平今山東歷城縣境
		北海同上	營陵等縣二十六	山東舊青州府以東皆其地營陵今山東昌樂縣
		東萊	掖縣等十七	山東舊萊州府以東至海皆其地掖今山東掖縣
		齊郡後漢改國	臨淄等縣十二	山東舊青州府是其境臨淄今山東臨淄縣
		菑川國後漢俱幷入北海國	都劇有縣三	山東舊青州府西北境劇今山東壽光縣
		膠東國	都即墨有縣八	山東舊萊州府平度州一帶之地即墨今山東即墨縣
		高密國	都高密有縣五	今山東膠縣以西境高密今山東高密縣
荊州刺史部	漢壽即索縣見下	南陽	宛縣等三十六	河南舊南陽府至湖北均縣境宛今南陽縣治
		江夏	西陵等縣十四	湖北舊德安安陸武昌漢陽黃州諸府境西陵今湖北黃岡縣
		南郡	江陵等縣十八	湖北舊荊州府北至襄陽府兼得宜昌府地江陵今湖北江陵縣
		桂陽	郴縣等十一	湖南舊郴州桂陽州廣東韶州府連州皆其境郴今湖南郴縣
		武陵	索縣等十三	湖南舊常德辰州沅州永順諸府兼有今澧縣地並貴州東境索縣今常德縣東
		零陵	零陵等縣十一	湖南舊永州府至廣西桂林府境零陵在今廣西全縣北三十里後漢始移治今縣
		長沙國後漢改郡	都臨湘有縣十三	湖南舊長沙府及寶慶衡州二府境臨湘今長沙縣治
揚		廬江	舒縣等十二	安徽舊廬州府及安慶府境舒縣今安徽廬江縣
		九江	壽春等縣十五	安徽舊鳳陽府南至廬州府境兼有今滁縣和縣地壽春今安徽壽縣

州刺史部	歷陽今安徽和縣後移治今壽縣	會稽	吳縣等二十六	吳縣舊江蘇蘇州府治後漢分置吳郡治吳其會稽郡治今浙江紹興縣
		丹陽	宛陵等縣十七	宛陵今安徽宣城縣
		豫章	南昌等縣十八	今江西境內皆是南昌今江西南昌縣
		六安國後漢入廬江郡	都六有縣五	安徽六安縣及壽縣南境六縣今六安縣
		吳郡	後漢分會稽郡立之	
益州刺史部	雒今四川廣漢縣	漢中	西城等縣十二	西城今陝西安康縣治西北
		廣漢	梓潼等縣十三	四川舊綿州及成都府北境保寧府西北至龍州府兼甘肅文縣地梓潼今四川梓潼縣
		犍爲	僰道等縣十二	四川舊敍州府嘉定府眉州兼有雲南昭通東川二府境僰道今四川宜賓縣治
		武都。後漢屬涼州	武都等縣九	陝西舊漢中府西界及甘肅階州秦州是其地武都今甘肅成縣
		越巂	邛都等縣十五	四川舊寧遠府及雲南麗江府境邛都今四川西昌縣
		益州	滇池等縣二十四	今雲南境內是其地滇池今雲南昆明縣
		牂牁	故且蘭等縣十七	貴州舊遵義府以南及思南石阡等府兼有雲南曲靖臨安澂江三府東境故且蘭今貴州平越縣
		巴郡	江州等縣十一	江州今四川巴縣
		蜀郡	成都等縣十五	四川舊成都府雅州府邛州茂州皆其境成都今成都縣治
		永昌。後漢分益州置	不韋等縣八	不韋今雲南保山縣治北
		廣漢屬國	陰平道等三城	陰平道今甘肅文縣
		犍爲屬國	朱提等二城	朱提今四川宜賓縣西

部		蜀郡屬國	漢嘉等四城	漢嘉今四川名山縣
涼州刺史部	隴甘肅清水縣	隴西	狄道等縣十一	甘肅舊蘭州府鞏昌府南境兼有秦州地狄道今甘肅臨夏縣
		金城	允吾等縣十三	甘肅今皋蘭縣及永登縣地兼青海西寧一帶允吾即皋蘭地
		天水後漢改漢陽	平襄等縣十六	甘肅今隴西縣以東至天水縣之境平襄今甘肅通渭縣
		武威	姑臧等縣十	姑臧今甘肅武威縣治
		張掖	觻得等縣十	觻得今甘肅張掖縣治西北
		酒泉	祿福等縣十	祿福今甘肅酒泉縣西南
		敦煌	敦煌等縣六	敦煌今甘肅敦煌縣
		安定	高平等縣二十一	甘肅舊平涼府至涇州一帶兼有蘭州鞏昌北境高平今甘肅固原縣
		北地	馬領等縣十九	甘肅舊慶陽府及今寧夏省寧夏縣境馬領今甘肅環縣
		武都見前		
		張掖屬國	候官等五城	候官今甘肅張掖縣北
		居延屬國	居延一縣	居延在張掖縣西北千二百里
并州	晉陽見下	太原	晉陽等縣二十一	山西舊太原府及汾州府境晉陽今太原縣治
		上黨	長子等縣十四	長子今山西長子縣
		西河	富昌等縣三十六	今山西石樓縣至陝西榆林縣兼有今綏遠南部之地富昌今綏遠鄂爾多斯前旗界
		朔方	三封等縣十	綏遠鄂爾多斯境兼有今套外西邊地三封在黃河西岸

刺史部			
	五原	九原等縣十	綏遠烏喇忒部九原在套北大河自南來東流之處其北即陰山
	雲中	雲中等縣十一	套東北至綏遠省歸綏縣一帶雲中在歸綏縣
	定襄	盛樂等縣十二	西黃河東岸今綏遠歸綏縣東南一帶盛樂今歸綏縣南
	雁門	善無等縣十四	善無今山西右玉縣南
	上郡	膚施等縣二十三	膚施今陝西綏德縣

幽州刺史部			
薊 見下	渤海 後漢屬冀州	浮陽等縣二十六	河北舊天津河間二府南至山東武定府境浮陽今河北滄縣
	上谷	沮陽等縣十五	沮陽今河北懷柔縣南
	漁陽	漁陽等縣十二	漁陽今河北密雲縣境
	右北平	平剛等縣十六	平剛今河北盧龍縣北邊外接熱河承德縣界
	遼西	且慮等縣十四	且慮在盧龍縣東境
	遼東	襄平等縣十八	襄平今遼寧遼陽縣北
	玄菟	高句麗等縣三	高句麗故城在朝鮮咸鏡道
	樂浪	朝鮮等縣二十五	朝鮮縣即王險城今平安道之平壤
	涿郡	涿縣等二十九	今河北涿縣至清苑縣及易縣境南有河間縣及深縣涿今河北涿縣
	代郡	桑乾等縣十八	桑乾故城在今山西平遙縣東北
	廣陽國 後漢改郡	都薊有縣四	薊今河北薊縣治
	遼東屬國	昌黎等六城	昌黎約在遼寧錦縣西境

交州刺史部		
廣信（見下）		
南海	番禺等縣六	廣東廣惠潮三府境番禺今廣東番禺縣
鬱林	布山等縣十二	廣西潯州柳州慶遠南寧思恩等府及今鬱林縣地布山今廣西桂平縣
蒼梧	廣信等縣十	廣西梧州平樂二府及廣東肇慶府境廣信今廣西蒼梧縣
交阯	羸𨻻等縣十	越南國境
合浦	徐聞等縣五	廣東舊高雷廉三府及今欽縣兼有高要南境徐聞今廣東徐聞縣
九眞	胥浦等縣七	越南國西南境
日南	朱吾等縣五	占城國境

三國分立形勢

董卓賊亂，曹操迎帝許都，有挾天子令諸侯之勢，既而併徐州，呑淮南，遂北攻袁紹，取冀幽青并四州，武侯所謂不可爭鋒，而定三分之業者也。有州十三：司隸、荊、豫、兗、青、徐、涼、秦、冀、幽、并、揚、雍；郡國九十五：東自廣陵、（今江蘇江都縣治）壽春、（今安徽壽縣）、合肥、（安徽合肥縣）沔口、（今漢口）西陽、（湖北黃岡縣東）襄陽，（湖北襄陽縣）重兵以備吳；西自隴西、（治狄道縣今甘肅臨洮縣）南安、（靈帝置治豲道故城在今甘肅隴西縣東北渭水地）祁山、（城名在甘肅西和縣西北）漢陽、（今甘肅甘谷縣）陳倉，（城名今陝西寶雞縣）重兵以備蜀，並爲重鎮。

都邑考：魏武初封魏公，都鄴；（河南臨漳縣西二十里有故鄴城）文帝篡漢，復都洛陽；黃初二年，以譙爲先人本國，（故豫州治）許昌爲漢之所居，長安爲西京遺蹟，鄴爲王業本基，與洛陽號曰五都。（魏志文帝置五都立石表西界宜陽北循太行東北界陽平南循魯陽東界鄴爲中都地）

- 司隸—治河南—（郡）
  - 河南
  - 河內
  - 河東（以上漢故郡）
    - 宏農（故郡）
    - 平陽（山西安邑縣）
    - 朝歌（河南汲縣）
- 荊—治襄陽—（郡）
  - 南陽
  - 江夏（以上皆故郡）
  - 襄陽（湖北襄陽縣）
  - 南鄉（河南淅川縣）
    - 魏興（陝西安康縣）
    - 新城（湖北房縣）
    - 上庸（湖北竹山縣）
    - 義陽（河南信陽縣）
- 豫—治譙—（郡）
  - 潁川
  - 梁郡
  - 沛郡
  - 陳郡
  - 魯郡（以上皆故郡）
    - 汝南（故郡）
    - 譙郡（安徽亳縣）
    - 弋陽（安徽阜陽縣）
    - 陽安（河南正陽縣）
- 青—治臨淄—（郡）
  - 齊郡
  - 濟南
  - 樂安
  - 東萊
  - 城陽（以上皆故郡）

（山陽

（任城

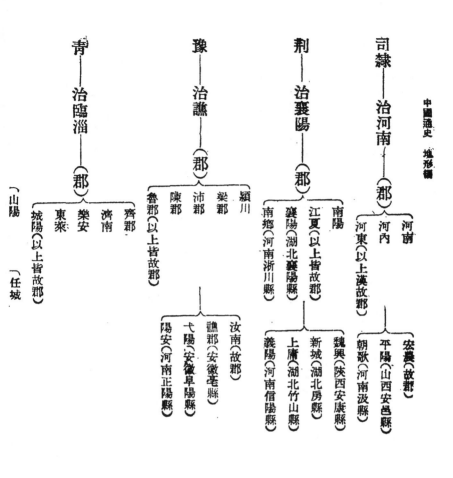

- 兗—治鄄—（郡）
  - 濟陰
  - 東郡
  - 陳留
  - 東平
  - 濟北
  - 泰山（以上皆故郡）
- 揚—治合肥—（郡）
  - 淮南（故漢九江郡）
  - 廬江（今安徽舒縣）
  - 安豐（同上）
- 徐—治彭城—（郡）
  - 下邳
  - 彭城
  - 東海（以上皆故郡）
  - 琅琊
  - 廣陵（以上故郡）
  - 東莞（山東沂水縣）
- 涼—治武威—（郡）
  - 金城
  - 武威
  - 張掖
  - 酒泉（以上故郡）
  - 敦煌（故郡）
  - 西平（青海西寧縣治）
  - 西郡（甘肅山丹縣）
  - 西海（故居延屬國）
- 秦—治上邽（甘肅天水縣）—（郡）
  - 隴西
  - 漢陽
  - 武都（故郡後入於蜀）
  - 南安（見前魏重鎮）
  - 廣魏（甘肅秦安縣）
  - 陰平（後入蜀）

- 趙郡
- 鉅鹿
- 常山
- 魏郡（以上故郡）

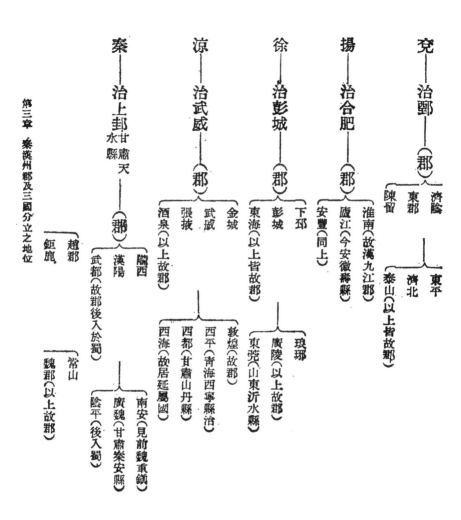

冀——治鄴（河南臨漳縣）——（郡）
- 安平
- 渤海
- 河間
- 清河
- 中山（以上故郡）
- 平原（漢屬青州）
- 樂陵（山東樂陵縣）
- 陽平（河北大名縣）
- 廣平

幽——治薊——（郡）
- 范陽（故涿郡）
- 薊郡（故廣陽）
- 右北平
- 上谷
- 代郡
- 遼西
- 遼東
- 樂浪
- 玄菟
- 昌黎
- 帶方（公孫度分樂浪置）

幷——治晉陽——（郡）
- 太原
- 上黨
- 西河（以上故郡）
- 雁門（故郡）
- 樂平（山西平定縣）
- 新興（山西忻縣）

雍——治長安——（郡）
- 京兆
- 馮翊
- 扶風（以上故郡）
- 安定
- 北地（以上故郡）
- 新平（陝西邠縣）

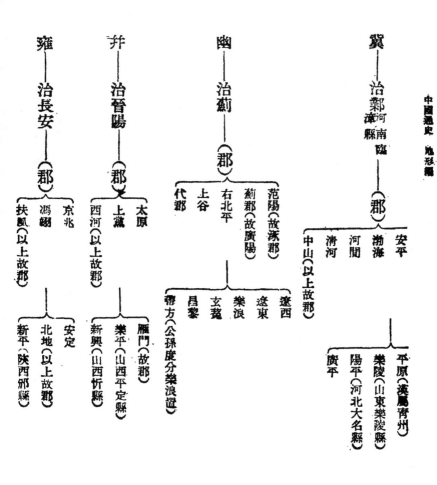

案魏以三河宏農爲司隸，而三輔入於雍州，又分雍州之河西爲涼州，隴右爲秦州，又分遼東昌黎帶方玄菟樂浪爲平州，後復合爲幽州，亦兼置荊揚二州，實得十三州之九云。

劉備，漢景帝子中山靖王之後，初領徐州牧，旋依劉表，用孔明謀，得荊州爲根據地。已復破劉璋，據巴蜀，置益梁交三州，有郡二十二。北拒魏，東拒吳，以漢中、今陝西南鄭縣興勢、陝西洋縣北有興勢山白帝城名四川奉節縣東並爲重鎮。

都邑考：蜀都成都。

益——治成都——（郡）
- 蜀郡
- 犍爲
- 汶山
- 越巂
- 牂柯
- 永昌（以上故郡）
- 江陽（四川瀘縣）
- 漢嘉（本蜀郡屬國）
- 朱提（本犍爲屬國）
- 建寧（漢益州郡）
- 雲南（即漢永昌郡）
- 興古（雲南馬龍縣）

梁——治漢中——（郡）
- 漢中
- 廣漢
- 巴郡（以上故郡）
- 梓潼（四川梓潼縣）
- 涪陵（四川重慶府涪州）
- 巴東（分巴郡置）
- 巴西（同上）
- 宕渠（四川廣安縣）
- 陰平（魏置入于蜀）
- 武都（同上）

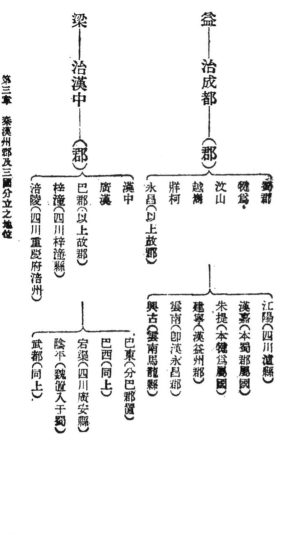

交——治達寧

案蜀分益爲梁，又以建寧太守遙領交州，得漢十三州之一。又延熙四年，蔣琬奏以姜維爲涼州刺史，時涼州止有武都陰平二郡，蓋亦遙領也。空名僑寄，蓋亦與魏之荆揚無異耳。

孫權席父兄之業，奄有江東，復與劉備破操赤壁，分荆州，又定交州，吳蜀共長江之險。吳據江負海，置交廣荆郢揚五州，有郡四十三。西拒蜀，北拒魏，以建平、（今湖北秭歸縣）西陵、（湖北宜昌縣治）樂鄉、（湖北松滋縣）南郡、（治湖北江陵縣）巴邱、（湖北岳陽縣）夏口、（晉志夏口在荆江中正對沔口）武昌、（今改江夏縣爲武昌因改此爲壽昌又改爲鄂城）皖城、（今安徽懷寧縣治）牛渚圻、（即采石磯在安徽當塗縣西北）濡須塢，（即東關在安徽巢縣東南四十里）其後得沔口、（今湖北黃岡縣）廣陵，並爲重鎭。

都邑考：孫策屯曲阿，（今江蘇丹陽縣）尋徙屯吳；（今江蘇吳縣治）權徙治丹徒，謂之京城，（今江蘇鎭江縣治亦曰京口）尋還秣陵，號曰建業，（今江蘇江寧縣治）而武昌爲行都云。

揚——治建業（江蘇江寧）——（郡）

- 丹陽
- 吳郡
- 會稽
- 豫章（以上故郡）
- 廬江（與魏分置安徽舊安慶府）
- 廬陵（江西舊吉安府）
- 鄱陽（江西舊饒州府）
- 新都（安徽舊徽州府及浙江嚴州府）
- 臨川（江西舊撫州府）
- 臨海（浙江舊台州府）
- 建安（福建舊建寧府）
- 吳興（浙江舊湖州府）
- 東陽（浙江舊金華府）

荊——治南郡——(郡)
- 南郡
- 武陵
- 零陵
- 桂陽
- 長沙(以上故郡)
- 宜都(湖北舊宜昌府)
- 臨賀(廣西賀縣)
- 衡陽(湖南舊衡州府)
- 湘東(衡州府東)
- 建平(今湖北秭歸縣)
- 天門(今湖南石門縣)
- 邵陵(今湖南寶慶縣)
- 始安(今廣西桂林縣)
- 始興(今廣東曲江縣)

郢——治江夏——(郡)
- 武昌(故江夏郡與魏分置)
- 蘄春(湖北蘄春縣)
- 安成(江西安福縣)
- 彭澤(江西九江縣境)

交——治龍編(安南東郡)——(郡)
- 日南
- 交趾
- 九眞
- 合浦(以上皆故郡)
- 新昌
- 武平
- 九德(以上俱安南國境)

廣——治番禺——(郡)
- 南海
- 蒼梧
- 高興(廣東陽江縣)
- 桂林(廣西馬平縣)

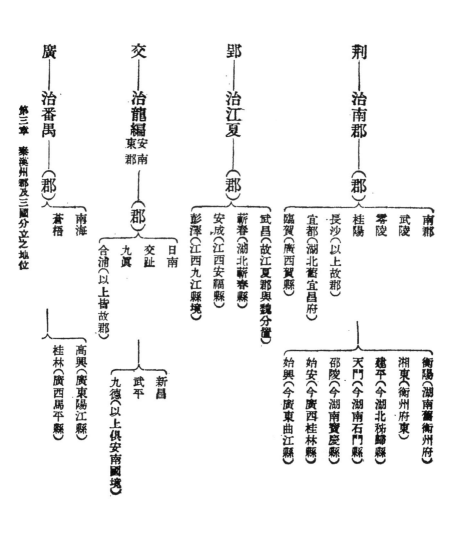

鬱林（以上故郡）　　　　合浦北部（廣西邕寧縣）
高涼（廣東茂明縣）

案吳分漢交州之南海蒼梧鬱林爲廣，分荊州之江夏以東爲郢，晉書晉滅吳得州四謂荊揚交廣也郢州蓋初置後廢得漢十三州之三，其荊揚二州江北之境，亦半入於魏矣。

綜論三國形勢之得失

茲綜三國所據疆域，魏爲大，吳次之，蜀最小。然國無論大小，其形勝要害根本次第，必先會觀熟計，有緩一着不得躁一着不得者，然後可以操必勝之勢。昔昭烈帝之取漢中也，始亦有上庸，而以屬之劉封孟達兩孺子，致自蜀入秦之道失；諸葛亮百計取之而不能；蔣琬亦欲溯漢水攻魏而有之，而無如襄陽之襲其後也。若孫吳失廣陵，西失襄陽於魏，又瑜肅相繼早世，不得遂其入蜀之謀，僅恃此南郡東興郗城皖口，日夜兢兢，則以撤淮東之藩籬而建康單露；失襄陽之屏蔽而上流空虛也。蓋襄陽者，吳蜀與魏共爭之地也。方劉琮之舉襄陽而降操，操乘勝順流而南下，大敗於江夏而歸也，宜計不返顧，迺猶命曹仁死守江陵，樂進死守襄陽，則操之於荊襄雖當極敗，而不忘後圖，所以爲守者極密。後竭瑜亮之力，止得江陵夷陵，而襄陽不可復覬，故吳蜀終不能越此而侵魏。魏之所以制吳蜀之命者，襄陽也，則操之才，其於天下形勝，攬之確，握之固矣。後雖瑜亮羽蒙，竭智力以爭之，不得也。然則地勢顧可忽乎哉

第四章　兩晉南北朝封畛之廣狹

西晉之疆域

司馬氏染指曹鼎，垂涎三世，借其要地，以遂逆謀，西滅蜀，東滅吳，即代魏而有國。懲魏孤立，大封宗室，有州十三，司兗豫冀幷幽青徐荊揚涼雍秦，一仍曹氏；而分幽置遼東爲平州，西南梁益，東南交廣，沿用吳蜀；而分益之雲南爲寧州；凡郡國百七十有三，縣千一百有九，爲冠帶之國，幾盡秦漢之土疆矣。

都邑考：晉都洛陽，愍帝都長安，南遷後，都建康。（即吳建業）

西晉州郡表

州	州治	郡國	釋地
司州	洛陽（今河南洛陽縣）	河南	今河南許昌臨汝諸縣地
		宏農	今河南陝縣治
		上洛	今陝西商縣及河南陝縣地
		河內	今河南黃河以北大部分地方皆是
		河東	今山西永濟縣解縣絳縣地
		平陽	今山西臨汾縣地
		滎陽	今河南滎澤縣西南十七里
		汲郡	今河南汲縣西南二十五里
		魏郡	今河南安陽汲縣及河北大名地
		頓邱	今河北清豐縣西南二十五里有故城
		陽平	今河北大名及山東聊城荷澤臨清地
		廣平	今河北雞澤縣東二十里

州	治所			
雍州	長安今陝西長安縣治	京兆今長安縣及華縣地 馮翊今陝西大荔縣長安縣華縣耀縣地 扶風今長安縣鳳翔縣乾縣地	北地今陝西耀縣及長安縣地 新平今陝西邠縣地 安定今甘肅涇川縣地	始平今陝西乾縣鳳翔縣地
秦州	冀甘肅甘谷縣後治上邽	天水今甘肅天水縣地 略陽上同	隴西今甘肅隴西縣西境及臨潭縣 南安今甘肅隴西縣東境	武都今甘肅武都縣及天水縣隴西縣地 陰平今甘肅武都縣及四川平武縣地
涼州	姑臧甘肅武威縣治	武威甘肅武威縣 金城今甘肅皋蘭平涼地及青海西寧地 西平今青海西寧縣地	西郡今甘肅張掖縣東境 張掖今張掖縣西境 西海今甘肅張掖縣及酒泉縣北	酒泉今甘肅安西縣地 敦煌今甘肅安西縣地
幷州	晉陽山西陽曲縣治	太原國今陽曲縣及汾陽縣地 上黨今山西之東南部	西河國今山西汾陽縣地 樂平今山西平定縣遼縣地	新興今山西平定縣地 雁門今山西大同縣右玉縣地
幽州	薊北平市	燕國今北平市 范陽國今北平市南境及河北易縣新鎮縣地	廣寧今察哈爾宣化縣南境 上谷今察哈爾宣化縣東境	遼西今河北盧龍縣地

（幽）州		代郡今察哈爾宣化縣及河北易縣地	北平今北平市	
平州	昌黎今遼寧興城縣	昌黎今遼寧興城縣及熱河東境 遼東國今遼寧遼陽縣地	樂浪今遼寧瀋陽縣南境及朝鮮地 玄菟今朝鮮境內	帶方今朝鮮境內
冀州	房子今河北高邑縣 後治信都	趙國今河北趙縣及邢臺縣彙清苑縣南境 鉅鹿國今河北趙縣邢臺縣地 常山今河北正定縣南 中山國今河北定縣等地 高陽國今河北清苑縣境	博陵國今河北深縣定縣地 河間國今河北河間縣及清苑縣東境 章武國今河北大城縣治 渤海今天津市及河北河間山東惠民縣地 樂陵國今山東惠民縣及河北河間東南境	安平國今河北冀縣深縣廣平縣地 清河國今河北清河棗強南宮山東之清平恩縣冠縣高唐臨清武城之地 平原國今山東武定濟南之西部北自樂陵南至長清諸縣皆是
兗州	廩丘今山東范縣	濮陽國今河北濮陽縣南 陳留國今河南陳留縣東北 東平國今山東東平縣西北十五里	濟北國今山東肥城縣南 濟陰今山東定陶縣西北四里 高平國今山東滋陽縣地	任城國今山東濟寧縣地 泰山今山東泰安縣東南
青（州）		齊國今山東益都縣及歷城縣東境	樂安國今山東桓臺縣東	長廣今山東即墨縣西南

州	徐州	揚州	豫
臨淄今山東臨淄縣	彭城今江蘇銅山縣治	建業今江蘇江寧縣治	
濟南今山東歷城縣地 濟岷今山東掖縣地	彭城國今江蘇銅山縣治 下邳國今江蘇銅山縣東南及安徽泗縣西境 臨淮今安徽泗縣及江蘇銅山縣東境江都縣北境	丹陽今江蘇江寧縣東南五里 毗陵今江蘇武進鎮江二縣地 吳郡江蘇舊滬海道蘇常道及金陵道西部之地 吳興今浙江吳興縣治 會稽今浙江紹興縣治 臨海今浙江臨海縣東南一百十五里	潁川河南舊許州陳州汝寧汝州諸府州及禹縣至陽武各縣皆是
城陽今山東莒縣治 東萊國舊山東登萊二府地	廣陵今江蘇淮陰縣東南五十里 東海今江蘇東海縣及山東臨沂縣滋陽縣南境 琅琊國今山東臨沂縣及滋陽縣東境	晉安今福建閩侯縣東北 建安今福建建甌縣 東陽今浙江金華縣治 新安今浙江淳安縣西 宜城今安徽懷寧縣治景定建康志宜城者淮汊對岸一要害處吳魏相拒時嘗設疑城於此後訛疑為宜故襲稱宜城 淮南今安徽壽縣治	譙郡今安徽鳳陽阜陽北境河南商邱南境
	東莞今山東益都縣臨沂縣諸地	廬江今安徽霍丘縣西五十五里 鄱陽今江西鄱陽縣北 豫章今江西南昌縣 臨川今江西臨川縣西 廬陵今江西吉水縣東北 南康今江西雩都縣東北	安豐今安徽阜陽河南潢川地

州	治所	郡	郡	郡
…州	項 河南項城縣	梁國 故治在今河南商丘縣南 沛國 今安徽鳳陽縣北江蘇銅山縣西 魯郡 今山東舊兗州府地	汝陰 今河南汝南淮陽潁川地 汝南 河南舊汝寧陳州二府及安徽舊潁州府皆是 襄城 河南襄城縣	弋陽 今河南光山縣治
荊州	江陵 湖北江陵縣	南郡 湖北舊荊州安陸漢陽武昌黃州德安施南諸府及漢陽府之南境皆其地 宜都 今湖北舊宜昌荊州二府地 建平 今湖北舊南陽襄陽德安等府地 新城 今湖北房縣治 上庸 今湖北山縣東南 魏興 陝西舊興安府湖北舊鄖陽府地 襄陽 今縣及鐘祥縣地 順陽 初在湖北光化縣北後徙治在今河南淅川縣東南	南陽 今河南南陽臨汝地 義陽 今河南南陽湖北襄陽安陸地 江夏 今湖北安陸縣治 武昌 今湖北武昌江西九江興國縣地 南平 今湖北江陵縣湖南澧縣岳陽縣治 天門 今湖南澧縣地 武陵 今湖南舊常德辰州沅州永順靖州地	長沙 今湖南舊長沙岳州二府兼湖北武昌地 衡陽 今湖南湘潭縣西六十里 湘東 今湖南衡陽縣治 安成 今江西吉安宜春清江諸縣地 桂陽 今湖南郴縣及桂陽衡陽二縣地 零陵 今湖南零陵縣北二里 邵陵 今寶慶縣治
梁州	南鄭 陝西南鄭縣治	漢中 今陝西南鄭縣 梓潼 今四川閬中綿陽地	廣漢 今四川梓潼縣治 巴西 今四川閬中南充地	巴東 今四川奉節縣東北 涪陵 今四川酉陽縣巴縣地

州	治所	郡
州		新都 今四川綿陽成都地
		巴郡 今四川巴縣地
益州	成都 四川成都	蜀郡 今成都縣地
		汶山 今四川理番縣廢保縣南
		漢嘉 今四川舊雅州府地
		越巂 今四川西昌縣地
		犍爲 今四川眉山資中樂山宜賓成都地
		朱提 今雲南會澤昭通及四川宜賓縣地
		江陽 今四川瀘縣地
		牂柯 今貴州舊遵義府以南至思南石阡等府皆其地
寧州	雲南 雲南昆明縣	雲南 故城在今雲南祥雲縣南八十里
		建寧 今雲南曲靖昆明建水澂江地
		興古 今雲南曲靖建水元江及貴州遵義地
		永昌 今雲南保山大理諸縣地
交州	龍編 安南國境	交趾 安南國境
		合浦 今廣東合浦海康廣西蒼梧縣地
		武平 安南國境以下均同
		新昌
		九眞
		九德
		日南
廣州	番禺 廣東番禺縣	南海
		始興 今廣東曲江縣
		始安 今廣西桂林縣治
		臨賀 今平樂縣
		蒼梧 今廣西蒼梧平樂及廣東高要地
		高興 今高要縣地
		高涼 今廣東舊肇慶高州地
		桂林 今馬平宜山地
		鬱林 故城在今廣西貴縣南
		甯浦 今廣西南甯道治

東晉之疆域

迨惠帝孱弱嗣統，南風烈烈，（賈充女名南風）八王樹兵，自相魚肉，於是羣翟紛乘，中原板蕩。南渡封域，廣狹靡恆，西失蜀於成李，東失徐於劉石，祖逖死而北境蹙，僅以合肥、淮陰、（今江蘇淮陰縣東南）壽陽、（即壽春）泗口、（泗水入淮口即淸口）角城（淮陰縣東北）爲東方之重鎭，上明、（即松滋今安徽宿松縣西北五十里）江陵、夏口、武昌爲西方之重鎭，則益縮而南矣。何充曰：荊楚國之西門，其時得以保此西門者，始有桓宣守襄陽，繼有桓溫鎭襄陽也。成穆二朝，桓溫之師，得以東至灞上，修洛陽諸陵；柳玄景之師，得直據潼關，而戰於陝下。南國之立威於北者，唯此二舉；然非藉襄陽之形勢，師可以進乎？洎苻堅東平慕容暐，（前燕）西南略蜀漢，（東晉州郡）西北克姑臧，（前涼即今甘肅武威縣治）則漢水長淮以北，悉爲堅有，聲勢大盛。當其窺晉之初，亦知命重兵陷襄陽，執朱序，果由此浮漢入江，桓沖將求死不得，乃徒引兵而歸，則其失策已甚，固不待淝水喪師而後知其敗也。及堅敗，於是郭寶平梁州，任權平益州，謝玄平青徐兗豫司諸地，晉室復振。乃未幾南燕（慕容德）陷青兗，後秦（姚興）陷豫司，成都王（譙縱）陷梁益，既得而復失。義熙以後，失地旋復，然政已移於宋矣。

十六國之疆域

魏時，胡族分五部，雜居陝西邊境，勢力漸強，迄東晉而五胡雲擾。其初止漢（劉淵）、成（李雄）、趙（石勒）、燕（慕容氏）、涼（張氏）、秦（苻健）六國，苻堅興而中原爲一，夷戎入貢者六十餘國。及其敗也，諸方並起，有二趙、五涼、四燕、三秦、一蜀、一夏，所謂十六國是也。（不云二十國者，附劉淵於前趙，附冉閔於後趙，附西燕於後燕，附譙縱於李蜀也。）今述其盛時之疆域。

漢劉淵起離石稱漢劉曜據長安改稱趙後滅於石勒東不過太行，南不越嵩洛，西不踰隴坻，北不出汾晉。淵嘗置雍州於平陽，幽州於離石；聰置荊州於洛陽；曜以秦涼二州，並置於上邽；復置朔方於高平，幷州於蒲阪，改置幽州於北地；又嘗置益州於仇池。至郡縣分併，類不能詳。

成李雄據蜀稱成李壽改稱漢桓溫討滅之東守三峽，南兼僰爨，西盡岷邛，北據南鄭。李雄置益州於成都，梁州於涪，寧州於建寧；又分梁州，置荊州於巴郡，分寧州，置交州於興古。及雄卒，而成業浸衰。李壽時，寖削弱，勢繼之亡不旋踵矣。

趙石勒據襄國稱趙其養子冉閔據鄴改稱魏爲慕容氏所滅南踰淮漢，東濱於海，西至河西，北盡燕代。石勒置冀州於信都，幷州於上黨，朔州於代北，兗州於鄄城，徐州於廩邱，幽州於薊，青州於廣固，雍州於長安，秦州於上邽，揚州於壽春，豫州於許昌，荊州初置襄陽，復徙晉陽，司州仍置於洛陽，石虎改置司州於鄴，而分置洛州於洛陽，又增置營州於令支，涼州於金城。及虎之隕，國隨以失。

燕慕容廆起遼東再傳至儁遷都於薊後爲苻堅所併南至汝潁，東盡青齊，西抵崤澠，北守雲中。初平州仍置於襄平，幽州置於龍城，復徙於薊，冀州初置於常山，後還治信都，常山亦曰北冀州青州初置於樂陵，後還治廣固，兗州置於陽平，中州置於鄴，洛州置於金墉，幷州置於晉陽，荊州初置於梁國之蠡臺，河南商邱縣城南後置於魯陽，豫州初置於陳留，後置於許昌。及其亡也，秦所得郡，凡百五十有七焉。

涼張軌據河西再傳至駿又臣服西域諸國後爲苻堅所併南踰河湟，東至秦隴，西迄葱嶺，北暨居延。張軌時，分置武興晉興諸郡，張寔復分置廣武郡，其後增置益多，張茂嘗置秦州，又置定州，張駿更以武威等郡爲河州，敦煌等郡爲沙州，張祚又增置商州。涼張瓘嘗言：吾保據三州，西包葱嶺，東距大河，蓋涼以涼河沙三州爲封域云。

秦（苻健據長安及堅淝水之役國遂分裂）南至邛僰，東抵淮泗，西極西域，北盡大磧。置司隸於長安，秦州於上邽，南秦州於仇池，雍州於安定，涼州於姑臧，并州於晉陽，冀州於鄴，豫州於洛陽，荊州於襄陽，洛州於豐陽，梁州於漢中，河州於枹罕，晉州於晉興，益州於成都，寧州於墊江，兗州於倉垣，徐州於彭城，揚州於下邳，幽州於薊，平州於和龍，（即龍城）青州於廣固，十六國中爲最盛焉。

後燕（慕容垂據中山傳子寶爲魏所逼東保龍城有遼東西地亡於馮跋）東訖遼海，西屆河汾，南至琅琊，北暨燕代。冀州仍治信都，幽州治龍城，平州治平郭，兗州治滑臺，青州治歷城，徐州治黎陽，并州治晉陽，雍州治長子。及東保龍城，（喀喇沁左翼地）州郡類多僑置，幽州置於令支，（今河北盧龍縣東北）平州置於宿軍，（故龍城東北）青州置於新城，（即今熱河凌源縣）并州置於凡城，（熱河朝陽縣西南）冀州置於肥如，（今盧龍縣西北）其視前燕版圖，抑又末矣。

後秦（姚萇據長安後爲劉裕所滅）南至漢川，東踰汝潁，西控西河，北守上郡。置司隸於長安，秦州於上邽，雍州於安定，并州於蒲阪，河州於枹罕，涼州於姑臧，豫州於洛陽，兗州於倉垣，徐州於項城，荊州於上洛，較之苻秦，蓋及半而止矣。

西秦（乞伏乾歸據苑川今甘肅榆中縣後爲赫連定所滅）西踰浩亹，東極隴坻，北距河，南略吐谷渾。置秦州於南安，河州於枹罕，涼州於樂都，梁州於赤水，（今甘肅隴西縣東）益州於漒川，商州於澆河，（今青海西寧縣西百二十里）沙州於湟沙。蓋乞伏於西北諸國，差爲強盛，歷年亦最久云。

後涼（呂光據姑臧後降於姚興）呂光初據姑臧，前涼舊壤，安然如昨，未幾而紛紜割裂。及其亡也，姑臧而外，惟餘蒼松、（今甘肅永昌縣）番禾（同上）二郡而已。

南涼（禿髮烏孤據廉川後爲乞伏熾磐所滅）東自金城，西至西海，南有河湟，北據廣武，至拱手而得姑臧，爲計得矣。乃卒不能守，并樂都而失之，然則廣地固不可恃哉！

北涼（沮渠蒙遜初據張掖遷姑臧後爲柔然所滅）西掠西域，東盡河湟，前涼故壤，幾奄有之矣。較於諸涼，又其後亡者也。

西涼（李暠據敦煌遷酒泉爲沮渠蒙遜所滅）有郡凡七，（敦煌酒泉晉興建康涼興會稽廣夏皆今甘肅張掖縣酒泉縣安西縣地）最爲弱小，其亡也忽焉。

南燕（慕容德據滑臺後都廣固劉裕滅之）東至海，南濱泗上，西帶鉅野，北薄於河，置司隸於廣固，兗州於梁父，青州於東萊，并州於平陰，幽州於發干，徐州於莒城，慕容超自謂據九州之地者也。

北燕（馮跋篡後燕都和龍爲元魏所滅）據後燕故壤，有遼東西之地。（和龍即龍城）

夏（赫連勃勃據統萬今寧夏省寧夏縣治後爲吐谷渾所滅）南阻秦嶺，東戍蒲津，西收秦隴，北薄於河。置幽州於大成，朔州於三城，雍州於長安，并州於蒲阪，秦州於上邽，梁州於安定，北秦州於武功，豫州於李閏，（今陝西大荔縣東北）荊州於陝。其地不逮姚秦也。

南朝宋齊梁陳之疆域

劉淵匈奴種而居晉陽，石勒羯種而居上黨，姚氏羌種而居扶風，苻氏氐種而居臨渭，慕容鮮卑種而居昌黎。逮劉淵一倡，并雍之間，乘機四起，始於晉惠永興之初，訖於宋文元嘉之季，爲戰國者一百三十有六年。晉祚既移於宋，中原并於元魏，遂爲南北朝之對峙。

南朝疆域，宋爲大，陳最小。蓋自劉裕興草澤，克翦元逆，南靖番禺，北平廣固，西定巴蜀，又克長安，尋長安爲赫連勃勃所陷，河南諸郡復陷於魏，最後又失淮北四州及豫州淮西之地。然其初強盛時，南鄭、（今陝西南鄭縣治）襄陽、懸瓠、（城名河南汝南縣治）彭城、歷城、（山東歷城縣）東陽（山東益都縣治）皆爲宋氏屏翰。今大較以孝武大明八年爲斷，有州二十二，郡二百六十八，縣千二百九十九。

都邑考：自宋陳皆因晉都。

蕭道成初爲南兗州刺史，鎮淮陰，及徵入朝，先後擊平桂陽王休範、建平王景素，威望既著，遂奸宋位。建武末，既失淮北，又失沔北；永元中，壽陽降於魏，魏復進取建安合肥，於是并失淮南地。而南鄭、樊城、（今湖北襄陽縣北）襄陽、義陽、（今河南信陽縣治）壽春、淮陽、角城、漣口、（今江蘇漣水縣）朐山，（今江蘇東海縣）並稱重鎮焉。有州二十三，郡三百九十五，縣千四百七十四。蕭齊諸郡，有新置者，有寄治者，有狸郡獠郡荒郡左郡無屬縣者，有荒無民戶者，建置雖多，較之宋大明，其土已蹙矣。

梁武帝既受禪，不數年即失漢川淮西之地，厥後頻歲與魏交攻於淮南淮北，互有勝負，又克合肥壽春，旋因魏亂，沿邊州郡多來附梁，梁又遣陳慶之送元灝爲魏主，直至洛陽。俄而又失，唯義陽下邳及漢中諸郡復爲梁有。及侯景傾陷建康，蕭繹爲謀不遠，苟安江陵，於時江北之地，殘於高齊，漢中蜀川，沒於西魏。蕭梁亦僅西以雍州、(今湖北襄陽縣)下溠戍、(今湖北隨縣)夏口爲重鎭,中以白狗堆(城名)硤石城(今安徽阜陽縣)爲重鎭,東以合肥、鍾離、(今鳳陽縣)淮陰、朐山爲重鎭,則益縮而南矣。今大較以梁天監十年爲斷,有州二十三,郡三百五十,縣千二十三。後以務恢境宇,增析分合,不可勝紀,大同中有州一百七,郡縣稱是。

陳霸先奄有建康,拾梁餘緒,稽其版圖,較前彌蹙。西不得蜀漢,北又失淮肥,以長江爲境。宣帝太建中,收淮南之地,更經略淮北,大破齊軍於呂梁,(今江蘇銅山縣)會齊亡,又使吳明徹攻周,全軍沒於清口,自是江北盡入於周,又劃江爲界矣。及隋軍來伐,狼尾灘、(今湖北宜昌縣西三峽中)荆門、(山名今湖北宜都縣西北)安蜀城、(宜昌縣西北)公安、(湖北公安縣)巴陵,(今湖南岳陽縣)盡爲楊素所陷,韓擒虎渡采石,賀若弼渡京口,而陳以亡。所有州四十二,郡惟一百九,縣四百三十八而已。

東晉宋齊前後州治合表(梁陳書無地志姑從闕)

州名	東晉治	宋治	齊治
揚	建業	建業	建業
徐	淮陰　廣陵　京口　下邳		
南徐	京口(孝武以京口爲南徐)	京口	京口
北徐	彭城(孝武以彭城爲北徐)	彭城　鍾離　朐山	鍾離
兗	鄒山　廣陵　金城　下邳　山陽		

南兗	廣陵（孝武以廣陵爲南兗）	廣陵　盱眙　淮陰	廣陵
兗	鄄城（孝武以鄄城爲兗州）	滑臺　鄒山　彭城　須昌　瑕邱	淮陰
豫	譙郡　雍邱　壽春　蕪湖　郗城　歷陽		
南豫	姑孰（孝武以姑孰爲南豫）	歷陽　於湖	於湖
豫	汝南　歷陽	壽陽	壽春
江	豫章　武昌　半洲　尋陽	尋陽	尋陽
青	淮陰　臨淄　京口　廣陵		
南青（後省南青）	丹徒　廣陵（安帝以僑置青州曰南青）		
北青（改北青曰青州）	東陽（安帝以東陽爲北青）	歷城　彭洲	朐山
冀	（初南冀州僑立江北今其地無考義熙中立治青州）	歷城　彭洲	彭洲
幽	廣固		
幷	淮陰　蒲阪		
司	合肥　梁陽　襄陽　洛陽	虎牢　義陽　汝南	義陽
荆	巴陵　江陵　上明	江陵	江陵
郢		江夏	江夏

湘	臨湘	臨湘	臨湘
雍	鄧城　襄陽　洛陽	襄陽	襄陽
梁	襄陽　魏興　苞中	南城　南鄭	南鄭
秦	與梁州同治　此爲南秦州又以仇池置北秦州宋時沒於元魏	與梁州同治	
益	巴東　成都	成都	成都
寧	雲南	建寧	建寧
廣	南海	南海	南海
交	龍編	龍編	龍編
越		臨漳	臨漳

淮陰今江蘇淮陰縣舊清江浦鎭也　京口今江蘇鎭江縣　下邳今江蘇邳縣　鄒山今山東鄒縣境　金城今江蘇江寧縣　山陽今江蘇淮安縣　鄄城今山東濮縣　須昌今山東東平縣　瑕邱今山東滋陽縣　蕪湖安徽蕪湖縣　歷陽安徽和縣　姑孰安徽當塗縣治　於湖當塗縣治南　汝南今河南息縣　豫章今江西南昌縣治　武昌湖北武昌縣　半洲江西九江縣西　尋陽九江縣　鬱洲山名江蘇東海縣東北　臨湘湖南長沙縣治　魏興陝西長安縣治　苞中陝西褒城縣　南城同上　巴東今四川奉節縣東　建寧今雲南曲靖縣　臨漳廣東合浦縣治　餘見前

北朝魏齊周之疆域

北朝元魏起自北方，混一中夏以後，分爲齊周，其勢常伸於南朝。道武珪貳於燕，取廣寧上谷二郡，尋克幷州，下常山，略中山，盡取慕容燕河北地。明元襲位，與宋爭河南，州鎭悉爲所得。太武燾滅大夏，呑北涼、北燕，又伐宋，取徐兗等六州，所未得者，漢中、南陽、懸瓠、彭城及青州以南諸地耳。其後車駕南征，復臨瓜步。獻文之世，漸有長淮以北；孝文都洛，復取南陽；宣武恪時，又得壽春，續收漢川，遂入劍閣，圖涪城。（今四川綿陽縣治）於是魏地北踰大磧，（陰山以北）西至流沙，東接高麗，南臨江漢，此魏之極盛也。已而梁收壽春，復漢川，逮魏之衰，內訌時作，三四年後，分爲東西魏矣。今以太和十年爲斷，有州三十八，其末也增析州至百十有一，郡五百十九，縣千三百五十二云。

都邑考：拓跋力微始自北荒遷盛樂，猗盧復徙馬邑，城盛樂爲北都，修故平城爲南都。賀傉都東木根山，（賀傉應作鬱律）什翼犍更城盛樂，其孫珪復都雲中，（即盛樂亦曰雲中宮）改代曰魏，尋徙平城，孝文太和十九年，遷於洛陽。其後孝武遷長安爲西魏，孝靜遷鄴爲東魏。

魏三十八州表

州	州治	州	州治	州	州治	州	州治
青	東陽（見前）	雍	長安	陝	陝城（河南陝縣）	相	鄴（河南臨漳縣）
南青	東莞（山東沂水縣）	秦	上邽（甘肅天水縣）	夏	統萬（見前）	冀	信都（河北冀縣）
兗	瑕邱（見前）	南秦	仇池（甘肅成縣西北）	岐	雍（陝西鳳翔縣治）	幽	薊（北平市）
齊	歷城（見前）	梁	南鄭（見前）	班（後改邠州今爲縣）	彭陽（甘肅慶陽縣西南）	燕	昌平（河北昌平縣）

州	治所	今地
濟	碻磝	見前
兗	披城	山東披縣
豫	汝南	見前
洛	上洛	陝西商縣
徐	彭城	見前
東徐	宿豫	江蘇宿遷縣
益	晉壽	四川廣元縣
荊	穰城	河南鄧縣
涼	姑臧	甘肅武威縣
河	枹罕	甘肅臨夏縣
沙	敦煌	甘肅敦煌縣
華	華陰	陝西華陰縣
郢	武陽	河南正陽縣
（以上二十五州在河南兼及河西）		
司	洛陽	
并	晉陽	山西陽曲縣
肆	九原	山西忻縣
定	盧奴	河北定縣
營	和龍	見前
平	肥如	河北盧龍縣
安	方城	河北密雲縣
瀛	樂城	河北獻縣
汾	蒲子	山西隰縣
（以上十三州在河北）		

魏之分東西也，高歡宇文泰各依其主，以相角逐。十數年中，東魏伐西，師凡四出，西魏伐東，師亦三出焉。於是天下三分，江東隸梁陳，關西隸宇文，河北隸高氏。其河南自洛陽東、河北自晉州東，皆爲齊境。齊天保中，北界沙漠，東濱海，侯景之亂，遣將略地，南際於江矣。有州九十七，郡百六十，縣三百六十五。而姚襄城（山西吉縣西臨黃河）、洪洞（今山西洪洞縣北六里）、晉州（今山西安邑縣）、武平關（山西新絳縣西）、柏崖（關名，河南孟縣西）、軹關（河南濟源縣西北）、河陽（河南孟縣西南），南則虎牢、洛陽、北荊州（河南嵩縣）、孔城防（今河南洛陽縣南）、汝南郡（河南臨汝縣西南）、魯城（河南魯山縣東北），皆置兵以防周。後主時，吳明徹等取淮南地，周師拔河陰（河南孟縣東），拔平陽，而齊遂亡。

都邑考：高氏繼東魏都鄴，以鄴爲上都，晉陽爲下都。

宇文泰統賀拔岳軍，據有關隴，會魏主爲高歡所迫，迎入長安，東克潼關，與歡相逐河汾汝潁間；再得洛陽，（西魏文帝大統三年敗高歡於沙苑，乘勝東略，入金墉，四年復爲東魏所取，未幾復得之，九年邙山戰敗，洛陽仍沒於東魏。）入虎牢，（大統三年取滎陽，入大梁，既而復失。七年虎牢來歸，邙山戰敗，仍沒於東魏守潁川，大統三年潁川降魏，韋孝寬復得其豫州，尋棄不守，十二年侯景以河南諸州來降，王思政遂入潁川，十五年陷於東魏皆不能有，其河南自洛陽之西，河北自晉州之西，皆為周境。而玉壁、山西稷山縣西南邵郡、山西垣曲縣西齊子嶺、河南濟源縣西通洛防河南新安縣東即漢之函谷新關黃壚三城、曰黃涇曰同軌曰永昌皆河南洛寧縣東宜陽郡、河南宜陽縣陝州、河南陝縣南土刬、河南盧氏縣東南三荊、荊治磯城今河南鄧縣東荊治泌陽今河南南陽縣南荊治於安昌城今河南信陽縣西北三鴉路，一名平高城在河南魯山縣西南皆置重兵以備齊。又西幷梁益，南克江漢。于謹平江陵殺梁元帝武帝建德中，東幷高齊，兼取陳淮南地，自是東至海、南盡江矣。通計州二百十一，郡五百八，縣千二十四，北朝版圖之廣，自五胡分裂以來，未有如周者也。楊隋代周，憑藉其勢，天下遂一。

都邑考：宇文氏繼西魏，仍都長安。

綜論南北朝州郡建置之淆亂

自東晉以訖隋初，南北州郡建置棼如，江左一隅，為晉宋所分，已非復舊時疆土，齊梁尤甚焉。沈約謂：名號驟易，境土屢分，或一郡一縣，分為四五，四五之中，亟有離合，千回百折，巧歷莫算，尋校推求，未易精悉也。此第言晉宋僑治分寄之難知也。至蕭齊諸郡，名存實亡，其境已蹙。見前梁則大同二年，朱异奏分州五品，遂有一百七州。其下州皆異國之人，徒有州名而無土地，或因荒徼之民所居村落置州及郡縣，刺史守令，皆用彼人為之，尚書不能悉領，山川險遠，職貢鮮通。又以邊境鎮戍，雖領民不多，欲重其將帥，皆建為郡，或一人領二三郡。州郡雖多，戶口耗矣。韓顯宗言：南人昔有淮北之地，自比中華，僑置郡縣，歸附以來，仍而不改，名實交錯，文書難辨，宜依地理舊名，一皆釐革，時未能從，是後南北相高，互增州郡，繼以五方肴亂，建置滋多。齊主洋嘗言：

魏末州郡，類多浮僞，百室之邑，遽立州名，三戶之村，虛張郡國，循名責實，事歸烏有。而隋初楊尙希亦曰：當今郡縣，倍多於古，或地無百里，數縣並置，或戶不滿千，二郡分領，民少官多，十羊九牧，蓋疆理之亂，至斯而極矣。

第五章　隋州郡更置及唐之分道

隋之疆域

隋主取梁平陳，既受禪，即有併吞江南之志。尋命晉王廣出六合，秦王俊出襄陽，楊素出永安；又命劉仁恩出江陵，王世積出蘄春，韓擒虎出廬江，賀若弼出廣陵，燕榮出東海，東西並進，所向克捷，於是南至嶺海，皆爲隋境。煬帝嗣統，又平林邑，（即古城國越南南境置蕩農沖三州後改北景海陰林邑三郡）克吐谷渾，（今青海省西寧縣及甘肅臨夏縣西徼外之地置西海河源鄯善且末四郡）西南版圖，張於前世。然州郡之制，大有變更。自漢以來，州皆統郡。隋開皇三年，悉罷諸郡爲州，以州治民。大業二年，分遣十使，并省州縣，三年復改州爲郡，州郡猶相等也。大凡郡一百九十，縣千二百五十二，東南至海，西至且末，（新疆噶斯湖西境羅布泊之南）北至五原，（今寧夏省靈武縣東南鹽池縣境內）恃其盛强，連歲動衆，禍始於高麗，亂成於玄感，於是羣雄競起，稱魏、（李密自玄感敗後依韋城翟讓讓推爲主號魏公殺讓并其衆隋仍命爲魏國公王世充擊敗之降唐）夏、（竇建德起自漳南據樂壽自稱長樂王改國號曰夏旋稱帝後爲唐所滅）秦、（薛舉自稱西秦霸王未幾盡有隴西之地改稱帝子仁杲嗣旋爲唐所滅）涼、（李軌自稱河西大涼王盡有河西之地唐拜爲涼州總管仍自王號尋自稱帝唐遣安興貴襲執之國滅）許、（煬帝寵任宇文化及封許公旋稱帝有濟北數城唐武德二年爲竇建德所滅）鄭、（越王侗嗣煬帝位封王世充爲鄭國公唐武德二年世充僭稱帝北據河東至徐兗南有襄鄧西保慈澗（河南新安縣）境內置十二州以拒唐唐遣世民滅之）燕、（勃海高開道收河間賊帥格謙餘衆稱燕王唐武德三年降唐封北平郡王尋復叛其將張金樹殺之以降）魯、（徐圓朗初爲賊帥既降唐封魯國公尋復叛自稱王後劉黑闥擊走之爲人所殺）宋、（輔公祏以丹陽叛稱帝國號宋，趙郡王孝恭討平之。定楊（馬邑劉武周作亂，突厥立為定楊可汗，武周因以為國號；世民擊敗之，遁突厥，尋為所殺。）永樂（潚城郭子和作亂，稱永樂王，武德初降唐。）漢東（劉黑闥初自稱大將軍，半歲間其帥竇建德所失諸地皆為所復，旋稱漢東王。後太子建成等擊之，食盡遁饒州，其下執之以降。）者各一，稱楚、（城父朱粲初降隋，封楚王，尋自稱帝，嗣復降唐，又叛，為王世充所殺。鄱陽林士宏代統操師乞餘衆，稱帝，都豫國號楚，後為洪州刺史若干則所破，尋死。）吳（東海李子通陷江都，遂稱帝，國號吳，嗣為杜伏威所擊敗，食盡，走保京口，收合亡散，襲沈法興於吳郡，軍復振，後為伏威將王雄誕所滅。章邱杜伏威初據六合，稱將軍，旋稱總管，降隋，封楚王，降唐，封吳王，漸有淮南江東之地，武德五年入朝，其地悉入於唐。）者二，稱梁者三，（朔方郎將梁師都作亂，自稱梁王，貞觀二年柴紹等圍朔方，為其下所殺。羅川令蕭銑入巴陵，稱梁王，明年稱帝，東自九江，西抵三峽，南盡交趾，北距漢川，皆為所有；武德四年，江夏王孝恭收之，江陵國亡。武康沈法興初為吳興太守，藉口討宇文化及，據江表十餘郡，稱梁王；武德三年，李子通連克丹陽、毘陵諸郡，復自太湖襲破之，法興走死。）天下又復分裂。

都邑考：隋初承周舊，開皇二年，更營新都；明年，名其城曰大興城，（今陝西長安縣城）遂定都焉。大業元年，更營洛陽，謂之東都。（初亦曰東京，在舊都城西十八里）其後李淵立代王侑於長安，王世充立越王侗於東都也。（煬帝幸江都，立江都宮於揚州）（今江蘇江都縣城）

唐之疆域

唐祖起兵太原，轉戰入長安，麾鉞所臨，羣寇冰泮，隋季分割，建置紛然，唐興，因而不改，其納地來歸者，亦往往割置州縣，以畀之，繇是州縣之數，倍於開皇大業間。貞觀初元，以民少官多，思革其弊，遂命大加併省，因山川形便，分為十道：（一）關內道，東距河，西抵隴坂，南據終南，北邊沙漠；（二）河南道，東盡海，西距函谷，南濱淮，北薄河；（三）河東道，東距常山，西據河，南抵首陽太行；（四）河北道，東距海，南迫於河，西距太行常山，北通渝關，（即今山海關）薊門，（即今居庸關）（五）山南道，東接荊楚，西抵隴蜀，南控大江，北距商華之山；（六）隴右道，東接秦州，西踰流沙，南連蜀及吐蕃，（今西藏地）北界沙漠；（七）淮南道，東臨海，西抵漢，南據江，北距淮；（八）江南道，東臨海，西抵蜀，南極嶺，（卽五嶺）北帶江；（九）劍南道，東連牂牁，西界吐蕃，南接羣蠻，北通劍閣；（十）嶺南道，東南際海，西極羣蠻，北據五嶺。共州二百九十有三。其後北殄突厥頡利，西平吐谷渾高昌，（今新疆土魯番縣至焉耆縣）於是東極海，西至焉耆，南盡林邑，北接薛延陀，（阿爾泰山西南）東西凡九千五百十里，南北萬六千九百十八里。緣邊四周，則有六都護府，（安北單于安西北庭安東安南）總治戎夷。開元二十一年，又因十道，分山南、江南爲東西，增置黔中、京畿、都畿，爲十五道。採訪使檢察，如漢刺史職。時天下郡府三百二十八，縣千五百七十三，而羈縻府州統於六都護及邊州都督者不與焉。舉唐之封域，南北與前漢埒，東不及而西過之。（東無漢之樂浪玄菟二郡西則遠逾龜茲爲漢所不及）及天寶之亂，河西隴右，沒於吐蕃；宣懿二朝，隴右雖復，而藩鎭跋扈，號令不行，國已大詘矣。

都邑考：高祖因隋之舊，定都長安，時謂長安爲京城。太宗修洛陽宮，時巡幸焉。高宗嘗言：兩京，朕東西二宅。（顯慶二年以洛陽爲東都）武后都洛陽。（光宅初號曰神都中宗神龍初復曰東都）玄宗以長安爲西京，洛陽爲東京。（開元元年定制九年又改東京曰東都天寶初復故又陞元元年以蒲州爲河中府建中都未幾復罷爲州乾元三年復曰河中府置中都元和三年罷中都爲府如故）肅宗更以蜀郡爲南京，鳳翔爲西京，（蜀郡以上皇南幸之地鳳翔以中興駐蹕之所並建爲京）而西京爲中京。（至德二載建三京上元初復置南都於荊州曰江陵府）尋又以京兆爲上都，河南爲東都，鳳翔爲西都，江陵爲南都，太原爲北都，所謂五都也。（唐志北都天授元年置神龍元年罷開元十二年復置天寶元年曰北京上元二年與京兆河南鳳翔江陵並罷立都之號明年詔曰「五都之號其來自久因以京兆河南鳳翔江陵太原並建爲都」其後復罷六典京兆河南太原時謂之三都又昭宗天祐元年朱全忠復刼遷車駕於洛陽而唐祚以移）

唐初十道分州表

按唐初改郡爲州天寶又改州爲郡至德二載復故淸仍以州爲郡今改縣

道	州名
關內道	雍（今陝西長安縣）華（陝西華縣）同（今陝西大荔縣）岐（今陝西鳳翔縣）隴（今陝西隴西縣）邠（陝西邠縣）涇（今甘肅涇川縣）寧（甘肅寧縣）坊（今陝西中部縣）鄜（陝西鄜縣）丹（今陝西宜川縣）延（今陝西膚施縣）慶（今甘肅慶陽縣）原（今甘肅固原縣）鹽（今寧夏池縣北）靈（故城在今寧夏靈武縣西南）會（今甘肅靖遠縣）夏（今陝西橫山縣）豐（舊河套地今綏遠南境卽鄂爾多斯地）勝（同上）銀（今陝西米脂縣）綏（今陝西綏德縣）
河南道	洛（今河南洛陽縣）陝（河南陝縣）虢（今河南靈寶縣）汝（河南臨汝縣）鄭（河南鄭縣）汴（今河南開封縣）豫（今河南汝寧縣）許（今河南許昌縣）陳（今河南淮陽縣）潁（今安徽阜陽縣）亳（安徽亳縣）宋（今河南商丘縣）曹（今山東菏澤縣）滑（河南滑縣）濮（山東濮縣）鄆（今山東東平縣）濟（今山東長清縣）齊（山東濟南市）淄（今山東淄川縣）徐（今江蘇銅山縣）兗（今山東滋陽縣）泗（今安徽鳳陽縣）沂（今山東益都縣）青（同上）萊（今山東掖縣）棣（今山東惠民縣）密（今山東諸城縣）海（今江蘇東海縣）
河東道	并（今山西陽曲縣）潞（今山西長治縣）澤（今山西晉城縣）晉（今山西安邑縣）絳（今山西新絳縣）蒲（今山西永濟縣）汾（今山西汾陽縣）慈（今山西吉縣）隰（山西隰縣）石（今山西離石縣）沁（山西沁縣）箕（今山西遼縣）嵐（今山西岢嵐縣）忻（山西忻縣）代（山西代縣）朔（今山西右玉縣）蔚（今山西靈丘縣）雲（今山西大同縣）
河北道	懷（今河南沁陽縣）衛（今河南汲縣）相（今河南安陽縣）洺（今河北永年縣）邢（今河北邢臺縣）趙（河北趙縣）冀（河北冀縣）恆（今河北正定縣）定（河北定縣）易（河北易縣）幽（今北平市）深（今河北饒陽縣）瀛（今河北河間縣）貝（今河北清河縣）魏（今河北大名縣）博（今山東聊城縣）德（今山東陵縣）滄（河北滄縣）嬀（今察哈爾懷來縣）檀（今河北密雲縣）順（今河北昌平縣）平（今河北盧龍縣）營（今熱河承德縣）
山南道	荊（今湖北江陵縣）襄（今湖北襄陽縣）鄧（河南鄧縣）唐（今河南泌源縣）隨（湖北隨縣）郢（今湖北鍾祥縣）復（今湖北沔陽縣）均（湖北均縣）房（湖北房縣）峽（今湖北宜昌縣）歸（今湖北秭歸縣）夔（今四川奉節縣）萬（四川萬縣）忠（四川忠縣）梁（今陝西南鄭縣）洋（今陝西洋縣）金（今陝西安康縣）商（陝西商縣）鳳（陝西鳳縣）興（今陝西略陽縣）利（今四川廣元縣）閬（今四川閬中縣）果（今四川南充縣）開（四川開縣）合（今四川合川縣）渝（今四川巴縣）涪

道	隴右道	淮南道	江南道	劍南道
今四川涪陵縣　渠四川渠縣　蓬今四川儀隴縣　壁今四川通江縣　巴四川巴中縣　通今四川達縣　集今四川南江縣	秦今甘肅天水縣　渭今甘肅隴西縣　成甘肅成縣　武今甘肅武都縣　蘭今甘肅皋蘭縣　河今甘肅臨夏縣　洮今甘肅臨潭縣　岷甘肅岷縣　疊同上　宕今甘肅岷縣南　鄯今青海樂都縣　廓今青海西寧縣東南　涼今甘肅武威縣　甘今甘肅張掖縣　肅今甘肅酒泉縣　瓜今甘肅安西縣西　沙今甘肅敦煌縣　伊今新疆哈密縣　西今新疆吐魯番縣　庭今新疆迪化縣	揚今江蘇江都縣　楚今江蘇淮安縣　和安徽和縣　滁今江蘇南通縣　濠今安徽鳳陽縣　壽今安徽壽縣　廬今安徽合肥縣　舒今安徽潛山縣　蘄今湖北蘄春縣　黃今湖北黃岡縣　沔今湖北漢陽縣　安今湖北安陸縣　申今河南信陽縣　光，河南光山縣	潤今江蘇鎮江縣　常今江蘇武進縣　蘇今江蘇吳縣　湖今浙江吳興縣　杭浙江杭縣　睦今浙江建德縣　歙安徽歙縣　婺今浙江金華縣　越今浙江紹興縣　台今浙江臨海縣　括今浙江麗水縣　福今福建閩侯縣　建今福建建甌縣　宣今安徽宣城縣　饒今江西鄱陽縣　撫今江西臨川縣　虔今江西贛縣　洪今江西南昌縣　吉今江西吉安縣　袁今江西宜春縣　郴湖南郴縣　江今江西九江縣　鄂今湖北武昌縣　岳今湖南岳陽縣　潭今湖南長沙縣　衡今湖南衡陽縣　永今湖南零陵縣　道湖南道縣　邵今湖南邵陽縣　朗今湖南常德縣　澧湖南澧縣　辰今湖南沅陵縣　巫今湖南黔陽縣　施今湖北恩施縣　思今貴州婺川縣　南今四川南川縣　黔今四川彭水縣　費今貴州思南縣東北　夷今貴州綏陽縣　溱今貴州桐梓縣北　播今貴州遵義縣　珍今貴州桐梓縣東	益今四川成都縣　綿今四川綿陽縣　梓今四川三台縣　始今四川劍閣縣　遂今四川遂寧縣　資今四川資中縣　普今四川安岳縣　簡今四川簡陽縣　陵今四川仁壽縣　邛今四川邛崍縣　雅今四川雅安縣　眉今四川眉山縣　嘉今四川樂山縣　榮、四川榮縣　瀘四川瀘縣　戎今四川宜賓縣　茂四川茂縣　維今四川理番縣　巂今四川越巂縣　姚今雲南姚安縣　龍今四川平武縣　文甘肅文縣　扶文縣西徼外　松今四川松潘縣　翼松潘縣南　當松潘縣境

嶺南道

廣（今廣西省治）韶（今廣東曲江縣地）循（今廣東惠陽縣東北）潮（今廣東潮安縣）連（廣東連縣）端（今廣東高要縣）康（今廣東德慶縣）岡（今廣東新會縣）恩（今廣東陽江縣）春（今廣東陽春縣）勤（今陽春縣西北）新（今廣東新興縣）封（今廣東封川縣）潘（今廣東茂名縣）高（茂名縣東北）辨（今廣東化縣）崖（廣東瓊山縣東南）羅（今廣東茂名縣）竇（今廣東信宜縣）瀧（今廣東羅定縣）雷（今廣東海康縣）廉（今廣東合浦縣）欽（今廣東欽縣東北）陸（欽縣西南）瓊（今廣東瓊山縣）振（今廣東崖縣）儋（廣東儋縣）桂（今廣西桂林縣）昭（今廣西平樂縣）富（今廣西昭平縣）賀（廣西賀縣）蒙（今廣西蒙山縣南）梧（今廣西蒼梧縣）藤（廣西藤縣）義（今廣西岑溪縣）鬱林（今廣西興業縣）平琴（今廣西鬱林縣）容（廣西容縣）白（今廣西博白縣）山（博白縣南）牢（今廣西鬱林縣）黨（鬱林縣北）禺（今廣西北流縣）龔（今廣西平南縣）潯（今廣西桂平縣）貴（廣西貴縣）繡（貴縣東南）橫（廣西橫縣）邕（今廣西邕寧縣）賓（今廣西賓陽縣）澄（今廣西上林縣）象（今廣西象縣東北）柳（今廣西馬平縣）融（廣西融縣）粵（今廣西宜山縣）芝（今廣西忻城縣）籠（今廣西扶南縣）環（今廣西思恩縣）瀼（今廣西上思縣）峨（今廣西橫貴二縣地）古（今安南諒山東北交境）安南　武峨（同上）愛（同上）長（同上）驩（同上）峯（同上）湯（同上）

右爲貞觀初制也。景雲二年，議者以山南所部閒遠，乃分爲東南道，又分隴西爲河西道，未幾復罷。開元二十一年，分關內道曰京畿，（治西京）分河南道曰都畿，（治東都）分山南道曰山南東，（治襄州）山南西，（治梁州）江南道曰江南東，（治蘇州）江南西。又分江南西道曰黔中，（治黔中）合關內、（多以京官遙領）河南、（治汴州）河東、（治河中府即蒲州）河北、（治魏州）淮南、（治揚州）隴右、（治鄯州）劍南、（治益州）嶺南，（治廣州）爲十五道云。

唐初六都護府治地表

大都護	安北都護府（屬關內道）	治金山（阿爾泰山境）領磧北諸府州
	單于都護府（同上）	治雲中（今綏遠歸綏縣城南）領磧南諸府州
	安西都護府（屬隴右道）	治龜茲（今新疆庫車縣）領西域諸府州

中都護

- 北庭都護府同上 治庭州今新疆迪化縣 領天山以北府州
- 安東都護府屬河北道 治平壤朝鮮境 領高麗諸府州
- 安南都護府屬嶺南道 治交州安南境 領交趾府州及海南諸國

案貞觀中平高昌王，又降西突厥，遂於交河城置安西都護，此都護之早設者也。至永徽初，回紇內附，北荒悉隸封內，因置燕然都護府；龍朔六年，徙回紇，更名瀚海，旋移置雲中，又名雲中都護府；至麟德初，又改單于都護府。總章初平高麗，置安東都護府於平壤，長安二年，復於瀚海之庭州，分置北庭都護府。調露初，改交州都督爲安南都護府。此邊外六大都護府之設立，皆唐初極盛時之規制也。自中葉以後，東胡則有奚契丹，西北則有回紇吐蕃諸部，時患寇擾，以故都護治所內徙不恆，亦多受治於方鎮者。

第六章　唐世藩鎮及五季割據

節度建置之顛末

自高宗季葉，內亂相繼，國威漸微，大食吐蕃回紇乘之，屢極邊境。玄宗迺於邊陲要地，置十節度使，委以兵馬大權，使經略四方，於是唐之國威復張塞外。

(一)平盧節度使，鎮今之熱河朝陽縣，以撫室韋、靺鞨諸部。

(二)范陽節度使，鎮今之北平，以制奚、契丹諸族。

(三)河東節度使，鎮今之山西太原，以塞回紇。

(四)朔方節度使，鎮今之寧夏靈武，以禦回紇。

(五)河西節度使，鎮今之甘肅武威，以備吐蕃及回紇。

(六)隴右節度使，鎮今之青海樂都，以捍吐蕃。

(七)安西節度使，鎮今之新疆庫車，以統西域諸國。

(八)北庭節度使，鎮今之新疆廸化，專抑突厥餘衆。

(九)劍南節度使，鎮今之四川成都，以防吐蕃及苗蠻。

(十)嶺南節度使，鎮今之廣東廣州，以拒南海諸國。

藩鎮分建名號及其所治地

自玄宗時，邊要之地，皆置節度使，及安史亂後，內地久不安，河南山南江淮諸道，亦皆增置鎮府，藩鎮參列，徧於內外。內地節度使，大者連州十餘，小者猶兼三四州，吏盡爲其屬，率兼按察、採訪、安撫、度支等使，以故兵政兩大權，統歸掌握，姑息既甚，藩鎮益驕，其尤橫恣爲朝廷患者，河北三鎮也。其後有地一州，有衆數部，皆效河北以抗中朝矣。安史之亂，中原宿兵，盡分十道諸州爲方鎮，置節度使觀察使以統之，邊衝置節度，腹地簡僻置觀察。今綜四十七鎮，以唐乾符六年方鎮表爲定。（次年爲廣明元年，黃巢入長安，紀綱大壞，方鎮割裂紛舛，不可爲據）在關內道者七鎮：曰鳳翔，（鳳翔尹充鳳翔隴右節度觀察等使）邠寧，（邠州刺史充邠寧慶。節度觀察等使）鄜坊，（鄜州刺史充涇原等州節度觀察等使）涇原，（涇州刺史充涇原等州節度觀察等使）夏綏，（夏州刺史充夏綏等州節度觀察等使振武，單于大都護充振武節度單于鎭北麟勝等府州節度觀察等使新地理志單于府轄關內朔方。在河南道者九鎭：曰宣武，汴州刺史充宣武節度汴宋州觀察等使義成，滑州刺史充義成節度鄭滑觀察等使忠武，許州刺史充忠武節度陳許蔡州觀察等使感化，徐州刺史充感化節度徐濠觀察等使泰寧，兗州刺史充泰寧節度兗海沂密州觀察等使天平，鄆州刺史充天平節度鄆濮州觀察等使平盧，青州刺史充平盧節度淄青觀察等使河陽，孟州刺史充河陽節度孟懷澤觀察等使舊志孟州隸河南道陝虢。陝州大都督府長史充陝虢觀察等使在河東道者四鎭：曰河東，太原尹充河東節度觀察等使河中，河中尹充河中晉絳觀察等使昭義，潞州大都督府長史充昭義節度潞邢觀察等使大同。雲州刺史充大同節度雲蔚朔觀察等使在河北道者五鎭：曰義武，定州刺史充義武節度易定觀察等使義昌，滄州刺史充義昌節度滄德觀察等使盧龍，幽州大都督府長史充盧龍節度幽薊觀察等使成德，鎭州大都督府長史充成德節度鎭冀觀察等使魏博。魏州大都督府長史充魏博節度觀察等使在山南道者三鎭：曰山南東，襄州刺史充山南東道節度觀察等使山南西，興元尹充山南西道節度觀察等使荊南。江陵尹充荊南節度觀察等使在隴右道者三鎭：曰天雄，秦州刺史充天雄節度秦成階州觀察等使河西，涼州刺史充河西節度觀察等使歸義。沙州刺史充歸義節度沙甘觀察等使在淮南道者一鎭：曰淮南。揚州大都督府長史充淮南節度觀察等使在江南道者八鎭：曰鎭海，潤州刺史充鎭海節度浙西觀察等使浙東，越州刺史充浙東觀察等使唐制節度治兵觀察治民專爲觀察而又兼都團練以治兵宣歙，宣州刺史充宣歙池州觀察等使江西，洪州刺史充江西觀察等使福建，福州刺史充福建觀察等使鄂岳，鄂州刺史充鄂岳觀察等使湖南，潭州刺史充湖南觀察等使黔中。黔州刺史充黔中觀察等使在劍南道者二鎭：曰西川，成都尹充劍南西川成都等府州節度觀察等使東川。梓州刺史充劍南東川節度觀察等使在嶺南道者五鎭：曰嶺南東，廣州刺史充嶺南東道節度觀察等使嶺南西，邕州刺史充嶺南西道節度觀察等使容管，容州刺史充容管觀察等使桂管，桂州刺史充桂管觀察等使靜海。安南都護充靜海節度安南等府州觀察等使至外如東畿防禦使，華州鎭國軍使，同州長春宮使，權勢較方鎭爲殺，茲不具書。

五代疆域之得失

自黃巢肆虐，中原益擾，豪主四起，互相吞噬：北有燕王劉仁恭，晉王李克用；西有岐王李茂貞，蜀王王建；

南有吳王楊行密，吳越王錢鏐，東南至海，與王審知閩境接；楚王馬殷，北距江與高季興荊南境接，南踰嶺與劉隱廣州境接；擅命四方，莫能相制。而朱溫盜據大梁，北制河北，西收河中，(河中帥王珂向附晉溫急攻之晉不能救河中遂沒於溫)遂規關隴，始與梁爲勁敵者，唯岐與晉，至是皆伏不敢出。而朱溫乃劫天子，篡唐祚，僭號曰梁，有州七十八，東濱海，北據河，西至涇渭，南踰江漢。未幾爲晉所滅，國號曰唐。唐又西幷鳳翔，南收巴蜀，同光之變，兩川復失。是時東際於海，南至淮漢，西踰秦隴，北盡燕代，皆爲唐境，有州百二十三。

都邑考：朱溫起於汴州，因改汴州爲開封府，謂之東都，而以故東都爲西都，(即洛陽開平二年始遷洛陽朱友貞自立於汴仍都開封)廢故西都，以京兆府爲大安府。(仍置佑國軍治焉開平三年又改永平軍)

都邑考：莊宗初卽位，因以魏州爲興唐府，建東京，又於太原府建西京，以鎮州爲眞定府，建北都；滅梁後，遷都洛，(時以洛陽爲洛京)復以京兆爲西都，太原爲北京，而汴州仍曰宣武軍，北都復曰成德軍。同光三年，詔以洛都爲興唐，興唐府爲鄴都。天成四年，鄴都還爲魏州。

五代南北諸國之分併

自石晉入立，以山外十六州餌契丹，(幽薊瀛莫涿檀順新嬀儒武雲寰應朔蔚)而得蜀之金州，(又增置威州今甘肅環縣)有州一百九。卒也契丹南牧，大梁不守，劉智遠從郭威言，舉兵晉陝而東，河南遂定；會契丹內變，晉之舊壤悉歸於漢。唯秦鳳等州爲蜀所陷，有一百六州。郭威代漢，稱周，其初河東十州，(幷汾嵐石遼沁忻代麟憲)沒於劉旻，世宗西克階成，(王景等伐蜀克秦鳳階成)有州一百十四州，南收江北，(伐唐得淮南十四州)北奠三關，(征契丹取瀛莫二州關南始爲周有渭南瓦橋關南也時以瓦橋（河北雄縣）益津（霸縣）高陽（高陽縣）爲三關)

八，餘盡為各國所據。當梁末唐初之際，燕岐為李氏所并，蜀滅又歸於孟氏，遂有七國。石晉時，閩為南唐吳越所并。及漢之亡，劉崇又自立於晉陽，不受周命，於是仍有七國。至於周末，自江以南二十一州為南唐；（楊行密據有淮南建號曰吳後為徐知誥所篡改號曰唐）自劍以南及山南西道四十六州為蜀；（後蜀孟氏）自湖南北十州為楚；（馬殷據湖南傳五世至希萼為南唐所侵其地皆降於唐惟朗澧二州為楚將劉延所據而嶺南之地悉沒於南漢其後王逵又克復潭岳二州唐將在湖南者皆遁去尋襲朗州因劉言而代其位）自浙東西十三州為吳越；自嶺南北四十七州為南漢；自太原以北十州為北漢；而荊歸峽三州為南平；（即荊）合中原所有，通為二百六十八州，而燕雲十六州之地，……

軍不在焉。宋撫有中土，先取荊湖，西滅蜀，南平漢，遂并江南。宋建隆初，吳越入朝，閩海（閩朱文進之亂泉州將留從効據漳泉二州旋降南唐以為節度使其後從効入貢稱藩於宋從効卒其將陳洪進以州來降）內附，又平北漢，於是天下復一。蓋五代戰國之爭，凡五十年，宋興又十年，然後掃蕩羣雄，建設統一政府，而燕雲十六州之地，遂永淪異域矣。

都邑考：晉自洛陽徙汴，尋升汴州為東京開封府，以洛陽為西京，改西都為晉昌軍。（時又改興唐府為廣晉府天福二年復建鄴都開運二年又廢鄴都復為天雄軍）

都邑考：漢都開封，如晉都之制。（乾祐初又改晉昌軍為永興軍廣晉府為大名府）

都邑考：周因漢舊制，仍都開封。（顯德初又廢鄴都止稱大名府）

第七章　宋之分路及遼金夏建國之形勢

宋初之疆域

宋之有天下也，其初（淳化四年）法唐制，分爲十道：曰河南，河東，河北，關西，劍南，淮南，峽西，江南東西，浙東西，廣南。至道三年，始分天下州軍爲十五路，各置轉運、經略、安撫等使統之，如京東、京西、河北、河東、陝西、淮南、江南、兩浙、湖南、湖北、福建、西川、峽西、廣東、廣西是也。凡府州軍監三百二十有一，縣一千一百六十二。（羈縻州縣不在此列）東西皆至海，西盡巴僰，（今四川雷波縣北）北極三關，東西六千四百八十五里，南北一萬一千六百二十里。然契丹未靖，夏逆方張，東北常以關南、（高陽關之南）瀛州、（即河北河間縣）常山、（今河北正定縣）棣州、（山東武定縣）雁門（山西代縣）爲重鎭，西北常以鄜、（陝西鄜縣）延、（陝西膚施縣）環、（甘肅環縣）慶、（甘肅慶陽縣）原、（甘肅固原縣）渭（甘肅平涼縣）爲重鎭。

都邑考：宋建隆初，因周舊制，以大梁爲東京開封府，洛陽爲西京河南府，眞宗建宋州爲南京，（景德三年以宋州爲太祖舊藩升州爲應天府大中祥符七年遂建爲南京其後高宗即位於此）仁宗又建大名府爲北京，（慶歷二年以大名府爲眞宗駐蹕之所建爲北京）時謂之四京。（又皇祐四年以曹陳許鄭滑爲輔郡崇寧四年以右司諫姚佑言於是以潁昌府爲南輔升襄邑爲拱州爲東輔鄭州爲西輔滑州爲北輔各置軍防其後廢置不一）高宗南渡，以臨安府爲行都，後遂定都焉。（建炎元年幸揚州三年幸杭州進幸江寧府改爲建康府四年幸溫州復幸越州紹興二年以杭州爲臨安府旋幸臨安三年營建康行宮四年幸平江府五年還臨安六年又幸平江七年幸建康八年復還臨安自是定都焉三十一年幸建康明年復還臨安）

熙寧以後之開拓

其各路分合，時靡有恆，神宗元豐中，遂定制爲二十三路。（詳後）蓋自王安石柄用，喜言邊功，种諤取綏州，（今陝西綏德縣）韓絳取銀州，（今陝西米脂縣）王韶取熙、（今甘肅臨洮縣）河，（今甘肅臨夏縣）章惇取懿、（今湖南芷江縣）洽，（芷江縣東南）謝景溫取徽、（今湖南綏寧縣）誠，（今湖南靖縣）熊本取南平，（今四川巴縣）郭逵取廣源，（今安南境）李憲取蘭州，（今甘肅皋蘭縣）沈括取葭蘆、（今陝西葭縣）米脂、（陝西米脂縣）浮圖（今陝西綏鄯縣西六十里）安疆（今甘肅慶陽縣東北）四寨，繼以王贍取邈州、（即湟州，今青海樂都縣治）青唐、（即鄯州，今青海樂都縣治）寧塞、（即廓州，今青海化隆縣南黃河北岸賓宇配北至鄯州一百八十里）龍支，（東之宗哥城，今青海省西寧縣）王厚復湟鄯。（哲宗元符三年王贍所置湟鄯諸州，尋為吐蕃所據，又命王厚復之）數十年中，建州、軍、關、城、鎮、堡，不可勝紀，及遼亡，與金分割燕雲諸州，遂建燕山雲中兩路，而禍變旋作矣。

宋初十五路所領府州軍監表

路	疆界	府州軍監
京東路	東至海 西抵汴 南極淮泗 北薄於河	開封府（今河南開封縣）宋州（今河南商丘縣）兗州（今河南滋陽縣）徐州（今江蘇銅山縣）曹州（今山東菏澤縣）青州（今山東益都縣）鄆州（今山東東平縣）密州（今山東諸城縣）齊州（今山東歷城縣）濟州（今山東鉅野縣）沂州（今山東臨沂縣）登州（今山東蓬萊縣）萊州（今山東掖縣）淄州（今山東淄川縣）濮州（山東濮縣）單州（山東單縣）濰州（今山東濰縣）廣濟軍（今山東定陶縣）清平軍（今山東章邱縣）淮陽軍（今江蘇邳縣）宣化軍（今山東高苑縣）萊蕪軍（山東萊蕪縣）利國監（今江蘇沛縣）
京西路	東暨汝潁 西距崤函 南踰漢沔 北抵河津	河南府（今河南洛陽縣）滑州（河南滑縣）鄭州（河南鄭縣）汝州（今河南臨汝縣）陳州（今河南淮陽縣）許州（今河南許昌縣）蔡州（今河南汝南縣）潁州（今安徽阜陽縣）孟州（今河南孟縣）唐州（今河南泌源縣）鄧州（今河南鄧縣）襄州（今湖北襄陽縣）均州（今湖北均縣）房州（湖北房縣）金州（今陝西安康縣）隨州（湖北隨縣）郢州（今湖北鍾祥縣）信陽軍（河南信陽縣）光化軍（湖北光化縣）
河	東濱海 西薄太行	大名府（河北大名縣）鎮州（今河北正定縣）瀛州（今河北河間縣）貝州（今河北永年縣）博州（今山東聊城縣）德州（今山東陵縣）滄州（河北滄縣）棣州（今山東惠民縣）深州（河北深縣）洺州（今河北永年縣）邢州（今河北邢臺縣）冀州（河北冀縣）趙州（河北趙縣）定州（河北定縣）莫州（今河北任邱縣）相州（今河南安陽縣）懷州（今河南沁陽縣）衛州（今河南汲縣）澶州

河北路	南臨河 北據三關	今河北濮陽縣　磁州河北磁縣　祁州河北安國縣　濱州山東濱縣　雄州河北雄縣　霸州今河北文安縣　保州今河北清苑縣　德清軍今河北清豐縣　保順軍今山東無棣縣　定遠軍今河北東光縣　破虜軍今河北霸縣東　平戎軍今河北清苑縣　靜戎軍今河北徐水縣　威虜軍徐水縣西　乾寧軍今河北青縣　順安軍今河北高陽縣　寧邊軍今河北蠡縣　天威軍今河北井陘縣　承天軍正定縣北　靜安軍今河北深縣東南　通利軍今河南濬縣
河東路	東際常山 西逾河 南距底柱 北塞雁門	并州今山西太原縣　代州山西代縣　忻州山西忻縣　汾州今山西汾陽縣　遼州山西遼縣　澤州今山西晉城縣　潞州今山西長治縣　晉州今山西安邑縣　絳州今山西新絳縣　慈州今山西吉縣　隰州山西隰縣　石州今山西離石縣　嵐州今山西岢嵐縣　憲州今山西靜樂縣　豐州今綏遠鄂爾多斯旗地　麟州今綏遠鄂爾多斯左翼地　府州今陝西榆林等縣　平定軍榆林縣北境　火山軍今山西河曲縣　定羌軍今山西保德縣　寧化軍今山西靜樂縣北　岢嵐軍山西岢嵐縣　威勝軍今山西沁縣　永利監今山西太原縣東北　大通監今山西交城縣
陝西路	東盡崤函 西包汧隴 南連商洛 北控蕭關	京兆府今陝西長安縣　河中府今山西永濟縣　鳳翔府陝西鳳翔縣　華州陝西華縣　同州今陝西大荔縣　解州山西解縣　虢州今河南靈寶縣　陝州河南陝縣　商州陝西商縣　乾州陝西乾縣　耀州陝西耀縣　丹州今陝西延川縣　延州今陝西膚施縣　鄜州陝西鄜縣　坊州今陝西中部縣　邠州陝西邠縣　寧州甘肅寧縣　涇州今甘肅涇川縣　原州今甘肅固原縣　慶州今甘肅慶陽縣　環州甘肅環縣　渭州今甘肅平涼縣　儀州今甘肅華亭縣　鳳州陝西鳳縣　階州今甘肅武都縣　成州甘肅成縣　秦州今甘肅天水縣　保安軍陝西保安縣　鎮戎軍今甘肅鎮原縣　開寶監今甘肅兩當縣　沙苑監今陝西朝邑縣
淮南路	東至海 西距漢 南瀕江	揚州今江蘇江都縣　楚州今江蘇淮安縣　濠州今安徽鳳陽縣　壽州安徽壽縣　光州今河南潢川縣　黃州今湖北黃岡縣　蘄州今湖北蘄春縣　舒州今安徽懷寧縣　廬州今安徽合肥縣　和州安徽和縣　滁州安徽滁縣　海州今江蘇東海縣　泗州安徽泗縣　亳州安徽亳縣　宿州安徽宿縣　泰州江蘇泰縣　通州今江蘇南通縣　建安軍今江蘇儀徵縣　漣水軍江蘇

路	境界	州府軍監
路	北據淮	漣水縣 高郵軍（江蘇高郵縣） 無為軍（安徽無為縣） 利豐監（今江蘇南通縣南） 海陵監（今江蘇泰縣東北）
江南路	東限閩海 西界夏口 南抵大庾 北際大江	昇州（今江蘇江寧縣） 太平州（今江蘇揚中縣） 宣州（今安徽宣城縣） 歙州（今安徽歙縣） 池州（今安徽貴池縣） 饒州（今江西鄱陽縣） 信州（今江西上饒縣） 撫州（今江西臨川縣） 江州（今江西九江縣） 洪州（今江西南昌縣） 袁州（今江西宜春縣） 筠州（今江西高安縣） 吉州（今江西吉安縣） 虔州（今江西贛縣） 廣德軍（今安徽廣德縣治） 南康軍（今江西星子縣） 興國軍（今湖北陽新縣） 臨江軍（今江西清江縣） 南安軍（今江西大庾縣） 建昌軍（今江西南城縣）
湖南路	東據衡岳 西接蠻猺 南阻五嶺 北界洞庭	潭州（今湖南長沙縣） 衡州（今湖南衡陽縣） 道州（湖南道縣） 永州（今湖南零陵縣） 邵州（今湖南邵陽縣） 郴州（湖南郴縣） 全州（廣西全縣） 桂陽監（湖南桂陽縣）
湖北路	東盡鄂渚 西控巴峽 南抵洞庭 北限荆山	江陵府（湖北江陵縣） 鄂州（今湖北武昌縣） 岳州（今湖南岳陽縣） 復州（今湖北沔陽縣） 安州（今湖北鍾祥縣） 鼎州（今湖南常德縣） 澧州（湖南澧縣） 峽州（今湖北宜昌縣） 歸州（今湖北秭歸縣） 辰州（今湖南沅陵縣） 漢陽軍（湖北漢陽縣） 荆門軍（湖北荆門縣）
兩浙路	東至海 南接嶺島 西控震澤	杭州（浙江杭縣） 睦州（今浙江建德縣） 湖州（今浙江吳興縣） 秀州（今浙江嘉興縣） 蘇州（今江蘇吳縣） 常州（今江蘇武進縣） 潤州（今江蘇鎮江縣） 越州（今浙江紹興縣） 婺州（今浙江金華縣） 衢州（浙江衢縣） 處州（浙江麗水縣） 溫州（今浙江永嘉縣）

路	北枕大江	台州今浙江臨海縣　明州今浙江鄞縣　江陰軍江蘇江陰縣　順化軍今浙江臨安縣
福建路	東南際海　西北據嶺	福州今福建閩侯縣　建州今福建建甌縣　泉州今福建晉江縣　漳州今福建龍溪縣　汀州今福建長汀縣　南劍州今福建南平縣　興化軍今福建莆田縣　邵武軍福建邵武縣
西川路	東距峽江　西控生番　南環瀘水　北阻岷山	成都府四川成都縣　蜀州今四川崇慶縣　彭州四川彭縣　漢州今四川廣漢縣　綿州今四川綿陽縣　梓州今四川三台縣　遂州今四川遂寧縣　榮州四川榮縣　簡州四川簡陽縣　資州今四川資中縣　陵州今四川仁壽縣　普州今四川安岳縣　果州今四川南充縣　合州今四川合川縣　渠州四川渠縣　昌州四川大足縣　瀘州四川瀘縣　戎州今四川宜賓縣　眉州今四川眉山縣　嘉州今四川樂山縣　邛州今四川邛崍縣　雅州今四川雅安縣　黎州今四川漢源縣　茂州四川茂縣　維州今四川理番縣　永康軍今四川灌縣　懷安軍今四川金堂縣　廣安軍四川廣安縣　富順監今四川富順縣
峽西路	東接三峽　西抵陰平　南扼棘𤏡　北連大散	興元府今陝西南鄭縣　洋州陝西洋縣　興州今陝西略陽縣　利州今四川廣元縣　閬州今四川閬中縣　劍州今四川劍閣縣　文州甘肅文縣　龍州今四川平武縣　巴州今四川巴中縣　集州今四川南江縣　蓬州今四川儀隴縣　壁州今四川通江縣　渝州今四川巴縣　夔州今四川奉節縣　忠州四川忠縣　萬州四川萬縣　開州四川開縣　達州四川達縣　涪州今四川涪陵縣　施州今湖北恩施縣　黔州今四川彭水縣　雲安軍今四川雲陽縣　梁山軍四川梁山縣　大寧監今四川巫溪縣
廣東路	東南據大海　西北距五嶺	廣州今廣州市　連州廣東連縣　韶州今廣東曲江縣　南雄州廣東南雄縣　英州今廣東英德縣　惠州今廣東惠陽縣　循州今廣東龍川縣　梅州廣東梅縣　潮州今廣東潮安縣　端州今廣東高要縣　康州今廣東德慶縣　新州今廣東新興縣　春州今廣東陽春縣　恩州今廣東陽江縣　封州今廣東封川縣　賀州廣西賀縣

廣西路

桂州(今廣西桂林縣)　昭州(今廣西平樂縣)　梧州(今廣西蒼梧縣)　龔州(今廣西平南縣)　藤州(廣西藤縣)　白州(今廣西博白縣)　容州(廣西容縣)　鬱林州(廣西鬱林縣)　潯州(今廣西桂平縣)　貴州(廣西貴縣)　橫州(廣西橫縣)　邕州(今廣西邕寧縣)　賓州(今廣西賓陽縣)　象州(廣西象縣)　柳州(今廣西馬平縣)　融州(廣西融縣)　宜州(今廣西宜山縣)　高州(今廣東茂名縣)　化州(廣東化縣)　雷州(今廣東海康縣)　廉州(今廣東合浦縣)　欽州(廣東欽縣)　瓊州(今廣東瓊山縣)　儋州(廣東儋縣)　萬安州(今廣東萬寧縣)　崖州(今廣東瓊山縣東南)

南宋之疆域

熙寧以後，分合不常，至元豐六年，定制爲二十三路：曰京東西路，(治鄆州徙治宋州)曰京東東路，(治青州)曰京西北路，(治河南府)曰京西南路，(治襄州)曰河北東路，(治大名府)曰河北西路，(治真定府)曰河東路，(治太原府)曰陝西永興路，(治京兆府)曰陝西秦鳳路，(治秦州)曰淮南東路，(治揚州)曰淮南西路，(治廬州)曰江南東路，(治昇州)曰江南西路，(治洪州)曰兩浙路，(治杭州)曰荊湖南路，(治潭州)曰荊湖北路，(治江陵府)曰西川成都路，(治成都)曰西川梓州路，(治梓州)曰峽西利州路，(治興元府)曰峽西夔州路，(治夔州)曰福建路，(治福州)曰廣南東路，(治廣州)曰廣南西路。(治桂州)京府四，府十，州二百四十二，軍二十七，監四，縣千一百三十五。地域則東南皆海，西盡巴僰，北際中山，蓋宋代東北西三面，扼於遼夏，今之所謂河北山西甘肅諸省，止得其半，其幅員較之唐代，猶爲狹也。

高宗南渡，駕幸揚州，金又分中原之地以帝劉豫，處小朝廷求活，有前規一尺，無退生一寸，韓岳諸將，僇力恢復。乃秦檜甘爲金人奸細，和議未脫於口，而金已分道入犯，出師建康，據我北岸，賴虞允文成功於采石，金亮見弑於虜中，而江左無恙；不然，無駐蹕所矣。紹興十一年，與金畫疆：京西以淮水中流爲界，其西割唐鄧二州，陝西割商秦之半，以大散關（今陝西寶雞縣西南）為界。是時疆域登於職方者，東盡明越，西抵岷（今四川茂縣西北）嶓，（今陝西沔縣西北）南斥瓊崖，北至淮漢，截長補短，分路十六：曰浙西，浙東，江東，江西，淮東，淮西，湖南，湖北，京西，（京西南路原有府一州七後所存止襄陽府及隨房均郢四州棗陽光化二軍）成都，潼川，利州，夔州，福建，廣東，廣西是也。府州軍監一百九十，縣七百三，而武都（階州亦曰武都郡）河池（鳳州亦曰河池郡）興元襄陽鄂州廬州楚州揚州，並為重鎮。及蒙古崛興，與宋約夾攻金，滅金後，僅得唐鄧二州地，然孟珙收復襄陽，呂文煥繼之，其形勢亦復不惡。故蒙古之侵宋，誓必破此，而後南下；至攻之五年，不克而去，亦以必破此南下，而後無內顧憂。即劉整之策，亦曰攻宋方略，宜先從事襄陽，自是果破鄂破郢，無不應手碎虀，至此而宋亦遂亡矣。

遼金夏之疆域

北宋時，東遼西夏，並與宋鄰。金興遼滅，宋軌亦南，其時南宋國界專屬於金矣。溯遼之先曰契丹，本東胡種，（九國志曰匈奴種）世居遼澤潢水南岸，唐貞觀末內屬，厥後叛服靡恆。咸通以後，阿保機遂以臨潢（在熱河巴林旗東北）之衆，稱雄東陲，建皇都，西兼突厥，東併渤海，（在高麗北）城邑日增，又南侵燕，得營（熱河境）平（盧龍縣）二州；太宗援晉，又得燕雲十六州。宋初，一再用師，卒不能有，且又失一易州，於是與宋以白溝河為界。（即拒馬河亦曰界河）東至海，西至金山，南包中國本部之北，北至臚朐河。（亦曰飲馬河即今蒙古車臣汗部喀魯倫河源出喀爾喀部肯特山南直綏遠南部二千里）國中建五京：臨潢為上京，遼陽為東京，大定（今熱河省東部喀喇沁右翼南）為中京，幽州為南京，後又以山西大同為西京。有府六，（曰定理（今瀋陽以東境）曰率賓曰鐵利（皆今吉林寧安縣境）曰安定曰長嶺（皆遼寧新賓縣之東）曰鎮海（今新賓縣東南））州軍城百五十六，縣二百九，部族五十二。先後所得中國之地，有十七州，其納貢稱臣者，高麗吐蕃吐谷渾黠戛斯以下，凡六十國。

遼之東邊，有女眞族，（漢魏曰挹婁，後魏曰弗吉，隋唐曰靺鞨）唐初有粟末黑水二部。後粟末強，建渤海國，既滅黑水，族崛興。太祖叛遼自立，攻克黃龍府，（今遼寧昌圖縣柳條邊外赫爾蘇河北岸）進陷遼陽，（今遼寧遼陽縣）克臨潢，拔中京，又西得雲中，遂入居庸，幷幽冀。太宗時，盡得遼故地，於是遣將分徇河南州縣，虜宋二帝，關陝山東以次俱下，乃立劉豫於河南；既又取之，而長淮以北，悉爲版宇。其壤地：東極吉林密雅呼達喝境，（今吉林寧安縣東鄙）北自扶餘路（吉林扶餘縣）之北三千餘里和洛和搏穆昆池爲邊，右旋入泰州，（遼泰州在今黑龍江南郭爾羅斯旗境，金徙州於長春（吉林長春縣））博勒郭所浚界濠，而西經臨潢金山，（應指今熱河巴林之山，非阿爾泰山）跨慶（巴林東北）桓（獨石口東北西至桓州七百里，桓州今遼寧桓仁輯安等縣）撫（張家口北）昌（撫州北）淨州之北，（綏遠歸綏縣東北）出天山外，（即陰山，烏喇忒旗北，亘而東數千里）包東勝，（故城在歸綏縣西黃河東岸，今縣亦曰東勝）接西夏，（即西夏地）踰黃河，復西歷葭州，（陝西葭縣）及米脂寨，（今陝西綏德縣）出臨洮府會州，（今甘肅靖遠縣）積石之外，（今陝西臨夏縣小積石山）與生羌地相錯。復自積石諸山之南，左折而東，踰洮州，（今甘肅臨潭縣）越鹽川堡，（今甘肅隴西縣治西南）循渭水，至大散關，並終南山入京兆，（今長安縣）絡商州，（陝西商縣）南及唐鄧，西南皆四十里，以淮之中流爲界，而與宋爲表裏。襲遼制，建五京：會寧爲上京，（寧安縣西南）臨潢爲北京，遼陽爲南京，大定爲中京，大同爲西京。置總管府十四，（河北東路河北西路河東南路河東北路山東東路山東西路京兆路鄜延路涇原路熙秦路汴京路大名路咸平路，又分熙秦爲鳳翔臨洮二路，咸平在今遼寧鐵嶺縣境）是爲十九路。閑散府九，節鎭三十六，防禦郡二十二，刺史郡七十三，軍十有六，縣六百三十二。東極大海，西踰河湟，北跨陰山，南濱淮漢，視遼之規模宏遠矣。

夏自元昊強盛，修明號令，擊回紇，據夏（今陝西橫山縣）綏（今陝西綏德縣）宥（陝西榆林縣）靜（陝西米脂縣西北）靈（今寧夏靈武縣）鹽（靈武縣東南）會（今甘肅靖遠縣）、勝（楡林縣東北）、甘（今甘肅張掖縣）、涼（今甘肅武威縣）諸州，又取瓜（今甘肅安西縣西）、沙（今甘肅敦煌縣）、肅（今甘肅酒泉縣）州，依賀蘭山（今寧夏省寧朔縣西）以爲固，遂稱帝，都興慶。（今寧夏縣）復率兵十萬入寇，關右大震，破麟（今陝西神木縣北）、豐（今陝西楡林縣西北）等州，又破延州。（今陝西膚施縣）其壤地：東據河西，西至玉門，（今甘肅敦煌縣西）南臨蕭關，（今甘肅固原縣南）北控大漠，延袤萬里，分置一軍屯河北，備契丹；河南置鹽州路，備原慶；環渭左廂曰宥州路，備鄜延；麟府右廂曰甘州路，備吐蕃、回紇。宋自熙寧以後，西北邊兵力稍振，而夏緜是衰，然歷遼金之興亡，而夏依然無恙，蓋與宋爲終始，而並亡於元者也。

第八章　元初分省及西北拓地之次第

元之十二中書省

自鐵木眞爲蒙古大汗，始與金合兵征服隣近諸族，又降西夏，平西域百餘國。太宗窩闊台，破高麗，滅女眞，撫有中夏，又入阿羅思，北向屠野烈贊，（蘇聯利森省鄂嘴河右岸）陷莫斯科，（蘇聯舊都利森西北）更南下取幾富，以逼歐洲內地。一軍自馬札兒（今匈牙利）渡禿納河，（今多瑙河）一軍自孛烈兒（今波蘭境）侵細勒西亞，（今普魯士東部之一）歐洲北部諸王，皆爲所挫。憲宗蒙哥，自蜀入滇，伐大理，定吐蕃，平交阯，又發使者招致南洋諸國。世祖忽必烈既有天下，改號曰元，恢張先業，凡滿洲、內外蒙古、中國本部、青海、西藏及中亞細亞，皆其領土，實握蒙古帝國之全權。其地北臨漠北，西入歐洲，東盡遼左，南極海表，東南所至，不下漢唐，而西北則過之。自太祖至世祖，傳四世，凡七十年，而帝國實統馭歐亞：其在亞洲東部，建省十二，中書省一，行中書省十一。中書省統河北山東山西地，謂之腹裏，（領大都等路二十九屬州）

等州八又屬府三屬州九十一（大都路今北平市）行中書省分鎭藩服：曰嶺北，領和寧路漢北諸屯戍皆屬之和寧即和林在蒙古杭愛山之東曰遼陽，領遼陽等路七咸平府一屬州十二遼東西城鎭及高麗之平壤一皆屬之咸平今遼寧省鐵嶺縣曰河南，亦曰河南江北等處行中書省領汴梁等路十二南陽等府七荊門州一屬州三十四自河南至淮東西又湖北之境亦屬之曰陝西，領奉元等路四鳳翔等府五邠州等州二十七屬州十二自陝西以至漢中又甘肅南境四川北境皆屬之奉元今長安縣曰四川，領成都等路九潼川等三府又屬府二州三十六軍一四川及湖廣貴州諸蠻境皆屬之曰甘肅，領甘州等路七山丹等州二州又屬州五曰雲南，領中慶等路三十七仁德等府二又屬府三屬州五十四自雲南接四川西南又東接貴州西境諸蠻皆屬之中慶即今昆明縣曰浙江，領杭州等路三十松江府一州二屬州二十一自兩浙以至江西之湖東又福建境內皆屬之曰江西，領龍興等路十八南豐等州九又屬州十三江西至廣東之境皆屬之龍興即南昌縣曰湖廣，領武昌等路三十歸州等州十三漢陽等府二安撫司十五軍三屬州十七自湖廣至廣西貴州及四川南境皆屬之曰征東，與高麗國同治領府二瀋陽等路高麗軍民總管府耽羅軍民總管府又慶尚等道勸課司使五高麗國境皆屬之而邊境番夷，皆立官分職以馭之，路百八十五，府三十一，州三百五十九，軍四，安撫司十五，縣一千一百二十七云。

都邑考：太祖鐵木眞十五年，定河北諸郡，建都和林。自是五傳皆都此世祖中統初，建開平府，營闕庭於其中，而分立省部於燕京，先是鐵木眞克金中都改曰燕京路而大興府仍舊五年，號開平爲上都。至元初，又稱燕京爲中都，四年，改營中都城，遂定都焉。九年，改中都曰大都，至元五年改開平府曰上都路二十一年改大興府曰大都路自是大都歲嘗巡幸。

西北四大汗國之地

自太祖以來，經略外國，西北諸部皆定。至世祖，一意用兵，東南以定，疆域之廣，伊古莫匹。今就其屬地拓充之次第，識以左表：

時代	所征服之土地
太祖鐵木眞	內外蒙古　滿洲　中國西北部　天山南北兩路　中亞細亞　阿富汗　波斯東半部及高加索附近
太宗窩闊臺	中國中央部　朝鮮　西伯利亞西南部　歐洲東北部
憲宗蒙哥	中國西南部　西藏　交趾　西亞細亞一帶　印度西北小部
世祖忽必烈	中國南半部

世祖初年，蒙古屬土，撫有北亞北部，南亞南部，又橫貫亞陸，遠跨歐洲。而蒙古諸王族，於此帝國內，又各有所領之地，左四部其尤大者也。

一、伊兒汗國　旭烈兀之子孫，君臨於此，阿母河外西亞一帶，皆其所有，以媽拉固阿（今波斯西北境）爲國都。

二、欽察汗國　在伊兒汗之北，東自吉利吉思荒原，西至歐洲匈牙利國境，擧禿納下流地，及高加索以北地，皆列其版圖，拔都之子孫，君臨於此，或名之金黨汗國，以亦的勒（今蘇聯境入裏海西北之窩瓦河）下流之薩來（今之撒柳也在蘇聯之阿斯達拉干境內窩瓦河之左岸）爲國都。

三、察合臺汗國　察合臺之子孫，君臨於此。據錫爾河外天山附近一帶之西遼故土，其國都爲阿力麻里。

四、窩闊臺汗國　窩闊臺之子孫，君臨於此。據阿爾泰山附近之乃滿故土，以也迷里（今塔爾巴哈台之額米里河岸）附近爲根據地。

世祖既經略東南，而其西北忽大變起，卽海都之叛是也。海都與窩闊臺察合臺常不服，以故搆衅四十年，兩汗國因之疲敝，而元亂相繼，國勢亦遂日傾，羣盜四起，朱元璋卽起而墟其社。順帝北走，猶得傳世享國於沙漠以外，今之蘇聯、土耳其東部及印度北境，皆其威令所至之地也，故其遺族，猶振於西方云。

第九章　明之分司及九邊之建置

明代之疆域

明祖奮起淮甸，首定金陵，命將四出，平西漢，（陳友諒）克東吳，（張士誠）取汴洛，除秦（李思齊張思道）晉，（擴廓帖木兒）閩廣隴蜀，次第芟夷，禹跡所掩，盡入版圖。於是建京師一，（南京應天府）布政司十三，（浙江江西福建湖廣山東山西北平河南陝西廣東廣西四川雲南）又於邊圉疆索置行都指揮使司七，（遼東大寧萬全甘肅大同建昌貴州）以安內攘外。東起朝鮮，西接吐蕃，南至安南，北距大磧，東西一萬一千七百五十里，南北一萬九百里。成祖起承大統，北逐亡元，南一交阯，西藩哈密，東靖女眞，聲教之訖，幾於漢唐矣。然而不久卽棄大寧，移東勝；宣宗復廢交阯，失開平，尋棄東勝。英宗而後，九邊殘缺，疆圉日蹙。世宗則棄哈密，并棄河套，西陲益多事矣。所恃內外三關，形勢之險，已不免脣亡齒寒之懼。內外三關者，偏頭、（今山西偏關縣）鴈門、（今山西代縣北）寧武（今山西寧武縣）爲外；居庸、（今河北昌平縣西）紫荊、（今河北易縣西北）倒馬（今河北定縣西北）爲內是也。此邊境形勢之大概也。

都邑考：太祖初入金陵，改曰應天府。洪武元年，詔以開封府爲北京，應天府爲南京。（尋罷北京而應天爲京師）二年，以臨濠府爲中都。（尋改臨濠府爲中立府，七年改曰鳳陽府）太宗永樂元年，建北京於北平府，（七年始改北京爲順天府，時仍以南京爲京師，而巡幸則駐於北京）正統以後，遂以北京爲京師，而南京爲陪都。

兩京十三布政司之制

是時版圖，爲直隸二，承宣布政使司十三，與初制稍異矣。

京師（亦曰北直隸，領順天、保定、河間、眞定、順德、廣平、大名、永平八府，延慶、保安二州）東至遼海，（與山東界）南至東明，（與河南山東界）西至阜平，（與山西界）北至宣府，（外爲邊地）以昌平、通州、易州爲三輔，與薊州、宣府互爲形援，以厚京師藩衛。

南京（亦曰南直隸，領應天、鳳陽、安慶、廬州、淮安、揚州、蘇州、松江、常州、鎮江、徽州、寧國、池州、太平十四府，廣德、和州、滁州、徐州四州）東至海，南至婺源，（與浙江江西界）西至英山，（與河南湖廣界）北至豐沛，（與山東河南界）淮安爲漕運通渠，鳳陽爲陵寢重地，安慶爲陪京上游，蘇松爲邊海襟要，皆特置重臣，申嚴封守。

山東（領濟南、兗州、東昌、青州、登州、萊州六府）東至海，南至鄒城，（與南直界）西至定陶，（與北直河南界）北至無棣。（與北直界）置濟南、（轄濟南府）東兗、（轄東昌兗州二府）海右（轄青登萊三州）三道。又有遼海東寧道，分轄遼東衛所，其臨淸濟寧東平諸州爲漕運咽喉，登萊爲遼東應援，皆重地也。

山西（領太原、平陽、大同、潞安、汾州五府，遼、沁、澤三州）東至正定，（與北直界）西南皆至河，（與陝西河南界）北至大同。（外爲邊界）置冀寧、（轄太原府）河東、（轄平陽府）冀北（轄大同府）冀南（轄潞州汾州府及遼沁澤州）四道。太原控扼關塞，大同限隔漠南，並爲重鎭。

陝西（領西安、鳳翔、漢中、平涼、鞏昌、臨洮、慶陽、延安八府）東至華陰，（與河南界）南至紫陽，（與四川湖廣界）西至肅州，（外爲邊地）北至河套。置關內（轄西安府）關西轄平涼、鳳翔二府關南轄漢中府河西轄慶陽延安二府及寧夏衛隴右轄鞏昌臨洮二府及河洮岷靖四州五道；又有西寧道，分轄甘肅西寧諸衛所。自西安鳳翔漢中而外，皆逼近邊陲，環設重兵，以壯形勢。

河南領開封歸德彰德衛輝懷慶河南南陽汝寧八府汝州一東至永城，與山東南直界南至信陽，與江南湖廣界西至陝州，與山西陝西界北至武安。與北直山西界置大梁、轄開封歸德二府河南、轄河南府及汝州汝南、轄南陽汝寧二府河北轄彰德衛輝懷慶三府四道，居中控外，形勢鞏固。

江西領南昌饒州廣信南康九江建昌撫州臨江吉安瑞州袁州贛州南安十三府東至玉山，與浙江界南至安遠，與福建廣東界西至永寧，與湖廣界北至九江。與江南湖廣界置南昌、轄南昌瑞州二府湖東、轄廣信建昌撫州三府湖西、轄吉安臨江袁州三府九江、轄饒州南康九江三府嶺北轄贛州南安二府五道。南贛接連楚粵閩海，山川深險，特設重臣鎮之。兼督南贛雄韶惠潮郴桂諸州郡而九江控帶大江，遙對安慶，亦爲中流重鎮。

湖廣領武昌承天漢陽黃州德安襄陽鄖陽荊州岳州長沙常德衡州永州寶慶辰州十五府郴州靖州二州東至蘄州，與江南江西界南至九疑，與廣東廣西界西至施州，與四川貴州界北至均州。與河南陝西界置武昌、轄武昌漢陽黃州三府荊西、轄安陸德安二府上荊南、轄荊州岳州二府及施南諸衛下荊南、轄襄陽鄖陽二府湖北、轄常德辰州二府及靖州又永順保靖宣慰司上湖南、轄衡永二府及郴州下湖南轄長沙寶慶二府七道。鄖陽山川糾結，連接秦豫，辰州密邇川貴，蠻獠紛錯，皆設重臣鎮之。

四川領成都保寧順慶重慶夔州敘州龍安馬湖八府潼川嘉定眉州雅州邛州瀘州六州及烏蒙軍民等府東至巫山，與湖廣界南至烏撒東川，與雲南界西至威茂，與西番界北至廣元。與陝西界置川西、轄成都龍安府及松潘疊溪二衛川北、轄保寧順慶二府及潼川州川東、轄重慶夔州二府川南、轄敘州馬湖二府鎮雄東川遵義軍民府及嘉定眉瀘邛四州永甯等州上川南轄雅州及建昌行都司黎州天全等司五道。松茂控扼土番，建昌限制番族，皆爲西偏襟要。

浙江領杭州嘉興湖州寧波紹興台州溫州金華衢州嚴州處州十一府東至海，南至平陽，與福建界西至開化，與江西界北至太湖。與江西界置杭嚴、轄杭嚴二府嘉湖、（轄嘉湖二府）寧紹、（轄寧紹二府）金衢、（轄金衢二府）溫處（轄溫處二府）五道。其濱海諸郡，南連閩廣，控禦島夷，防維並重。

福建（領福州興化泉州延平建寧邵武汀州漳州八府福寧州一）東至海，南至詔安，（與廣東界）西至汀州，（與江西界）北至嶺。（與浙江界）置福寧、（轄福州興化泉州三府及福寧州）武平、（轄邵武延平二府）建寧、（轄建寧府）漳南（轄汀州漳州二府）四道。

廣東（領廣州肇慶韶州南雄惠州潮州高州雷州廉州瓊州十府羅定州一）東至潮州，（與福建界）南至瓊海，西至欽州，（與廣西界）北至五嶺。（與江西界）置嶺南、（轄廣州南雄韶州三府）嶺東、（轄惠州潮州二府）嶺西、（轄肇慶高州二府）海北、（轄廉州雷州二府）海南（轄瓊州府）五道。

廣西（領桂林平樂梧州潯州南寧柳州慶遠七府及羈縻諸府）東至梧州，（與廣東界）南至博白，（與廣東界）西至太平，（與雲南界）北至懷遠。（與湖廣貴州界）置桂平、（轄桂林平樂二府）蒼梧、（轄梧州府）左江、（轄南寧潯州二府及太平羈縻府）右江（轄柳州慶遠二府思明鎮安二羈縻府及思恩羈縻州一）四道。南寧鎮撫南蠻，龍州控扼交阯，為守禦要地。

雲南（領雲南大理臨安澂江楚雄五府及軍民羈縻等府）東至順州，（與廣西界）南至木邦，（與交阯界）西至干崖，（與西番界）北至永寧。（與四川界）置安普、（轄雲南府及曲靖軍民府尋甸羈縻府）臨元、（轄澂江臨安二府及廣南廣西二羈縻府元江羈縻軍民府）洱海、（轄楚雄府及姚安武定二軍民府景東鎮沅二羈縻府）金滄（轄大理府及永昌鶴慶麗江三軍民府順慶永寧蒙化三羈縻府又瀾滄衛等）四道。臨安南出交阯，永昌鎮攝羣蠻，皆為要地。

貴州（領貴陽鎮遠黎平都勻思州思南銅仁石阡八府及羈縻軍民等府州）東至黎平，（與湖廣界）南至鎮寧，（與廣西雲南界）西至普安，（與雲南四川界）北至銅仁。（與四川湖廣界）置貴寧、（轄貴陽府及貴州宣慰司）威清、（轄安順軍民府鎮寧永寧普安三羈縻州及威清諸衛）都清、（轄鎮遠黎平都勻三府又平越軍民府）思石（轄思州思南銅仁石阡四府）四道。鎮遠扼辰沅上游，安順當滇蜀衝劇，為南疆通道。

九邊之形勢

綜兩京十三司分統之府百有四十，州百九十三，縣千一百三十八，羈縻府十九，州四十七，縣六。其分隸於兩京都督府者，則有都指揮使司十六，（萬全遼東大寧凡三又十三布政司各設都司一按大寧衛徙保定）行都司五，（山西大同陝西甘肅四川建昌湖廣鄖陽福建建寧）留守司二，（中都留守司駐鳳陽興都留守司駐承天）所屬衛四百九十三，其夷官爲宣慰宣撫長官等司者又百數十焉。

其邊陲要地稱重鎭者凡九，皆分統衛所，關堡環列，兵戎所謂九邊是也。皆起於中葉以後，試述形勢於左：

遼東　明初置定遼衛，尋改遼東都司。永樂七年，遼陽（奉天府屬州）開元（奉天府屬縣）設安樂自在二所，以處內附夷人。其外附者，東北則建毛憐女眞，（今吉林黑龍江）西北則朶顏泰寧福餘也。（見前）地爲燕京左臂，山海關限隔內外，以寧遠一綫，（遼東巡撫駐此今遼寧錦縣）通遼之咽喉，而開元當東北絕塞，遼陽扼海陸衝途，並爲重地。

薊州　當大寧未徹，外山連緜，與遼東宣府並爲外邊時，又於古北口至山海關增修邊阨爲內邊。自永樂棄大寧而朶顏日盛，始以薊州爲重鎭，止守內邊。然宣遼聲援既絕，內地之藩垣薄矣。

宣府　初，開平（見前）興和（今察哈爾萬全縣東北野狐嶺外）爲宣府外障，自大寧陷而興和廢，開平遂失援難守。宣德中，置衛獨石，（今獨石口）蓋棄地三百餘里，而宣府獨重矣。內固三關，（見前）外倚獨石，山川糾紛，地險而狹，號稱易守。

大同　川原平衍，初嘗設大同府以封代王，地分東中西三路，北設二邊，拱衛鎭城。而平虜（城名今山西平魯縣）西連老營堡，與偏關近，套寇纔出，即涉其境，尤稱重地。

太原　外倚大同爲藩蔽，內倚三關爲屛翰，自棄東勝，又棄河套，故偏頭寧武雁門三關，特稱重鎭，亦稱外三關。寧武居二關中，當東西要路，外接八角堡，（山西神池縣北）內固岢嵐州，設重臣調度之。

榆林　舊治在綏德，（今陝西綏德縣）棄米脂（今陝西米脂縣）魚河堡（名陝西榆林縣南）於外，蓋三百里，故外警時聞。成化中，尤都御史余子俊議，修築邊牆，徙鎮榆林，咽喉既據，內地遂安。其地逼近河套，雖有邊牆，綿長難守。

寧夏　初設府，旋改衞，賀蘭山環其西北，黃河衿其東南，內有漢唐二渠，引水灌田，足稱富庶，而靈州北臨套寇，西控大河，又寧夏之咽喉，固原之門戶。

固原　成化前，套寇未熾，但以陝西巡撫總兵提鎮此邊。宏治中，火篩入掠之後，遂為衝要。蘭州靖虜（今甘肅靖遠縣）二衞，實為固原要害地，濱河，冰合則寇至，故有冬防。

甘肅　自河外一綫之路，直抵嘉峪，為西域門戶，有涼州甘州肅州諸衞。建嘉峪關於肅州，（城西六十里）以為藩屏，關外羈縻六鎮，即哈密、（新疆哈密縣）赤金、（今甘肅玉門縣）安定、（甘肅敦煌縣南）罕東、（敦煌縣東南）曲先、（甘肅安定縣西）沙州（今甘肅安西縣）等衞是也。後皆為吐蕃所陷，西境形勢益弱矣。

第十章　清代一統之制

清初盛時之疆域

自清收朝鮮，遼東緣海，無牽掣之虞；自清收內蒙古，長城以北，無中梗之患；於是得以全力攻明。世祖入關，奠鼎燕京，在位十八年，與兵事相終始。是時聲教所暨，北起漠南，南越嶺表，東盡海東，西達西藏。康熙初元，遂有十八行省，分建內地。自升遼瀋爲陪都，以黑龍江吉林爲左右夾輔，於是乎有東三省，合本部十八省，爲二十一行省。直隸山陝邊外，則內蒙首先歸附，其後準部之亂，外蒙喀爾喀亦已內屬。又開臺灣列郡縣。乾隆中，準地蕩平，回藏次第受命，新疆布置規模略具，苗疆既闢，金川授首，分西南之限，亦越後印度交趾而過之。茲舉全盛時代之幅員，以見梗概：東瀕黃海南盡瓊崖，北走外興安嶺，西循葱嶺，下青海藏衞，南北長五千四百里，東西廣八千八百里。至同治末，新疆始改流，爲二十二行省。北限長城以內，西並天山，東濱東海，南與安南暹羅毗境，長約四千四百里，廣約四千六百里；外此外藩屬地，曰內外蒙古，曰西藏，曰青海；又外此朝貢被保護國，曰朝鮮，曰緬甸，曰安南，曰暹羅。綜攬全局地勢：昆侖東走，爲南北兩幹，其谷則江河流域也；天山北走東折，爲阿爾泰山外興安嶺，中亙沙漠，綿長至七千五百餘里。海陸相抱，重門疊戶，山脈水源，悉歸掌握，亞洲險要，中國實盡有之，誠所謂金甌無缺者也。

道咸以來之疆域

道咸而後，西力東漸，英據印度緬甸，法據安南，凡西藏滇粵邊荒諸地，亦時有侵損；而日又占朝鮮，從前屬國，喪失殆盡。其北徼與俄毗連，所失尤多：康熙間，會議界址，一循大興安嶺以至於海，山南流入黑龍江之溪河盡屬中國，山北屬俄；一循額爾古納河爲界，南岸盡屬中國，北岸屬俄。以雅克薩尼布楚二城歸我，立石黑龍江畔，於是東北數千里不毛之地，悉隸版圖，而額爾古納河訛爲黑龍江，亦失地不下數百里。咸豐八年，復棄黑龍江以外之地；十年，又割烏蘇里江以東與之。自是南起琿春，（屬吉林省）順烏蘇里江，逕松花江，溯黑龍江而上至額爾古納河口，爲今中蘇交界所在，蓋棄地又二千餘里。其西北一路，初包有齋桑泊及特穆爾圖泊諸境，同光間，一再割讓，至光緒八年，伊犂界約定，以霍爾果斯河爲界，西境日蹙矣。又瀕海要隘，香港界英，臺灣界日，青島威海旅順相繼淪棄，蓋前後五十年間，而疆宇所失如此，國勢遂一蹶而不復振矣。

幽燕僻處東陲，自漢以後，亦第以偏方視之。遼金南牧，始置行都，已而金主亮遂定居焉。自元至清，因而仍之，以河北一隅之地，而中原受控御者，垂七百餘年。金元與清，本起塞外，明之成祖，亦以燕藩受命，其所憑藉然也。且以元明兩代之經營，會運河一綫，聯貫南北，成袤長七千餘里之大運河，而資其輓輸，此尤世界所驚歎者也。夫燕都之地，以遼左雲中爲夾輔，以漠南爲外障，而後俯瞰中原，有鞭策萬里之勢，明人切切焉爲北顧之慮，知其所重而不知其所守，捐大寧，棄開平，委東勝於榛蕪，視遼左如秦越，師旅奔命，內外相傾，遂乃勢成孤注，亡不旋踵，可謂失計！夫明之往事已如此，則夫爲根本計者當何如哉！乃清卒以漢陽一役遜位。民國至十七年遷都南京。夫江寧逼近海陬，當亦環衛控制之地也夫。

二十二行省分隸府廳州表 舊制二十二省，光緒十年，以福建省屬之臺灣府改建行省，不數年卒棄於日，今不著。

	府	
京師	順天	
直隸	保定	天津
山東	濟南	泰安
山西	太原	平陽
河南	開封	河南
江蘇	江寧	蘇州
安徽	安慶	徽州
江西	南昌	饒州
浙江	杭州	嘉興
福建	福州	興化
湖北	武昌	漢陽
湖南	長沙	岳州
陝西	西安	同州
甘肅	蘭州	平涼
新疆	迪化	伊犂
四川	成都	寧遠
廣東	廣州	韶州
廣西	桂林	平樂
雲南	雲南	大理
貴州	貴陽	思州
奉天	奉天	錦州
吉林	吉林	新城
黑龍江	龍江	嫩江

名																						
	河間	武定	滁州	南陽	鎮江	寧國	廣信	湖州	泉州	安陸	寶慶	鳳翔	鞏昌	焉耆	保寧	惠州	梧州	楚雄	思南	新民	五常	海倫
	正定	東昌	潞安	汝寧	常州	池州	南康	寧波	漳州	德安	衡州	漢中	慶陽	溫宿	順慶	潮州	潯州	臨安	鎮遠	昌圖	延吉	綏化
	順德	兗州	澤州	陳州	松江	太平	九江	紹興	汀州	黃州	永州	興安	寧夏	疏勒	敘州	肇慶	柳州	澂江	銅仁	洮南	寧安	呼蘭
	廣平	沂州	汾州	歸德	揚州	廬州	建昌	台州	邵武	襄陽	沅州	延安	西寧	莎車	重慶	高州	慶遠	廣南	石阡	興京	長春	佛山
	大名	曹州	寧武	彰德	淮安	鳳陽	撫州	金華	延平	鄖陽	辰州	榆林	涼州		夔州	廉州	思恩	開化	都勻	海龍	雙城	滿珠
	永平	登州	大同	衛輝	徐州	潁州	臨江	衢州	建寧	荊州	常德		甘州		綏定	雷州	南寧	曲靖	黎平	長白	賓州	黑河
	承德	萊州	朔平	懷慶			瑞州	嚴州	福寧	宜昌	永順				龍安	瓊州	太平	東川	興義		依蘭	臚濱
	朝陽	青州					袁州	溫州		施南					潼川		鎮安	昭通	安順		臨江	
	宣化						吉安	處州							嘉定		泗城	麗江	大定		密山	
							贛州								雅州			順寧	遵義			
							南安											普洱				
																		永昌				
直隸 東路				淅川	海門			定海		鶴峯	晃州		化平	哈密	敘永	連山	上思	蒙化	松桃	營口	榆樹	訥河
直隸 南路											鳳凰			鎮西	石柱	陽江	百色	景東	仁懷	鳳凰		布西
直隸 西路											乾州			吐魯番	松潘	佛岡		鎮沅	普安			甘南
直隸 北路											永綏			庫爾喀什烏蘇	打箭爐	赤溪		鎮邊				武興

廳名					直隸州名								
					遵化	易	定	深	冀	趙			
					濟寧	臨清	膠						
					霍	隰	絳	遼	沁	平定	代	忻	保德
					鄭	陝	汝	許	光				
					太倉	通	海						
					滁	和	泗	六安	廣德				
					寧都								
					永春	龍巖							
					荊門								
南州					澧	靖	郴	桂陽					
					商	乾	邠	鄜	綏德				
					固原	涇	秦	階	肅	安西			
塔城	精河	烏什	英吉沙爾		庫車								
					資	綿	茂	眉	邛	瀘	忠	酉陽	
南澳					連	南雄	嘉應	羅定	欽	崖州			
					鬱林	歸順							
永北	武定				武定	元江	廣西						
					平越								
					伊通								
蘿北	漠河　烏雲	車陸　春源	室韋　舒都	璦琿　呼瑪									

右表一京尹，二十二省，有府二百二，直隸廳四十七，直隸州七十，此外則散廳五十二，散州百四十九，縣

一千二百九十二，此其大略也。

蒙古西蕃分部表

其舊藩蒙古，自奉天西境，南包直隸山陝之邊，至河套止，凡六盟二十五部，附以察哈爾，統曰內蒙古。後於察哈爾建口北三廳；歸化城土默特及烏喇忒部，則建歸綏道十廳；而直隸之承德朝陽，奉天之新民昌圖洮南，吉林之吉林等府，皆錯入東四盟各部者也。自瀚海以北喀爾喀四部，附以烏梁海，統曰外蒙古，其散在甘肅西北兩邊及科布多伊犂等處者，是爲額魯特。蒙古自河套以西，凡二部，金山左右凡七部，伊犂青海各五部，凡新疆之伊犂府、庫爾喀喇烏蘇廳、精河廳、塔城廳及焉耆府西北境，皆伊犂額魯特五旗游牧之地也。故合西北藩蒙古實爲三大總部，附以西藏四部，都爲七類，列表左方：

- 東四盟
  - 哲里木盟
    - 科爾沁六旗
    - 札賚特一旗
    - 杜爾伯一旗
    - 郭爾多斯二旗
  - 卓索圖盟
    - 喀喇沁三旗
    - 土默特三旗
  - 昭烏達盟
    - 敖漢一旗
    - 奈曼一旗
    - 巴林二旗
    - 札魯特二旗
    - 阿魯科爾沁一旗
    - 翁牛特二旗
    - 克什克騰一旗
    - 喀爾喀左翼一旗

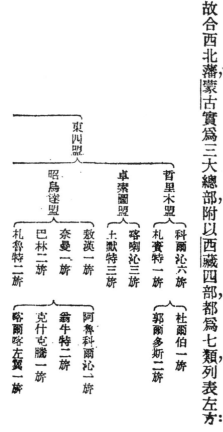

- (甲)內蒙古
  - 錫林郭勒盟
    - 烏珠穆沁二旗
    - 浩齊特二旗
    - 蘇尼特二旗
    - 阿巴噶二旗
    - 阿巴噶納爾二旗
  - 西二盟
    - 烏蘭察布盟
      - 四子一旗
      - 茂明安一旗
      - 烏喇特三旗
      - 喀爾喀右翼一旗
    - 伊克昭盟——鄂爾多斯七旗
- (乙)外蒙古
  - 察哈爾八旗
  - 歸化城土默特二旗
  - 喀魯倫巴爾和屯盟——車臣汗二十三旗
  - 汗阿林盟——土謝圖汗二十旗
  - 齊齊爾里克盟——賽音諾顏二十四旗
  - 札克必剌色欽畢都哩雅諾爾盟——札薩克圖汗十九旗
  - 唐努山烏梁海
  - 阿爾泰烏梁海
- (丙)河西額魯特
  - 阿拉善一旗
  - 額濟納一旗
  - 賽音濟雅哈圖盟——杜爾伯特十四旗——輝特二旗

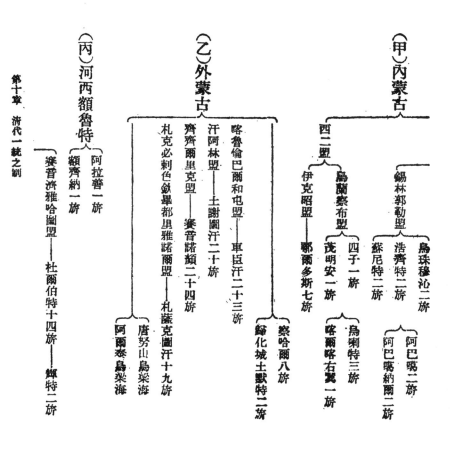

(丁)金山額魯特
- 青色特啓勒圖盟——新土爾扈特二旗
- 新和碩特一旗
- 明阿特一旗
- 札哈沁一旗
- 額魯特一旗

(戊)伊犁額魯特
- 烏訥恩素珠克圖盟
  - 南路舊土爾扈特四旗
  - 北路舊土爾扈特三旗
  - 東路舊土爾扈特二旗
  - 西路舊土爾扈特一旗
- 巴啓色特啓勒圖盟——中路和碩特三旗

(己)青海額魯特
- 和碩特二十一旗
- 喀爾喀一旗
- 綽羅斯二旗
- 輝特一旗
- 土爾扈特四旗

(庚)西藏
- 康(亦曰喀木)
- 衛(即前藏)
- 藏(即後藏亦曰喀齊)
- 阿里

中國通史 卷三

食貨編

敍言

財者，一國命脈之所關也。上而政治之安和，邦基之鞏固；下而物貨之充足，民族之交通，皆於是乎賴。不能取我之所有而議損議益也；亦不能取天下之所無而議節議生也。其道在於澹其性而樂其所親，故君民共裕之藏，由本計端而後末務約；國家無事之福，由民生厚而後邦教興。其間領挈人官，化裁物曲，節宣天地，消息陰陽，雖資於天下人所共任之羣力，而亦在乎司命者不自私之一心，故猶是天下耳。而能日見其不足，卽常有餘；苟唯日用其有餘，卽常不足。此財用盈絀之數，國勢存亡所繫也。古者取民，祗此粟米、布縷、力役數端，自鹽鐵行於齊，酒酤行於漢，茶榷行於唐，而盛於宋。此外操計虛實以益國用者，則又有所謂平準均輸之法。自宋以降，取民無制，名目繁多，蠲租之令下有鼠穴者焉，勸農之使出有侵漁者焉，常平之制設有撲滿者焉，其得失利弊，可得而詳矣。故綜述「國用」。人者，力之所出；穀者，人之司命；地者，穀之所生。辨地則民食足，有穀則國計裕，察人則徭役均。吾國以農立國，其賦役之制，黎民之數，與夫水利之興廢，糴糶之損益，亦昭然可見矣，故次紀「農政」。錢者泉也，如水之行地，非唯上下之相通，抑亦盈虧之相乘也。其權衡輕重，子母相生，合於道所自然之符者，用銀用鈔，因時制宜，亦與時爲變，故又次紀「錢幣。」建都所在，萬方輻湊，倉儲旣稟，仰食外方，而江淮河海，交通之利，往往以啓，故終紀「漕運。」綜是四者，述其梗概，亦古今財政得失之林也。輯「食貨編。」

國用一

第一章　田野山澤之利

自來有貧國，決無貧天地，有匱財，決無匱政事。蓋古聖王之治國，必先利民，欲用民必先養民，務使無曠土，無游民；夫而後上下相安，國乃無不治；況中國土地饒沃，其自然生殖之利，凡百穀之豐殖，五金之寶藏，取不禁而用不竭者乎？故夫操上之所重以令民，而使民咸恃我以爲命，不若卽視民之所重，藏之一國，而我與民交相倚爲命，其所以然者何也？一但汲其流，一能濬其源也。茲刺取史中所紀九州物產水土之宜，揚榷而陳之，亦言國用者之所注意乎。

吾國所產之物品，上古初無專書，尚書禹貢爾雅釋地周官職方與夫史記貨殖傳皆分紀生產之所宜，第詳略有不同耳。茲述其大凡如左。

禹貢誌物產

堯遭洪水，天下分絕，使禹平水土，別九州。冀州厥土白壤，（柔土也）厥賦惟上上、錯，（上上第一，錯雜出第二等）厥田惟中中；

（田之高下肥瘠於九州中居第五賦所以高田四等者因冀州物產豐饒故也）兗州桑土既蠶，厥土黑墳，（土脈墳起）厥田中下，（第六）厥賦貞，（貞正也居第九不言下下而曰貞言君天下者當以薄賦為正也）厥貢漆絲，厥篚織文；（篚竹器織文綾羅之屬）青州厥土白墳，厥田上下，（第三）厥賦中上，（第四）厥貢鹽絺，（細葛）海物惟錯，岱畎（谷也）絲枲，（麻也）鉛松怪石，厥篚檿（山桑）絲；徐州厥土赤埴墳，（埴膩也）厥田上中，（第二）厥賦中中，（第五）厥貢惟土五色，羽畎夏翟，（雉也）嶧陽孤桐，泗濱浮磬，（石露水濱若浮而可以為磬者）淮夷蠙珠（蠙蚌也蚌出珠）暨魚，（鮑乾之魚）厥篚玄纖縞；（玄黑繒纖黑經白緯之繒）揚州厥土塗泥，厥田下下，（第九）厥賦下上上錯，（第七雜出第六）厥貢惟金三品，（金銀銅）瑤、（玉之次者）琨、（石之美者）篠、（箭竹）簜，（大竹）齒、革、羽、毛惟木，厥篚織貝，（錦名）厥包橘柚（小橘大柚）錫貢；（必待錫命而後貢也）荊州厥土塗泥，厥田下中，（第八）厥賦上下，（第三）厥貢羽、毛、齒、革，惟金三品，杶、榦、（杶木似樗可為弓幹）栝、柏、（柏葉松身）礪、砥、（皆磨石砥細於礪）砮、（中矢鏃之用）丹，（丹砂）惟箘簵、（竹之堅勁者）楛，（中矢幹之用）包匭（匣也）菁茅，（有刺而三脊）厥篚玄纁（玄染黑六入者纁染絳三入者）璣（珠類）組，（綬類）九江納錫大龜；（長尺二寸）豫州厥土惟壤，（不晉色者其色雜也）下土墳壚，（疏散者）厥田中上，（第四）厥賦錯上中，（第二雜出第一者）厥貢漆、枲、絺、紵，（紵麻屬織成布謂之紵布）錫貢磬錯；（治磬之錯）梁州厥土青黎，厥田下上，（第七）厥賦下中三錯，（第八雜出第七第九）厥貢璆、（玉磬）鐵、（柔鐵）銀、鏤、（剛鐵）砮、磬、熊、羆、狐、狸、織皮；雍州厥土黃壤，厥田上上，（第一）厥賦中下，（第六）厥貢惟球琳、（美玉）琅玕。（石似珠者）而終之曰：「庶土交正，底慎財賦，咸則三壤，成賦中邦。」此任土作貢之意也。

爾雅誌物產

爾雅釋地，備列十藪、八陵、五方、四極，唯九府分紀所產之物：「東方之美者，有醫無閭之珣玗琪焉；（醫無閭山名在遼東珣玗琪玉屬）東南之美者，有會稽之竹箭焉；（會稽山名山陰縣南竹箭篠也）南方之美者，有梁山之犀象焉；（犀牛皮角象牙骨）西南之美者，有華山之金石焉；（黃金璠石之屬）西方之美者，有霍山之多珠玉焉；（霍山在山西霍縣東南三十里高七千二百尺盤踞二百里珠如今雜珠而精好者）西北之美者，有崑崙虛之璆琳琅玕焉；（璆琳美玉名琅玕狀似珠也山海經曰崑崙山有琅玕樹）北方之美者，有幽都之筋角焉；（幽都山名謂多野牛筋角）東北之美者，有斥山之文皮焉；（虎豹之屬皮有縟綵者）中有岱岳，與其五穀魚鹽生焉。」（言泰山有魚鹽之饒）此其大較也。所載雖不甚詳，而虞夏以來，耳目欲極聲色之好，口欲窮芻豢之味，俗漸民久，亦見貨殖之不能已焉。

周禮誌物產

周禮太宰九職之法，一曰三農生九穀，二曰園圃，毓草木，三曰虞衡，作山澤之材。如遂人經田野，遂師巡稼穡，即所以生九穀也。大司徒辨十有二壤之物，（管子地員一篇說九州之土上土中土下土各三十物各別其土之形狀與種所宜文與此實相表裏）草人土化辟剛赤緹之等，爲皁物，（柞栗之屬）爲膏物，（楊柳之屬理致且白如膏鄭謂膏當爲櫜字之誤）爲覈物，（李梅之屬）爲筴物，（薺莢王棘之屬）爲叢物，（萑葦之屬）皆因其宜以遂其性，即所以毓草木也。至地官之屬，則有山虞令萬民以時斬材，澤虞頒其餘於萬民，曰獵者得以受迹人之令，取金石玉錫者得以受丱人之圖。羽翮齒角之物，皆山澤之農所得，取絺綌草貢之材，皆山澤之農所得爲；以至染草灰炭疏材互蠱之物，皆山澤之民所得有也。此所謂與民共財也。既而太宰又以九賦斂財賄，自以地征爲正供，而八曰山澤之賦，則是民不得擅也。至地官之屬，山虞則掌山林而爲守禁，林衡則掌巡林麓之禁令，以時計林麓而賞罰之；澤虞則掌國澤而爲厲禁，川衡則掌巡川澤之禁令，以時執犯禁者而誅罰之；迹人則掌邦田之地，爲厲禁而守之；丱人則掌金石之地，爲厲禁而守之；齒角羽翮以當邦賦，則角人羽人斂之；絺紵草材以當邦賦，則掌葛斂之；以至掌炭掌染草掌茶掌蜃之屬，無不以時而徵其物也。此之謂禁民趨利。蓋古者鄉遂之民皆爲農，農皆受田，田皆出賦，獨爲山澤之民，不專資田畝之業以爲生，往往資山澤之利以爲業，利多而民必競，末重而農必輕，故先王既許之以共財，而必禁之，使不至於趨利以逐末，此所以無曠土無游民歟！

貨殖傳誌地利

太史公之傳貨殖也，覽社會風土之情狀，詳其利害，明其得失，蓋深知人事進化之原，有賴於此。茲備述其要而錄之。夫山西（華山以西）饒材竹穀（木名可爲紙）纑（紵屬）旄（犛屬）玉石，山東（華山以東）多魚鹽漆絲聲色，江南出薑桂枏梓金錫連（鉛之未鍊者）丹砂犀瑇瑁珠璣齒革，龍門（山西河津縣）碣石（河北盧龍縣）北，多馬牛羊旃裘筋角，銅鐵則往往山出棋置，此其大較也。是故關中自汧雍（陝西鳳翔縣境）以東至河華（黃河華山），膏壤沃野千里，其民好稼穡，殖五穀。南則巴蜀，亦沃野地，饒巵（紫赤色也）薑丹砂石銅鐵（邛都出銅臨邛出鐵）竹木之器，南御滇僰，僰僮，西近邛笮，笮馬旄牛，然四塞棧道千里，無所不通，惟褒斜（褒斜道陝西南鄭縣）綰轂其口，以所多易所鮮，天水隴西（甘肅隴西臨洮等縣境）北地上郡，（陝西膚施甘肅慶陽及寧夏諸縣及共北境）西有羌中之利，北有戎翟之富，畜牧爲天下饒。然地亦窮險，唯京師（指長安）要其道，關中之地，於天下三分之一，而人衆不過什三，然量其富，什居其六。三河（河東河內河南）在天下之中，若鼎足，王者所更居也，（唐氏都河東殷都河內周都河南）土地狹小，民人衆，都國諸侯所聚會，故其俗纖儉習事。洛陽南有潁川（河南禹縣）南陽，（河南南陽縣）夏人之所居也。西通關中，東南與楚接，俗雜好事，業多賈。代北地邊胡，數被寇，不事農商，然迫近北夷，師旅亟往，中國委輸，時有奇羨。燕，勃碣間一都會也，有魚鹽棗栗之饒，北隣烏桓夫餘，東綰穢貉朝鮮眞番之利，其南則齊地，帶山海，膏壤千里，宜桑麻，人民多文綵布帛魚鹽。夫自鴻溝（河南滎陽縣）以東，芒（河南永城縣）碭（江蘇碭山縣）以北，屬巨野，（山東鉅野縣）此梁宋也，民勤稼穡，雖無山川之饒，能惡衣食，致其畜藏。自淮北沛（江蘇沛縣）陳（河南淮陽縣）、汝南（河南汝南縣）南郡，（湖北江陵縣）此西楚也，地薄，寡於積聚。江陵故郢都，西通巫巴，東有雲夢之饒。陳在楚夏之交，通魚鹽之貨，其民多賈。彭城（江蘇銅山縣）以東，東海（江蘇東海縣）吳（江蘇吳縣）廣陵，（江蘇江都縣）此東楚也，吳乃爲大都，東有海鹽之饒，章山之銅，三江五湖之利。衡山、（湖北黃岡縣）九江、（安徽壽縣）豫章、長沙，此南楚也，而合肥（安徽合肥縣）受南北潮，皮革鮑木輸會也，江南卑溼，多竹木，豫章出黃金，長沙出連錫。五嶺以南番禺，（廣東番禺縣）亦一都會也，珠璣犀瑇瑁果布之湊。

夫楚越地廣人希，飯稻羹魚，或火耕而水耨，果蓏蠃蛤，不待賈而足。地勢饒食，無飢饉之患，以是呰（弱也）窳（病也）偷生，無積聚而多貧。是故江淮以南，無凍餓之人，亦無千金之家，沂泗水以北，宜五穀桑麻六畜，地小人衆，數被水旱之害，民好畜藏，故秦夏梁魯，好農而重民。三河宛陳亦然，加以商賈。齊趙設智巧，仰機利。燕代田畜而事蠶。故曰，陸地牧馬二百蹄，（五十匹）水居千石魚陂，（魚以斤兩爲計）山居千章之材，安邑千樹棗，燕秦千樹栗，蜀漢江陵千樹橘，淮北常山以南河濟之間千樹萩，（梓木可爲轅）陳夏千樹漆，齊魯千畝桑麻，渭川千畝竹，及名國萬家之城，帶郭千畝，畝鍾（六斛四斗）之田，若千畝卮茜，（茜倩其花染繒赤黃色）千畦薑韭，此其人皆與千戶侯等，素封自殖，衣食之欲，恣所好美矣。

南北生計之消長

以上紀夏商周漢之財賦、地產、人工、區域之比較，可從而知也。季漢嗣統，魏丕吳權四十餘年，農政漸廢，後改爲晉，黃河大江兩流域，其局一變。荆揚塗泥，至今稱神州奧區焉。貨殖一傳，總論江淮沂泗之間民俗風氣，卽具有沃土之民不材，瘠土之民莫不向義，却有經濟原理寓於其間。班氏斥其崇勢利，羞貧賤，是拘墟之見也。抑知貨殖者亦勞民勸相之一端哉！

物產之種類區域

我國地大物博，膏腴之壤，數千萬里，洋洋乎！金以銑之，木以幹之，土以敦之，火烜風撓水褭以蒸化之。脈脈門門，所至皆贏，名目不能詳列；而其大利之所在，除農桑外，而爲人生宜注意者，有四焉：曰鹽，曰茶，曰木棉，曰坑治。試述其種類，與其出產之區域於左。

鹽產略

洪範：初一曰五行，一曰水，水曰潤下作鹹。水周流於天地之間，潤下之性，無所不在，其味作鹹，亦無所不在，故種類名目甚多：有刮於地而得者，其味苦，謂之苦鹽；有熬其波而出者，其鹽散，謂之散鹽；有風其水而成者，其味甘，謂之飴鹽；有積鹵而結者，其形似虎，謂之形鹽。此鹽之名不同也。至產鹽之區域：中國緣邊海以南，訖於閩廣，是曰海鹽；黃河自靑海至甘肅，繞邊外以入內地，一曲一產鹽，而其最著者，爲花馬（今寧夏省鹽池縣）解池，（山西安邑縣）是曰池鹽；蜀滇山谷之民，相地鑿泉，深可數十丈，機抽綆汲，是曰井鹽；太行以東，黃河以北，唐宋之際，有所謂鹵地者，往往隨地出鹽，而永康軍（四川灌縣）之鹽，獨出於巖，則山實產之。今形飴兩種不盡可考，大要散鹽多出於煎，苦鹽多出於晒，井鹽待煎而成者也，（四川井鹽亦有散顆二種，散曰花鹽，顆曰巴鹽）海則有煎有晒，惟池鹽則以種列地治畦，決池水灌其間，得南風水化而鹽熟；歲多霖雨，風不南，則敗。此周官所謂鹽，唯解州有之。此鹽產之大略也。

茶產略

三代上無茶字。升庵云荼卽茶也。吳志：韋曜不能飲，侍孫皓，飲以茶荈代酒。茶一名荈，蜀人名之苦茶，晏子春秋：三戈五卵，茗茶而已。顧亭林謂自秦人取蜀，而後始有茗飲之字。今呼早采者爲茶，晚取者爲茗。王褒僮約曰：陽武買茶，此爲茶見經傳之始。（近人謂荼字減一畫爲茶，實始於唐，誤也。）唐書陸羽傳：羽嗜茶，著經三篇，言茶之原法甚備；至常伯熊復廣著茶之功，繇是嗜茶成爲風尙。唐之榷茶，卽起於此。趙贊始之，張滂行之，逮王播則增稅，逮王涯有榷法。迄宋，於江陵淮南官爲場置吏以榷之，國家因以爲財賦之源焉。宋史食貨志言茶有二類，曰片曰散，片茶蒸造，實捲模中串之，唯劍建（南劍州建州並屬福建）則旣蒸而研，編竹爲格，置焙室中，最爲精潔，他處不能造。有龍鳳、石乳、白乳之類十二等，以充歲貢及邦國之用。其出虔、袁、饒、池、光、歙、岳、辰、澧州、江陵府、興國、臨江軍，有仙芝、玉津、先春、綠芽之類二十六等。兩浙及宣江鼎州，又以上中下或第一至第五爲號。散茶出淮南歸州江南荊湖，有龍溪、雨前、雨後之類十一等，江浙又有以上中下或第一至第五爲號者。明茶建寧所貢，且有探春、先春、次春、紫筍及薦新等號，此茶產之大略也。

木棉產略

禹貢：揚州之貢，厥篚織貝。傳云：木棉之精好者，謂之吉貝。孟康漢書注曰：閩人以棉花爲吉貝。通雅云：吉貝、木棉樹也。是則夏之織貝，卽今草花布。南史林邑傳：吉貝花如鵝毳，抽其緒，紡之作布，與紵布不殊，亦染成五色，織爲班布。左思蜀都賦：市有橦華。注曰：樹花垂毳，可績爲布。木棉布亦名南布，又名桂布，又名白疊布，蓋其種甚繁，其名各異也。邱文莊謂元時始入中國，蓋唐宋時惟交廣有其種織諸法，中土人俱未諳。謝枋得詩云：嘉樹種木棉，天何厚八閩。陶九成輟耕錄謂松江本無木棉，覓種於閩廣，初無紡車竹弓之制，有岩州黃道婆教之，遂大獲其利。松江有木棉，實元始也。王楨木棉圖譜，以爲產自海南，至南北混一之後，商販於此服被漸廣。合觀諸說，先傳於粵，繼傳於閩，後至江南，而江南又始於松江耳。元至元間，置浙東江東江西湖廣福建木棉提舉司，令民歲輸木棉布十萬疋。明史食貨志：太祖立國初，即下令民間，有田五畝至十畝者，栽桑木棉各半畝，稅粮準以木棉折米，蓋重之也。

坑冶略

按周官丱人，丱即古礦字，此職專治礦，掌金玉錫石之地。曰金錫，則咳乎三品五金；曰玉石，則凡寶石及石炭之煤，亦咳乎其中。此古今礦政之權輿也。其礦所出之地，又咸有圖，則九州之內，凡有出金玉錫石者，無不載於圖中。民之取之者，即按圖以授之，而又有厲禁以防其弊。成周之初，礦政已極其精詳矣。管子又言出銅之山四百六十七，出鐵之山三千六百九。漢書地理志郡縣置銅官鐵官者數十處，神州礦產饒富，自昔嘗以資國用矣。自漢武任桑宏羊孔僅之徒，綰榦鹽鐵，置鹽鐵官，凡四十郡，懸厲禁，民私鑄鐵者，鈦左趾，博士使郡國矯詔，令民鑄農器者，罪至死。昭帝立，賢良文學爭之，卒罷鐵官，於是後之論者，咸歸罪於桑孔之罔利。唐宋亦有坑冶，皆古礦官之職。逮至明季，奄宦用事，礦稅之極，流毒海內，於是後世遂以開礦爲弊政，此因噎廢食之論也。中國五金及煤礦之富，甲於全球，徒以封禁錮閉，坐棄地寶，而鑄錢製礮，轉仰給洋鐵洋鋼，不亦愼乎？從前西國礦師，考察所得，如四川西藏之金礦銅礦，江西河南之銅礦金礦煤礦，雲南廣西之五金各礦，奉天（今遼寧）吉林及新疆和闐之金礦，山東山西河南貴州之煤鐵礦，皆極豐富，而山西之煤礦產品最佳。此外廣東及福建古田之鐵礦，質尤優美。而通國煤產之富，尤著稱於世。其礦利之顯著者，如漠河之金，大冶之鐵，開平萍鄉之煤，既已用之不竭；餘如平泉銅礦，奉天東邊之銀鉛礦，以及各省礦產之發現者，殆不可勝數，蘊蓄如此其雄且厚也。乃天與不取，日亟羅掘之窮，適以啓彼族之覬覦，動索開礦之權，此不可不深思而長慮也。居今鑒古，歷史所紀礦產之地域，是亦足資佐證焉。

漢凡鐵官四十郡：

京兆鄭　潁川陽城　千乘郡　漢中沔陽　膠東郁秩　左馮翊夏陽　汝南西平　齊臨淄　犍爲武陵南安　魯　右扶風雍漆　南陽宛　東萊東牟　蜀臨邛

楚彭城　宏農宜陽澠池　廬江皖　東海下邳朐　琅琊　廣陵　太原大陵　山陽　濟南東平陵歷城　漁陽漁陽　中山北平　河東安邑絳縣皮氏平陽　沛沛

泰山嬴　右北平　東平　河內隆慮　魏武安　臨淮鹽瀆堂邑　遼東平郭　城陽莒　河南　常山都鄉　桂陽　隴西　涿

唐凡銀銅鐵錫之冶百六十八，可考者如下：

陝宣潤饒衢信等州銀冶五十八銅冶九十六鐵山五錫山二鉛山四　汾州礬山七

宋凡金銀銅鐵鉛錫之冶二百七十一：

金產登萊商饒汀南思等州冶十一

銀產：登虢秦鳳商隴越衢饒信虔郴衡漳汀泉福建南劍英韶連春等州南安建昌邵武等軍桂陽監治八十四

銅產：饒信虔建漳汀泉南劍韶英梓等州邵武軍治四十六

鐵產：登萊徐兗鳳翔陜儀虢邢磁虔吉袁信澧汀泉建南劍英韶渠合資等州興國邵武等軍治七十七

鉛產：越衢信汀南劍英韶連春等州邵武軍治三十

錫產：商虢虔道潮賀循等州治十六

丹砂產：商宜等州治二

水銀產：秦鳳商階等州治五

元五金礦產區域：

金產：益都檀景遼陽省大寧開元 江浙省徽饒池信 江西省龍興撫州 湖廣省岳澧沅靖辰潭武岡寶慶 河南省江陵襄陽 四川省成都嘉定 雲南威楚麗江大理臨安元江會川德昌烏撒烏蒙金齒曲靖羅羅建昌柏興東川

銀產：大都眞定保定雲州般陽晉寧懷孟濟南寧海遼陽省大寧 江浙省處州建寧延平 江西省撫瑞韶 湖廣省興國郴州 河南省汴梁安豐汝寧 陝西省商州 雲南省威楚金齒元江大理臨安

銅產：益都遼陽省大寧 雲南省大理澂江

鐵產：河東順德檀景濟南江浙省饒徽寧國信慶元台衢建寧邵武興化漳福泉 江西省龍興吉安撫袁瑞贛臨江桂陽 湖廣省沅潭衡武岡寶慶永全常寧道州 陝西省興元 雲南省中慶和曲會州

鉛錫產：江浙省鉛山台嘉建寧延平邵武　江西省韶州桂陽　湖廣省潭州

明金銀銅鐵礦產區域：

金產：湖廣武陵　貴州太平溪　交趾宜光鎮

銀產：浙江溫州處州　福建尤溪浦城　雲南大理　交趾葛溪

銅產：江西德興鉛山　四川梁山　山西五臺　陝西寧羌略陽　雲南

鐵產：江西進賢分宜新喻　湖廣興國黃梅茶陵　山東萊蕪　廣東陽山歸善　陝西鞏陽　山西吉州太原交城澤潞　福建建寧延平

第二章　戶口之消長

人類消長之原理

古者國必有版圖，以稽戶口土地之數，故周立司民，爲掌民版之專官；小司徒總其比較之法，而鄉遂之吏與閭師縣師等，分掌稽考而登之。每歲孟冬，司寇獻其書，王親拜受而藏之天府，良以戶口之息耗，與政之治亂相關，而興役定賦田賦外又有口泉諸大端咸寄於其中，宜其分職之周詳也。漢制算民，則年七歲以至十四歲，歲出口錢二十有三；年十五以上至五十六，出賦錢人百二十。唐則有庸錢，宋以後有丁稅，明曰丁賦，淸則丁賦納入民糧，雖有孳生，永不加徵，古所未有也。雖然，人類消長，有物競天擇之理存焉，觀歷史所紀版章名數，可以知其故已。禹平水土，周致刑措，兩朝人口，不相上下；至驪山烽火以後，乃減至二百萬。西漢平帝，東漢桓帝，兩朝戶口足相頡頏，上視商周幾於一五之比例。自王莽亂後，訖光武中興，垂三十年，戶數僅當平帝時四分之一，口數則六分之二，戰爭之禍烈矣！東漢歷百四十年，不爲不久，至桓帝時，始漸恢復，戶增於前，口猶不及；消長之故，毋亦兩漢土地廣狹之爲歟？三國魏景元四年蜀亡逾十七年，吳亡時，正晉武太康初元也，合吳蜀所得戶口而以此十七年中晉室所孳生，蓋又增倍；然較之漢光武時大衰之數，且猶不及也。江左立國，劉裕拓地最廣，重以文帝元嘉之政，家給人足，戶口宜盛於前，史紀孝武大明人數雖視孫吳爲倍，然適當佛貍飮馬江水之餘，亦已衰耗矣。北魏建都洛陽，有戶五百餘萬，口三千餘萬，會南朝梁武亦休養生息，雖人數無可稽，而準以劉宋大明戶口，意必過之。合南北計口數，當已幾四千萬。周齊兼併，頻年不解兵，隋代周，有戶三百六十萬，平陳所得，又五十萬，於是大減。乃二十餘年，而大業之數，幾比東漢，何其驟乎？唐承隋亂，戶數存三之一。自貞觀至天寶百三十餘年，纔如隋數。經安史之亂，民戶大損，自茲以後，惟文宗一朝乃有天寶之半，蓋藩鎮宦官之禍，靡有寧歲，規復之難，自意中事。考古今民戶繁多，莫如宋徽宗朝，而口數且不及漢唐之盛者，何也？夫寧宗嘉定十六年，與金泰和之世後期不及二十年，以當時南北并計，較北宋徽宗統一之局，戶不加增而民數乃有七千餘萬，則宋之漏略者多矣。綜金之數，戶有六丁，而兩宋合計，多不過戶二丁，斯豈足爲據哉！明祖當兵燹之後，戶口極盛，靖難兵起，長淮以北，鞠爲茂草，厥數亦增，洎休養逾二百年，無大變故，而民數反不如前。王圻謂有司之造冊與戶科戶部之稽查，等於兒戲，理或然歟？清康熙朝，民數爲二千四百餘萬，僅及明季之半，蓋一傷於流寇之糜爛，一傷於強藩之戰禍也。顧康熙五十年，去戡定三藩已越卅載，而區區此數，猶經累歲安養而始得之。至乾隆朝，增至十一倍有餘。至道光朝，視乾隆又倍之，其增進之率，至不可思議。且歷代皆有口稅，清自雍正以後，丁稅田賦，合而為一，民戶無誅求之累，何所庸其隱匿。又交通滋啓，長養亦策，雖經洪軍之擾，迄季葉又視前數而過之。然則物競亦甚可憂也！乃綜歷朝戶口之大綱，列表於後，可以觀覽焉。

歷代戶口盛衰比較表

朝	代	戶數	口數	盛衰
夏	禹	未詳	一三五五、三九二三	盛時
周	成王	同上	一三七〇、四九二三	同上
	平王三十餘年	同上	一一九四、一九二三	稍衰
兩漢	平帝元始二年	一二二三、三〇六二	五九五九、四九七八	極盛
	光武中元二年	〇四二七、九六三四	二一〇〇、七八二〇	大衰
	桓帝永壽二年	一六〇七、〇九〇六	五〇〇六、六八五六	極盛
三國	魏元帝景元四年	〇〇六六、三四二三	〇四四三、二八八一	大衰
	蜀後主末年	〇〇二八、〇〇〇〇	〇〇九四、〇〇〇〇	同上
	吳主皓末年	〇〇五五、〇〇〇〇	〇〇二三、〇〇〇〇	同上

晉	武帝太康元年	○二四五、九八○四	一六一六、三八六三	盛時
南北朝	宋孝武大明八年	○○九○、六八七○	○四六八、五五○一	盛時
	魏明帝正光以前	倍晉太康之數	同上	同上
隋	文帝開皇初年	○四一○、○○○○	一二○○、○○○○	衰時
	煬帝大業二年	○八九○、七五三六	四六○一、九九五六	大盛
唐	太宗貞觀中	不滿三百萬	未詳	衰時
	玄宗天寶十四年	○八九一、九三○九	五二九一、九三○九	極盛
	肅宗乾元三年	○一九三、三一三四	一六九九、○三八六	大衰
	文宗開成四年	○四九九、六七五二	未詳	盛時
宋	太祖乾德九年	○三○九、○五○四	未詳	衰時
	徽宗崇寧元年	二○○一、九九○五	四三八二、○七六九	極盛
	高宗紹興三十年	一一三七、五七三三	一九二二、九○○○	大衰
	寧宗嘉定十六年	一二六七、○八○一	二八三二、○○八五	中盛
遼		○○五五、○○○○	○一一○、七三○○	
金	章宗泰和五年	○七六八、四四三八	四五八一、六○七九	極盛
元	世祖至元二十七年	一三一九、六二○六	五八八三、四七一一	大盛

明	太祖洪武十四年	一〇六五、四三六二	五九八七、三三〇五	同上
	成祖永樂元年	一一四一、五八二九	六六五九、八三三七	極盛
	英宗天順元年	〇九四六、六二八八	五四三三、八四七六	中衰
	憲宗成化二年	〇九二〇、一七一八	六〇六五、三七二四	復盛
	武宗正德九年	〇九一五、一七七三	四六八〇、二〇五〇	中衰
	世宗嘉靖元年	〇九七二、一六五三	六〇八六、一二七三	復盛
	熹宗天啓元年	〇九八二、五四二六	五一六五、五四五九	中衰
清	康熙五十年	未詳	二四六二、一三三四	
	乾隆四十五年	同上	二、七七五五、四四三一	
	道光二十八年	同上	四、二六七三、〇〇〇〇	

據右表，知人數愈演而愈進。三皇之世，每州之民約不盈萬，且爲強悍所害，惡獸所傷，生殖雖繁，猶未爲盛也。至唐虞焚山澤，天子則曰兆民，諸侯則曰萬民，其數較皇古約增七倍。至夏禹時，執玉帛者萬國，迎王師者萬姓，數更十倍於唐虞矣。厥後生息日多，自春秋以及戰國，民且百倍於夏禹之世。自分封而成一統，民更千倍於戰國之時。元季明初，故老流傳，謂舉一邑一村一堡計之，往往三家十家百家者易時而至其地，三家者或增至七八十家，十家者或增至百數十家，百家者或竟增至幾千餘家，民數繁殖，不誠盛哉。清之新疆吉

林，向屬空闊之區，而招墾以後，民且幾於轂擊肩摩，則又十倍於元明矣。匪直此也，自咸同之世，交通日啓，民之入日本英美法等國屬地而爲華僑者，以百萬計，而我國之民並不見少，視唐宋恐又不止千萬倍矣。要之國所與立，唯民是依，民數不多，固難致富，民數過多，又易際窮，是所望於有斯民之責者。

第三章　賦稅之制度

賦稅制度，歷代不同，而綜括其要，不外以下數種：一曰田賦與戶口稅，二曰商稅與專賣品稅，三曰雜征之稅。茲述其沿革於左：

田賦與戶口稅之沿革

三代之制，人授以田，治人卽以地著爲本。夏時一夫受田五十畝，每夫計其五畝之入，所謂五十而貢也；商則以六百三十畝之地，畫爲九區，區七十畝，其外八家，各授一區，但借其力以助耕公田，不復稅其私田，所謂七十而助也。周制方里而井，井九百畝，中公外私，公田以爲稅，私田以出賦，所謂百畝而徹也。周禮：太宰以九賦斂財賄。注，財、泉穀也；賦、口率出泉也。今之筭泉，人或謂之賦。周時田賦之外，又有口泉，其數注疏無文。管子海王篇云：萬乘之國，正人百萬也，月人三十泉之籍，爲錢三千萬。其重如是，或齊桓權宜之法，周制殆未必然乎？總之周賦甚輕，田賦不過十分而取一，自魯宣用稅畝，哀公變田賦，而周之良法始壞。三代之制，皆十而取一，蓋因地而稅也。秦則不然，舍地而稅人，以故貧者避賦役而逃逸，富者務兼并而自若；重之以內興工作，外攘夷狄，收大半之賦，發閭左之戍，竭天下之資財，猶未足以贍其欲也。二世承之，不變其失，反更益之，海內愁怨，遂用潰畔。漢興，賦法最輕，分爲三等：田賦，即粟米之征；更賦，即力役之征；口賦，則仍秦舊。其初田賦，猶十五稅一，至孝景則三十而稅一。光武中興，循而不改。桓帝於常賦外，別取斂錢，然亦止於畝十錢耳。口賦，民自年三歲出口錢二十，至年十四止，自年十五歲出筭錢，百二十爲一筭，至五十六歲止。更賦者，正卒之更以月代，邊戍之更以三日代，不得行者，月爲錢二千，日爲錢百。中葉以來，桑孔之徒出，患錢幣之輕也，而有白鹿皮幣之迹；患啄稅之輕也，而化平準之法。於是筭舟車，稅斂錢，榷酒酤；取於民者，無所不至，而漢初之良法盡矣。魏武初定鄴都，令收田租畝粟四升，戶絹二疋，綿二斤，餘皆不得擅興。晉平吳後，置戶調式，丁男之戶，歲輸絹三疋、綿三斤；女及次丁男爲戶者半輸；其諸邊郡，或三分之二，遠者，三分之一。然出賦稅者皆有田之人，非鑿空而稅之，則田與戶分而仍合，而戶口之賦益重。成帝始度田定稅，取十分之一，率畝稅米三升，蓋戶調之式，合田戶於一，至此則田自田，戶自戶，與曹魏大同矣。江左立國，並無土著，取民亦無恆法。歷宋齊梁陳，皆因而不改。宋孝武急於徵斂，始有臺使之遣。齊雖停遣，而法制未備。唯北魏承晉制，男夫受田六十畝，婦人二十畝，戶調帛二疋，絮二斤，粟二石，又人帛一疋，疋丈爲調外費。（文帝時戶增帛三疋粟二石九年復增調外帛二疋）齊周損益不同，大要皆以人戶貧富及有室無室爲斷。故隋因之，丁男一牀，（有室者爲一牀）租粟三石，桑土調以絹絁，（絹絁以疋加綿三兩）麻土調以布，（以布端加麻三斤）單丁及僕隸各半之。又民年成丁，歲爲三十日役，蓋自西晉創戶調式，屢變不一變，於是遂爲唐代租、庸、調法之本。唐制：丁男受田百畝，歲輸粟二斛，稻三斛，曰租；丁隨鄉出，歲輸絹二疋，綾絁二丈，布加五之一，棉三兩，麻三斤，曰調；用人之力歲二十日，閏加二日，不役者日為絹三尺，曰庸。水旱霜蝗，耗十之四者，免租；桑麻盡者，免調；田耗十之六者，免租調；耗十之七者，三者皆免。蓋有田則有租，有戶則有調，有身則有庸，此其大較也。代宗時，青苗十五，地頭二十，則以錢輸稅而不以穀帛，以資財定稅而不問人丁，創制之初意已失。德宗朝，楊炎深疾其弊，作兩稅法以二其制，準田起科，戶無主客，見居為簿，人無中丁，貧富為差，夏稅盡六月，秋稅盡十一月，商貨稅三十之一，與居者均役，田稅視大曆十四年墾田之數為定，而均收之，民稱便焉。五代賦稅，迭為輕重。宋初，盡除無名之歛，制歲賦，厥類有五：曰公田之賦，曰民田之賦，曰城郭之賦，曰丁口之賦，曰雜變之賦。又設支移法，折變條寬期以紓民力，誠仁厚矣。然熙寧後，安石變法，青苗免役之錢，坑冶榷貨之利，紛然雜出。南渡後，稍復舊制，而版章月蹙，兵費倍增，勢不得不取之於民。至公田之設，與民爭力，又不特非時追索而已也。元之取民，在內郡者曰地稅，上田畝三升，中田半之，下田二升，水利田五升。曰丁稅，每丁粟一石。曰戶稅，其名有二：(一)絲料，每二戶出絲一斤，以輸於官，每五戶出絲一斤，以輸於本位；供諸王貴族湯沐之需(二)包銀，戶賦銀六兩，後乃減徵四兩，謂之包垛銀，此仿唐之租、庸、調也。取於江南者，曰秋稅，止命輸租，曰夏稅，則輸棉布絲絹等物，此仿唐之兩稅法。惟兩稅有租調而無庸，於是助役糧出焉，其法命江南人戶，有田一頃以上者除常賦外，每頃量出助役之田，歲收其入以供役費，此泰定初之所行者。明興，仍唐兩稅之法，曰夏稅，毋過八月；曰秋糧，毋過明年二月，然稅有定額，隨田寬狹以為多寡，而絹布之調，不役之絹，皆不取焉。第法久弊生，欺匿影射飛灑之習成於下，借徵帶徵之事嚴於上，於是條例煩而民受其困。嘉靖後，因國用不足，屢行加派，後乃行一條鞭法：綜括一州縣之賦役，量地計丁，丁糧畢輸於官，舉銀差力差及一切諸費，幷爲一條，計畝徵銀，折辦於官，法簡而均，民以不擾。清因之，凡錢糧則例俱依萬歷間，凡天啓崇禎時加增，悉以豁免。康熙五十二年，詔以後滋生人丁，永不加賦。雍正初元，更以丁銀攤入地畝，民自是不以自身爲累矣。此歷代戶口稅沿革之大略也。

商稅及專賣品稅之沿革

先王授民以井田，爲足食計也；制商以市廛，爲通貨計也；食足貨通，而後教化可成。昔神農氏作日中爲市，而必先之以聚人曰財，理財正辭，禁民爲非曰義。蓋先王之市政，總歸於義也。周官司關，司貨賄之出入，國凶札則無征，廛人有市紈布、總布、質布、罰布、廛布之斂，泉府曰掌市之征布，司門曰譏出入不物者，征其貨賄，是市廛門關有征矣。不知先王之制，既稅其物，則必不征其廛，既征其廛，則必不稅其物，卽孟子所謂市廛而不征，法而不廛也。廛布者，貨賄諸物邸舍之稅，故屬於關者曰征，屬於市者曰廛，而但收其什一之利，取給官用而已。自齊管仲官山府海，專以功利相其君，於是著海王篇，興鹽筴之利，且按男婦而計鐵刀耒耜之用，倍取其稅，而鹽鐵之利大興，與一切商稅殊別矣。漢興，接秦之弊，民失所業，而大飢饉，重以戰國之後，商業發達，其時貪商漸出，登壟斷，罔市利，類多以鹽鐵畜牧商賈起家，亡農夫之苦，有仟伯之得，因其富厚，交通王侯。高祖與民休息，務欲一切人事，返之於農，乃令賈人不得衣絲乘車，重租稅以困辱之。武帝又稅商賈車船，令出算緡錢之稅，亦屬焉。方是時，兵連不解，縣官大空，於是東郭咸陽孔僅言山海天地之藏，宜皆屬少府，因置鹽鐵官，因官器作鬻（古粥字）鹽，敢私鬻鹽者，鈦右趾，沒其器物。鐵則否，其大法重稅之而已。漢迺盡以入官，爲專賣品，然官作鹽鐵，苦惡賈貴，郡國多不便，其後時有廢置。且武帝之世，復有酒酤榷，官自酤賣，故謂之榷。昭帝時，與鐵官同罷，而令民得以律占租賣酒升四錢。王莽篡漢，置六斡，鹽、酒、鐵同爲官鬻，顧兩漢以酒膠糜穀，往往爲禁，自東京以來，蓋猶未以爲歲計大宗也。後魏明帝時，人入市者稅一錢，北齊有關市邸舍之稅，其餘商稅不盡詳。大要鹽酒二者，隋承周制，官自爲政，開皇三年，尋罷禁，與民共之。肅宗時，富商貲畜十收其二，謂之率貸。德宗時，始於諸道關津置吏，以斂稅矣。關於鹽之專賣者二，唐之鹽法官吏督課而已。自代宗朝第五琦爲鹽鐵使，盡榷天下鹽，斗鹽加時價十倍而出之，（初每斗十錢，至是錢百一十）於是一變。德宗朝劉晏繼之，但於出鹽之鄉，因舊鹽爲置吏，置停戶收鹽，轉鬻於商，任其所之，其去鹽鄉遠者，轉官鹽於所在貯之，商絕鹽貴，則減價以鬻，曰常平鹽，官獲其利而民不知貴，於是再變。關於酒之專賣者又二，代宗量定酒戶爲三等，隨月納稅，其制限在商。德宗禁民酤酒，官自置店酤，（每斗爲錢三百，榷百五十錢）收以輔助軍費，其操握在官。關於茶稅之取盈者又二，自建中始稅茶，其法日增，至季世益斂，稅重則商人巧爲規避，一斤至五十兩，於是增稅錢五，謂之剩茶錢，諸道置邸舍積茶者有稅，謂之搨地錢，蓋皆出於正稅之外者也。至五金采鑄之權，亦多自官操之，蓋牟利之途日擴矣。五季征算尤繁。宋興，雖州縣關鎖而商稅皆置務，榜商稅則例於務門，行者齎貨曰過稅，每千錢算二千；居者市鬻曰往稅，每千錢算三十；有官須者，十取其一，曰抽稅。政和間，始於原定則例外，增收一分稅錢。南渡以後，增至三分或五分，而民乃益苦矣。其鹽酒茶礦同爲官鬻，而增損靡恆，凡鹽聽商民入錢若粟帛於京師及所在州軍，計直予券，使自往場地受鹽賣之。凡酒麴由官造，聽民納直，諸州城內，並置務釀之，縣鎮鄉閭，雖許民釀，而歲定其課，其有遺利，則請官酤。凡茶課租於園戶，官一切市之，而以鬻於商，出境則給券，或中估使商與園戶自相交易，而官收其息，若歲課不盡，官市之如舊。凡礦冶官置場監，或民承買，以分數中賣於官。其大略如此。元初商稅，三十而取一，後乃增至二十。若鹽茶則以引計，鹽一引爲四百斤，茶一長引爲百二十斤，一短引九十斤，隨地定引，按引計課，其酒麴亦官鬻，五金礦冶，亦有聽民承采，官取其稅者，皆因宋之舊而爲之制。明初，凡天下稅課司局，商賈貨三十而取一，市賦輕矣。厥後增置漸多，行齎居鬻，所過所止各有稅。宣宗時，始行鈔關；鈔關稅者以鈔法不通，由商居貨不稅，與市肆鬻販者阻撓所致，乃於京省商賈湊集地市鎮店肆門攤稅課，增舊凡五倍，塌房（官作舍以貯商貨按三十分而取一）庫房店舍居商貨者，騾驢車受僱載者，悉令納鈔，舟船則計所載料多寡路遠近以爲納鈔，關之設自此始。若茶若酒不爲官鬻，獨川陝設引行茶，禁私販，所以然者，賫茶以收外國之馬也。鹽利主領於官，而其法屢變，太祖初年，行省邊境，募商納米，中鹽實邊儲，故有鹽糧無鹽課。成祖時，乃計口授鹽，按天下人戶，大口月一斤，小口半之，輸米若鈔有差，重爲民困；其後遂廢，卽歲課所入，亦不以米計，而改以錢計。然財政之擾，無過於神宗之朝，貂璫四出，主計關鈔、鹽引、礦冶，橫征暴斂，不可勝窮，而礦稅之害爲尤大，說者謂明社之屋，蓋源於此。清代關稅，倣明鈔關而損益之。海禁大通，沿江海通商口岸，增立洋關，於是別舊關則曰常關，洋關卽曰新關。常關之稅，有正額，有盈餘。新關則其類有四：（一）進出口正稅，凡洋貨進口、土貨出口，均按值百抽五徵之。（惟進口洋藥每百斤征正稅銀三十兩子口稅銀八十兩）（二）子口半稅，洋商運洋貨入內地，及自內地購土貨，皆值百抽二五，如此內地釐稅不復重征。（三）復進口半稅，土貨出口已納正半兩稅，而欲重運別口者，再按值百抽二五，此則專以土貨言之者也。(四)船鈔，凡火輪夾板等船，百五十噸以上者，噸納銀四錢；百五十噸以下者，噸納銀一錢，每四月納船鈔一次。庚子和約，改定稅則為值百切實抽五。越三年八月，重訂商約，乃議洋貨進稅，於正稅外，增一倍半之數以抵，裁撤釐金子口稅。其土貨出口稅，仍如舊則。釐金者，始於咸豐軍興之際。初，雷公以誠餉軍於淮揚，浙人錢江佐軍幕，刱議於行商坐賈中，視其買賣之數，按百文捐取一文，小本經紀者免，不期月得餉數十萬，軍用以濟。於是各省倣行之，卒成戡定功。其後專事婪索，民始不堪命矣。銷場稅者，即落地釐金之變稱也。釐稅既裁，土貨之不出洋者，勢不能無所征取，於是銷場稅生焉，則以其銷售之場地收之也。租界以內不與焉。若鹽藉灶與商於官，令出鹽行鹽，皆視其產之多寡與運之遠近，以配引而各行於口岸，其課則別以灶課、引課、雜課、稅課、包課而榷之。凡茶百觔為引，引有課，觔有稅。凡酒同於尋常商稅，唯北省燒鍋有制限。凡礦有官開，有商采，或官給工本，招商承辦，其中數大抵稅十之三，此舊制也。然鑒於明季礦禍，海通以前，封禁者衆。光緒二十四年，始定礦章。厥後凡又三改之，凡稟請辦礦者，分別給探礦開礦執照，照有費。礦既出井，各按其品之貴賤定納稅多寡；少自值百抽五多至值百抽二十其出口者，別征出口關稅焉。此商稅專賣品稅制度沿革之略也：

雜稅之沿革

雜征者，名無常式，取無定額，凡一切征之於民者皆是也。周官委人掌斂野之賦，斂薪芻，凡疏材木材，及畜聚之物。又載師漆林之征，二十而五，此皆不列於經常之賦。後世言利者，遂取假之以巧立名目，搜括敲剝，以盡吸民脂民膏而後已，此聚斂者所以稱盜臣也。漢世緡錢算，起於武帝，時桑宏羊用事言利，事析秋毫，迺令諸賈人末作，各以其物自占，（言各隱度其財物多少而爲名簿送之於官也）率緡錢二千而一算，諸作有租及鑄，（以手力所作而賣之者）率緡錢四千算一，船車算者，非吏比者，三老，北邊騎士，軺車一算，（比例也，身非爲吏之例，非爲三老，非爲北邊騎士，有軺車皆令出一算）商賈人軺車二算，船五丈以上一算，匿不自占，占不悉，戍邊一歲，沒入緡錢，有能告者，以其半畀之。緡錢之法，初僅及於商賈，其後楊可告緡徧天下，於是不爲商賈而有蓄積者皆被害。夫西北饒畜牧，東南富魚鹽，此大利所在也。故武帝計口出息而賦之馬，謂之馬息。宣帝增賦於海者三倍，謂之海租。王莽法武帝緡錢之令，諸取衆物鳥獸蟲魚於山林水澤及畜牧者，嬪婦桑蠶紡績縫紝工匠醫巫卜祝，及他方技商販賈人坐肆列里區謁舍，（所居在處爲區，謁舍，客舍也）皆各自占所爲除本計利，十一分之，而以其一爲貢，所謂變而加厲者也。至東漢靈帝頗喜私蓄，額外之征，厥名有二焉：自天下農田，畝稅十錢，自刺史二千石及茂材孝廉遷除，皆計等輸錢，曰修宮錢；自郡國貢獻，別有所輸於中府，曰導行錢，其餘又有不入於公府者矣。自晉至梁陳，凡貨賣奴婢牛馬田宅，皆有文券，率錢一萬，輸估四百，賣三買一，名曰散估，是爲契稅之始。至唐德宗，迺稅間架，算除陌，而關市始大困。間架法者，屋二架爲間，上屋錢二千，中稅千，下稅五百，敢匿一間者，杖六十；告者賞錢五萬。除陌法者，公私給與及買賣，每緡官留五十錢，物兩相易者，約直爲率。隱錢百者，罰二千，杖六十；告者賞十千，賞錢皆出坐者。此二法行，民乃愁怨。逮涇原兵反，長安市中大譟曰：不奪爾商賈僦質，不稅爾間架除陌矣。怨毒之於人，甚矣哉！兩宋額外之征，甚於漢唐，有所謂頭子錢者，此五季舊法也，蓋外假加耗之名，而取盈焉。宋初，自兩稅所納錢帛，每貫收七文，每疋收十文，綿一兩，茶一斤，稈草一束各一文。其後總度支出納皆有頭子錢，其數漸增至五十六文。然異於緡錢除陌之紛紜者，何也？彼出納無定，易開善盜之門；此輸納有常，絕無騷擾之患也。牙契者，亦東晉以後舊法也，至是遂為收入之大宗。人戶有典賣，必向官購契紙，券既立，官為加印，每貫輸錢四十，後且增至百錢矣。至言其經制、經總制、月椿、板帳錢，乃度支之窠名，所以責辦於州縣者，故又當分別言之。徽宗朝，東南用兵，財政日絀，陳遘乃量添酒錢，及增收一分稅錢，商稅頭子、賣契等錢，斂之於細，而積之甚衆，別自收繫，謂之經制錢。欽宗時罷，高宗又復之。紹興初，孟庾提領措置財用，又因經制之額，增析而為總制錢，總括之謂之經總制錢。而在湖江者曰月椿，在浙閩者曰板帳，皆月取資於州縣，而以其一定之額課之。而州縣所藉以辦此錢者，酒坊牙契頭子錢，數或不足，則非取盈不可，於是煩苛起而民益累矣。又其初本為相當之酬償，其久遂視為固有者，曰和買折帛錢，起真宗咸平中，方春預假錢與民，至夏秋乃令民納絹；南渡後，官不給錢，而收絹如故，尋復不收絹而折錢，於是以兩縑折一縑之直，取民無藝，至南宋為尤烈。元之雜稅，列於額外課，季世定船戶科差，船一千料以上者，歲納鈔六錠，以下遞減。然船料稅又在於額外課之外。明則山場河泊有抽分場局，有河泊所場局，山場以竹木稅為大，河泊以魚課為宗。顧明之亡也，賦役征榷之重，無甚異於前代，而雜稅名色，獨闕然者，其加派多在於田賦鹽課，取之於其所必需，而不量為輕重緩急之計，此其失策，殆又宋之不若。清承明制，屬於江海河泊者，曰蘆課魚課，屬於貿易經紀者，曰牙帖契稅，此其大端也。咸同間，雖財用艱窘，而恃釐金洋稅為大宗挹注，故雜派無聞。光緒中東之役起，雲涌波翻，累歲幾無寧日，財用之困因之，於是有平餘，有房捐燈捐，有丁漕盈餘官吏陋規之提，而增賦於其所固有者猶無論，毋亦世變爲之歟？此又雜征沿革之略也。

第四章　平準均輸之法

天下之財，聚於上則爲壅積，於下則爲偏，捄其失而消息之通變之，斟酌而權宜之，此卽所謂平準均輸也。此其法自周官之泉府啓之，而自周訖宋得五人焉：曰管仲，曰桑宏羊，曰王莽，曰劉晏，曰王安石。管仲行於齊而霸，劉晏行於唐而富，宏羊擬仲而近虐，莽與安石則皆行之而敗矣。試分舉如左：

管仲之智計

春秋之管仲，天下才也。讀輕重諸篇，論者謂其以通財爲强國之本，不知其實以善學周禮爲通財之本，山權海蓄之說，卽九賦九式之旨也；權度三幣疾徐高下之說，卽泉府外府之制也；王國持流齊力功地及山國軌之說，卽遂人小司徒之職也。至於粟重物輕，幣輕物重，民重君輕，君輕民重，與夫穀上幣下之策，准穀准幣之條，無不與太宰司徒所職相表裏。蓋周禮純乎經，管仲則本乎經而濟之以權也。且其言曰：視物之貴賤而御之以準，故貴賤可調，而君得其利，故以富一國則有餘，以之富天下則不足也，此其所以近乎霸也。

桑宏羊之智計

漢武窮兵黷武，國用空虛，桑宏羊爲治粟都尉，領大農，代僅筦天下鹽鐵，以諸官各自市相與爭，物故騰踴，而天下賦輸或不償其僦費。乃請置大農部丞數十人，分部主郡國，各往往縣置均輸鹽鐵官，令遠方各以其物貴時商賈所轉販者爲賦，而相灌輸。置平準於京師，都受天下委輸。召工官治車諸器，皆仰給大農。大農之諸官盡籠天下之貨物，貴卽賣之，賤則買之。如此富商大賈無所牟大利，則反本，而萬物不得騰踴。故抑天下之物，名曰平準。天子許之。民不益賦，而國用饒。此效之可觀者。第管子之法，猶有平國用以濟民急之意，此則盡籠天下貨物，賤買貴賣，近於掊克聚斂，此其所以烹也。

王莽之失敗

王莽篡漢，法制繁變，有所興造，必依古經文。乃下詔曰：周禮有賒貸，樂語有五均，（樂語河間獻王所傳道五均事，言天子諸侯之土以立五均，則市無二價，四民常均）傳記各有斡焉。今開賒貸，張五均，設諸斡者，所以齊衆庶，抑兼幷也。遂於長安及五都（洛陽邯鄲臨淄宛成都）立五均官，更名長安東西市令，五都市長皆爲五均司市，東市稱京，西市稱畿，洛陽稱中，餘四都各東西南北爲稱，皆置交易丞五人，錢府丞一人。諸司市常以四時仲月，定上中下之物價，而用爲市平。物有周於民用而不售者，均官以其本價取之，無令折錢。萬物貴過平（司市所平之價）一錢，則以平價賣與民；其低賤減平者，聽民自相與市。民欲祭祀喪紀而無用者，錢府但賒之，（但空也，空賒與之不取息）祭祀毋過旬日，喪紀毋過三月。民或乏絕，欲貸以治產業者，歲息毋過什一。蓋五均者，平準之法，其泉府賒貸，則宏羊之所未嘗措意也。然奸吏豪民，因緣交侵，重以它端橫斂，民不聊生，而莽以亡。

劉晏之智計

唐安史之亂，劉晏即踵桑宏羊之法以佐軍興，方其時瘡痍之餘，戶口什耗八九，所在宿重兵，費恆不貲。自晏縮度支，一切皆倚以辦。嘗募駛足，置驛相望，四方貨殖，低昂及他利害，雖甚遠，不數日即知，故因平準法，斡山海，排商賈，權萬貨重輕以制其平，而取贏焉。軍興數十年，斂不及民而用度足，唐中償而振，晏有勞矣。歷史所紀善理財者，必曰桑劉，其實桑不及劉多矣。晏之言曰：戶口滋多，賦稅自廣，其理財常以養民為先，則晏尤知本者也。故曰：民託命於君，君託命於賢，賢復託命於民。

王安石之失敗

宋之王安石，假周禮以事收括，其弊與莽無甚異。熙寧變法，以諸路上供，歲有常數，年豐可多致，而不能贏；餘年歉難供億，而不敢不足。遠方有倍蓰之輸，中都有半價之鬻。議以發運使總六路賦入，宜假以錢貨，資其用度，凡糴買稅斂上供之物，皆得徙貴就賤，用近易遠；豫知在京倉庫所當辦者，得便宜蓄買，而制其有無，以便轉輸，省勞費，是曰均輸。神宗乃出內帑錢五百萬緡，上供米三百萬石，使以薛向董其事。未幾，又用草澤魏繼宗議，以內庫錢帛置市易務於京師，凡貨之可市及滯於民而不售者，平其價市之；願以易官物者聽。若欲市於官者，則度其田宅或金帛為抵當而貸之錢，責期使償，半歲輸息十一，及歲倍之，是曰市易，以呂嘉問為提舉。仍出內帑錢百萬緡，京東市錢八十七萬緡，為市易本錢，二者蓋兼桑宏羊王莽之成法而行之者也，安石實主之。其後均輸竟無成，而市易司頗分置於各路，大抵商旅所有者，盡收市肆，所無者，必索苛細抑勒，民用怨謗，而宋因之而益弱。同是法也，而效之或成或敗者，何也？曰：管劉之法雖厚君，而尚不忘乎民；若此三人者，是專益上而損下者也。列而舉之，是亦財政得失之林也。

第五章　家財輸助之例

聞之西儒曰：國債愈多，則民心愈固。國債者，即吾國所謂斥私財以濟公急也。是以各國莫不有千百十兆鎊之債，其下議院爲富民總匯，猝有亟需，計日可集，以上下之浹洽於平日者有素也。比觀吾國，其歷史中所載輸財之例，固有類於國債者，亦有非債而政府有相當之報酬者，此亦國計之一端也。今分述之。

國債之貸用

債者，向人借貸之謂也。吾國歲入七千數百萬，無事出僅供歲入，一遘變故，募兵籌餉，便有淅矛炊劍之嘆。政府寧願加賦加稅，必不肯向民借貸，即使借貸，而吾民之信朝廷，恆不如其信商號，非敢於不信朝廷，特不信官與吏耳。此歷史之所以罕見也。考君主有債，自東周赧王始，赧王負債於民，無以得歸，乃上臺避之。自茲以往，止一見之於六朝，再見之於唐。宋文帝之開衅於北魏也，軍旅方興，國庫匱乏，上自王公妃主朝士牧守，各獻金帛以濟國用，下逮富室小人，亦有獻私財數千萬者。揚南徐兗江四州富有之家，貲滿五十萬，僧尼滿二十萬者，並四分借一，過此率計，事息即還。唐德宗朝以兩河用兵，月費百餘萬緡，府庫纔足數月支，乃議借富商錢，約罷兵爲償之。時趙贊代杜佑判度支，搜督甚峻，長安囂然，家若被盜，民至有自經者。綜京師豪人田宅奴婢之估，亦僅得八十萬緡。宋唐兩朝，一曰事息即還，一曰罷兵爲償，書缺有間，莫知所竟，大約終於無償還也。

貲選之賤濫

輸助之例，出於借貸，而民不信任，出於貲選，而民頗樂從，此無他，貿於相求，而隱於相報，是以官爲市也。以官爲市，則輦金朝至，仕版夕登，有力者子弟爲卿，爭居壟斷；無力者乞貸易集，轉瞬取贏，人誰不樂爲之；蓋非是則亦無以爲輸助矣。自秦商鞅定有賜民爵，於是鼂錯建議於漢文之朝，從而爲鬻爵；漢武則令入貲補吏，又置武功爵，凡十一級，級十七萬，凡直三十餘萬金，諸買武功爵至千夫者，得除爲吏，吏道雜而多端。時卜式亦以輸財助邊，超拜郎，户賜爵左庶長，天子尊顯之以風百姓焉。然西漢鬻爵，爵虛名也，其後令得入粟補官爲郎，亦僅止於六百石。而太史公作平準書，一則曰郎選衰矣，一則曰吏道益雜，不選而多賈人矣；一篇之中，猶三致意焉。至東京靈帝，廣事貯蓄，開西邸賣官，自公卿以下，入錢各有差，名器之濫，至斯而極。晉武以賣官錢入私門，劉毅謂爲桓靈不如，以桓靈猶入其錢於官庫也。若北魏更推其例於沙門，而唐之空名告身，宋之空名誥敕，以訖於元，大抵皆以一紙書待官選用，唯選官猶不至七品以上，其散秩崇階，雖貴而無用。洎明則并此七品以下之職，亦祇以散官授之，此其大較也。淸代嘉慶道光咸豐御極之初，即首停捐例，嗣以海宇多故，旋閉旋開。光緒四年，奉詔永停捐納實官。九年，中法啓釁，沿海戒嚴，而海防之例開。逮至辛丑，捐賑之例愈繁，減成賤鬻，趨之者幾如虵赴壑，如丸走阪。厥後稍稍制限，雖然以官爲商品，流弊無窮，始緣度支之不足，而開捐例，繼反緣開捐例，而度支益形不足。明朘民膏，暗虧國計，利之所得，未足償實之所蠹，是何異以十倍之報酬，爲捐輸者之息哉！夫計利稱息，而至於十倍，其尙堪設想也哉！

第六章　歷代理財得失概略

從來財用者，國家之命脈也，欲其培之，不欲其朘之，此自然之理也。故古無足國用之名；有之，則自厚生始。蓋厚則生，不厚直不能生，厚財則開善盜之門，厚生則收發身之效，此其故在措置之得失，而國家之治亂因之，吾固言之矣。操上之所重以令民，而使民咸恃我以爲命，不若即國民之所重藏之於國，而我與民處相倚爲命之爲得也。觀歷史之所紀載，亦可得其大凡矣。

成周以式法制財

三代財政之經畫，唯周爲詳，亦唯周爲善。周禮一書，王安石謂理財居其半。今觀周官貨賄之入，不過太宰九職九賦九貢之目爾。民職所貢有常額，地職所斂有常制，侯貢所致有常法，理似無待於理者。不知周官理財之道，不見於理財頒財之日，而見於出納會計之時，考之太府九賦以待膳服，九事九貢以待吊用，五事九職之貢以充府庫，式貢之餘以共玩好。太宰所以定爲取財之法，取此財也；太府所以分其頒財之府，頒此財也；內府所受，受此財也；司會所計，計此財也；司書所敍，敍此財也。別其爲金玉則曰貨，別其爲器幣則曰賄，而綜括之則曰財。何以言其出納之精也：掌財者，統之於太府，而分之於玉府、內府、外府者也。玉府掌主金玉玩好兵器，凡良貨賄之藏，皆式貢之餘財所入焉，此王之內帑也。內府掌受九貢九賦九功之貨賄，良兵良器以待邦之大用，與四方所獻之物與婦功所頒之物，入焉。外府則專掌邦布入出，以共百物，以待邦之用，凡邦之小用皆受焉，此皆王之公帑也。以太府爲府官之長，而司貨賄出入之權，則利權不分，而三府不得以行其私。太府雖綜其財，而制之以太宰，則太府亦不得以行其私，此成周掌財之官然也。何以言其會計之當也：凡財之出入，必有會計，則有司會而下五官以主之。司會爲計官之長，日有日要，日考之也；月有月成，月考之也；歲有歲會，歲考之也。司書爲司會之貳，民財器械之數，田野六畜夫家之數，山林藪澤之數，無不知焉；以逆徵令，以受稅法，以入要貳，以考邦治，無不掌焉。歲終則以貨賄之入出會之，於是有職內會其入，職歲會其出，職幣會其餘。不特此也，司裘無與於會計，而歲終且會其裘事；掌皮無與於財用，而歲終亦會其財齎，則其細事皆會可知矣。此成周會財之官然也。讀周禮者，知太府之可以統諸府，司會之可以臨太府，太宰之可以制司會，如此用者不敢妄用，供者亦不敢妄供，此周制之所以爲善也。

漢代國用君用之別

漢之興也，大司農掌軍國之用，少府水衡以供天子私費，故山川園池市肆租稅之入，自天子以至封君湯沐邑，皆各爲私奉養，不領於天下之經費，國用與君用，固有別也。高祖以張蒼爲計相，後雖罷弗置，而郡國猶以四時上計，則猶周禮司會遺制也。文景時，專以淸靜寧一爲治，天下富實，至太倉之米紅腐，都內之錢貫朽矣。武帝既好遠略，外事四夷，又信方士言，大治宮觀，以巡游封禪爲事。國用不給，司農憂貧，乃以孔僅桑宏羊長於理財，擢用之，行新法如下：（一）使人民得納錢買官爵及贖死罪；（二）禁民間鑄鐵器、煮鹽、釀酒，皆收為官業；(三)賈人末作，各以其物自占，率緡錢二千而一算，及民有船車者皆算；(四)設均輸法，使州郡各輸其土地所饒，平其所在時價，官自轉運於所無之地賣之；又置平準於京師，都受天下委輸，賤買貴賣，以奪商賈之利；(五)以白鹿皮為幣，令直四十萬錢。時賦斂煩重，所在盜起，天下始受其困。幸孝昭稍一休息，民氣復蘇。及莽篡漢，每有興造，動欲慕古，幣制且託周禮，重以賦斂重數，吏緣為姦，又與諸蠻夷搆難，郡縣遞相賕賂，白黑紛然，民搖手觸禁，不得耕桑，天下謷謷愁苦矣。然省中黃金存六十餘萬斤，御府積財帛稱是。東京靈帝效之，且造萬金堂於西園，引司農金錢繒帛充仞其中，聚為私藏，故兩漢之末，民窮財盡，無他，公私失其制限也。

隋初國計斂散之宜

隋文帝既一天下，更定官制，輕減賦稅，愛養百姓，故戶口繁殖，稱富庶焉。開皇十二年，有司上言，庫藏皆滿，乃更開左藏之院，搆屋以受之，然文帝初未聞別有富國之術也。周之時，酒有榷，鹽池鹽井有禁，入市有稅，至開皇三年，詔罷之，夫酒榷鹽鐵市征，自漢以來，有國者即以為歲入大宗，而文帝一無所取，所取者僅恃此財賦而已。然其時調絹一疋者減為二丈，役丁十二番者減為三十日，則從蘇威之言也。繼而開皇九年，以江表初平，給復十年，自餘諸州，並免當年租稅。明年，以宇內無事，益寬徭賦，百姓年五十者，輸庸停放。十二年，詔河北河東今年田租三分減一，兵減半，功調全免，其於賦稅闊略如此。然文帝受禪之初，即營徙新都，繼而平陳，又繼而討越州高智慧，蘇州沈元懀，番禺王仲宣，十餘年間，鍛甲砥劍，矯箭控弦，營繕征伐者無寧歲，且賞賜有功，並無所愛，平陳凱旋之役，慶賞行禮，頒給布帛，所費三百餘萬段。夫以所取於民者非苛，可頒於士者非吝，而尙用之不竭者如此，豈眞躬行節儉之所致邪？或曰，開皇之初，戶止四百餘萬，口止千餘萬，其季年戶增倍而口三倍之。蓋帝之爲治，綜核名實，下者無所容隱，戶口明而租調廣，此其所以綽然有餘裕也。煬帝嗣統，戶口益繁，府庫盈溢，黃苑廣袤，禽遊獸閒，宮樹富翦綵之春，馬上奏淸夜之曲。使其抑鋒止銳，以享豐亨，則悠悠六合，皆吾故物也。奈何聽裴矩之言，耀武窮荒，民心軍心，魚潰鳥散，而富强之業，幾同葉上之露也，不亦大可哀乎！然洛口貯蓄倉米，東都布帛山積，李密王世充資之以聚大衆，亦所謂齎盜糧耳。

唐天寶後貪吝之召亂

唐故事：轉運使掌外，度支使掌內，天下財賦歸左藏，太府以時上其數，尙書比部覆其出入焉。玄宗時，海內富足，歲入之物，租錢二百餘萬緡，粟二千萬斛，庸調絹七百四十萬疋，綿百八十餘萬屯，布千三十五萬餘端。天子侈樂，用不知節，錢穀之臣，始事朘削矣。王鉷爲戶口色役使，歲進錢百億萬緡，非租庸正額者，積百寶大盈庫，供天子燕私，亦不過假其名以爲取盈之地耳。祿山之反也，楊國忠且謂正庫不可給士，而遣使至太原度僧尼道士，旬日得錢萬緡，以供軍。迨第五琦綰度支，以京師豪將假取左藏財不能禁，請一切歸大盈，而以中官主之。自是天下之財，悉爲人君私藏，有司不得程其多少，是君用與國用，唐代已不釐其界矣。至楊炎相德宗，請財賦仍歸左藏，度宮中歲費量數，移奉以入大盈，公私庶有別乎。乃稅間架、除陌錢、增商稅、括富商，增稅錢猶不足以塡慾壑，而敲肌剝髓，崇聚私貨，以豐瓊林大盈之積，李兼則有月進，韋臯則有日進，仙客因之而得宰相，嚴綬因之而遷員外，裴肅因之而遷觀察，李錡因之而錄用，陽履因之而免罪；當帝之世，唯錢而已，刑以賄成，蓄怨滋厚，故范祖禹論德宗弊政有三事，好聚歛其一也。歷肅代德三朝，日唯徵歛之是謀，其間粗能補救者，止劉晏一人而已。自晏主江淮鹽利，歲裁四十餘萬緡，至大歷末至六百餘萬緡，居天下賦稅之半，國用仰給焉。自其死，諸言利者皆莫能及。至裴延齡寵擢，虛張名數，設羨餘，至謂簡閱左藏，於糞土中得銀十三萬兩，雜貨百萬有餘，請入雜庫供別支，其欺誕不可究詰矣！夫天生民而立之君，使司牧之，亦唯以天下之財，治天下之事。自後世謀蓄其私藏，凡以供聲色宴遊之費者，唯內官宦寺得司其出入，雖宰執未能過問焉。私蓄不已，雖正庫猶吝，其弊蓋至唐而已極矣。

宋財政權分合之得失

宋以三司使綜國計，目爲計相，其財賦自上供京師外，餘以留州，雖留州必係省，故州縣不敢私用。有唐中葉，強藩跋扈，自其上供之外，主計者莫能窺其底蘊。李吉甫始爲元和簿，謂比量天寶供稅之戶，纔四分有一，則可以知當時財政之不相統一也。宋初削州郡之權，出納自上，三司使得以時考核而通計之。於是丁謂等相繼爲景德祥符皇祐治平熙寧諸會計錄，以網羅一時出納之計。然其初財賦所入，大抵歸左藏，而歲撥款以入內藏。迨遼夏議和，復歲輸巨幣，以此二端，公私困竭，養兵奮武，不可不先聚財，而環顧朝臣，皆習故守舊，莫有能任其事者，遂召翰林學士王安石執政，安石謂冢宰當制國用，因與三司分權，凡稅賦常貢，歸之三司，而山海征榷之利，悉歸朝廷。故蘇轍作元祐會計錄，所紀收支、民賦、課入、儲運、經費五端，而謂內藏右曹之積，州縣封樁之實，以非三司所領，不入會計。夫以三司綜國計者，以其有考核之權者也，此宋制之所以稱善也。宰相既與三司分權，名曰制國用，而實未嘗行其職，財政有不自此殺亂乎？徽宗之世，蔡京用事，遂敢倡豐亨豫大，惟王不會之說，厚斂以奉人主之私蓄，而大肆其侵漁焉。雖然，此第言綜核之得失耳，若其前後軍事、歲幣、封禪、土木所費者衆，南北兩朝，靡歲不憂貧。其初歲入千六百餘萬緡，太宗以為極盛，兩倍唐室，至熙寧間，合苗役市易等錢，乃至五千餘萬。渡江時，東南歲入不滿千萬，上供才二百萬緡，呂頤浩掫收經制錢六百六十餘萬緡，孟庾復增總制錢七百八十餘萬緡，朱勝非當國，又增月樁錢四百餘萬緡，高宗末合茶鹽酒筭坑冶榷貨糴本和買之入，凡六千餘萬緡。兩朝土地廣狹，財賦多少，相視迥殊，南渡之民，蓋又不堪命矣。

元世祖之罔利

元當用兵之初，其蒙民雖在行間，仍有納稅之責，必令其妻守家以供稅額，故頻年用兵，貲財不匱。太祖太宗，未遑內治。世祖酌定官制，以戶部掌財賦，而受成於中書省，其太府院所掌，別為內藏。其時歲入都計三百萬錠上下，（至元鈔二百文為一貫，十貫為一錠）其後日增月益，訖文宗時，歲入至九百餘萬錠，稅粮科差之數不與焉，而朝廷猶未有一日蓄也。雖其御極之餘，罷榷酤而獨重斂，而無如拓地東南，用兵西北，連年事戰爭，以是國用恆不給，則不得不用聚斂之臣，搜括民財以足之。回紇人阿哈瑪特（舊作阿合馬）以言利，即擢為諸路轉運使，專理財賦，寵倖宰相，括諸路戶口稅課，掊斂作姦，為千戶王著所殺。自其死，廷臣諱言利，莫以副上意，而盧世榮繼之，遂以富國策被盼遇，且喜大言，謂天下歲課鈔九十餘萬，今不取諸民，能令課程增三百萬錠，然其所設規措所迫脅諸官司虛增其數，鈔愈虛，物愈貴，民大擾，卒以罪伏誅。又有西域僧格者，（舊作桑哥）能通諸國語言，素主世榮者也，而世祖復信仗之。行至元鈔，置徵理司，鉤考諸路錢穀，求益急，民自殺者相屬，而諛者且爲之請立碑刊績，凡四年。世祖謂朕過聽僧格，致天下不安，遂籍其家，誅之。自中統以來，掊克聚斂，更合阿盧僧當國，餘三十年，怙勢賣官，其黨皆公取賄賂，民益不堪。約蘇穆爾（舊作要束木）者，僧格妻黨也，爲湖廣平章政事，責民輸銀，拷掠死者載道，逮至京，沒其貲，黃金至四千兩，繫還湖廣棄市。謂世祖不罔利，得乎？當時所云歲入三百萬錠者，猶是至元二十九年之數，僧格已先死一年，其收入之增，不問可知矣。厥後西僧勢盛，江南釋教總統，至攘財物，敓民田寺觀田畝，皆免租稅，平民入寺，籍爲佃戶者，亦不輸公賦，上虧公額，以故歲入漸減。又鈔法屢變，順帝時，物價騰涌，至逾十倍，國用繇是大乏，而帝日事淫樂，厚斂於民，日朘月削，以趣於亡，此耗國損民之大略也。

明季加賦之害

明自正統以前，天下歲徵入數共二百四十三萬兩，出數二百萬兩，（按此疑僅指京庫而言）夏秋稅糧，都凡二千六百七十萬石，以供中外俸饟，此其歲計之梗概也。故其初京庫餘積至八百萬兩，直省府庫，亦各有儲積。自武宗游宴奢侈，而儲蓄一罄；自世宗土木禱祀，重以宣大寇擾，東南倭亂，而邊供益繁，歲之所入，不能充所出之半。繇是度支爲一切之法，題增派，括贓贖，筭稅契，折民壯，提編均徭，而推廣事例出焉。初猶賴以濟匱，久之，諸所灌輸益少，用既不支，而又不知節。至神宗以諸皇子婚，詔取太倉銀二千四百萬，司農告匱，命嚴覈天下積貯，自古費用之濫，未有如是之甚者。繇是諸璫四出，毒遍天下，先後進奉銀三百餘萬兩，金珠寶玩貂皮名馬稱是，帑以爲能。沈鯉上害民狀，且言鑛實破壞名山大川，不得已始命稅務歸有司，歲輸所入之半於內府，半入戶工二部。然中使仍不撤，吏民之苦益甚。神宗季葉，東北困於兵役，更議加增田賦，凡爲銀五百二十萬。崇禎初年，復增百四十萬，綜名遼餉。後又增剿餉，練餉，先後通增千六百七十萬，民亡所食，羣起爲盜，蓋自中葉之蠹耗，元氣已傷，及其末流，兵荒相仍，赤地萬里，雖竭天下之力，其能有濟於存亡邪？

清前後歲計盈虛之概

自康雍兩朝軍輸寖緩，乃專務休養生息，故其時物力既紓，國計益裕。蠲江浙逋賦，詔永不加丁，惠民之政，史不絕書，然正用不匱者，事簡俗儉，足以供給而有餘也。而尤莫盛於乾隆一朝，其間普免天下地丁者三，普蠲各省漕糧者再，益以河工海塘災賑軍費，積年所需，何啻萬萬。而四十六年以後，據阿桂疏，部庫儲積，乃有七千餘萬兩；又據會典所載，歲入賦額，乃有銀三千二百八十餘萬兩，糧四百三十餘萬石。雖其後權賄稍張，而恐慌之象尚未大見，職是故耳。唯任用和珅一事，爲民所苦。當時聚歛自豐，疆吏畏傾陷，爭輦金事之。嘉慶時抄沒，都計家產一百有七號，已估值者二十六號，已合銀二百二十三兆兩有奇；其未估者又三倍於此。舉民間數百兆母財，吸而收之，置諸不生產之地，於是民始患貧。又初制綠營兵數六十六萬餘，額多不足，向以八人領十人之餉，謂之虛糧。迨四十七年後，以庫儲饒裕，令虛糧均作正開支，別募兵以補額，繇是額支之款，歲增三百萬，及其季年，已費至四千有餘萬，而帑藏遂告絀，此又一因也。洪楊軍起，疆事不支，財用大竭，疆臣多自擅財賦佐軍興，戶部復不拘以文法，事雖平定，而互市之局大開，始議經畫防海，國用寖廣，歲入亦倍疇昔。光緒中葉，約計每年八千餘萬兩，較乾隆時加倍有奇，而其所增益者，半出於洋稅釐金，都凡三千萬兩，出入猶足相抵也。至乙未辛丑兩次和約，賠款至七百兆，合新舊洋款，豫計分年攤償，自光緒二十八年起，再越三十二年，每年輸出總在四千餘萬，已居中國歲入之半。而此後練軍興學，在在事多於昔，乃益務爲一切收括，使吾民敲骨吸髓，以至於此者，賠款爲之也。非利用厚生，整頓實業，其能挽此頹波乎？

農政二

第一章　井田均田之沿革

井田之原始

上古狉獉未化，睢睢盱盱，無所系屬，勢不能無所爭，爭則有勝不勝，勝者爲之長，不勝者即爲之役，處於其所占之地者，即歸其統攝而莫或違戾，此遊牧時代所以有會長也。會長即地主人，牧者必貸畜於主人以供其羸，進而爲耕稼時代，則亦貸主人之田，以輸其租。凡地之所有，皆主人有也，其羣曾不得以自私爲。蓋世界民族必經過之階級，西哲所謂以鄉社爲奴耕者，（社會通詮）亦即吾國井田之所繇來也。故井田必根於封建時之所至雖去之而不能；及其既去，欲復之而亦不可。準以天演物競之例，知後世主張封建井田者，其說皆芻狗也。

井田之制度

考黃帝立邱井之法，因以制兵。故井分四道，八家處之，其形九字開方九焉，此爲起源。夏時民多，家得五十畝而貢，殷時民稍稀，家得七十畝而助，周時民至稀，家得百畝而徹。農民戶人已受田，其家衆男爲餘夫，亦以口受田如比。（此例也）士工商家田五口，當農夫一人，此謂平土，可以爲法。至言其制度，則經野不殊乎九夫一（井九夫），度地不離乎三等，（大司徒不易之地家百畮，一易之地家二百畮，再易之地家三百畮。遂人上地夫一廛，田百畮，萊五十畮；中地夫一廛，田百畮，萊百畮；下地夫一廛，田百畮，萊二百畮。）受田不過乎百畝。周官遂人曰：以強予任甿，謂餘夫強有力者，則予之田，而任其力是也。孟子所謂餘夫二十五畝也。考之載師，又有宅田、士田、賈田，任近郊之地，官田、牛田、賞田、牧田，任遠郊之地，蓋鄉遂止有十五萬家，自十五萬夫及餘夫受田之外，其餘則爲七等之田。是以致仕者，其家所受田，曰宅田；仕有祿者，受田如圭田，曰士田；賈人在市，其家所受田，曰賈田；庶人在官者，其家所受田，曰官田；田賦所出以飼牛者，曰牛田；田賦所出以飼馬者，曰牧田；公卿大夫有功受賞者，曰賞田；此載師七等受田之制然也。孟子曰：請野九一而助，國中什一使自賦，國中言鄉，野言遂也。分而言之，是鄉用貢法，遂用助法矣。蓋六鄉於王畿爲近，而皆君子，故使之什一自賦，其粟則藏於倉人；六遂於王畿爲遠，而皆野人，故使之九一而助，其粟則聚於旅師。貢與助法通行，故曰百畝而徹。逮至春秋魯宣公初稅畝，而公田之法壞矣。宣公既取公田之稅，又取私畝而稅之，則是什而二之也。迄哀公二猶不足，是自宣公以來，周之徹法，已不復行，況戰國暴君汚吏，必慢其經界乎？故孟子謂貢法未可盡廢，而助法不可不行，請野九一而助，所以寬野人，國中什一使自賦，所以待國中之君子，此孟子救時之論，亦周公受田之制也。

阡陌之利用

秦孝公任商鞅，以三晉地狹人貧，秦地廣人寡，故草不盡墾，地利不盡出，於是誘三晉之人，利其田宅，務本於內，而使秦人應敵於外，故廢井田，開阡陌。阡陌者，卽井田之涂畛溝洫也，凡治野夫間有遂，遂上有徑；十夫有溝，溝上有畛；百夫有洫，洫上有涂；此其水陸占地，不得爲田者頗多。世衰法壞，漸以紛紜。於是豪强者侵欲兼并，而井地不均，貪暴者多取自利，而穀祿不平。商鞅因其弊，一切剗除之，任民買賣，自由得以專地開墾荒廢，毋尺寸遺，得以盡地利，民得以田爲永業，不復歸授，以省煩擾，使地皆爲田，田皆出稅，以杜隱據。故秦紀鞅傳皆云：爲田開阡陌封疆而賦稅平；蔡澤傳亦曰：決裂阡陌以靜生民之業，而一其俗。蓋社會進化生產之數，亦不能限以常度，優者自以競爭而占勝，劣者自以失敗而淘汰，事勢所趨，無可平均。其潰者，其過之者，咎也。然使順其所流而不爲之所，則小不相齊，漸至大不相齊，大不相齊，卽足致天下亂者。

限田之害

自井田既廢，有志復古者，目擊富者田連阡陌，坐擅私產之利，嘗欲有所設施，以圖補救，而有限田均田之議；持之有故，言之未嘗不成理也。限田者，所以制限民田，使不得過若干畝，其意似同於均田，但均田之制，人占田畝，法有還受，此不同耳。限田之法，一見之於王莽時，更名天下田曰王田，奴婢曰私屬，皆不得買賣，其男口不盈八而田過一井者，分餘田予九族鄉黨，故無田，今當受田者如制度，犯令投之四裔。後莽知民愁怨，迺令民食王田皆得賣之。再見之於兩宋，仁宗詔限田公卿以下，毋過三十頃，牙前將吏應復役者，毋過十五頃，蓋但限於在官之屬也。南宋末，賈似道以用度不足，計富戶踰限之田，抽三分之一，回買以充公田，官給價又不實，江浙之民大擾，此則假名均富，實不啻斂富人用以入官，其於貧民生計奚補焉！此又王莽之不若矣。

均田之存廢

均田者，井田之變相也，但與井田不同者，其田有永業，有還受耳。晉武帝時，制男子一人占田七十畝，女子三十畝，其丁男課田五十畝，丁女二十畝，次丁男半之，女則不課，爲均田所自始，而還受之法，史無明文。五胡雲擾，南北分裂，至元魏孝文時，民多蔭附，蔭附者，無官役而豪强徵斂，倍於公賦。迺從給事中李安世之議，遂以實行，詔諸男夫十五以上受露田（不栽樹之地）四十畝，婦人二十畝，人年及課，則受田，老免，及身沒則還田，諸桑田不在還受之列。其制爲二十畝，又凡盈者無受無還，不足者受種如法，盈者得賣其盈，不足者得買所不足，不得賣其分，亦不得買過所足，諸宰民之官，各隨給公田有差，更代相付，賣者坐如律。齊周隋因之，得失無甚差異。至唐遂爲口分世業之制。黃、小、中、丁男子（始生爲黃，四歲爲小，十六爲中，二十一爲丁，六十爲老）給田一頃，老男篤疾廢疾減什之六，寡妻妾減七，皆以什之二爲世業（二十畝），八爲口分（八十畝），其口分則有還受者也。若狹鄉所受者，減寬鄉口分之半，其地有厚薄，歲一易者，倍授之，寬鄉三易者不倍。工商所受者亦減寬鄉口分之半，狹鄉不給。凡庶人徙鄉及貧無以葬者，得賣世業田，自狹鄉徙寬鄉者，幷得賣口分田，已賣者不復授，死者收之，以授無田者，此其前後定制之略也。

自元魏推行均田，其時中原統一已久，民安其業，故但變通其法，然以彼與此，已啓爭端，受田還官，徒滋紛擾。此無他，勢有所不通也。唐初，承兵燹之後，戶口不滿三百萬，流離轉徙，地失其主，故得以因人制田，普行均配。第至永徽而後，已兼幷如故，計均田之行，唯自魏至此二百年間，其餘無聞焉。其粗能久存者，亦以前後兵事終始，曠土間田，所在而有。承平既久，戶口歲增，則其分給，殆難言之，勢處於必敝之地。而持均富主義者，樂道其善不衰，均之不能強，設法以限之，冀以除貧富之階級，其亦謬於進化之理者矣！

第二章　代田區田之發明

易田之變例

自后稷教民稼穡，農政以成，而禹平土，更酌物土之宜，於是九等之田分焉。至周以穡事開國，而高原宜黍，下隰宜稻，農事之修，俱有專官，於是十二壤之物辨焉。土之肥瘠既顯，則有不易一易再易，定是三品，因自然之地力不足者，歲更休之以爲養，周而復始，其方迺均。雖然，一易再易，每歲不耕之地，其棄者多矣。迨歷時滋久，生齒既繁，又授田之制漸壞，一夫所占，非盡以上田百畝爲衡，則種植之方，遂不必更休爲限，歲而爲之，以暨於無窮者，又其勢之所必變也。遵是道也，則人之心思材力，自此又進得一術焉。迺不別於上中下三則，以普耕之習慣，而行分休之方法，此代田區田之所繇起也。李悝盡地力，商鞅制轅田，（卽易田）萌芽於戰國，而大發達於漢以後。

代田之法

代田者，始於漢武征和四年，其春以趙過爲搜粟都尉，過教民爲代田，一畮（漢制二百四十步爲畝）三甽（同畎）歲代處，（代易也歲易其處胡三省曰即周禮一易再易之類）古法也。后稷始甽田，以二耜爲耦，（併兩耜而耕）廣尺深尺曰甽，（周禮注田中高處曰壟壟中曰畎畎上曰代）長終畮，一畮三甽，一夫三百甽，而播種於三甽中，苗生葉以上稍耨，（鉏也）壟草因隤（謂下之也）其土以附苗根，故其詩曰：或芸或芓，黍稷儗儗。（盛貌）芸、除草也，芓、附根也，言苗稍壯，每耨輒附根，（每耨草輒以土附著苗根）比盛暑，根深能（讀曰耐）風旱，故儗儗而盛也。其耕耘田器，皆有便巧。率十二夫爲田，一井一屋，故畝五頃，（九夫爲井三夫爲屋夫百畝於古爲十二頃古百步爲畝漢每畝二百四十步古千二百畝則得今五頃也）用耦犂二牛三人，一歲之收，嘗過縵田畮一斛以上，（縵田不爲畎者）善者倍之。（善爲甽者又過縵田二斛以上）過使教田太常三輔，（太常主諸陵有民故亦課田種）大農置工巧奴，與從事爲作田器，二千石遣令長三老力田及里父老善田者，受田器學耕稼，養田狀。民或苦少牛亡以趨澤，（趨及也澤雨澤也）故平都令光（光名也史佚其姓）教過以人輓犂，過奏光爲丞，教民相與庸（庸功也）輓犂，率多人者田日三十畮，少者十三畮，以故田多墾闢。過試以離宮卒田其宮壖地，（宮壖田謂外垣之內內垣之外守離宮卒閑而無事因令墾地爲田也）課得穀皆多。其旁曰畮，一斛以上，令命家田三輔公田，（李奇曰命家謂受爵命一爵爲公士以上令得田公田優之也）又教邊郡及居延城，（居延張掖縣時有田卒也）是後邊城、河東、宏農、三輔、太常民，皆便代田，用力少而得穀多。蓋易田爲分，廣於百畝，代田歲處，限於畝畎，等有遺地，而畸零之與整數，爲方不同，其效殊矣。清高宗云：代田分甽，歲易其處，以用力少得穀多也。然此田用之土曠人稀時尚可，否則以二甽之地代種，即使一甽有二甽之獲，地與穀僅足相當，又何便巧之有哉？

區田之法

區田者，元王楨農書（共二十二卷，農桑通訣六卷，穀譜四卷，農器圖譜十二卷，農事極詳）推本氾勝之（隋唐志並列農家，漢志十八篇，其書今無傳本）之說，謂湯有七年之旱，伊尹始作區田。（漢人託始於伊尹者）其法每田一畝，廣一十五步，每步五尺，計七十五尺。每行占地一尺五寸，計分五十行，其長一十六步，每步五尺，計八十尺。每行占地一尺五寸，計分五十三行，長廣相乘得二千六百五十區。空一行種一行，隔一區種一區，除隔空可種六百六十二區，區深一尺，用熟糞二升與區土相和，布種勻覆，以手按實，令土與種相著。苗出時，每一寸留一株，每行十株，每區十行，留百株。別製廣一寸長柄小鉏，鉏多則糠薄，若鉏至八遍，每穀一斗，得米八升，如雨澤時降，則可坐享其成，旱則澆灌不過五六次，即可收成。結實時，鉏四旁土深壅其根，其為區無論平地山莊，歲可常熟，近家瀕水為上，其種不必牛犂，唯用鍬鑊墾劚，更便貧家。大率區田一畝，足食五口，其說若此，自古以來，大率有其說而未見諸行。金章宗五年，雖下其法於民間，而亦旋罷。唯清康熙朝，桂林朱龍耀為山西蒲令，邑處萬山中，高陵陡坡，非雨不能有秋，爰取區田法試之，後為太原司馬，在平定亦然，收每區四五升，畝可三十石，乃為圖說刊布之，為農民勸。雍正二年，直隸巡撫李維鈞試種於保定，賃地二畝，因補種灌溉，尚未如法，一畝之收，得穀十六石。（經世編區田說）此近事之可徵者也。然而區田以糞氣為美，（見齊民要術）明徐光啓謂有糞壅法，即今常種稻田，亦可得穀畝二十許斛。又古今斗斛不同，所謂六十六石者，又未可以今斛為衡。（見農政全書）則區田倍收，全在人力灌溉。今化學發明，農殖大進，謂雖瘠土可變沃地，今吾國代區二法，較之周官易田，不能謂無進步；但一資人力，一資田器，其於地力之蕃息，所關猶淺也。有志農殖者，顧安得變通而盡利乎？

第三章　南北之水利

自神禹導河，盡力溝洫，周官治遂，兼用匠人，於是水田之利興焉。自是管夷吾作隄防民，孫叔敖決水灌野，渠陂並作，隨所設施，自古訖今，不遑縷述；今但舉其大端：北方則西舉關中，東數河北；南方則三吳皆修治水利之最著者也。綜是三區，凡古今人事進退之故，亦可得其大凡矣。

關中渠堰之利

自古雍州爲王畿，自秦孝公作爲咸陽，築冀闕徙都之，謂之秦川，亦曰關中，（潘岳關中記東自函關西至隴關二關之中謂之關中）周秦漢唐之所建都也。渭水（出甘肅渭源縣西南谷山下流自陝西華陰縣入河）貫其中，其南終南山，號稱陸海，其北地故爲鹵；涇水（出甘肅平涼縣西南四十里下流自陝西高陵縣入渭）在其旁，關中溉田之利，莫如涇水。秦始皇初，韓聞秦好興事，欲罷（讀疲）之，毋令東伐，乃使水工鄭國間說秦，令鑿涇水，自中山（陝西涇陽縣西北七十里）西抵瓠口（即谷口陝西醴泉縣東北七十里）爲渠，並北山，（九嵕嶻嶭諸山）東注洛（古漆沮出甘肅慶陽縣合水縣北下流自陝西朝邑縣入渭）三百餘里，欲以溉田，中作而覺。秦欲殺鄭國，國曰：「始臣爲間，然渠成亦秦之利也。」秦以爲然，卒使就渠。渠就，用注填閼（閼與淤同填淤謂墊泥也）之水，溉舄鹵之地四萬餘頃，收皆畝一鍾。（六斛四斗）於是關中爲沃野，無凶年，秦以富強，卒併諸侯，因命曰鄭國渠。自此至西漢武帝朝，又有龍首六輔白渠之役。龍首渠者，倡議於嚴熊，謂臨晉（陝西朝邑縣）民願穿洛以溉重泉（陝西蒲城縣東南五十里）以東萬餘頃故鹵地，（秦簡公塹洛城重泉即此）誠得水，可令畝十石。於是穿渠，自徵（陝西澄城縣）引洛水至商顏，（即商原原有泉水味鹹苦羊飲之肥而肉美諺曰苦泉羊洛水漿通典商原謂之商顏）下岸善崩，乃鑿井，深者四十餘丈，往往爲井，井下相通，行水隤（下流曰隤）以絕商顏，東至山嶺十餘里間，井渠之生由此始。穿得渠龍骨，故名龍首渠。作之十餘歲，渠頗通，猶未得其饒。至元鼎六年，兒寬爲左內史，請穿六輔渠以益溉鄭國旁高卬（同仰）之田。（素不得鄭渠之溉灌者，仰謂上向也）太始二年，趙中大夫白公復奏渠引涇水，首起谷口，尾入櫟陽（陝西臨潼縣）注渭，中袤二百里，溉田四千五百餘頃，因名曰白渠；（顏師古曰六輔渠在鄭渠上流之南，白渠在鄭渠下流之南）民得其饒，歌之曰：「田於何所？池陽谷口。鄭國在前，白渠起後；舉臿（鍫也）爲雲，決渠爲雨。涇水一石，其泥數斗，且溉且糞，長我禾黍；衣食京師，億萬之口。」言此兩渠饒也。故關中之富起於秦，盛於漢，泰半在渠利，而鄭白尤著。後漢都雒，諸渠漸廢，後周復開龍首渠以廣灌溉。迄唐時，涇渭之間，頻遭寇亂，而勢豪之家，又多引涇水，營私利，民田益困。及永徽中，鄭白二渠，灌溉不過萬頃，大歷中，復減至六千頃，兩渠之利益微。宋至道初，度支判官梁鼎陳堯叟等以鄭渠久廢，請修三白渠舊迹，然其所溉者，涇陽櫟陽高陵雲陽三原富平六縣，田三千八百五十餘頃而已。熙寧中，修白渠故蹟，自仲山（卽中山）旁更穿豐利渠，溉田二萬五千頃。元至正三年，以新渠堰壞，導流益艱，乃復治舊渠口。堰成，凡溉田四萬五千餘頃，其數與漢埒，而未仍廢，何哉？則以年久涇河益深，渠身益高，水不能入口故也。（禹貢錐指論治河）古稱雍田爲上上，而至今等於瘠土；雖曰地力衰息，亦人事不修所致哉！

河北水田之議

燕冀之水，大者如白河、（亦曰潞河，出獨石口外，下流爲北運河）桑乾、（源出山西馬邑（朔縣東北四十里）下流曰渾河，曰無定河，清康熙時更名永定）滹沱、（出山西繁峙縣，下流曰子牙河）衛河（出河南輝縣，亦曰御河，下流爲南運河）四水爲之經，東淀西淀（東淀曰三角淀，在天津西；西淀曰白陽淀，在清苑縣東）南泊北泊（南泊曰大陸澤，在邢臺縣）

（東北泊曰寧晉泊，在趙縣、冀縣間）泊爲之緯，皆綜匯於天津以入海。其不由天津入海者，獨京（今北平）東諸水耳。其間河灤淀遺不可悉數，與江南並稱澤國。然水性湍悍，盈縮而淤速，冬春水涸，名川大澤，多可徒涉，伏秋水漲，奔溢爲患。故北人未諳水利，常遭水害。自唐以前，視爲偏方，未甚屑意。宋遼相持，關繫始重。宋臣何承矩於雄（河北雄縣）鄚（河北任邱縣）霸州（河北霸縣）興堰六百里，置斗門引淀水灌田，民利賴之。自元訖清，王都所在，經世者爲根本之圖，建議者無慮數十家，其行之而有效者：元之郭守敬，專精水利，世祖信任之，提舉諸路河渠，北方水田益闢。（初見世祖陳水利六事其一中都漕河東至通州引玉泉水通舟歲可省僱車錢六萬緡其二順德達泉引入城中分爲三渠灌城東北其三順德澧河東至古任城失其故道沒民田千三百餘頃此水開修成河其田即可耕種其四磁州東北滏漳二水合流處引水由滏陽邯鄲洺州永年下經雞澤合入澧河可灌田三千餘頃其五懷孟沁河雖澆灌猶有漏堰餘水東與丹河餘水相合引東流至武陟縣北合入御河可灌田二千餘頃其六黃河自孟州西開引少分一渠經由新舊孟州中間順河古岸下至溫縣南復入大河其間亦可灌田二千餘頃世祖善之尋命修治西夏水利其古渠大小數十溉田九萬餘頃兵亂淤廢守敬更立牐堰皆復其舊）至明徐貞明之議，則欲於上流疏渠濬溝，引之灌田，以殺水勢；下流多開支河，以泄橫流，其淀之最下者，留以儲水，稍高者如南人築圩之制，以爲利興而害可除也。又著潞水客談，論水利當興者十四事，其言甚切。至萬歷中，以爲領墾田使。貞明經始永平，募南人爲倡，未期年，墾田幾四萬畝。又周覽水泉分合，將大疏濬，而閹人勛戚占田者爭言不便，尼之，不果行。其後天津巡撫汪應蛟於葛沽白塘試種水稻，畝收四五石；疏於朝，請以防海官軍萬人，分田屯墾，其法頗有推廣焉。清雍正三年，直隸患水，詔允祥朱軾周履三輔，大興營田，規畫至爲詳備，大要本於前賢之遺則。繼又分設營田四局，（京東京西京南天津）五年之間，成水田六千頃有奇，歲久廢弛，往時之利不可知，而憂旱憂澇如故矣。夫其明效大驗，既已若此，乃或言之而不行，或行之而不終，自元以來，但歲仰東南之粟以實燕京而不能自殖其利焉抑亦可惜矣！

吳中湖江之利

三吳古爲揚州之域，揚州厥田惟下下，而三吳財賦甲於天下，若此者何也？以興水利故也。蓋其利在流而不盈，盈則爲害；今之水蓄衍溢，民不聊生者，職是之繇；要在治之者得其道耳！禹貢云：「三江既入，震澤底定。」三江者，婁江淞江東江也；震澤者，太湖也。太湖東西二百餘里，南北百二十里，周五百里，中有七十二峯，爲三吳之巨浸。蓋震澤之西北，有建康常湖數郡之水，自百瀆注之；西南則有宣歙臨安苕霅諸水，自七十二漊注之。（舊道已湮）其旁近州邑之水，類皆以太湖爲壑，源多流盛，唯賴三江導之入海而已。迨捍海塘築，而東江之故道遂失。後人於常熟之北，開二十四浦，（許浦白茆福山及黃泗奚浦西成東成水門塘崔浦耿涇魚碑鄔溝瓦浦塘浦高浦金涇石撞陸河北浦千步涇司馬涇野兒鋪涇黃蕩漕是也）疏而導之江；復於崑山之北，開一十二浦，（掘浦下張七鴉西涇楊林六鵲顧涇川沙五嶽蔡浦琅淞參浦是也）分而注之海；（時嘉定太倉未置崑山之地東至於海）猶恐淞婁二江，不勝其翕受，故廣闢支流，以救東江湮塞之弊也。宋慶歷間築吳江挽運路，自長橋建而太湖之流不鬯，（即垂虹橋）涸潮倒灌，泥沙積久成淤，於是乎吳中始有水患。元泰定中，蘇人周文英議棄吳淞塗漲之地，專事劉家河白茆浦以放水入海，自此吳淞劉河白茆，遂相沿爲今日之三江矣。明永樂二年，嘉興蘇松水患特甚，詔戶部尚書夏原吉治之。原吉卽祖文英說，以吳淞自吳江長橋至下界浦，（崑山縣夏駕浦）約百二十餘里，雖稍通流，多有淺窄，又自下界浦抵上海南蹌浦約百三十餘里，潮沙壅障，已成平陸，未易施工，而獨注重於白茆劉家二港，使直注江海，數世猶利賴之。至明宏治七年，工部侍郎徐貫治吳淞江，又開濬帆歸浦至分莊塘七十餘里，（帆歸浦崑山南四十餘里分莊塘青浦縣北三十里）是歲，水利僉事伍性，濬吳淞中股四十餘里，并濬顧會趙屯諸浦。八年，撫臣朱瑄復議濬三江下流。正德四年，吳中大水，科臣吳巖請疏濬下流，及修築圍岸。嘉靖初元，從撫臣李充嗣言，濬吳淞江，自夏駕浦龍王廟至嘉定縣舊江口，凡六千餘丈。隆慶三年，撫臣海瑞濬吳淞江，自黃渡（在嘉定）至宋家橋，（上海縣）凡七十里。萬歷六年，御史林應訓復疏黃渡，以西至崑山千浦，以闢吳淞上流。故歷來所疏導，多在分入江海之流，唯荊溪以上之水，自宋人備五堰，明初改作東壩，其流甚微矣。顧宛溪有言：「三江之通塞，係太湖之利病；太湖之利病，係浙西之豐歉；浙江之豐歉，係國計之盈絀。」言水利者，其加意焉！

其他水利治蹟

由上所言，關中河北之水利，以建都而起。東南爲賦稅所出，都北方者倚重焉，其修治不廢者以此。然關中稍陵夷衰微矣。地利之關係，豈不以人事哉！外此者，於蜀則秦昭王時，蜀守李冰壅江水作堋，穿江成都，中通舟楫，有餘則用溉，民享其利。至漢文翁爲太守，穿湔口，灌溉繁田千七百頃，而蜀以饒。於鄴則魏襄王時使超浚漳水以富魏之河內，民歌之曰：「鄴有賢令兮史公，決漳水兮灌鄴旁，終古舄鹵兮生稻粱。」於南陽則前漢召信臣自穰縣南六十里，造鉗盧陂（澤有鉗盧玉池故名）傍開六石門以節水勢，用廣灌溉，歲增三萬餘頃。後漢杜詩修復其業，時歌之曰：「前有召父，後有杜母。」於廬江安豐則後漢王景因楚孫叔敖所起芍陂，修治蕪廢，灌田萬頃，境內豐給。若東南稱水利者，漢以前唯會稽守馬臻開鑑河而已。此皆一時之計畫，著稱於史籍者；今所附述，舉其一斑，蓋亦不足以盡也。

第四章　屯田之制度

軍屯民屯之分

三代而上，量人之力而授之田，量地之產而取以給公上，量其入而出之，以爲用度之數，法至裕也。後世井田廢，邊儲空，漢晁錯始議募兵耕塞下，而屯政以興，後郎師其法以佐軍國，至今爲可舉也。約而計之，其制有二：曰軍屯，曰民屯。軍屯者，長期征戍，以兵爲耕者也。其法便而易行。凡兵之道，有以疾戰勝者，計日而破人之國都，轉戰千里，如楚漢京索之間，袁曹官渡之役，梁晉夾河之事是也；有以持久勝者，逍遙於數年而成功於一日，始若無意於敵，而後卒不可勝，如羊祜之守襄鄧，充國之戰河西，孔明之鎮斜谷是也。故凡興兵數萬，用之數年，而足以成功者，必無累於內，則莫若軍屯：春夏之間營耕耨，秋冬之際爲版築，外衞可以固，內賦可以減，此因人因地，所謂便而易行者也。民屯者，募民耕之，而分里築室，以居其人者也；略倣塞下之制，故以營名。如東晉用流人以墾曠土，後魏籍州郡戶十之一以爲屯，唐韓重華營田於振武，王起營田於靈武，商倚以流民營田於春昌是也；而蘇軾亦欲徙士夫於唐鄧汝潁之間。事之重大，法之變更，得善謀者，而國卒恃以無恐。實西北之邊防，省東南之輸運，以綏民力，防不測，此本富之策，所謂難行而甚急者也。兩者方略同而性質異，此不可不知也。約而計之，歷代屯政：漢之屯以兵，唐之屯以民，宋之屯或民或兵，率皆因時制宜，有足取者。

屯政利弊之分

天下事有一利必有一弊，利之所在，弊即隨之；然則遂因弊而不言利乎？是因噎而廢食也！天下既無無弊之利，要當覩其輕重而爲之衡。弊七而利三，寧因弊而舍利；弊三而利七，當因利而防弊。敢以一言蔽之曰：非其人不可得而行。屯政亦然，如第以利言，則農月營耕，暇月講武，力有所試，可節邪心，利一，畝籍既成，士安其居，數年之後，盡爲土著，利二；塞下粟多，士有宿飽，百貨必聚，師無貴買，利三；溝塍相錯，樹以榆柳，險如營壘，敵寇不得蹂躪，利四；亭障修明，斥堠謹開，諜嚴邏伺，以衛屯而士有固志，利五；農隙講武，步伐止齊，農師田備，相爲帥卒，上下相習，臨敵如父子親戚，利六；而且實內即實外之助，分力即協力之擒，廣耕即廣餉之地，財力既足，國富兵强，利七；虛心而講求之，安知世無太子家令後將軍其人也。夫果有利而無弊，詎不甚善。乃膏腴占爲莊田，肥墝沒於債帥，則有兼併之弊焉；夷虜出沒不常，傭卒耕耘無據，則有如紛擾之弊焉；主屯者優遊城市，課卒者憑信簿書，則有如叢脞之弊焉；課之太急，催之太苛，邊民凋瘵，畔漢入胡，則有如催科之弊焉；經界模糊，飛詭百出，其源至不可裕，則有如册籍增割之弊焉；正軍充伍，餘丁撥屯，令甲至不可復，則有如貼役假佃之弊焉；又況士大夫之管國計者，往往蘧廬一官，秦越一世，屯政詎可問乎？雖然，充國屯田，魏相主之；重華屯田，李絳主之；此內得人以贊者也。婁師德屯田豐州，身衣皮袴，以帥先士卒；郭子儀屯田河中，自耕百畝，將校以是爲差；此外得人以督其事者也。顧安得謀國若理家者其人乎？

邊地內地之分

北方緣長城以西，至於秦隴，其外爲蒙古，爲新疆青海，爲漢時匈奴西羌往來地。初，漢文從晁錯之議，自燕代上郡北地隴西要害之處，通川之道，調立城邑，備室屋，具田器，募民免罪拜爵，復其家，俾實塞下。人自戰守，以禦匈奴；特有定之卒，制無定之寇，計甚得也。及武帝通西域，拓地益廣，酒泉（甘肅酒泉縣）亭障接於玉門，（甘肅敦煌縣西）而西田輪臺渠犁，（並在新疆焉耆縣境）置營田校尉領護，然猶止數百人耳。宣帝時，西羌畔，趙充國擊之湟中，（青海西寧縣）思以計破之，乃請罷兵留田，上便宜十二事，卒振旅而還；雖議其利，迄未實行，然西北制勝之策，自此啓矣。今復析而言之：新疆哈密，古伊吾盧地，厥稱沃壤，東漢以置宜禾都尉，其西柳中（吐魯番縣魯克沁地）置戊己校尉，更互屯墾，而哈密實當東道之衝。漢世伊吾屯田興廢，即於西域之通塞如此。（清乾隆時準噶爾平，軍屯民屯棋布天山南北，而哈密縣鎮西縣伊寧縣三處尤饒）循此以東，安肅甘涼，漢武所開河西四郡（敦煌酒泉張掖武威）者是也。孝昭初元，發習戰射士，屯田張掖，蓋張掖亦西門鎖鑰也。跨河而南，洮水左右，羌戎攸宅，自充國議以屯田制寇，下逮東漢，羌患爲亟，湟中之地，有上官鴻（開置歸義建威屯田七十二部）侯霸（復開置東西邯屯田）之徒，先後開墾，列屯夾河矣。黃河自蘭州趨寧夏，出爲河套，其南爲漢朔方西河上郡，方是時，羌禍蔓延，三郡破碎。虞詡建議，以三郡沃野千里，激河濬渠爲屯耕，省內郡費歲一億計。而靈夏又趙元昊之所擁據。宋時用兵西陲，秦隴一路，募漢蕃漢弓箭手置營田焉。河套以東，爲大同歸化，唐之振武軍在焉。（清今綏遠歸綏縣）憲宗時，振武飢嘆，以韓重華（後改名約）爲營田使，起代北，墾田三百頃，出贓罪吏九百餘人，假耕具糧種，使償所負粟，一歲大熟；因募人爲十五屯，屯百三十人，人耕百畝，就高爲堡，東起振武，極於中受降城，（唐張仁愿築三受降城，並在今河套北岸）凡六百餘里，墾田三千八百餘頃，歲收粟二十萬石，以省度支錢。會有沮之者，故猶以未能推廣爲憾。又東迤，東跨長城，下燕山，遼宋之世，阻扼三關，（瓦橋高陽益津在河北霸縣安新縣及雄縣）宋嘗於河北引兵屯墾，疏治河淀，限戎馬，何承矩之所以奏功也。自其北宣府熱河，有明之萬全太寧衞所屯田在焉。（明制外設九邊內建兩京十三布政司皆有衞所屯田）蓋表邊萬里，歷代措置之成蹟如此。清代東起遼水，西止河套，凡內蒙一帶之地，以次放荒，齊晉之人趨焉，雖異於屯制，而募民實塞，即爲今日改建行省之基礎矣。此西北邊設屯之大略也。

內地之有屯，肇於南北之分裂，因地勢形便而爲之設守者也。漢迄中平，天下亂離，民棄農業，諸軍並起，糧穀無終歲之計；袁紹在河北，軍人仰食桑椹，袁術在江淮，軍中取給蒲蠃。曹操以羽林監棗祗爲屯田都尉，以騎都尉伍峻爲典農中郎將，募百姓屯田許下，（河南許昌）得穀百萬斛，郡國列置田官，所在積粟，故操征伐四方，無運糧之勞。軍國之饒，起於祗而成於峻。武侯治蜀，務農積穀，後將北伐，率大衆自斜谷出，分兵屯田，爲久駐計，耕者雜於渭濱，而百姓安堵，軍無私焉。吳黃武五年，陸遜以所在少穀，表合諸將增廣農畝，報曰：今孤父子親自受田，車中八牛，以爲四耦，欲與衆等均勞逸焉。晉羊祜鎮守襄陽，與吳修好，減戍，以其暇墾田八百餘頃，其始軍無百日之糧，其季年有十年之積，遂以成幷吳之計。然此雖內郡，猶國際地理所爲關係也。唐以下，窮屯田之利，不必起於戰時，而平時亦爲之；不必起於戰地，而軍府皆有之。唐開軍府以捍要衝，因隙地置營田，天下屯總九百九十二，司農寺每屯三頃，州鎮諸屯，每屯五十頃，故內地以屯軍爲經久之計者，自唐始。宋太宗加意營田，而陳恕奏寢其事。雖淳化中何承矩稍一舉行，而又爲衆口所沮。及金人奄有河南，慮中原士民懷貳，創屯田軍，徙北部人民雜居內地，凡屯所自燕南至淮隴之北俱有之，置明安（百夫長）穆昆（千夫長）爲之統。元亦因而利用其策，每征伐過堅城大敵，必屯田爲守，海內既一，於是內而各衞，外而各省，星分棋布，遂爲永制；

統以萬戶之府，編以蕃漢之民，蓋軍屯民屯，猶相間也。明初分軍立屯，以十分爲率，邊方三分，守城七分屯種；內地二分守城八分屯種，遇有警急，朝發夕至，故兵徧天下，而國家無養兵之費。及其歲久，田以典賣占冒，衞所之制日弛，則別募民以鎭守。於是營軍與屯軍又分爲二，屯軍唯有漕運之職，其無漕運者，復有番上營造之役，軍政廢而屯戶亦病。至清裁汰歸併，湖廣江浙，唯有漕卒而已；河運既廢，并此亦復絕矣。此又內地設屯之大略也。

第五章　常平社倉之法

賈生有言：積貯者，天下之大命也。權輕重而斂散之，其法始於齊管仲，而成於魏李悝。管仲之意，專爲富國；李悝之意，兼爲濟民。蓋以農人服田力穡之贏餘，使不以甚貴甚賤爲患，乃仁者之用心，繇是後之常平倉起焉；以常平之功用，繇是後之社倉又起焉；其事皆相緣而至，其法亦百變不窮，繇是後之入中和糴諸法又起焉。此亦積貯之大計也。

李悝之平糴

平糴者，戰國時李悝相魏文侯，以糴貴傷民，（兼士工商）甚賤傷農，民傷則離散，農傷則國貧，其傷一也。善爲國者，必使民無傷而農益勸，今一夫挾五口，治田百畝，歲收畝一石半，爲粟百五十石，除十一之稅十五石，餘百三十五石，食人月一石半，五人終歲爲粟九十石，餘有四十五石，石三十，爲錢千三百五十，除社閭嘗新春秋之祠，用錢三百餘千五十，衣人率用錢三百，五人終歲用千五百，不足四百五十，不幸疾病死喪之費，及上賦斂又未與此，此農夫所以常困，有不勸耕之心，而令糴至於甚貴也。故善平糴者，必謹觀歲有上中下孰，上孰（同熟）其收自四，餘四百石；（平歲百畝收百五十石今大孰四倍收六百石計民食終歲餘四百石）中孰自三，（收四百五十石）餘三百石；下孰自倍，餘百石。（收三百石）小饑則收百石，（平歲百畝之收百五十石今小饑僅收百石）中饑七十石，大饑三十石。故大孰則上糴三而舍一，（糴三百石）中孰則糴二，（糴二百石）下孰則糴一，（糴五十石）使民適足，賈（同價）平則止。小饑則發小孰之所斂，中饑發中孰之所斂，大饑發大孰之所斂而糶之，雖遇饑饉水旱，糴不貴而民不散，取有餘以補不足也。文侯從之，行之魏國，國以富強。

耿壽昌之常平倉

糶糴之利，魏後數百年間，未聞有行之者。至漢宣帝朝，大司農中丞耿壽昌始踵其法，而常平倉以立焉。漢興，天下初定，蓄聚寡少，文帝從賈誼言，令民入粟於邊，得賜爵。至武帝時，居官者以姓號，則倉氏庾氏是也。宣帝纘業，歲數豐穰，穀至石五錢，農人少利。壽昌疏言：故事，歲漕關東粟四百萬斛，以給京師，用卒六萬人；宜糴三輔宏農河東上黨太原郡穀，足供京師，可省關東漕卒過半。又令邊郡皆築倉，以穀賤時增其賈而糴，以利農，穀貴時減賈而糶，名曰常平倉，民便之。唯壽昌僅議置於邊郡，東漢以後，徧及諸郡，歷代因之，以爲成法。

長孫平之義倉

隋開皇三年，朝廷以京師倉廩尚虛，議爲水旱之備，允工部尚書長孫平奏，令諸州百姓及軍人勸課於當縣之社，共立義倉。收穫之日，隨其所得，勸課出粟及麥，貯之倉窖，委社司執帳簡校，每年收積，勿使損敗，時或不熟，當社有飢饉者，卽以此穀賑給，自是諸州儲跱委積。十六年，又詔社倉准上中下三等稅，上戶不過一石，中戶不過七斗，下戶不過四斗。其後山東水潦，遣使開倉，前後賑穀五百餘萬石。義倉之法，取之於民不厚，置倉當社，飢民得食，其庶幾乎！且常平以豐歉為斂散，義倉則專以為賑給，而又偏於縣社，卹民備至。以視後世義倉置於州郡，文移反覆，給散艱阻，監臨胥吏相與侵蝕，其受惠者大抵近郭力能自達之人耳，其利便為何如耶？自隋以迄唐宋，常平義倉二者之方，輒相兼置。

朱子之社倉

宋承五季之亂，義倉寖廢，淳化三年，復常平倉；慶歷初，又置廣惠倉；自神宗用王安石，乃變常平廣惠而為靑苗之法，民不以為便。元豐間復舊。乾道四年，江南民艱食，朱熹變通其法，用為借貸，歲收其息，累積為旱潦備，更命曰社倉。其法凡借貸者十家為甲，甲推一人為首，五十甲則推一人通曉者為社首，其逃軍及無行之人，與有稅糧衣食不闕者，並不得入甲。其應入者，仍問願否，願者開具一家大小口若干，大口一石，小口減半，五歲以下者不與置籍，以貸之。其以溼惡不實還者有罰。乃請於府，得常平米六百石賑貸，夏受之於倉，冬則加二取息，計米以償。自後隨年斂散，遇歉蠲其息之半，大饑則盡蠲之。凡十有四年，得息米若干，除以原數償府外，見米三千一百石，以為社倉，不復收息，每石止收耗米三升；以故一鄉四五十里，雖遇凶年，民不乏食，其後孝宗下其法於諸路。然朱子此法，與安石靑苗錢無甚差異，安石發常平錢穀，聽民貸借，使出息二分，春散秋斂，而其弊則曰徵錢，曰取息，曰抑配，利害懸天淵焉。蓋其所以異者，同是取息，一以為社積，一以為牟利耳且徵錢抑配，爲在不爲民病，惟青苗固爲世所詬病，而社倉末流之失，亦不免焉；此亦視乎其行之者也。

以常平推行和糴之法

宋初立和糴之法，以廣軍儲，實京邑，而河北河東陝西三路，又自糴買，以息邊民飛輓之勞。建隆初，河北大稔，命使置場增價市糴，自是率以爲常。初，河東既下，減其租賦，有司言其地沃民勤，頗多積穀，請每和市，隨常賦輸，而京東陝西河北缺兵食，則州縣括民家所積糧市之，謂之推置。取上戶版籍酌所輸租而均糴之，謂之對糴。又募商人輸芻粟於邊，受鹽於兩池，謂之入中。陝西糴穀，又歲豫給青苗錢，天聖以來，罷不復給，然發內藏金帛以助糴者，前後不可勝數。寶元中，出內庫珠付三司，售之取其直，以助邊費。熙寧五年，遂易和糴之名，爲助軍糧草，自是和糴入中之外，名目繁多：(一)坐倉，熙寧二年，令諸軍餘糧願糴入官者，計價支錢，復儲其米於倉也；(二)博糴，熙寧七年，以常平及省倉歲用餘糧，減直聽民以絲綿綾絹增價博買，俟秋成博糴也；(三)結糴，熙寧八年，劉佐體量川茶因便結糴，熙河路軍儲得六十萬石也；(四)俵糴，熙寧八年，詔歲以鹽鈔粳米付市易司貿易，度民田入多寡，豫給錢物，秋成於緣邊諸郡入米麥封樁者也；(五)兌糴，元祐二年，嘗以麥熟，下諸路廣糴，詔後價若與本相當，卽許變轉兌糴者也；(六)寄糴，以商人入中，歲小不登，必邀厚價，乃設內郡寄糴之法，以權輕重者也；(七)括糴，元符元年，涇原經略使章楶請並邊糴買，豫榜諭民，毋與公家爭糴，卽官儲有乏，括索贏糧之家，量存所用，盡糴入官者也；(八)均糴，童貫宣撫陝西奏行之，按人戶家業田土頃畝分等均敷，然其弊則至於糴不償直，或不度州縣力數，數過多，有一戶糴數百石者，蓋至括糴均糴，民不勝病矣！然其法不可久行。

以常平推行入中之法

入中者，召商輸米入邊，官給鹽茶引券，就所產處執券取支，以抵其直者也。蓋亦宋代西北用兵，糧儲匱乏而然。其始官省轉運之勞，邊軍得所仰給，而商人往來委輸，尤樂其利。然其後姦商黠賈，輒爲高價入粟，官受其虧，故宋獨以和糴爲重。明乃因而利用之，專以鹽課供邊餉，洪武永樂間，內地大賈，爭赴九邊，墾田積粮，以便開中鹽法，邊計相輔而行，邊方菽粟，無虞甚貴，亦一時良策也。夫常平輕重斂散之法，與入中和糴，其法迥殊，然其相因而至，要以倉儲爲之歸。蓋此固公府之貯積，相緩急以利民，與務蓄積以實邊急農之舉，轉而贍軍，其制雖變，其趨勢固有如此者矣。要之古今無不弊之法，天下有可任之人，自在奉法者善耳！

錢幣三

第一章　錢法之變

伏羲氏聚天下之銅，以爲棘幣，外圓內方，以蓋輕重，以通有無，而錢幣自此始。太昊氏高陽氏謂之金，有熊氏高辛氏謂之貨。神農氏列廛於國，以聚貨帛。黃帝氏作，立貨幣以制國用，並制金刀，立五幣，設九棘之利，而爲輕重之法。而陶唐氏則謂之泉。夏禹鑄歷山之金，以捄火災。商湯鑄莊山之金，以捄旱災。此皆因民之所利，爲貿遷有無之藉。自周太公立九府圜法，以爲貨寶於金，利於刀，流於泉，布於市，束於帛，而國之經用資焉矣。其時錢尙不專於銅，自漢訖今，則固以銅爲本位者也。故錢法之立，常在於銅，今先列表明之。

錢法一覽表

時代	錢別	形制	行廢
周	寶貨 大錢	外圜函方 亦曰寶貨徑寸二分重十分十二銖肉好皆有周郭	周初行 景王鑄
秦	半兩 重如其文		一統以後所行
西漢	榆莢 亦曰五分 八銖 即秦半兩 四銖 亦曰半兩 三銖 五銖 赤仄 亦曰子紺錢 三官 即五銖	文重半兩實爲四銖 重如其文 周郭其下 赤銅爲郭一當五賦	漢初患秦錢重難用改爲榆莢高后二年又行八銖六年又行五分錢文帝更鑄四銖武帝壞之行三銖四銖慮奸者盜磨三銖錢輕亦易生姦詐乃更令郡國鑄五銖既又令京師鑄赤仄行之二年錢賤民巧法用之不便竟廢於是專令上林三官鑄錢天下非三官錢不得行諸郡國前所鑄悉廢銷之而民之鑄錢益少計其費不能相當唯眞工大姦乃盜爲之
新	契刀 錯刀 小錢	長二寸直五百 以黃金錯字直五千 重一銖直一	莽初造大錢直五十及錯契刀與舊五銖錢四品並行及即眞以書劉字有金刀罷刀錢與五銖改行六品既而專以小錢直一與大錢直五十者二品並用最後又廢大小錢改爲貨布貨泉二品行之每一易錢民用破業而大陷刑

莽		幺錢	重三銖直十	
		幼錢	重五銖直二十	
		中錢	重七銖直三十	
		壯錢	重九銖直四十	
		大錢	重十二銖直五十	
		貨布	長二寸五分重二十五銖直貨泉二十五	
		貨泉	徑一寸重五銖枚直一	
東漢		五銖		光武依故事鑄之天下稱便
		四出		靈帝鑄
		小錢	錢皆四道	董卓壞五銖錢鑄之錢無倫理文章不便民用
三國	魏	五銖		文帝廢錢用穀帛明帝更鑄行之
	蜀	直百		昭烈初入蜀時鑄
	吳	大錢	直五十直千錢	孫權鑄
晉		五銖		因魏之舊
		沈郎		渡江以後吳興沈充鑄行
南	宋	四銖	重如其文輪廓形製與古五銖同	文帝孝武帝兩朝鑄四銖廢帝景和中鑄二銖自二銖出民間每模效之泰始中沈慶之又鑄私錢錢貨益亂有耒子荇葉鵝眼綖環諸劣錢參用焉
		二銖	文曰景和形式轉細	

南朝	梁	五銖	肉好周郭文曰五銖重四銖三絫二黍	武帝新鑄二種立為官品百姓或私以古錢交易者有直百五銖五銖女錢太平百錢定平一百五銖稚錢五銖對文等號天子頻下詔禁止勿能絕也普通中罷銅錢鑄鐵錢私錢益多
		公式女錢	除其肉郭徑一寸文曰五銖	
		鐵錢		
	陳	五銖		文帝鑄初鐵錢既不行雜用梁之兩柱鵝眼至是以五銖一當鵝眼十
		六銖	一當五銖錢十	宣帝鑄後還當一人皆不便廢之
北朝	魏	泰和五銖 永安五銖		遷洛以後先後行之
	齊	常平五銖	重如其文	文宣以永安五銖改鑄時私鑄充斥錢式不一敝甚於梁焉
	周	布泉	一當五	周初與五銖並行
		五行大布	一當十	與布泉並行
		永通萬國	一當千	宣帝時與五行大布及五銖錢三品並用
隋		五銖	重如其文背面肉皆有周郭	文帝禁舊錢行新錢大嚴其制錢貨始壹
唐		開元通寶	徑八分重二銖四絫輕重大小最為折中	唐初廢五銖錢行之
		乾封泉寶	徑一寸重二銖六分一當舊錢之十	高宗鑄逾年舊錢多廢商賈不通復行開通錢
		乾元重寶	徑一寸緡重十斤以一當十	肅宗時第五琦鑄法既屢易物價騰踊盜鑄益衆其後減重輪錢一當三十代宗朝乾元重寶及重輪至以一當一而民間銷為器不復出矣
		重輪乾元	緡重十二斤一當五十	
五代	晉	天福元寶	重二銖四絫	高祖天福中鑄
	南唐	唐國通寶		

代	其他開元錢及鐵錢		五代相承用唐錢多又多以鐵錢權銅錢而行
宋	宋元通寶	輕重悉准唐開元錢	宋初鑄
	元寶每改元必更鑄		太宗鑄太平通寶又鑄淳化元寶自此皆以諸帝年號爲文
	銅折二		起於陝西用兵其初大銅錢一當十既而減爲折二盜鑄始息
	鐵折二		與銅折二並行
	崇寧當十	其重三錢	徽宗鑄
	嘉定當五		南渡後寧宗鑄
遼	各以通寶帝號名之		遼初因石晉之歲獻大得中國錢以資用至穆宗景宗以後始自鑄錢
金	正隆通寶		金初用遼宋舊錢至海陵始鑄之與舊錢通用
	大定通寶		世宗時鑄
	泰和通寶	一直十	章宗鑄
	貞祐通寶		宣宗鑄
元	至大二等錢	當五以蒙古字書小錢以楷書	元止行鈔法武宗至大中嘗一鑄之迨順帝又鑄至正錢值世亂尋亦罷鑄
	至正通寶		
明	大中通寶 洪武	各分當一當二當三當五當十 其重自一錢至一兩	明初鑄
	天啓大錢	當十當百當千凡三等	熹宗鑄

	其他諸帝號之通寶		自洪武至正德十年僅四鑄其後每帝一鑄以萬歷之制爲精
清	諸年號通寶 咸豐當十 光緒當十銅圓		盜鑄者多後廢 始於廣東

以上所列，其遷變之梗概，大略已具矣。茲括計之，當考證者，又有三端焉：

單位之成立

古刀異布，半屬春秋戰國時物，陸友仁謂先秦貨布，皆紀地名，其明證也。由秦迄漢武，凡所行銅幣，自五分以至半兩，其間亦經幾變。自元狩五年鑄五銖錢，罷半兩，而錢之單位立焉。盜鑄者雖衆，元帝時，貢禹思寢其事而不得。至光武踵行之，而百姓稱便。魏晉南北朝，猶承斯制。隋初，患錢輕重不一，更鑄五銖而錢幣始一。南齊孔顗所謂歷代鑄法，唯五銖不變者，以輕重行貨之宜也。而北魏宗室元澄至稱爲不利之式，其推重五銖如此。至唐武德四年，廢五銖，鑄開元通寶，而單位之制復在開元。開元徑八分，重二銖，十錢重一兩，得輕重大小之中，此於古五銖無稍損也。古秤視今秤爲三之一，權量至隋文而一變，而銖之輕重，隋尙如古，至唐則幷改之。（日知錄卷十沈氏注）故以唐開元視隋五銖，則唐錢爲古秤之七銖以上矣。終唐之世，盛鑄開通。五季及宋，輕重悉準於此，即以後亦不能有大差異。是以制錢之公式，一定於漢五銖，再定於唐開元，此亦經屢變而後能成者也。

複位之得失

自古以金銀銅爲三品，銅幣以個數立於單位，而欲權輕重，濟匱乏，則兼品宜行焉。周單穆公言於景王曰：「民患輕，則爲作重幣以行之，於是乎有母權子而行，民皆得焉。若不堪重，則多作輕而行之，亦不廢重，於是乎有子權母而行，大小利之。」此複位之說也。然複位之制，歷代少自直二，多至直千，無慮十數變，而卒不能持久者，何也？曰，分配之不均也。大錢之視小錢，其實質多不過倍蓰，而作價乃至於數十百倍，如王莽錢質六品，其直一者重一銖，而重十二銖者直乃五十。唐開通錢一當一，緡重六斤四，而乾元緡重十斤，乃一當十，重輪緡重十二斤，乃一當五十，況更有至於直百直千者乎？此虛實之不敵一也。複位之行，淩雜無序，往往距離過甚，如王莽貨布泉布二品，其比例爲一與二十五；唐開通乾元重輪三品，其比例爲一與十及十與五十；尤甚者，北周五銖大布永通三品，其比例爲一與十及十之與千；明天啓大錢三品，其比例爲十與百百與千而吳蜀尤獨以直百直五百直千孤立於上。夫銅之爲質相若也，而單位之於複位，少數之於多數，其懸絕若此，烏能行之而無礙乎？此品位之不齊二也。就中惟王莽錢貨六品，及明之大中通寶洪武通寶，節級而上，自具首尾。然莽之錢，自六品外，其他金銀龜貝爲品尚夥，失之太繁，而其實數又不相敵，故古今銅幣複位之善者，必推明初。蓋大中、洪武兩種，其估數自一文至十文，其重量自一錢至一兩，遞至於十而止，則同質之物不相陵，分配錢兩以定直，則虛估之弊可以息。自來銅幣以個數爲本位，而轉求同質虛估之高價品用爲輔助，可謂逆施倒行之甚，故屢變而屢敝，明初則庶幾免此者矣。

短陌之流弊

錢之用數，其通例，百曰陌，千曰貫，曰緡，而自六朝以下，並爲短陌，蓋錢不足百，以百稱之，此亦錢法淆亂之一端。抱朴子曰「取人長錢，還人短陌。」其弊蓋自晉始。及梁大同後，自破（或庚字之訛）嶺以東，八十爲百，名曰東錢；江郢以上，七十爲百，名曰西錢；京城以九十爲百，名曰長錢。中大同元年，乃詔通用足陌，而民不從，錢陌益少，至於末年，遂以三十爲百，其在梁如此。唐憲宗元和中，京師用錢，每貫頭除二十文，穆宗長慶元年，以所在用錢，墊陌不一，敕內外公私給用錢，宜每貫除墊八十，以九百二十文成貫，至昭宗末，京師以八百五十爲貫，每陌纔八十五，河南府以八十爲陌，其在唐如此。後唐同光二年，度支請榜示府州縣鎭軍民商旅，凡有買賣，並須使八十陌錢。漢隱帝時，王章爲三司使，聚斂刻急，舊制錢出入，皆以八十爲陌，章始令入者八十，出者七十七，謂之省陌，其在五季如此。宋初，凡輸官者，亦用八十或八十五爲百，諸州私用，則各隨其俗，至有以四十八爲百者。太平興國中，詔所在以七十七爲百，其在宋又如此。金大定中，民間以八十爲陌，謂之短錢，官用足陌，謂之長錢。大名男子斡魯補者上言，官司所用錢，皆當以八十爲陌，遂爲定制，其在金又如此。明及清初，京師錢至以三十或三十三爲百。凡此皆見於顧氏日知錄者，亦以見古今虛估之失，而法令之不齊也。清至末葉，京外錢陌，猶各自爲風氣，籌國計者，可不注意於名實之間乎！

第二章　鈔法之變

鈔法之緣起

鄭司農釋詩「抱布貿絲」云：周人以布廣二寸長二尺，憑官司印書其上，以爲民間貿易之幣，此卽行鈔所自始。漢武帝造白鹿幣，唐憲宗用飛錢，飛錢者，合券取錢，卽交子之權輿。宋仁宗初元，張詠知益州，患蜀人鐵錢重，不便貿易，一交一緡，以三年爲一界而換之，六十五年爲二十二界，謂之交子，此猶今日匯票之制也。按商賈憚於重齎，交子之設，正以便民，其法執劵引以取錢，非以劵引爲錢也。

宋之交會

其時交子之事，使富民主之，迨富民貲稍衰，爭訟不息，轉運使薛田張若谷請置交子務，以權其出入，禁私造者。仁宗從其議，乃立務於益州，界以百二十五萬六千三百四十緡爲額，則交子之用，隱操於官戶矣。神宗朝，交子二十二界，將易而後界給用已多，詔更造二十五界者百二十五萬，以償前二十二界之數，交子有兩界自此始。已而用兵河湟，藉其法以助軍費，較仁宗時一界踰二十倍而價愈損，每一易界，新交子一當舊者之四。徽宗時，改交子爲錢引，不蓄本錢，而增造無藝，至引一緡，當錢十數，其錢引自川陝河東以至京東西淮南京師諸路皆行之，獨閩浙湖廣不與。既宋南渡，創行會子，亦曰見錢關子。初自婺州召客入中，執關赴榷貨務請錢，有願得茶鹽香貨鈔引者聽。推行既廣，孝宗時更造五百文會，乃至二百三百文會。於是始定三年立爲一界，界以一千萬貫爲額，逐界造新換舊。寧宗初，增至三千萬爲額，故在北宋爲交子，在南宋爲會子，名異而實同；而南宋自會子外，又有「川引」「淮交」「湖會」諸目，皆起於軍興之初，因地措置。唯南宋發行雖濫，有時亦出官錢收換舊券，然後更發新券，而藉與維持之，此所以未如北宋之敝也。

金之交鈔

北方自金收有河南，效中國楮幣，置局汴京，造鬪會，謂之交鈔，鈔法極備。且命善書者書先正格言其上，富以寓教，惜尙未知裝潢精工，使不至易壞也。其制自一貫二貫三貫五貫十貫凡五等，曰大鈔；自一百二百三百五百七百凡五等，曰小鈔。初以七年爲限，納舊易新，嗣廢限年，令但歲久文字磨滅者，得於所在官庫換之，或聽便支錢，而諸路又設回易務。及其敝也，國虛民匱，鈔止行於民，而官不收斂，於是鈔價益輕，患其輕而思有以重之，乃更作二十貫以至百錢，又自二百貫以至千錢，愈更愈滯，蓋自宣宗南遷而後，二十年間，其法屢變，初改交鈔爲貞祐（宣宗年號）寶券，行之未久，千錢之券止直數錢；改造貞祐通寶，自百至三千等之爲十，而以一貫當寶券千貫，通寶行之未久，弊亦如之；復造興定（宣宗年號）寶泉，而以一貫當通寶四百貫；寶泉行之未久，織綾印紗，名曰元光（宣宗年號）珍寶；珍寶行之未久，復造天興（哀宗年號）寶會；迄無定制，而金祚亦隨以亡。夫宣宗禁用見錢，欲以行鈔，使鈔錢與銀貨並流，然其敝如此者，官不蓄錢，而濫發鈔，欲以是愚民，終不可得也已！

元代之鈔

元用鈔之初，頗見其便，迨行之久，而其弊漸生，於是議更造而弊愈生，其故有繇也。世祖中統元年，始造交鈔，以絲爲本，每銀五十兩易絲鈔一千兩，諸物之直，並從絲例。是歲十月，又造中統元寶鈔，其文以十計者四，曰一十文、二十文、三十文、五十文；以百計者三，曰一百文、二百文、五百文；以貫計者二，曰一貫文、二貫文，每一貫同交鈔一兩，兩貫同白銀一兩。又以文綾織爲中統銀貨，其等有五，蓋未及行也。至元十二年，添造釐鈔，自二文、三文、五文凡三等，尋以不便於民，詔罷之。其時通行者惟交鈔、元寶二者而已。而各路設平準庫，主平物價，使相依準，不至低昂焉。無如行之既久，物重鈔輕，於是世祖乃改造至元鈔，起五文，至二貫，凡十有一等，與中統鈔並行。每一貫視中統鈔五貫，依中統之初平準鈔法，每銀一兩入庫，其價至元鈔二貫，出庫二貫五分，赤金一兩，入庫二十貫、出庫二十貫五百文，是方尺之紙，直鈔五十文也。迄武宗至大二年，上溯至元，歷歲又二十有三矣，物重鈔輕如故。於是武宗乃改造至大銀鈔，自二兩至一釐，定爲十三等，元之鈔法，至此已三變矣。每一兩準至元鈔五貫，是方尺之紙直錢五萬文也。蓋至元鈔五倍於中統，至大鈔又五倍於至元。未及朞年，仁宗嗣統，以倍數太多，輕重失宜，遂有罷銀鈔之詔。唯中統至元二鈔，終元世常行之。逮順帝，又別立至正交鈔，料既窳惡易敗，難以倒換，遂澀滯不行。及海內大亂，國用支絀，多印鈔以賞兵，鈔賤物貴，漸至視若敝楮，而其法遂廢。雖曰更法之弊，毋亦立法之始未能斟酌至精歟？

明代之鈔

明承元制，洪武八年，詔中書省造大明寶鈔，其制自百文以至一貫，凡六等，每鈔一貫，準錢千文，銀一兩；四貫準金一兩，禁民間不得以金銀物貨交易。其後更造小鈔，自十文至五十文，以民重錢輕鈔，多行折使，（初以鈔一貫折錢五十後折百六十）并禁行錢，然禁錢行鈔，而勢有不通，於是用收爲縱，多方以謀疏利：(一)永樂行計口食鹽之法，配鹽於民，而令納鈔；(二)又詔令笞杖定等贖罪，而令納鈔；(三)仁宗時，增市肆門攤課稅，而令納鈔，至宣德，增課五倍（四）宣德設立鈔關，凡車船受僱裝載者，計所載料多寡路遠近，而令納鈔，下至園圃店舍，無不及焉，雖暫行於一時，而不久如故蓋其爲用，止及於賑頒及俸折而已。初，太祖時，鈔千貫爲銀千兩，金二百五十兩；永樂時，千貫猶作銀十二兩，金止二兩五錢；及宏治時，鈔三千貫，銀不過四兩餘，鈔愈難行。緣是賦稅之收，始一變而錢鈔中半，再變而全令折銀，無復以鈔爲事。行之既窮，不得已而亦廢也。原宋金元三朝，當其盛時，鈔亦以資一時之利，其分界立庫，各以金銀見錢相挹注，故能虛實相生；明則專增賦入，欲以貴鈔，上下皆出於虛，尙何效之可言哉！

清無鈔法，直至末年，始有鈔票之發行。

第三章　金銀之使用

金之盛衰

夏書禹貢：「惟金三品。」三品者何？金銀銅也。周興，以珠玉爲上幣，黃金爲中幣，刀布爲下幣；上幣太貴，下幣太賤，乃高下其中幣以制上下之用。故曰，黃金者，用之量也。蓋天下之財幣，惟貴能制賤，惟重能制輕，非三品兼權，不足濟人生之日用。黃帝以下，莫盛成周，而文武當日理財，實以黃金爲準，遂以車書一軌，九譯來庭。秦制二幣，黃金鎰二十四兩爲上幣，錢爲下幣。至漢賜臣工，動曰黃金數十斤，復周之舊，以斤名金，斤數累至千萬，其大者如文帝賜周勃五千斤；宣帝賜霍光七千斤；而武帝以公主妻欒大，齎金萬斤；衞青出塞，斬捕首虜之士受賜黃金二十餘萬斤，梁孝王薨，藏府餘黃金四十萬斤；館陶公主近幸董偃，令中府曰，董君所發一日金滿百斤；王莽敗時，省中黃金萬斤者爲一匱，尚有六十匱，黃門鉤盾尚方處處各有數匱；董卓死，塢中有金二三萬斤，銀八九萬斤。（日知錄）其他自數百斤以至一二千斤，著錄於漢史者尚夥，可見漢時黃金之多，而用金之風，亦於斯爲盛也。顧說者謂自佛法入中國，而佞佛者用赤金以飾佛像，又繕寫金字藏經，天下因此爭造金爲箔，故金耗而價昂，始不能以斤計，而以兩計。至金元而權銅以爲用者，遂在銀矣。

銀之用廢

漢書謂外域以銀爲錢，錢如其王面，維時吾國銅山甚富，外域銀產初開，故各尚有土宜以一國家之圜法。至以銀爲用，亦兩見於漢世，然皆不久卽廢。(一)漢武造白金三品，其一曰白撰，重八兩，圜之，其文龍，直三千；次曰以重差小方之，其文馬，直五百；又次曰復小橢之，其文龜，直三百。而吏民盜鑄者不可勝數，歲餘終廢不行。(二)王莽之銀貨二品，朱提（縣名屬犍爲出善銀）銀重八兩，爲一流，直千五百八十；他銀一流，直千。時莽造錢貨六品，布貨十品，（亦市錢也）龜寶四品，貝貨五品，及黃金重一斤，與銀二品並行。總金、銀、龜、貝、錢、布爲二十八品，名曰寶貨。唯民間仍私以五銖爲市，而亦未能用焉。若蕭梁時交廣之區，全以金銀交易；後周時，西河諸郡，或用西域金銀之錢，然第行之於邊方，而未行之於內地。唐則幷禁用銀矣。宋高宗時，歲幣始有輸銀之名。金章宗造承安通寶，自一兩至十兩，每兩折錢二貫，是爲成銀之幣。宣宗造元光珍寶，是爲代銀之鈔，沿及末年，鈔既不行，民間恆以銀市焉，此今日上下用銀之始也。

銀幣新制之問題

數千年以來，外域銀礦充塞，轉而重金，中國黃金已耗，降而重銀。有明嘉靖之世，西人探獲美國墨西哥銀礦之旺，冠絕寰瀛，遂由粵海通商之區，浸淫內地，以九成之銀圓，易我實足之銀兩，已爲外流一大漏巵。然其時中國之銀二兩，猶易黃金一兩，金不貴而銀亦不賤也。自地丁錢糧折銀上兌，中國之需銀日益多，外域之來銀日益廣，於是金價漲而銀價落。清代專以銀爲幣，而金價益昂。然嘉道以前，每金一兩，尚不過值銀十四兩，即極昂時，亦未越二十兩。嗣後黃金日少，而外域之銀之輸入者，源源不絕，益以墨西哥與日斯巴尼亞之銀圓，與諸國鈔票之流灌，其爲吾國人資本者，何止千萬，無怪金愈貴而銀愈賤。而持以與用金之國通貿易，其嬰害之鉅，尚忍言哉！光宣之際，各省自鑄龍圓，政府復爲畫一幣制之議，而鑄一兩與五錢以下之銀幣。夫整齊幣制，閉關自守可也，不然，亦財政上之大問題矣。

第四章　廢錢與放鑄兩說

嘗聞之，君足而後百姓足，欲足民莫如重農務穡，欲足君莫如操錢幣之權。然而往往有時不能操其權者，何也？則以學說之見解，與政策之設施，或有異於是者也。此研究歷史者所當注意也。試分述於下。

廢錢之弊

語云：錢者泉也，如水之行地，不可以一日止，此非獨上下之相通，而亦盈虧之相乘，而主廢錢者，顧轉求之粟帛。粟帛之代錢，此其說椒之於漢貢禹，以民多棄本逐末，欲使壹意於農桑。而論者以爲布帛非可以尺分寸裂而用之，而其議遂寢。古之人有行之者，曹魏文帝是也。黄初二年，詔罷五銖錢，使百姓以穀帛爲市，人間巧僞滋多，競溼穀以要利，作薄絹以爲市，雖嚴刑不能禁。司馬芝等議，以爲用錢非徒豐國，亦所以省刑，若更鑄五銖錢，則國豐刑省，於事爲便；明帝乃立五銖錢。凡魏氏廢錢用穀者垂十四年。古之人有議之而不行者，東晉安帝是也。其時錢法紊，「比輪」「四文」「沈郎」輕重難行，桓玄輔政，議欲廢錢用穀帛，孔琳之曰：「聖王制無用之貨，以通有用之財，既無毀敗之費，又省運致之苦，此錢所以嗣功龜貝，歷代不廢者也。據今用錢之處不爲貧，用穀之處不爲富，語曰，利不百，不易業，況錢又便於國邪！」朝士多從之，此議不行。此廢錢之說也。

放鑄之弊

幣者通萬貨之用，制幣者爲一人之權，因位致權，因權致用。故曰：錢者，權也，而主放鑄者，願轉任之人民，古之人有行之者，西漢文帝是也。其時莢錢益多而輕，孝文五年，乃更鑄四銖錢，其文爲半兩，除盜鑄錢令，使民放鑄。賈誼諫曰：「法使天下公得顧租（謂顧傭之直或租其本）鑄銅錫爲錢，敢雜以鉛鐵爲它巧者，其罪黥；然鑄錢之情，非殽雜爲巧不可得贏，而殽之甚微，爲利甚厚。夫事有召禍，法有起姦，今令細民人操造幣之勢，各隱屏而鑄作，因欲禁其厚利微姦，雖黥罪日報，其勢不止。」帝不從。是時吳以諸侯，即山鑄錢，富埒天子，後卒叛亂；鄧通以鑄錢，財過王者，故吳鄧錢半天下，而其後復禁鑄錢焉。再見之劉宋廢帝，鑄二銖錢，文曰景和，民間易於模效，有無輪郭不磨翦鑿者曰菜子，尤輕薄者曰荇葉。泰始中，沈慶之又私鑄錢，不滿三寸，謂之鵝眼；劣於此者，謂之綖環；入水不沈，隨手破碎，市井不復計數，不萬錢不盈一掬，斗米萬錢，商賈不行。踰年，明帝禁民鑄。古之人有議之而不行者，唐張九齡是也。開元二十二年，建議以官鑄費本，宜縱民得公鑄。議下，參軍劉秩陳五不可之弊，請重銅禁，以銅無他用，則銅賤而錢用自給；銅不布下，則盜鑄無因而公鑄不破；錢自增而利自復，所謂一舉而四美乘時。公卿皆以縱民鑄爲不便，於是乃止。西漢劉宋，一再而弊，唐乃欲蹈其覆車之轍焉，抑獨何歟？

錢穀雜用之解決

歷史中六朝至唐，錢與穀帛，往往雜用，晉武帝時，河西荒廢，遂不用錢。梁初，交廣用金銀，三吳荊郢江湘梁益及京師用錢，其餘州郡皆雜以穀帛。陳用錢，兼用鐵錫粟帛，嶺南則多用鹽米布交易。北齊冀州之地皆用絹布，不用錢。唐開元二十年，命市井交易，以綾羅絹布雜貨與錢並用。覈衡其故，蓋有二因：一因河西冀北嶺南交通梗阻，流通不便；一因漢魏而後，金多耗蝕，銀復不行，內地祇特此官錢，歲鑄之數，不敷周轉，故不得不以穀帛濟其窮。迨至金元，則以銀爲通用品，二品兼權，足以相資爲用，其趨勢遂重在銀矣。讀顧亭林日知錄賦錢篇，黃梨洲待訪錄財計篇，猶主廢金銀而用錢與穀帛之說，蓋亦未規時勢之所趨也哉！

漕運四

第一章　關中之運

三代以前，無所謂漕運也。自秦穆公輸粟於晉，自雍及絳；吳伐齊，開溝於刊，自江達淮以通糧道，而漕運始昉。後代因之，大抵因建都所在而爲之經營。關中爲漢隋唐都會之所在，漕粟之自關東而西者，必經汴（河南開封）洛，（河南洛陽）又爲東漢晉宋分都之所在也。故其運道之變遷，可先述焉。

漢代漕運

江南爲財賦淵藪，此明清時言耳；漢世猶未發達也。其時漕粟專仰關東，關東之地，自今河南山東二省，南及皖北，有濟河（濟水舊自河南入境上源曰沇水漢以後上流枯竭尋廢今大小清河其委流也）汴水（禹貢灉水漢曰鴻溝亦曰莨菪渠隋曰通濟渠宋南渡後廢）縱橫貫注，而皆北達於河，自河溯渭，自渭接於長安，故河渭實爲運道之衝。惟黃河自龍門華陰而下，東至底柱，（河南陝縣東北十里山西平陸縣東南五十里大河中河水至此分爲三派流出其間故亦謂之三門山）自此至五戶灘，其間百二十里，夾岸巍峯重嶺，干霄蔽日，衝湍激石，埶同三峽，破壞舟船，自古所患。漢武帝時，河東守番係言，漕從山東西，歲百餘萬石，更底柱之艱，敗亡甚多而煩費。於是乃建引汾穿渠之議，（汾出山西靜樂縣下流自河津縣入河）以溉皮氏（山西河津縣）汾陰，（山西榮河縣）下引河溉汾陰蒲坂，（山西永濟縣）下度可得田五千頃，即穀二百萬石以上。穀從渭上，底柱之東可無復漕。乃發卒作渠田，數歲河徙，遂廢；此謀改道而無成者也。於時有上書者謂褒水通沔，（沔迴陝西沔縣南下流爲漢水）斜水通渭，（褒斜二水並出陝西郿縣衙嶺山）皆可以行船漕；

漕從南陽上沔入褒，褒絕水至斜，間百餘里，以車轉從斜下渭，如此漢中穀可致，而山東從沔無限便於底柱之漕，於是張湯實主之。卒以湯子卬爲漢中守，治褒斜道五百里，道果近便，而水湍石不可漕，此議省漕而亦無成者也。時渭水之道，亦時有難處，而鄭當時引渭穿渠之議起矣。謂關東漕粟從渭上度，六月罷，渭水道九百餘里，頗感不便；引渭穿渠，起長安，修南山下，至河三百餘里，徑易漕，度可三月罷，而渠下民田萬餘頃，又可獲漑。於是發卒穿渠，三歲而通，以漕大便利，渠下之民，頗得以漑矣。此避渭水之難而行之有效者也。論者謂求輸將於千里外，不如治畿輔田，尤便足食，故其後耿壽昌因之以糴近郡之粟，而關東漕卒省半焉，是亦有功於漕運者也。

隋代漕運

東漢迄晉，皆以都洛，轉運之途，河汴爲重；至隋則又西都關中矣。是時長江流域，亦漸繁盛，而以西北仰給於東南，所賴以收交通之利者，惟恃此汴水之成績也。其河以南，凡運道有三焉：一曰汴渠，北自板渚（河南汜水縣東北）引河，東南至泗水，接於淮者也；一曰邗溝，北通淮安，南連揚州者也；一曰江南運河，北起鎭江，南訖杭州者也。自南運河入邗溝，大江絕焉；自邗溝入汴渠，長淮界焉。循汴達河，溯流西上，其道又有二焉：自洛口（洛源出陝西商縣南，下流自河南鞏縣入河，卽洛口）而南迤東，通穀水（出澠池縣南山中穀陽谷，繞洛陽縣城下流入洛）則至洛陽，洛爲陪都，漕粟亦仰給焉。自底柱而西，出河上渭。（漢杜篤論都賦：泆渭之流，徑入於河，大船萬石，轉漕相過，是也。）開皇初元，詔郭衍開漕渠，引渭水經大興城（長安城）北，東至潼關，漕運四百餘里，關中賴之，名富人渠。四年，又以渭水多沙，深淺不常，漕者苦之，詔宇文愷鑿渠引渭，自大興城東至潼關三百餘里，名廣通渠。其河以北衞輝懷慶，河以東太原平陽，漕粟之入關中者，亦於此取道焉。而衞州黎陽倉、洛口回洛倉、陝州常平倉、（均屬河南）華州廣通倉，（屬陝西）皆以轉相灌注，積粟百萬，斯亦可謂盡轉運之利者矣。

唐代漕運

唐都長安，土地所出，不足以給京師，故常轉漕東南之粟。自用李傑為水陸發運使，漕運始有專官，然歲不過二十萬石而已。初江淮漕租，僅至東都，輸含嘉倉，多風波之患，以車或馱陸運至陝，（河南陝縣）自此再下渭渠，以達長安，此一變也。水行自江淮來，道遠多覆溺，而陸運止三百里，率兩斛計傭錢千，費甚省。開元時，裴耀卿建議，以為當尋漢隋漕路舊跡，於河口置武牢倉，鞏縣置洛口倉，使江南之舟不至黃河，黃河之舟不至洛口，而河陽柏崖太原渭南諸倉，節級轉運。又置倉三門東西，漕舟輸東倉，陸運輸西倉，以避三門之險，謂之北運，此再變也。後北運頗艱，韋堅乃絕灞滻並渭而東，鑿潭望春樓下，以聚渭舟，名曰廣運潭。安史之亂，肅宗末年，史朝義分兵出宋州，（今河南商邱縣）扼河淮通運之道，以漕事委劉晏，江淮粟帛，乃改由襄漢越商（陝西商縣）於（河南淅川縣）以輸長安，此三變也。然江漢之道，出於一時權宜之計，其常運總在江汴河渭，又以四川水力不同，緣水置倉，轉相授受，江南之運積揚州，汴河之運積河陰，河船之運積渭口，渭船之運入太倉，此又廣耀卿之法而推行之者也。而三門道艱，其後李泌更施疏鑿，終唐之世，大要籌通渡於三門者，以東西置倉，陸運為便焉。

宋代漕運

宋都大梁，有四河以通漕運：曰汴河，江淮兩浙荊湖之粟所由達也，此因漢唐故道也；曰黃河，陝西諸路之粟所由入也，亦漢唐故道。其後黃河路斷，止漕三河，而尤以汴爲重，則以江淮固財富區也；曰蔡陳之粟則自惠民河而至，蓋汴河分流爲蔡水，一名閔河，亦曰沙水；（沙孔氏駁爲蔡）曰東京之粟，則自廣濟河而通，蓋由濟水通五丈河；（即古菏澤自汴城北歷陳留曹濟及鄆廣五丈）此二路，皆周世宗時所濬，而開寶中，改閔河曰惠民河，改五丈河曰廣濟河者也。宋人於此，又立轉般之法，其初眞（江蘇儀徵縣）揚（今江蘇江都縣）楚（江蘇淮安縣）泗，（安徽泗縣）緣水置倉，江淮漕船，詣倉輸納，載鹽以歸，更由汴船詣轉般之倉，截運京師，江汴各自爲運，蓋唐世成迹，而諸倉亦有數年之積，不幸州郡告歉，亦得以錢折米，但發倉以供京師，於運固無缺也。徽宗末，儲倉漸罄，蔡京欲求羨餘，於是廢轉般爲直達，雖湖南北之遠，亦直抵京師，漕者大困；然此就末流一路之弊言之也。若夫大梁爲四衝之地，觀有宋一代，運渠輻湊，則其轉輸之利，視漢隋唐之在關中，固已遠矣。

第二章　燕都之運

元開北運之道

有元建都燕京，去江南極遠，運道至此又變矣。蓋河運爲一道，海運爲一道，歷元而明而清，其變遷均不能外此。今先言河運，元初運道，自江入淮，由黃河至封邱縣中二旱站，即所深口灣之運，陸運至汲縣漢門一百八十里，入御河以達京師，分疏之。自淮南以至浙西，即隋時所開邗溝及江南運河之道，唐宋由此通汴者也。其淮以北，則自金章宗明昌五年，河決陽武，（河南陽武縣）南徙入淮，淮黃幷匯於清口，（江蘇淮陰縣西北三十里清江浦）故自清口而上，即溯黃河逆行達中灤旱站，與曩時由汴入河之道迥異，其由洪門下御河，又隋永濟渠之故道也。初，蒙古於堽城（在汶陰）作斗門以遏汶，南流益泗漕，既而濬濟州泗河至新開河，由大清利津諸河入海。未幾，以海口沙壅，復從東阿陸輓至臨清入御河，時又開膠萊新河以通海道，勞費少成效。至元中，伯顏始剏海運，與濟州河並行。尋用韓仲暉等言，自安山（在山東東平縣西南）開河，北抵臨清，（今山東聊城縣）引汶（源出山東萊蕪縣入南旺湖分注南北）絕濟，（今大清河）直屬漳御，（西漳河至館陶縣合於御河）名會通河。元臣宋文瓚言世祖開會通河千有餘里，歲運漕粟至京者五百萬石。然河渠初開，岸狹水淺，舟不能負重，其後漸減至數十萬石，於是終元之世，海運爲多焉。

明代運道

凡三變而成今日之運河。明初都金陵，仍元海運，自永樂北遷，則又河海兼運，而終明之世，河運之道凡三變：（一）自淮安（今江蘇淮安縣治）運糧入淮河沙河，（潁水合蔡兼郎沙河下流自安徽阜陽縣入淮）至陳州（今河南淮陽縣）潁歧口跌坡下，改用淺船，載百石以上者，運至跌坡上，別以大船載入黃河，至陽武（河南陽武縣）陸運百七十里，下衞河，此永樂元年所通行也。（二）濬會通河之淤，復元時舊道，濬舊道自濟寧北至臨清，凡三百八十五里，南至江南沛縣，凡三百里，而南旺湖地勢特高，謂之水脊，於是相地置牐，以時啓閉，自分水北至臨清，地降九十尺，爲牐十有七，而達漳衞；南至沽頭，（江蘇沛縣）地降百有十六尺，爲牐二十有一，而達河淮，歲漕四百餘萬石，皆取道焉。誠咽喉重地矣！此永樂九年所疏治也。至是南北運道暢行，而海陸並罷。（三）隆慶中，河臣翁大立議開泇河，（有二泇，東泇出山東臨沂縣箕山西

（泇出嶧縣東北抱犢山東南流至三合村合於東泇河又南流入泗謂之泗口）不果。萬曆三年，巡漕御史劉光國等踵行之，議者謂不便。二十一年，舒應龍始開泇口。二十五年，劉東星始通泇脈，至三十五年，李化龍復循舊迹而成之，而泇河之利始備。蓋舊時河淮運道，自清口北出，西北經桃源宿遷邳州諸境，以達徐州，皆借河而行，然後北入泉河。（汶泗之水與諸泉匯流而成故曰泉河）時河既數溢，漕行道險，乃改由直河（江蘇邳縣南）入泇口，抵夏鎮，（江蘇沛縣東）凡二百六十里，避黃河呂梁（山名江蘇銅山縣東南六十里有上下二洪巨石齒列風濤洶湧明時屢平鑿）之險，而漕賴以安，此邳宿運河一部之改道者也。至清代二百數十年間，河運之道，悉仍明舊，其後海運大興，河運始廢矣。

運河水道之概

吾國運河水道建築之功，創自隋而成於元明，綜名運河，實非一水，括總之，可分四段，試述如左。

一曰江浙運道　自杭州城北引東苕溪水走下塘河，東北流逕嘉興達蘇州吳江界，與烏程運河水會，是爲浙江運河。自吳江以上，引太湖水北逕常州，會西蠡河，亦曰運河，自鎭江府入江，其水南流，是爲江蘇運河。此兩河，卽隋大業六年所開，所謂自京口至餘杭八百里者也。

二曰徐揚運道　渡江而北，東爲瓜州運河，西爲儀徵運河，並會於揚州，自此上達淮安，西引高郵邵伯寶應氾光諸湖水，是爲淮揚運河，此卽隋大業初元所修邗溝故道也。自清口越舊黃河西北流，逕宿遷至邳州，山東沂蒙諸水會之，其下流貯駱馬湖爲瀦蓄，上流引微山湖爲來源，是爲宿邳運河，此卽明萬曆中借泇水以成運者也。

三曰汶泗運道　濟寧南旺爲水脊，汶泗二水自東注之，安山（山東東平縣西南汶濟合流處）以上，逾濟水至臨清，其水北流，是爲會通河，引汶水北出，此卽元時所開新道也。棗林閘以下，至邳州，獨山昭陽諸湖水注之，其水南流，是爲泗水河故道，自會通河成，遏汶合泗，以會流者也；自臨清至邳，綜稱曰運河。

四曰衞白運道　衞漳二水，至山東館陶縣合流，匯於臨清，自此北出，至河北靑縣，滹沱老漳二河支流來會，接於天津，其水北流，是爲衞運河。自天津北流，至通州，其水南流，是爲北運河，卽白河也。又西至京都四十五里，有通惠河，卽元郭守敬所開也。唯南漕泰半輸通州倉，通惠河止容盤運而已，非漕艘直達之地也。

第三章　海上之運

元代海運

金明昌三年，尙書省奏，遼東北京路米粟素饒，宜航海以達山東，因按視近海諸處，置倉貯粟，以通漕運。

元初，以中灤半站轉輸之勿便，而謀開新道，當時卽有兩說：一開濟州泗河，自淮達泗，（亦曰南淸河，出山東泗水縣，經濟寧縣分南北，北流入會通河，南流流至今淮陰縣入淮，謂之淸口，又曰泗口，曰淮口）入大淸河，（古濟水）至利津（大淸河下流）入海；一開膠萊河，（分南北二流，南流自山東膠縣灣口入海，北流逕平度縣至掖縣海倉口入海）達淮安至天津海道，然皆勞費無成。最後乃自浙西掀行海洋，爲丞伯巴延（蒙古人舊作伯顏）所建議，而朱淸張瑄之徒成之。朱淸等故海上亡命也，久爲盜魁，出沒險阻，掠劫商民，備知海道曲折，巴延迺招二人，授以金符千戶，押運糧三萬五千石，仍立海道萬戶府三，以總管羅璧與淸瑄等爲之轄千戶所領虎符金牌素銀牌，船大者不過千石，小者三百石，月餘抵直沽，實爲繁重。至元二十六年時，糧八十萬戶，一歲可兩運，是時船小人恐懼，明年漕運利便，因加朱爲浙江省參政，張爲浙江鹽運司都運，蓋自二十八年後始重海運矣。

海行新道

夫自古緣海交通之道，其所以能進步者，非有實驗不爲功。吾國海運，已肇於唐，杜詩「雲帆轉遼海，粳稻來東吳」，又曰「吳門持粟帛，泛海淩蓬萊」，特其時不以海運爲重，故史亦無明文。自元世海運興，春秋兩運，風沙益習，繇是新道漸啓，轉輸漸利矣。初海運之道，自平江劉家港入海，逕通州海門縣（五代周置，後圮於海）開洋，緣山嶼而行，計其水程，自上海至直沽內楊村馬頭（河北武淸縣南五十里），凡萬三千三百五十里，不出月餘可以達省統不貲，然道險多惡。已而朱清等又開生道，自劉家港開洋，逕萬里長灘，轉放大洋，取道差爲逕直。後殷明略又開生道，自劉家港至崇明之三沙放洋，直東入黑水大洋，取成山折西至登州沙門島，放洋抵直沽，舟行風信，有時自浙西至京不過旬月而已。十年之間，三變其道，此皆以實驗而得進步者。其最後一道，即今日輪船之所通行者也。

明淸海運之廢興

明洪武三十年，猶循海運舊制，歲運七十萬石，以給遼東。至永樂間，會通河成，始罷海運，主河運。其後言事者，亦嘗擬復海運使王憲獻膠萊河之說，因其垂成之功，督以畫一之法，俾表裏兼資，以甦漕卒之困，而議輒中梗。迄淸道光四年，洪湖盛漲，決高堰，竭運河。明年，大學士英和疏請海運，於是以蘇松常鎭太倉四府一州之漕，自上海招集商艘，全由海運，凡爲粟百六十餘萬石，公私大便。然次年即罷，蓋其時朝論猶重河運也。同治初元，江南寧謐，東南漕運，盡趨海道矣。十一年，設招商局，撥行海輪，轉運益捷。自是厥後，惟江北州縣十餘萬石，仍由河運，未幾即全廢矣。津浦鐵軌成，則江浙漕糧之達京，視海輪尤爲迅利矣。

第四章　漕運與黃河之關係

黃河上下游通運之分別

歷代都會，多在黃河流域。古之河道，東北達於海，其由淮入海者，唯汴泗之水耳。然禹時貢賦，會於平陽，以河爲通道，猶疏九河以分其勢，而水患始平。殷之世，河圮矣，猶未徙也。周定王時，河徙矣，猶未決也。漢用河漕，文帝武帝時，始決酸棗瓠子。河決矣，然始趨東南，繼仍歸東北也。成帝時，決淸河信都，且任河之所之，使自成川，皆久不塞治，此黃河不關於運道之故也。至西漢之末，河行汴渠，東南入淮。新莽時浸淫益甚，下游始決，患旋及於上游。明帝朝，修汴渠隄，從滎陽至千乘（山東高苑縣）海口，計千餘里，於是河汴分流，復其舊迹，亦曰滎陽漕渠。河復由東北入海，自此至唐無河患，此運道切於黃河之故也。蓋漕道切於上游，而河之患則在於下游也。

元明以來治黃即以治運

宋代河北決者三，至南渡，大半由淮入海，然北流尚未絕也。自元會通河成，雖爲漕計，仍以海運爲主。奈何明復疏之爲東南數布政長運計，而不慮河之日南也！河既南流，清江浦（淮安西）綰黃淮運三水交匯之地，其南北專事堰閘，堰則高家堰，閘則淮南諸湖閘口也。堰閘以時修固，則淮不南分，助河衝刷黃沙，使海口不至壅塞，而漕道暢行。明清兩代，皆以全力治淮黃，其治淮黃，卽所以治運也。咸豐五年，銅瓦廂（河南蘭封縣西北）之決，改流北徙，由大清河以入海矣。會通河又當其衝，大清河至利津口爲古漯水道，卽漢之千乘也。河既潰，會通壅塞可虞，漕艘至此不得已而爲借黃濟運之計，愈借而淤積愈高，甫經開挑，旋已阻塞。同光之際，見於諸臣章奏者，其治山東之黃河，又所以爲治運也。蓋運出於黃河下游之道，而黃與運益相爲終始。

黃河關係之利害

黃河爲通運必由之道，其利害常相兼，以漕運之故，而於河不得不注意。河一日不安，漕卽一日不利。明清治河之策，備於前世，而其勤亦有加焉，此利之說也。治河既已顧運，顧運乃至忘河。夫封邱（河南封邱縣）以東，地勢南高北下，河之北行，其性也，徒以北行則會通河廢。元明以來，北卽塞之，而南行非河本性，東衝西決，迄無寧歲。迨銅瓦改道，而河北則庶幾順其性矣。然借黃濟運，幸其利漕，其弊也，山東之境，仍苦河患。故自其南則掣之以入淮，自其北則挽之以入運，皆逆其性，其原因以會通河故，此害之說也。今河運全廢，治黃者無牽於治運，黃運之關係絕，而其利害始不足言矣。

第五章　歷代歲漕綜數表

漢	漢興運山東粟以給中都官歲止數十萬石 武帝元封中桑宏羊請令民入粟補吏贖罪他郡各輸急處山東漕益歲六百萬石 昭宣之世歲漕四百萬斛以為故事
唐	高祖太宗時用物有節而易贍歲漕不過二十萬石 玄宗天寶中韋堅為轉運使僅一歲致粟四百萬石餘歲少或百八十萬石多至二百五十萬石 代宗朝劉晏歲運百一十萬石自晏後江淮米至渭橋者寖減至李巽乃復晏舊
宋	太宗太平興國六年汴河歲運江淮米三百萬石菽百萬石 黃河粟五十萬石菽三十萬石 惠民河粟四十萬石菽二十萬石 廣濟河粟十二萬石四河所運凡五百五十萬石 眞宗大中祥符初增至七百萬石 然眞仁二朝定制其中數總在六百萬石
元	世祖二十八年海運百五十萬石是年罷中灤之運專仰海運及開會通河內地河運歲不過數十萬而海運之數其後累增至三百五十萬石
明	成祖永樂四年平江伯陳瑄督漕運河海兩道每歲百萬石 十三年罷海運時會通河既成陳瑄治江淮閘諸河工亦相繼蕆事河運大便利歲凡四次可三百餘萬石 自後仍以瑄督漕運寖增至五百萬石 終有明之世其定制為四百萬餘石
清	定制四百萬石 自改折後今惟江浙兩省之漕分輸船沙船海運至京其數每歲自百四十萬至百六十萬石

中國通史 卷四

職官編

敍言

嘗聞之，至理之代官得人，不理之代人得官。官也者，政治之隆替，邦國之治亂所繫焉。雖然，欲官之得人，道在有以辨其方而正其位，則官制尙焉。而所以維持此官制者，必當有以審愼其始，則凡簿籍之稽，法制之限，所以拔滯而揭奸也；尤當有以維持其終，則凡圭田之頒，代耕之法，是卽黜貪而奬廉也。故論職官之大要有三焉：曰官制，曰銓選，曰祿秩。分言之，則雖不同條，而合之則自爲一貫。官制既定，滂沛萬登，而綱紐尺握。第得人之才者，須有用人之法，在上之資格，卽天下人所共赴之精神，在上之精神，又天下人所不自限之資格也；故銓選可收賢才之用。欲得人之身者，須先贍人之家，俸糈不足以易功業，而俸糈輕，功業不必可冀俸糈，而圖功業者怠矣；故祿秩可安俊傑之心。是二端者，治國之綱要，實亦行政之妙用也。而吾人所當研求者，則尤在官與職、職與權之所由分。古者因事命官，因官分職，有職斯有官，官與職不能析而爲二；而其後則不然：魏晉以來，始有贈官，如自爲尊崇之位，多非人臣之職；至唐代，乃有員外、檢校、試攝、判知之官，然此猶可言曰名稱耳。迨及宋世，臺省、寺監，互爲典領，雖有本官，而不治本司事，居其官且不能知其職，名實大以乖矣；此官與職之柰也。古者三公之制：二伯處外，一相治內，職所守權屬焉。後世則移爲司徒司馬司空，而相有三矣；移爲中書尙書，而三公具官矣；移爲同三品平章事，而三省虛設矣；移爲同平章事、參知機務、參預政事，而他官兼攝宰相，且存銜勅尾矣。拱立畫諾，勢同伴食，甚或委權於令史胥徒之手，此職與權之柰也。至古今名秩異同之故，亦可因此而得其大凡矣。輯職官編。

官制一

第一章　歷代建官之概略

郅治之隆，以在乎設官分職之有方而已。建官有方，則足以相使，不必盡中區之智力也，然而必行。建官無方，則不足以相使也，即使廣仕進之塗，然而不必行。執此以論古今，大約其制簡者其責專，責專則政理矣；其制繁者其員冗，員冗則事擾矣。其間官制之變遷，可分爲三時期：陶唐以上，專以天時紀官，是爲第一期；虞夏以後，始以民事紀官，是爲第二期；自秦漢分六官之職，爲三公、九卿，外則列郡縣，置守尉，周官古制，蕩焉無存，是爲第三期。逮至隋唐定立六部，其制益明，以迄於有淸，則猶承其遺制也。職官惟期詳備，但三代以上職官較略，略則當因事而存；秦漢而下職官較繁，繁則當立表以著彙而錄之，亦以見古今官制沿革之大凡云。

上古至唐虞

易經敍三皇作教化民，左氏紀郯子設官傳述，以爲伏羲龍師名官，春官爲青龍氏，亦曰蒼龍夏官爲赤龍氏，秋官爲白龍氏，冬官爲黑龍氏，中官爲黃龍氏。（爲三墳以共工爲上相，柏皇爲下相，朱襄爲飛龍氏，昊英爲潛龍氏，大庭爲居龍氏，渾沌爲降龍氏，陰康爲土龍氏，栗陸爲水龍氏，命官之名與後十五世帝號多同，茲不取）神農火師名官，春官爲大火，夏官爲鶉火，秋官爲西火，冬官爲北火，中官爲中火。黃帝雲師名官，春官爲青雲，夏官爲縉雲，秋官爲白雲，冬官爲黑雲，中官爲黃雲；立六相暨左右史，並設靈臺，立五官，（天地神民物類之官）作器用，置陶正、木正。少昊鳥師名官，鳳鳥氏爲歷正，玄鳥氏司分，伯趙氏司至，青鳥氏司啓，丹鳥氏司閉，是爲歷正之四屬；祝鳩氏爲司徒，鵻鳩氏爲司馬，鳲鳩氏爲司空，爽鳩氏爲司寇，鶻鳩氏爲司事，是爲鳩（聚也）民之官；又立五雉爲五工正，九扈爲九農正。自顓頊以來，始爲民師而命以民事；少昊子重爲木正，曰勾芒，該爲金正，曰蓐收，修熙相代爲水正，曰玄冥，勾龍爲后土，黎爲火正，曰祝融，是爲五官，其事尙已。

書載唐虞之際，命羲和四子（羲仲羲叔和仲和叔）順天文，授民時，咨四岳以舉才，揚側陋十有二牧，柔遠能邇。禹作司空，平水土；棄作后稷，播百穀；契作司徒，敷五教；皋陶作士，正五刑；垂作共工，利器用；益作虞，育草木禽獸；伯夷作秩宗，典三禮；夔典樂，和神人；龍作納言，出入帝命。傳言舜臣堯，舉八愷使主后土，以揆百事，莫不時敍，地平天成；舉八元使布五教於四方，內平外成，謂之十六相。時則有四岳、九官、十二牧、十六相，而內外之制以立。

夏商周三代

三代之制，有師保，有疑丞，設四輔及三公，（通典：虞亦有之，箕子太公爲太師，畢公爲太傅，伊尹召公爲太保）有史官。（夏終古爲太史，商高勢爲太史，周則有太史小史內史外史，侯國亦置之）時天子六軍，其將皆命卿。夏書曰：大戰於甘，乃召六卿，蓋天子寄軍政於六卿也。又有司勳上士掌六卿賞地之法，餘官皆承虞制。殷周一再變，殷制天子有相。（湯居亳，初置二相，以伊尹仲虺爲之；武丁得傅說，爰立作相，置諸左右；周時召公爲保，周

（公爲師相成王爲左右）建天官，先六太，曰太宰、太宗、太史、太祝、太士、太卜，典司六典。（周以太宗爲宗伯太史以下屬太士以神仕者）天子之五官，曰司徒、司馬、司空、司士、（周以司士屬司馬）司寇，典司五衆。（衆謂羣臣）天子之六府，曰司士、司木、司水、司草、司器、司貨，天子之六工，曰土工、金工、石工、木工、獸工、草工，典制六材。千里之外設方伯，五國以爲屬，屬有長；十國以爲連，連有帥；三十國以爲卒，卒有正；二百一十國以爲州，州有伯。八州，八伯，五十六正，百六十八帥，三百三十六長，八伯各以其屬屬於天子之老（謂上公）二人，分天下以爲左右，曰二伯。周官曰：唐虞官百，夏商官倍，此之謂歟。

商官制表

六太	太宰	太宗	太史	太祝	太士	太卜
五官	司徒	司馬	司空	司寇	司士	
六府	司士	司木	司水	司草	司器	司貨
六工	土工	金工	石工	木工	獸工	草工

周立官制，太師、太傅、太保爲三公，論道經邦，燮理陰陽；少師、少傅、少保爲三孤，貳公弘化。天官冢宰掌邦治，其屬六十有三；地官司徒掌邦教，其屬七十有九；春官宗伯掌邦禮，其屬七十有一；夏官司馬掌邦政，其屬七十；秋官司寇掌邦禁，其屬六十有六；冬官司空掌邦土：是爲六卿，通爲三百五十有二，而冬官不預。小宰言

三百六十者，舉大數也，以多少相準，一官不下四百人，合長貳而言，則六卿幾三千人矣，周之官吏，不幾冗邪？然亦安知其不爲兼官也。周書惟周公位冢宰，則公兼冢宰矣；太史司寇蘇公，則公兼司寇矣；太保率西方諸侯，畢公率東方諸侯，又以公兼二伯也。至如召太保奭、芮伯、彤伯、畢公、衞侯、毛公，此六卿之長也，而以三公侯伯領之，大而公卿，必相兼攝，則下而百司庶府，獨不可兼攝邪？且官屬亦有不可以專置者：地官如迹人、角人、羽人、掌炭、掌荼等職，止征一物，秋官如庶氏、冥氏、冗氏、硩蔟氏、赤官氏等官，只攻一事，豈無可兼者乎？田詛則有甸祝詛祝，祭祀軍旅共杖禁囂，則有伊耆氏銜枚氏，喪紀則有職喪喪祝夏采，豈無可攝者乎？唯夫相兼相攝也，則官雖倍於古，而其職不冗於古也。

蓋天子之所自治者，王畿千里而已，外則建侯國焉，太宰以六典施邦國，是必綜以九州，而爲之建其牧，如八命作牧是也。爵有五等，而爲之立其監，如啓監是也；設其參，謂三卿也；傅其伍，謂五大夫也；陳其殷，謂衆士也；置其輔，謂府史胥役也。王畿之官民，既治之以六典，侯國之官民，其可舍六典以爲治乎？且自六典而下，則有官府之八法，都鄙之八則，侯國亦有官府都鄙，則亦不能外是法以爲治矣。故周官曰：六卿分職，如率其屬，以倡九牧，阜成兆民，正謂此也。第侯國止設三卿，曰司徒司馬司空，而東周以降，厥制已紊，左傳諸國皆有司寇，魯且有夏父弗忌爲宗伯，唯宋爲王者後，舊有太宰，若吳楚之有太宰也，僭也。周衰，官失而百職亂，下逮戰國，益事紛更，此孟子所以言諸侯惡其害己，而皆去其籍也。故秦漢代興，官名職守，於是大變。

軍制，唐虞夏商不詳，周制從周禮之所紀，徵發者以一家一人之比，五人爲一伍，五伍爲一兩，四兩爲一卒，凡百人；五卒爲一旅，凡五百人；五旅爲一師，凡二千五百人；五師爲一軍，凡萬二千五百人；此由一鄉所出之兵也。王畿之內，有六鄉六遂，遂與鄉同，各出一軍；於是六鄉所出，合七萬五千人；六遂亦然。

從周禮之制，列表如左：

- 軍
  - 師（中大夫）二千五百人
  - 師（中大夫）二千五百人
  - 師（中大夫）二千五百人
  - 師（中大夫）二千五百人
  - 師（中大夫）二千五百人
    - 旅（下大夫）五百人
    - 旅（下大夫）五百人
    - 旅（下大夫）五百人
    - 旅（下大夫）五百人
    - 旅（下大夫）五百人
      - 卒（上士）百人
      - 卒（上士）百人
      - 卒（上士）百人
      - 卒（上士）百人
      - 卒（上士）百人
        - 兩（中士）二十五人
        - 兩（中士）二十五人
        - 兩（中士）二十五人
        - 兩（中士）二十五人

復因警衛王宮，置八次八舍，八次守宮內，八舍護宮外。或云：次者宿衛之所，舍者休沐之地，並選有領土身分者之子弟充之。此外有虎賁旅賁，王出行爲先驅，平時守王門，旅賁執戈盾，常夾王車左右各八人，並選勇士充之。

秦代職官

秦改封建爲郡縣，統一區宇，置百官，多不師古，改置太尉及御史大夫，貳於相，其官制如左：

- 相　掌佐萬機分左右
- 太尉　掌武事
- 御史大夫　副丞相
- 主爵主尉　掌列侯

內官
- 奉常掌禮儀　郎中令掌宮殿掖門
- 衛尉掌門衛屯兵　宗正掌親屬
- 太僕掌輿馬　廷尉掌刑辟
- 典客掌賓禮　治粟內史掌穀貨
- 少府掌山海地澤稅　中尉掌徼循京師
- 將作少府掌治宮室　詹事掌皇后太子家
- 將行掌皇后卿　五官中郎將掌門戶出充車騎

外官
- 監御史掌監理諸郡　內史掌治京師
- 郡守掌治郡事　郡尉掌佐守典武職
- 縣令掌治縣事（萬戶以上爲令）　縣長掌同上（不滿萬戶爲長）
- 嗇夫（鄉官）掌佐縣均賦稅　亭長（鄉官）掌佐縣禁賊盜

兩漢職官

漢初承秦制，丞相、太尉、御史大夫三職，爲糾察文武之官。丞相，高帝十一年更名相國，哀帝時改大司徒；太尉，武帝建元二年省，元狩二年置大司馬；御史大夫，成帝時改大司空。初以丞相、太尉、御史大夫爲三公，至哀帝時以大司馬、大司徒、大司空爲三公。光武中興後，改丞相等爲三司，所謂三司者：太尉、司徒、司空也；而三公之上，又有太師、太傅、太保焉。

太師（平帝置）太傅（高后置後省哀帝復置）太保（平帝置）以善導無常職，位在三公上，稱上公焉。

丞相統馭百官，秦分左右丞相二人，漢高帝始合爲一。十一年，更名相國。孝惠時，復秦舊。文帝二年，置一人。哀帝元壽二年，更名大司徒，後削去大字曰司徒，秩萬石，其下設九卿：

一曰太常，秦奉常也。景帝六年改今名，有丞，其屬有太樂、太祝、太宰、太史、太卜、太醫六令丞，均官、都水兩長丞，凡諸禮官及博士（秩比六百石）並隸之。

二曰光祿勳，秦郎中令也。武帝太初二年更名，有丞，其屬有太中大夫、大中大夫、諫大夫、議郎、中郎、侍郎、車郎、戶郎、騎郎、期門、僕射、（秦官）羽林並隸之。

三曰衛尉，初承秦制。景帝初名中大夫，嗣復故，有丞，其屬有司馬、衛士、旅賁三令丞，及諸屯衛侯司馬二十二官。

四曰太僕，有兩丞，後漢置卿一人丞一人，其屬有大廄、未央、家馬三令，各五丞一尉。又車府、路鈴、騎馬、駿馬四令丞，龍馬、閑駒、橐泉、騊駼、承華五監長丞。

五曰廷尉，有正左右監，後漢祇卿一人，廷尉，景帝六年改大理，武帝建元四年復舊，宣帝時置左右平，哀帝時仍稱大理，王莽改曰士，後漢如故。

六曰大鴻臚，秦典客也，有丞，景帝六年改大行令，武帝太初元年，更今名，王莽改曰典樂，後漢如故，其屬有行人、譯官、別火三令丞，及郡邸長丞。

七曰宗正，有丞，平帝元始四年，更名宗伯，王莽併其官於秩宗，後漢如故。置卿丞各一人，其屬有都司空令丞、內史長丞、諸公主家令、門尉。

八曰大司農，秦治粟內史也。有二丞，景帝後元年，更名大農令，武帝太初元年，更今名，王莽改曰羲和，又謂之納言，後漢復曰大司農。置卿一人，其屬有大倉、均輸、平準、都內、籍田五令丞，斡官鐵市兩長丞。

九曰少府，有六丞，後漢置卿一人，其屬有尚書、符節、太醫、湯官、導官、樂府、若盧、考工、庖人、都水、均官、上林、中十池監、中書謁者、黃門、鉤盾、尚方、御府、永巷、宦者、諸僕射、署長、中黃門。　以上九卿，秩皆中二千石。

太尉，秦官，武帝元狩四年，置大司馬，孝文三年罷，孝景時復舊，二年復省，置大司馬將軍，宣帝時去將軍號，嗣復稱太尉，置公一人，秩萬石。

御史大夫，承秦舊，置兩丞，一曰御史丞，一曰中丞，亦謂中執法。成帝時，更名大司空，哀帝時如故，元封二年，復稱大司空，更御史中丞爲御史長史，後漢削大字曰司空，置公一人，獻帝時如故，秩萬石。

此外猶有諸官：

中尉，承秦舊，武帝太初元年，更名執金吾，其屬有中壘、寺互、武庫、都船四令丞，式道、左右中候、候丞、左右京輔都尉丞。

將作大匠，秦將作少府，景帝時更今名，有二丞，左右中候，其屬有石庫、東園、主左右前後中校七令丞，及主章長丞，厥後頗有併省。

典屬國，秦典客也，屬官有九譯令，成帝時省，併大鴻臚，後有安定、天水、上郡、西河、五原典屬國都尉之治。

水衡都尉，掌都水上林苑，武帝元鼎二年，置有五丞，其屬有上林、均輸、御羞、禁圃、輯濯、鍾官、技巧、六廐、辨銅、九令丞，衡官、水司空、都水、農倉、及甘泉、上林、都水七長丞。

太子太傅少傅，掌輔導太子，其屬有太子門大夫、庶子、先馬、（先曰前驅）舍人。

詹事，漢初皇后太子各置詹事，成帝省皇后詹事，併屬大長秋，有丞，皇后詹事統諸宦官，太子詹事其屬有家令丞、率更令丞、僕、左右、衞率、中盾。

長信詹事，景帝更名長信少府，平帝改長樂少府。

大長秋，秦將行也，景帝時更名。　以上秩皆中二千石。

軍官：

城門校尉，掌京師城門屯兵，秩二千石。

中壘校尉，掌北軍壘門。

屯騎校尉，掌騎士。

步兵校尉，掌上林苑門屯兵。

越騎校尉，掌越騎事。

長水校尉，掌長水宣曲胡騎。

胡騎校尉，掌池陽胡騎

射聲校尉，掌待詔射聲士。

虎賁校尉，掌輕車。　以上八校尉，皆武帝所置，秩皆二千石。

地方文武官：

司隸校尉，武帝征和四年置，掌捕巫蠱督姦慝，成帝省，哀帝復置，秩二千石。

部刺史，秦監御史也。武帝元封五年改置，奉詔條察州事；成帝時更名牧，哀帝時復故，尋又稱牧。光武時，置刺史十二人，屬司隸校尉，靈帝時又改爲牧。刺史六百石，牧二千石。

內史，秦官，景帝時分置左右內史，武帝更名京兆尹，治京師，有兩丞，下爲兩令丞及兩長丞。

左馮翊，武帝以左內史更名，治京師，有兩丞，下爲令丞尉及四長丞。

右扶風，武帝以主爵都尉秦官改治右內史地，治京師，有兩丞，下爲一令丞四長丞。

郡守，承秦舊，景帝更名太守，治郡事，有丞；邊郡又有長史，掌兵馬。　以上秩皆二千石。

都尉，承秦舊，景帝更名都尉，助守典武職，有丞，秩比二千石。

縣令，承秦舊，萬戶以上爲令，治縣事，有丞尉，大率十里一亭，亭有長，十亭一鄉，鄉有三老掌教化，嗇夫聽訟收賦，游徼察賊盜，秩自千石至六百石。

縣長，承秦舊，不滿萬戶爲長，餘同上，秩自五百石至三百石。

西域官：

西域都護，宣帝地節三年置，使護西域三十六國，有副校尉，有一丞、二司馬、二候二千人，秩二千石。

戊己校尉，元帝初元元年置，將兵屯西域，有丞、司馬各一人，候五人，秩六百石。

兩漢職官，除以上所列外，其間當知者，又有二：

（一）中朝之官　自丞相以下至吏六百石爲外朝，自大司馬、大將軍以下及侍中左右曹諸吏、中常侍、散騎常侍、給事中爲中朝，即內朝也。大將軍初領征伐，武帝時無事，亦置以之尊功臣，不預政事。自霍光以大司馬大將軍輔政，而大將軍無不加大司馬者，雖位次丞相，權則過之。至後漢以外戚執政柄者，咸加大將軍名號，其位遂在公上。（如竇憲、鄧隲、耿寶、梁冀）若侍中而下至給事中本非常職，特爲加官，蓋天子親幸之臣，以備顧問應對，而奉車都尉掌乘輿，駙馬都尉掌駙馬，又爲近臣貴職，後漢則中常侍悉以宦官爲之，非西京舊制矣。

（二）諸侯王之官　漢制，皇子封王，其郡爲國，有太傅輔之，內史治民，中尉典武職，丞相綜衆官，羣卿大夫都官如漢朝。景帝懲吳楚七國之亂，令諸侯王不得復治國，天子爲置吏，改丞相曰相，省御史大夫、廷尉、宗正、博士官、大夫、謁者、郎、諸官長丞，皆損其員。武帝改漢內史中尉郎中令之名，而王國如故，損其郎中令，秩千石，改太僕曰僕，秩如之。成帝省內史，更令相治民，如郡守，中尉如郡尉，後漢同之。茲綜其官爲一表如左：

〔謁者
〔禮樂長

傅相二千石　中尉比二千石　郎中令、僕千石　治書大夫比六百石
衛士長、醫工長、永巷長、祠祀長比四百石　郎中——二百石

三國職官

三國職官升降紛更，難求詳備，上則班表劉註，存限制而不及後來；下則晉志宋書志本朝而罕詳前代。而欲彙一時之體制，集三國之異同，亦何所據依乎？茲本洪飴孫所作三國職官表，分爲述之。

列第一品者：

相國、掌佐理萬機，建安十六年，魏置。黃初元年，改司徒。甘露五年，復舊。蜀曰丞相，章武元年置，吳亦曰丞相，黃武初置。其屬有左右長史、左右司馬、從事中郎，（以上二職蜀同吳無）署諸曹事，主簿，掾屬，舍人。（蜀吳無考）

太傅，以善導無常職，太保訓護人主，導以德義，惟魏置，蜀吳不設專官。其屬有左右長史，署諸曹事，司馬從事中郎，主簿，掾屬舍人。以上三職，稱上公焉。

大司馬，掌武事，魏黃初二年置，位在三司上。蜀延熙二年，置吳黃武七年置。赤烏九年，分置左右，建興中復舊，其屬有左右長史，左右司馬，（蜀同吳無）軍師、從事、中郎、參軍、列曹、掾屬、舍人。（蜀吳均無考）

大將軍、掌征伐背叛，建安二十五年魏初置。蜀建興十三年置，景耀初復分置右大將軍。吳黃龍元年置

上大將軍，又置大將軍，後皆並設。其屬視大司馬，唯主簿外尚有記室，列曹掾外尚有諸都督。蜀吳均無考

太尉，典兵獄，魏延康元年置，與司徒、司空稱三公。蜀蓋置不常設，吳與魏同。其屬有軍師、長史、司馬、從事、中郎、主簿、參軍、列曹掾、諸都督、舍人。蜀吳均無考

司徒，主民事，魏黃初元年改相國置，蜀章武元年置，吳寶鼎三年置。其屬視太尉。

司空，掌水土，建安十八年，魏置御史大夫，黃初元年更名。蜀無專官，吳寶鼎三年置。其屬亦視太尉。以上五職，稱五府焉。

列第二品者：

驃騎將軍、車騎將軍，本漢官，不常設。魏世或持節都督或散還，從文官例，爲永制，位次三司。蜀復增置右驃騎將軍焉。吳則秩比三公。其屬有軍師、長史、從事、中郎、正行、參軍、諸都督、主簿、掾史。蜀吳均無考

光祿大夫，掌獻可替否，贊揚德化，無常員，先第三品，掌弔問。魏世轉復優重，不以爲使命之官。蜀吳同。以上三職，稱從公焉。

列第三品者

侍中，出入侍從，備顧問，或拾遺補闕。建安十八年，魏初置。二十四年，蜀置。吳可考者，胡綜最初居是官，則在黃龍元年也。

散騎常侍，掌章表詔命手筆之事。魏延康元年置，合散騎、中常侍爲一官，尋削中字。蜀無考。吳亦曰散騎

中常侍。唯諸葛恪傳無中字

中常侍備顧問應對，蜀同，吳無考。其位次於侍中散騎常侍，中常侍者，有給事中，蜀吳不置 給事，黃門侍郎，散騎侍郎，蜀無吳同（俱第五品）然不爲屬官也。

太常掌禮儀祭祀，建安二十一年，魏初置奉常，黃初元年，更名。建安二十四年，蜀先主爲漢中王時置。明年，權爲吳王置奉常，黃武四年更名。其屬有丞、主簿、協律都尉、蜀吳無 博士、祭酒、蜀無吳同 太史令、蜀吳同 太廟令、蜀曰高廟令吳同 太祝令、太樂令、蜀吳俱無 園邑令。蜀吳同

光祿勳宿衛宮殿門戶，建安十八年，魏置郎中令，黃初元年更名。建安二十四年，蜀先主爲漢中王時置。吳與魏同。其屬有五官中郎將、蜀吳同 左右中郎將、南北中郎將、虎賁中郎將、蜀同吳無 羽林中郎將、蜀置羽林左右都督吳置羽林督 羽林左右監、蜀曰羽林監吳無 奉車都尉、駙馬都尉、騎都尉、太中大夫、中散大夫、議郎、蜀吳同 黃門令、蜀同吳無 謁者僕射、冗從僕射、守宮令、清商令、暴室令、掖庭令、華林園令。蜀吳俱無 其虎步監、虎騎監，爲蜀所置，繞帳督、帳下左右部督，爲吳所置也。

衛尉、徼循宮中，建安二十二年，魏置，蜀吳同。其屬有公車司馬令、衛士令、左右都候、宮掖門司馬。蜀吳均無考

太僕、掌輿馬，建安十八年，魏置，蜀吳同。其屬有典虞都尉、牧官都尉、考工令、中府令、典牧令、乘黃廄令、驊騮廄令。蜀吳均無考

廷尉、掌平讞，建安十八年，魏置大理，黃初元年更名。蜀吳同。其屬有監、蜀無吳同 正、平、律博士、主簿、諸獄丞。蜀吳無考

大鴻臚、掌侯國及蠻夷歸義，建安二十一年，魏置。蜀吳同。其屬有丞及客館令。蜀吳無考

宗正、掌宗室親屬，建安二十一年魏置。蜀吳同。其屬有丞及諸公主家令、家僕、家丞。蜀吳無考

大司農、掌錢穀金帛貨幣，建安十八年，魏置大農，黃初元年更名。蜀同。吳初亦曰大農，後復改。其屬有典農中郎將、蜀置督農典農校尉、蜀無吳於諸郡有屯田者亦置都尉、蜀無吳同度支中郎將、蜀無吳置節度度支都尉、司馬丞及部丞、太倉令、導官令。蜀吳均無考

少府、掌尙方服御，建安十八年，魏置。二十四年，先主爲漢中王時置。吳同。其屬有丞、材官校尉、太醫令、太官令、上林苑令、鉤盾令、蜀吳均無考御府令、中藏府令、中左右尙方令、平準令。吳皆同以上九職，稱九卿焉。

執金吾、徼循宮外，建安十八年，魏置中尉，黃初元年更名。蜀吳同。其屬有丞、蜀吳無考武庫令。吳同

將作大匠、掌宮室宗廟路寢，魏吳置，蜀無考。其屬有丞及右校令。蜀吳無考

太后三卿、衛尉、太僕、少府，皆隨太后爲官號，本在九卿上，魏改列九卿下，黃初元年置，蜀建興元年置，吳元興元年置。其屬有丞。

大長秋、奉宣中官命。魏蜀吳並置，其屬有丞，自執金吾以下，亦號列卿焉。

太子太傅、掌輔導太子，魏蜀吳並置；太子少傅魏吳置蜀無考；太子詹事，蜀吳皆未設。其屬有中庶子、庶子、吳同家令、率更令、僕、虎賁督、司馬督、食官令、洗馬、衛率、侍講、門大夫、常從、廄長、舍人、摘句郎、文學。蜀吳均無考吳別置太子賓客、翼正三都尉、左輔都尉、右弼都尉、輔正都尉、翼正都尉、輔義都尉、左右部督，是爲東宮之官。

尙書令、綜典綱紀，無所不統，建安十八年，魏初置。二十四年，罷置。吳同。左右僕射主開封掌授廩假錢穀，蜀吳但曰僕射，不分左右。尙書魏分吏部、左民、客曹、五兵、度支，凡五曹。蜀同，諸曹無考。吳止有選曹、戶曹、左曹、賊曹四曹。其屬有尙書左右丞、（蜀吳無考）諸部郎中、（蜀有吏部左選右選度支諸曹餘無考吳止有選曹餘無考）諸曹典事、（蜀吳無考）主書令史，（蜀同吳無考）號曰尙書臺。

中書監、典尙書奏事，中書令、平尙書奏事，太祖爲魏王時置祕書令，黃初中，改祕書令爲中書令，又置監與令各一人，並掌樞密。吳同。蜀不設中書監。其屬有中書侍郎、（蜀吳曰中書郎）中書通事、（蜀吳不設）著作郎、（蜀無吳置左右國史）著作佐郎、主書令史，號曰中書省。

祕書監、典藝文圖籍，武帝初置祕書令，兼領圖書祕記，黃初初更名。蜀置祕書令，或以他官領之。吳不設。其屬有祕書左右丞、（蜀吳無考）祕書郎（蜀同吳曰祕府郎）校書郎、（蜀吳無考）主書、主圖、主譜令史，（吳同）號曰祕書省。

列第四品者：

御史中丞、外受公卿奏事，舉劾彈章，本御史大夫之丞，御史大夫轉爲司空，因別留中爲御史臺率。魏黃初初，改爲宮正，尋復爲臺主，又更今名。蜀吳同。其屬有持書執法、（蜀無吳曰左右執法）督軍糧執法、（蜀吳無）侍御史、（蜀無吳同）督軍糧御史、（蜀無吳有監農御史）殿中侍御史、三臺五都侍御史、禁防御史、蘭臺令史，（蜀吳均無考）號曰御史臺。

都水使者、掌陂池灌漑，保守河渠，魏置，蜀吳俱不設。其屬有前後左右中水衡都尉，河隄謁者，都水參軍令史，號曰都水臺。

列第五品者：

符節令，掌授節、銅虎符、竹使符，建安十八年，魏初置，別爲一臺，位次御史中丞。蜀吳同，其屬有符璽郎，(蜀無考，吳同)號曰符節臺。

軍官：

中領軍，第三品，領禁衛諸軍，建安四年，太祖丞相府自置領軍，延康中改置。蜀亦置中領軍，復有領軍、前領軍、行領軍諸官。吳曰領軍將軍，復置左右領軍。其屬有中護軍、(蜀同，吳置中左右護軍)武衛、(蜀無，吳同)中壘，(蜀吳俱無)二將軍，步兵、屯騎、越騎、長水、射聲五校尉。(蜀吳並同)

城門校尉，第四品，掌京師城門，蜀無考，吳同。其屬有司馬及門候、門副。

殿中將軍，第六品，掌督守殿內，魏置。蜀曰殿中督。其屬有中郎將、校尉、都尉、司馬、羽林郎。(吳無)

地方文武官：

四征將軍，(復有四鎮)第二品，分東西南北四方，兼統諸州刺史。蜀吳同。其屬有軍師、長史、司馬、從事中郎、正行、參軍、諸督主簿、掾屬。(蜀吳無考)

持節都督，(即領兵刺史)第四品，都督諸州軍事，兼領刺史。太祖爲漢丞相時，有督軍、督十軍、二十軍者，始號都督。黃初三年，文帝改置，使持節爲上，持節次之，假節爲下。蜀於緣邊諸郡皆置，吳於瀕江要害皆置領兵屯守。其屬有護軍、監軍。

司隸校尉、第三品，察舉百官及京師近郡犯法者，并領一州，所屬十三州，其一州屬司隸校尉，爲司州。蜀所置同，但如漢制督察京輦，不典益州事。吳無專官。其屬有從事史假佐、都官從事、功曹從事、諸曹從事、部郡從事、武猛從事、督軍從事、主簿錄事、門下書佐、省事記室書佐、諸曹書佐諸員。（蜀吳無考）

州刺史、（即單車刺史）第五品，循行郡國，錄囚徒，考殿最，或置牧，魏蜀吳皆同。其屬從事史假佐員職如司隸校尉、部郡從事，（三國同）治中從事、別駕從事、功曹從事、主簿書佐。（魏蜀同）其簿曹從事、兵曹從事、文學從事、武猛從事、門亭長、計吏爲魏所置；議曹從事、勸學從事、典學從事、督軍從事、祭酒從事、前後左右司馬，爲蜀所置；吳州職可考者，猶有師友從事，餘無聞焉。

郡太守、第五品，掌治其郡，魏蜀吳同。其屬有丞及中正、諸曹、掾史、主簿、督郵、書佐、小吏。

郡都尉、（大郡二人）第五品，典兵禁，備賊盜，魏蜀吳同。其屬有司馬，餘同上。

縣令、六品至七品，掌治其縣，魏蜀吳同。其屬有丞尉、三老、嗇夫、諸曹掾史，略如郡。

縣長、第八品，餘同上。

附魏外藩鎮撫官：

戊己校尉、護羌校尉、護東羌校尉，屯兵治高昌；護烏桓校尉，屯兵治廣寧；護鮮卑校尉，屯兵治昌平；俱第四品。西域校尉、西戎校尉，俱第五品，職視護鮮卑校尉。其屬有長史、司馬。

附魏代王國官

相、都尉——第五品

傅、保、友——第六品

郎中令、中尉、大司農——第七品

常侍侍、侍郎、家令、諸雜署令——第八品

謁者大夫、諸署長——第九品

漢魏官制比較

曹氏官制，名與漢同，而實變之。統而言之，祿秩改爲九品，三公廣爲五府。內則尚書侍中別爲一臺，不屬少府，中書祕書創爲二省，專典機宜；宮禁不主於光祿勳，更置殿中諸司；屯衛不歸於南北軍，別設領軍之職；司農管度支，而更領屯田；符節屬九卿，而轉爲臺主；公府之屬，增至百餘；軍師之名，徧列諸署。外則諸州屬於四征，而將軍忽爲藩鎮；都督加於岳牧，而刺史僅號單車；典兵則征鎮安平之號，十倍於兩京；郎將則東西南北之稱，不止於三署。是以紛更升降，與漢大殊。古今名號之改移，兩晉南北朝之建置，實皆權輿於此時者也。而況吳蜀名因漢制，亦有異同，蜀猶略祖東京，吳則大形增省。此又考三國官制者當會而通之耳。（洪氏三國職官表序）

晉宋齊梁陳職官表

晉宋齊梁陳，承曹魏之後，官名職掌，大抵略同，然分爲詳敘，體例未免過繁。茲變其例，綜一表以誌沿革，亦芟繁揭要之法也。

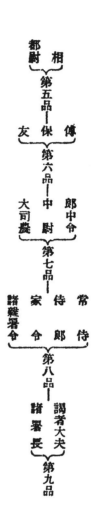

官別	諸公（八公）	從公
晉	相國、丞相（不常置非尋常人臣之職）；太宰、太傅、太保、大司馬、大將軍、太尉、司徒、司空	驃騎、車騎將軍、衛、撫軍、都護、鎮軍
宋	同上、同上、同上、同上、同上、同上、同上、同上、同上、同上	驃騎、車騎、衛、中軍、鎮軍、撫軍將軍
齊	太傅、太尉、司徒、司空、餘並爲贈官	驃騎、車騎、衛、鎮軍、中軍、撫軍（將軍開府者、將軍位從公）
梁	丞相、太宰、太傅、太保、大司馬、大將軍、太尉、司徒、司空	諸將軍、左右光祿大夫、優者加同三公
陳	太尉、司徒、司空、餘並爲贈官	同上

公	尚書
中軍、四征、四鎮、龍驤、典軍、上軍、輔國（大將軍） 左右光祿大夫 光祿大夫 諸開府者皆爲位從公	尚書令 左右僕射 吏部 殿中
四征、四鎮、四安、四平 四中郎將 其餘雜號將軍甚多	尚書令 左右僕射 祠部 吏部
四征、四鎮、四安、四平、左右、前後、征虜、冠軍、輔國、寧朔、寧遠、龍驤（將軍） 四中郎將	尚書令 左右僕射 吏部 度支
	尚書令 左右僕射 吏部 祠部
	同上 同上 同上 同上

省	門下省	中書省	祕書省	御史臺	謁者臺	都水臺
五兵尚書 田曹尚書 度支 左民	侍中 給事黃門侍郎 散騎常侍 通直散騎常侍	中書令 中書監	祕書監	御史中丞	謁者僕射（省置無恆）	都水使者
左民尚書 度支尚書 五兵 都官	同上 同上 同上 同上	中書令	同上	同上	同上	同上
左民尚書 都官尚書 五兵 起部	（門下省） 侍中 給事黃門侍郎 （集書省） 散騎常侍 通直散騎常侍	中書監 中書令	同上	同上	同上	同上
度支尚書 左民尚書 都官 五兵	（門下省） 同上 同上 （集書省） 同上 同上	中書監 中書令	同上	同上	同上	收入列卿
同上 同上 同上 同上	（門下省） 同上 同上 （集書省） 同上 同上	同上 同上	同上	同上	同上	同上

諸卿	太常	同上	同上	春卿）太常卿	春卿）同上
	光祿勳	同上	同上	宗正卿	同上
	衛尉（東晉省）	同上	同上	（卿 司農卿	（卿 同上
	太僕	同上（郊祀權置畢乃省）	同上	夏卿）太府卿	夏卿）同上
	廷尉	同上	同上	少府卿	同上
	大鴻臚	同上（有事權置畢乃省）	同上	（卿 太僕卿	（卿 同上
	宗正（東晉省）	無	無	秋卿）衛尉卿	秋卿）同上
	大司農	同上	同上	廷尉卿	同上
	少府	同上	同上	（卿 大匠卿	（卿 同上
	將作大匠（有事則置）	同上（有事則置無則省）	同上	冬卿）光祿卿	冬卿）同上
	太后三卿	同上	同上	鴻臚卿	同上
	大長秋	同上	同上	（卿 大舟卿（都水使者）	（卿 同上
				大長秋	同上
東宮	太子太師（東晉無師）	太子太傅	同上	太子太傅	同上
	太子少師	太子少傅	同上	太子少傅	同上
	太子太傅（梁有二傅）	詹事	同上	詹事	同上
	太子少傅				

官	太子太保				
	太子少保				
	詹事				
禁軍官	中領軍將軍	領軍將軍	同上	同上	同上
	護軍	護軍	同上	同上	同上
	左衛	同上	同上	同上	同上
	右衛將軍	同上	同上	同上	同上
	驍騎	同上	同上	同上	同上
	游擊	同上	同上	同上	同上
	是爲六軍但領護爲之統				
	此外復有四軍五校				
地方官	司隸校尉（東晉改揚州刺史）	揚州刺史	同上	同上	同上
	領兵刺史（州刺史兼將軍都督之稱者）	同上	同上	同上	同上
	京尹	同上	同上	同上	同上
	單車刺史	同上	同上	同上	同上
	郡太守	同上	同上	同上	同上
	縣令長	同上	同上	同上	同上

外藩鎮撫官				
護羌	無	護南蠻	西戎	同上
西戎　校尉	同上	護三巴	平戎	同上
南蠻	同上	寧蠻　平蠻校尉	寧蠻　校尉	同上
南夷	無	鎮蠻	鎮蠻	同上
寧蠻　東晉置	同上	護西戎	鎮蠻　護軍	同上
平越中郎將	同上	平越中郎將	安遠	同上

王國官				
傅	同上	同上	傅相	同上
友	同上	同上	同上　若王加將軍開府別置府屬友與文學唯王府有之	同上
文學	同上	同上	同上	同上
內史（即郡守）	同上	同上	同上	同上
郎中令	同上	同上	同上	同上
中尉	同上	同上	同上	同上
大農	同上	同上	同上	同上
左右常侍　大國有之	同上	同上	同上	同上
上中下三軍　次國二軍　小國一軍	大小國皆有三軍	同上	同上	同上
此外尚有典書典祠等官　公侯國遞減	同上	同上	同上　嗣王蕃下以下遞減	同上

北魏北齊職官表

北朝魏孝文用王肅言，官制悉仿南朝，而北齊官制，又多從後魏，其間小有差異，茲就齊官，附註於下

	官名	品秩	職掌	官屬
諸公	太師	正一品	以善導無常職	有長史司馬諮議參軍從事中郎掾屬主簿諸曹行參軍督護等員
	太傅	同上	同上	同上
	太保以上爲三公有勳德者居之	同上	同上	同上
	大司馬	同上	武事	同上
	大將軍以上爲二大	同上	同上	同上
	太尉	同上	同上	同上
	司徒	同上	民事	同上（加左右長史）
	司空以上爲三公	同上	水土	同上
	丞相	同上		同上
	開府儀同三司	從一品		同上（諸曹參軍事員數稍減）
尚書省	尚書令	正二品	彈糾見事	有左右丞都令史六尚書所統二十八曹有郎中掌故主事等
	左右僕射	從二品	執法	
	六尚書	正三品	分吏部殿中祠部五兵都官度支六職	

門下省	侍中	正三品	獻納諫正及司進御之職	有錄事通事令史主事令史統領左右尚食尚藥主衣齋帥殿中六局
	給事黃門侍郎	正四品	同上	
中書省	中書監（魏以中書省爲西省）	正三品	總司王言及司	有侍郎及樂部伶官之屬又舍人省之中書舍人主書等
	中書令	正四品	進御之音樂	
秘書省	秘書監	正三品	典司秘籍	有丞郎中校書郎正字又著作省之著作郎佐郎校書郎
集書省	散騎常侍	從三品	諷議左右從容獻納	有諫議大夫散騎侍郎員外散騎常侍通直散騎侍郎給事中員外散騎侍郎奉朝請等又起居省之散騎常侍通直散騎常侍及侍郎
	通直散騎常侍	正四品	同上	
中侍中省	中侍中	從三品	出入禁中	有中給事中又領中尚藥中尚食中謁者諸局
	中常侍	正四品	同上	
御史臺	御史中丞（魏以御史臺爲南臺）	從三品	察糾彈劾	有治書侍御史侍御史殿中侍御史檢校御史及錄事等又領符節署
都水臺	都水使者	從五品	管諸津橋	有參事兼領都尉合昌坊城諸局
謁者臺	謁者僕射	正六品	導相禮儀	有謁者錄事
卿	太常寺卿　少卿	正三品　正四品	陵廟羣祀禮樂儀制天文術數衣冠之屬	有丞並置功曹主簿錄事其屬博士協律郎八書博士諸陵太廟太樂衣冠鼓吹太祝太史太醫廩犧太宰諸署
	光祿寺卿　少卿（魏爲光祿勳齊改）	同上	膳食帳幕器物宮殿門戶等事	同上統守宮太官宮門供府肴藏清漳華林等署
	衛尉寺卿　少卿	同上	禁衛甲兵城守之屬	同上兼統城內校尉又領公車武庫衛士等署
	太僕寺卿　少卿	同上	車輦馬牛畜產之屬	同上統驊騮左右龍左右牝駝牛司羊乘黃車府等署

類別	官名	沿革	品秩	職掌	屬官
寺	大理寺卿少卿	魏爲廷尉	同上	法正刑獄	同上有正監評律博士明法掾檻車督掾獄丞掾司直明法
	鴻臚寺卿少卿	魏爲大鴻臚	同上	蕃客朝會吉凶弔祭	同上統典客典寺司儀等署
	司農寺卿少卿	魏爲大司農	同上	倉市薪菜園池果實	同上統平準太倉導官梁州水次倉石濟水次倉藉田諸署
	太府寺卿少卿	魏爲少府	同上	金帛府庫營造器物	同上統左右中三尙方左藏司染諸冶東西道黃藏有藏細作左校甄官等署
	國子寺祭酒		從三品	訓教胄子	同上領博士助敎又太學四門學之博士助敎
	長秋寺卿中尹		從三品 正四品	掌諸宮閣	同上領中黃門掖庭晉陽宮中山宮園池中宮僕奚官等署
	將作寺大匠		從三品	掌諸營建	同上若有營作則立將副將長史司馬
	昭玄寺大統 統			掌諸佛教	有都維那及功曹主簿錄事
東宮官	太師		正二品	訓導輔翊	不領官屬
	太子太傅		同上	同上	
	太保		同上		
	少師		正三品	同上	
	太子少傅		同上	同上	
	少保		同上		
	詹事		同上	東宮內外衆務	有丞及功曹主簿錄事領家令寺率更令寺僕寺左右衛坊門下坊典膳坊
禁軍	領軍府將軍		從二品	禁衛宮掖	有中領軍各有長史司馬主簿錄事莅其府事
	左右衛府將軍領軍府領之		正三品	左右廂朱華閣以外	各以武衛將軍二人貳之府屬同上有御仗直盪直突直閣屬官及諸將軍校尉等

官			
領左右府將軍同上	從三品	同上	有領千牛備身及左右備身正副都督刀劍備身正副都督等
護軍府將軍	從三品	出則護衛	有中護軍各有長史司馬主簿錄事盡其府事統東西南北四中郎將諸關尉津尉
地方文武官			
司州牧	從二品	治司州	有別駕從事史治中從事史主簿書佐記室及諸曹從事員又領西東市署令
清都尹魏置河南尹	正三品	治清都郡	有丞中正功曹主簿督郵門下督錄事主記議及功曹記室諸曹掾
鄴臨漳成安三縣令	從五品	治其縣	同上鄴又領三尉臨漳成安各二尉
州刺史上三等　中三等　下三等	正三　從三品　正四	剌舉州事	府屬官有長史司馬以下州屬官有別駕治中以下合三百九十三人上中州以次遞減
郡太守同上	從三　從四品　從五	治其郡	屬官佐史合一百十二人上中郡以次遞減
縣令同上	正六　正七品　正八	治其縣	屬官佐史合五十四人上中縣以次遞減
三等鎮將	正四品	緣邊諸鎮兵	有副將長史錄事參軍以下
三等戍主	從七品		有副及隊主等員
皇子			
師	正三品		
友	正五品		
文學	正六品		
郎中令	正六品		
大農	從六品		
中尉	正七品		
王國			
師	正三品		其下又有上中大夫防閤典書典祠學官典衛等令齋帥食官廄牧長典醫丞典府丞執書謁者舍人等員
郎中令	正七品		
大農	從七品		
中尉	正八品		
常侍	從八品		
將軍（上下）	從九品		

官
常侍 將軍（上中下）
從七品 從八品
官

北周職官表

依周官之建置

三公	
太師 太傅 太保	正九命
三孤	
少師 少傅 少保	正八命
六卿	
天官府大冢宰 地官府大司徒 春官府大宗伯 夏官府大司馬 秋官府大司寇 冬官府大司空	正七命
六卿之屬	
諸上大夫	正六命
諸中大夫	正五命
諸下大夫	正四命
諸上士	正三命
諸中士	正二命
諸下士	正一命

參用秦漢以下官制（略舉三部）

將軍	
柱國大將軍 大將軍	正九命
驃車騎大將軍 開府儀同大將軍 儀同大將軍	九命
前後左右將軍	正七命
冠軍將軍 輔國將軍	七命
正六命諸雜號將軍	
六命諸雜號將軍	
大夫	
左光祿大夫 右光祿大夫	正八命
左金紫光祿大夫 右金紫光祿大夫	八命
左銀青光祿大夫 右銀青光祿大夫	正七命
大中大夫	七命
州郡吏	
雍州牧	
五等州刺史	正八命至正六命
京兆尹	八命
五等郡守	七命至五命

之　部		
驃騎將軍	正八命	正五命諸雜號將軍
四征 中軍 鎮軍 撫軍 大將軍	八命	五命諸雜號將軍
俱有長史司馬司錄列曹參軍諸府屬自正四命以下至於一命尚有諸雜號將軍		
之　部		
中散大夫七命		
諫議大夫正六命		
諸		
之　部		
長安萬年二縣令正五命		
五等縣令五命至三命		
諸州府屬有長史司馬司錄列曹參軍官屬有別駕治中諸郡各有郡丞		

以上晉宋官品，一依曹魏，唯齊制不詳，梁爲十八班，（班多者爲貴）陳遵之，而亦立爲九品，視晉宋兩朝，同官異品，則稍參差矣。茲復就梁陳補一表於左。

	（梁）	（陳）
自丞相至司空	十八班	一品
諸將軍光祿開府者	十七班	一品
尚書令	十六班	一品
左右僕射	十五班	二品
吏部尚書	十四班	三品
列曹尚書	十三班	同上
侍中	十二班	三品
給事黃門侍郎	十班	四品
散騎常侍	十二班	三品

	（梁）	（陳）
太子太傅	十六班	二品
太子少傅	十五班	同上
太子詹事	十四班	三品
領護將軍	十五班	三品
左右衛將軍	十二班	三品
驍騎游擊將軍	十一班	四品
揚州刺史	未詳	三品
州刺史	未詳	五品
單車刺史加督者進一		

通直散騎常侍	十一班	四品
中書監	十五班	二品
中書令	十三班	三品
秘書監	十一班	四品
御史中丞	十一班	三品
謁者僕射	六班	六品
太常	十四班	三品
宗正	十三班	同上
太府	十三班	同上
衛尉	十二班	同上
司農	十一班	同上
少府	同	同上
廷尉	同	同上
光祿	同	同上
太僕	十班	同上
大匠	同	同上
鴻臚	九班	同上

品加都督者進二品		
丹陽尹	未詳	五品
郡太守	十班	五品至七品
建康令	未詳	
縣令長	七班	八九品
寧蠻校尉	皆立府隨府主號鄉重而不爲定	五品
西戎校尉		六品
平戎校尉		六品
鎮蠻校尉		六品
鎮蠻護軍		九品
安遠護軍		九品
皇弟皇子師	十一班	四品
皇弟皇子友	八班	六品
皇弟皇子文學	五班	七品
郎中令	五班	八品
大農	四班	八品
中尉	三班	八品

大傅	同	同上
大長秋	同	同上

常侍	二班	九品
將軍	流外第七班	同上

魏齊周職官前後因革

北魏世君元朔，及交南夏，官名位號，略依晉制，然道武帝初年，酋長舊制猶未盡革也。南北直大人對治，二部，又置都統及幢將主領宿衞，其受詔外使出入禁中者，亦有外朝大人焉。至皇始元年，始建曹省，備百官，亦屢有增省。孝文遷洛，多所更定，始著爲令，而齊因之。然臺省位號，與江左稍殊，制樞密之任，南朝重在中書，魏齊則歸門下者也。自西魏宇文泰執政，改創章程，命尚書令盧辨遠仿周禮六官法，以魏恭帝三年（明年西魏亡周代）行之。其時雖行周禮，而內外衆職又兼秦漢官，迄周末多有更改。隋興，廢六官之法，仍依漢魏，杜佑謂有周年代短促，人情習於故常，不能革其視聽，理或然歟！

隋代職官

三師、正一品，坐而論道，不主事，煬帝省，無府僚。

三公、正一品，參議國之大事，無其人則闕，初有府僚，尋省，以上稱諸公焉。

尚書令、正二品，綜六部事，其屬有左、右丞及郎、都事、主事、令史。六部，分司曹務者，初稱侍郎，煬帝以侍郎貳尚書，改諸曹侍郎曰郎。

左右僕射、從二品，職視尚書令，僚屬同。

六曹尙書正三品，分吏、禮、兵、都官、度支、(後改民部)工二十四司，凡領三十六侍郎，煬帝改置六侍郎以貳之，秩正四品。以上稱尙書省焉。

納言、正三品，隋依後周制，即侍中職，煬帝更名侍內，其屬有錄事、通事、令史，又有諫議大夫，（煬帝省）散騎以下侍郎給事諸員，統城門、尙食、尙藥、符璽、殿內六局，煬帝省散騎諸職，別以殿內局爲監。

給事黃門侍郎、正四品，隋初無，煬帝移吏部給事郎置，尋復去給事名。

散騎常侍、從三品。

通直散騎常侍、正四品。以上通屬門下省，煬帝時廢散騎二職。

內史令、正三品，即中書令之職，隋初更名置監令，煬帝改爲內書，尋復故。其屬有侍郎舍人通事舍人（煬帝省）起居舍人（煬帝增）主書錄事，稱曰內史省。

祕書監、正三品，煬帝改正爲從，并增少監一人，定從四品，後並改爲令，典司經籍，領著作太史二曹。其屬有丞及郎、校書郎、正字、錄字，稱曰祕書省。

殿內監、正四品，隋初爲局，置監二人，大業分門下太僕二司，更殿內監名，并置少監一人，秩從四品，掌諸供奉。其屬有奉車都尉，統尙食、尙藥、尙衣、尙舍、（舊隸門下）尙乘、（舊隸太僕）尙輦、及城門（舊隸門下）等局，稱曰殿內省。

御史大夫、從三品，掌糾察彈劾。其屬有治書侍御史、侍御史、殿內侍御史、（煬帝省）監察御史，稱曰御史臺。

謁者大夫正四品，掌受詔宣撫申奏冤枉，煬帝增置，以司朝謁者貳之，秩從五品。其屬有丞主簿、錄事、及通事、謁者以下諸員，後有增省，稱曰謁者臺。

司隸大夫正四品，掌諸巡察，煬帝增置。其屬有別駕及統諸巡察京外之刺史，稱曰司隸臺。

太常寺卿、正三品，煬帝增置少卿、正四品，掌禮儀，有丞主簿、錄事。其屬有博士、協律郎、奉禮郎、郊社，太廟，諸陵、太祝、太樂、衣冠、清商，鼓吹、太醫、太卜、廩犧等署。

光祿寺卿少卿，秩同太常，（第自光祿以下八寺少卿，煬帝增置，二人並改卿，秩爲從三品，少卿爲從四品）掌膳食，丞主簿、錄事同。（以下八寺俱同）統大官肴藏、良醞、掌醢四署。

衛尉寺卿少卿、掌禁衛，統公車、武庫、守宮三署。

宗正寺卿少卿、掌宗室，不統署。

太僕寺卿少卿、掌輿馬，又有獸醫博士，統乘黃、龍廄、車府、典牧四署。

大理寺卿少卿、掌刑辟，又有正監評、司直、律博士、明法、獄掾，不統署。

鴻臚寺卿少卿、掌外蕃朝會，統典客，（煬帝改典蕃）司儀、崇元三署。

司農寺卿少卿、掌上林太倉，統太倉、上林、鉤盾、導官四署。初有典農、華林、（煬帝省）平準、京市、（煬帝改隸太府）

太府寺卿少卿、掌府庫京市，統京市五署及平左右藏，凡八署。以上通稱九寺焉。

國子祭酒、從三品，掌總知學事，初改寺爲學，仁壽間罷國子學，唯立太學一所，省祭酒，置太學博士，煬帝改爲

監，依舊置祭酒，并增司業，秩從四品，其屬有丞、主簿、錄事，國子、太學均有博士、助教，稱曰國子監。

將作大監、正四品，少監正五品，掌營建。煬帝復改爲令少令，有丞、主簿、錄事，統左右校及甄官（本隸太府）

三署，稱曰將作監。

少府監、從三品，少監從四品，掌內府器物，煬帝分太府，置屬同上，統左尙、右尙、內尙、司染、掌冶五署，（本隸太

府，煬帝改）稱曰少府監。

都水監、正四品，少監正五品，掌河渠，初廢都水臺，十三年復置，仁壽元年，改臺爲監，更名使者，亦爲監，後又改

爲使者。其屬有丞及參軍，統舟楫、河渠二署，稱曰都水監。

長秋令、正四品，少令從五品，初曰內侍省，煬帝改置，並用士人，其屬有丞、內承奉、（初名內常侍）內承直、（初

名內給事）內謁者，領掖庭、宮闈、奚官三署，稱曰長秋監。

太子太師、太傅、太保、正二品，太子少師、少傅、少保正三品，掌輔導太子。開皇初置詹事，尋省，其屬有門下坊、左

庶子、典書坊右庶子，及家令、（煬帝改司府令）率更令、僕、三寺，又左右衛、左右宗衛、左右虞候、左右內率、

副率、左右監門等諸軍將，各有府屬，稱曰東宮官。

禁軍分六衛，曰翊衛、（本名左右衛，煬帝改）領驍騎衛士，曰驍衛、（本名備身府，煬帝改）領豹騎衛士，曰武衛、領熊渠衛士，曰屯衛、（本名領軍

府，煬帝改）領羽林衛士，曰禦衛、（煬帝置）領射聲衛士，曰候衛、（本名武候，煬帝改）領佽飛衛士，俱分左右，左曰大將軍，正三品，

右曰將軍、從三品，有武賁郎將、武牙郎將以副將軍。其屬有長史、司馬、錄事、參軍等員。

又分二府：曰備身府，（本名左右領左右府，煬帝改置郎將）郎將，分左右，俱正四品，翊衛出入；曰監門府，郎將亦分左右，品秩同上，守衛門禁。備身府有直齋以貳郎將，統千牛左右、司射左右、及諸郎將；監門府有直閣及門尉、門候等員，其府曹同衛曹，統稱曰禁軍官。

雍州牧、從二品，治其州，其屬有別駕、贊務、州都、郡正、及府曹。

京兆河南尹、正三品，治其郡，其屬有丞正及府曹，煬帝增置內史，位次尹。

大興長安洛陽令、從五品，治其縣，所屬視尹。

州刺史（初分九等，後改上中下三等）上正三品，中從三品，下正四品，治其州。自開皇三年，以州統縣，於是刺史名存而職廢，後雖有刺史，亦理一郡而已。有長史以下府曹之屬，員數以次遞減。

郡太守、同上，上從三品，中正四品，下從四品，治其郡。初承北齊制，至開皇三年，罷天下諸郡，以州統縣，大業三年，復改州為郡。有丞正及諸府曹，煬帝加置通守，位次太守。

都尉、正四品，副都尉正五品，事領兵，不與郡事，煬帝增置。

縣令、（初分九等，後亦分三等）上正七品，中從七品，下正八品，治其縣，有丞尉以下諸曹屬。

鎮將、（鎮副貳之，亦分上中下三等）上從四品，中從五品，下正六品，有長史司馬諸曹參軍之屬。

戍主、（戍副貳之，亦分三等）上正七品，中正八品，下正九品。

關令（丞貳之分三等）上中從八品，下正九品。自牧以下，通稱地方官。

文帝煬帝兩朝，官制差異，既如上所述矣。此外則文帝時有行臺省，（行臺始於魏晉，如魏末晉文帝討諸葛誕，裴秀等以行臺從是也。北魏北齊亦有之）置總管尚書令僕以下官，如尚書省職，所以重方面之任也。其前世所稱上柱國、大將軍、開府儀同三司、光祿大夫之屬，並為散官。至煬帝，罷諸總管，其散官名號亦有廢置，此亦異同紛糾之端耳。雖然其中之大變革，猶有二事焉。

一曰六部侍郎　侍郎之名，繇來已久，西漢侍郎，執戟宿衛諸殿門以侍之，故曰侍郎，非若後世諸曹之職事也。又歷代尚書亦有侍郎，其數至衆，若後世之郎官耳。自梁陳有郎中、侍郎，始分郎與侍郎為二。隋初三十六侍郎，猶唐代二十四司郎中之職，煬帝置六部侍郎，以貳尚書，後諸曹侍郎但曰郎，繇是侍郎名位，遂在郎中上，故今之侍郎，其置自隋始。

一曰諸州刺史　漢之刺史，職在察郡，漢季而下，刺史總統諸郡，賦政於外，已非曩時司察之任，然以州領郡，是其職任固崇也。隋文帝開皇三年，罷郡，以州統縣，職同郡守，無復刺舉之實，所謂刺史者，皆太守互名耳。有時改郡為州，則謂之刺史，有時改州為郡，即謂之太守，其實一也。故刺史之理一郡，其制亦自隋始。

唐代職官

高祖發迹太原，官制多依隋舊，登極之初，未遑改作，隨時署置，務從簡便。自高宗之後，官名品秩，屢有改易。茲錄永泰二年官品，其改易品秩者，注於官品之下，若改官名及職員有增減者，則各附之於本職云。概括唐之官制，爲三師、三公、三省、九寺、一臺、五監及東宮官、南衙十六衛、北衙諸軍、地方文武官，其名稱職掌，分述如左。

太師太傅太保曰三師，天子所師，法無所總，職非其人則闕。太尉司徒司空曰三公，佐天子理陰陽，平邦國，靡所不綜，並皆正一品，不設府僚。

尚書省龍朔二年改曰中臺武后更名文昌臺俄曰文昌都省玄宗復舊

尚書令、正二品，掌典領百官，龍朔二年廢，玄宗復置。

左右僕射、從二品，掌統理六官，爲令之貳，高宗龍朔二年改曰左右匡政，武后更名文昌左右相，開元元年，曰左右丞相，天寶元年復舊。有左右丞，左丞總吏戶禮三部，右丞總兵刑工三部，又有郎中、員外郎、都事、主事諸員。

六部尚書、正三品，分掌六部，龍朔二年，改曰太常伯，咸亨初復舊，武后改置四時之官，神龍元年復舊，部分四司，總六部，凡二十四司，各有郎中、員外郎、主事、令史掌固之屬。

六部侍郎、正四品，分掌六部，龍朔二年，改曰少常伯，咸亨初復舊，屬官同上。

門下省龍朔二年改曰東臺武后更名鸞臺開元元年曰黃門省

侍中、正二品，掌出納帝命，相禮儀，龍朔二年，稱左相，武后改曰納言，開元元年，改稱爲監，天寶元年，仍曰左相。

有左諫議大夫、龍朔二年曰正諫大夫貞元四年分左右給事中、左補闕、左拾遺、武后改置補闕拾遺左右各二人起居郎、典儀、城門郎、符寶郎、宏文館學士、校書郎等員。

門下侍郎、正三品，掌貳侍中之職。

左散騎常侍正三品，掌規諷得失，侍從顧問，貞觀元年置，顯慶二年分左右，隸門下與中書省皆金蟬珥貂左散騎與侍中爲左貂右散騎與中書令爲右貂謂之八貂龍朔二年，曰侍極。

中書省武德三年改內書省置龍朔元年曰西臺武后改爲鳳閣開元元年更名紫微省，

中書令、正二品，掌佐天子執大政，而總判省事，龍朔元年曰右相，武后改稱內史，天寶元年，仍曰右相，大歷五年復舊。有右諫議大夫、右補闕、右拾遺、同上舍人、起居舍人、通事舍人、集賢殿書院學士、開元五年置乾元院使六年更號麗正修書院使十一年置修書學士十三年更今名直學士、侍讀學士、修撰官、校書正字、史館修撰等員。

中書侍郎、正三品，掌貳令之職，朝廷大政參議焉。

右散騎常侍、正三品，掌如門下省。

祕書省龍朔二年更名蘭臺武后曰麟臺太極元年復舊，

祕書監、從三品，掌經籍圖書，龍朔二年，改蘭臺監太史，武后時復舊、有丞龍朔初曰大夫後復舊、郎、校書郎、正字、典書令史亭長、掌固等員，領著作局，有著作郎。

少監、從四品，掌貳監之職，龍朔二年，改侍郎，武后時復舊。

內侍監、從三品，掌出入宮掖，奉宣制令，有內常侍、內給事、內謁者監、內謁者、內寺伯、寺人，領掖庭、宮闈、奚官、內僕、內府、內坊六局，局各有令丞。
少監、從四品，掌如祕書省，天寶十三年改內侍置。
內侍、從四品，職視少監，少監既由內侍改，因更置四人爲之。
殿中省（武德元年改監爲省龍朔二年曰中御府舊有天藏府開元二十二年省）
內侍省（武德四年改長秋監置龍朔二年改監爲省武后曰司宮臺天寶十三年復舊）
殿中監、從三品，掌乘輿服御，龍朔二年，更名大監，尋復舊。有丞、（龍朔初曰大夫）侍御、尚醫、主事、進馬（天寶八年罷南衙因省十二年復置）（乾元後又省大監十四年復改）等員，領尚食、（龍朔初曰奉膳）尚藥、（龍朔初曰奉醫）尚衣、（龍朔初曰奉冕）尚舍、（龍朔初曰奉扆）尚乘、（龍朔初曰奉駕）尚輦（龍朔初曰奉轝）六局，
局各有奉御直長，其食醫、（隸尚食）侍御醫、司醫、醫佐、（隸尚藥）司廩、司庫、奉乘、（隸尚乘）尚輦（隸尚輦）分隸之。
御史臺（龍朔二年曰憲臺咸亨元年復舊門北闢主陰殺也故爲風霜之任官之雄俊莫與比焉舊制但聞風彈事提綱而已其鞫案禁繫則委之大理貞觀末乃於臺中置東西二獄以自繫劾開元中罷之武后時改爲肅政臺置左右二臺左以察朝廷右以澄郡縣）
御史大夫、正三品，掌以刑法典章，糾正百官罪惡，龍朔二年，改爲大司憲，咸亨初復舊。其屬有三院：一曰臺院，侍御史隸焉；（貞觀中與給事中中書舍人同受表裏冤訟謂之三司受事其職有四曰推也彈也公廨也雜事也臺內之事悉主之謂之臺端他人稱之曰端公知雜事者謂之雜端）二曰殿院，殿中侍御史隸焉；三曰察院，監察御史隸焉。有主簿錄事等員。
御史中丞、正四品，爲大夫之貳，龍朔二年，改爲司憲大夫，咸亨初復舊，武后改爲御史大夫，太極初復舊
太常寺（龍朔二年改爲奉常寺咸亨初復舊武后光宅元年改爲司禮寺神龍初復舊）

太常卿、正三品，掌禮樂郊廟社稷之事，少卿貳之，從四品，龍朔改九寺卿，皆加正少卿，皆曰大夫，後各復舊。有丞、主簿、博士、奉禮郎、（初名治禮郎，避高宗名改）協律郎、錄事等員，領兩京郊社、太樂、鼓吹、太醫、太卜、廩犧、汾祠七署，（舊有太廟署、衣冠署，皆先後廢置）署各有令丞，其鼓吹有樂正，太卜有博士，太醫有醫針、按摩、呪禁諸博士，及醫針助教、按摩師等員。

光祿寺（龍朔改爲司宰寺，咸亨復舊；光宅改司膳寺，神龍復舊）

光祿卿、從三品，掌邦國酒醴膳羞，少卿貳之，從四品。有丞、主簿、錄事等員，領太官、珍羞、良醞、掌醢四署，署各有令丞。

衞尉寺（龍朔改爲司尉，咸亨復舊；光宅改爲司衞，神龍復舊）

衞尉卿、從三品，掌邦國器械文物，少卿貳之，從四品。有丞、主簿、錄事等員，領兩京武庫、武器、守宮三署，署各有令丞。

宗正寺（龍朔改爲司宗，咸亨復舊；光宅改爲司屬，神龍復舊）

宗正卿、從三品，掌天子族親屬籍，以別昭穆，少卿貳之，從四品。武德二年置宗師，後省。有丞、主簿、錄事、知圖譜官、修玉牒官、知宗子表疏官、諸陵臺、（開元二十四年以宗廟所奉不可名以署，廢之，以少卿知太廟事，明年濮陽王徹爲宗正卿，恩遇甚厚，建議以宗正司屬籍，請以陵寢宗廟來隸，天寶十二年改隸太常，至德二年復來隸，永泰元年仍屬太常，大歷二年復舊）諸太子廟、諸太子陵各令丞，及所領崇玄署寺丞。

太僕寺（龍朔改爲司馭，咸亨復舊；光宅改爲司僕，神龍復舊）

太僕卿、從三品，掌廄牧輦輿之政，少卿貳之，從四品。有丞、主簿、錄事等員，領乘黃、典廄、典牧、車府四署，署各有令丞；其諸牧監、上牧監、中牧監、下牧監，俱各有監副、監丞、主簿；東宮九牧監丞錄事並隸之。

大理寺（龍朔改爲詳刑，咸亨復舊；光宅改爲司刑，神龍復舊）

大理卿、從三品，掌折獄詳刑，少卿貳之，從四品。有正、丞、主簿、錄事、獄丞、司直、評事等員。

鴻臚寺（龍朔改爲同文，咸亨復舊；光宅改爲司賓，神龍復舊）

鴻臚卿、從三品，掌賓客及凶儀之事，少卿貳之，從四品。有丞、主簿、錄事，領典客、司儀二署，有典客令丞等員。

司農寺（龍朔改爲司稼，咸亨復舊）

司農卿、從三品，掌倉儲委積，少卿貳之，從四品。有丞、主簿、錄事，領上林、太倉、鉤盾、導官四署，署各有令丞監事，又有太原、永豐、龍門等倉儲監丞、慶善、石門、溫泉湯等監諸監丞、司竹監副監、京都諸宮苑總監、副監丞主簿，京都諸園苑監、副監丞，九成宮總監、副監丞主簿，諸屯監丞。

太府寺（龍朔改爲外府，咸亨復舊；光宅改爲司府，神龍復舊）

太府卿、從三品，掌財貨廩藏貿易，少卿貳之，從四品。有丞、主簿、錄事，領西京諸市、左藏、右藏、常平四署，署各有令丞監事。

國子監（武德四年改監曰學，隸太常寺，貞觀初如故。龍朔改爲司成館，咸亨復舊。光宅初又改成均監，神龍復舊）

國子祭酒、從三品，掌邦國儒學訓導，司業貳之，從四品。龍朔二年，祭酒曰大司成，司業曰少司成，咸亨初復舊。

有丞、主簿、錄事、博士、五經、太學、廣文館、四門館、律學、書學、算學諸博士諸助教。

少府監武德初廢監以諸署隸太府寺貞觀初復置龍朔改爲內府咸亨復舊光宅改爲尚坊神龍復舊

少府監、從三品，掌百工技巧，少監貳之，從四品。有丞、主簿、錄事，領中尚、左尚、右尚、織染、掌冶五署，署各有令丞監作，並轄諸冶監令丞監牧監作，鑄錢監互市等監監丞。

將作監龍朔改爲善工咸亨復舊光宅改爲營繕神龍復舊

將作監、從三品，掌土木工匠，少監貳之，從四品。有丞、主簿、錄事，領左校、右校、中校、甄官等署，署各有令丞監作，並轄百工、就谷、庫谷、斜谷、太陰、伊陽監副監丞監作。

軍械監武德初置軍器大監貞觀元年改置小監後省以其地隸少府監爲甲弩坊開元初復以其地置軍器使至三年始爲監

軍械監、正四品，掌繕甲弩，以時輸武庫。有丞、主簿、錄事，領弩坊、甲坊二署，署各有令丞監作。

都水監武德初廢監爲署貞觀六年仍爲監龍朔二年改曰司津監垂拱元年改曰水衡開元二十五年不隸將作監咸亨初更今名

都水監使者、正五品，掌川澤津梁陂池渠堰，高宗改爲司津監丞，武后改曰都尉，中宗復舊。有丞、主簿，領舟楫、（後廢）河渠諸津等署，署各有令丞及河隄謁者。隸河渠

南衙十六衛武德五年改左右翊衛曰左右衛府左右驍騎衛曰左右驍騎府左右屯衛曰左右威衛左右禦衛曰左右領軍衛左右備身府曰左右府唯左右武衛府左右監門府左右候衛仍隋不改顯慶五年改左右府曰左右千牛府龍朔二年左右衛府驍騎府武衛府皆省府字改左右威衛曰左右武威衛左右領軍衛曰左右戎衛左右候衛曰左右金吾衛左右監門府曰左右監門衛左右千牛府曰左右奉宸衛後又曰左右千牛衛咸亨元年改左右戎衛曰左右領軍衛光宅元年改左右驍衛曰左右武威衛左右武衛曰左右鷹揚衛左右威衛曰左右豹韜衛左右領軍衛曰左右玉鈐衛貞元二年初置十六衛

左右衛上將軍、上將軍、大將軍，從二、正三品，掌宮禁宿衛，有長史參軍諸府屬，凡五府及外府，皆總制焉。

左右驍衛上將軍、大將軍，秩同上，掌亦如之，有長史參軍等，又有中郎將郎將諸員。

左右武衛上將軍、大將軍，均同上。

左右威衛上將軍、大將軍，均同上。

左右領軍衛上將軍、大將軍，均同上。

左右金吾衛上將軍、大將軍，秩同，掌徼循京城，烽候道路，府屬郎將同上，又有左右街使。

左右監門衛上將軍、大將軍，秩同，掌諸門禁衛及門籍，府屬郎將同上。

左右千牛衛上將軍、大將軍，秩同，掌侍衛及供御兵仗，府屬同上。

左右羽林軍大將軍、將軍，正、從三品，掌統北衙禁兵，有長史、錄事、參軍及中郎將。

左右龍武軍大將軍、統軍、將軍，正二、正三、從三品，均同上。

左右神武軍大將軍、統軍、將軍，秩同，掌總衙前射生兵，府屬同上。

左右神策軍（大將軍、統軍將軍）秩同，掌衛兵及內外八鎭，肅宗後，恆以中使領之，府屬同上。又有護軍中尉、中軍判官、句覆表奏支計、孔目、驅使等員。

東宮官六傅（唐六傅不必備唯其人貞觀中撰太子接三師之儀出殿門迎太子先拜三師答拜每門讓三師坐與三師書前名惶恐後名惶恐再拜太子出乘路備鹵簿以從）

太子太師、太傅、太保，俱從一品，掌輔導太子。

少師、少傅、少保，俱從二品，掌曉三師德行以諭太子。

太子賓客，正三品，掌侍從規諫，贊相禮儀，貞觀十八年，以宰相兼之，開元中，始定員額，其後或置或否。

詹事府詹事，正三品，少詹事正四品，掌統三寺十率府之政，少詹貳之。武德初置，龍朔二年更名端尹，少詹曰少尹，咸亨初復舊，光宅元年改曰宮尹、少尹，神龍初復舊。有主簿、司直、錄事，領家令寺、率更寺、僕寺、左右衛率府、左右司禦率府、左右清道率府、左右監門率府、左右內率府。

左春坊左庶子，正四品，掌侍從規諫，駁正啓奏，中允貳之，正五品。有司議郎、左諭德、左贊善大夫、崇文館學士及司經局洗馬、文學、校書、典膳、藥藏、內直、典設、宮門等局郎丞。

右春坊右庶子，正四品，掌侍從獻納啓奏，中舍人貳之，正五品。有舍人、通事舍人、右諭德、右贊善大夫，其家令寺令丞有食官、典倉、司藏三署令丞隸之，別設率更寺令丞、僕寺僕丞、廐牧署令丞等員。

地方文武官

節度使，掌總軍旅，顓殺伐，初分天下州縣爲諸道，每道置使，其邊方有寇戎之地，則加以旌節，謂之節度使。自景雲二年，始以賀拔延嗣爲涼州都督，充河西節度使，其後諸道因同此號，得以軍事專殺，行則建節府樹大纛，外任之重莫比焉。開元中凡八節度使，至德以來，增爲二十餘道。有行軍司馬、判官、掌書記、參謀、隨軍等員。

觀察使、掌督察一道，貞觀初，遣大使十三人，巡省天下諸州，水旱則遣使，有巡察、按撫諸名。神龍三年，遣十道巡察使，察舉州縣，再周而代；景雲三年，置十道按察使；開元二年，改曰十道按察採訪處置使，二十年曰採訪處置使，分十五道；天寶末，又兼黜陟使；至道元年，置觀察使，察所部善惡，舉大綱。有判官、支使、推官、巡官、衙推等員。

大都督府都督、從二品，中都督府都督正三品，下都督府都督從三品，掌督諸州兵甲城隍鎮戍。武德初，邊要之地置總管，七年更名。有長史、司馬、錄事、諸曹參軍事、市令、文學、醫學博士。（中下都督府有別駕，餘員減少，下都督府并省士曹參軍）

大都護府大都護、從二品，上都護正三品，掌統諸蕃撫慰征討，副大都護從三品，副都護從四品爲之貳。永徽中，始置。有長史、司馬、錄事、參軍事及諸參軍事。

西都、東都、北都牧，俱從二品，三都府尹俱從三品，掌宣德化，歲巡屬縣。少尹貳府州事，從四品。武德初，置雍州牧，親王爲之，然嘗以別駕領州事；永徽中，改尹曰長史。初，太宗伐高麗，置京城留守，其後車駕不在京師，則置留守，以右金吾爲副；開元初，改京兆、河南府長史復爲尹，通判府務，牧缺則行其事；十一年，太原府亦置尹及少尹，以尹爲留守，少尹爲副留守，謂之三都留守。有錄事、參軍事、司錄參軍事、諸曹參軍事、文學、醫學博士等員。

上州刺史、從三品，中州下州刺史俱正四品，職同牧尹。有別駕、長史、司馬、錄事、參軍事、諸司參軍事、市丞、文學、醫學博士等員。

京縣、正五品，畿縣正六品，掌導風化，察寃滯，聽獄訟。有丞、主簿、錄事、尉、諸司佐、博士、助教等員，畿縣稍減。

縣令、分上中下三等，自從六至從七品，員數以次遞減。

鎭將、亦分三等，上正六品，中下正七品，掌捍防守禦，鎭副爲之貳。（上正七品中下俱從七品）有倉曹、（中下無）兵曹、參軍事、錄事史等員。

三等戍主、上正八品，中從八品，下正九品，職同上，戍副爲之貳，有佐史。

三等關令、從八至從九品，掌禁末游，察奸慝，有錄事、府史、典事。

以上所未暇詳者，尙書、門下、中書三省，而以尙書居其主。尙書省在南，名曰南省；門下、中書在北，名曰北省；而門下居左，中書居右，又有左省右省之名，處理國家事務。自尙書省分配六部，故尙書省有政廳名都堂，區別左右二司，東吏、戶、禮三部，每部屬官各有四司，謂之左司；西兵、刑、工三部，每部屬官亦各四司，謂之右司，此名稱之所宜知者也。而此外當提論，猶有五事焉。

一曰宰相　唐承隋制，侍中、中書令是眞宰相，然品位崇峻，不欲輕以授人，故常以他官參宰相職，而假以他名，但加同中書門下三品及平章事、知政事、參知機務、參與政事及平章軍國重事之名，並爲宰相，亦漢行丞相事之例也。自其後他官之同平章事者，獨與機務，而中書令、侍中、僕射，遂僅存虛名。

二曰翰林院學士　學士之職，本以文學言語備顧問，出入侍從，因得參謀議、納諫諍，其禮尤寵；而翰林院者，待詔之所也。唐制乘輿所在，必有文詞經學之士，下至卜醫技術之流，皆直別院，以備宴見；而文書詔令，則中書舍人爲之。自太宗時，名儒學士時時召以草制，然猶未有名號；乾封以後，始號北門學士。玄宗初年，置翰林待詔，以張說陸堅張九齡等爲之，掌表疏批答，應和文章；既而又以中書務劇，文書多壅滯，乃選文學之士，號翰林供奉，與集賢院學士分掌制詔書敕。開元二十六年，又改爲學士，別置學士院，專掌內命，凡拜免將相、號令征伐，皆用白麻。其後選用益重，而禮遇益親，至號內相，又以爲天子私人焉。憲宗之時，又置學士承旨。唐之學士，弘文集賢二院分隸中書、門下，而翰林學士獨無所屬。

三曰司天臺　武德四年，改太史監爲局，隸祕書省。龍朔初，直改爲祕書閣，以令爲郎中。武后更名渾天監，不隸麟臺，俄又改爲渾儀監。長安二年，仍曰太史局，隸麟臺如故，並改天文博士曰靈臺郎，曆博士曰保章正。自是監局屢有更改。至天寶初，無所隸屬。乾元初，改曰司天臺監，秩正三品，少監副之。其屬有春官、夏官、秋官、冬官、中官正副正，其保章正外，猶有監候、司曆、靈臺郎外，猶有挈壺正、司辰、漏刻博士。藝術人韓穎劉恆建議置通玄院，以藝學召至京師者居之，則後之天文院欽天監，悉權輿於此矣。

四曰節度使　唐初邊要之地，置總管以統軍，加號使持節；其後改曰都督，總十州者爲大都督。（後前大字）高宗永徽以後，都督帶使持節者，謂之節度使，然猶未以爲名也。自睿宗以賀拔延嗣爲涼州都督，充河西節度使，於是開元天寶間緣邊禦戎之地置八節度，至肅宗以降天下用兵，中原刺史亦循其例，受節度之號。其不賜旌節者，爲防禦使，尋改防禦爲團練守捉使，或與團練兼置，則防禦名前使，故都督防禦團練，名雖不同，其實一也。唐制一道兵政屬節度使，民事則屬之觀察使，然節度多兼觀察，軍民之事，無所不領，號曰都府，各道又有度支、營田、招討、經略、諸使，亦多以節度兼之，蓋使名雖多，而節度統有諸使之職也。

五曰宦官　唐制內侍省官有內侍四，內常侍六，內謁者監、內給事各十，謁者十二，典引十八，寺伯、寺人各六。復有掖庭、宮闈、奚官、內僕、內府五局，曰令，曰丞，皆宦者爲之。太宗詔內侍省不立三品官，以內侍爲之長，階第四，不任以事，有防微杜漸之意焉。武后時人數稍增矣。逮中宗，黃衣乃至二千，然衣朱紫者猶少。開元天寶中，衣朱紫者千餘，其稱旨者輒拜三品將軍，列戟於門，監軍持權，節度反出其下。肅代庸弱，倚爲扞衞，故輔國以尙文類，元振以援立舊，朝恩以軍容重，然猶未得常主兵也。德宗懲乂朱泚，故以左右神策天威等軍，委宦者主之，置護軍中尉、中護軍，繇是中官執柄，勝氣籠霄，而王室亦漸以潰喪矣

宋代職官

宋初官名職守，泰半虛寄，三師三公不常置，宰相不專任，三省長官並列於外，別置中書，禁中爲政事堂，與樞密對掌大政，而天下財賦悉隸三司。臺省寺監官無定員，無專職，三省六曹二十四司，類以他官主判，雖有正官，非別敕不治本司事。故中書令侍中尙書令不預朝政，侍郎給事不領省職，諫議無言責，起居不記注，中書常闕舍人，門下罕除常侍，司諫正言，非特旨供職，亦不任諫諍，至於僕射尙書丞郞員外，居其官不知其

職者，十常八九。其官人授受之別，則有官以寓祿秩，有職以待文學之選，有差遣以治內外之事，其次又有階有勳有爵，故仕人以登臺閣升禁從爲顯宦，而不以官之遲速爲榮滯，以差遣要劇爲貴途，而不以階勳爵邑有無爲輕重。時人語曰：寧登瀛，不爲卿；寧抱槧，不爲監。虛名不足以砥礪天下若此。今但舉省臺寺監官，與元豐以後大異者，先立一表，餘從略。

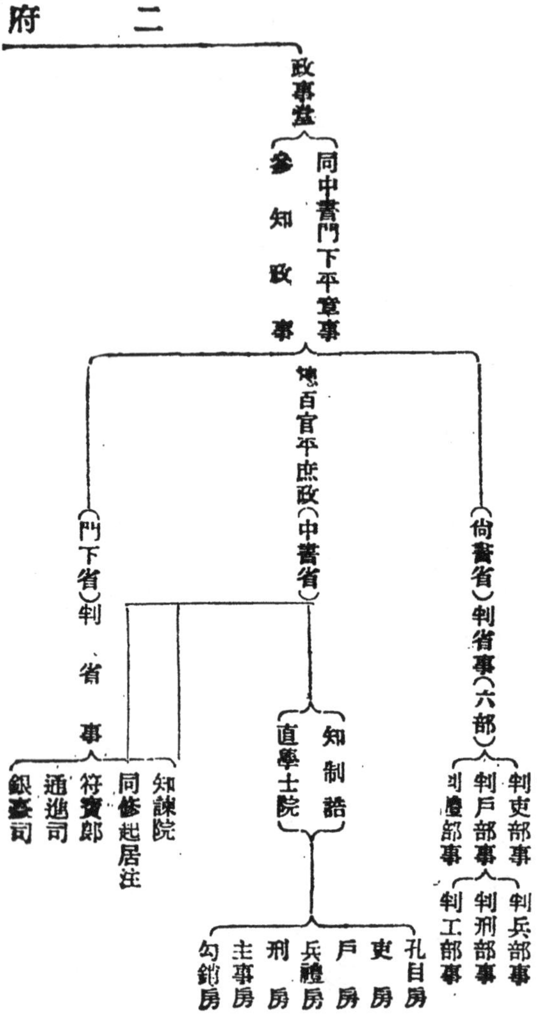

計省

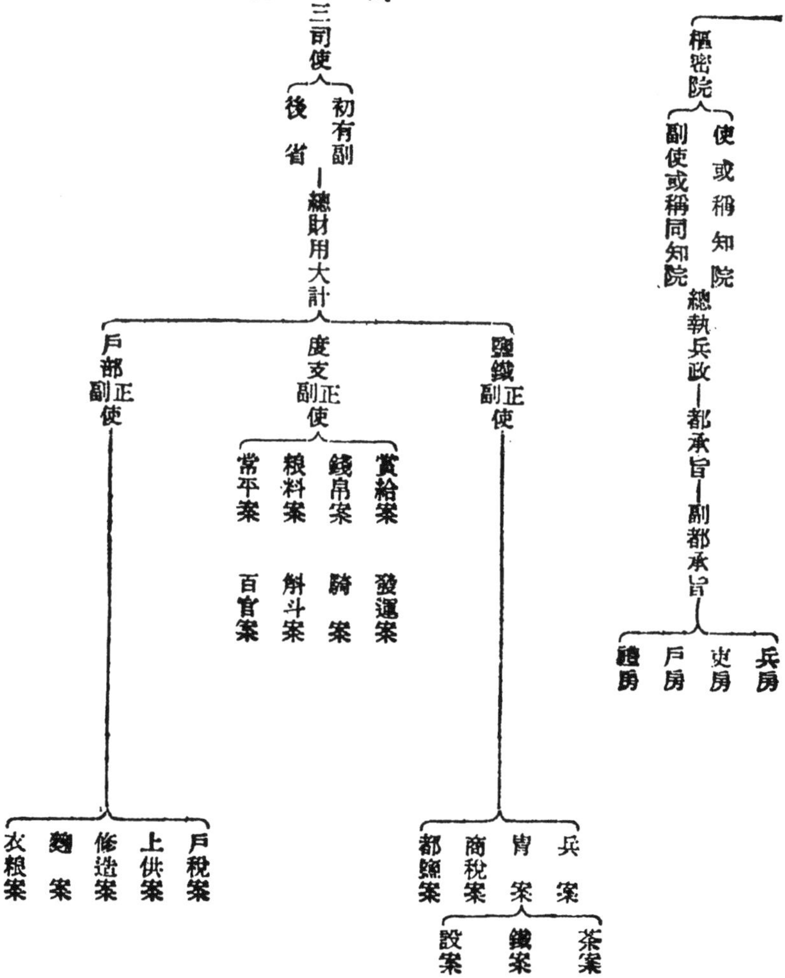
三司使
初有副
後省
總財用大計
戶部正副使
度支正副使
鹽鐵正副使
賞給案
錢帛案
糧料案
常平案
發運案
騎案
斛斗案
百官案
戶稅案
上供案
修造案
麴案
衣糧案
兵案
冑案
商稅案
都鹽案
茶案
鐵案
設案
樞密院
使或稱知院
副使或稱同知院
總執兵政
都承旨
副都承旨
兵房
吏房
戶房
禮房

宣徽院

- 宣徽南北院使
  - 總領內諸司及三班內侍之籍郊祀朝會宴饗供帳之儀
    - 兵案
    - 騎案
    - 倉案
    - 胄案

(吏部以外之官)
- 知審官東院
- 判流內銓事
  - 掌文選
    - 知審官西院
    - 知三班院
      - 掌武選
        - 提舉
        - 判
          - 官誥院

(禮部以外之官)知判禮儀院(刑部以外之官)知審刑院—詳議官

(御史臺)—權御史中丞—侍御史
- 殿中
- 監察
  - 御史裏行

(祕書省)—祕書監
- 多以他官
- 兼領兼判

(殿中省)—判殿中省事

舊有六尚之局皆分入卿寺本省所領唯大祭祀供繖蓋而已

九

- 判太常寺
  - 同判寺(兼領禮院)
    - 知院
    - 同知院
- 判宗正寺
  - 知寺事(分置)大宗正司
    - 知事
    - 同知事

寺
- 判光祿寺
- 判衛尉寺
- 判太僕寺
- 判大理寺　僉少卿事
- 判鴻臚寺
- 判司農寺
- 判太府事　同判事

六監
- 判國子監
- 判少府監
- 判將作監
- 判軍器監
- 判都水監
- 判司天監

按省臺寺監長官，宋初非無尚書侍郎及卿少卿監少監諸名，但不任其職，統以他官互相典領，爲判知之名焉。

元豐以後官制

門下省（初循舊制以中書門下平章事爲宰相職復用兩制官一員判門下省官制行始釐正焉）

侍中、正一品，掌佐天子議大政，審中外出納之事，初以秩高罕除，自建隆至熙寧，眞拜侍中纔五人，雖有用他官兼領，而實不任其事。官制行以左僕射兼門下侍郎，行侍中職，別置侍郎以佐之，南渡後置左右丞相，省侍中，有給事中、起居郎、符寶郎，及左司諫、左正言，別有通進司、進奏院、（隸給事中）登聞檢院、（隸諫議大夫）登聞鼓院，（隸司諫正言）其省吏有吏、戶、禮、兵、刑、工以下，凡九房。

侍郎、正二品，掌貳侍中之職，與知樞密院、同知樞密院、中書侍郎、尚書左右丞爲執政官。南渡後，復置參知政事，省侍郎。

左散騎常侍從三品，（未除人）左諫議大夫從四品，掌規諫諷諭，不常置，官制行始正名。

中書省

中書令正一品，掌佐議大政，受所行命令而宣之，初未嘗眞拜，以他官兼領，不預政事，然止曹佾一人，餘皆贈官。官制行以右僕射中書侍郎行令之職，別置侍郎以佐之。中興後，置左右丞相省令，有舍人、起居舍人及右司諫、右正言、諸曹吏等凡八房。

右散騎常侍從三品，（未除人）右諫議大夫從四品，掌如門下省。

尙書省

尙書令正一品，掌佐議大政，奉所出命令而行之。唐制居眞宰相之任，正二品；入宋其位益尊，班敍在太師上，祇以爲親王及使相兼官，無單拜者。趙韓王韓魏王始贈眞令，有左右丞（南渡廢）左右司郎中、員外郎分治省事，左司治吏、戶、禮，右司治兵、刑、工，凡十一房。

左右僕射從一品，貳令之職，與三省長官並爲宰相之任。徽宗改爲太宰少宰，後復舊；南渡加同平章事，以二省侍郎爲參知政事。後復改二僕射曰左右丞相。

樞密院（初制與中書對持文武二柄，號爲二府，院在中書之北，印有東院西院之文，共爲一院，但行東院印）

樞密使、知院事從一品，掌佐天子執兵柄，同知、副使、簽書正二品爲之貳，初無定制，有使則置副，有知院則置同知院、太平興國四年，以石熙載爲樞密直學士以簽書院事，直學士六人備顧問，簽書之名始此。淳化三年，以張遜知院事，溫仲舒寇準同知院事，同知院之名始此。治平中，以郭逵同簽書院事，同簽書之名始此。熙寧元年，文彥博呂公弼爲使，韓絳邵亢爲副使，時陳升之三至樞府，神宗欲稍異其禮，乃以爲知院，於是知院與副使並置。元豐五年，以樞密聯職，定置知院同知院二人，副使悉罷。元祐初，復置簽書院事，仍以樞密直學士充同簽書院事，有都承旨、副都承旨、檢詳官、計議官、編修官。

翰林學士院

翰林學士，正三品，掌制誥詔令撰述，初有承旨，不常置，以學士久次者爲之，凡他官入院，未除學士，謂之直院學士俱闕，他官暫行，院中文書，謂之權直。自國初至元豐，官制行，百司多所釐正，獨學士院承唐制未改，乾道九年，崔敦詩初以祕書省正字兼翰林權直，淳熙五年，敦詩再入院。議者謂翰林爲應奉所，非專掌制誥地，更爲學士院權直，後復稱翰林權直，有翰林侍讀學士、侍講學士、崇政殿說書，謂之經筵。

諸殿閣學士

觀文殿大學士、從二品，學士、資政殿大學士、端明殿學士，俱正三品，殿學士資望極峻，無吏守，無職掌，唯出入侍從備顧問而已。

龍圖、天章、寶文、顯謨、徽猷、敷文閣學士，正三品，直學士從三品，於庶官外，別加職名，所以厲行義文學之士，高以備顧問，次與論議典校讐，得之爲榮，選擇尤精，有待制、直閣等官。

東宮官

太子太師、太傅、太保從一品，太子少師、少傅、少保從二品，太子賓客、詹事從三品，左庶子、諭德從五品，右庶子、諭德正六品。初制，師傅不常設，仁宗升儲，置三少各一人，參政李昉兼掌賓客，及升首相，遂進少傅，是爲宰相兼宮僚之始。丁謂兼少師，馮拯兼少傅，曹利用兼少保，是時實爲東宮官也。餘多以前宰執爲致仕官，若三太則以待宰相官未至僕射者，及樞密使致仕，亦隨本官高下除授；三少以待前執政，唯少師非經顧命不除；若因遷轉，則遞進一官，至太師即遷司空，餘多以他官兼有侍讀、侍講，及（資善堂）翊善、贊讀、直講、說書、（太子宮）（資善堂）小學教授，又主管左右春坊事、詹事、三寺令，不置十率府，官雖存而無職。

六部

吏部尚書從二品，掌文武四選，侍郎從三品，爲之貳。品秩下同　元豐官制，行省審官、東西院、判、流內銓事、三班院、官誥院併入，分吏部、司勳、司封、考功四司，各有郎中、員外郎，領官誥院。

戶部尚書，掌軍國財用，侍郎爲之貳，三司使併入，分戶部、度支、金部、倉部四司，各有郎中、員外郎。

禮部尚書，掌禮樂、祭祀、朝會、宴饗、學校、貢舉，侍郎爲之貳，禮儀院併入，分禮部、祠部、主客、膳部四司，各有郎中員外郎。

兵部尚書，掌兵甲、廄牧、武舉及天下土地之圖，侍郎爲之貳，分兵部、職方、駕部、庫部四司，各有郎中、員外郎。

刑部尚書，掌刑法獄訟，侍郎爲之貳，審刑院併入，分刑部、都官、比部、司門四司，各有郎中、員外郎。

工部尚書、掌百工水土之政，侍郎爲之貳，分工部、屯田、虞部、水部四司，各有郎中、員外郎領軍器所、文思院。

御史臺

御史大夫、從三品，掌糾察官邪，肅正綱紀，領三院：一曰臺院，侍御史隸焉；二曰殿院，殿中侍御史隸焉；三曰察院，監察御史隸焉

祕書省

祕書監、正四品，掌古今圖籍、國史實錄、天文術數，少監從五品爲之貳。初建崇文院、昭文館、史館、集賢院，皆總爲崇文院。淳化元年，詔祕閣次三館，其時監與少監，皆以爲寄祿官。元豐官制行，以崇文院爲祕書省，而官始眞除。有丞、著作郎、著作佐郎、祕書郎、校書郎，領太史局。（舊爲司天監）

殿中省

殿中監、品未詳、掌天子飲食、服御，少監爲之貳。初制殿中省判省事一人，元豐官制改置，有丞，領尚食、尚藥、尚醞、尚衣、尚舍、尚輦六局，有管幹官。

九寺卿

太常寺卿、正四品，掌禮樂、祭祀，少卿從五品，爲之貳。初制以禁林之長主判，而禮院別置判院，祥符中，別建禮儀院，天聖中省，而寺與禮院事，舊不相兼，康定元年，置判寺、同判寺，並兼禮儀事，元豐正名，始專其職。元祐三年，詔太常置長貳，餘寺監並置，中興併省寺監，太常獨存。有丞、博士、主簿、協律郎、奉禮郎、太祝及郊社壇

壇、太廟、耤田、宮闈諸令，又教坊太醫局諸祭器庫所，有丞、主簿。

宗正寺卿、正四品，掌宗派屬籍，少卿從五品爲之貳，初置宗正寺判事，大宗正同知寺事各二人，元豐官制行，詔宗正長貳不專用國姓，蓋自有大宗正司以統皇族也。有丞、主簿，領玉牒所。

光祿寺卿從四品，（下同）掌酒醴膳羞，少卿正六品（下同）爲之貳，初光祿寺爲寄祿官，元豐官制行，始專其職。南渡後，併入禮部，有丞、主簿，領大官令、翰林司、（供果茗湯藥）牛羊司及諸酒物庫。

衛尉寺卿，掌儀衛兵甲，少卿爲之貳。初置判事一人，無所掌，卿與少卿皆爲寄祿官。元豐官制行，職始專。南渡後，併入工部，有丞、主簿，領諸軍器庫、儀鸞司、左右金吾街司、仗司、六軍儀仗司。

太僕寺卿，掌車輅廐牧，少卿爲之貳。南渡後，併入兵部，有丞、主簿，領車輅院、騏驥院、天駟監、鞍轡庫、牧養監、養象所及羣牧司等。

大理寺卿，掌折獄詳刑、鞫讞之事，少卿爲之貳。初大理寺以朝官一員或二員判寺事，一員兼少卿事，元豐時，始有專官。有正及推丞、斷丞、司直、評事、主簿。

鴻臚寺卿，掌四夷朝貢及國之凶儀，少卿爲之貳。舊置判寺事，元豐時始置。南渡後，併入禮部。有丞、主簿，領往來國信所、都亭驛、西驛、懷遠驛、禮賓院、傳法院、同文館及寺務司、僧錄司。

司農寺卿，掌倉儲委積，少卿爲之貳。舊置判寺事一人，元豐時始正職掌。建炎三年省，併倉部，紹興四年復置。有丞、主簿，領下卸司、都麴院、水磨務、內柴炭庫、炭場及二十五倉、十二草場、排岸司、園苑各四。

太府寺卿、掌廩藏、出納、商稅、平準、貿易之事，少卿爲之貳。舊置判寺事，元豐時始正職掌。南渡後，併入金部，後復置。有丞主簿，領諸錢物庫、糧料院、審計院、諸市易、榷貨等場務。

五監

國子祭酒、從四品，掌國子太學及武學、律學、小學之政，司業正六品，爲之貳。舊置判監事，其事皆總之。直講，元豐時始選官如制。崇寧立辟雍，置大司成，宣和罷。南渡後，併入禮部，後復置。有丞、主簿及正錄、太學、武學、律學諸博士，直學、長諭、學諭、小學職事、教諭、學長、集正等員。

少府監、從四品，掌百工技巧，少監從六品爲之貳。舊置判監事，以朝官充，元豐時，始選官如制。有丞、主簿，領文思院、（兼隸工部）綾錦院、染院、裁造院、文繡院、諸州鑄錢監。

將作監、從四品，掌宮室、城郭、橋梁、舟車、營繕之事，少監從六品，爲之貳。舊置判監事，朝官以上充，元豐時始選官如制。南渡後，併入工部，後復置。有丞主簿，領東西八作司、竹木務、事材場、麥麴場、窰務、丹粉所、作坊物料庫、退材場、簾箔場。

軍器監、正六品，掌繕治兵器什物，少監從六品，爲之貳。初，戎器之職，領於三司胄案，官無專職，熙寧六年，廢胄案，乃按唐令置監，擇從官總判，元豐正名，始置。有丞主簿，領東西作坊、物料庫、皮角場。

都水監、正六品，掌河渠隄堰、疏鑿浚治，舊置判監寺，員外郎以上充，元豐正名。紹興十年，詔歸工部，不復置。有丞、主簿，領街道司，又有南北外都水丞。（出治河事）

諸南衙軍官

殿前司、都指揮使從二品，副都指揮使正四品，都虞侯從五品，以下秩同掌宿衞禁兵，凡殿前諸班直，及捧日、天武、四廂諸指揮，皆隸焉。

馬軍司、都指揮使，副都指揮使，都虞侯，職同上，凡龍衞四廂諸指揮隸焉。

步軍司、都指揮使，副都指揮使，都虞侯，職同上，凡神衞四廂諸指揮隸焉。

皇城司、幹當官以武功大夫及內侍、都知、押班充，掌宮城出入禁令，凡周廬宿衞之事，宮門啓閉之節，皆隸焉。

橫班諸官

客省使、從五品，掌四方進奉朝覲貢獻之儀，副使正六品爲之貳。

引進司使、從五品，掌臣僚蕃國進奉禮物，副使正六品爲之貳。

四方館使、從五品，掌進章表，副使正六品爲之貳。客省、四方館，建炎初併歸東上閤門，皆知閤總之。

東西上閤門使、從五品，掌朝會宴幸、供奉、贊相禮儀之事，副使正六品爲之貳。有宣贊舍人、祗候。初，橫班有內省客使、引進使、四方館使、東西上閤門使，其供職於內者多用國戚世族，號爲華要，禮均侍從。政和官制，橫班使副之名既改爲大夫，而其職任則命內外官知焉。其後所除，總名知閤門事，仍兼客省、四方館之職焉。靖康元年，詔閤門並立員額，紹興元年，以朱義孫藩邸舊人，稍習儀注，命轉行橫行一官，主管閤門。紹興五年，詔右武大夫以上，並稱知閤門事，兼客省、四方館事，官未至者即稱同知閤門事，仍兼客省、四方館事，以除授爲序，稱同知者，在知閤門下。

帶御器械，初選三班以上武幹親信者，佩櫜鞬御劍，或以內臣爲之，止名御帶，咸平元年更今名。景祐元年，詔自今無得過六人，慶曆元年詔遇闕員會歷邊任有功者補之。中興初，諸將在外，多帶職，蓋假禁近之名，爲軍旅之重焉。

內侍省

入內內侍省，都都知、都知、副都知、押班，俱正六品，侍禁中服役褻近者。

內侍省左右班都知、副都知、押班，秩同上，供持殿中備酒掃之職，兩省號爲前後省，而入內省尤爲親近。各有東西頭供奉官及殿頭、高品、高班、黃門之屬，又有內客省、延福宮、景福殿諸使，及諸勾當官。徽宗時有更改。

地方文武官（縣爲最下級，其上有州（亦稱郡）府軍，又其上爲路，路有監司，州有知州事，府有知府事，軍有知軍事，縣有縣令。初太宗至道三年以天下爲十五路，仁宗天聖中增爲十八路，時內京府三次府八州二百五十二軍四十六監十三縣千二百六十二，元豐時增爲二十三路，徽宗時又增爲二十六路之監司總名也，中分爲四師，有安撫使，漕有轉運使，憲爲提刑，倉爲提舉也）

權知開封府牧尹，不常置。徽宗時罷權知，置牧尹，牧從二品，尹從三品，掌尹正畿甸，有判官、推官、司錄、參軍及功、倉、戶、兵、法、士六曹參軍、左右軍巡使判官、左右廂幹當官。

知臨安府，掌畿甸事，通判爲之貳。（以下多以他官兼攝，不著品秩）有判官、推官、府曹諸司，置兩總轄、南北左右廂官、五酒務監官、及緝捕巡防諸官。

知府、（牧尹不除）知州、知軍、知監，總理郡政，有幕職、簽判、推判等官，六曹參軍之屬，及教授官。

府、州、軍、監通判，掌刺舉府州，倅貳郡政。

知縣，今不除授 總治民政，有戍兵，兼兵馬都監，有丞、主簿、尉及鎮砦官。

安撫使，大州要郡之守臣兼之，或曰經略安撫使，掌一路兵民之事，有幹當公事、主管機宜、文字準備、將領準備差使，走馬承受隸焉。

轉運使，掌經度一路財賦，刺舉官吏，副使爲之貳。有判官及主管文字、幹辦官、文臣準備差遣、武臣準備差遣，領諸州、軍、監當官。

提點刑獄公事，掌察所部獄訟，刺舉官吏，有檢法官、幹辦官。

提舉常平司，南渡爲提舉常平茶鹽司，掌常平義倉免役市易、坊場河渡，仍刺舉官吏，有幹辦官及準備差使。

提舉學事司，掌州縣學政，仍刺舉官吏，崇寧二年置，宣和三年罷。

提舉保甲司，掌什伍其民，教之武藝。

馬步軍都督，大府州守臣兼之，掌軍旅屯戍、訓練守禦，武員爲副，有典領要密文書，發達機事。

兵馬鈐轄，要郡守臣兼之，武員爲副，餘同上。

兵馬都監，要郡守臣及知縣兼之，武員爲副，餘同上。

宋承唐制，有十六衞將軍號環衞官，有職員無職務，及節度觀察團練諸使，雖存其名，或有官而無職，或有職而無權；其餘承宣、防禦、制置、宣撫、招討、招撫、撫諭、鈐轄諸使，多不常置，今不悉錄；其提舉官，復有茶馬、解鹽、冶坑、市舶、三白渠諸司，大抵因地設施，隨事置官，非統全國而置之者也，故亦從略。

京朝官制，已略述於前矣，至外官，則懲五代藩鎭專恣，頗用文臣知州，復設通判以貳之。階官未行之先，州縣守令，多帶中朝職事官外補；階官既行之後，或帶或否，謂是爲優劣，此其概也。神宗肇新官制，省臺寺監領空名者，一切罷去，而易之以階。元祐以後，漸更元豐之制：二府不分班奏事，樞密加置簽書，戶部則不令右曹專典常平，而綜於其長，起居郎舍人則通記起居，而不分言動，館職則增置校勘黃本。蔡京當國，首更開封守臣爲尹牧，府分六曹，縣分六案，又內侍省職，亦建三衙郎，修六尙局，兩省之長，易爲左輔右弼，端揆之稱易爲太宰少宰，員旣冗濫，名亦紊雜，甚者橫行舊職，均易新名，正使爲大夫，副使爲郎，於是有郎居大夫之上，而走馬承受（初隸安撫使，歲一入奏，徽宗時始不隸帥司，後改廉訪使者，欽宗初復舊）升擁使華，黃冠道流（徽宗崇道教）亦預朝品矣。南渡略依元豐，唯二府對掌機務，實用宋初故事，蓋自元祐以訖政和，已不能拘元豐之制，中興參稽成憲，二者並行不悖，故凡大而分政任事之臣，小而筦庫監局之官，沿襲不革者，皆先後所同便也。唯宋之制官，其爲一代制度所繫者，亦有三事焉。

一曰公孤正名　宋初，亦以太師、太傅、太保爲三師，太尉、司徒、司空爲三公，但爲宰相、親王使相加官，其特拜者，不預政事。太尉舊在三師下，自唐至宋益重，遂以太尉居太傅上，凡除授，自司徒遷太保，自太傅遷太尉，若太師則爲異數焉，不常授。徽宗大觀中，詔以太師、太傅、太保，今爲三師，古無此稱，合依三代稱三公爲眞相之任；司徒、司空，周六卿之官，太尉，秦主兵之任，皆非三公，並宜罷之。仍考周制，立三孤，以少師、少傅、少保爲次相之任；於是蔡京始以三公任眞相，時爲太師三公自宋初未備官，獨宣和末三公至十有八人，三少不計也。於時除授雖濫，而正秦漢以來沿襲之謬，亦非無見矣。

二曰館閣諸職　按學士待制二官，皆始於唐，藉以處清望儒臣，俾備顧問，其初既無專職，亦無定員，宋因其制，而以三館爲儲才地，故職名猶多。元豐新官制，其職名之原不附麗於三省寺監者，皆從廢棄；然除昭文集賢二學士，原麗中書門下省外，獨翰林學士一官在唐已無所繫屬，而最爲清要，至宋則定制，資淺者爲直院，暫行者爲權直，於是眞爲翰林學士者，職始顯貴，可以比肩臺長，舉武政路矣。而諸學士待制，則以其爲三館清流，故以爲朝臣補外加恩之官，蓋有同於階官而初無職掌者，龍圖閣爲儲祖宗制作之所，故其官視三館。自後列聖相承，代有宸奎之閣，建官亦如之，於是學士、直學士、待制、直閣之官，始不可勝計，第學士、直閣，尊卑不同，難以概稱，如觀文爲宰相資政爲執政端明爲簽書龍圖以下爲尚書然皆學士也直龍圖煥章等閣爲藩閫監司之貼職直祕閣則卑於諸閣然皆直閣也於是舍學士直閣之名，而就以所掌殿閣呼之，遂有丁紫宸、秦天章諸目，則以爲名稱，非使而改以他殿閣，然所謂端明、龍圖、顯謨、敷文、煥章之類，亦俱非人臣之稱謂，流傳既久，曰某端明，曰某龍圖，不覺其非宜耳。

三曰宮觀奉祠　祠祿之官，以佚老而優賢，蓋待臣以禮，雖年及挂冠，不令致仕，處之宮觀諸職，假以祿耳，然猶力請而後授，此宋之特異於前朝者。先時員數尚少，熙寧後乃增置焉。其時朝廷銳意庶政，慮疲老不任事者隳職，特使任宮觀以食其祿；王安石亦欲以處異己者，遂詔宮觀毋限員，以三十月爲任，諸宮觀有京祠、有外祠，其職有使、副、提舉、主管，悉隨官之高下而處，凡年六十以上者，乃聽差毋過兩任；兼用執政恩例者，通不得過三任；非自陳而朝廷特差者，如黜降之例焉。蔡京用事，增廣職任，使名益衆。南渡初，士大夫多流離困厄之餘，未有闕以處之，自承務郎從八品以上，權差宮觀，藉用調劑，末乃重倖求泛與之弊，於是嚴定制限，稍復舊規。又年及七十，昏耄不堪任事，而不肯自陳宮觀者，著爲令以律之。夫不當請而請，則冗濫者竊祿；當請而不請，則知進而不知退；識者羞之。其待庶僚，於優厚之中，寓閑制之意焉。

遼國職官

遼國官制，分北南院，北面治宮帳部族屬國之政，南面治漢人州縣租賦車馬之事，因俗而治，甚得其宜。

茲先立南面官表：

朝官	宮官	京官	方州官	分司官	財賦官	軍官	邊防官
三師府　太常寺	漢兒行宮都部署院	東中南宰相府	節度使司	分決諸道滯獄使	諸州錢帛司	點檢司	招安使司
不常置　崇祿寺	十二宮南面行宮都部署司	諸京客省司	觀察使司	按察諸道刑獄使	諸州轉運使	諸指揮使司	兵馬司
三公府　衛尉寺		上京鹽鐵使司	團練使司	採訪使		諸軍都團練使司	招撫司
不常置　宗正寺		東京戶部使司	防禦使司	分司常置不常置有詔則選才德者爲之		諸軍兵馬都總管府	都總管府
樞密院　太僕寺		中京戶部使司	州刺史				都管司
中書省　大理寺		中京度支使司	縣令				制置使司
門下省　鴻臚寺		西京計司					處置使司

尚書省　司農寺		南京三司使司				
六部　祕書監		南京轉運使司				
御史臺　國子監		南京宣徽院				
殿中司　太府監		南京侍衛親軍馬步軍都指揮使司				
風御史臺　少府監		南京栗園司諸京尚有院司各官名目多寡互異茲從略				
翰林院　將作監		三京留守司				
宣政殿　司天監		五京都總管府				
觀書殿　十六衛		五京都處候司				
昭文館崇文館　東宮三師府		五京警巡院				
乾文閣　賓客院		五京處置使司				
宣徽院　盤事院		五京學				
客省　左右春坊						
太子諸率府						
王傅府						
親王內史府						

案遼俗東嚮而尚左，故御帳東嚮，謂之橫帳；御帳北爲北面官，主番事；御帳南爲南面官，主漢事。然北面

又自有北南二院，自宰相、樞密、宣徽、林牙下至郎君、（樞密宣徽二院屬官）護衛，皆分北南，其實所治皆北面事也。合北南諸宮，名目猥多，右表不悉載，舉其大綱而已。其一代設制之要，復有可言者。

（一）北南面官權勢之輕重　遼太祖受任要厄，用其舊俗職守名稱，與古迥異；而史稱其官制樸實者，蓋百官擇人，必先宗姓，屬國既滅，猶存部族，迹其用意厚矣。而又懼皇族之專也，任五帳以貳之；尊要厄之後也，列二院以制之；仁厚之中，智略寓焉。而史謂其不以名亂之者，蓋揆其所繇，大端可以相比附也。北樞密視兵部，南樞密視吏部，北南二王視戶部，多囉倫穆騰（史作敵烈麻都）視禮部，伊勒希巴（史作夷離畢）視刑部，宣徽視工部，而以北南宰相府總之。又特哩袞（惕隱）比宗正，林牙比翰林，裕悅（于越）坐而論議，以象公師。官生於職，職沿於事，而名加之，固有名不相沿，而職可相例者，此所以興也。世宗兼有燕代，始增置官班，漸仿唐制，內設南面三省、六部、臺、院、寺、監、諸衛、東宮之屬，外設節度、觀察、防禦、團練之任，始未嘗不欲潤飾鴻業，而位號張皇，掌寄紛雜，或暫置於一時，或偏設於一地，史家不得其詳，往往一官而僅舉一曾任其事者以實之，蓋北面體制已備，而南面第襲其名，職簡權輕，不能與北面比矣。

（二）北面官職掌之闕載　考北樞密院、南樞密院所屬官，皆各隸南北，獨點檢中丞司事則兩院並稱北南，或是互相司事之官，而史志未詳其所掌者，一也。又南京諸司，有南京兵馬都總管府、南京馬步軍都指揮使司、侍衛控鶴都指揮使司，史稱其屬於南面，而其所以列於北面者不詳其故，豈遼設南京在得燕代諸州之後，多漢兒軍民，故不得不兼南面以撫治之歟？若遼陽路之金吾營，亦皆屬於南面，其互相控制之義，而史志未詳其所掌者二也。又史志稱遼得燕代，用唐制，設南面官，然考太祖本紀，於時已有左僕射、禮部尚書，則是建國之初，固參用唐制矣。特至太宗入汴，世宗建政事省之後，所設南面官乃日益多耳。至其除授之法，雖南北區分為二，而又未嘗不互相遷轉。若耶律頎老以同平章事為特哩袞，耶律洪以上京留守為北院大王，是由南面官而遷北面者也；休哥以裕悅為南京留守，蒲奴寧以北院大王為山後五州都督，吳留以伊錫帳郎君為御史大夫，是由北面官而遷南面者也。而史志未詳其官司之所掌者，三也。語遼官制者，不可不辨。

(三)北面官屬職名之同異　北面朝官之有宰相府及樞密宣徽、大王院也，本以蕃漢制相雜，故有左右宰相及院使、副使、知院、同知院，其樞密復有簽書院事，院屬有都副承旨，大抵依宋制而名之者。然如北南院林牙給事，北南院知聖旨頭子事，及敞史、郎君之屬，亦並列焉。林牙者，掌文翰；知聖旨頭子事者，掌制誥奏事；敞史與郎君，猶前代之掌故令史，蓋皆樞密院官屬，而其名特異者也。伊勒希院屬官有名還底者，為主獄之官，故附著焉。唯遼官制，尤有一大殊絕之制，則太師、太保、司徒、司空，此四官者，在南面為三公崇秩，而在北面則僅為各司職掌之官。若大王院、文班司、侍衛司、護衛府、橫帳、詳袞司、王子院、要尼九帳、大國舅司、十二宮、各部族、五冶、羣牧使司、東西都省、各屬國，皆有之；或置太師、司徒，或祇置太保，或稱都太師，皆各領所司之事，甚者為屬官，蓋南北不相倫如此。是又官名位號之變，不可不知者矣。

金國職官

金自景祖始建官屬，統諸郡以專征伐，其官長皆稱曰勃極烈，故太祖以都勃極烈嗣位；太宗以諳版勃極烈居守；諳版，尊大之稱也。其次曰國論、忽魯勃極烈，國論言貴，忽魯猶總帥也；又有國論勃極烈，或左右置，所謂國相也。其次諸勃極烈之上，則有國論、乙室、忽魯、移賚、阿買、阿舍、吳迭之號，以爲陞拜宗室功臣之序焉。其部長曰孛堇，統數部者曰忽魯，凡此至熙宗定官制皆廢，其後唯鎮撫邊民之官曰禿里，烏魯國之下有掃穩脫朵，詳穩之下有麼忽、習尼昆，此則具於官制而不廢者，皆踵遼官名也。熙宗官制，大率皆循遼宋之舊。海陵庶人正隆元年，罷中書門下省，止置尚書省，自省而下，官司之別，曰院、曰臺、曰府、曰司、曰寺、曰監、曰局、曰署、曰所，其在外者，曰總管府、曰府、曰節鎮、曰防禦州、曰刺史州、曰縣，各統其屬以修其職；職有定位，員有常數，紀綱明，庶務舉，是以終金之世，守而不敢變焉。茲立一表如左：

金職官表

官	名	品秩	職掌	官屬
三師	太師 太傅 太保	正一品	師範一人 儀型四海	
三公	太尉 司徒 司空	同上	論道經邦 燮理陰陽	
尚 宰)	尚書令	正一品	總領紀綱 儀型端揆	有左右司郎中員外郎都事及祗候郎君管勾官架閣庫管勾官提點嵗賜所堂食公使酒庫使直省局局長

書省（相（執政）	左右丞相	從一品	丞天子平章萬機	
	平章政事	同上		
	左右丞	正二品	佐治省事	
	參知政事	從二品		
六部	吏部尚書侍郎	正三品 四品	文武選授勳封考課	有郎中員外郎主事又架閣庫管勾官官誥院提舉
	戶部尚書侍郎	同上	戶婚田宅財用出入	同上架閣庫管勾官外有檢法官勾當官其榷貨務平準務及交鈔庫等隸焉
	禮部尚書侍郎	同上	禮樂制度學校貢舉	同上又左三部檢法司外有惠民司隸焉
	兵部尚書侍郎	同上	兵甲廐牧郡邑險阻遠方歸化之事	同上又四方館法物庫隸焉
	刑部尚書侍郎	同上	刑獄審勘關津譏察	同上又架閣庫管勾官外其屬有萬寧宮慶甯宮提舉
	工部尚書侍郎	同上	修造工作山澤河渠	同上又有覆實司管勾其屬修內司都城所祇應司甄官署上林署
樞密院	樞密使 副使	從一品	武備機密之事	有簽書院事同簽書院事及都事經歷架閣庫管勾知法等員
三司	三司使 副使　獻宗始置	從二品 正三品	勸農鹽鐵度支	有簽事同簽事判官參議規措額計官及知事勾當管勾知法等員
御史臺	御史大夫 中丞	從二品 從三品	糾察彈劾	有侍御史治書侍御史殿中侍御史監察御史典事管勾檢法獄丞
翰林學士院	翰林學士承旨 翰林學士	正三品	制撰詞命應奉文字	有侍讀侍講直學士待制修撰應奉翰林文字
審官院	知審官院 同知	從三品 從四品	奏駁除授失當之事	有掌書
諫院	左右諫議大夫	正四品	規諫諷諭	有左右司諫左右補闕左右拾遺
登聞鼓院	知登聞鼓院 同知	從五品 正六品	受告御史臺檢院理斷不當事	有知法

登聞檢院	知、同知登聞檢院 隸御史臺	同上	受告尚書省御史臺理斷不當事	同上
記注院	修起居注	以他官兼	掌記言動	
國史院	監修國史修國史			有判院事同修國史編修官檢閱官
宏文院	知、同知宏文院	從五品 從六品	校譯經史	有校理
集賢院	知、同知集賢院	從四品 從五品		有司議官諮議官
益政院	益政院 置內庭以博學宏論者兼之		備顧問講對	
宣徽院	左右宣徽使同知院（正四）簽書院（正五）爲之貳	正三品	朝會燕饗殿庭禮儀監知御膳	有判官領拱衛司客省閤門及尚衣尚食尚藥儀鸞宮闈諸局醫院御藥院教坊與衛宮苑侍儀諸司尚醞典客二署內侍局
殿前都檢點司	殿前都檢點 左右副都檢點	正三品 從三品	行從宿衛關防門禁宮掖及行從	有判官知事領左右衛將軍符寶郎宿直將軍左右振肅宮籍監近侍局器物局尚廄局尚輦局應坊武庫署
司農司	大司農 卿少卿爲之貳以勸農司改置	正二品 卿正四品 少卿正五品	勸課農事巡察官吏臧否	
大宗正府	判宗正事 同判宗正事 同簽宗正事 後改睦親府	從一品 從二品 從三品	敦睦糾率宗屬	有丞及檢法
太常司	太常寺卿 少卿	從三品 正五品	禮樂郊廟社稷祠祀	有博士檢閱檢討太祝奉禮郎協律郎領太廟廩犧郊社諸陵大樂等署
大理司	大理寺卿 少卿	正四品 從五品	審斷奏案詳讞疑獄	有正丞司直評事知法明法
武衛軍都指揮使司	武衛軍都指揮使 副使 隸兵部	從三品 從四品	防衛都城警捕盜賊	有副判官領鈐轄司

衛尉司	中衛尉　副將	從三、四品	中宮事務	有左右常侍領給事局掖庭局
六監	秘書監　少監	從三品　正五	經籍圖書	有丞及秘書校書郎領著作局筆硯局書畫局司天臺
	國子監　祭酒　司業	正四、五品	學校	有丞領國子與太學
	太府監　監　少監	正四　從五品	出納邦國財用錢穀	有丞領左右藏支應所太倉酒坊典給署市買司
	少府監　監　少監	同上	百工營造	有丞領尚方圖畫裁造文繡織染文思諸署
	軍器監　監　少監	從五、六品	修治戎器	有丞及直長領軍器庫甲坊署利器署
	都水監　監　少監	正四、六品	川澤津梁舟楫河渠	有丞及勾當官領街道司諸巡河官
宮師府	太子太師　太傅　太保	正二品	保護東宮導以德義	
	太子少師　少傅　少保	正三品	同上	
	詹事院　詹事　少詹事	從三、四品	總統東宮內外庶務	領左右衛率府僕正副僕正僕丞家令家丞以下諸宮屬
	左右諭德　贊善	正五、六品	贊諭道德侍從文章	
地	六府尹（兼都總管事出則置留守）	正三品	宣風導俗肅淸所部	同知府尹（總管留守）少尹（副總管副留守）爲之貳有推官判官都孔目官知法教授醫官外有警巡院
	諸京留守（帶本府尹兼都總管）	同上	同上	同上又有司獄官
	諸總管府都總管（謂府尹兼領者）	同上	城守兵甲餘同府尹	同上外有兵馬司
	諸府尹（謂非兼總管府事者）	同上	同大興府尹	同知府尹少尹爲之貳有府判推官教授知法外有司候司
	諸節鎮州節度使（兼本州觀察使）	從三品	鎮撫諸軍防刺餘同府尹	同知節度使（觀察使）副使爲之貳有判官知法教授司獄外有司候司
	諸防禦州防禦使	從四品	防禦盜賊餘同府尹	同知防禦使爲之貳有判官知法教授司軍軍轄巡捕使

方官

諸刺史州刺史	正五品	掌同府尹	有判官司軍軍轄兼巡捕使
按察司使（本名提刑司兼安撫勸農採訪事）	正三品	錄囚刑勸農桑糾察官吏	副使簽事爲之貳有判官知事知法
都轉運司使（後多以按察使兼）	正三品	稅賦錢穀倉廩及權量之制	同知副使爲之貳有都勾戶轄度支鹽鐵諸判官都孔目官知法
鹽使司使（山東寶坻滄解遼東西京北京凡七司）	正五品	幹鹽利主國用	副使爲之貳有判官管勾都監知法
赤縣令（謂大興宛平）	從六品	總治其縣	有丞主簿尉
諸縣令	正從七品		同上下縣則不置尉以主簿兼之
諸猛安　謀克（治金族之在中原者）	從四品　從五品	修理軍務撫輯軍戶	
諸部族節度使	從三品	統制各部鎮撫諸軍	副使爲之貳有判官知法
諸糺詳穩	從五品	守戍邊堡	
諸額爾奇木司	從八品	部族村寨事	
諸禿里禿里	從七品	部落詞訟訪察違背	
諸羣牧所提控諸烏魯國		檢校羣牧畜養蕃息	使副使爲之貳有判官知法

元代職官

元起朔漠，部落野處，與遼金初期頗相似，故唯以萬戶統軍旅，以斷事官治政刑，其時任用者止一二親貴重臣而已。及太宗取中原，始立十路宣課司，選儒術用之，金人來歸者，因其故官，若行省，若元帥，則以行省元帥授之，蓋亦頗承金制。世祖嗣統，命劉秉忠許衡酌古今之宜，定內外之屬，其綜政務者曰中書省，秉兵柄者曰樞密院，司黜陟者曰御史臺。其次在內者，則有寺、有監、有衛、有府；在外者則有行省、有行臺、有宣慰司、有廉訪司，其牧民者則曰路、曰府、曰州、曰縣，其長則蒙古人爲之，漢人南人貳焉。其設官殆數倍於金，唯金之總政務者爲尚書省，而元則併其事於中書。（元初亦有尚書省，但屢置屢罷）餘亦多所增改，以視金制，則有殊矣。今就元代官制詳述之。

宰相、元之相職，較前代獨多，曰中書令，曰左右丞相，曰平章政事，曰左右丞，曰參政，雖分長貳，皆佐天子出令。

中書省

中書令、以相臣或皇太子兼掌典領百官，會決庶務，有參議省事、左右司郎中、員外郎、都事，其省屬有客省使、斷事官、檢校、照磨、管勾、架閣庫管勾。

右左丞相、正一品，掌統六官，率百司，令闕則總省事，太宗時始置。世祖至元二年，增置七人；二十四年，再立尚書省，其中書省丞相二人如故；二十九年，以尚書再罷，專任一相。武宗至大二年，復置尚書中書省各二人；四年，尚書省仍歸中書，丞相凡二人，爲永制。文宗至順初，專任右相，其一或置或不置。

平章政事、從一品，掌機務，貳丞相，凡軍國重事，無不由之。世祖中統初置，後設尚書省，兩省各二人；至元二十九年，罷尚書省，增中書平章爲五人，而一人爲商議省事。成宗元貞初改爲平章軍國重事。至順初，定四人，後因之。

右左丞、正二品，副宰相裁成庶務，號左右轄。中統二年置；至元二十四年，再立尚書省，而中書省員闕，尋罷尚書省，增右丞二人，而一人爲商議省事。成宗元貞初，復以昭文大學士與省事。至順初，定置左右各一人，係是不復增損。

參政，從二品，副宰相參大政，職亞右左丞。中統初置，自後增損不一。至順初，始定二人爲永制。

吏部尚書，正三品，（此後仿此）掌官吏選授之政，侍郎正四品（此後仿此）貳之。中統初，以吏、戶、禮爲左三部；至元初，別置戶部，以吏禮自爲一部，三年，復爲左三部；五年，仍合爲吏禮部尚書；七年，始列六部。有郎中、員外郎、主事及司績之屬。

戶部尚書，掌戶口、錢穀、田土之政，侍郎貳之。有郎中、員外郎、主事及司計官，領庫藏、鈔法、坑冶，稅課諸提舉、京畿漕運使、大都河間山東河東陜西運鹽使。

禮部尚書，掌禮樂、祭享、朝會、貢舉之政，侍郎貳之。有郎中、員外郎、主事，領左三部照磨所、侍儀司、拱衞直都指揮使司、儀鳳司、教坊司、會同館、鑄印局、白紙坊、掌薪司。

兵部尚書，掌郵傳、屯牧之政，侍郎貳之。中統初，以兵、刑、工爲右三部；至元初，別置工部，以兵刑自爲一部；三年，復爲右三部；五年，仍合爲兵、刑部尚書；七年，始列六部。有郎中、員外郎、主事，領大都陸運提舉司及打捕鷹房民匠總管府。

刑部尚書，掌刑名、法律之政，侍郎貳之。有郎中、員外郎、主事，領司獄司、司籍所。

工部尚書，掌營造百工之政，侍郎貳之。有郎中、員外郎、主事及司程官，領右三部照磨所，凡關於營繕、製造之司、局場、所提舉悉隸焉。

樞密院

知院，從一品，掌兵甲機密之務。至元二十八年始置，有僉院、同僉院、判、參議、經歷、都事、承發兼照磨、架閣庫管勾、領客省使、斷事官、右左中前後衛（宿衛軍）、左衛率府（東宮衛軍）、右衛率府，及諸屯營軍衛。

同知，正二品，至元七年置。

樞副，從三品，大德十年始置。　有大征伐，則置行院，爲一方一事而設，則稱某處行樞密院，事竟則罷。

御史臺

大夫，從一品，糾察百官善惡、政治得失，至元五年，始立臺建官，大夫從二品；二十一年，陞品。有經歷、都事、照磨、承發、管勾兼獄丞、架閣庫管勾兼承發、領殿中司、察院兩屬御史。

中丞，正二品，初置從三品；二十一年，改正三；二十七年，大夫以下品從各陞一等。大德十一年，陞秩如上。

侍御史，治書侍御史，俱從二品，初置侍御史從五品，治書從六品；二十一年，陞侍御史爲正五，治書爲正六；二十七年，各陞一等。大德十一年，侍御史爲從二品，治書爲正三品。至治二年，始定品秩如上。

大宗正府，札魯古齊，四十二人，從一品，掌上都、大都蒙古色目人與漢人相犯者；有郎中、員外郎、都事、承發、架閣庫管勾。

大司農，從一品，掌農桑水利學校饑荒之事，卿正二品，少卿從二品，貳之。至元七年，始置官，旋以按察司兼領勸農事；十八年，改立農政院，置官六人；二十年，復改立務農司，秩從三品；是歲又改司農寺；二十三年，曰大司農，秩如故。皇慶二年始定品秩如上，並增置丞二人，從三品。有經歷、都事、架閣庫管勾、照磨，領籍田署、供膳司、永平屯田總管府。

翰林國史院承旨，從一品，學士正二品，侍讀、侍講學士並從二品，直學士從三品，掌制誥文字，纂修國史。中統初，以王鶚爲翰林學士，未立官署；至元初，始置秩正三品，八年，陞從二品。大德九年，陞正二品。延祐五年，定品秩如上。有侍讀、侍講、直學士、待制、修撰、應奉翰林文字、編修、檢閱、典籍、都事。又蒙古翰林院，掌譯寫文字，設官與翰林國史院略同。又內八府宰相，掌朝覲儐介事，遇有詔令，則與蒙古翰林院同譯寫而潤色之。謂之宰相云者，貴似侍中，近似門下，故特以是名寵之。然雖有是名，而無授受宣命品秩，則視二品焉。故附見於此。

起居注、給事中正四品，掌紀錄奏聞之事。初，中書省臣言前代朝廷必有起居注，故善政嘉謨，不致遺失，即以和爾果斯圖古勒充翰林待制，兼起居注；至元六年，始置左右補闕，如古左右史；十五年，改陞給事中，更左右補闕爲左右侍儀奉御。

集賢院大學士從一品，學士正二品，侍讀、侍講學士並從二品，直學士從三品，掌提調學校、徵求隱逸、召集賢良。初與翰林國史院同一官署，至元二十二年，始分置；二十四年，置院使正二品，大學士、學士俱從二品，侍讀、侍講學士從三品，直學士從四品。大德十一年，院使陞從一品。至大四年，省院使。皇慶間，定品秩如上。有經歷、都事、待制、修撰、兼管勾、承發、架閣庫，國子監、興文署隸焉。

奎章閣大學士正二品，侍書學士從二品，承制學士正三品，掌進經史之書，考帝王之治。初立興聖殿西，秩正三品，尋陞爲學士院，定品秩如上。有供奉學士及參書、典籤、照磨，領羣玉內司。

藝文監大監從三品，少監從四品，掌以國語敷譯儒書，有丞、主簿、照磨，領監書博士、藝林庫、廣成局。

宣政院院使從一品，同知正二品，副使亦如之，掌釋教僧徒及吐蕃之境而隸治之。至元初，立總制院，領以國師；二十五年，因唐制，吐蕃來朝見於宣政殿，更今名。有僉院、同僉、院判、參議、經歷、都事、照磨、管勾，領規運所及西邊宣慰、安撫、元帥之屬。

宣徽院院使、同知、副使，秩視宣政院，院僚亦同。領光祿寺及諸供御酒膳物料之司局場所。

大禧宗禋院院使從一品，掌神御殿禋享禮典，副使秩不詳。天歷元年，罷會福、殊祥二院，改置是院，以總制之。明年，始置官如前。有參議，凡諸僧寺、營繕司、總管府悉隸焉。

太常禮儀院院使正二品，同知正三品，掌大禮樂祭享之事。中統初，設太常寺；至元二年，以翰林兼攝；九年，復爲寺，置卿、少卿等官。武宗至大初，改陞院；四年，復爲寺。仁宗延祐初，又改陞院，以大司徒領之。文宗天歷二年，定置官如前。有丞、博士、奉禮郎、協律郎、太祝、檢討、管勾等，領太廟、廩犧、郊祀、社稷、大樂諸署。

典瑞院院使正二品，同知正三品，掌寶璽、金銀符牌。中統初，置符寶郎；至元十六年，立符寶局，給六品印；踰歲，陞正五品；十八年，改爲監，陞正三品；二十年，降卿，爲四品；二十九年，復正三品。大德十一年，陞院，置院使，秩如上。有僉院、同僉院、判、經歷、都事、照磨、兼管勾、承發架閣庫。

太史院院使同知秩同典瑞院，掌天文曆數。至元十五年，始立院，置太史令；至大初，陞從二品；延祐三年，陞正二品，尋改令爲使。有僉院、同僉院、判、經歷、都事、管勾，領五官正、保章正副、掌曆、腹裏印曆管勾、各省司曆、印曆管勾、靈臺郎、監候、副監候、星曆生、挈壺正、司辰郎、燈漏直長、教授、學正、校書郎。

太醫院院使、同知秩視太史院，掌醫事及製奉御藥物。中統初，置宣差提點太醫院事；二十年，改監秩正四品；越二年，復爲院，置提點、院使、副使等官。大德五年，陞正二品；至治二年，定置院使各官品秩如上。屬僚同諸院，領廣惠司、大都、上都、回回藥物院、御藥院、行御藥局、御香局、大都、上都惠民司、醫學提舉司。

將作院院使、同知秩視各院，掌成造器皿、服飾，僚屬同，領諸路金玉人匠總管府、異樣局總管府、大都等路民匠總管府。

通政院院使、從二品，同知正三品，掌置驛以給使傳。至元七年，立諸站都統領使司以總之；十三年，改通政院；明年，分置大都、上都兩院；二十九年，復置江南分院；大德七年罷；至大初陞正二品；四年罷，以其事歸兵部；是歲，兩都仍置，止管達達站赤；延祐七年，定品秩如上，仍兼領漢人站赤，僚屬同，領廩給司。

詳定使司使正三品，副使正四品，掌四方獻言，擇善以聞，順帝時增置，有掌書記。

侍正府侍正二品，同知正三品，掌內庭近侍之事，有參府、侍判、經歷、都事、照磨，領拱衛直都指揮使司及奉御諸員。

中政院院使、正二品同知正三品，掌中宮財賦營造供給。元貞二年初置中御府，秩正三品；大德四年，陞中政院，置官如上。至大三年，陞從一品；四年，省入典內院；皇慶二年，復爲院，設官如舊。有僉院、同僉院、院判，其幕職有司議、長史、照磨、兼管勾、承發、架閣庫等員。

儲政院院使、同知品秩視中政，掌輔翼太子。至元十九年，立詹事院，置左右詹事、副詹事，以後省置不一。天歷二年，更今名；僚屬同上。領家令司及諸司監，又皇太子位下諸總管府。

大都留守、正二品同知正三品，副留守正四品，掌守衛宮闕、供億門禁諸政。至元十九年，罷宮殿府行工部，置大都留守司，兼本路都總管，知少府監事；二十一年，別置大都路都總管府，治民事，併少府監歸留守司。仁宗皇慶初，別置少府監；延祐七年罷，復以留守兼監事。有判官、經歷、都事、管勾、照磨，領修內司、祗應司、器物局、犀象牙局、器備庫、甸皮局、窰木場、大都城門尉。

武備寺卿、正三品同判從三品少卿從四品，掌繕治戎器，兼典受給。至元五年，始立軍器監，秩四品；十九年，定秩如上；二十年，立衞尉院，更名武備監，隸之，降四品；明年，改爲寺，與衞尉並立，秩如舊；大德十一年，陞爲院；至大四年，復爲寺。有丞、經歷、知事、照磨、管勾，（下諸寺同）領壽武庫、利器庫、廣勝庫、諸路軍匠提舉。

太僕寺卿、正三品，（下同）少卿從四品，（下同）掌受給馬疋造作鞍轡。中統四年，設羣牧所；至元十六年，改尚牧監；十九年，又改太僕院；明年，更衞尉院；二十四年罷，仍立太僕寺，又別置尙乘寺，管鞍轡，而本寺止管阿塔思馬疋；明年，隸中書，置提調官。大德十一年，復改院；至大四年，仍爲寺，寺僚同上。

尙乘寺卿、少卿，掌上御鞍轡輿輦、遠方馬匹，寺僚同，領資乘庫、

長信寺卿、少卿，掌大鄂爾多、齊哩克口諸事。大德五年置；至大初陞院；四年，仍爲寺，寺僚同上。領齊哩克口諸色人匠提舉司，大都上都鐵局。

長秋寺卿、少卿，掌武宗五鄂爾多戶口、錢糧諸事，寺僚及所領同上。

承徽寺卿、少卿，掌達爾瑪錫里皇后位下事，餘均同上。

長寧寺卿、少卿，掌英宗蘇克巴拉皇后位下事，餘均同上。

長慶寺卿、少卿，掌成宗鄂爾多之事，餘均同上。

寧徽寺卿、少卿，隸必巴什皇后位下，餘均同上。

太府監太卿、正三品，太監從三品，少監從四品，掌錢帛出納之數。中統四年置；至元四年，爲宣徽太府監；八年，陞正二品。大德九年，改院，秩從二品，院判參用宦者。至大四年，復爲監，定置如上。有丞、經歷、知事、照磨，領內藏、右左藏庫。

度支監太監、秩視太府，掌給馬駝芻粟。初置孛可孫；至元八年，以重臣領之；十三年，省孛可孫，以宣徽兼其任。至大二年，改立度支院；四年，改監，監僚同上，領。

利用監卿、太監、少監，秩視太府，掌出納皮貨衣物，監僚同，領資用庫、齊哩克口皮局人匠提舉司、雜造雙線、熟皮、軟皮、斜皮、貂鼠、染諸局。

中尙監卿、太監、少監同上，掌大鄂爾多位下諸務。至元十五年置尙用監，二十年罷；二十四年改置監僚同，領
　賚成庫氈作。

章佩監卿、太監、少監同上，掌御服寶帶，監僚同，領御帶庫、異珍庫。

經正監太卿、太監、少監，掌營盤納鉢及標撥投下草地，監僚同。

都水監，從三品，少監正五品，掌河隄渠防，監僚同上，領河道、河防提舉司。

祕書監卿，正三品，太監從三品，少監從四品，掌歷代圖籍陰陽禁書，有丞、典簿，領著作郎、佐郎、祕書郎、校書郎、
　辨驗書畫直長。

司天監提點、監俱正四品，少監正五品，掌曆象之事。初，世祖在潛邸時，有旨徵回回爲星學者，扎瑪里鼎等以
其藝進，未有官署，至元八年，始置司天臺；十七年，置行監；皇慶初改監；延祐初，置司天監。有丞、知事，領提學、
敎授、學正、天文曆算、三式管勾、測驗管勾、漏刻管勾、陰陽管勾、押宿、司辰、天文生諸員。外有回回司天監，官
　略同。

地方官

上都留守正二品，同知正三品，副留守正四品，掌如大都留守，兼治民事。有判官、經歷、都事、管勾、照磨，領修內
　司、器物局、儀鸞局、兵馬司、警巡院、諸倉庫、稅課。

大都路都總管府正三品，達嚕噶齊、都總管、副達嚕噶齊、同知，秩未詳 統治一路之政，有治中、判官、推官、經歷、知

事，領兵馬都指揮司、警巡院、司獄、提舉學校所。

宣慰使從二品，同知從二品，副使正四品，掌軍民之務，分道以治郡縣，有經歷、都事、照磨、管勾。

肅政廉訪司使正三品，副使正四品，掌糾察彈劾。初立提刑按察司四道，至元六年，兼勸農事，自是各道增損不一。至大德間，遂定爲二十二道：內道八，隸御史臺；江南十道，隸江南行臺；陝西四道，隸陝西行臺。有僉事、經歷、知事、照磨、管勾。

儒學提舉司使從五品，副使從七品，統路、府、州、縣學校祭祀，有吏目、司吏。

都轉運鹽使正三品，同知正四品，副使正五品，專掌鹽課，有運判、經歷、知事、照磨，領各屬鹽場批驗所。

萬戶府達嚕噶齊、萬戶，上中正三品，下從三品，其官世襲，專管軍戶，有副萬戶、經歷、知事，領鎮撫司、千戶、百戶。

上下路總管府達嚕噶齊、總管，上正三品，下從三品，統治一路之政，有同知以下諸府屬，領錄事司、司獄、諸學教授、織染、雜造、稅務府倉諸官。

散府達嚕噶齊，府尹，有同知、判官、推官、知事。

上中下諸州達嚕噶齊，州尹上從四品，中正五品，下從五品，邊方之地有軍，各統屬縣，有同知、判官，其參佐官依等而設。

上中下諸縣達嚕噶齊、縣尹，上從六品，中正七品，下從七品，有丞、簿、尉、典史、巡檢。

茲就官制所未盡者，再述於下。

（一）行省與臺院之分立　元制中書省以綜政務，樞密院以執兵柄，御史臺以司黜陟，此三大部實總司全國之政，故外郡亦並建焉。各道行中書省凡十，掌國庶務，統郡縣，鎮邊鄙，與都省爲表裏。中統至元間，因事設官，官不必備，皆以省官出領其事，其丞相皆以宰執行某處省事繫銜。其後嫌於外重，改爲某處行中書省，凡錢粮、兵甲、屯種、漕運、軍國重事，無不領之。有時內立尙書省，則改行尙書省，路、府、州、縣有直隸中書省者，謂之腹裏，有隸行中書省者，此今日行省所由名也。其行御史臺，有江南陝西諸道，設官品秩同內臺，以監臨東南諸省，統制各道憲司，（肅政廉訪使）而總諸內臺。至於行樞密院，因事而設，與省臺稍異，然自順帝至正之世，腹裏諸郡，皆不獲安，內省難以遙制，於是有中書分省、樞密分院，僑治地以相控馭，則又季世權宜之計，非一代常法也。

（二）人戶總管府之繁設　元承金制，諸路既設總管府治民矣。其外有所謂管領人戶總管府者，名目尤多，大多屬於后妃宗王位下，故有打捕鷹房臙粉人戶總管府，打捕鷹房納錦人戶總管府，稻田打捕鷹房民匠等戶總管府，齊哩克（兵丁也元史作怯憐口）諸色民匠總管府，江淮等處財賦總管府，更僕難數；而太祖四大鄂爾多（元史作斡耳朶亭也太祖諸后妃分四大鄂爾多屬之）有都總管府一，總管府四，以經理其人戶，蓋其時諸王后妃公主皆有食采分地。其路府州縣得薦其人以爲監，然不得私徵，皆輸諸有司之府，視所當得之數而給與之。其稻田、則承佃之戶也，打捕鷹房、遊獵之戶也，諸色人匠、製作之戶也，分配各位，爲其應享之利焉。此諸人戶總管之所由繁歟！

明代職官

明沿唐宋遼金元之制，參酌而損益之，其文職之主部存於部府諸司；武職之主部存於五軍都督府二十二衛。至正官則以釐官方者唯都察院當之，其餘泰半襲前代之舊而已。宗人府一府，爲初設雖與古之宗正無甚別，而其職較唐以後各代爲獨重，故明會典載於各署之前，茲詳述於左。

宗人府

宗人令、左右宗正、左右宗人，俱正一品，掌皇九族之屬籍，洪武三年置太宗正院，二十二年更今名。英宗正統三年，北京始建府治，有經歷、典出納文移；南京宗人府不置官，唯經歷一人。

公孤

太師、太傅、太保正一品，爲三公；少師、少傅、少保從一品，爲三孤；佐天子理陰陽、經邦宏化。明制無定員，無專授，或爲加銜，或爲贈官。

東宮大臣

太子少師、少傅、少保正二品，掌奉三公之道德而教諭焉。太子賓客正三品，贊相禮儀、規誨過失，明制東宮三少無定員，賓客秩稍亞，亦爲尙書侍郎加官，間以祭酒、都給事中兼之。

內閣

中極殿大學士、建極殿大學士（文華、武英）殿大學士、（文淵、東）閣大學士並正五品，掌獻替、規誨、票擬、批答。初，太祖依前制，置中書省，洪武十三年罷；越二年，倣宋制置華蓋殿、武英殿、文淵閣、東閣諸大學士，尋復加文華殿大學士以輔導太子。

建文中改爲學士。自簡用解縉等七人入內閣，名直文淵閣，預機務，閣臣參吏務自此始。仁宗以後，閣制漸崇，景泰以還，閣權遂重。嘉靖壬戌，新建三殿成，詔改華蓋、謹身爲中極、建極，於是朝廷班次遂在六部上，入閣曰辦事，蓋避丞相名也。有誥册房、制敕房，直文華殿東房、直武英殿西房諸中書舍人。

六部

吏部尙書，正二品，（各部同）掌官吏選授封勳考課，侍郎正三品，（各部同）貳之。明置吏部，即古選部也。自唐宋來，皆爲尙書省屬官，至洪武十三年，革中書省，罷丞相，使政歸六部，而吏部尤愼其選，其勳勞茂者，往往加以三孤，贈以三公。有司務廳及文選、驗封、稽勳、考功四清吏司，郎中、員外郎、主事。（各部同）

戶部尙書，掌戶口田賦，侍郎貳之。嘉靖時，以戶部侍郎綜理西苑農事，後省；萬歷後，增設督理錢法侍郎，及督餉侍郎至三四人，蓋出一時權宜，非永制。初設屬部四，曰民部、度支部、金部、倉部，後改浙江諸省十三清吏司。

禮部尙書，掌禮儀祭祀宴享貢舉，侍郎貳之。唐宋禮部止掌祠祀，若晉樂唱導，分隸太常鴻臚，元已併入禮部，祭祀分掌大禧宗禋院，番貢專隸宣政院，明則合典樂、典教、宗藩、諸番，靡所不綜，故所領儀制、祠祭、主客、精膳四清吏司外，又有教習、駙馬、主事、鑄印局大使、副使、教坊司、奉鑾、左右韶舞、左右司樂，其職較前代獨重。成化後，登公孤任宰輔者，多由宗伯，蓋冠於諸部焉。

兵部尙書，掌武衛官軍選授簡練，侍郎貳之。宋遼金元兵部止稽尺籍、儲軍器，明則無所不掌，權重職專，南京

兵部且加參贊機務，衙較五部爲重。領武選、職方、車駕、武庫四淸吏司，並轄會同館、大通關、

刑部尙書，掌刑名及徒隸勾覆關禁；侍郎貳之。初設刑部四科曰總部，比部，都官部，司門部，設尙書侍郎各一人；洪武十三年，刪併其數如各部制，有十三省淸吏司，領照磨所、司獄司。

工部尙書，掌百工山澤，侍郎貳之。唐以後，各代皆置衛尉太府、少府、將作、軍器、都水各監，分掌營繕、工作、水利，明則省併諸監，悉歸工部，此明制之特殊也。初設總部、虞部、水部屯田四科，置尙書侍郎各一人；洪武二十九年，始省併如各部數；後改營繕、虞衡、都水、屯田四淸吏司，領營繕所、文思院、皮作、鞍轡、顏料、織染、寶源、軍器諸局。

都察院

左右都御史、正二品，左右副都御史、左右僉都御史正三四品，掌專劾百司，辨明冤枉，爲天子耳目，風紀之司。初吳元年，置御史臺設官如前代制；十三年罷；十五年更置都察院，設監察御史八人；浙江以下十二道或五人或三四人不等；十六年始置官如上制。至宣德十三年，增爲十三道，有經歷司、司務廳、照磨所、司獄司，領監察御史（正七品）百十人。

通政使司

通政使、正三品，左右通政、謄黃右通政並正四品，掌受內外章疏，敷奏封駁之事。初，洪武三年，置察言司設司令二人，受章奏；十年，更置通政司。建文中，改爲寺，置通政卿；成祖時，設官如上制。有左右參議及經歷司。

詹事府

詹事、正三品，少詹事正四品，掌統府坊局之事，輔導太子，初沿元制，稱詹事院；洪武三年改府，置坊局諸官，然多以尚書、侍郎、都御史攝職。成化以後，以禮部尚書、侍郎兼掌之；嘉靖以府、坊局僅爲翰林遷轉之階，不置兼管之官焉。有丞及主簿廳，領左春坊、右春坊、司經局。

翰林院

學士、正五品，侍讀學士、侍講學士並從五品，掌制誥史冊文翰之事，初沿舊制，置弘文館祕書監，後省併翰林院，又置學士承旨、直學士諸員，後裁。永樂初，以講讀編檢預機務，平駁諸司章奏，謂之內閣，則內閣即翰林職也。後直閣者皆由尚書、侍郎加以宮保，不復以翰林官閣章奏，而翰林專爲文學侍從之臣矣。有侍讀、侍講、博士、典籍、侍書、侍詔、孔目、史官修撰、編修、檢討、庶吉士。

五寺

大理寺卿、正三品，左、右少卿正四品，掌審讞平反刑獄，初置磨勘司及審刑司，猶沿宋制也。永樂初，始定制置寺，有左右寺丞、寺正、寺副、評事及司務廳。

太常寺卿、正三品，少卿正四品，掌祭祀禮樂，初置太常司，洪武初設各祠祭署令丞，後改爲奉祀祀丞，三十年始改太常寺。有丞、典簿、博士、協律郎、贊禮郎，領壇廟、陵寢官、犧牲所。又永樂五年，以外邦朝貢，特設蒙古女眞西番西天回回百夷高昌緬甸八館，置譯字生、通事。正德中，置八百館；萬曆中，增暹羅館，通名四夷館，初隸翰林院，弘治中，始來隸。

光祿寺卿，從三品，少卿，正五品，掌祭享、宴勞、酒醴、膳羞。初，吳元年，置宣徽院，設院使、院判等官，洪武初，始改光祿寺。八年，改寺爲司；三十年，復舊。有丞、典簿廳，領大官、珍羞、良醞、掌醢四署，司牲司、司牧局、銀庫。

太僕寺卿，從三品，少卿，正四品，掌牧馬之政。洪武四年，沿舊制，置羣牧監；六年，置監滁州，更今名。三十年，置行太僕寺於北平；永樂以後，以行太僕寺爲太僕寺；其在滁州者，爲南京太僕寺。有丞、主簿廳、常盈庫，領各牧監、各羣長。

鴻臚寺卿，正四品，少卿，從五品，掌朝會、賓客、吉凶、儀禮。初，沿元制，置侍儀使、引進使、通事舍人諸員；洪武三十年，更今名，省前代閤門諸使，蓋明制不置三省，故專掌於鴻臚也。有丞、主簿廳，領司儀、司賓二署。

三監

國子監祭酒，從四品，司業，正六品，掌訓導國學諸生。明初，置國子學，設博士、助教諸員。吳元年，始定官制，設祭酒、司業。洪武八年，置中都國子學；十五年，改監；二十六年，廢中都國子監。永樂元年，置監北京，有繩愆廳、博士廳、典簿廳、典籍廳、掌饌廳。

欽天監監正，正五品，監副，正六品，掌天文曆數。自唐以後，各代皆以司天監隸祕書監，至元始特置專官。明初置太史監，尋改院，後復故。洪武三年，更今名；又沿元制，置回回司天監，三十一年罷，以算法來隸。有主簿廳、五官正、靈臺郎、保章正、挈壺正、監候、司曆、司晨、漏刻博士。

上林苑監左右監正正五品，監副正六品，掌苑囿牧畜樹種。唐以後，各代上林署多屬司農署，或工部，或大都留守司，唯明特設專官，無所隸屬，此異於前代也。有主簿廳，領良牧、蕃育、林衡、嘉蔬四署。

諸司院科

尙寶司卿正五品，少卿從五品，掌寶璽、符牌、印章。初設符璽郎，吳元年更今名。初無定員，其後多以勳衞大臣恩蔭添注，亦以其職掌之簡也。有丞。

太醫院院使正五品，院判正六品，掌醫療之法。初置醫學提舉司，設提舉、副提舉諸員，後更爲監，設少監、監丞；吳元年改稱院，有御醫、吏目，領生藥庫、惠民藥局。

行人司司正正七品，左右司副從七品，掌捧節奉使之事。洪武十三年，置設行人，後改司正。建文中省，隸鴻臚寺。成祖時復舊制有行人。南京止左司副一人。

六科都給事中正七品，掌侍從規諫、稽察六部百司。初統設給事中，洪武六年，始分爲六科，各設給事二十四年，增都給事中。唐宋給事中，屬門下省，明則無所隸屬，此異乎前代也。分吏、戶、禮、兵、刑、工各科都給事中下有左右給事中、給事中。

中書科中書舍人從七品，掌書寫制誥、銀册、鐵劵。初置承勅監、司文監、考功監，又有承天門待詔、閤門使、觀察使，未幾裁革，唯存兩房中書舍人爲宰相屬官，職在書寫，不得升列九卿，其由進士者，得遷科道部屬；亦有監生、生員、布衣能書者，俱可爲之；又有恩蔭添注之員，員無定額，選用輕而職掌簡，此元明之異於前代也。

在京軍府

五軍都督府（中左右前後）左右都督，正一品，都督同知，從一品，掌軍旅之事，各領其都司衛所，其掌印官必於親任公侯伯推舉，蓋重職也。洪熙以後，始變祖制，以內臣同守備，有都督、僉事，其屬有經歷、都事。

總督京營戎政、協理京營戎政，掌統五軍、神機、神樞三大營。永樂三年置三大營：曰五軍，曰神機，曰三千；景泰元年，選三營精銳，立十團營；成化間，增爲十二團；嘉靖二十年，省團營，併入三大營，改三千曰神樞。每營各有副、參、游、佐、坐營、號頭、千把總等官。

京衛、（明置上直親軍指揮使司二十有六，不隸五軍都督府，又非親軍而亦不隸都督府者，其隸都督府者三十三。）指揮使與同知俱正三品，僉事從四品，掌番上宿衛以護宮禁。有鎮撫司、經歷司，領千戶所多寡不等。

錦衣衛、（二十六衛之一，宣德八年又加親軍四衛，凡二十八衛。）正三品，兼掌緝捕刑獄，恆以勳戚都督領之，恩蔭寄祿，無定員，寖至末季，附勢驕橫矣。

內侍省

司禮監、掌儀刑，內官監掌工作，御用監掌御前造辦，司設監掌鹵簿帷幙，御馬監掌騰驤四衛，神宮監掌神廟灑掃，尚膳監掌食用筵宴，尚寶監掌寶璽敕符，印綬監掌鐵券誥敕，直殿監掌各殿掃除，尚衣監掌御用冠服，都知監掌前導警蹕，俱正四品；外有惜薪、鐘鼓、寶鈔、混堂四司；兵仗、銀作、浣衣、巾帽、鍼工、內織染、酒醋麵、司苑八局。此洪武舊制也。後頗有所改。明代設官之多，幾於寺監職掌無所不有，而司禮位尊權重，職批紅者，暨伴宰輔，以致竊弄威福，太阿倒持。中葉而還，甚且恩蔭弟姪，列爵公侯，紊亂官常，褻瀆名器，神熹之間，糧稅礦關之使四出，無一方不罹厥害，卒至大憝濟惡，宗社淪亡，與漢唐禍踵相尋矣。

地方文武官

順天府尹，正三品，掌京府政令，有丞、治中、通判、推官、儒學教授、訓導、經歷司、照磨所，轄大興、宛平諸縣。

五城兵馬司指揮，正六品，掌巡捕盜賊，疏理街渠，有副指揮及吏目。

總督巡撫，掌節制軍務，管理糧餉河道，撫綏地方，自永樂十九年，遣尚書蹇義諸人巡行天下，安撫軍民，名曰巡撫，事畢停遣，後定為都御史出使之職。兼軍務者加提督，有總兵者加贊理，事重者加總督；又有經略、總理、整飭、撫治、巡治諸銜，蓋仿秦監郡御史、唐巡按州縣御史之制，而其秩較尊，大略與元之行御史臺同，故明史職官志附載於都察院之後焉。

左右布政使，從二品，掌一省之政，有經歷司、照磨所、理問所、司獄司、庫倉局諸使，初沿元制，置行中書省，有平章政事、左右丞、參知政事；洪武九年，罷行省平章諸職，改置布政使參政、參議諸[illegible]，故初置藩司與六部均重，或布政使即為尚書、副都御史，每出為布政使，其時未置巡撫，故職重而秩崇也。

按察使，正三品，掌一省刑名按劾，初仿金制，置即宋之提點刑獄，元之肅政廉訪使也。有經歷司、照磨所、司獄司。

布政司參政議分司諸道、從三四品，掌督糧督册分守，永樂間置。

按察司（副使、僉事）分司諸道，正四五品，掌督學、清軍、驛傳、分巡、兵備。兵道始自洪熙間遣參政副使沈固劉紹等往各總兵處整理文書商榷機密；弘治中兵部尚書馬文升慮武職不修，議增副僉各一員敕之，繇是兵備之員，盈直省矣。

都轉運使，從三品，鹽課提舉司從五品，掌鹽之事，有同知、副使及經歷庫大使，領各鹽場、各鹽倉、各批驗所、遞運所。

知府，正四品，（初分上中下三等上從三品中正四品下從四品後改）掌一府政令；有同知、通判、推官、儒學教授、訓導及經歷知事、照磨、檢校司獄等員。

知州，正五品，掌一州政令，分二等：直隸州視府，屬州視縣，而秩則同，有同知、通判、儒學學正、訓導及吏目。

知縣，正七品，（初分上中下三等上從六品中正七品下從七品後改）掌一縣政令，有縣丞、主簿、儒學教諭、訓導及典史。又巡檢、驛丞、稅課司、倉庫局、金銀局、鐵冶所、河泊所、各府州縣，有無多寡不同，故附載於此。

明自洪武十三年罷丞相，析中書省之政歸六部，以尚書任天下之事，而殿閣大學士祗備顧問，帝方自操威柄，學士鮮所參決，其糾劾則責之都察院，章奏則達之通政司，平反則參之大理寺，是亦漢九卿之遺意也。分大都督府為五，而征調隸於兵部，外設都、布、按三司，分隸兵刑錢穀，其考核則聽於府部。是時吏、戶、兵之權為重。迨仁宣朝，大學士以太子經師恩累加至三孤，望益尊，而宣宗內柄無大小，悉下大學士楊士奇等參可否，自是內閣權日重，即有一二吏兵之長與執持是非，輙以敗，至世宗中葉，夏言嚴嵩迭用事，遂赫然為眞宰相，壓制六卿矣。然內閣之擬票，不得不決於內監之批紅，而相權遂歸之寺人，此明季宦官之禍所由滋也。

清代職官

太祖肇基東土，置八旗總管大臣、佐管大臣、董帥軍旅，置議政五大臣、理事十大臣，釐治政刑，任用者止親貴數臣。太宗設三館，置八承政；世祖入關，知滿洲法典不足以宏政術，仍沿明制而稍損益之，藩部創建名並七卿，外臺督撫，杜其紛更，提鎭以下，悉易差遣爲官。世宗罷倘寶、行人、僉都諸目，高宗損參政、參議、副使、僉事諸銜，內外羣僚，滿漢參用，蒙古漢軍，次第分布，亦一代之故實也。茲分爲述之。

宗人府

宗令一人，左右宗正宗人各一人，（宗室王公爲之）掌皇族屬籍。丞、漢一人，正三品，掌校漢文册籍，順治九年置，並設啓心郎，與丞同爲正官。康熙十二年省啓心郎。有理事官、副理事官、（郎中員外郎改）主事、堂主事及經歷、筆帖式。

內閣

保和、文華、武英諸殿大學士，體仁、文淵、東閣諸閣大學士，俱正一品，掌贊理機務，表率百僚。協辦大學士從一品，同釐閣務。學士（兼禮部侍郎銜）滿六人，漢四人，從二品，敷奏本章，傳宣綸綍。順治元年，置滿漢大學士，不備官；十年，置三院滿漢大學士各二人；十五年，更名內閣，以大學士分兼殿閣。雍正九年，置協辦；乾隆十三年，始定員限，省中和殿，增體仁閣，以三殿三閣爲定制，唯保和不常置。宣統三年，改組內閣，以大學士序次翰林院。有侍讀、侍讀學士、典籍、中書、中書科中書舍人，（凡滿蒙漢軍漢人，各定員限，以後各官略同。）領稽查欽

奉上諭事件處，

軍機處大臣，（由王大臣內簡用）綜司軍國，贊理機務。雍正十年，用兵西北，慮儤直者洩機密，始設軍機房，後改爲處，而滿洲大學士尙有兼議政銜者。（尋罷）高宗涖政，更名總理處，尋復如初，有章京分滿漢頭二班，轄內繙書房、方略館。

六部

吏部、管理部務一人，（王大臣充，下同）尙書滿漢各一人，從一品，（各部同）左右侍郞滿漢各二人，正二品，（各部同）掌文職遷敍黜陟。天聰五年建六部，以貝勒一人領之，置承政、參政、啓心郞等官；（崇德間置理事官、副理事官、額哲庫）順治元年，改承政爲尙書，參政爲侍郞，（理事官等改爲郞中、員外郞、主事）漢右侍郞兼翰林院學士銜；（非翰林出身者不兼，尋罷）五年，定滿漢尙書各一人；十五年，省啓心郞，定滿漢侍郞各二人。初制，滿洲蒙古漢軍司官六部統爲員額，不置專曹，後始分司定秩，如漢人，有堂主事、司務廳、郞中、員外郞、主事、小京官、筆帖式。吏部班次，向居六部上，領文選、考功、稽勳、驗封四清吏司，郞官非科甲出身者，不得注授。（宗人府、禮部、起居注主事同）自外務部設，班次稍爽，浸至納貲者、考職者、裁缺者，紛投雜進，以今況往，郞選褻矣！光緒末葉，官制釐革，班位且殿終焉。宣統末，改組內閣，附設銓敍、制誥等局，吏部倂入之，吏部廢，官統棼已！

戶部、管理部務一人，尙書滿漢各一人，左右侍郞滿漢各二人，掌土田、戶口、錢穀。順治初，置定右侍郞兼管錢法堂事。光緒三十二年，更名度支部。初制，按省分職，十三清吏司外，增設江南一司，凡銅關鹽漕，及續設行省別以司之事簡者領之，並轄寶泉局內倉各關稅口監督。

附見

管理三庫大臣二人，（大臣內簡用）掌銀庫、段疋庫、顏料庫，有堂主事，各庫有郎中、員外郎、司庫及庫大使，光緒二十八年省。

總督倉場侍郎，（兼戶部侍郎銜）掌總稽歲漕，有坐糧廳及大通橋監督、京通各倉監督。

禮部、管理部務一人，尚書滿漢各一人，左右侍郎各二人，掌禮儀學校貢舉。順治初置。雍正十三年，省行人司併入；光緒二十四年，省光祿、鴻臚兩寺併入，尋復故；三十一年，停科舉，各省學政歸學務大臣考覈，自是釐正士風之責，不屬禮部矣。明年，仍以光祿、鴻臚、太常三寺併入。先是，春官長貳，任重秩清，妙選館職，各司郎官，亦非儒臣不得與；光宣之際，流品渾殽，後更爲替職，權益替。領儀制、祠祭、主客、精膳四清吏司，並轄會同、四譯館、鑄印局。

附見

管理樂部大臣，無定員，（以尚書充）掌考五音六律，領神樂署署正、署丞、協律郎，和聲署署正、署丞、供奉、供用。

兵部、管理部務一人，尚書滿漢各一人，侍郎滿漢各二人，掌武職銓選簡覈軍實。順治初置，十一年增置督捕、滿左侍郎、漢右侍郎各一人，時八旗武職選授處分，俱隸銓曹。康熙三年始來屬；三十八年，省督捕以下各官。光緒三十二年，更名陸軍部。領武選、車駕、職方、武庫四清吏司，馬館監督、本部差官、駐京提塘。

刑部尚書、滿漢各一人，左右侍郎滿漢各二人，掌法律刑名，順治初置。光緒三十二年，更名法部。領十七省淸吏司、贓罰庫、提牢廳。

工部尚書、滿漢各一人，左右侍郎滿漢各二人，掌工虞器用，順治初置。光緒三十二年，更名農工商部。領營繕、虞衡、都水屯田四淸吏司，並轄節愼庫、製造庫、寶源局、窰廠、木倉、陵寢等官。

理藩院

管理院務大臣一人，（特簡滿大學士爲之）左右侍郎俱各一人，（以滿洲蒙古人補授）額外侍郎一人，（以蒙古貝勒貝子之賢能者任之）掌蒙古回部及諸番部。崇德初設蒙古衙門，置承政、參政各官；三年，更名理藩院。順治初，改曰尚書侍郎；十八年，以藩政任重，令入議政班，居工部後。咸豐五年，定伊犂塔爾巴哈台通商章程，始行外交職務；十年，定中俄續約，以軍機處及本院主外交文移。（見第九款）光緒三十二年，更院爲部。理藩一職，歷古未有專官，遐荒絕漠，統治王官，爲有淸剏職，自總理、通商之臣置，而理藩亦輕。有堂主事、司務廳、領旗籍、王會、柔遠、典屬、理刑、徠遠六淸吏司、郎中、員外郎、主事，並轄銀庫司庫、庫使。

都察院

左都御史俱滿漢二人，從一品，左副都史俱滿漢二人，正三品，掌察覈官常、振飭綱紀。初設都察院，崇德元年，置承政、參政各官；順治初，更名，並置漢左僉都御史一人。外省督撫以右繫銜。康熙二十九年，命左都御史馬齊同理藩院尚書阿喇尼列議政大臣。故事二院長官俱不預議政，預議自此始。有六科給事中、二十道監察御史及都事、經歷。

翰林院

掌院學士、滿漢各一人，從二品，大學士尚書內特簡 掌國史華翰，備左右顧問。初，翰林之職隸內三院；順治初，設翰林院，定掌院學士爲專官，置漢員一人兼禮部侍郎銜，侍讀學士以下各官俱漢人爲之，尋省，入內三院，十五年復舊制，增滿員一人，兼銜如故。乾隆五十八年停 康熙二十八年，以院務廢，命大學士徐元文兼掌院事，重臣兼領自此始。光緒二十九年，裁詹事府，以詞臣敍進無階，增置滿漢學士各一人（正三品）及撰文祕書郎各官。翰林一官，夙稱華選，榮塗遷擢，視他曹爲優，光宣之際，各部自爲升轉，於是始妨清敍矣。有侍讀學士、侍講學士、侍讀、侍講、撰文、祕書郎、修撰、編修、檢討，所屬有主事、待詔、孔目，領庶常館、起居注館、國史館。

詹事府

詹事、正三品，少詹事正四品，俱滿漢各一人，掌經史文章之事。順治初，置少詹事一人，掌府事，尋省，入內三院；九年，復置詹事以下各官，俱漢人爲之，以內三院官兼攝，別置滿洲詹事一人，掌府印。十五年，省詹事府；康熙十四年，復舊。二十五年，命詹事湯斌、少詹事耿介等爲皇太子講官，尙沿宮僚舊制也。三十一年，命徐元夢入直上書房，自是本府坊局止備詞臣遷轉之階。嘉慶二年，改隸翰林院；五年復舊；光緒二十四年，仍省，入翰林院，尋復故。二十八年，仍省入。有左右春坊庶子、中允、贊善，司經局洗馬、主簿。

諸卿

通政使、正三品，副使正四品，俱滿漢各一人，掌受各省題本洪疑大獄，偕部院預議。順治初，置通政使、左通政使，滿漢俱各一人，漢右通政使二人；乾隆十三年，改左通政爲副使去左右銜。光緒二十四年，省入內閣尋復故，二十八年復省。有參議及經歷、知事司務廳，領登聞鼓廳。

大理寺卿、正三品，少卿正四品，俱滿漢一人，掌平反重辟。順治初置，光緒二十四年省入刑部，尋復故，三十二年，更寺爲院。有堂評事、司務廳、左右寺丞、左右評事。

太常寺卿、正三品，少卿正四品，俱滿漢一人，掌守壇壝廟社。順治初置，隸禮部，十六年，改歸本寺；康熙二年，復隸禮部，十年，仍歸本寺；光緒二十四年，省入禮部，尋復故，三十二年仍省入。有寺丞、博士、贊禮郎、讀祝官、典簿、司庫、司樂及壇廟奉祀官。

光祿寺卿、從三品，少卿正五品，俱滿漢一人，掌燕勞薦饗。順治初置，凡事由禮部具題箚寺遵行；十五年，仍歸本寺，十八年，復隸禮部；康熙十年，仍以禮部精膳司所掌改歸本寺；光緒二十四年，省入禮部，尋復故，三十二年仍省入。有大官、珍饈、良醞、掌醢四署署正及典簿、司庫。

太僕寺卿、從三品，少卿正五品，俱滿漢一人，掌兩翼牧馬場。初制本寺附兵部武庫司，康熙九年，以兵部所轄大庫種馬二場來隸本寺；雍正二年，始建衙署；光緒二十四年，省入兵部，尋復故，三十二年，仍併入陸軍部軍牧司。有左右司員外郎、主事及主簿。（均滿蒙人爲之）

鴻臚寺卿、正四品，少卿從五品，俱滿漢一人，掌朝會祭祀燕享。順治初置，凡事由禮部具題，十六年改歸本寺，十八年仍隸禮部；康熙十年，復故；雍正四年，復歸禮部統轄；乾隆十四年，以禮部滿尚書領寺事；光緒二十四年省入禮部，尋復故，三十二年，仍省入。有主簿、[illegible]贊、序班。

太常、光祿、鴻臚三部均有管寺大臣，以尚書兼。

國子監

管理監寺大臣一人，（大學士尚書侍郎內特簡）祭酒從四品，滿漢各一人，司業正六品，滿蒙漢各一人，掌成均之法。順治初置祭酒兼太常寺少卿銜，司業兼寺丞銜，後皆停兼銜。康熙九年，建南學。（在內肄業者爲南學在外肄業赴學考試者爲北學）高宗涖治，以大學士趙國麟、尚書楊時孫嘉淦領太學事，官獻瑤莊亨陽輩綜領六堂，世號四賢五君子。乾隆四十八年，建辟雍、集賢門，國學規制，斯爲隆備。光緒三十三年，省入學部，別置國子丞，以次各官。有丞、博士、典籍、率性、修道、誠心、正義、崇志、廣業六堂助教、學正、學錄。

欽天監

管理監事王大臣一人，（特簡）監正正五品，左右監副正六品，俱滿漢各一人，掌測候推步。順治初置，分天文、時憲、漏刻、回回四科，俱漢人爲之，行文具題隸禮部。是歲仲秋朔日食，西人湯若望推算密合，（大統回回兩法時刻俱差）命修時憲，領監務。十四年，省回回科。先是，新安衛官生湯光先請誅邪教，鐫若望職，至是以光先爲監副，尋陞監正，仍用回回法；南懷仁具疏訟寃，八年，罷光先以南懷仁充漢監正，更名監修，用西法如初。雍正三年，實授西人戴進賢監正；（去監修名）八年，增置西洋監副一人。十年，定監副，以滿漢西洋分用；四十四年命親王領之，道光六年定監正、監副滿漢員限，時高拱宸等或歸或歿，本監已諳西法，遂止外人入官。有時憲、天文、漏刻三科，五官正，春夏中秋冬各官正，司書，博士，五官靈臺郎，監候，挈壺正，司晨，筆帖式及主簿。

太醫院

管理院寺王大臣一人，特簡院使正五品，左右院判正六品，俱漢一人，掌醫療法。順治初置，光緒末葉，以民政部醫官、陸軍部軍醫司長與院使、院判品秩相等，非所以崇內廷體制也，特陞院使正四品，院判正五品。

內務府

總管大臣無定員，正二品，俱滿洲人為之，掌內府政令供御諸職，靡所不綜。初設內務府，以舊僕司其事，入關後，明三十二衙人附之，順治十一年，命工部立十三衙門，設司禮、御用、御馬、內官、尚衣、尚膳、尚寶司，設八監尚方、惜薪、鐘鼓三司，兵仗、織染二局，時猶舊臣寺人兼用也。康熙元年，誅內監吳良輔，始以三旗包衣改設，並置總管大臣，兼以公卿，無專員。二十三年，七司成立，於是奄官之權，悉歸旗下矣。七司者：曰廣儲、會計、掌儀、都虞、慎刑、營造、慶豐，各有郎中、員外郎、主事，又銀、皮、瓷、緞、衣、茶六庫郎員，司庫、司匠，及諸管理、諸護軍，上駟、奉宸、武備三院，蘇杭織造，太監等屬焉。

侍衛處

領侍衛內大臣，正一品，內大臣從一品，各六人，掌董帥侍衛親軍，散秩大臣從二品，食三品俸，無員限，翊衛扈從。初，太祖以八旗禁旅，勘定區夏，鑲黃、正黃、正白三旗，皆自將，爰簡其子弟，命曰侍衛，亦間及宗室秀彥，外藩侍子，統以勳戚備環直焉。順治初，定侍衞處員數；嘉慶十九年，以散秩大臣無辦事責，諭凡擢都統者停兼職。有御前大臣、前引大臣、後扈大臣、一二三等侍衞、藍翎侍衞、親軍校、主事。

鑾儀衞

掌衞事大臣一人，（無專員以滿蒙王公大臣兼授）正一品，鑾儀衞使滿二人，（蒙古人兼授）漢軍一人，正二品，掌供奉乘輿秩序鹵簿。順治初，設錦衣衞，置指揮等官；明年，更名鑾儀衞，定各官品秩；宣統初，改曰鑾輿衞。有左右中前後五所，馴象所、旗手衞、冠軍使、雲麾使、治儀正、整儀尉，及主事、典簿。

八旗軍官

驍騎營八旗都統、從一品，滿蒙漢軍旗各一人，副都統正二品，旗各二人，分掌二十四旗，守衞京師。初，太祖辛丑年，始編三百人爲一牛彔，置一額眞，先分四旗，尋增爲八旗；乙卯年，定五牛彔置一扎蘭額眞，五扎蘭置一固山額眞，左右梅勒額眞佐之。太宗置總管旗務八大臣主政，（即固山額眞兼議政大臣）佐管十六大臣理事。（即梅勒額眞兼理事大臣）天聰八年，改額眞爲章京，固山額眞如故，其隨營馬兵曰阿禮哈尼哈，是爲驍騎營之始，然猶統滿蒙漢軍爲一也。九年，始分設蒙古八旗。崇德七年，復分設漢軍八旗，二十四旗之制始備。有參領、副參領、驍騎校。

前鋒營前鋒統領、正二品，左右翼各一人，（自統領以下俱滿蒙人爲之，護軍火器健銳各營同）掌本翼四旗前鋒。初，天聰八年，定巴牙喇營前哨兵爲喀布什賢超哈。順治十七年，定喀布什賢噶喇衣昂邦，漢字爲前鋒統領。有參領、侍衞、委署侍衙、前鋒校、筆帖式。

護軍營護軍統領正二品，左右翼各一人，掌本旗護軍。初設巴牙喇營，統以巴牙喇纛章京、甲喇章京分領之；順治十七年，定巴牙喇纛章京，漢字爲護軍統領。有參領、副參領、委署參領及護軍校。

步軍營步軍統領兼提督九門一人，從一品，初制正二品嘉慶四年陞品左右翼總兵各一人，正二品，掌九門管鑰，統帥八旗步軍五營將弁，徼循京師，總兵佐之。初置步軍統領一人，左右翼總尉各一人，乾隆十九年改翼尉並定巡捕二營，置參將以次各官，以兵部職方司漢主事一人司政令，其京城內九門、外七門置指揮，千百戶隸之。順治五年，置步軍副尉；十四年，置巡捕中營官；康熙十三年，始命步軍統領提督九門事務；三十年，復命兼管巡捕三營；乾隆四十六年，以三營轄境遼廓，增設左右二營，是爲五營。嘉慶四年，增左右翼總兵各一人。八旗步軍，有翼協副諸尉軍校；步軍統領，衙門有員外郎、主事、司務，巡捕五營有副將、參將、遊擊、都司、守備及城門官。

火器營、健銳營、神機營、虎槍營掌印總統各一人，王公大臣兼任總統大臣無員限，都統副都統內特簡嚮導處、上虞備用處，亦如之。

地方文武官

順天府兼管府尹，大學士尚侍內特簡府尹正三品，掌清肅邦畿，布治四路。順治初置，雍正初，特簡大臣領府事，號兼尹。乾隆八年，定爲二十四州縣，隸府。宣統二年，罷兼尹。有丞、治中、同知、通判、經歷、照磨、司獄。

五城御史、從五品，掌綏靖地方，釐剔奸弊。順治九年，置五城漢軍理事官，爲巡城之始；明年，置御史，五城各一人，光緒三十一年廢。有兵馬司指揮、副指揮、吏目，亦同時省。

京縣知縣，大興宛平各一人，正六品，掌一縣之政，有縣丞、巡檢、典史。

總督、從一品，巡撫正二品，掌統屬文武，無所不理。故事，總督典軍政，巡撫主民事，河南山東山西等省，專置巡撫，無統轄督伍權，以提督爲兼銜；直隸四川甘肅等省，專置總督，吏治歸其考覈，以巡撫爲兼銜，時稱軍民分治焉。而巡撫例受總督節度，寖至督撫同城，巡撫僅守虛名，即分省者軍政民事，亦聽總督主裁，議者猶謂巡撫多失職也。文宗涖政，命浙江安徽江西陝西湖南廣西貴州各巡撫節制鎮協武職，總督兼轄省分，由巡撫署考會題，校閱防剿，定爲專責，職權漸崇。光緒季年，裁同城巡撫；其分省者，權幾與總督埒，所謂兼轄，奉行文書已耳。

提督學政，以翰林官簡充，掌全省學校貢舉。初，直隸差督學御史一人，江南江北二人，稱學院，各省置提學道，繫按察使僉事銜。順治十年，稱學院者改用翰林官；康熙二十三年，浙江督學改簡翰林，依順天江南北例，稱學院，其各省由部屬道府任者，仍爲學道。雍正四年，各省督學，均更名學院，凡部屬任者，俱加編修檢討銜，自是提學無道銜矣。光緒三十一年，罷科舉，興學校，改稱提學使，（正三品）轄各府州縣儒學、教授、教諭、訓導。

布政使、從二品，掌出納錢穀，考覈官吏，有理問、照磨、經歷、庫倉大使。

按察使、正三品，掌刑名按劾及驛傳。初制，山陝甘肅督撫，定爲滿洲缺，布、按二司，亦專用滿員。雍正初，授高成齡山西按察使，二年，授費金吾陝西按察使、張适甘肅按察使，參用漢人自此始。（督撫布政亦參用漢員）宣統三年，更名提法使。有經歷、照磨、司獄，同時亦省。

鹽運使、從三品，掌治鹽政，有經歷、知事、庫使、運同、運副、鹽大使。

分司諸道、正四品，分守、巡、兵備、鹽、粮、河等道，有道庫大使。

知府、從四品，掌一府之政，有同知、通判、經歷、照磨、司獄、各倉庫及稅課大使。

直隸州知州、正五品，掌一州之政，有州同、州判、吏目、巡檢、驛丞、稅課大使。

廳同知（或通判）（直隸廳）、正五品，通判正六品，掌一廳之政，不領縣。

散州知州、從五品，屬官略如直隸。

知縣、正七品，掌一縣之政，有縣丞、主簿、典史、巡檢、驛丞、稅課使。

提督、從一品，總兵正二品，掌節制各鎮，分防營汛。有副將、參將、游擊、都司、守備、千總、把總。

駐防將軍、從一品，專城副都統正二品，俱滿人爲之，掌鎮守險要，綏和軍民。有協領、城守尉、防守尉、佐領、防禦、驍騎校。

有清一代官制，職儀粗具，中更六七作，存改洄沿，世不同矣。延及德宗，外患躡迹，譯署始立，繼改專部，商警學部，接踵而設，並省府寺，迺分十部。嗣議立憲，理藩改部，軍諮設處，復更巡警爲民政，戶爲度支，商爲農工商，兵為陸軍，附隸海軍處，刑為法，別立大理院，又取工部所司輪路郵電，專設郵傳部，以今況昔，洵稱多制。宣統紹述，合樞於閣，省吏部，增海軍部，改禮部為典禮院，陞鹽政處為院，猶慮閣權過重，設弼德院以相維繫，資政院以為監督。因事擬名，甚至有官者無職，有職者無官；或下僚縣居要劇，或穹秩亦莅細務，此其概也。輯而存之，彙為一表：

清季內閣十部表

內閣
- 度支部　清理財政處　造幣總廠　大清銀行
- 民政部　巡警廳
- 外務部　出使大臣　稅務處
- 學部　國子監　大學堂
- 法部　大理院　各級審檢廳
- 郵傳部
- 海軍部
- 陸軍部
- 農工商部
- 理藩部

舊制，山東、河南、江南，各設河道總督，江南又有漕運總督，並正二品，以非地方官，且其後俱廢，故從略。又盛京一省，視為陪都，有戶、禮、兵、刑、工五部侍郎、將軍。奉天府府尹秩視順天府尹。自奉天改建行省，執政者藉口地處邊要，變通例章，自詭高掌遠蹠，品目張皇。於是侍郎、將軍、府尹先後俱廢，設總督，兼轄奉天、吉林、黑龍江，附承宣、諮議兩廳，置左右參贊，秩從二品，並置民政、交涉、度支、提學、提法、旗務各使司。各省止有三司，而東三省則有六司矣。

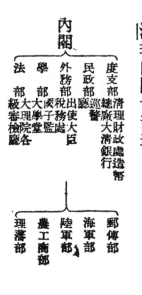

第二章　歷代政權之轉移

自來論官制者，當知其官與職之所分，尤當知其職與權之所在。自漢訖今，其肩軍國重事者，實秉鈞衡之任，而尚書六曹布而行之。吾國職官權限雖不甚明，而立法行政，總匯之樞，爲研究歷史者所不容忽視也。茲簡括立一表於下：

歷代政權遞移表

朝代		總權	分權	說明
秦	悼武王	丞相		秦悼武王二年置丞相及始皇立呂不韋爲相國
	始皇	相國		
漢	武帝以前	相國　丞相		漢高帝即位丞相以蕭何爲之
	昭帝以後	大將軍		霍光輔政權在大將軍
	成哀以後	三公		成帝從何武言立三公
	光武以後	尚書臺		光武中興雖置三公事歸臺閣
魏	武帝時	祕書省	尚書省	初以祕書令典尚書奏事
	文帝以後	中書省	同上	文帝改置中書監令並掌樞密

蜀		丞相		
晉	中書省	尚書省侍中		魏晉重中書之官居喉舌之任尚書之職稍以疏遠晉以後侍中參與國政亦爲華選至梁陳舉國機要悉在中書獻納又歸門下而尚書聽命受成而已
宋	同上	同上		
齊	同上	同上		
梁	中書省	門下省		
陳	同上	同上		
北魏	門下省	中書省 尚書省		魏齊以侍中輔政最稱近密唯中書尚書亦號相職
北齊	門下省	同上		
北周	大冢宰	納言 內史		北周依周禮以大冢宰爲丞相之任其納言內史亦門下中書職掌
隋	內史 納言 亦有他官參預者	尚書省		他官參預者如柳述以尚書參掌機事楊素以僕射掌國政之類
唐	門下省 中書省 尚書省			唐侍中中書令是眞宰相以他官參預者無定員但加同中書門下三品及平章事知政事參知機務參與政事及平章軍國重事之名者並爲宰相亦漢行丞相事之例也
宋	中書省	門下省 尚書省		宋較唐略有參差三省中門下尚書置於外中書特置禁中謂之政事堂神宗新官制以尚書令之左右二僕射爲宰相左僕射兼門下侍郎行侍中職右僕射兼中書侍郎行中書令職後別置中書門下侍郎尚書左右丞以代參知政事中書揆而議之門下審而覆之尚書承而行之獨中書取旨而門下尚書之官爲首相者不復與朝廷議論
遼	北面北宰相府			

金	尚書省			
元	中書省			元初亦有尚書省但屢置屢省
明	六部尚書	內閣		太祖析中書省爲六尚書歸其權於六部御史許士廉請復三公府不聽時雖設殿閣大學士不得平章國事至成祖靖難後始即文淵閣召侍講七人入直上所與謀畫皆甚祕稍遷至大學士歲時賚予同尚書矣宜宗事無大小悉下大學士楊士奇等取報行論道之體創自仁宣迨及景憲大權始集赫然眞宰相矣
清	軍機處			初承明制自軍機處設題本廢內閣已類閒曹矣

第三章　歷代功臣之封爵

博矣哉，歷朝崇獎有功之至意也！雖制度不同，名號差異，而勸忠恤藎之隆文，千古如出一轍；所謂漢有宗廟，爾無絕世，以獎成勞，以勸來者，甚盛事也。茲立一表如左：

（三代）……公—侯—伯—子—男　唯殷制止公侯伯三等

（秦漢）……

（二十）徹侯		
（十九）關內侯		
（十八）大世長	（十二）左更	（六）官大夫
（十七）駟車庶長	（十一）右庶長	（五）大夫
（十六）大上造	（十）左庶長	（四）不更
（十五）少上造	（九）五大夫	（三）簪裊
（十四）石更	（八）公乘	（二）上造
（十三）中更	（七）公大夫	（一）公士

（魏）……
（食采）公—侯—伯—子—男—縣侯—鄉侯—亭侯—關內侯
名號侯（十八級）
（虛封）關中侯（十七級）
關外侯（十六級）
正大夫（十五級）

（晉宋）……公—開國郡公—縣公—侯—開國郡侯—縣侯—伯—開國伯—子—開國子—男—開國男—鄉亭侯—關內侯

齊封爵史闕

（梁陳）……開國郡縣公—開國郡縣侯—開國郡縣伯—開國子—開國男—湯沐食侯—鄉亭侯—關中關外侯

（北魏）……開國郡公—散公—開國縣侯—散侯—開國縣伯—散伯—開國縣子—散子—開國縣男—散男

北齊北周之制略同北魏唯齊增開國縣公及散縣公二等

（隋）……
（爵）國公—郡公—縣公—侯—伯—子男
（勳級）上柱國—柱國—上大將軍—上開府儀同三司—開府儀同三司—上儀同三司—儀同三司—大都督—帥都督—都督

（唐）……
（爵）郡王—國公—開國郡公—開國縣公—開國縣侯—開國縣伯—開國縣子—開國縣男
（勳級）上柱國—柱國—上護軍—護軍—上輕車都尉—輕車都尉—上騎都尉—騎都尉—驍騎尉—飛騎尉—雲騎尉—
武騎尉

五季爵制略同於唐唯去縣公以郡侯代之勳級未詳

（宋）……國公—郡公—開國公—開國郡公—開國縣公—開國侯—開國伯—開國子—開國男

宋初勳級一如唐制徽宗政和中廢

（遼）……郡王—國公

（金）……國王—郡王—國公—郡公—郡侯—郡伯—縣子—縣男

（元）……國王—郡王—國公—國侯—郡侯—郡伯—縣子—縣男

案金元兩朝勳級之制與宋無異

（明）……（爵）公—侯—伯—子—男

（勳）左右柱國—柱國—正治上卿—正治卿—資治尹—資治少尹—贊治尹—贊治少尹—修正庶尹—協正庶尹

（武勳）左右柱國—柱國—上護軍—護軍—上輕車都尉—輕車都尉—上騎都尉—騎都尉—驍騎尉—飛騎尉—雲騎尉—武騎尉

（清）……公—侯—伯—子—男—輕車都尉（以上並分三等）—騎都尉—雲騎尉—恩騎尉

按一等公襲二十六次一等侯兼一雲騎尉襲二十三次一等伯兼一雲騎尉襲十九次一等男兼一雲騎尉襲十一次自公至男一二三等依次遞降

第四章　歷代地方之制度

自周末戰亂相仍，強凌弱，大併小，天下無日不干戈，無人不介冑，以暴露百姓之骨於中原。於是始皇起而吞滅六國，括宇內而分爲三十六郡，郡有守，邑有尉，至漢，懲秦孤立之弊，復立諸侯，置封地，郡縣與封建併用。自此以降，釐定官制，莫不注意於地方之制度；蓋地方制度者，所以固國本而通國情者也，故論地方之官制，必自秦始。茲將歷代地方官制之統系，立表於左：

（秦）……郡監—守—縣令長
　　　　　（武職）尉—尉

（西漢）……州刺史牧—郡太守—縣令長
　　　　　（武職）尉—尉

（東漢）……州刺史牧—郡太守—縣令長—尉
　　　　　尉都尉

（魏）……四征將軍持節都督—州刺史單車—郡太守—縣令長
　　　　　（武職）都尉—尉

（晉）……宋齊梁陳同 領兵刺史—單車刺史—郡太守—縣令長—（武職）尉

（北齊）……州刺史—郡太守—縣令

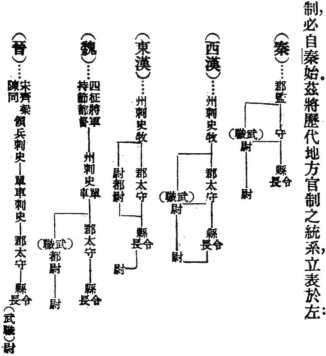

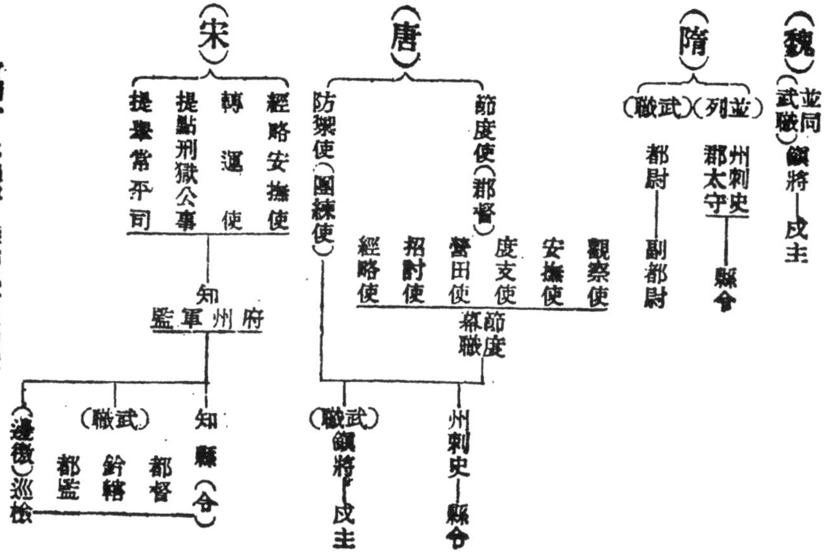
魏
並同(武職)領將
戍主
隋
(並列)
州刺史
郡太守
縣令
(武職)
都尉
副都尉
唐
節度使(都督)
觀察使
安撫使
度支使
營田使
招討使
經略使
節度幕職
防禦使(團練使)
州刺史
縣令
(武職)領將
戍主
宋
經略安撫使
轉運使
提點刑獄公事
提舉常平司
知府州軍監
知縣(令)
(武職)
都督
鈐轄
都監
(邊徼)巡檢

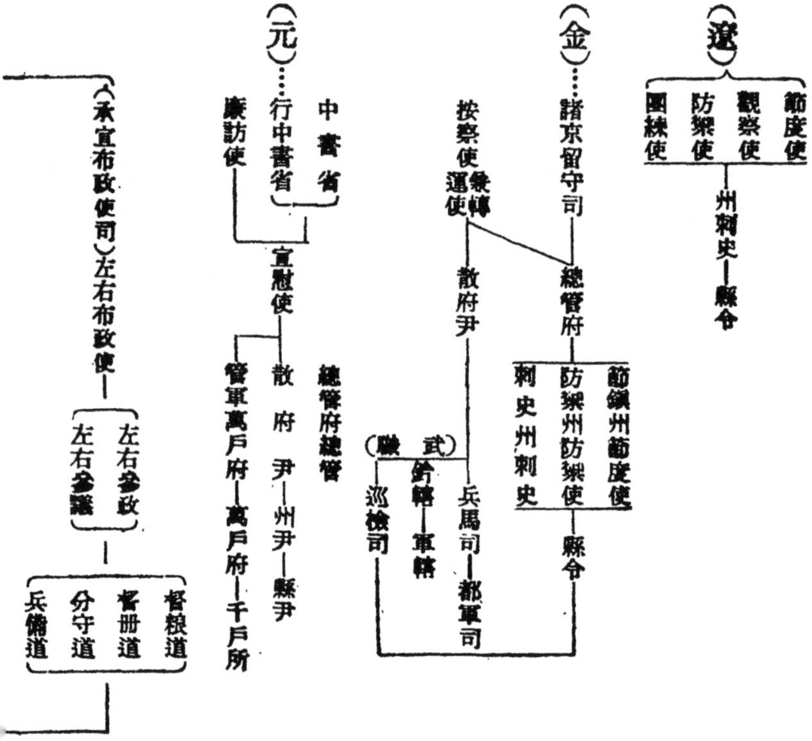
（遼）
節度使
觀察使
防禦使
團練使
州刺史
縣令
（金）
諸京留守司
按察使
發轉運使
總管府
散府尹
節鎮州節度使
防禦州防禦使
刺史州刺史
縣令
（武職）
兵馬司
都軍司
鈐轄
軍轄
巡檢司
（元）
中書省
行中書省
廉訪使
宣慰使
總管府總管
散府尹
州尹
縣尹
管軍萬戶府
萬戶府
千戶所
（承宣布政使司）左右布政使
左右參政
左右參議
督糧道
督册道
分守道
兵備道

（明）
- （提刑按察使司）按察司
  - 副使
  - 僉事
    - 提學道
    - 清軍道
    - 驛傳道
    - 分巡道
    - 兵巡道
    - 兵備道
    - 兵糧道
    - 水利道
    - 屯田道
    - 鹽法道
    - 管河道
    - 撫治道
    - 監軍道
    - 招練道
    - 巡海道
    - 糧儲道
      - 府——縣
      - 州（直隸）——州

（清）督撫
- 布政使
  - 散州
  - 州直隸——縣
- 道
  - 府——縣
- 按察使
  - 廳直隸
  - 或通判

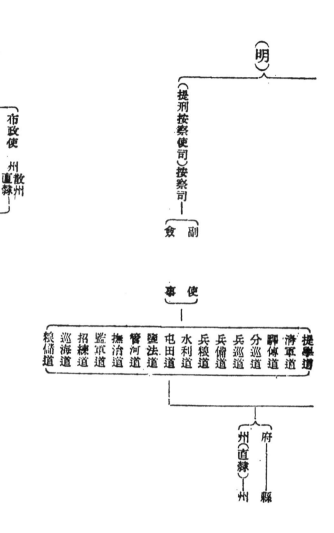

銓選二

第一章　銓選之遞變

古無所謂銓選也，天工人代，用之者唯知明目達聰；自皋陶有知人、官人之謨，盡性術之變以收俊乂之用，而夏禹以之籲俊，商湯以之丕釐，亦所謂名與實符而已。周官既立冢宰，詔廢置而掌其柄，復有內史贊予奪而貳於中司士掌其版而知其數，然亦不過掄才度德，而未嘗限以流品也，謹方馭柄而不必拘於資格也，此古時人才之所以盛也。

漢代凡郡國之官，自別駕、長史下，皆刺史、守相辟除署用，又調僚屬及部民之賢者，舉爲秀才、廉吏而貢於王廷，或拜爲郎，或出爲他官以補員闕，似有資格之繩矣。又如以明經進者爲博士、侍中，以武勇進者爲太僕、郎將，名隸市籍者不得爲官，入財爲官者不得名職，似有流品之別矣。然而賈誼一歲至大中大夫，平津數歲至宰相封侯，是未嘗專主資格也；黃霸以入粟至宰相，汲黯以任子至九卿，是未嘗專拘流品也。自成帝時置常侍，銓選始有專官；自明帝時左雄爲限年四十之法，銓選始垂令甲，終漢之世，吏治不至於姦，然則銓選亦何害於吏治哉！

自魏文帝時陳羣立九品官人之法，未察文行，先察世系，而銓選始拘流品矣。晉依魏制九品之法，內官則吏部、尚書、司空、左長史主之，外官則大中正、小中正主之，其後上品無寒門，下品無世族，故衛瓘請除九品，復古鄉舉里選，而時不能行。逮北魏崔亮奏立停年格，不問事之可否，專以停解日月爲斷，沈滯者頗稱之。時胡太后臨朝，言者議詮別選格，排抑武臣，不預清品，羽林虎賁千餘人，緣是爲亂；后姑息不治，令武官得依資入選，然官員旣少，應選者多，亮方官吏部，亦不得已爲此例也。論者謂資格之拘，甚於流品之別，故魏之選舉失人，斷自亮始。

自是繼亮爲尚書者，利其便己，多踵而行之。至唐開元中，裴光庭復作循資格，其法益視停年爲備。先是，官人之法，唯視人之能否，或不次超遷，或老於下位，有出身廿餘年不得祿者；又州縣亦無等級，或自大入小，或先近後遠，初無定制。光庭奏用循資格，凡官罷滿，以若干選而集，各有差等，官高者選少，卑者選多，無問能否，選滿則注，限年躡級，不得踰越，非負譴者有陞無降，庸愚沈滯者皆喜，謂之「聖書」，宜其傳世之悠且久也。

宋初，入仕文臣屬中書，武臣屬樞密，三班屬宣徽院，吏部不過注擬州縣及幕職而已。自太宗以後，銓注悉歸吏部，而大臣權輕。權在大臣時，百官遷轉，尙視功績之優劣，權在有司，遂拘拘於資格一定，大抵仍本於光庭也。明萬曆中，孫丕揚爲吏部尙書，復爲掣籤法，蓋因中官請託，故制爲此法。凡聽選及考定升降者，歸於雙月，謂之大選；改授改降丁憂候補，歸於單月，謂之急選；悉聽人自掣，銓法自此一變。其時宮禁相傳，爲至公顧人才，不分賢否，地方不論繁簡，而一以掣籤注之，是用其知也。顧炎武論其弊特詳，顧大昭且作竹籤傳譏之；實則孫氏於當日亦有所不得已而爲之也。而清代吏部且本之爲金科玉律矣。

迴避之說，本權與於漢之三互法。東漢桓帝時，朝議以郡相阿人懷比周，迺制婚姻之家及兩州之人，不得交互爲官。議郎蔡邕上言，謂：「燕冀舊壤，缺職經時，而三府選舉，逾月不定，坐設三互，自生留閡；昔韓安國起自徒中，朱買臣出於幽賤，並以才宜還守本邦，豈復顧循三互，限以末制？願蠲除近禁，以差厥中。」書奏，不省。然此特二千石長吏有所限隔，其曹掾小吏，無不以本郡人爲者。及隋氏革選，盡用他郡人。唐宋以降，四選之鄉，相易而往，然猶有小選、南選、東選之分。宋則詔川陝閩廣八路之人，免其赴選，令轉運司立格就註，知縣註選，雖甚遠，無過三十驛，皆有體恤遠人之意。至明代始爲南北互選之法，選人動涉數千里，風土不諳，語言不曉，而赴任安家之費，復不可量，是牽天下而路也！清代相沿不改，致使人地不相宜，而吏治愈墮。夫立是法者，爲防弊也，而立一法，卒生一弊，則將任法乎？抑將任人乎？竊以爲古今無不弊之法，而天下有可任之人，故自來所以治天下者，亦在任人而已矣。

第二章　考課之概略

考課之法，代有不同，上古之課吏也以實而不必垂爲法，故天下治；後世之課吏也以名而不敢廢其法，故天下亦治。蓋自唐虞考績，已言其概，自此以後，黜陟之典，世有常制。茲就周漢六朝唐宋明清之制，凡可考者，著之於篇。

周代考課

周禮，太宰以八法治官府：（一）官屬，則治有所統而不亂；（二）官職，則官有所守而不侵；（三）官聯，則關節脈絡有貫通而無扞格；(四)官常，則綱領條目有秩序而無舛訛；(五)官成，則以之經理而有所依據；(六)官法，則以之聽治而有所操執；(七)官刑，則人知警戒而無慢心；(八)官計，則人知勉厲而無怠心。小宰以六計弊羣吏：(一)廉善，言其有德行也；(二)廉能，言其有才藝也；(三)廉敬，以不懈爲心；(四)廉正，以直躬自守；(五)廉法，則守法不失；(六)廉辨，則臨事不疑。六者，吏治之所從出也，而皆以廉爲本，蓋非廉不能也。他如小宰正歲以官刑令於百官府，俾各修職考法，待事聽命，其有不恭，國有大刑，是有以警之於始；月終則以叙受羣吏之要，歲終則令羣吏致事，是有以察之於終。太宰乃令百官府各正其治，受其會，詔王廢置於一歲之終，既而大計羣吏之治，復行誅賞於三歲之後；其詳密如此。至六計尙廉，後世言考課者，遂無以易焉。

漢代考課

漢以六條察二千石：(一)曰强宗豪右，田宅踰制，以强凌弱，以衆暴寡；(二)曰不奉詔書，不遵典制，背公向私，侵漁百姓，聚斂爲姦；(三)曰不恤疑獄，風厲殺人，煩擾刻暴，剝絕黎元，爲百姓所疾；(四)曰選署不平，苟阿所好，蔽賢寵頑；(五)曰二千石子弟，恃倚榮勢，請託所監；(六)曰違公損下，阿附豪右，通行貨賂，割損政令。其考課之次序，令長於歲盡計戶口錢穀盜賊之數，上之郡國，是郡守得課令長也。而郡守課於刺史，刺史課於御史宰相以達於天子，而賞罰乃行。東漢司徒掌人民事功課，太尉掌四方兵事課，司空掌水土事功課，核衡厥誼，亦不外周官六計尙廉之意。故漢人取士曰興廉，調吏曰廉察也。

六朝考課

晉以五條考郡縣：曰正身，勤百姓，撫孤寡，敦本息末，修人事。杜預又改考課，委任達官，各考所統。每歲舉優者一人爲上，劣者一人爲下，如此六載，六優則超用，六劣則奏免止。魏有三載一考，考即黜陟，令愚昧不久於位，賢才不壅於下僚之制。北周有六條以制守令：曰清身心，敦教化，盡地利，擢賢良，恤獄訟，均賦役是也。

唐代考課

唐考課掌於吏部，京官郎中主之，外官員外主之，又設監中外官以涖督之；敍以四善：曰德義有聞，曰清慎明著，曰公平可稱，曰恪勤匪懈。四善之外，輔以二十七最：獻可替否，拾遺補闕，近侍之最；銓衡人物，擢盡賢良，選司之最；揚清激濁，褒貶必當，考校之最；禮制儀式，動合經典，禮官之最；音律克諧，不失節奏，樂官之最；決斷不滯，予奪合理，判事之最；部統有方，警守無失，宿衞之最；兵士調習，戎裝充備，督領之最；推鞫得情，處斷平允，法官之最；讐校精審，明於刊定，校正之最；承旨敷奏，吐納明敏，宣納之最；訓導有方，生徒充集，學校之最；賞罰嚴明，攻戰必克，將軍之最；禮義興行，肅清所部，政教之最；詳錄典正，辭理兼舉，文史之最；訪察精密，彈舉必當，糾正之最；明於勘覆，稽失無隱，勾稽之最；職事修理，供承强幹，監掌之最；功課皆完，丁匠無怨，役使之最；耕耨以時，收穫成課，屯官之最；謹於蓋藏，明於出納，倉庫之最；推步盈虛，究理精密，曆官之最；占候醫卜，效驗多著，方術之最；檢察有方，行旅無壅，關津之最；市廛勿擾，奸濫不行，市司之最；收養肥碩，蕃息滋多，牧官之最；邊境淸肅，城隍修理，鎭防之最。又差之以九等：一最四善爲上上，一最三善爲上中，一最二善爲上下；無最而有二善爲中上；無最而有一善爲中中；職事粗理，善最不聞爲中下；愛憎任情，處斷乖理爲下上；背公向私，職務廢闕爲下中，居官諂詐，貪濁有狀爲下下。此其略也。其流外官，以清謹勤公爲上，執事無私爲中，不勤其職爲下，貪濁有狀爲下下，分爲四等。凡一歲之考，以祿爲予奪，優者增祿，經四考則進階；階數多寡，視等第爲進。要之善德也，最才也，九等之差，亦以德爲重而已矣。

宋代考課

宋初考課，因唐之四善而分爲三等：政績優異爲上，職務粗理爲中，臨事弛慢爲下。紹興中，以八事考監司：曰舉官當否，曰勸課農桑，曰增墾田疇，曰戶口增損，曰興利除害，曰事失案察，曰平反獄訟，曰覺察盜賊。神宗又以四善三最考守令。所謂四善者，即唐之德義、清謹、公平、恪勤是也；三最維何？曰獄訟無寃，賦稅不擾，治事之最；農桑墾殖，水利興修，勸課之最；屏除盜賊，民獲安處，賑恤困窮，不改流移，撫養之最。通善最爲三等：五事爲上，二事爲中，餘爲下。若能否尤著，則別爲優劣以詔黜陟。凡命官，必給歷紙於其所屬州若司，歲書其功過，滿一歲爲一考，三考爲一任，應陞遷選授者，驗歷按法而敍進之，有負殿則正其罪罰。大抵此三年中一年視規畫，二年視成效，三年視大成，以次課功，自爲層級者也。

明代考課

明代考滿考察之法，二者並行不悖。考滿者，論所歷之俸區爲三等：曰稱職，曰平常，曰不稱；三年一考，九年三考，而黜陟乃行。考察者，通內外官計之，麗以八法：曰貪，曰酷，曰浮躁，曰不及，曰老，曰病，曰罷，曰不謹，處以四罰，即改任、降調、閑住、爲民是也。三歲一行之，在內曰京察，在外曰大計。京官察典，四品以上，自陳以取上裁；

外官計典，州縣以月計上之府，府上下其考以歲計上之布政司，比及三年，撫按通覈其屬事狀冊報吏部定去留焉。其法亦簡而詳也。

清代考課

京察大計，悉依明制，而品式稍異，考察之要，分四格六法。四格者，守、才、政、年是也；而守有淸、有謹、有平，才有長、有平，政有勤、有平，年有靑、有壯、有健。因其成績之分配，立爲三等：一曰稱職，二曰勤職，三曰供職。六法者，不謹、罷軟、無爲、浮躁、才力不及、年老、有疾是也；不謹及罷軟無爲者革職，浮躁者降三級調用，才力不及者降二級調用，年老及有疾者休致。是故以四格敍其功勞，以六法行其處分者，京察也。凡大計，藩、臬、道、府、州、縣遞察其屬之職，而申於督撫，督撫乃徧察而註考焉；其成績分卓異、供職兩種，卓異官自知縣而上，皆引見以候旨。其當六法者則劾，凡貪者、酷者，則特參，不入於六法，然得京察一等與大計卓異者，又別限以他之資格。未踰年限者，非歷俸滿者，革職留任者，錢糧未完者，滿洲官不射布靶與淸語之不習者，皆不能以入舉；其舉之數，京官七而一，筆帖式八而一，道、府、廳、州、縣十有五而一，佐雜、教職百三十而一，以是爲率焉。凡京外察計之大略如此。

第三章　選舉之條例

天生人才，原以供一代之用，而究其才之所由得，不外乎賓興舉士與考績課吏兩途。一試之於未仕之先，一課之於既仕之後，此歷代之所同也。唯唐代舉士與課吏，截然判爲兩事；以舉士屬之禮部，以課吏屬之吏部。至宋之中葉，又有十科之設，以待大小官吏，此爲一代之殊制也。分述之，亦足爲後世法焉。

唐制取士之科，多因隋舊，自移貢舉於禮部，而禮部所升士，復試之吏部，其中吏部之選，殆十不及一焉。凡選之法，歲以五月，頒格於州縣，冬十月集。選其能官解職者，亦與焉。擇人有四事：(一)身取體貌豐偉；(二)言取言詞辨正；(三)書取書法美善；(四)判取文理優長。四者皆可取，則先德行，德均以才，才均以勞，得者爲留，不得者爲放。五品以上不試，上其名中書門下，聽判敕處分。六品以下，始集而試，觀其書判，已試而銓，察其身言，已銓而注，詢其便利，而擬其官，已注而唱，示之不厭者，得反通其辭，他日更其官而告之，如初；又不厭者，亦如之；三唱而不厭者聽。冬，再集厭者，以類相從，攢之爲甲，上於僕射，乃上門下省，給事中讀之，黃門侍郎省之，侍中審之，然後上聞，主者受旨而奉行焉。各給以符而印其上，謂之告身，蓋用人之愼如此。且以科目爲進身之階，非以爲入仕之據，此與今學校畢業不與授官爲比附者，用意略同也。

宋代則異是。凡與科目之選者，無不賜出身授官。其初科舉間歲一行，凡貢舉進士諸科，悉解舊額之半，增設明經試法，未幾以登第者衆，驟至顯擢，復下詔定其遷次之格，以裁抑之。至英宗時，易以三歲。哲宗元祐初，司馬光謂取士之道，當先德行，後文學；就文學言之，經術又當先於詞采。後又請立經明行修科，歲委文臣，各舉所知，以勉勵天下。及秉國鈞，遂奏立十科舉士法，以待大小官吏，略言：「爲政得人則治，與人求備則難。若指瑕掩善，則朝無可用之人；苟隨器授任，則世無可棄之士。乞設十科爲選官法：(一)曰行義純固，可爲師表；（有官無官人皆可舉）（二）曰節操方正，可備獻納；（舉有官人）（三）曰智勇過人，可備將相；（舉文武官人）（四）曰公正聰明，可備監司；（舉知州以上資序）（五）曰經術精通，可備講讀；（有官無官人皆可舉）（六）曰學問該博，可備顧問；（同經術舉人）（七）曰文章典麗，可備著述；（同經術舉人）（八）曰善聽獄訟，盡公得實；（舉有官人）（九）曰善治財賦，公私俱便；（舉有官人）（十）曰練習法令，能斷疑讞。（舉有官人）以上每歲各舉三人中書置籍記之。有事需材，執政按籍視其所舉科隨事試之，有勞又著之籍內外官闕，取嘗試有效者隨科授職。所賜誥命，仍具所舉官姓名，其人任官無狀，即坐以謬舉之罪，此於新制之中仍寓連坐之舊制，與唐之四事舉官，僅爲進身之階者，亦大略相似也。

第四章　掾屬之自辟

後世之選官，皆由於吏部，古代之選官，皆由於守相。何者？蓋其時牧民之責，不專寄於有司也。故唐虞建十有二牧，以分治天下，五載之內，天子有巡狩，諸侯有述職，勤恤民隱，治莫隆焉。周禮地官，自州長以下，有黨正、旗師、閭胥、比長；自縣正以下，有鄙師、酇長、里宰、鄰長；則三代明王之職，亦不越乎此。自秦變天下爲郡縣，而縣猶重嗇夫，其時嗇夫猶得自舉其職。至漢爰延爲外黃鄉嗇夫，仁化大行，民但知嗇夫，不聞州郡，職是故也。即凡郡國之官，自別駕長史下，亦皆守相辟除署用；蓋所用曹掾，無非本郡之人，故能知一方之人情而爲之興利除害。王延壽桐柏廟碑人名，謂掾屬皆郡人可考，（見古文苑注）至於汝南太守宗資任功曹范滂，南陽太守成瑨委功曹岑晊，並謠達京師，名標史傳；然則古之用人，固不必拘於易地而官，易民而治也。京房爲魏郡太守，自請得除用他郡人夫，以欲用他郡人而特奏請，尤可見掾屬無不用本郡人矣。時維三輔得許兼用他郡人，故不與於此例。

牧守置吏，魏晉六朝猶或未改，後周蘇綽傳云：「京刺史府官則命於天朝，其州吏以下並牧守自置。」是宇文周時猶然也。北齊失政，佞幸侵官，州官始有敕用。隋氏罷鄉官，革自辟，一命以上之官，悉由吏部。蓋是三代之法，未盡泯於秦者，至此而無餘。唐代判官推官，雖待奏報，猶自辟召也；且唯節度、觀察等使，亦得自銓擇幕府之士。中葉盜起，沈既濟上疏：欲令六品以下，或僚佐之屬，聽州府辟用，高者先署而後聞，卑者聽版而不命，牧守將帥，選用非公，吏部兵部得察而糾之。陸贄又請令臺閣長官各自舉其屬，有不職，坐舉者。德宗皆不聽。迄宋於要司劇任，特許長吏自辟，然其爲法也，白衣不可辟，有出身而未歷仕者不可辟，其可辟者，復以資格拘之。逮及有明，自[illegible]之制廢矣。清制內而閣部司員，皆由掣簽，外而縣丞佐雜，多由捐納，非能資其毗贊也。然幕僚猶得自辟，其餘調用皆待奏報，亦或僅有存者。

祿秩三

第一章　班祿之制度

古者勸士，首在重祿，自古迄今，班祿之典，並稱明備。其餘分割之局，或記載有闕，或文獻無徵，高齊宇文周金源氏三朝，較爲有據，然非一統之世。至歷朝階品之章，次雖與祿秩不無相關，而要非勵能勸功之本旨，今概從略，但就周漢隋唐宋元明清之祿秩，分表於左：

周祿表

王朝	三公	卿	大夫			
王	三萬二千畝	二萬四千石	一萬六千石			
列國	君	卿	大夫	上士	中士	下士（庶人在官者同）
公侯	三萬二千畝	三千二百畝	八百畝	四百畝	二百畝	百畝
伯	二萬四千畝	二千四百畝	同上	同上	同上	同上
子男	一萬六千畝	一千六百畝	同上	同上	同上	同上

漢祿表

兩漢官秩	西漢月俸	東漢月俸錢數	米數
大將軍三公	三五〇（斛）		三五〇（斛）
中二千石	一八〇	九〇〇〇（錢）	七二
二千石	一二〇	六五〇〇	三六
比二千石	一〇〇	五〇〇〇	三四
千石	八〇	四〇〇〇	三〇
比千石	未詳		
八百石　武帝		俱無	
比八百石　除之		此秩	
六百石	七〇	三五〇〇	一

五百石　成帝除之		無此秩	
四百石	五〇		一五
比四百石	四五	未詳	
三百石	四〇	二〇〇〇	一二
比三百石	三七	未詳	
二百石	三〇	一〇〇〇	〇九
比二百石	二七	未詳	
百石	一六	八〇〇	(四八(斗)

隋祿表

京官品位	歲俸
正一	九〇〇(石)
從一	八〇〇
正二	七〇〇
從二	六〇〇
正三	五〇〇
從三	四〇〇
正四	三〇〇
從四	二五〇
正五	二〇〇
從五	一五〇
正六	一〇〇
從六	九〇
正七	八〇
從七	七〇
正八	六〇
從八	五〇

外官	九等州俸	九等郡俸	九等縣俸
上上	六二〇(石)	三四〇(石)	一四〇(石)
上中	五八〇	三一〇	一三〇
上下	五四〇	二八〇	一二〇
中上	五〇〇	二五〇	一一〇
中中	四六〇	二二〇	一〇〇
中下	四二〇	一九〇	九〇
下上	三八〇	一六〇	八〇
下中	三四〇	一三〇	七〇

下下	三〇〇	一〇〇	六〇

京官九品外官自刺史史佐郡守縣令以下俱無俸

唐祿表

品位	京官歲俸	外官歲俸	京外官月料錢
正一	七〇〇(石)	六五〇(石)	二、六〇〇〇(文)
從一	六〇〇	五五〇	同上
正二	五〇〇	四七〇	一、七〇〇〇
從二	四六〇	四三〇	同上
正三	四〇〇	三七〇	六七〇〇
從三	三六〇	三三〇	同上
正四	三〇〇	二八〇	一、一五六七
從四	二六〇	二四〇	同上
正五	二〇〇	一八〇	九二〇〇
從五	一六〇	一四〇	同上
正六	一〇〇	九五	五三〇〇
從六	九〇	八五	同上
正七	八〇	七五	四〇五〇
從七	七〇	六五	同上
正八	六七	六四、五(斗)	二五五〇

表	從八	正九	從九
	六二	五七	五二
	五九、五	五四、五	四九、五
	同上	一九〇〇	同上

文俸第一

元豐寄祿定二十四階徽宗崇寧初又換選人七階其後復有增改總爲三十七階故與前表所列大異

宋

品	文官		選人七階	月俸錢
從一品	開府儀同三司	特進		百二十千 九十千
正從二	金紫銀青兩光祿大夫			六十千
正從三	宣奉正奉正議通奉諸	大夫		五十五千
正從四	通議太平大夫			五十千
正從五	中大夫中奉中散大夫			四十五千
正從六	朝議奉直朝請朝散朝	奉諸大夫		三十五千
正從七	朝請朝散朝奉郎	承議郎		三十千 二十千
正從八	奉議通直郎	宣教郎 宣義郎		二十千 十七千 十二千
正從九	承事郎	承奉郎 承務郎		十千 八千 七千
從八 從九			從八 承直郎儒林郎文林郎從事從政修職郎	承直儒林二千 從事從政修職十五千 承直五千儒林文林千餘同
			從九 迪功郎	十二千

綾	絹	羅	綿
俱二十匹	六十匹五十匹	一匹以下同	俱五十兩
十四匹	四十匹		以下同
十匹	三十四匹		
六匹	三十匹		
六匹	三十匹		
以下俱無	二十六匹二十四匹		三十兩
	十四匹十二匹	以下無	三十二十兩十五
	六匹無		十五兩無
	十二匹		十二兩
	儒林文十匹餘同		儒林文十兩餘同
	無		無

武俸第二（元豐以後之制）以方州散官俸錢另加號以別之

	祿
正從二	太尉
正從三	
正從四	
正從五	通侍正侍宣正履正協忠中侍諸大夫中亮中衛翊衛親衛諸大夫
正從六	拱衛左武右武諸大夫
正從七	武功武德武顯武節武略武經武藝武翼諸大夫通侍至親衛郎
正從八	敦武修武郎從義秉義郎
正從九	成忠保義郎承節承信郎
不列品	進武校尉進義校尉進武副尉進義副尉
	守闕進武副尉守闕進義副尉

表

官	月俸	錢八	綾	絹	羅	綿	
	方州散官 節度使 一百千	四百千	二十匹	三十匹	一匹	五十兩	方州散官由皇族充者加給春冬服多寡各有差
		∧					
	承宣使 （通侍）	三百千 ∧ ∧∧	（通侍）				
	觀察防禦使 團練使 刺史 三十七千 二十七千	二百千 百五十千 一百千	二十四匹	二十四		二十兩	
	二十五千		二十	四		二十兩	
拱衛至右武郎 武功至武翼郎	二十五千 二十千		二十匹	十二匹		二十兩	
	十七千 十四千 十千		十二匹	八匹		二十兩 十五兩	
	五千 四千		八匹	六匹			
	三千 二千 三千		六匹				
	一千		六匹 無				

右文自宰輔武自殿前司以下又有職錢與祿粟其職錢則因官階之高下分行守試三等今不具錄

元祿			
從一	六錠	五錠	
正二	四錠二十五兩	四錠一十五兩	
從二	四錠	三錠三十五兩	三錠二十五兩
正三	三錠二十五兩	三錠一十五兩	三錠
從三	三錠	二錠三十五兩	二錠二十五兩
正四	二錠二十五兩	二錠一十五兩	二錠
從四	二錠	一錠四十五兩	一錠四十兩
正五	一錠四十兩	一錠三十兩	
從五	一錠三十兩	一錠二十兩	
正六	一錠二十兩	一錠十五兩	
從六	一錠十五兩	一錠一十兩	
正七	一錠一十兩	一錠五兩	
從七	一錠五兩	一錠	
正八	一錠	四十五兩	
從八	四十五兩	四十兩	
正九	四十兩	三十五兩	

表

從九	三十五兩

案元制五十兩爲錠此乃世祖至元二十二年所制月俸例也而內外官俸元史頗詳載之自三師右左丞相以下凡俸錢多自百四十貫少至十餘貫米多自十五石少至一石殆爲後來之所更改故錢粟分給不與此同茲不具錄

明祿表

品位	月俸
正一	八七(石)
從一	七四
正二	六一
從二	四八
正三	三五
從三	二六
正四	二四
從四	二一
正五	一六
從五	一四

品位	月俸
正六	一〇(石)
從六	〇八
正七	七、五(斗)
從七	七、〇
正八	六、五
從八	六、〇
正九	五、五
從九	五、〇
未入流	三石至一石 五斗

清祿表

品位	在京文武官歲俸銀	俸米在外文官亦同	在外武官歲俸	薪銀
正一 從一	三六〇(兩)	一八〇(石)	九五(兩) 八一	一四四(兩)
正二 從二	三一〇	一五一	六七 五三	一四四
正三 從三	二六〇	一三〇	三九	一二〇
正四 從四	二一〇	一〇五	二七	七二
正五 從五	一六〇	八〇	一八	四八
正六 從六	一二〇	六〇	一四	三二
正七 從七	九〇	四五	一二	三二
正八 從八	八〇	四〇	以下俱無	

表		
正九	六六二二八(錢)	三三、一一四(斗)
從九	六三(未入流同)	三一、一五

案正俸外又有養廉直省文職之設始於雍正二年山西巡撫諾岷奏請以耗羨之存公者即其贏餘以爲補助於是各省仿而行之乾隆初又增佐雜各官養廉大抵因差務繁簡而定雖同一官而數有等差自督撫下至佐雜多者二萬兩少者數十兩遞減不等其八旗及綠營武職初有親隨名糧乾隆中亦改爲養廉符名實也旗員自領侍衛內大臣始歲九百兩綠營自提督始歲二千兩餘各以次遞減焉茲附述其略如此

第二章　職田與幹役之並行

周室頒祿以田，漢代易以錢粟，然自西晉以迄明初，又自有田畝以供芻粟，其略見於南北朝者，又自有役人以供驅遣，而唐與宋爲尤備；茲分而述之。

圭田之制，詳於孟子，庶人之仕，祿足代耕，法至良也。秦漢之間，紀載闕如；晉之公卿，猶各有菜田及田騶多寡之級。自此以逮南北朝，其可考者：宋時第一第二品得占山田三頃，第三第四品得占二頃五十畝，第五第六品二頃，第七第八品一頃，第九品與百姓一頃；北魏諸宰人之官，各隨匠給公田，刺史十五頃，太守十頃，治中、別駕各八頃，縣令郡丞六頃，更代相付。隋初，諸官置廨錢，收息取利，蘇孝慈上表，請罷，於是內外官給職分田，又給公廨田以供用。唐因之，內外官署亦各給職田，仿三代圭田之制，賜大夫而不稅其租；公廨田之數，自數十頃至數頃。其所謂職分田者，於常俸外，按品大小量而與之，其數自十二頃至二頃，等是官田，而一關於官署之費用，不能以入私，一關於品物之補助，乃藉以養廉也。然田收穫有時，而官去就靡定，故諸職分田，又自制爲時限，陸田以三月三十日，稻田以四月三十日，麥稻以九月三十日。未至其時去官者，又量其已耕、未種、已種未穫之分別，而歸後人給償焉。逮宋而京官無職田矣，而府州縣官尚有之。咸平中令檢校官莊及遠年逃亡田悉免租稅，分給兩京大藩府及州縣長吏畝數各有差；迄金元，厥制尚存。明初猶有職田，其後止給俸米，一品之祿，未及百石，而本色折色實得無幾。顧亭林謂：「不知何年收職田入官，但折俸鈔，其數復視前代爲輕，殆無以責吏之廉矣。」旨哉言乎！清雍正七年，始加養廉矣，然以大學士之貴，俸乃二百五十金，二百五斛米，家無九人之食，不及周之上農；祿無百石之入，不及漢之小吏。雖愈於明，亦遜於古矣。

幹役之制，謂庶人在官執役，法律上官得役用之也。按品之高下，定數之多寡，其實際但取其免役之錢，以爲補助。蕭齊有僮幹之役，而其制不詳；北齊自一品至流外勳品各給事力。至唐而益繁，京官五品以上，有防閤；六品以下有庶僕；州縣官有白直及執衣；鎮戍官分給仕身。而京官自五品以上亦有之。初以民丁中男充，後皆捨其身而收其課。其防閤、庶僕、白直、納課者，歲二千五百，執衣一千文；然防閤多者至九十六人，白直至四十人，以其課入分配之，官亦不爲薄矣；唯仗身人數多不踰四，而收資獨厚，凡十五日爲錢六百四十。又諸州縣倉庫衙署，各有門夫數人，取年十八以上中男及殘疾充之，每番一旬，滿五旬者，殘疾免課調，中男免雜徭，厥後畢其名而徵其實，以給郡縣之官。其門之多少，課之高下，任土作制，無有常數；蓋皆假名於力役，制爲多寡之數，以陰濟其用者也。宋則大小官有隨身、傔人，自宰執使相至正任刺史，有隨身，餘止爲傔人；多者七十人，少者一人，凡隨身給衣糧，傔人給餐錢，其與唐制稍異者，此傔從之數，初非任役於民也。夫祿以予諸官，并其官之傔從亦代爲之謀，所以待臣下者，無微弗至，若是者何也？曰，與人以生者，乃可得人之死；贍人之家者，乃可得人之身也；而惜乎宋後遂無聞矣！

第三章 祿制豐嗇之差異

頒祿之典補助費之大概，前章已略述之矣。然於常制之外，而可視爲特殊之制者，復有三事焉；對於百官，只有贓罰而無祿俸者，元魏也；多立名目，而厚奉養者，宋也；若明則有其名而無其實矣。試分爲述之：

元魏起自北方，自道武改號，至孝文之世，垂九十餘年，而百官未嘗有祿。孝文太和八年，始詔頒祿，增民戶賦調以給之。舊律，枉法十疋，義贓（即私情餉遺，雖非乞取，亦計所受論贓）二十疋，罪死。祿行之後，義贓一疋、枉法無多少皆死。秦益州刺史李洪之以外戚貴顯，首以贓敗賜死，餘守宰死者四十餘人，受祿者咸懍懍，賄賂之風殆絕。夫予之祿而罪其贓者，法本如是也；若其初本無祿而亦責枉法與義贓者以必死，此則不可解矣。

宋世階品官職封勛差遣，皆有俸祿，覈其名式，厥有十二焉：(一)曰官俸及服賜，(二)曰職錢，(三)曰祿粟，(四)曰公用錢，(五)曰供給及食料錢，(六)曰添支料錢，(七)曰廚食錢，(八)曰折食錢，(九)曰添支錢及添支米，(十)曰茶湯錢，(十一)曰隨身之衣糧，(十二)曰傔人之餐錢，官俸服賜，按階官本品而給之，前表已列。其職錢則因階官大小，授之職事，而有行、守、試三等之別。（階高於職一品者爲行，下一品爲守，下二品爲試，品同者否）例如大夫爲郎官，既請大夫俸，又給郎官職錢，此元豐改制以後賦祿之特優者。外此有祿粟米麥各半給，有公用錢分月給、歲給、月給者，自三百千至十千不等。徽宗之世，復增供給食料等錢，視前益增矣；南渡以後，內外官有添支料；

職事官有廚食錢；職纂修者有折食錢；在京釐務官有添支錢、添支米；選人使臣，職田不及者，有茶湯錢；而隨身傔人，南北兩朝，並各因其制定之數，畀以衣錢。前後祿養之豐如此。而又制祠祿以佚老，厚恩賞以優賢，是以眞仁之時，名臣相望，吏治循良，殆所謂厚其稍秩，勵其廉隅，士必爭自濯磨，約身而赴治耶？此非歷朝所能幾及也。

明之制祿，適與宋成一反比例。自洪武時，以錢鈔兼給，錢一千，鈔一貫，抵米一石。永樂以還，米鈔兼支，唯九品雜職全支米。其折鈔者，每米一石，給鈔十貫。洎乎鈔價日賤，初猶因增鈔之故，隨其高下以爲損益；成化中，復以十貫爲例。其時鈔法久不行，新鈔一貫，時估不過十錢，舊鈔僅一二錢，以十貫鈔折俸一石，實得數十錢耳。而猶不止此，又準鈔二百貫折布一匹，時匹布之價亦僅值二三百錢，而折米二十石，是石米止值十四五錢。久之，又定布一匹，折銀三錢焉。蓋前後制俸之數，不相上下，究其實則乖異如是。其弊在於以鈔折米，以布折鈔，以銀折布，而祿食遂爲虛名；制祿之薄，古所未有。管子曰：「倉廩實而知禮節，衣食足而知榮辱。」身且不贍，而責以潔身守正，烏可得哉！

中國通史卷五

刑法編

敍言

嘗聞之：人生而靜，則道原於天；感物而動，則道因乎法。法不明而道晦，道晦而欲熾，然後制法以威之，無及也。故三代明王之治天下，不樂淸靜無爲之稱，亦不避刑名法術之事者；日與百姓相習而無自爲，亟與百姓相示而無自藏，則誠之至而愼之極也。於以答天下從人情之不容已，而立之禮，又從人情之流而不止而爲之樂；迺尤慮夫文久而繁，質久而滅，禮明樂備，而不本之仁愛義正，則民將有勉强之意，而綱紀亦雜而不醇，於是大者要，小者詳，法立而道明，而天下均受聖人之用。粵稽虞書，扑贖流鞭，略舉綱要，爲法蓋疏。周官大司寇所掌，理士監之意至懸之，其條教所頒，致乎百姓，亦並非有繁文也。穆王作呂刑，五刑之屬，遂有三千，已多於平國中典五百。至春秋戰國，鄭鑄刑書，晉鑄刑鼎，李悝著法經，於是申不害韓非之流，遂以法家而專言法治。及商鞅起，盡毁先王之法，滅禮誼之官，專任刑罰；傳盈尺之紙，而風驅霆行，生殺人於千里外，若羊彘然；文網至此而益密。夫第以法論，則上古疏而後世密；而第以刑論，則上古重而後世輕。何者？五刑有服，先儒並以墨、劓、剕、宮、大辟釋之，自苗民弗用靈，爰始淫爲劓、刵、椓、黥，一有不當，卽膺大僇。第其時民風敦厚，罹刑者尠，日革月易，百職相侵，人皆知法之易撓而可踰也，於是相與舞私以貨法，道德廢墮，刑法斯滅，天下嗷嗷，若蜩蜩之啾唧，蓋其時死於法者多矣。自漢以後，肉刑之慘，竟不復存。隋文代周，初行新律，後復命高熲等更加修定，迺求魏晉舊律，下至齊梁，沿革重輕，取其折衷，制定五刑：曰笞、杖、徒、流、死，銖兩悉稱，後世多遵用之矣。茲略著古今刑法輕重之端，以求歷代治化盛衰之故，時或寬嚴失宜，張弛不節，甚至嬉弄機樞而殘民以逞，此不關乎立法而關乎行政也。於此又附著焉，輯刑法編。

第一章　法源

不文法與成文法之證說

蓋法律自始而至成典，自有順序，古今中外一也。夫法在未成文之時，但因人心自然之趨嚮順而行之，久迺成爲慣習，而藉此以爲禁約之具，在吾國謂之無制令時代，（淮南子古者神農無制令而民從，堯舜有制令而無刑罰）在各國通謂之慣習法時代，亦謂之不文法時代。然社會進步，事物漸趨繁複，而前此簡陋之狀態，不足以相應，迺推廣事例，筆錄存之，是爲法典之起原。然社會進步，又感於應設法律以示民，使人人知其必要，於是宣布之公式見焉。國家迺裒而集之，列爲條例，組爲法典，此法典編成之自然順序也。故研究吾國編纂法典之沿革，虞書象以典刑，象法也，即所謂唐虞有制令者，迺由不文法以次進於成文法之確證也。

成文法之條例及公式

法既成文矣，則必有類別之條例公示之方式。夏作禹刑，湯制官刑，至成周而漸備。周官大司寇掌建邦之三典：(一)曰刑新國，用輕典（民未習教故用輕典）；(二)曰刑平國，用中典（平國守成之國中典常行之典）；(三)曰刑亂國，用重典。以五刑糾萬民：(一)曰野刑，上功（農功）糾力（勤力）；(二)曰軍刑，上命（將命）糾守（同狩）；(三)曰鄉刑，上德糾孝；(四)曰官刑，上能糾職；(五)曰國刑，上愿糾暴。正月之吉，布刑象於邦國都鄙，懸法於象魏，而使萬民來觀焉，且示以十日之久，是爲公示法。且不但要民觀，而且要民讀。州長以正月及正歲與夫春秋祭社之時，屬民讀法，則是二千五百家之民，每歲四番讀法矣；黨正又以四孟及正歲與夫春秋祭禜之時，屬民讀法，則是五百家之民，每歲七番讀法矣；族師又以每月吉日及春秋祭酺之時讀法，則是百家之民，每歲十四番讀法矣；閭胥又以歲時及春秋衆庶之時讀法，則是二十五家之民，每歲又不知幾番讀法矣；是爲朗讀法。凡諸侯之獄訟，以邦典（六典）定之；卿大夫之獄訟，以邦法（八法）斷之；庶民之獄訟，以邦成（八成）弊之。其左右刑罰者，有五禁：曰宮禁，官禁，國禁，野禁，軍禁是也；皆以木鐸徇於朝，書而懸之門閭。其先後刑罰者，有五戒：曰誓（用之軍旅）、誥（用之會同）、禁（用諸田役）、糾（用諸國中）、憲（用諸都鄙）是也，皆士師掌之，以爲邦法。蓋此猶隨事之宣布，故可謂之成文法，然以言完全之法典則未也。

法典之名義

吾國法典之成立，實權輿於戰國時代，其初刑書之鑄，猶爲公示法式，至李悝著法經六篇，法典編纂，於茲見矣。自此以後，其迭相爲生者，名義上有種種之區別，而其性質亦復大異，此研究法典者所當知也。試分類於左方。

(一)律　釋名：律、累也，累人心使不得放肆也；別訓爲法。論者謂古稱刑法曰法，曰象刑，曰刑書，曰法經，未有專以律名者；漢蕭何作九章律，律書始此。按風俗通稱臯陶謨虞造律，尙書大傳稱夏刑三千，是爲言律之始。繼九章律而作者，復有張湯越宮律，趙禹朝律，此其大凡也。

(二)令　釋名：令、領也，理領之使不得相犯也。意主於告戒。周禮秋官士師掌士之八成，四曰犯邦令，五曰撟邦令。至漢世，令有先後，遂分令甲、令乙、令丙、及諸式法之文，統號曰令，與律書並行。

(三)例　古無例字，禮記：上附下附，列也；注：列、等比也。釋文：徐邈音例，卽後人例字。漢書何武傳：欲除吏，先爲科例以防請託。杜欽傳曰：不爲陛下廣持平例。王莽傳曰：太傅平晏從吏過例。蓋加人作例，自此始。律一成而不變，例隨時爲損益，故律簡而例繁。

(四)傍章　漢叔孫通益律所不及，爲傍章十八篇，蓋亦律外之例也。

(五)決事比　漢陳忠爲決事比三十三條，鮑昱亦撰嫁娶辭訟決爲法比，都目凡九百六卷，謂正刑無專條，則比附故事，若今之引成案爲斷也。

(六)科　梁陳於律令外，別有科，如干卷，蔡法度撰梁科，范泉等撰陳科。唐六典曰：梁易故事，爲梁科三十卷，是亦今世例案之類。

(七)格式　東魏有麟趾格，西魏有大統式，至唐則分爲律令格式四種：令者，尊卑貴賤之等數，國家之制度也；格者，百官有司所常行之事也；式者，其所常守之法也；違此三者，一斷以律。

（八）敕　宋世凡律所不載者，一斷以敕，而律恆存乎敕之外，乃更其目曰敕令格式：禁於未然之謂敕，禁於已然之謂令，設於此以待彼之謂格，使彼效之之謂式。故宋之敕書獨重於律。

第二章　法典之沿革

沿革總略

法典之編纂，往往不能偕社會而進步，故一度之編纂，至以後新法典之成，則必較爲複雜，此自然之趨勢也。吾國自古訖今，其間因革損益之故，約可分爲四期：三代盛時尙已，春秋之世，各國其國，名雖一律，而實各有其律，鄭鑄刑書，晉鑄刑鼎，子產爲參辟之制，楚人爲僕區之法，浸至丹書著於册，赭衣盈於塗，而律已失其眞。李悝起而作法經，實法典之起原，此爲初期。秦世制亂於法術，度敗於刑名，而律更殘忍；漢初與民約法三章，嗣以不足禦奸，乃增爲九章，而比事屬辭旁出之書，奚止百倍；於是曹魏釐正之，乃有新律十八篇，晉世重加改定，增爲二十，此爲二期。南北二朝，互有更改，漸近繁密；隋唐踵興，删減刑條，又定律爲十二篇，此爲三期。宋金並承唐律，律法雖在，而民多叛志，元擬新格，不相繼襲；明初尙循唐制，後乃改正篇目，以吏、戶、禮、兵、刑、工爲綱，冠以名例，都分爲七；淸仍之，（季世删重改輕）是爲四期。此沿革之大略也，其詳則分述於後。

李悝法經及漢九章律

悝嘗撰次諸國法，著法經六篇，以爲王者之政，莫亟於盜賊，故其律始於盜賊；盜賊須劾捕，故著囚捕二篇；其輕狡、越城、博戲、借假、不廉、淫侈、踰制，以爲雜律一篇；又以其律，具其加減；是故所著六篇而已。六篇之分目如下：

(一)盜法　(二)賊法　(三)囚法

(四)捕法　(五)雜法　(六)具法

因其名而考之，大約盜法同於後世賊盜律；賊法同於詐僞律；囚法同於斷獄律；捕法同於捕亡律；雜法同於雜律；具法同於名例律也。商君受之以治秦。漢承秦制，蕭何定律，除參夷連坐之罪，作部主見知之條，益事律三篇：

(一)興律　(二)廐律　(三)戶律

其所以名律者，如正六律之度量衡，而定犯罪與刑法之法律者也。興律即後之增興律，廐律即後之廐庫律，戶律即後之戶婚律。合之李悝六法，通名爲律，是有九篇，所謂九章律也。自後叔孫通又益傍章十八篇，張湯越宮律二十七篇，趙禹朝律六篇，合爲六十篇；其餘令甲、事比不屬正律者，更僕難數。自是世有增減，輕重乖異，盜律有賊傷之例，賊律有盜章之文，興律有上獄之法，廐律有逮捕之事，錯雜渾殽，互爲蒙蔽。後人生意，各爲章句，叔孫宣、郭令卿、馬融、鄭康成諸儒十有餘家，家數十萬言，凡斷罪所當引用者，合二萬六千二百七十二條，七百七十三萬二千二百餘言，於是言愈繁而覽愈難矣。

魏晉改正律書

魏氏纂統，詔禁雜用餘家，專用鄭氏章句，嗣復敕陳羣劉劭等刪約舊科，旁採漢律，定爲魏法，制新律十八篇，州郡令四十五篇，尙書官令、軍中令通爲百八十餘篇。其序略云：舊律所以難知者，由於六篇篇少故也；篇少則文荒，文荒則事寡，事寡則罪漏，故集罪例以爲刑名，冠於律首，凡所定增十三篇，就故五篇，合十八篇，於正律九篇爲增，於旁章科令爲省，改漢舊律不行於今者皆除之。玆依晉書刑法志所紀魏律篇名，分敍於左方：

(一)刑名　(二)盜律　(三)賊律　(四)捕律　(五)雜律　(六)戶律
(七)劫略律　(八)詐僞律　(九)毀亡律　(十)告劾律　(十一)繫訊律　(十二)斷獄律
(十三)請賕律　(十四)擅興律　(十五)留律　(十六)驚事律　(十七)償贓律　(十八)免坐律

初，司馬文王秉魏政，患前代律令煩雜，陳羣劉劭雖經改革，而科網太密，於是命賈充等定法令，就漢九章增十一篇，仍其族類，正其體號，改舊律爲刑名、法例，辯囚律爲告劾、繫訊、斷獄，分盜律爲請賕、詐僞、水火、毀亡，因事類爲衞宮、違制，撰周官爲諸侯律，合二十篇，六百二十條，二萬七千六百五十七言，蠲其苛穢，在於益時。二十篇之目：

(一)刑名　(二)法例　(三)盜律　(四)賊律　(五)詐僞
(六)請賕　(七)告劾　(八)捕律　(九)繫訊　(十)斷獄
(十一)雜律　(十二)戶律　(十三)擅興　(十四)毀亡　(十五)衞宮

(十六)水火　(十七)廐律　(十八)關市　(十九)違制　(二十)諸侯

明法掾張裴注表律謂律始於刑名者,所以定罪制也;終於諸侯者,所以畢其政也。自始及終,不離於法律之中也。若軍事、田農、酤酒,未得皆從人心,權設其法,太平當除,故不入律,悉以爲令,施行制度,以此設教,違令有罪則入律也。其常事品式章程,各還其府爲故事。凡律令合二千九百二十六條,十二萬六千三百言,六十卷,故事三十卷。泰始三年書成,明年頒行之。其時晉已受魏禪矣,故爲晉律。厥後惠帝之世,政出羣下,疑獄各出私情,刑法不定,尙書裴頠等上疏論之。汝南王亮援周懸象魏之書,漢詠畫一之法,謂宜依法斷事,不得復求法外,爲永久制。蓋自漢季擾亂以來,至此律文釐定悉當矣。

南北朝刪定律書

南朝宋齊略同晉制,唯梁稍有損益,陳因之。初,晉張斐杜預共註律三十卷,自泰始以來用之,律文簡約,或一章之中,兩家所處,生殺頓異,臨時斟酌,吏得爲姦。齊武帝留心法令,詳正舊註,永明九年,尙書刪定郎王植之集注張杜舊律,合爲一書,凡千五百三十條,號永明律,事未施行,文卽殄滅。梁武帝雖疏簡刑法,聞齊時舊郎蔡法度能言王植之律,卽令損益舊本,以爲梁律;天監初,又令王亮等定爲二十篇:

(一)刑名　(二)法例　(三)盜劫　(四)賊叛　(五)詐僞

(六)受賕　(七)告劾　(八)討捕　(九)繫訊　(十)斷獄

(十一)雜律　(十二)戶律　(十三)擅興　(十四)毀亡　(十五)衛宮

（十六）水火　（十七）倉庫　（十八）廐律　（十九）關市　（二十）違制

梁律與晉律所異者，僅刪諸侯律、增倉庫律而已。北朝則後魏昭成帝始制法令；至太武帝神䴥中，詔崔浩定律令；正平中又命太子少傅游雅、中書侍郎胡方回改定律制，凡三百七十條，門房之誅四，大辟百四十五，刑二百二十一。孝文復命高閭修改舊文，隨例增減，凡八百三十二章，門房之誅十有六，大辟二百三十五，刑三百七十七，而篇目已佚。齊文宣受禪後，命羣臣刊定魏朝麟趾格，又議造齊律，積年不成，決獄猶依魏舊式。至武成帝河清三年，尚書令趙郡王叡等奏上齊律，凡十二篇：

（一）名例　（二）禁衞　（三）戶婚　（四）擅興　（五）違制　（六）詐僞

（七）鬥訟　（八）盜賊　（九）捕斷　（十）毀損　（十一）廐牧　（十二）雜律

其定罪九百四十九條，又上新令三十卷，大抵採魏晉故事也。時周文帝秉西魏政，令有司斟酌通變，亦撰新律。武帝保定三年，司憲大夫拓跋迪奏上之，謂之大律，凡二十五篇：

（一）刑名　（二）法例　（三）祀享　（四）朝會　（五）婚姻

（六）戶禁　（七）水火　（八）興繕　（九）衞宮　（十）市廛

（十一）鬥競　（十二）劫盜　（十三）賊叛　（十四）毀亡　（十五）違制

（十六）關津　（十七）諸侯　（十八）廐牧　（十九）雜犯　（二十）詐僞

（二十一）請求　（二十二）告言　（二十三）逃亡　（二十四）繫獄　（二十五）斷獄

凡定罪千五百三十七條，其大略滋章，條流苛密，比於齊法，煩而不要。帝又以齊俗未改，盜賊姦宄頗乖憲章，其年益爲刑書要制以督之，澆詐稍息。宣帝時，爲姦者皆輕犯法，於是又廣刑書要制，而更峻其法，謂之刑經聖制。南北朝律書之可考者如此，然大要則以魏晉律爲本者也。

隋唐刪併律篇

初，隋文帝令高熲等更定新律，其刑名有五，嗣以覽刑部奏斷獄數，猶至萬條，以爲律尚嚴密，又敕蘇威牛弘等更定之，除死罪八十一條、流罪百五十四條、徒等千餘條，定留唯五百條，凡十二卷：

(一)名例　(二)衛禁　(三)職制　(四)戶婚　(五)廐庫　(六)擅興
(七)盜賊　(八)鬥訟　(九)詐僞　(十)雜律　(十一)捕亡　(十二)斷獄

自是刑網簡要，疏而不失，更置律博士、弟子員，斷決大獄，皆先牒明法，定其罪名，然後依斷。煬帝即位，又敕修律令，除十惡之條，大業三年，新律成，亦五百條，爲十八篇，謂之大業律：

(一)名例　(二)衛宮　(三)違制　(四)請求　(五)戶　(六)婚
(七)擅興　(八)告劾　(九)賊　(十)盜　(十一)鬥　(十二)捕亡
(十三)倉庫　(十四)廐牧　(十五)關市　(十六)雜　(十七)詐僞　(十八)斷獄

其五刑之內，降從輕典者二百餘條，其枷杖決罰訊囚之制，並輕於舊，施行未久，而隋以亡。唐之刑書有四，曰律、令、格、式，凡邦國之政，必從事於此，其有所違，或爲惡入罪，一斷以律。律之爲書，因隋之舊，爲十有二篇，五百條；令二十七篇千五百四十六條；格二十四篇，七百條；式三十三篇；太宗貞觀中，長孫無忌房玄齡等所撰者也。四者之制代有增損，高宗嗣統，又命長孫無忌等偕律學之士撰爲義疏，卽今所傳之唐律疏義是也。

唐律疏義之揭要

按疏義書凡三十卷，爲目十二，論者謂律本乎禮，頗得古今之平，故後世猶奉爲法臬。夫天下可傳之事，亦視乎其書之能傳與否以爲衡。不然唐法典多矣，以令言則有永徽令開元令唐令私記各三十卷；以格言則有貞觀初格十卷，永徽格五卷，垂拱格二卷，垂拱留司格二卷，開元格十卷，開元格私記一卷，開元新格五卷，開元後格九卷，散頒格七卷；以式言則有永徽式、開元式各二卷。何竟無一傳者耶？卽以律言，亦有永徽律十二卷，同疏三十卷，大唐律十二卷，刑法抄一卷，具法律十二卷，律附釋十卷，大中刑律統類十二卷，以及大唐判事中臺判集諸書，亦等諸鴟聒蛩啾，過耳輒息；獨此疏義，至今不廢，則自有其可傳者在也。略述其要義如左：

(一)由第一卷至第六卷爲名例律，其主要爲五刑，十惡，八議，及官當自首、數罪俱發之類，是爲刑法總則。

(二)第七卷至第八卷爲衞禁律，其主要爲宮門禁衞、關津往來、烽候不警之規定。

(三)第九卷至第十一卷爲職制律，其主要爲官吏違制、奉公不謹，及貪贓枉法之規定。

(四)第十二卷至第十四卷爲戶婚律，其主要爲戶賦徭役、田地買賣及嫁娶違制之規定。

(五)第十五卷爲廐庫律，其主要爲官私畜產，及官物假借不還，出納不實之規定。

(六)第十六卷爲擅興律，其主要爲徵調專擅，校閱違期，工作違法之規定。

(七)第十七卷至第二十卷爲賊盜律，其主要爲謀反大逆、擅殺官吏、謀殺期親、恐喝盜劫，及造祆書、祆言之規定。

(八)第二十一卷至第二十四卷爲鬥訟律，其主要爲鬥殺毆詈、掠誘誣告之規定。

(九)第二十五卷爲詐僞律，其主要爲僞造璽書文符、奏事不實，及詐取詐冒之規定。

(十)第二十六卷至第二十七卷爲雜律，其主要爲國忌作樂、盜鑄博戲，及負債不償諸雜犯之規定。

(十一)第二十八卷爲捕亡律，其主要爲罪人拒捕、亡匿之規定。

(十二)第二十九卷至第三十卷爲斷獄律，其主要爲囚禁決罪失法，及送配稽留之規定。

五代緣用唐律

後梁太祖開平三年，詔太常卿李燕等刪定令三十卷，式二十卷，格十卷，律幷目錄十三卷，律疏三十卷，共一百三卷，號大梁新定律令格式。後唐莊宗同光二年，刑部尚書盧質奏纂集同光刑律統類，凡一十三卷。後晉高祖天福四年，詳定編敕三百六十八道，分爲十二卷，詔令百司寫錄，與格式參用。周世宗顯德四年，以法書文義古質，條目繁細，前後敕格，差繆重疊，難於詳究，令侍御史知雜事張湜等十人編集新格敕；明年書成，凡二十一卷，號大周刑統，與疏律令式通行。敕者，起自後唐季葉，御史中丞盧損等進清泰元年以前制敕，凡三百九十四道，編成三十卷，詔付御史臺頒行。歷晉漢周皆有編敕，蓋律存乎敕之外，而敕仍本乎律之中也。考其時最仁恕者，莫如唐明宗，其最殘酷者，莫如漢高祖，若梁若晉，介乎二者之間。周世宗稱一時賢主，然用法太嚴，羣臣執事，小有不舉，往往置之極刑，而竹奉璘、孟漢卿之流，復倚上以貨法，識者譏焉。

宋金亦循唐律

宋法制因唐律令格式而隨時損益，則有編敕，一司、一路、一州、一縣，又別有敕。建隆初，竇儀等上編敕四卷，凡百六條，詔與新定刑統並行，參酌輕重，世稱平允。太平興國中，增敕至十五卷。淳化間，倍之。咸平中，增至萬八千五百五十有五條，命給事中柴成務等芟繁撮要，定爲二百八十六條，準律分十二門，總十一卷，又爲儀制令一卷，當時稱簡易焉。大中祥符間，復增三十卷，千三百七十四條，又有農田敕五卷，與敕兼行。仁宗詔中外言敕得失，命官修定，取咸平儀制令，及制度約束之在敕者五百餘條，附令後，號曰附令敕。天聖七年，編敕成，合農田敕爲一書，視祥符敕損百餘條。至慶曆，又復刪定，增五百條，別爲總例一卷。後又修一司敕二千三百十七條，一路敕千八百二十七條，一州一縣敕千四百五十一條。蓋宋世每一天子改元，必加編纂，更依律書十二門以爲事類，以故終宋之世，所歷年月，無不從事於法典，但恒在敕而不在律。唯覈衡厥義，多繼續前代之成規而少加修正耳。遼律不詳。金則章宗纘業，嘗修新律，凡十有二篇，五百三十六條，爲三十卷，附注以明其事，疏義以釋其疑，名曰泰和律義，其實與唐律無異云。

元代至元新格

元興，其初未有法守，有司斷理獄訟，循用金律，頗傷嚴刻。世祖平宋，簡除煩苛，命史天澤、姚樞等纂定新律，號至元新格，頒之有司，凡二十篇，都一千零七十六條，與唐宋略殊矣。篇目如左，條數附焉。

(一)名例四條　(二)衞禁八條　(三)職制三百七條　(四)祭令五條　(五)學規十三條
(六)軍律十二條　(七)戶婚七十一條　(八)食貨三十六條　(九)大惡五十條　(十)姦非五十八條
(十一)盜賊百四十條　(十二)詐僞五十一條　(十三)訴訟二十一條　(十四)鬬毆四十二條　(十五)殺傷百六條
(十六)禁令百十條　(十七)雜犯十四條　(十八)捕亡九條　(十九)恤刑十五條　(二十)平反四條

仁宗之時，又以格例條畫有關於風紀者，類集成書，號曰風憲弘綱，與新格並行。至英宗時，復命宰執儒臣，取兩書而加損益焉，書成，號曰大元通制，其大綱凡三：(一)曰詔制，(二)曰條格，(三)曰斷例。凡詔制，爲條九十有四，條格爲條一千一百五十有一，斷例爲條七百十有七，大概纂集世祖以來法制事例而已。

明律清律之集大成

明太祖初議定律事，後使左丞相李善長爲律令，以楊憲等二十八人爲議律官，遂選令百四十五條，律二百八十五條，二者各以吏、戶、禮、兵、刑、工爲綱；又命大理卿周禎作註釋，名曰律令直解。其次洪武六年，刊律令憲綱；其年又定大明律，篇目一準於唐，爲衞禁、職制、戶婚、廐庫、擅興、賊盜、鬬訟、詐僞、雜律、捕亡、斷獄、名例之十二律，凡六百六條，三十卷，但移名例於篇末，撰者刑部尚書劉惟謙也，而此書不傳，但刻惟謙序文附於後年所編之明律而已。十八年，又輯各種過犯條，爲大誥三篇，及大誥武臣等書，唐宋所謂律令格式，與其編敕，皆在是也。二十二年，重又續纂新律，始爲明律定本，以名例冠篇首，次按六部之名義而分別之，凡三十卷，四百六十條，今第其編目如左：

名例律一卷

吏律二卷　職制十五條　公式十八條

戶律七卷　戶役十五條　田宅十一條　婚姻十八條　倉庫二十四條　課程十九條　錢債三條　市廛五條

禮律二卷　祭祀六條　儀制二十條

兵律五卷　宮衛十九條　軍政二十條　關津七條　廄牧十一條　郵驛十八條

刑律十一卷　盜賊二十八條　人命二十條　鬥毆二十二條　罵詈八條　訴訟十二條　受贓十一條　詐偽十二條　犯姦十條　雜犯十一條

捕亡八條　斷獄二十九條

工律二卷　營造九條　河防四條

三十五年，作大明律誥成，取大誥條目，撮其要略，俾附載之。弘治十三年，頒行問刑條例；世宗嘉靖二十八年，增修問刑條例二百四十九條，嘉靖三十四年，續增三百八十五條事例。萬歷十三年，刑部尚書舒化等重加修定，明律視唐律又一變矣。崇禎時，蔡懋德精註明律，有讀律源頭以冠於先，又有輔律詳節以續於後，此二書亦誠足與明律相附而成者。清承明舊，以六曹分職，蓋緣用元聖政典章及經世大典諸書；蓋律文垂一定之制，則例因一時權宜，歷代文法之名，唐宋於律外有令格式及編敕，自明以大誥問刑條例附入律後，律例始合而為一。清自開國訖高宗，幾經考正，省明之四百六十條，定為四百三十六，而律後載例又千餘條，厥後代有損益，所謂五年一小修，十年一大修是也。逮至瀛海大通，時殊勢異，凡國際交通、民刑訴訟、商工、路礦、郵電之屬，舊律未必適合，光緒三十四年，編定現行刑律，分三十門，刪除六律之名，此雖因時制宜之法，亦乘除自然之理也歟。

歷代律書，其增併離合之故，既如上所述矣，茲復彙而表之，亦庶幾研究歷史之一助乎！

歷代律書比較表

律書	篇數	篇目
法經	六篇	具法
漢律	九章	具律、戶律、興律、廄律
魏律	十八篇	刑名、法例、戶律、擅興
晉律（宋齊同）	二十篇	刑名、法例、違制、戶律、關市、衛宮、擅興、廄律（見前）
梁律（陳同）	二十篇	刑名、法例、違制、戶律、倉庫、關市、衛宮、擅興、廄律（見前）
北齊律	十二篇	名例、違制、戶婚、禁衛、擅興、廄牧
北周律	二十五篇	刑名、法例、違制、戶禁、婚姻、市廛、祀享、朝會、衛宮、興繕、關津、廄牧
隋唐律（宋金同）	十八篇	名例、職制、戶婚、廄庫、衛禁、擅興、（見前）
元新格	二十篇	名例、職制、戶婚、祭令、衛禁、軍律
明律	三十卷	名例、（吏律）職制、公式、（戶律）戶役、田宅、婚姻、倉庫、課程、錢債、市廛、（禮律）祭祀、儀制、（兵律）宮衛、軍政、關津、廄牧、郵驛、（律
清律	三十卷	與明律同至光緒季葉惟刪其六律之名而已

盜法 賊法 雜法 捕法 囚法 （與古興律相通）
盜律 賊律 雜律 捕律 囚律
盜律 賊律 劫略 告劾 償贓 詐偽 雜律 捕律 繫訊 斷獄 毀亡 留律 驚事 免坐
盜律 賊律 告劾 請賕 詐偽 雜律 捕律 繫訊 斷獄 毀亡 水火 諸侯
盜劫 賊叛 告劾 受賕 詐偽 雜律 討捕 繫訊 斷獄 毀亡 水火
盜賊 鬥訟 詐偽 雜律 捕斷 （見前） 毀損
劫盜 賊叛 鬥競 告言 請求 詐偽 雜犯 逃亡 繫訊 斷獄 （見前） 毀亡 水火 諸侯
盜賊 鬥訟 詐偽 雜律 捕亡 斷獄
盜賊 鬥毆 殺傷 訴訟 詐偽 雜犯 捕亡 平反 學規 食貨 大惡 奸非 禁令 恤刑
（刑律）（工律） 盜賊 人命 鬥毆 罵詈 訴訟 受贓 詐偽 犯姦 雜犯 捕亡 斷獄 營造 河防

第三章　律學名詞之解釋

社會愈進化，學術愈發明，文字愈滋繁，凡有一學，必有一學專門應用之字，此各種辭解之所由作也。吾國編纂刑法，代有作者，一罪之名，必嚴比附，一字之義，必求會通；數千年來，註律者斟酌條貫，其道非不精且深也。試分述之

律注二十條釋義

晉明法掾張裴（一作斐）注漢晉律，其略曰知而犯之謂之故，意以爲然謂之失，違忠欺上謂之謾，背信藏巧謂之詐，虧禮廢節謂之不敬，兩訟相趣謂之鬪，兩和相害謂之戲，無變斬擊謂之賊，不意誤犯謂之過失，逆節絕理謂之不道，陵上僭貴謂之惡逆，將害未發謂之戕，倡首先言謂之造意，二人對意謂之謀，制衆建計謂之率，不和謂之强，攻惡謂之略，三人謂之羣，取非其物謂之盜，貨財之利謂之贓，此律義之較名者也。解釋律文之名詞自此始。（晉書刑法志）

律眼十三字釋義

上節條釋罪名，爲事實上之名詞，茲所謂律眼者，爲律書論斷罪名輕重高下皆倚此以爲衡者，此專爲律文而設，不得以他義解也。其例如下：（采用讀律佩觿）

（一）但　律義於極重大處，每用但字以別之，與尋常作爲轉語者不同，如「謀反大逆但共謀者，不分首從，皆淩遲處死」「凡强盜已行，而但得財者，不分首從，皆斬」是也。

（二）同　同字之義，取乎恰合，因其所犯各異，特爲合論而罪之以同，如「同强盜論」是也。

（三）俱　俱字之義，取乎賅括，因其事理散殊，故特槩言而統之以俱，如「俱勿論」「俱弗追坐」是也。

（四）並　並字與上同字俱字，看是相似，其實則非同與俱者，包含尊卑、上下、巨細、遠近在內者也；並者，平平合看，凡事理相同，情罪一致者，並科以齊等之罪

（五）依　律有明條，罪係實犯，一本律文以定罪，故曰「依。」

（六）從　罪人所犯事涉兩歧，情有各別，莫知所從，爲之斟酌情理，求合乎律，故曰「從。」從者，對舍言也，有舍此從彼之義焉。

（七）從重論　從重論者，較量輕重，從其重者以論罪也。如「二罪俱發，從重論」是。

（八）累減　累減者，層累而減之，指一人而言。罪人所犯，於律例諸文各有應減之條者，則按條一一而減之，故曰「累減。」

（九）遞減　遞減者，分等而減之，統衆人而言。凡同犯此一事之人，其中位次、職掌、貴賤、親疏不同，各就名分所在，爲分別輕重而「遞減」之。

（十）聽減　聽減者，孽非本犯自作，而減又非本罪所應減，然罪人雖無應減之法，實有可減之時，故不得以正減加之，特曰「聽減。」聽者，待時而動，審聽而減之也。

（十一）得減　得減者，法無可減，爲之推情度理，因其不得減而又減之，故曰「得減。」如嫁娶違律，期親以下餘親主婚者，事由主婚，主婚爲首，男女爲從，得減一等；事由男女，男女爲首，主婚爲從，得減一等之類是。

（十二）罪同　罪同者，厥罪維均也。人雖不同，犯雖各別，而罪無輕重，故曰「罪同」

（十三）同罪　同罪者，同有罪也。充軍遷徙，皆同科，惟死罪減一等。

律母八字釋義

八字之義，見於明律，與前律眼同一解釋者也。

(一)以　以者，與實犯同。謂「如監守貿易官物，無異正盜，故以枉法論，以盜論，並除名刺字，罪止斬絞並全科。」

(二)准　准者，與實犯有間。謂「如准枉法、准盜論，但准其罪不在除名刺字之列，罪止杖一百、流三千里。」

(三)皆　皆者，不分首從，一等科罪。謂「如監臨、主守、職役，同情盜所，監守官物，並贓論，數滿皆斬」之類。

(四)各　各者，彼此同科此罪。謂「如各色人匠，撥赴內府工作，若不親自應役，雇人冒名，私自代替，及替之人，各杖一百」之類

(五)其　其者，變於先意。謂「如論八議罪犯，先奏請議，其犯十惡，不用此律」之類。

(六)及　及者，因類而推。謂「如彼此俱罪之贓，及應禁之物，則入官」之類。

(七)卽　卽者，意盡而復明。謂「如犯罪事發，在逃者衆證明白，卽同獄成」之類。

(八)若　若者，文雖殊而會上意。謂「如犯事未老疾，事發時老疾，以老疾論，若在徒年限內老疾者，亦如之」之類。

第四章　刑制之輕重

刑以虐民，亦所以厚民，豈能以用刑爲不仁哉？古時行道而守法，故用刑不失微權，後世侮道而貨法，故用刑流爲苛政，此古今所由不相及也。詳觀吾國歷史，可劃分爲四期，以覘輕重之變矣。

上古及三代爲制律時期

太初之世，無理刑之書，穰往熙來，各具讓畔讓耕之德。後乃強淩弱，衆暴寡，野蠻習慣，往往動用非刑。羲農軒黃，乃因人心之不齊，而思有以齊之之策，於是經世理民而制律焉，抑強大，扶愚寡，畫地爲牢，削木爲吏，刑罰俱以律爲準，訟獄悉以律爲綱。降至堯，流共工，放驩兜，竄苗，殛鯀，實開億萬世斬軍流徙之法。及舜用臯陶，定五刑、五流、三就、三居，律遂著爲成書。自是夏作禹刑，亦謂刑期無刑，實以見犯者之苦於法，非苦於人也，遂成千古之定讞。至桀刑罰作心而律壞。成湯繼起，羅網之施，解其三面，復制官刑，吏治蒸蒸，不至於姦。迨商辛斮脛、剖心、焚忠、刳孕，有律如無律矣。周武起而整齊之，司徒用八刑，司寇用三典，刑典刑象，各有專官，議則按律，赦亦援律，蓋律也而好生之德寓焉。穆王作呂刑，始有墨、劓、剕、宮、大辟之刑，更立出鍰多寡之宥，獄毋使留，刑毋或濫，亦唯著爲法令，教民能改，固治律之本意也。

秦及漢初爲肉刑慘酷時期

五刑者，墨、劓、剕、宮、大辟也。黥面曰墨，截鼻曰劓，斬趾曰剕，男子割腐、婦人幽閉曰宮，而大辟則死刑也。論者謂刑亂國用重典，今讀其書曰贖，曰疑，千載下猶見其哀矜惻怛之意焉。自秦用商鞅，度敗於刑名，制亂於法術，賢者關木索，被榜箠，妄用竹刑，律更殘忍。死刑則有梟首、腰斬、鑿顚、抽脅、鑊烹、體解、車裂諸目，秦法之苛，蓋已增酷於前矣。漢興雖有約法三章，然其大辟尙有夷三族之令，當三族者，皆先黥，劓，斬左右趾，笞殺之，梟其首，菹其骨肉於市；其誹謗詈詛者，復先斷舌，故謂之具五刑。彭越韓信輩，皆受此誅者也。

漢魏以下爲笞髡偏重時期

漢文帝十三年，齊太倉令淳于意有罪當刑，其少女緹縈上書，願沒入爲官婢，以贖父刑罪，天子憐其意，遂下詔除肉刑。丞相張蒼等謹請定律曰：「諸當完者，（完髡刑謂不虧肢體）完爲城旦（旦起行治城）舂，（婦人不預外徭但舂作米）當黥者髡鉗（髡鬄鉗以鐵束其頸）爲城旦舂，當劓者笞三百，當斬左趾者笞五百，當斬右趾、及殺人先自告、及吏坐受賕枉法、守縣官財物而卽盜之，已論命，（命者名也成其罪也）復有笞罪者，皆棄市。（殺人害重受賕盜物贓汙之身故此三罪已被論名而又犯笞亦皆棄市也）罪人獄已決，完爲城旦舂滿三歲爲鬼薪（取薪給宗廟曰鬼薪）白粲，（擇米使正白爲粲）鬼薪白粲一歲爲隸臣妾，（男子爲隸臣女子爲隸妾）隸臣妾一歲免爲庶人。隸臣妾滿二歲爲司寇，司寇一歲及作如司寇二歲，皆免爲庶人。其亡逃及有罪耐（音耏頰傍毛也髡其耏鬢曰耐）以上，不用此令。」（在本罪中又重犯者也）蓋以髡鉗代黥，以笞三百代劓，笞五百代斬趾，而自殊死以下，一切虧損肢體之刑，遂不復存，此有史以來極可紀之事也。

肉刑雖除，笞害更烈，加笞者或至死而笞未畢，景帝憐之，於是改笞五百曰三百，笞三百曰二百，後復減笞三百曰二百，笞二百曰一百，定箠令，丞相劉舍等請笞者箠長五尺，其本大一寸，其竹者末薄半寸，皆平其節，當笞者笞臀，毋得更（易也）人，畢一罪乃更人。自是笞者得全。然酷吏猶以爲威，笞者終以不免於死，故終西漢之世，偏重在笞。東漢惻笞刑之至於死也，孝章以來，屢有寬刑之詔，俱言減死一等者，勿笞徒邊，蓋懼笞則必死，其不當死者，幷不復笞之；然鬥狠傷人，與姦盜不法之徒，若抵以死，則太酷，免死而止於髡鉗，纔翦其毛髮，略不懲艾之苦，則又太輕，魏晉以來病之。議者遂欲復古肉刑，肉刑卒不可復，亦相沿以髡鉗爲生刑而已。笞刑之廢，減死罪一等，即抵髡鉗，進髡鉗一等，即入於死，故歷東漢魏晉，其偏重在髡。要之死刑既重，生刑又輕，刑罰不中，莫過於此時者也。梁制始有死、耐、贖罰、鞭、杖五等並列，其耐罪當髡鉗者，輒復加笞；而北朝自齊周之世，並以杖、鞭、徒、流、死爲五刑，而條目各殊，然後下開隋制，爲今五刑所取師。夫前後五刑，立制各異，究因驗果，故此實爲遞嬗之時期。

隋唐至今爲五刑規定時期

隋受周禪，因周五刑，參酌損益而定之。凡笞刑五，自十至於五十；杖刑五，自五十至於百。笞杖之級，各以十數爲差者也。徒刑五，有一年、一年半、二年、二年半、三年；流刑三，有千里、千五百里、二千里，應配者千里居作二年，千五百里居作二年半，二千里居作三年；死刑二，有絞有斬，而蠲除前代鞭刑及梟首、轘裂之法；其流徒之罪，流役六年改爲五年，徒役五年改爲三年。於是有笞、杖、徒、流、死之五刑。唐高祖加千里之流，（起二千五百里訖三千里）太宗加役之制，（加役流者永流不歸也唐初改絞刑之屬五十爲斷趾刑太宗又改爲加役流）宋則徒流之罪，並決脊杖，配役有差，流罪得免遠徙，徒罪得免役年，視前世爲輕。明清兩朝，更以杖數爲附加刑，徒一年者杖六十，遞增至五級，則徒三年者杖百，每杖十及徒半年爲一級也；流刑自二千里遞增至三級，則三千里皆杖一百，每五百里爲一級也。今曰笞、杖、徒、流、死罪名之次無異隋制，其異者，則徒流所定年級，里數杖數互有增減，然而位次聯屬，輕重得均，莫此五刑若矣。

減死罪一等曰流，長流遠方，終身不返，故有里數無年限，又各附以杖百，百杖者箠楚之極則也。降流罪一等曰徒，拘繫役作，不出五百里，故有年限無里數，而杖罪之附加者，又以年期久暫分多寡，蓋徒罪居五刑第三之位，上接乎流，故徒三年者杖百，下接乎杖，故徒一年者杖六十。由此而降曰杖，杖始六十而終於百，罪屬徒流，爲附加之刑，罪非徒流，爲獨立之刑，又降則爲笞矣。杖大杖也，笞小杖也，笞極於五十者，所以待尋常之罪也，故清之五刑，遠過於古五刑，而此五刑之在隋唐，又不如宋明以來一再規定之完密。馬端臨所以歎爲聖人復起，不可偏廢者矣。

第五章　刑之類別

前章述刑制變遷，與其沿革之原，所以總攬古今，分見得失矣。本章意旨，第就刑之作用而言，故不以時代爲斷，而因類以述其終始；綜其大端，厥類凡三，即死刑、肉形、生刑是也。

死刑

死者，刑之極則也，古謂之大辟，然大辟特其概稱，猶律載淩遲、梟、斬、絞，雖有輕重之分，而總謂之死刑也。

今據三代秦漢死刑之懲罰，求所以沿襲廢止者，分說於後：

孥戮　書甘誓：「予則孥戮汝。」周世無之，孟子所謂罪人不孥是也。秦初有三族罪，至漢文帝雖除之，未幾卽復故。漢世夷族之刑，尤爲濫用，自此以下不廢，在北魏曰門房之誅，在唐曰緣坐之律，皆族刑也。

炮烙　商紂之世嘗爲銅柱，以膏塗之，加於熾炭之上，使有罪者緣焉，輒墜炭中。西伯獻洛西之地，請除炮烙之刑，自此遂廢。

醢　國策：「紂醢鬼侯。」左傳：「南宮萬猛獲弑閔公，宋人皆醢之。」漢書刑法志：「秦有鑊亨之刑，」亦醢類也。漢初韓信彭越之誅，皆菹其骨肉於市，以後遂廢。

焚　易曰：「焚如死如棄如。」周官掌戮：「凡殺其親者，焚之。」後世無此目。

轘　左傳：「齊人殺子亹而轘高渠彌。」謂車裂也。秦時嫪毐作亂，敗，其徒二十人皆梟首、車裂；後世唯高齊宇文周有之，餘無聞焉。

磔　周官掌戮：「掌斬殺賊諜而搏之；」又曰：「殺王之親者辜之。」鄭注：「搏，謂去衣磔之，辜之言辜也，謂磔之。」漢書景帝紀中「二年，改磔曰棄市，勿復磔。」師古曰：「磔，謂張其尸也。」觀以上諸說，是秦皇之體解，荊軻，漢初韓彭之具五刑，宋以來之淩遲，皆磔類也。

腰斬　周官掌戮：「斬殺賊諜。」鄭注：「斬以鈇鉞，若今腰斬，殺以刀刃，若今棄市。」史記：「李斯具五刑，腰斬咸陽市。」而鄭玄以漢制釋周官，是東漢之季，猶存此刑；漢以後則無聞矣。

鑿顚　漢書刑法志：「秦有鑿顚抽脅鑊亨之刑。」

抽脅

斷舌　漢書刑法志：「其誹謗詈詛者，又先斷舌；」此漢初之制，後遂除。

梟首　秦治嫪毒之罪，其徒皆梟首、車裂，徇滅其宗。漢初令曰，當三族者，皆先黥、劓、斬左右趾，笞殺之，梟其首，菹其骨肉於市。在秦漢惟用諸夷族之誅。六朝梁陳齊周諸律，始於斬之外，別立梟名；隋刪除其法，自唐訖元，無之；清律載梟罪，仍明制也。

戮尸　卽周官掌戮之殺刑。周制：凡殺人者踣諸市，肆之三日，陳尸於市，示與衆棄也，子服景伯所謂吾力猶能肆諸市朝是也。漢魏亦曰棄市，北朝若齊若周，則謂之斬。

絞　雖死而全其身體，在周惟有磬刑，無絞刑；絞刑始於北齊，後遂沿用之。

磬　禮記文王世子篇：「公族其有死罪，則磬於甸人。」註：磬、懸縊殺之也。甸人掌郊野之官，爲之隱，故不於市朝。後惟北周著於律。清制對於皇族，及在位大臣獲譴，嘗賜帛自盡，蓋卽磬刑之遺也。

肉刑

古之墨、劓、剕、宮、大辟，皆爲肉刑。墨者使守門，劓者使守關，宮者使守內，刖者使守囿，髡者使守積。考古者公族無宮刑，不翦其類，髡頭而已，故髡非肉刑也，而援議親之文，所以代宮。自漢文帝詔除肉刑，論者謂其立心之仁厚，然證諸以後之史事，劓、剕雖不再見，而宮刑之條，猶時見於漢世；至墨刑則宋明以來猶沿用之矣。

按文帝除肉刑之詔，雖未明言及宮，然參觀景帝元年詔曰：「孝文皇帝除宮刑，出美人，重絕人之世也，」此爲當日除宮刑之證。乃至武帝之世，若司馬遷，若張賀，若李延年，皆遭此刑，未爲悉斷；蓋由景帝中元年有「赦徒作陽陵者，死罪欲腐者，許之」之文也。至東漢章帝朝，陳寵爲廷尉，訂正律法，除蠶室，刑由是始絕焉。若墨刑則自漢文改從髡鉗以後遂無聞者；五代石晉高祖時，始創刺面之法，以待流犯，號曰刺配，宋以來猶用之。其初不過竊盜逃亡，其後日加繁密，或刺事由，或刺地名，或刺改發矣。故肉刑盡廢於漢，而墨罪之復起於後者，則又及於清之道咸間也。

生刑

生刑者，不虧肢體，勞苦其身，即古之流放、扑鞭也。世界人治既進，恒持人道主義，不忍同類之相殘，故死刑、肉刑漸減而生刑則愈繁焉。茲爲分說於後：

遠徙　舜典曰：「流宥五刑，」註：「宥，寬也，以流放之法寬五刑也。」王制：「移郊移遂屏之遠方；」大學：「唯仁人放流之，不與同中國；」左傳：「投之四裔，以禦魑魅；」皆三代流刑之證。至漢亦有發謫徙邊之文，然皆不爲永制。自六朝齊周時，始制分遠近，配以里數，遂爲死刑之次。隋唐以來，沿爲三流，明復增入五軍。五軍者，分附近、近邊、邊遠、極邊、烟瘴，罪皆重於流也；其數自二千里至四千里，凡流罪遠徙猶爲民，軍罪遠徙則入衛當差。至清代又增入發遣，發遣者，如發黑龍江給兵丁爲奴，罪又重於軍也。此三者，雖有重輕，要無非以恤死刑而已。

苦役　今之稱法治國者，動謂拘繫役作爲最文明之法律，不知吾國成周之世，早有此制。周官以嘉石平罷民，故大司寇凡萬民之有罪過而未麗於法、害於州里者，桎梏而坐諸嘉石，（文石也）役諸司空。重罪句有三日坐，朞役；其次九日坐，九月役；其次七日坐，七月役；其次五日坐，五月役；下罪三日坐，三月役；使州里任之，則宥而舍之。以圜土聚教罷民，故司圜凡害人者，勿使冠飾而加明刑焉，任之以事而收教之，能改者，上罪三年而舍，中罪二年而舍，下罪一年而舍；其不能而出圜土者殺，雖出，三年不齒。又凡坐盜賊而爲奴者，男子入於罪隸，女子入於舂藁，此皆古代之苦工懲罰，與罪犯習藝所之制也。至漢乃有城旦舂、鬼薪、白粲、罪隸、輸作之屬，然但爲苦役而無任事收教之方，其去圜土遠矣。凡漢世役作之刑，有年級焉：城旦舂四歲，鬼薪、白粲三歲，隸臣妾二歲，輸作（左校右校司寇者處）一歲。四歲之刑，有髡鉗城旦舂、完城旦舂之別。髡鉗者，髡剃其頭，以鐵束頸，完則不爲髡鉗者。其二歲以上爲耐罪，耐者，髡鬄耏鬢，（漢書惠帝紀曰「皆耐爲鬼薪白粲。」）至一歲刑，則給役官府而已，故亦曰罰作。髡耐至魏晉六朝猶存之，雖苦役而加以毛髮之刑者也。周隋無髡耐，而但有徒作；唐宋皆分隸少府、將作，以給官役；明清兩朝，應徒罪者，配發各驛，聽驛吏驅使，要之自漢以下之徒役，非周禮圜土之教，所謂役諸司空者也。

箠楚　唐虞時，官刑用鞭，教刑用扑，此刑之極薄者。笞刑，戰國時有之；至漢文帝代體刑而用之，有三百、五百之等，往往至於殺人。景帝因定箠令，箠長五尺，其半厚一寸，以竹爲之。類於笞刑者，漢有鞭刑，箠笞皆從竹，鞭則以生熟革成之。魏明帝定鞭督之令；六朝梁齊周鞭笞並重，笞改用荆杖；隋除鞭刑，分笞與杖爲二，相沿至後世，有輕重之分焉。古之所謂笞，其實卽後之杖也。自唐而宋而明，笞杖沿用楚，荊也清改用竹。自笞之初行也，以背受，其後改笞臀。唐制：受決杖者，背腿臀分受；宋亦有脊杖、臀杖之別；明始臀腿分受，無笞背者。笞者，在律第使其受一時痛苦，非有致死之意，故歷代於笞杖之尺寸數目，及其所受之地位，不憚反覆周詳，期於無戕害人之身體為標準，而律文又有折責之條，以寬其受笞之數，亦足見慎重民命之一端也。

第六章　刑書之綱要

古者五禮之作，繼以五刑，蓋刑者所以佐禮為治天下之具者也；故曰，律之大原出於禮，禮有親疏長幼之別，有尊卑大小之差，故其刑亦有加減之條焉。至於主從之異科，情罰之殊勢，則亦隨事以為輕重加減之。總則在法經謂之具體，魏晉以下，則入刑名、法例，自隋至清號名例律，此刑書綱要所在也。今撮其梗概如左：

十惡

王制斷五刑之訟，必原父子之親，君臣之義；又曰，凡制五刑，必卽天倫，十惡者，皆無君、無親，反倫而亂德者也。其罪名本沿古制，而分條成款，則自周隋始。凡犯十惡，不在八議論贖之限。

（一）謀反　謂謀危社稷

（二）謀大逆　謂謀毀宗廟山陵及宮闕

（三）謀叛　謂謀背本國潛從他國

（四）惡逆　謂毆及謀殺祖父母父母夫之祖父母父母與殺伯叔父母姑兄姊外祖父母及夫者

（五）不道　謂殺一家非死罪三人及支解人若採生折割造畜蠱毒魘魅

（六）大不敬　謂盜大祀神御之物乘輿服御物盜及偽造御寶合和御藥誤不依本方及封題錯誤造御膳誤犯食禁御幸舟船誤不堅固

（七）不孝　謂告言詛詈祖父母父母夫之祖父母父母及祖父母父母在別籍異財者若奉養有缺居父母喪身自嫁娶若作樂釋服從吉聞祖父母父母喪匿不舉哀詐稱祖父母父母死

（八）不睦　謂謀殺及賣緦麻以上親毆告夫及大功以上尊長小功尊屬

（九）不義　謂部民殺本屬府州縣官軍士殺本管官吏卒殺五品以上長官若殺見受業師及聞夫喪匿不舉哀若作樂釋服從吉及改嫁

（十）內亂　謂姦小功以上親父祖妾及與和者

八議

周官小司寇以八辟麗邦法，附刑罰。辟、法也，在後世亦謂之八議；十惡以重之，八議以輕之，此加減之大例也。其詳釋亦見唐律。

（一）議親　皇家袒免以上親及太皇太后皇太后緦麻以上親皇后小功以上親皇太子妃大功以上親之謂

（二）議故　故舊之謂若從龍輔佐之臣也

（三）議功　斬將搴旗開拓疆宇有大勳勞之謂

（四）議賢　有大德行之謂

（五）議能　有大才能之謂

（六）議勤 憔悴事國有大勤勞之謂

（七）議貴 職事官三品以上散官二品以上及爵一品者之謂

（八）議賓 承先代之後爲國賓者之謂

六贓

六贓分條成款，具於明律，贓有六項，罪分四等。起科之罪，與計贓加等之數，亦各不同，重則并重，輕則并輕，顧其按等科罪，必贓滿數乃坐，例如贓數已過甲等，而猶未至乙等，則其罪仍按甲等科斷。贓罪必嚴者，所以懲貪墨，數滿乃坐者，所以存寬恤，此制刑之微意也。

（一）監守盜贓 監守自盜倉庫錢糧——二十兩以下二兩五錢 上五兩爲一等

（二）常人盜贓 常人盜倉庫錢糧 }

（三）枉法贓 受財屈法 } 俱以五兩爲一等

（四）不枉法贓 受財而未遂法 }

（五）竊盜贓 竊盜人財物 } 俱以十兩爲一等

（六）坐贓 非因枉法不枉法而受財——八十兩以下十兩 百 上百兩爲一等

三贖

贖者，宥以罪之實而不宥以罪之名。虞書「金作贖刑，」即周官之金罰、貨罰，呂刑之罰鍰，蓋爲疑罪與遲犯而設也。歷世相仍，與時輕重，自明以來，分爲三類，其常赦所不原者，不得以贖論。

(一)收贖贖刑輕者爲收贖，若老幼廢疾若樂戶象奴天文生若婦人枷號及決杖餘罪若過失殺傷人自首罪至絞罪者並准收贖

(二)折贖次輕者爲折贖若命婦正妻難的決者杖罪餘罪俱准贖免例

(三)納贖重者爲納贖分有力稍有力二等若軍民有力若舉貢生監冠帶人犯非姦盜詐僞者流徙以下並聽納贖

加減條例之成款，既如上所述矣，此外尙有種種之類別，爲略陳其梗概焉。

公私罪

一應職事官因公事過犯得罪者，曰公罪；因己而得罪者，曰私罪。公罪與私罪，雖得同等之罪名，而受罰則自異。

主從犯

凡同犯一事，必有主謀造意，與因而附和者，故律分主、從，爲首依律斷擬，爲從減等；減等者，於法雖有應科之罪，而其情實有可矜者。

恩常赦

關於無心過誤，及因人連累諸雜犯之罪，皆屬常赦，故入於贖刑；恩赦者，特詔減免，不爲常制。常赦以贖罪之故，不減而減，恩赦之減，不入於法，又法外意也。

加減等

前說但按事實之輕重，述其加減之意，然律文固有明言減等、加等者，此自有一定之位次，故終述之。五刑爲笞、杖、徒、流、死，而有笞刑五、杖刑五、徒刑五、及三流、二死之別。其稱加者，就本罪上加重；稱減者，就本罪上減輕。然加極於流三千里，以次增重，終不得至死；而減至流者，自死之生，無絞斬之別，此出於唐律，其用意爲獨厚者也，今說明於下：

加位（由輕加重依等而上）

（一）笞	自一十至五十	五等
（二）杖	自六十至一百	五等
（三）徒	自一年至三年	五等
（四）流	自二千里至三千里	三等

減位（由重減輕依等而下）

（一）死	二死總爲一減	一等
（二）流	三流總爲一減	一等
（三）徒	自三年至一年	五等
（四）杖	自一百至六十	五等
（五）笞	自五十至一十	五等

第七章　司法權之分合

今之立憲國，動曰三權鼎立，西國三權之司，惟刑官得與政府抗，苟傳於辟，雖親貴不以末減，不傳於辟，雖輿隸不得妄逮，蓋司法所以獨立也。外人乃謂吾國行政司法權限之不分明，而不知此秦漢以後之事，稽之周世，實不盡然；茲略舉周漢唐宋明清司法權以證其分合之制度。

周之司法權

成周君主之盛，付刑辟於司寇，寄政法於太史，象魏之懸，君主不敢知；周公之言立政也，庶言庶獄庶愼，文王罔敢知。故司寇之掌，太史之守，敵國以之覘重輕，而司寇之責爲尤重。故其時裁判官，自大司寇、小司寇以下，在朝者曰士師，鄉曰鄉士，遂曰遂士，縣曰縣士，都曰方士，其掌四方獄訟者曰訝士。夫司徒教官之屬，固有鄉、遂大夫與遂人縣師掌其政教禁令，而司寇所屬司法諸官，乃又分配於鄉遂縣都者，故司寇獨峙焉。理士監之，憲室懸之，天子、公、孤、羣臣、百姓，共被其範，而不敢覬撓其分毫，此管子言君臣上下貴賤皆從法也，故其權常一。

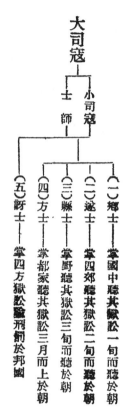

附大司寇統系表

- 大司寇
  - 小司寇
  - 士師
    - (一)鄉士——掌國中聽其獄訟一旬而聽於朝
    - (二)遂士——掌四郊聽其獄訟二旬而聽於朝
    - (三)縣士——掌野聽其獄訟三旬而聽於朝
    - (四)方士——掌都家聽其獄訟三月而上於朝
    - (五)訝士——掌四方獄訟論刑罰於邦國

漢之司法權

關於訴訟法，史無紀載，不能詳其事，然考察其大要：秦時商君之法，使民爲什伍相收司連坐，其法以五家爲保，十家相連，一家有罪，九家發之，若不得事實，則連坐之，此本諸周代隣里鄉黨之制者也。漢之時，其裁判最下級，是爲嗇夫；嗇夫、職聽訟也，然亦兼收賦稅。佐嗇夫者有游徼，職司法警察事務，此指鄉而言也。鄉之上有縣令長，縣之上有郡國守相，皆治民與決訟並掌。更有州刺史，又嘗以八月循行所部郡國，掌斷治寃獄，與周制絕異；至於最上之級，則以廷尉專掌刑辟，歷代相沿，遂爲定制矣。漢世審判之等級，爲列表如左：

- 廷尉
  - （京師）司隸校尉
    - 京尹
    - 郡守
    - 國相
      - 縣令長——鄉嗇夫
  - （外州）刺史
    - 郡守
    - 國相
      - 縣令長——鄉嗇夫

唐之司法權

自北齊改廷尉卿爲大理寺，至隋復重尚書之職，於是刑部省與大理寺爲刑名總匯之區。唐承其制，刑部掌司法事務，大理寺則直接與囚禁者也，而御史臺分掌糾察獄訟之事，猶漢刺史職。其外州府則有法曹及司法參軍事，縣有司法佐，以助州府縣長吏判決獄訟之事。故自縣而達州府，自州府而達大理寺，實分三級，此制較爲分明者。茲先分述官屬之職掌，而再明其統系於後：

縣令

司法佐　掌佐縣察寃滯斷獄訟

刺史京府牧散府尹　都督都護

法曹司法參軍事　掌鞫獄麗法督盜賊知贓賄出入

大理寺

卿　掌折獄詳刑

正　掌議獄罪正科條

丞　掌分判寺事正刑之輕重

司直　掌出使推按

刑部

尚書侍郎　掌律令刑法徒隸按覆讞禁之政

郎中　掌按覆大理及天下奏讞

御史臺

監察御史　掌分察百寮巡按州縣獄訟軍戎祭祀營作大府出納皆蒞焉

侍御史　掌糾舉百寮推鞫獄訟

宋之司法權

宋初刑部、大理寺，名焉已耳，而訴訟最後之判決者，審刑院也。元豐官制，行省審刑院歸刑部，而折獄詳刑責之大理，始復隋唐舊制。諸京府有法曹參軍，專司讞議，判官推官，分日推鞫；復設左右軍巡使判官，左右廂幹當官，分掌鬥訟，此初級之審判也。外則自縣而上，諸府州軍監，有司法、司理二參軍，掌佐獄訟之事。又其上則有提點刑獄公事，凡一路刑政屬之。夫宋世司法權限，議法斷刑為一事，獄訟推鞫為一事。大理寺卿少卿以下，有寺正、推丞、斷丞、司直、評事，其職並分左右，而分領於少卿二人，卿綜其成而已。凡天下奏劾、命官將校及大辟囚以下以疑請讞者，隸左司直詳斷，以上丞議之，正審之；若在京百司事當推治，或特旨委勘，與夫官物應追究者，隸右治獄，則丞專推鞫。京府之有法曹參軍（無司理參軍）與推判官，諸府州之有司法與司理參軍，（府州軍監不設判官推官）皆循此例也。至提點刑獄，又察治一路獄訟，而受成於刑部；御史臺則專糾舉百司違法，與唐制巡按獄訟者稍殊。觀其相維相繫，其制較隋唐為密矣，表示之如左：

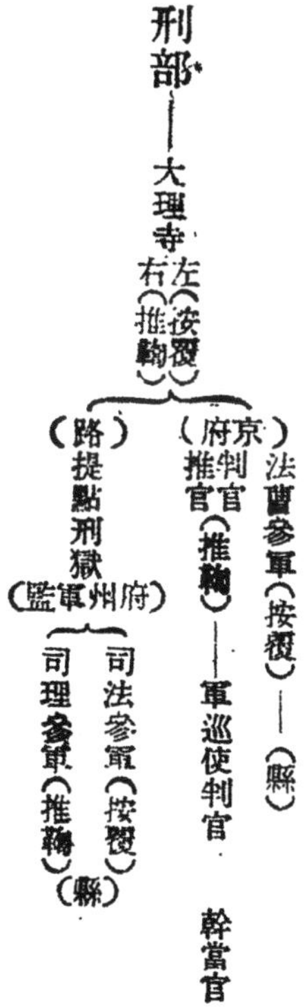

明之司法權

內自刑部、都察院、大理寺，號為三法司。刑部掌受天下刑名，都察院司糾察，大理寺主駁正。刑部有十三清吏司，治各布政司刑名按察名提刑，此在外之法司也。副使簽事佐之，分治各府縣事，凡詞訟必自下而上，有事重而迫者，許擊登聞鼓四方有大獄，則刑部受命往鞫之。夫唐宋刑部司奏讞，大理寺司審判，故刑名但爲刑名總匯，從無與於鞫勘之事者；明則不然，京府直隸一部分之刑名，刑部得而訊之，又移案牘引囚徒詣大理寺詳讞，是刑部既與審判，又受大理之監督也。其侵越權限者，有錦衣衛鎭撫司、東西廠。錦衣衛鎭撫司，凡天下重罪逮京者，收繫之東廠西廠，中官提督之，詳見後自宦官弄權，聲勢遂出衛上。上級裁判之複雜如此，其至下級，縣有老人理其鄉之詞訟，訴訟手續先訴里甲，不請里甲裁判而直訴州縣官謂之越訴若戶婚、田宅、鬥毆者，會里胥決之；事情重大，始白於官。府州縣之權限，杖六十以下者於縣判決，執行於州，杖八十以下者於府，杖一百以下者徒流以上，報京，使刑部判斷。然而京師自京府縣外，有五城兵馬司以分縣之權，有刑部以分府之權，大理院既監督刑部，而衛、廠又綜攬部、寺之權，此司法權限之棼殽，未有甚於明代者也。

都察院、刑部、大理寺
- （京師）
  - 順天府——大興、宛平縣——里老
  - 五城兵馬司
- （外省）按察使——道
  - 府——推官
  - 州
  - ——縣——里老

清之司法權

清之京外司法官，略依明制。稍異者大理寺亦三法司之一，祇有詣刑部暨都御史會聽重辟之責，其權已殺於明代；外則并無推官康熙六年省與里老也。京師之司法，自京府縣司坊兵馬司外，步軍統領亦得與獄訟之事，事大者逮治刑部，複雜亦稍減於明世。光緒季葉，更定官制，內則改刑部爲法部，外則改按察爲提法。復定大理爲最高之法院，而去其寺名，下設高等、地方、初級諸審判廳，凡罪案件起訴於初級審判廳者，不服則由地方而高等，以高等審判廳爲終審；重罪案件起訴於地方審判廳者，不服則由高等而大理，以大理院爲終審；是爲四級三審。又自大理至各級審判廳，並附設檢察廳，以搜查案證，監督審判，不受裁判所節制。其法部及提法司，但綜理司法行政之事務，而不能侵審判官之權；如是則行政與司法，截然爲兩途，而司法上之行政權與裁判權，又自分其職責，此亦立憲國所應有事也。今舉其制。

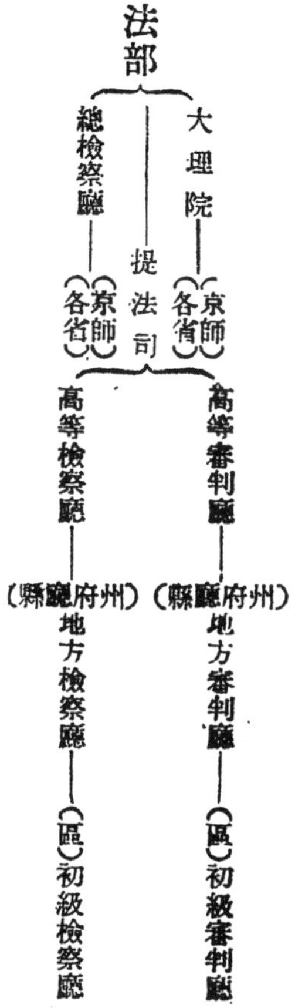

第八章　刑之消滅

今之論刑罰之消滅者，謂如執行畢時，犯者死亡，此不待辯而自明也；此外則赦宥是已。蓋國家當大難方夷，上者文網未頒，下者息肩未及，其相率而罹於法者，往往非其情之所甚欲，而實處於勢之所甚易也；於是有赦而不問之條，與宥必從輕之例，乃後世以赦宥爲常典，不察其過之無心否也，罪之可矜否也，而概曰赦宥；於是罪無可宥之人，既有心以蹈法，復有心以待赦，竊其弊，無非使人翫法以邀幸而已。參觀歷代赦宥之故，亦法制得失之林也，試分說之。

周代之赦宥

虞典曰：「眚災肆赦，」爲吾國赦之所繇始。至周官有司刺掌三宥三赦之法，以贊司寇，聽獄訟。一宥曰不識，註謂若報仇者誤以甲爲乙而殺之也；再宥曰過失，註謂若舉碓伐而誤中人也；三宥曰遺亡，註若遺亡法禁之所而偶有所犯也。一赦曰幼弱，註年幼而微弱者；再赦曰老耄，註年老耄而昏者；三赦曰惷愚，註性惷愚而無知者。穆王作呂刑，亦曰：「五刑之疑有赦，五罰之疑有赦，其審克之。」王制曰：「疑獄汎與衆告之，衆疑赦之。」蓋其時所謂赦者，或以其情之可矜，或以其事之可疑，或以其在三宥、三赦之列，臨時隨事而爲之斟酌，所謂議事以制也。及至春秋戰國，已有概行赦宥之典，故管仲曰：「夫盜賊不勝則良人危，法禁不立則姦邪煩，故赦者奔馬之委轡也。」復舉一事以悉其餘，如陶朱公中子殺人繫獄，乃令其長子賫千金遺楚王所信善莊生請之，莊生入見楚王，言某星某宿，唯修德可除；王使使者封三錢之庫。故事：每王且赦，常封此。楚人告之長男以爲赦，轉告莊生，還其金，復入言於王，謂道路譁言其家持金錢賂王左右，王怒殺之，明日遂下赦令。自是赦爲偏枯之物，長奸之用矣。

漢代之赦宥

漢興，懲秦苛政，赦宥之詔屢下。高帝時，遣使者赦田橫島中士，擊盧綰，赦民之去而來歸者，此誠闊達大度之所爲。其後以立太子而赦，以立代王而赦，以都長安而赦，以豪杰未習法令故犯者而赦，及兵事畢，赦天下殊死以下；又征英布，赦天下死罪以下令從軍。後帝崩亦赦，惠帝時，以皇帝冠而赦，呂后臨朝稱制而赦。文帝以後，即位而赦，改元而赦，遂爲常典，其他如郊祀五帝而赦，封禪而赦，郊泰時而赦，日食而赦，地震而赦，甘泉產芝而赦，鳳凰集而赦，嘉瑞屢見而赦，白鶴館災而赦，與天下吏民厲精更始而赦，宥郅支而赦，立皇后而赦，赦太煩則不足以示恩而適足以滋奸矣。故元帝時，匡衡上疏，切中其弊，然有司猶有理赦前事者；平帝即位，即詔禁陳赦前事。東漢時，吳漢對光武曰：「願陛下愼勿赦。」王符且著述赦篇，以昭亂之本原。後漢昭烈時，大司農孟光責大將軍費褘曰：「赦者偏枯之物，非明世所宜有，必不得已乃可權而行之。」其時有言丞相亮惜赦者，亮答曰：「治世以大德，不以小惠，故匡衡吳漢不願爲赦，若劉景升季玉父子歲歲赦宥，何益於治？」由是蜀人稱亮之賢，而褘不及焉。

唐代之赦宥

唐制，赦日武庫令設金雞及鼓於宮城門右，勒集囚徒於闕前，撾鼓千聲訖，宣制於赦書頒下四方。高祖受隋禪，大赦改元，從侍御史孫伏伽言，并縱釋王世充竇建德餘黨，後黨仁宏爲廣州都督，坐贓當死，上以其入關時有功，欲宥之，召五品以上官謂曰：「法者人君所受於天，不可以私，今朕私黨仁宏而欲赦之，是自亂其法，上負於天，欲日一進疏食以謝罪。」論者稱其公且愼。太宗貞觀六年，親錄囚徒，放死罪三百九十人，縱之還家，令明年秋來就刑，後果應期畢至，悉赦之；歐陽修著論，謂立異以明高，逆情以干譽，非天下之常法也。高宗不甚赦赦，故嘗謂侍臣曰：「今四海安靜，數赦則愚人常冀僥倖，不能改過矣。」武后時，雖法令嚴酷，而赦則屢降，劉知幾上表，略言「赦今不息，近則一年再降，遠則每歲無遺，編戶則寇攘爲業，當官則贓賄時求，而元日之朝，指期天澤，重陽之節，佇降皇恩，用使爲善者不預恩光，作惡者獨承徼倖，望今後頗節於赦。」德宗在奉天，將赦天下，以中書所撰赦文示陸贄，贄曰：「動人以言，所感已淺，言又不切，人誰肯憐？」上然之，乃更爲悔過引咎之詞，詔至，士卒皆爲感泣。德宗之末，十年不赦，至順宗即位，始赦天下。嗣後凡即位、改元、及上尊號、祀圜丘，皆須赦如舊制焉。

宋代之赦宥

赦宥之制不一，其非常覃慶則常赦，不原者咸除之；其次釋雜犯死罪以下，皆謂之大赦，或正謂之赦；雜犯死減等而餘罪釋之，流以下減等，杖笞釋之，皆謂之德音；亦有釋雜犯罪至死者，其恩霈之及，有止於京城、兩京、兩路、一路、數州、一州之地者，則謂之曲赦。太祖乾德中，詔自今犯竊盜者，不得預郊祀之赦，其後平蜀平廣南平江南，皆止赦其地；太宗平河東，亦如之。太宗時，嘗因郊祀議赦，有秦再恩者，引諸葛亮佐劉備數十年不赦事，趙普曰：「郊祀肆眚，其仁如天，劉備區區一方，臣所不取。」於是赦宥之文遂定。其後小民知有恩赦，而遂有故爲劫盜者。眞宗詔自今不在原免之限。至仁宗時，赦更頻數，知諫院范鎭言：「京捕歲一赦，而去歲再赦，今歲三赦。夫歲一赦者，細民謂之熱恩，以其必在五六月間也，姦猾爲過，指以待免，況再赦三赦乎？請自今罷所請一赦，以擺姦猾，以立善良。」時帝在位久，明於情僞，詔有告人罪及言赦前事者訊之；計仁宗之世大赦二十二，曲赦五，德音十五，錄繫囚五十八。英宗之世，大赦二，德音三，錄繫囚七。其赦常赦所不原罪，唯仁宗英宗即位，及明道中太后不豫行之，然明道所行，人以爲濫，既而詔殺人者，雖會前赦，皆刺隸千里外牢城。世或謂三歲一赦，於古未有。景祐中，言者以爲歲祀親圜丘，未嘗輒赦，請罷之；或謂未可盡廢，詔「自今罪人情重者，毋得一以赦免」然亦未嘗行。神宗時，司馬光極言數赦之弊，請天子臨軒鞫問，赦無辜而誅有罪，議最正當。按神宗之世，大赦凡十一，曲赦如之，德音凡八，錄繫囚五；哲宗大赦凡八，德音凡九；徽宗大赦二十六，曲赦十四，德音二十七；欽宗大赦二，德音一；高宗大赦一，赦凡十九，常赦四，德音十七；孝宗大赦一，赦十四，德音二；光宗大赦一，赦二；寧宗大赦六，赦十二，曲赦二。赦之頻數，未有甚於宋者也。予婺產也，請言婺事：高宗時，婺州富人盧助教以刻覈起家，因至田僕之居，爲僕父子所執，寘杵臼內，搗爲肉泥，既成獄，遇己酉恩赦獲免，復登盧氏門笑侮之曰「助教何不下莊收穀？」即此一事觀之，惠奸長惡，何補於治哉！

元代之赦宥

元太宗初，中原甫定，民多誤觸禁網，而國法無赦令；耶律楚材議請赦宥，衆以爲迂，楚材獨從容爲言，始詔前事勿治。十三年，帝有疾，詔赦天下囚徒。世祖中統元年，以額埒布格反，赦天下；至元元年，復以改元赦天下；十年，詔天下罪囚殺人者待報，其餘一切赦放，限八月詣都，如期至者，悉赦。嗣至者凡二十二人，並赦之；論者謂與唐太宗縱囚一也。十三年，以平宋，議肆赦，監察御史趙天璘疏請信賞決罰，無肆赦宥，言至切直。英宗元年，祀事畢，宣言宜赦，帝曰：「恩可常施，赦不可屢下。」命中書陳便宜行之。至文宗以後，肆赦頻頒，蘇天爵上言云：「自昔國家務明刑政，苟或赦宥之數行，必致紀綱之多紊，是以世祖皇帝在位三十五年，肆赦者八，近自天歷改元至元統初歲，六年之中，赦宥者九，雖出於朝廷美意，然長奸惠惡，亦所當慎，俾臣民洗心革慮，不敢覬非常之恩，國家幸甚。」然自是以後，大赦者又凡十四次。清高宗曰：「專務姑息，必乖明允之方，此元之失，所以在於縱弛也。」

明代之赦宥

明制，凡有大慶及災荒皆赦，然有常赦，有不赦，有特赦，十惡及故犯者不赦。律文曰：赦出臨時定罪名，特免或降減從輕者，不在此限，十惡中不睦，又在會赦原赦之例，此則不赦者亦得原，若傳旨肆赦不別定罪名者，則仍依常赦不原之律。凡停刑之月，自立春以後，春分以前；停刑之日，初一、初八、十四、十五、十八、二十三、二十四、二十八、二十九、三十，凡十日。太祖造廓清之烈，大赦天下，與民更始，後以雷震謹身殿，始再頒赦。洪武元年，以平元赦天下；五年，定赦款事例；七年，詔分別應赦諸人，并敕自今惟十惡眞犯者決如律，其餘雜犯死罪，皆減死論，以稱赦過之意；二十八年，詔羣臣禁黥、刺、剕、劓、閹割諸刑，帝之德念如此。成祖登極，頒赦詔，名在姦臣榜者，不赦，如漢宋黨人之例，亦非法之平也。逮仁宗嗣統，既頒赦詔，幷赦建文奸黨族屬還家，仍以其田產給之；又凡爲言事失當謫統軍者，並令赦還，振忠節之風，培諫諍之氣，誠聖王舉動也。宣宗時，以皇太子生赦天下，已復頒寬恤令；又每遇法司奏要囚，輒廢御膳，顏色慘然，以手撤其牘，謂左右曰：「說與刑官，少緩之。」

王者存此仁心，天下自無冤民，何必屢赦之為恩哉！世宗以大禮成，命內閣草詔，欲寬恩例，席書奏曰：「此小人之幸，徒壞典禮」。時給事中田濡請廣遣戍之赦，謂「馬錄等以大獄，楊愼等以大禮，皆編戍數年，懲創既久，乞溥浩蕩之仁，遂彼生還之願」。仍不允行。萬歷初，既頒大赦，七年，復令暫免行刑。輔臣張居正奏曰：「祖宗舊制，凡官吏軍民人等，既犯死罪，有決不待時者，有監至秋後者，鞫問既明，悉依律處決，未有禁淹累年，不行處斷者；世宗以齋醮奉元，始有暫免不決之令，或間從御筆所勾，量行處決，此實比年姑息之弊，非祖宗垂憲之典也。連日詳閱法司所開重犯招情，皆滅絕天理，傷敗彝倫，天欲誅之，而皇上顧欲釋之，無乃違天之意乎？願皇上念天意之不可違，祖法之不可廢，毋惑於浮屠之說，毋流於姑息之愛。」奏上，詔將各犯照常行刑，以順天道。二十九年，刑部奏言：「矜審為國家大典，可與赦宥之恩相變通者，乞迅舉行。」言至當也。三十七年，出手諭言「司牧未盡得人，冤抑不知其幾，爾等宜體朕心，加意矜恤」，卹卹乎有哀痛之意焉。

清代之赦宥

天聰十年，改元崇德，親王岳託豪格有罪，免死，刑部鄭球貪贓鞫實，並赦之；明年，生皇子，頒赦；清之大赦自此始。世祖入關定鼎燕京，紀元順治，大赦天下。嗣是上皇太后尊號，册封貴妃，太祖太宗配饗圜丘方澤，太后疾愈，並邀赦典；太后祝釐，諭京城除十惡死罪外，餘悉釋放。康熙間，遇有慶典，依例赦免；以後星變地震，親政謁陵，立太子，幸盛京，嘗行之，巡幸山東浙江福建，並減其地死罪以下四。五十年後，嘗以溽暑寬恤獄囚，西人德里格獲譴，貸其死，被禁錮。世宗即位，以德里格與赦款相符，釋之；後復依德里格例，釋放意大利畢天祥計有體二人外人邀赦者始此。諸王大臣奏阿其那塞思黑妻子正法，科隆多罪惡多端，應斬立決，並貸其死。高宗政主於寬，復示以嚴。思除特赦之寬典，會江西巡撫常安越漕起行，遂逮問。傳諭曰：「朕御極以來，見從前內外臣工，諸凡奉行不善，遂有流於刻覈之處，是以去其煩苛，與民休息，並非寬縱廢弛，聽諸弊之叢生而置之於不問也。而內外臣民，遂謂法令既寬，可以任意疏縱，將數年前不敢爲之事，漸次干犯，即如鹽業稍寬，乃朕優恤窮民之意，而直隸江浙閩廣私梟鹽棍，肆行無忌，然此猶曰愚昧無知耳；至常安身爲疆吏，豈不知憲典之當遵，而亦爲此跋扈之舉乎？詎天下臣民，竟有不容朕崇尙寬大之意。傳曰：寬則得衆；易曰：元者善之長也，朕以天地好生之心爲心，但於玩法之徒，亦用其寬，則稂莠不除，將害嘉禾，流弊伊於胡底？是以近日處分臣工數案，懲一儆百，非忽變而爲嚴刻者也。」自是弘晳私黨安泰坐絞，提督鄂善受賕賜死，山西學政喀爾欽被劾正法，吏治稍肅。迨光緒間，中英商約有中國法律修改妥善，允撤銷領事裁判權，於是新法纂行，刪除重法，約有三事：（一）除凌遲、梟首、戮屍，（二）減緣坐，（三）免刺字。此外改正者，猶有二端：曰收所習藝，其致罪爲常赦所原者，即在本省收所，依限釋放；爲常赦所不原者，亦照例發配，到配即收所習藝。曰笞杖罰金，罪非常赦所不原者，官員貢監平民本有分別納贖之例，凡應笞杖決者，代以罰鍰，或折爲作工。然此特限於常赦所得原者耳，此皆純屬於法者。一言以爲廢，而即見消滅矣。

第九章　監獄制度

社會之演進，以文明爲期，而犯罪之日增，亦適與文明相副，此徵之東海西海而皆準也。故今日所謂刑，則自由刑耳。今所謂監獄，則執行自由刑之機關耳。剝奪其自由，於是有拘禁之方，戒護之術；欲賦以道德之觀念，於是有教誨；欲予以普通之常識，於是有教育；欲使之盡人生之天職，得謀食之技能，於是有作業；欲使之絕惡習之傳播，於是有分房之獨居；欲使之有善交，於是有監房之訪問；欲使之有相當之體力，足以勝入世之任，於是有衞生。而且獄事之始，則有建築之方針；獄事之終，則有免囚之保護。凡此種種，皆有精深之學理與施行之細則也。今者，吾國亦競言改良矣，然通今尤當稽古，吾國古來獄制之變遷，歷史罕有紀載，其略可考者，但名稱之改革，待遇之梗概而已：桀召湯，囚之夏臺；殷紂無道，囚西伯於羑里，此夏商之獄也。周官大司寇以圜土聚教罷民，凡害人者，寘之圜土而施職事焉。註云：圜土，獄城也，聚疲民其中，困苦以教之爲善也。詩小雅「宜岸宜獄」，釋文「韓詩作犴，鄉亭之繫曰犴，朝廷曰獄」。後漢崔駰傳獄犴塡滿是也。禮月令：「仲春命有司省囹圄」，初學記：「囹，令也，圄，悟也，令罪人入其中自悔悟也。」秦亦曰囹圄，蓋周秦之間，名稱如此。自漢以後，始專名獄，然其大別有二焉：一曰常獄，諸州郡縣當囚繫者屬之；一曰詔獄，立於京師，奉詔旨逮繫者屬之。西漢時，則有廷尉詔獄、上林詔獄、（主治苑中禽獸宮館事）若盧詔獄、（屬少府主鞫將相大臣）都船詔獄、（王嘉傳）都司空詔獄（伍被傳）諸目，漢武置中都官獄，諸詔獄外，復有郡邸獄、水司空獄、共工獄、掖庭祕獄，其一時留置而無獄名者，又有居室、保宮、內宮、請室、暴室、導宮、水司空等，凡二十有六所云。世祖並省之，故東漢惟廷尉洛陽有詔獄。唐宋承之，京師有大理獄及臺獄。至明之錦衣衞、刑部、監，亦皆詔獄類也。質言之，即處之官犯之獄，而屬之京邑之法院耳。

古者有民則必授以職事，無職者謂之惰游，亦謂之罷民，故國語云「罷士無伍，罷女無家；」管子治齊之法，與古經翕若合符。是拘繫監禁者，奪罪人之自由，而置之嚴正紀律之下，矯其惡癖，教之生計，而以感化爲職志耳。吾國監獄之不良，莫可諱言，故一言監獄，輒以爲至賤之業，不仁之術也。幽於囹圄之中，接於目者，鵠面鶉衣之色，觸於耳者，嘆息愁苦之聲，此實典司者之弊，而於法無與焉。徵諸史志：漢有老幼、孕婦、師侏儒頌（讀容寬容不桎梏）繫之文；唐制：舍內五品以上官，月沐一度，暑與漿飲，但禁紙筆金刃錢物，病則給醫藥，重者釋械，其家一人入侍，職事散官三品以上，婦女子孫二人入侍；每歲正月，遣使巡檢，點檢獄囚枷杻之校，糧餉之違法與否。宋太祖嘗以暑氣方盛，深念縲絏之苦，詔兩京諸州令長吏督獄掾，五日一檢視，洒掃獄戶，洗滌杻械，貧者給飲食，病者給醫藥，輕繫小罪，卽時決遣，毋淹滯，歲以爲常。太宗又令諸州十日一具囚帳，及所犯罪名，繫禁日數以聞，俾刑部專意糾察。眞宗時，從黃州守王禹偁言，置諸路病囚院。相沿至明，律乃以熱審減刑，垂爲法典；其刑部提牢，月更主事一人，修葺囹圄，嚴固扃鑰，省其酷濫，給其衣糧，囚病，許家人入侍，脫鎖械，醫藥之。英宗時，令贓罰敝衣，分給各罪囚。憲宗嘗令有司買藥餌送部，並設惠民藥局，療治囚人。至武宗朝，因犯煤油藥料，皆設額銀定數。淸世祖入關，定矜恤獄囚例，日給倉米一升，冬給棉衣一襲，夜給燈油，病者令醫生診視，給藥，並酌寬刑具。光宣之際，刑部有遍設習藝所之奏，蓋本周官圜土之教，參以西國自由刑之意也。京師設模範監獄，並專置獄官，各省亦有倣而行之者，至國亡乃已。

第十章　歷代酷刑之大略

中國爲文化最古之國，三代時，禮樂兵刑，燦然大備，而稽諸秦漢以下之史册，往往制亂於法術，度敗於刑名，浸至以嚴酷武健爲能，以敲扑鞭笞爲職，屠狗之子，貪狠之吏，且優爲之，致令外邦譏我爲半開化，覈衡厥始，殆成於暴君汙吏，傷天和，賊民命，陰森慘磔，用以釀成紂絕不陽之天地。此數千年刑法之大蔽，無可爲諱者也。今第就法之不衷，與屬於一代秕政者，略舉之以示之概。

春秋以來及秦之酷刑

古者律法詳明，不聞有淫刑以逞者，至商辛斮脛剖心，焚忠刳孕，則有律如無律矣。周代踵興，刑典刑象，各有專官，蓋律也而好生之德寓焉。奈何幽厲起而作法於涼，陵夷以至春秋，豎牛授首，崔杼僇尸，歸生斲棺，子皙加木，屨校滅趾，踊貴屨賤，而律失其眞。至秦商鞅造參夷之誅，益增鑿顚、抽脅、鑊烹諸刑，李斯督責尤甚，迺上誹謗妖言。令謂今諸生不師今而學古，以非當世，惑亂黔首，誇主以爲名，異趣以爲高，率羣下以造謗，如此勿禁，則主勢降乎上，黨與成乎下矣。於是燒詩書百家語，有敢偶語詩書者，棄市；是古非今者，族；吏見知不舉，與同罪。其後侯生盧生相與譏議始皇，因亡去，始皇以盧生等誹謗，或爲妖言亂黔首，使御史按問，得犯禁者四百六十餘人，皆阬之咸陽。蓋戰國處士橫議，已成習尚，秦重君權，非禁人民言論自由，不足以樹專制之威。其弊則賈生所謂忠諫者謂之誹謗，深計者謂之妖言，而秦亦以速亡者也。

兩漢之酷刑

漢初，文帝除誹謗妖言之令。孝武雄猜，任其私智，一用秦法，任用張湯趙禹之屬，條定法令，作見知故縱、監臨部主之法，（見知人犯法不舉告爲故縱，而所監臨部主有罪幷連坐也）緩深故之罪，（吏深害及故入人罪者皆寬緩）急縱出之誅。（吏釋罪人疑以爲縱出則急誅之）時大農令顏異，以論白鹿皮幣事拂上意，人有告異他事，下張湯治異與客語，客言初令下有不便者，異不應，微反脣。湯奏異當九卿，見令不便，不入言而腹誹，論死，是後有「腹誹法」。腹誹者，無罪證之可言，禍更烈於誹謗妖言者也。孝武既興師動衆，聚斂煩苛，郡國二千石多酷暴，民益輕犯法，東方盜賊大起，於是「沈命法」一又作焉，曰盜起不發覺，覺而勿捕，捕勿滿品，二千石以下至小吏主者皆死。終武帝世，張湯杜周，相繼爲廷尉，並以峻文決理天下，歲斷獄以千萬數，而姦猾巧法，因緣爲市，所欲活者傅生議，所欲陷者予死比，刑罰之濫，至斯而極矣！

南北朝之酷刑

宋明帝太始四年，鑒魏時法官及州縣多爲重枷，復以縋石懸於囚頸，傷肉至骨，勒以誣服，心焉傷之，詔非大逆有明證者，不得用。北齊秉魏政，羣盜蝟起，遂嚴立制。文宣受禪後六年，自矜功德，昏狂酗醟，任情喜怒，爲大鑊長鋸剉碓之屬，並陳於庭，意有不快，則手自屠裂，或命左右臠噉，以逞其意。時僕射楊遵彥，乃令憲司先定死罪囚，置於仗衞之中，帝欲殺人，則執以應命，謂之供御囚；經三月不殺者，則免其死。帝嘗幸金鳳臺，受佛戒，多召死囚編籧篨爲翅，命之飛下，謂放生，墜皆致死，帝視以爲謔笑。時有司折獄，又皆酷法，訊囚則用車輻、獨杖、夾指、壓踝，又立之燒犂耳上，或使以臂貫燒車釭，既不勝其苦，皆致誣服。周宣帝性殘忍，又廣刑書要制，而更峻其法，謂之刑經聖制，又作礔礰車以威婦人。其決人云與杖者，即百二十，云多打者，即二百四十，名曰天杖，下士楊文祐等皆以此致死。蓋其時世風多偷淫，刑繁而律更殘暴矣。

隋代之酷刑

隋文帝以任智而獲大位，因以文法自矜，明察臨下，小有過失，輒加重罪。時帝意每尙慘急，而奸回不止，乃定盜一錢棄市法，聞見不告者，坐至死；自此四人共盜一榱桷，三人共盜一瓜，事發，即時行決，其酷烈如此。有數人劫執事而謂之曰：「吾豈求財者耶，但爲枉人來耳！而爲我奏至尊，自古以來，體國立法，未有盜一錢而死者；而不爲我以聞，吾更來，而屬無類矣！」帝聞，爲除其法，然其喜怒任情，果於殺戮之意，未能稍息也。至煬帝更立嚴刑，敕竊盜以上，罪無輕重，皆斬。百姓轉相羣聚，攻城掠邑，誅罰不能禁。大業九年，又詔爲盜者籍沒其家，自是羣盜大起，縣官又各擅威福，生殺任情，百姓怨嗟，天下大潰。

唐代之酷刑

武后臨朝，自徐敬業之反，疑天下人多圖己，欲大誅殺以威之，漸引酷吏周興、來俊臣等相次受制，推究大獄，別置推事使院麗景門內，時人謂之新開獄。又與侍御史侯思止、王弘義、郭弘霸、李敬仁、評事康暐、衞遂忠招集告事數百人，共相羅織，以陷良善。復與萬國俊共撰告密羅織經一卷，其意旨皆網羅無辜，織成反狀，構造布置，皆有支節。俊臣每鞫囚，無問輕重，多以醋灌鼻，禁地牢中，或盛之於甕，以火圜遶炙之，並絕其糧饟，至有抽衣絮以噉之者；其所作大枷，有十號：一曰定百脈，二曰喘不得，三曰突地吼，四曰著即承，五曰失魂膽，六曰實同反，七曰反是實，八曰死豬愁，九曰求即死，十曰求破家。又令寢處糞穢，備諸苦毒，自非身死，終不得出。有制書寬囚徒，必先遣獄卒盡殺重囚，然後宣示，而武后且利用之，寵任有加也。乃卒至弘霸自刺而唱快，國俊被遮而遽亡，霍獻可臨終膝拳於項，李敬仁將死舌至於臍，衆鬼滿庭，羣妖橫道，惟徵集應，若響隨聲，（見御史魏靖疏）餘亦事敗得罪死，后亦厭其煩苛，告密之風稍衰。然唐宗室貴戚大臣以下，爲后所忌者，至此亦略盡矣。

後漢及遼之酷刑

後漢高祖時多盜，朝廷患之，特重其法，分遣使者捕逐。中書侍郎蘇逢吉草詔，凡盜所居本家及鄰保，皆族誅。於是鄆州捕賊使者張令柔盡殺平陰縣十七村民；衞州刺史葉仁魯聞部有盜，自率兵捕之，時村民十數，逐盜入山中，仁魯後至，誤以民爲賊，悉擒之，斷其脚筋，暴之山麓，宛轉呼號，累日而死，逢吉猶以仁魯爲能。逢吉喜殺戮，高祖初鎭河東，嘗以生日遣逢吉疏理獄囚以祈福，謂之靜獄；逢吉入獄，囚無輕重曲直，盡殺以報曰，獄靜矣。其時侍衞都指揮使史宏肇性尤殘刻，河中鳳翔永興三鎭連叛，宏肇務行殺戮，罪無大小皆死。時太白晝見，民仰觀者，輒腰斬於市，市有醉者忤一軍卒，遂棄市；凡民抵罪，吏以白宏肇，但伸三指示之，即腰斬；又爲斷舌、決口、斮筋、折足之刑，備極慘毒。遼穆宗嗜酒及獵，五坊掌獸近侍，奉膳掌酒人等，以獐鹿野豕鶻雉之屬亡失傷斃，及私歸逃亡，在告踰期，召不時至，或以奏對不如意，或以飲食細故，或因犯者遷怒無辜，輒加炮烙，鐵梳之刑，時或手刃刺人，斷手足，爛肩股，折腰脛，劃口碎齒，鋸灼梟磔，棄屍於野，往往築封以爲京觀焉。即位未久，惑女巫胥古言，取人膽合延年藥，故殺人頗衆，後悟其詐，以鳴鏑叢射騎踐殺之；後雖悔其濫刑，諭大臣切諫，然諫又不聽。乾統以來，益務繩以嚴酷。初，太祖因治諸弟逆黨，權宜立法，設爲投崖、礮擲、釘割、臠解之刑，至是復興焉。故終遼之世，欲以嚴威止亂，不幾於抱薪而救火耶？

明代之酷刑

凡歷代嚴刑峻法，多出於一時之秕政，惟明世廠衛之禍，自始至終，訖未有息者也。初，太祖設錦衣衛，鎮撫司獄，天下重罪逮至京者收繫之，數更大獄，多所斷治，但殺戮過重，論者惜之。厥後刑具悉焚，申明禁令矣。成祖寵紀綱，令治錦衣親兵，復典詔獄，綱遂借以作姦，卒被族誅，而錦衣典詔如故。英宗初，王振用事，劉侍講，（劉球）繫法司，（薛瑄）枷祭酒，（李時勉）囚御史，（范霖、楊球）且用指揮馬順，毒流天下。天順復辟，指揮門達、鎮撫逯杲，怙寵羅織，達遣旗校四出，杲又立程督，並以獲多爲主，千戶黃麟之廣西執御史吳禎，至索獄具二百餘副；天下朝覲官陷罪者甚衆。蓋自紀綱誅，其徒稍戢，至正統時復張；天順之末，禍益熾，朝野相顧，惴惴不自保；顧其時衛獄之權特重，廠燄猶未熾也。

東廠之設，肇自成祖，立於東安門北，令嬖倖者提督之，緝訪謀逆、妖言、大姦惡等。憲宗時，尚銘領東廠，又別設西廠，以汪直督之，所領緹騎倍東廠，自京師及天下，旁午偵事，雖王府不免，東西廠權勢始與衛均。正德中，劉瑾用事，寄爪牙於西廠，而衛使石文義亦瑾私人，廠衛之權勢始合。瑾復別設內行廠，自領之，雖東西廠皆在偵察中，加酷烈焉。瑾誅，西廠、內行廠俱省，獨東廠如故，張銳領之，與衛使錢寧並以緝事恣羅織，廠衛之稱，自此益著。及魏忠賢以秉筆領東廠，用衛使田爾耕鎮撫許顯純輩，專以酷虐箝中外，廠衛相爲表裏，屢起大獄，又設斷脊、墮指、剝皮、刲舌諸刑，中官掌司禮監印者曰宗主，而督東廠者曰督主，千戶百戶皆衛官，役長曰檔頭，其下番子數人曰幹事。得一陰事，密白檔頭，檔頭視其事大小，先予之金，事曰起數，金曰買起數，既得事，帥番子至所犯家左右坐，曰打樁；番子突入執訊之，無左證符牒，賄如數逕去，少不如意，榜治之，名曰乾醡酒，亦曰搬罾兒，痛苦十倍官刑。凡所緝獲，下鎮撫司獄治之，無不死者。每月旦，廠役數百人，掣籤庭中，分瞰官府，其視中府諸處會審大獄，北鎮撫司考訊重犯者，曰聽記，他官府及各城門緝訪者，曰坐記；某官行某事，某城門得某姦胥吏疏白坐記者，上之廠，曰打事件。以故事無大小，天子皆得聞之，忠賢恃此以固寵，而黨獄之禍，亦至是而益烈也。崇禎初，忠賢伏誅，諸繼領廠事者，告密之風未嘗或息，至國亡乃已，亦可謂一代之大蠹矣。

中國通史卷六

兵政編

敍言

三代之世，寓兵於民，故無民非兵，聚其室廬，勤其手足，齊其心志，作其忠愛。其不用也，舉天下皆爲農爲工爲商之民；及其用也，則執干戈，衞社稷，固儼然家人父子之自相捍衞，故不言兵而常得兵之用。周禮一書，規模可謂至善已。自周轍既東，列國相競，攻伐既頻，勢不得不有成軍以供驅使，此蒼頭武卒之所始，卽兵與民之所由分。逮秦發閭左之民，天下騷然不安於役。自漢募民徙塞下，後世遂專用招募之法，以變民兵之制。嗣是以後，民出食以養兵，兵出力以衞民，相沿至今，而兵與民遂不可復合。儒者好言古制，徒見唐宋養兵蠹國病民，驕惰無用，慨然思復三代之舊。豈知天下所不足者，非兵也，然而不可謂之有兵也。今天下尺籍互符，絲紛莫究，而姑存其目之餘，令樹羽而鼓，立程而較，無論雷霆風雨，一出而能以我上駟，取彼下駟，卽驅之乘城，猶股戰不立，而可謂之有兵乎？不得已而邊腹不能自救，則募兵；主募者不能審技力，應募者不能辨行陣，懸金國門，而白徒入籍，能驅鬼戰乎？能驅鼠搏虎乎？以徵調言，軍書所至，雞犬爲空，邑里蕭條，田園蕪廢，觀於新安折臂之翁，石壕捉人之吏，君子所爲廢書而三嘆也。募兵猶無兵也，鑒於募而汰，汰又損兵，且嘯聚而爲吾難；鑒於汰而又募，募復失實，徒耗國帑而氣益虛。往夫具，天下無戰心；驚夫具，天下無守城；游夫具，天下無聚衆；而天下於是果無兵矣。然則兵果不易有乎？曰：非也，仍視乎軍政之善否耳。先王立法，不能歷久而無弊，而恆留其精意以待後人之維持。管子善學周禮者，故能國富而兵強，而楚以服，而秦晉以和，而周以尊，而齊遂以霸。而後世遵用其制者，至不能保一鄉一邑，即或行之稍有小效，而亦不能無擾民之害，毋亦唯是欲強國而不知強民之故歟！蓋兵之可用不可用，不在乎戰與不戰，兵固可用，而必不輕於用，而後可以神其用也。茲編先言兵制，次言兵學，以見戰事之發明，恆隨世運之所趨，固日進而未有艾也。讀史者毋徒空言民兵之便乎？輯兵政編。

兵制一

第一章　周代軍賦及春秋以後之變革

司馬制軍之法

周禮大司馬制軍，天子王畿六軍，公大國三軍，侯伯次國二軍，子男小國一軍，此制軍六等也。萬二千五百家爲鄉，萬二千五百人爲軍，家起一人爲軍，則六鄉爲六軍矣。六遂亦七萬五千家，合六遂六鄉，則可制十二軍；有十二軍之衆，僅制爲六軍，可見當時之不盡民力也。微獨爾，司徒、司馬皆言上地可任者家三人，中地可任者家五人，下地可任者家二人；一井凡八家，姑以下地言之，則可任者十六人。凡起徒役，毋過家一人，則一井止八人爾。故遂人曰以下劑致甿民，雖受上田中田而會之，惟以下劑爲率，其寬民力可知也。上地有三人之數，而起役惟一人，則役未嘗盡調也。鄉遂有十二軍之制，而制軍惟六軍，則兵未嘗盡行也。又況有萬二千五百人，居則爲比、閭、族、黨、州、鄉，則爲伍、兩、卒、旅、師、軍，他日之五長、兩司馬，即平日之比長、閭胥也；他日之卒長、旅師，即平日之族師、黨正也。他日之師長、將軍，即平日之州長、鄉大夫也。恩足相恤，義足相救，服容足以相別，聲音足以相識。則以之起軍旅，如子弟之衞父兄、手足之捍頭目，豈有規避而不行者？周禮徒役只發一人，惟田與追胥竭作。註云：追、逐寇也，胥、捕盜也。習田固可竭作，追胥寇盜，雖曰使之盡行，恐未必盡竭鄉遂之民，意必有遞征之法也。且如魯人三郊三遂，亦可作六軍。而大國止三軍而已，且不盡用其民。至晉作州兵，是盡一州二千五百家，皆使爲兵，而不留羨卒也；晉作三行，是盡郊遂七萬五千家，皆使爲軍，而不留半兵也，故君子譏之。

井田軍賦之制

周禮一書，雖不詳言軍賦，而小司徒登其鄉之六畜車輦，鄉師簡其鼓鐸旗物兵器，族師合卒伍簡兵器，以鼓鐸旗物帥而至；遂人登其夫家六畜車輦，遂師登其夫家六畜車輦，鄙長作民以旗鼓兵革帥而至；則凡軍旅田役之所當需者，鄉遂之官皆素備於平日。微獨爾，鄉師有軍旅田役之戒，則受法於司馬，作其衆庶及馬牛車輦，會其車人之卒伍，使皆備旗鼓兵器帥而至；稍人若有師田行役之事，則以縣師之法，作其同徒車輦，帥而至，以聽於司馬；縣師、稍人以甸稍縣都爲名，凡有軍旅，則屬於司馬，則是丘乘之賦，通內外皆然也。是雖不詳乎軍賦，而兵寓於農，賦藏於民，作而用之，自有成法，故軍旅不言賦之數，以其皆出夫田而有定額也。又況小司馬之職有闕文，軍司馬、輿司馬、行司馬又皆闕職，安知軍賦不見於此而俱不存耶？若夫外府軍旅，共其財用之幣齎；遺人師旅，掌道路之委積；委人軍旅，共其委積薪芻；廩人師役，則治其糧與食；倉人戎事共道路穀積飲食之具；此皆待官府給軍事者，與六軍無預。六軍家自爲兵，人自爲備，居有積倉，行有裹糧，非公家之所給也。書曰：『魯人三郊三遂，峙乃芻茭，峙乃糗糧。』是侯國三軍，皆鄉遂自共之，推此則六軍可知矣。是以太宰之職，九賦斂財，皆有以待其用，獨不及軍旅；九式均財，皆有以爲之法，而亦不及軍旅；豈非農皆爲兵，兵皆自賦，初無煩於廩給，故亦不煩於均節歟？

周道衰微，王綱解紐，列國於田賦，既以征取無度，遂大隳司馬之法，而軍制亦以浸壞。春秋諸國，齊晉楚秦爲大，合盟爭霸，莫不矯激奮起，北斥南征，赫然鋒矢尋於同仇，牖戶薄於外禦，震矜其功，以張赤縣之幟，而究其所致，恆隨兵力之強弱以爲轉移，故其制可得而述焉。

齊之內政

齊桓公問管仲行伯用師之道。仲曰：『公欲定卒伍，修甲兵，大國亦將修之，而小國設備則難。』迺作內政而寄軍令焉。三分其國爲二十一鄉，工商之鄉六，士鄉十五，參國起案，以爲三官，臣立三宰，工立三族，市立三鄉，澤立三虞，山立三衡。迺本周禮方伯連率之法，易而爲軌里連鄉之法：五家爲軌，軌爲之長；十軌爲里，里有司；四里爲連，連爲之長；十連爲鄉，鄉有良人，以爲軍令。五家爲軌，故五人爲伍，軌長帥之；十軌爲里，故五十人爲小戎，小戎兵車也里有司帥之；四里爲連，故二百人爲率，連長帥之；十連爲鄉，故二千人爲旅，鄉良人帥之；五鄉一師，故萬人爲一軍，五鄉之師帥之。公將其一，國子帥五鄉焉，高子帥五鄉焉；三軍，故有中軍之鼓，有國子之鼓，有高子之鼓。春以蒐振旅，秋以獮治兵。是故卒伍整於里，軍旅整於郊，內教既成，令勿遷徙。夜戰聲相聞，足以不乖；晝戰目相視，足以相識。凡三軍，教士三萬人，車八百乘，蓋如鄉之法。

制五鄙三十家爲邑，邑有司；十邑爲卒，卒有卒帥；十卒爲鄉，鄉有鄉帥；三鄉爲縣，縣有縣帥；十縣爲屬，屬有大夫；五屬，故立五大夫，各使治一屬焉；立五正，長也各使聽一屬焉。自邑積至於五屬，爲四十五萬家，率九家二兵，得甲十萬，九十家一車，得車五千乘，可爲三軍者四，蓋如遂之法，以通國之數，而遞征之，率車用六之一，士用十之三，大略依周制變從輕便。正月之朝，鄉長復事，君親問焉，嚴蔽明蔽賢下比之罰。其賢者，則鄉長進之，官長書之，公訾相之，謂之三選。國子高子退而修鄉，鄉退而修連，連退而修里，里退而修軌，軌退而修伍，伍退而修家。五屬大夫復事，擇其寡過者而謫之，亦嚴蔽賢蔽明下比之罰。五屬大夫，於是退而修屬，屬退而修縣，縣退而修鄉，鄉退而修卒，卒退而修邑，邑退而修家。政既成，以守則固，以征則强。

晉之新軍

初，周僖王使虢公命曲沃伯武公，以一軍爲晉侯。獻公之十六年，始作二軍，公將上軍，太子申生將下軍，以滅耿、滅霍、滅魏。惠公韓之敗，作州兵。僖十五年正義曰：『周禮鄉大夫以歲時登其夫家衆寡之數，謂其可任者，州長則否；今以州長管人既少，督察易精，故使州長治之。』按此不過增一州長爲將耳，於軍制初無所變，其變易侯度，在增三軍而爲六。文公蒐於被廬，（傳二十七年）初有三軍，郤縠將中軍，狐毛將上軍，欒枝將下軍。二軍則上軍爲尊，三軍則中軍爲尊。侯國之制如是也。城濮之戰，賦車七百乘。按楚蔿啓疆曰：晉十九家，縣長轂九百，其餘四十縣，遺守四千。而平公治兵邾南，甲車四千乘，則晉通國卒亦五千乘，用七百乘，猶齊之法也。其後作三行以禦狄：荀林父將中行，屠擊將右行，先蔑將左行。成國不過三軍，今復置三行，以避天子六軍之名，而其實則爲六軍。清原之蒐，遂作五軍，蓋文公雖增置三行，而自知其僭，故罷之，更爲上下新軍。襄公蒐於夷，舍二軍以復三軍之制。景公邲之戰，三軍增置大夫各一人，則猶三行也。至鞌之戰，郤克請益車八百乘，始作六軍。賞鞌之功，韓厥趙括鞏朔韓穿荀騅趙旃皆爲卿，僭更王度若此。厲公鄢陵之戰，罷新上軍。悼公初尚四軍，其後新軍無帥，公使其什吏帥其卒乘官屬，以從於下軍，明年遂舍之；（襄十四年）傳曰：禮也。成國不過半天子之軍，蓋自文公僭王度，至悼公始革焉。

楚之乘廣

楚自若敖蚡冒篳路藍縷，以啓山林，至武王始爲軍政。城濮之役，子玉請戰，王怒，少與之師，惟西廣東宮，與若敖之六卒從之，大抵皆非正軍，制亦非古。蓋楚於春秋爲新起之國也。莊王之霸也，無日不討國人而訓之於民生之不易，在軍無日不討軍實而申儆之於勝之不可保。逮邲之戰，軍制備矣。蓋兆於武王，備於莊王，傳莫詳焉。其成軍之制，三軍以爲正軍，二廣以爲親軍，游闕以爲游兵。廣有一卒，卒偏之兩。夫一廣者十五乘也，賈言之，周制十五乘，有兵一千一百二十五人。（一乘之車，有甲士三人，步卒七十有二人）今楚乘廣之法，復有卒百人，兩二十五人，是於周制外，又增百二十五人，爲乘車之副，合二廣凡得二千五百人矣。（春秋大事表卷十四）蓋防正軍有敗，以此易之，正軍有闕，以此補之，此則二廣游闕之兵，在楚爲特異者也。於陣則分左右二拒，調卒之法，商農工賈，不敗其業，卒乘輯睦，不奸於事。行軍之典，則右轅左追蓐，前茅慮無，中權後勁，百官象物而動，軍政不戒而備，行軍之翼日，則輜重至。凡此皆軍政之善者也。

秦之更卒正卒戍卒

秦自非子爲周孝王養馬汧渭之間，封爲附庸，至秦仲始大。秦仲之孫襄公，當周平王初，興兵討西戎，助平王東遷，遂有岐豐之地，列爲諸侯。地與戎相錯，襄公修其車馬，訓其兵甲，武事備矣。至穆公霸西戎，始作三軍，殽之役，三帥而車三百乘，又置陷陣。魯定公五年，秦子蒲子虎帥車五百乘救楚，兵力益以強盛。及孝公用商鞅定變法之令，令民爲什伍之法；又以秦地廣人寡，晉地狹人稠，誘三晉之人耕秦地，優其田宅，而使秦人應敵於外。大率百人則五十人爲農，五十人習戰，凡民年二十三附之疇官，給郡縣一月而更，謂之更卒；復給中都一歲，謂之正卒；復屯邊一歲，謂之戍卒。凡戰，獲一首賜爵一級，皆以戰功相君長。方是時，六國之勢非弱也，帶甲各數十萬，車騎以千數，齊以技擊強，魏以武卒奮，而秦獨以銳士勝，開關東向，執敲朴以鞭笞天下，而天下終不思以婁矢貫函谷之西者，夫豈偶然哉！夫小戎無衣諸詩，雖婦人猶知敵愾；及孝公發憤修政，而商鞅以刑名佐之，田開阡陌而使寓，勇戰怯鬥而使強，力甲諸國，虎視殽函，而秦始稱王矣。雖然，其尚武精神，誠有足多者。

第二章　漢南北軍與兵役徵調之法

南北軍仍秦屯衛之制

秦始皇既幷天下，分爲三十六郡，埋儒生於塵土，銷兵器，鑄鐘鐻，講武之禮，罷爲角觝。是時內有屯衛，外置材官，而始皇虐用其民，北築長城四十餘萬，南戍五嶺五十餘萬，驪山阿房之役各七十餘萬，兵不足用，始以發讁，其後里門之左，一切發之，而勝廣起。漢興，踵秦制，置材官於郡國，京師有南北軍之屯；南軍，衛尉掌之，所以衛宮，漢書百官公卿表云「衛尉掌宮門衛屯兵」是也；北軍、中尉（後改執金吾）掌之，內衛京師，外備征伐，百官表云「中尉掌徼巡京師」是也。南軍雖主宮衛，考之漢志，宿衛有二：（一）衛兵，守殿外門舍，屬衛尉，是南軍；（二）衛郎，守殿內門舍，屬光祿勳。當時以二千石以上子弟及明經孝廉射策甲科博士弟子高第，及尙書奏賦軍功良家子充之，其後期門羽林皆屬焉；是皆親近天子之官，別爲一府，非可謂之南軍也。（馬端臨以光祿勳所領爲南軍，而又附於山齋易氏辨光祿勳非南軍，其說甚詳，今從之）

南北軍及衛郎所部編置表

北軍編置

中壘校尉	掌北軍壘門	東漢改中候
越騎校尉	掌越騎領七百人	
步兵校尉	掌上林苑門屯兵領七百人	

中尉（即執金吾）

- 長水校尉　掌長水宣曲胡騎領七百三十六人
- 射聲校尉　掌待詔射士領七百人
- 屯騎校尉　掌騎士領七百人
- 胡騎校尉　掌弛楊胡騎　東漢并於長水
- 虎賁校尉　掌輕車　東漢并於射聲

南軍編置

衛尉

- 公車司馬　主闕門兵
- 南宮衛士　衛士五百三十七人
- 北宮衛士　衛士四百七十二人
- 左都候　主劍戟衛士四百十六人
- 右都候　主劍戟衛士三百八十三人
- 南宮南屯司馬　主平城門衛士一百二人
- 北宮門蒼龍司馬　主東門衛士四十人
- 玄武司馬　主玄武門衛士三十八人
- 北屯司馬　主北門衛士三十八人
- 北宮朱雀司馬　主南掖門衛士百二十四人
- 東明司馬　主東門衛士百八十人
- 朔平司馬　主北門衛士百十七人

衛郎編置

光祿勳

五官中郎將	主五官郎
左中郎將	主左署郎
右中郎將	主右署郎
車戶騎三將	主左右車郎戶郎（東漢省）
虎賁中郎將（期門）	主虎賁郎千五百人（無常員）
羽林中郎將	主羽林郎百十八人
羽林左監	主羽林左騎八百人
羽林右監	主羽林右騎九百人

番上之制及其後之變廢

南北軍兵士，初皆調發郡國材官騎士以爲番上，如蓋寬饒傳云：「衛卒願更留一年。」是郡國番上於南軍者也；黃霸爲京兆尹，發騎士詣北軍，是三輔番上於北軍者也。自武帝八校之置，胡越騎皆屬中尉，而北軍始有召募之兵；復於光祿勳增羽林期門，與衛尉同掌宮門，而南軍始有常從之兵；又發中尉卒擊西羌，而京師之兵始遠調。昭宣以後，禁旅列屯，有警則發，雖金城之遠，羽林胡越騎亦發而詣之；又更募外兵以從軍，如始元二年（昭帝年號）募吏民擊益州，本始（宣帝年號）二年選伉健習騎射者從軍，自此更代之法寖弛矣。

繇役之制

郡國之兵，初時選能引關蹶張材力武猛者，爲輕車騎士材官樓船，常以秋後講肄課法，各有員限。而平地用車騎，山林險阻用材官，川澤用樓船，於是巴蜀三河穎川諸郡國，獨有材官，上郡北地隴西諸郡國有車騎，而廬江潯陽會稽諸郡國有樓船。以至臨淄之弩手，荆楚之劍客，各推其土之所宜而習熟焉。其法：民年二十三以上爲正卒，每一歲當給郡縣官一月之役，其不役者，爲錢二千入於官，以雇庸者。已又戍中都官者一年，爲衞士京師者一年，爲材官騎士樓船郡國者一年，三者隨其所長，於郡縣中發之，然後退爲正卒，就田里以傳番上調發，年五十六乃免。（通考作六十五茲依漢書改正）故有三品之更：（一）卒更、如淳注：言卒更者，正身供正役也。一月一更，是爲卒更；（二）踐更、如淳注言以錢雇直，所直者內地，其役一月，其錢則不行者自以雇代行者，是爲踐更；（三）過更、如淳注亦以錢雇直，所直者邊疆，其役三日，其錢則不行者輸之縣官，縣官以給代行者，是爲過更。馬氏謂一歲而更者，恐是併往回行程言之，遠戍且以兩月爲行程，則每歲當役者十月，如是踐更，則是一人替九人之役；如是過更，則是替九十九人之役。夫戍邊重事，而百人之中行者纔一人，則兵之在戍者無幾矣。然鼂錯傳明言遠方之卒守塞一歲而更，則似明立此法，非是併行程及雇募而言，殊與三日之說未合。竊意一歲而更，是秦以此待謫戍者，本非正法。及其窮兵黷武，則雖無罪者，及元係復除者，皆調發之，而儕之謫戍矣。漢初因其制，後乃著令，有罪者乃邊戍一歲，凡民之當戍者，不過三日，不願行者，聽其出錢，縣官以給戍者，爲過更之法耳。又有七謫之科：（一）吏有罪，（二）亡命，（三）贅壻，（四）賈人，（五）故有市籍，（六）父母有市籍，（七）大父母有市籍。自武帝時發之，以出戍朔方者也。其惡少年弛刑徒亦時用以謫發，要之三更、七謫，皆仍秦法，其所以然者，兵民之制，分離未甚，雖材官騎士，多由選用，而其名義猶如是也。

東漢兵衞隳廢之禍

光武中興，以幽冀幷州兵，克定天下，始於黎陽立營，領兵騎常千人，以謁者監之，號黎陽兵，而京師南北軍如故。北軍省中壘、邊騎、虎賁三校，止爲五營，謂之五營校士。北軍則以中候易中壘監之，領於大將軍；南軍則光祿勳省戶騎車三將，及羽林令衞尉省旅賁衞士，領於太尉。建武六年，始罷郡國都尉，幷職太守，無都試之法，惟京師肄兵如故；明年，罷天下輕車騎士材官樓船及軍候吏，盡還民伍，惟踐更如故。九年，省關都尉。十三年，罷左右將軍。二十二年，罷諸邊郡亭候吏卒。時光武久在兵間，厭武事，且知天下疲耗，繇是內省營衞之士，外罷衞候之職，然終建武之世，已不能守前法，罷尉省校，復臨時補置，而邊郡亦往往復置都尉，且自置都試，而外兵不練，雖疆場之間，廣屯增戍，列營置塢，而國有征伐，終隸京師之兵，以出匈奴鮮卑。戰事旣頻，或遣將出擊，或移兵留屯，連年暴露，奔命不遑，而禁旅無復鎮衞之職矣。至安帝永初間，募人入錢穀，得爲虎賁、羽林、緹騎、營士，而營衞之選亦衰矣。成帝延嘉間，詔減羽林、虎賁不任事者半俸，則京師之兵日就單弱，外之士兵不練，而內之衞兵不精，故盜起一方，則羽檄被於三邊，興發甲卒，取辦臨時，戰非素習，每出輒北。永建間，始令郡舉五人，教習戰射，又方募爲陷陣，徵爲積卒，召爲義從，大抵創立名號，徒列屯坐食而已。桓靈之世，黃巾作亂，盜賊蝟起，以是置八都尉；五年，大發四方兵，講武於平樂觀，躬擐甲介馬，稱無上將軍；是歲始置八校尉，以小黃門統之，雖大將軍亦屬焉。於是戚宦更領兵權，迭相傾敚，卒之州兵外召，董卓入亂，而漢祚亦遂墟漢之盛衰，皆兵之由，而究其隳廢，則光武實爲之也。

第三章　魏晉以降兵制成內輕外重之勢

魏之兵權趨於外重

蜀昭烈初置五軍，其將校略如漢，而兵有突將、無前、賨叟、青羌、散騎、武騎之別，此皆數十年之內，所糾合四方之精銳，非一州之所有也。諸葛亮卒，蜀兵耗矣。吳多舟師，而兵有解煩、敢死兩部，又有車下虎士、丹陽青巾、交州義士及健兒武射諸目，調度亦無法，大率強者爲兵，羸者補戶；其後以五子分將，而吳遂亡。曹氏兵力盛於蜀吳，其京軍略同漢制，而易北軍中候爲中領軍，增置武衛中壘二營，并有四軍五校。四軍者，中左右前軍各一師，五校則屯騎、步兵、越騎、長水、射聲，仍循漢制而未改也。至於外兵，自文帝黃初中特置都督諸州軍事，尋加四征、（征東、征西、征南、征北）四鎮（鎮東、鎮西、鎮南、鎮北）將軍之號，內則置大將軍，都督中外諸軍，位太尉上。（見曹爽讓司馬懿表）而當時宗室諸王藩兵大數，不過殘老二百人，復時時徵調之。是時兵權外聚於州牧，內屬於大將軍，而已成外重之勢矣。故司馬昭既秉朝政，猶憚四征，遣長史賈充慰勞之，比至壽春，還啓『諸葛誕有威名，民望所歸。今徵，必不來，禍小事淺；不徵，事遲禍大。』迺以爲司空，以奪其兵柄。誕不受命，兵敗被殺，而魏祚隨以移矣。

兩晉宗王及州兵之禍

晉自文王（司馬昭）置二衛，（中衛、後衛）三部司馬，（前驅、由基、強弩）以中領之軍領之。令州縣典兵，州置都督，尋加四征、四鎮將軍之號。及武帝伐吳，遂分左右各一將軍，又置羽林、虎賁、上騎、異力四部，並領於驍騎；又有七軍五校：七軍者，左衞、右衞、前軍、後軍、左軍、右軍、驍騎也，皆有將軍，而中領軍總統之，其前後左右，亦稱四軍，五校者，與漢魏制同，各領千兵爲營；又有翊軍營爲王濬所置太康十年又立積弩營亦與宿衞 凡此皆在城中者也。其城外諸軍，則中護軍統之，而領護又各領營兵焉。錢儀吉補晉兵志 吳平後，悉去州郡兵，大郡置武吏百人，小郡五十人；然懲魏氏孤立，大封同姓：大國三軍，兵五千人；次國二軍，兵三千人；小國一軍，兵千五百人。晚乃並遣諸王，假之節鉞，各統方州軍事，由此諸王擅兵，動以萬數，乘隙而起，自相魚肉。繼以盜賊蠭起，州郡不能制，而天下遂亂。重以五胡雲擾，所在牧守，弱者棄地，强者稱盟，而民間豪傑，亦多聚爲塢壘，以寇抄爲事。迄乎南渡，以揚州爲京畿，荊州五州爲重鎭，而三州戶口實居江南之半；於是復刺史典兵，而州鎭特重。然徵調不出三吳，大發毋過三萬，每議出討，多取奴兵，自用刁協議後皆以奴爲兵會稽王道子發諸郡奴號曰樂屬庾翼發六州奴北伐是也 百姓怨嗟，臨戰輒敗。終東晉世，唯謝玄以精銳八千，大破苻堅八萬於肥水，蓋北府兵而已。

劉宋限制州兵

劉裕乘晉祚之衰，丁桓玄之亂，起自布衣，生擒南燕王慕容超、秦王姚泓而滅之，以得晉鼎。永初元年，鑒於內弱外强，置五校三將，增殿中將軍，領員二十人；二年，置東宮三校尉，而特限荊州府兵，不得過二千人。其時京兵素練，故盧循出襲建康，京師震動，衆請分兵守諸津要。劉裕曰：『若此，則人測虛實，不若聚衆石頭，隨宜應赴。』後果以此破敵。尋以荊居上流，甲兵半朝廷，遺詔諸王遞居之；由是崇樹繈褓，迭據方岳，而大州率加都督，勢復積於外重矣。孝武之世，義宣反江州，（宋主淫義宣諸女，義宣慚恨而反）竟陵反廣陵，（誕數宋主罪曰陛下宮閣之醜豈可三緘）休茂反襄陽；諸王相繼以反誅。乃以藩州太大，分揚州五郡爲東揚州，分荆州八郡別置郢州，并令鎮王從兵，毋過六隊。封內官長，皆不臣於封君；刺史守宰，須手詔乃興軍。且自謂弱主弱臣，庶幾略定，而晉人上流中流之意，既已掃地，專歸近習，勢輕天下，而子業之禍不出房闥。明帝翦除宗室，不待顧慮，復使世祖二十八子，靡一孑遺，信哉，秉彝之忍也！而蕭道成之釁成矣。

齊梁陳前後操縱之失

自晉末以來，兵禍所至，不在強敵而在強臣，其於兵制，無甚改革也。蕭齊以王褚（王儉褚淵）之謀，不勞一卒，不煩一戟，輕禪其君位而居之。自泰始以來，內外多虞，將帥各募部曲，屯聚建康。李安上表，請自非淮北常備外，餘軍悉皆輸遣，若親近宜以隨身者聽限人數；從之。既廢諸屯邸，而又外斷諸衆募者也。武帝以降，凡爲上所寵昵者，即付以師干之任。故世祖（即武帝）任外監呂文度，則領軍但守虛位；東昏信直閣徐母標，則都督實不領兵。（崔慧景）至於更閱武場爲芳樂苑，致百姓有閱武場種楊柳之歌，極麗窮奇，躬親裨販。於是梁武因寶卷失政，起義襄陽，以宰制天下。奈何至於晚年，信中原牧守之夢，納侯景內附之謀，諸王出鎮方面，優假過甚，臺城困偪，佛力何存？簡文嗣之，會侯景自爲宇宙大將軍，狠戾難馴，梁主於此，岌岌焉如在網中；諸王是時，使能剖心嘗膽，泣血枕戈，社稷之恥，幸或可洒。無如外難未除，家禍仍搆，武陵稱帝於成都，（紀在蜀即位）湘東（繹）坐視於江陵，未聞遣一兵，馳一騎，以討賊，而兄弟猶且日尋干戈，遂使荆益巖疆，相繼淪棄，而爲北周所有。蓋梁雖強兵四樹，而爲家禍所厄，此又一變也。陳主崎嶇得國，地寡形單，果能發憤爲雄，梁境亦或可保，奈何據手掌之地，恣谿壑之險；（見隋伐陳詔）軍人無關市之征也，而倍責之；故將有幾微之過也，而使文之。（孔範用事，嘗於帝前詆薄諸將，自是將帥微有過，卽奪其兵以配文吏）迨隋氏寫詔暴惡，命師東下，而猶談王氣，誇天塹，君臣嘻嘻，如燕雀處堂，而縱酒賦詩未歇也，虜軍飛渡，一無所備，斜投眢井，亦已後矣；是又無足論者。

第四章　周齊隋唐府兵之制

周齊之際爲府兵所自基

自元魏從李安世之議，遂有均田之法；（詳食貨略）府兵之制，由此而基。蓋田有所授，戶有可稽，因以兵法勒之，固不難也。顧其時軍政，初不關此。孝文帝十九年，選武勇士十五萬人，爲羽林虎賁，以充宿衞，分建六鎭，優復府戶，燦然可觀。至緣邊初置諸鎭，或徵發强宗子弟，或國之肺腑，寄以爪牙，中年號爲府戶，役同廝養而已。若高齊別爲內外，領之二曹，雖十八受田，二十充兵，六十免役，頗近古意，然猶未有府兵之名。西魏大統中，宇文泰用蘇綽之言，始仿周典置六軍，籍六等之民，擇魁健材力之士以爲之首，盡蠲租調，而刺史以農隙教之，合爲百府。每府一郎將主之，分屬二十四軍，軍以開府領之；二開府以大將軍統之；大將軍凡十二人，每一將軍統二開府；二大將軍以柱國主之；凡二十四開府，十二大將軍，六柱國，員額不滿五萬人，而以持節都督總焉。自克齊以後，并前各置六府，而東北別爲七總管。自此隸戶有讁，隱丁有誅，府兵有復，丁以十二取役以一月代，糧蓄以六家備，民力稱裕，蓋稍復兵農合一之舊，而規模粗具矣。

隋及唐初府兵之增改

隋之兵制，大抵承周齊府兵之制，而特加潤色，於是有十二衛之制：曰翊衛，曰驍騎衛，曰武衛，曰屯衛，曰禦衛，曰候衛，各分左右。凡十二將軍統攝諸府，諸府之兵，有郎將，有副郎將，坊主，團主，以相統治。其外又有驃騎、車騎之府，二府各有將軍，後改驃騎曰鷹揚郎將，車騎曰副郎將，別置折衝果毅之軍，此府兵之制也。自煬帝不綱，此制不講，高麗之役，四方兵集，凡一百十三萬三千八百人，每軍大將亞將各一人，騎兵四十隊，隊百人，十隊為團，步卒八十隊，分為四團，各有偏將一人，其輜重散兵亦分四團，步兵挾之而行，進止立營，皆有儀法；但遠近騷動，士卒死喪，而隋業亦亡。唐興，高祖武德初始置軍府，析關中為十二道，皆置府兵。三年，更為軍：萬年道為參旗軍，長安道為鼓旗軍，富平道為元戈軍，醴泉道為秉鉞軍，同州道為羽林軍，華州道為騎官軍，寧州道為折威軍，岐州道為平道軍，幽州道為招搖軍，西麟州道為苑游軍，涇州道為天紀軍，宜州道為天節軍。軍置將副各一人，督耕戰，統以驃騎車騎二府，尋改驃騎曰統軍，車騎曰別將。方是時，庶事草創，未遑鄖張，亦止及於關中耳。故周隋唐初雖較有可言，而一切規制之完美，則至太宗而始定。

貞觀以來府兵措置之得宜

貞觀十年，更號統軍為折衝都尉，別將為果毅都尉，諸府總曰折衝府。凡天下十道，置府六百三十四，皆有名號，而關內二百六十有一，皆以隸諸衛，所謂諸衛者，卽左右衛，左右驍衛，左右武衛，左右威衛，左右領軍衞，左右金吾衞，左右監門衞，左右千牛衞，是也。府兵之制，有居中馭外之規焉。茲先述其編制之法：府有三等，兵千二百人爲上府，千人爲中府，八百人爲下府；其府員折衝都尉一人，左右果毅都尉各一人，長史兵曹別將各一人，校尉六人。其兵隊以三百人爲團，團有校尉；五十人爲隊，隊有正；十人爲火，火有長。次述其簡閱之法：凡民年二十爲兵，六十而免，其能騎而射者爲越騎，餘爲步兵；每歲季冬，折衝都尉率五校之在府者，置左右二校尉，位相距百步，每校爲步隊十，騎隊一，二校之人鼓噪薄戰，互爲攻守之勢，以資練習。次述其番上之法：凡當宿衞者番上，兵部以遠近給番，五百里爲五番，千里七番，千五百里八番，二千里十番，二千里外爲十二番，番皆以月上，諸衞將軍受其名簿，而配之以職。至府兵之調發，府兵雖外散各府，內隸諸衞。其隸衞也，左右衞皆領六十府，諸衞領五十至四十，餘以隸東宮六率。（太子左右率府左右司禦率府左右淸道率府）故調發之權，操之省內，有所征行，先下符契，州刺史與折衝勘契乃發。若全府發，則折衝都尉以下皆行；不盡，則果毅行；少則別將行。當給馬者，官以其直市之。

開元以後府兵隳廢之由

自貞觀以迄開元末百三十年間，武臣兵士，初無篡逆之萌者，府兵之制善也。承平既久，此制寖壞，人多憚勞以規避匿。至開元六年，始詔折衝府兵每六歲一簡，而教閱之制壞。十一年，以府兵番役多不時至，宿衞不能給，宰相張說請一切募士宿衞，而番上之法壞。十一年，取京兆蒲同岐華府兵及白丁，益以潞州長從兵，共十二萬人，號長從宿衞；明年，更號彍騎，入隸十二衞，爲六番，每衞萬人。天寶後，又稍變彍騎之法，折衝諸府至無兵可交，李林甫遂請停上下魚書，而調發之制又壞。乃至徒有兵額官吏，而戎器馱馬鍋幕糗糧並廢矣。故時府人目番上宿衞者曰侍官，言侍衞天子，至衞佐悉以假人爲童奴。京師人恥之，至相罵辱，必曰侍官。而六軍衞皆市人，富者販繒綵食粱肉，壯者爲角觝拔河翹木扛鐵之戲，及祿山反，皆不能受甲矣。由是藩鎭跋扈，外重之勢成，而其局變矣。李泌有修復府兵之議，而不果行。憲宗中興，所宜討論舊制，而急於近效，不爲遠圖。至蕭俛段文昌慕銷偃之美名，而不知張弛之道，既許以逃死，則百人之中，豈但八人而已。姦將貪帥，利其衣粮，則軍鎭之兵，實亡而名在耳。

第五章　唐禁軍方鎭之盛衰

唐有天下三百年，而兵之大勢，凡三更：由府兵而彍騎，由彍騎而方鎭。及其後也，强兵悍將，分布天下，而天子亦置禁軍；是以方鎭强，天子弱，而唐室亡。府兵之制，已如前章所述，其內而禁旅，外而藩兵之制，又可得而言焉。

南衙十六衞之制

南北衙者，皆天子禁軍也。南衙十六衞，曰左右衞，曰左右領軍衞，曰左右驍衞，皆宮禁宿衞也；曰左右金吾衞，曰左右武衞，皆巡警京城也；曰左右監門衞，曰左右威衞，皆諸門禁衞也；曰左右千牛衞，侍衞也。每衞有上將軍大將軍各一人，將軍二人，以統率之。而左右衞所領，又有三衞、五府，親衞有親府，勳衞有勳一府、勳二府，翊衛有翊一府，翊二府，每府各有一中郎將及左右郎將統之，而總於左右衛。三衛之屬，初皆以品官子若孫補，每月番上宿衛；其後入官路艱，柱國子有白首不得進者，三衛益賤，人罕趨焉。凡十六衛之兵，本由外府番上，開元時改用召募，號爲彍騎，頗習弩射，稱精強；天寶後，彍騎之法，又稍變廢，而六軍宿衛，多取市人，於是不能受甲矣。

北衙十軍之制

北衙之軍，實天子私兵也，自十六衛衰廢，專倚此爲重，凡十軍：

左右羽林軍（飛騎）　左右龍武軍（元從禁軍百騎千騎萬騎）　左右神武軍（神武天騎）

左右神策軍（神策左右廂）　左右神威軍（射生左右廂寶應軍）　（左右英武軍左右射生軍）

禁軍之始末

初高祖以義兵起太原，已定天下，悉罷遣歸，留三萬人充宿衛，號元從禁軍，後老不任事，以其子弟代之，謂之父子軍。貞觀初，太宗擇善射者百人，曰百騎，又置北衙七營，選材力驍壯者，月以一營番上，是爲北衙稱名之始。十二年，始置左右屯營於玄武門，領以諸衛將軍，號飛騎。高宗龍朔二年，始取府兵越騎步射，置左右羽林軍，禁軍自此盛矣。亦越武后，改百騎曰千騎，分左右營。及玄宗以萬騎平韋氏，更號左右龍武軍，皆用功臣子弟，制若宿衛兵，由是遂有四軍。末年，禁兵寖耗。祿山反，車駕西狩，從者裁千人。肅宗赴靈武，士不滿百。及即位，稍復舊制，增置左右神武軍，亦曰神武天騎，制如羽林，總曰北衙六軍。又擇便騎射者，置衙前射生手，分左右廂，號左右英武軍，（代宗以射生軍靖內難，又號寶應軍。）則六軍之外，復有射生二軍也。然自中葉以後，宦官執兵柄，天子廢置出於其手，則其禍又在於神策之軍。神策之得名也，始自哥舒翰破吐蕃臨洮西之磨環川，即其地置神策軍，以成如璆爲軍使。祿山反，其將軍衛伯玉將千人赴難，屯於陝，時邊土陷蹶，神策故地淪沒，即詔伯玉所部兵號神策軍，以伯玉爲節度使，鎮陝中；使魚朝恩爲觀軍容使，監其軍。廣德元年，代宗避吐蕃，幸陝，朝恩迎扈京師，兵遂以軍歸禁中，然猶未與北軍齒也。已而吐蕃再入寇，朝恩又以神策軍屯苑中，自是寖盛，分爲左右廂，勢居北軍右，遂爲天子禁軍，非他軍比。是時邊兵衣糧多不贍，而親衛卒出屯防者，頒給特厚；於是諸邊將自請願遙隸神策軍，既獲請，廩賞遂贏舊二倍。於是諸邊將往往稱神策行營，而邊軍類統於中人矣。順宗即位，王叔文欲收神策兵柄而不克；元和二年，省神武、神威，合爲天威軍；八年，廢天威軍，以其兵分隸神策軍。迨神策尉劉季述等以其兵廢帝，尋就誅，昭宗召朱全忠兵入，悉誅宦官，而神策左右軍廢。其後左右羽林、龍武、神武及神策、神威而總名北衙者，已非太宗之初置也。

方鎮之始末

夫所謂方鎮者，節度使之兵也，原其始，起於邊將之屯防者。唐初，兵之戍邊者，大曰軍，小曰守捉，曰城，曰鎮，而總之者曰道。其軍城鎮守捉皆有使，而道有大將一人，曰大總管；已而更曰大都督。至太宗時，行軍征討，曰大總管，在其本道曰大都督。自高宗永徽以後，都督帶使持節者，始謂之節度使，然猶未以名官也。景雲二年，以賀拔延嗣爲涼州都督、河西節度使，自此以接開元，朔方、隴右、河東、河西諸鎮，皆置節度使。及范陽節度使安祿山反，犯京師，天子之兵，弱不能抗，遂陷兩京。肅宗起靈武，而諸鎭之兵，共起誅賊，時稱九節度之師。久之大盜旣滅，而武夫戰卒，以功起行陣，列爲侯王者，皆除節度使。由是方鎭相望於內地，大者連州十餘，小者猶兼三四。故兵驕則逐帥，帥强則畔上，或父死子握其兵，而不肯代，或取捨由於士卒，往往自擇將吏，號爲留後，以邀命於朝。天子顧力不能制，則忍恥含垢，因而撫之，謂之姑息之政；姑息愈甚，而兵將愈俱驕。由是號令自出，以相侵擊，虜其將帥，幷其土地，天子熟視，不知所爲，反爲和解之，莫肯聽命。始時爲朝廷患者，號河朔三鎭；及其末，朱全忠以梁兵，李克用以晉兵，更犯京師。至昭宗，憫威權之不振，有恢復前烈之志，而楊復恭又領中軍，是以始用張濬謀，而一失於克用，繼違讓能議，而再失於茂貞，卒至幸石門，幸華州，幸鳳翔，兵戈騷擾，御膳不充。蓋至全忠劫駕洛陽，而天家夫婦，竟委身以事之。當此之時，天下之兵，無復勤王者，向之所謂三鎭，徒能始禍而已。其他大鎭，南則吳（楊行密）、浙（錢鏐）、荊（高季興）、湖（馬殷）、閩（王潮）、廣（劉隱），西則岐（李茂貞）、蜀（王建），北則燕（劉仁恭）、晉（李克用），而梁（朱全忠）盜據其中，自國門以外，皆分裂於方鎭矣。

第六章　宋之四種兵制

唐末迄於五代，驕兵惰卒，率不用命，而逐將弒君，習爲故常。自周世宗因高平之戰，以大將樊愛能何徽引騎兵先遁，乃收斬之，幷及所部軍使七十餘人，而軍心始知懼。又復大簡諸精銳者升之，羸者斥去之，募壯士詣闕，選爲殿前諸班，其騎步諸軍，各命將選之，而軍氣漸以振。往日頹風，稍稍鏟除矣。宋太祖代周立國，以雄略威武，斬艾蓬蒿，剗削險阻，盡取四方勁兵，列營京畿，以備宿衛，分番屯戍，以捍邊圉，盡反前世姑息之政，而自立一代之法，綜其兵制，大略有四焉。

禁兵之制

禁兵，天子之衛兵也，凡兩司三衙，分天下兵而領之。兩司者：一殿前司，掌入侍殿陛，出扈乘輿者也；一侍衛司，馬軍司掌騎兵，步軍司掌步兵者也。三衙各有都指揮使、副都指揮使、都虞侯以領之。初，梁祖起宣武軍，治汴州以其鎮兵因仍舊號，置在京馬步軍都指揮使，而自將之；蓋於唐六軍諸衛之外，別爲私兵。後唐明宗更爲侍衛親軍，以康義誠爲馬步軍都指揮使秦王從榮以河南尹典六軍其後遂不廢。殿前司肇自周世宗時，宋太祖以殿前都虞侯，初詔天下選募壯士送京師，遴其尤者爲殿前諸班，而以宋祖爲都檢點，位都指揮上，後遂由此受禪。故宋之殿前、侍衛兩司，皆沿五代之舊也。其最親近扈從者號諸班直，其次領於御前忠佐軍頭司、皇城司、騏驥院，以守京師，備征伐；其在外者，非屯駐屯泊，即就糧軍也。宋初，京營兵揀選綦嚴，老弱怔怯者，特置剩員以處之，剩員給官府宮觀園苑寺廟倉廩之役往往取強壯卒，定爲兵樣，分送諸道，令其遴選，後乃代以木梃，爲高下之等，散給諸州軍，委長吏都監等召募教習，俟其精練，則送闕下，萃精銳於京師，而別立更戍法，分戍州郡，以習勤苦，均勞逸，此宋祖制馭之微意也。禁兵外戍更番交錯，旁午道路，後之議者，以爲徒使兵不知將，將不知兵，緩急恐不可恃。至神宗朝而變爲將兵之法。將兵者，部分諸路之兵，列將設屯，不爲番戍，使兵知其將，將練其士，有事而後遣焉，而仍總隸於禁旅。自其始省更戍之勞，諸州亦足以爲鎮守，厥後嬉遊偷惰，滋不可用，此非立法之不美，而守法者之敝也。今就宋史兵志所載將兵之數，分列如左：

京畿東西河北路凡三十七將，自河北始。

河北四路第一將至第十七將　京畿第十八將至第二十四將　京東第二十五將至第三十四將

京西第三十五將至第三十七將

鄜延涇原環慶秦鳳熙河凡四十二將。

鄜延九將　涇原十一將　環慶八將　秦鳳五將　熙河九將

東南路諸軍凡十三將，自淮南始。

淮南東路第一將　淮南西路第二將　兩浙西路第三將　兩浙東路第四將

江南東路第五將　江南西路第六將　荊湖北路第七將　荊湖南路潭州第八將全邵永州應援廣西第九將

福建路第十將　廣南東路第十一將　廣南西路桂州第十二將邕州第十三將

綜天下爲九十二將，將各置副，東南兵三千人以下唯置單將，其一將所有兵數如干，則不可得而詳也。

廂兵之制

廂兵者，諸州之鎭兵也，內總於侍衞司。一軍之額，有分隸數州者；或一州之管，兼屯數州者。在京諸司之額五，隸宣徽院，以分給畜牧繕修之役，而諸州則各以其事屬焉。建隆初，選諸州募兵之壯勇者，悉送京師，備禁衞，餘留本城，雖或更戍，然罕教閱，類多給役而已。天禧元年，詔選天下廂兵遷隸禁軍者，凡五千餘人；二年，詔河北禁軍疲老不任力役者，委本路提點刑獄臣僚簡閱，毋得庇匿，以費廩糧。慶歷中，招收廣南巡海水軍，忠敢澄海，雖曰廂軍，皆予旗鼓訓練，備戰守之役。皇祐中，河北水災，農民流入京東三十餘萬，安撫使富弼募以爲兵，拔其尤壯者得九指揮，教之武技，雖廩以廂兵，而得禁兵之用，且無驕橫難制之患。詔以其騎兵爲教閱騎射威邊，步兵爲教閱壯武威勇，分置青、萊、淄、徐、沂、密、淮陽七州軍，征役同禁軍。嘉祐四年，復詔西路於鄆、濮、齊、兗、濟、單州，置步兵指揮六，如東路法；於是東南州軍多置教閱廂兵，皆以威勇忠果壯武爲號，訓肄如禁軍矣。元豐末，綜天下廂兵馬步指揮凡八百四十，其爲兵凡二十二萬七千六百二十七人，而府界及諸司或因事募兵之額不與焉。建炎而後，兵制靡定。逮乾道中，四川廂軍二萬九百七十二人，禁軍二萬七千九百九十二人。厥後廢置損益，隨時不同矣。

鄉兵之制

鄉兵者，選自戶籍，或土民應募，在所團結訓練，以爲防守之兵也。周廣順中，點秦州稅戶充保毅軍，宋仍之。自建隆四年，分命使臣往關西道，令調撥鄉兵赴慶州。咸平四年，令陝西係稅人戶家出一丁，號曰保毅，官給糧，使分番戍守。五年，陝西緣邊丁壯充保毅者至六萬八千七百七十五人；七月，以募兵離鄉，有傷和氣，詔諸州點充強壯戶者，稅賦止令本州輸納，有司不得支移之。先是，河北忠烈宣勇無人承替者，雖老疾不得停籍，至是詔自今委無家業代替者，放令自便。自此至天禧間，廣銳老病之兵，雖非親屬而願代者聽；河北強壯，恐妨其農時，則以十月至正月旬休日召集而教閱之；忠烈宣勇廣銳之歸農而闕員者，並自京差補戍於河上，而歲月久遠者，則特爲遷補；貧獨而無力召替者，則令逐處保明放停。當是時，河北河東有神銳忠勇強壯，河北有忠順強人，陝西有保毅、蕃戶強人、強人弓手，河東陝西有弓箭手，河北東陝西有義勇，麟州有義兵，川陝有土丁壯丁，荆湖南北有弩手土丁，廣南東西有槍手土丁及壯丁，邕州有溪洞壯丁土丁，此皆鄉兵之類別也。而諸鄉兵之中，以義勇爲最著。慶曆中，籍河北強壯得二十九萬五千，揀十之七爲義勇，且籍民丁以補其不足；河東揀選如河北法。治平元年，韓琦上言：『今之義勇，河北幾十五萬，河東幾八萬，勇悍純實出於天性，而物力資產父母妻子之所係，若稍加簡練，與唐府兵何異？陝西當刺弓手爲保捷，河北河東陝西皆控西北，事當一體，請於陝西諸州涅手背點義勇爲便。』帝納其言，乃籍陝西主戶三丁之一刺之，得十三萬八千餘人。於是三路鄉兵唯義勇爲最盛，然紀略不可用，司馬光持以爲不可，反復力陳，琦雖語塞，而事不爲止，後竟爲陝西之患。

蕃兵之制

蕃兵者，塞下內屬諸部落團結以爲藩籬之兵也。西北邊羌戎種落，不相統一，保塞者謂之熟戶，餘皆謂之生戶，陝西則秦、鳳、涇原、環慶、鄜延，河東則石、隰、麟府。其大首領如都軍主，百帳以上爲軍主，其次爲副軍主以功次補者，其官職俸給有差。西事起，緣邊諸將，輒招徠蕃部，涅手背，編軍隊，用以助戰。其後族帳益多，而撫馭團結之制益密云。

綜論宋兵冗雜之弊

禁、廂、鄉、蕃四種，禁、廂皆出於召募，而禁軍獨盛，其調遣出戍要塞之防衞並寄焉。內外禁軍，總於三衙，而兵籍虎符，則樞密掌之，雖矯唐末五代外重之弊，集權中央，其弊則天下之大，又不啻天子自爲戰守也。宋初，以兵定天下，凡有征伐，則募置，事已則省併，故兵日精而用不廣。其後西北邊事日急，視前募兵寖多，茲據仁宗時代所紀累世兵數增進之率觀之：

時代	總數	禁軍占額
太祖開寶	三十七萬八千	十九萬三千
太宗至道	六十六萬六千	三十五萬八千
眞宗天禧	九十一萬二千	四十三萬二千
仁宗慶歷	百二十五萬九千	八十二萬六千

此皆募兵也，前後八十年間，多寡之不同若此，而鄉蕃兵猶不與焉。養兵甚盛，顧乃北制於遼，西困於夏，一無武功之足言。翰林學士孫洙謂『今內外之兵百餘萬，而別爲三四，離爲六七。別爲三四者何？即禁、廂、鄉、蕃是也。離爲六七者何？謂之兵而不知戰。給漕輓，服工役，繕河防，供寢廟，養國馬者，皆兵也。疲兵而坐食，自前代以來，未有猥多於今日者。總戶口歲入之數，無慮十戶而資一廂兵，十萬而給一散卒，其衞士之給，又浮費數倍，安得而不大蹙也。』然則宋代兵雖多，而積弱不振之故，觀此亦可知其概已。

第七章　遼金元蕃漢軍戶概略

遼金元起自北方以部族相結合，故兵與民爲一，凡蕃戶之著籍者皆兵也。其後略有中原地，因其編戶，列於兵籍，始有漢兵。三朝兵制，大抵皆蕃漢軍相雜，而於歷代之設施稍異。今爲分述於後。

遼之兵制

其制之大目有四，大帳皮室軍凡三十萬騎，屬珊軍凡二十萬騎，是爲御帳親軍。十二宮一府，自上京至南京總要之地，各置提轄司，（舊史獨太和永昌二宮不見，蓋闕文也）凡諸宮衛丁四十萬八千，出騎軍十萬一千，是爲宮衛騎軍。親王大臣，體國如家，國有戎事，量借三五千騎，常留餘兵爲部旅根本，是爲衆部族軍。凡臣服於遼者，如出其軍以供國之驅使，是爲屬國軍。數者各自爲軍，分數秩然；其能雄長二百餘年者賴此。其制，凡民年十五以上，五十以下，隸兵籍。每正軍一名，馬三匹，打草穀守營鋪家丁各一人，人馬不給糧草，日遣打草穀騎四出鈔掠以供之。皇帝自將出征，親點將校，又選勳戚大臣充行營兵馬都統副都統都監各一人，選諸軍兵馬尤精銳者三萬人爲護駕軍，驍勇三千人爲先鋒軍，又選剽悍百人之上爲遠探攔子軍；以上各有將領。又於諸軍，每部量衆寡抽十人或五人合爲一隊，別立將領，以備勾取兵馬，騰遞公事。中原州縣，則起漢人鄉兵萬人隨軍專伐林木，塡道路。此其臨時編置之大略也。否則車駕不親征，重臣統兵亦不下十五萬衆。牧馬南伐，侵擾宋邊，剽利善戰，時或得志焉。

金之兵制

金興，用兵如神，戰勝攻取，無敵當世，曾未十年，遂定大業。蓋其俗本鷙勁，人多沈雄，兄弟子姪，才皆良將，部落保伍，技皆銳兵；重以地狹產薄，無事苦耕，可給衣食，有事苦戰，可致俘獲，是故將勇而志一，兵精而力齊。而考其初年，諸部之民，無它徭役，壯者皆兵，平居則聽以佃漁射獵，習為勞事；有警則下諸部徵之，凡步騎之仗糗，皆取備焉。其部長曰貝勒，行兵則稱曰明安、穆昆，從其多寡以為號。明安者千夫長也，穆昆者，百夫長也，穆昆之副曰富埒琿，士卒之副從曰伊勒希。部卒之數，初無定制，至太祖時，既以二千五百破耶律色實，始命以三百戶為穆昆，十穆昆為明安，並為世襲。繼而諸部來降，率用明安、穆昆之名，以授其首領，而部伍其人。珠赫之戰，兵始滿萬，而遼莫敵矣。及其後破遼、破宋，亦以此制中原之民焉。凡明安之上置軍帥，軍帥之上置萬戶，萬戶之上置都統，然有時亦稱軍帥為明安，而明安則稱親管明安者。其諸軍配置，在內則侍衛親軍，備宿衛京師，防城軍、（後更武衛軍）巡捕京城，是為禁兵；在外則蕃部兵與鎮防兵。蕃部者，渤海軍，奚軍，是渤海八明安之兵也。奚軍，奚人安尼等九明安之兵也。奚軍初徙山西，後遷山東，鎮防者，在西北則有分番屯戍軍、永屯軍、驅軍之別。驅軍者，國初所免遼人之奴婢也。河南陝西居守邊界者，則有邊鋪軍，諸路所募，則有射粮軍，特加涅刺用以兼充雜役。外此曰牢城軍，則嘗為盜竊者，以充防禦之役；曰土兵，以司警捕之事；凡漢兵有事則簽取於民，事已亦或放免。其始明安穆昆之戶，人盡為兵；及乎政衰民敝，兵氣頹喪，而又徵調無法，邊釁一開，下令簽軍，民戶強壯，或盡取無遺，號泣動鄰里，怨嗟盈道路。（金史兵志）蒙古之兵起，而金亦困矣。

元之兵制

元初典兵之官，視兵數多寡，為爵秩崇卑。長萬夫者為萬戶，長千夫者為千戶，長百夫者為百戶。世祖時頗修官制，內立五衞以象五方，始有侍衞親軍之屬，置都指揮以領之。外則萬戶之下置總管，千戶之下置總把，百戶之下置彈壓，立樞密院以總之。遇四方有警，則置行樞密院，事已則廢。若夫軍士，則初有蒙古軍，探馬赤軍。蒙古軍皆國人，探馬赤軍則諸部族也。其法：家有男子十五以上，七十以下，無衆寡盡檢爲軍，十人爲一牌，設牌頭，上馬則備戰鬥，下馬則屯聚畜牧；孩幼稍長，又籍之曰漸丁軍；既平中原，發民爲卒，是爲漢軍。或以貧富爲甲乙，戶出一人曰獨戶軍，合二三戶而出一人者曰正軍戶，餘爲貼軍戶；或以男丁論，嘗以二十丁出一卒；至元七年十丁出一卒；或以戶論，二十戶出一卒，而限年二十以上者充士卒之家，爲富商大賈則又取一人曰餘丁軍，至十五年免。其繼得宋兵，號新附軍，或取匠爲軍曰匠軍，或取侯將校之子弟充軍曰質子軍，又曰禿魯華軍，是皆多事之際一時之制也。至於遼東之乣軍，契丹軍，女直軍，高麗軍，雲南之寸白軍，福建之畬軍，則皆不出戍他方者，蓋鄉兵也。又有以技名者，曰礮軍，弩軍，水手軍；應募而集者，曰答刺罕軍。然軍籍係軍機要務，漢人不閱其數，唯樞密近臣職專軍旅者一二人知之，故有國百年，而內外兵數之多寡，莫有悉之者。其制：宿衞諸軍在內，而其用非一端，用於大朝會，則謂圍宿軍；用於大祭祀，則謂儀仗軍；車駕巡行用之，則曰扈從軍；守護天子之帑藏，則曰看守軍；夜以警非常，則謂巡邏軍；歲漕至京師，用以彈壓，則謂鎮壓軍。至於在外各路立萬戶，各縣立千戶，所以鎮壓各處。其所部之軍，每歲第遷口糧，府縣官支，而各道以宣慰司元帥總之，則四方鎮戍之兵亦重矣。蓋自世祖混一區宇，凡邊徼衿喉之地，皆命宗王鎮守，而河洛山東，據天下腹心，則以蒙古探馬赤軍，列大將以屯之，淮江以南，地盡南海，則名藩列郡，又各以漢軍及新附軍戍焉。其所經盡,過於遼金遠矣。

第八章　明京營衞所之制

有明軍制,大略可分之爲三:曰京兵,曰腹內衞所兵,曰邊兵。京兵之制有二,錦衣等上十二衞,所以衞宮禁,即漢之南軍也。留守等四十衞,所以衞京城,即漢之北軍也。上十二衞爲親軍,番上宿衞,無所隸屬,京城之衞,分屬五軍都督府,左府所屬者留守等衞,右府所屬者虎賁等衞,前府所屬者天策等衞,後府所屬者橫海等衞,中府所屬者神策等衞。遇有征行,則調發之,即唐府兵遺意也。腹內衞所兵者,列於各省及要害之處,每衞約計軍五千六百人,每千戶所計軍一千一百二十人,每百戶之下,設總旗二名,小旗十名,管領鈐束,以成隊伍,以指揮使等統之,督撫握兵機而不與調發,兵部得調而不治兵事,即宋代收兵權之意也。邊兵者,捍禦各邊屯戍要地,是即漢代募民實塞下之制也。

上直衞親軍

初有上十二衞,後增十衞,宣宗立騰驤四衞,別營開操,衣甲器械異他軍,橫於輦下。於是十六衞番上宿衞,名親軍,以護宮禁,每衞各有指揮使以統之,下爲千戶百戶,其衞名列左方:

錦衣衞　掌侍衞及緝捕刑獄之事

旗手衞　掌大駕金鼓旗纛帥力士隨駕宿衞

上十二衛（洪武中置）
- 金吾前衛　後衛　掌守衛巡警
- 羽林左衛　右衛　同上
- 府軍衛
- 府軍左衛　右衛　同上
- 府軍前衛　後衛　同上惟前衛領幼軍帶刀侍衛
- 虎賁左衛　同上

上十衛（永樂中置）
- 金吾左衛　右衛　掌守衛巡警以下均同
- 羽林前衛
- 燕山左衛　右衛　前衛
- 大興左衛
- 濟陽衛
- 濟州衛
- 通州衛

四衛（宣德中置）
- 騰鑲左右衛　掌帥力士直駕隨駕下同
- 武鑲左右衛

京營之三變

初有三大營，後變爲十二團營，又變爲兩官廳，世宗時復三大營之制；終明世京營制度之變更，其大略如此。

京軍三大營，一曰五軍，一曰三千，一曰神機，其制皆備於永樂時。初，太祖於京城內外，置大小二場，分教四十八衞卒，已分爲五軍都督府。成祖遷都，增京衞爲七十二，又分步騎軍爲中軍，左右掖，左右哨，亦謂之五軍，歲調中都山東河南大寧兵番上京師隸之。已得邊外降丁三千，於是有三千營，凡五司，分掌大駕旗鼓傳宣號令載御寶及兵仗之屬，以行隊皆騎。後征交趾，得火器法，立營肄習，號神機營，隊皆步；各提督以勳臣武臣充之，居常五軍肄營陣，三千肄巡哨，神機肄火器。大駕征行，則大營居中，五軍分駐，步軍在內，騎軍在外，騎外爲神機，神機外爲長圍，周二十里，樵採其中，三大營之制如此。仁宗朝，始命武臣一人，綜理戎政。及宣宗即位，高煦反於山東，帝自將討平之，又皆以京營取勝焉。此初制也。

景泰時，兵部尚書于謙，以京師軍馬分隸五軍神機三千營者，雖各有總兵等以統馭之，然實不相統馭，一有調發，獨挑選湊撥以行，故兵將不相知，且平日手不習攻殺擊刺之法，足不習坐作進退之方，目不識旌旗，耳不聞金鼓，率以臨敵，如驅羊禦狼耳。今於見操諸營軍精選得勝兵十五萬，分十大團營，各設都督統焉。其管隊把總大小總兵官，各量其才器謀勇以充，使爲將者知士之強弱，爲軍者熟將之號令，則體統相維，兵將相知，士伍熟習，易於闘會號令歸一，易於使令；於是團營之法始焉。英宗復位，罷團營，復三大營。八年，復制，成化初復罷之。尋選京衞勝兵八萬，外衞八萬，其外衞分兩班，班四萬，與京衞番上，共十二萬，定分爲十二團營，曰奮武、練武、耀武、顯武、敢勇、果勇、效勇、鼓勇、立威、神威、揚威、振威營，各有坐營把總等官，專團操，每營萬人，分而爲三，如永樂初制。厥後京營缺伍至七萬有奇，大數爲權貴所隱占。復用汪直總督團營，內臣專掌禁軍自此始。

武宗改元，鍾愛閹寺，八黨朋興，而劉瑾尤爲剛狠。提督團營，集九邊突騎數萬人聚京師，號威武營，帝自領，閹人善騎射者爲一營，謂之中軍。後以南征，帝自署威武大將軍，以江彬許泰副之，其十二營如故。後邊防告急，備選三萬人從征，號曰東西二官廳，各一都督總之。自是二官廳軍爲選鋒，而十二團營且爲老家矣。

衛所屯軍前後之重輕

明初京營勁旅，不減七八十萬，而元戎宿將常不乏人。自三大營變爲十二團營，又變而爲二官廳，雖寖不如初，然原額軍尚足三十萬八千有奇。迄武備廢弛，在營操練，不過五六萬人，戶部支糧則有，兵部調遣則無，此其弊不在逃亡而在占役；訓練之不精，其罪不在軍士而在將領。凡提督、坐營、號頭、把總等官，多世胄紈袴，平時占役營軍，空名支餉，臨操則肆集市人，呼舞博笑而已。嘉靖二十九年，兵部侍郎王邦瑞力言其弊，於是悉罷十二營兩官廳，復三大營舊制，改三千曰神樞，五軍神機如故，總曰戎政府。改總兵官曰總督，使仇鸞爲之；設贊理軍務文臣一人，則命邦瑞爲之。隆慶朝，復遣司禮監一人閱視；四年，大學士趙貞吉上言：「內外兵分隸五府，乃高皇帝定計，俾免前代權臣握兵之害。永樂末，因聚府兵北伐，旋師後，遂結營團操，乃以三千神機二營附之，因號三大營，其實皆五府兵也。正統末，營變爲十團營；宏治間，又加爲十三團營；正德間，又增置東西官廳，然五營之號未泯，而五府意猶存也。至嘉靖朝，嚴嵩爲仇鸞地，遂請特設戎政廳，括內外籍鑄督戎政印授之。夫以五府外別立一廳，則盡變太祖分府之意；以十萬衆統於一人，則盡變成祖分營之意；向使鸞誅晚，則時事之危未可測也。合將見操官軍九萬人，分爲左右前後中五營，各擇一將統之，責令開營教習，仍以文臣巡閱之，每歲春秋，較閱官軍能否，軍士勇怯，技藝生熟，皆得奏聞，賞罰行焉；要令所管，齊成精銳，有事則領飭將兵於關外，事畢則納印歸於營中，如是則太阿之柄，獨歸於上，而輦轂下有數萬精兵，隨所用而可矣。』下兵部議。尚書霍韜言：『京兵訓練，不在營制更張，而在將佐得人，操練如法，請三大營仍舊，則將領不增，而役占少，號令不煩，而體統明。』至論大將不宜專設，戎政不當有印，韜議與貞吉不合。乃仍舊制，分五軍神樞神機三大營，各以總兵一員統之，各以文職大臣一員綜理之。給事中溫純言：『京營之弊，在不擇將而添將，不增軍而增官，不增訓練而講營制，奈何以一輔臣故而用三大將？以一勳臣故而用三侯伯？又以三侯伯故而用三文臣？不唯文武不相能，即文臣中亦自相矛盾。倏焉而文提督之令至，倏焉而武提督之令至，居常猶忽，以之臨敵，鮮不敗矣。』乃詔復京營舊制，罷六提督，更推總督，協理大臣如故。以後雖將有貪廉，政有叢舉，而夙弊日深矣。蓋明自中葉後，天下衛所之兵，幾於徒有虛籍，緩急所恃，唯民兵及諸鄉兵，與四川粵西湖廣三省之土兵而已。厥初兵志之善果安在哉！

第九章　清代旗營綠營制度及新軍之編制

清兵制變革之大端

設兵之制，歷代因革損益，雖互有不同，而其實不甚相遠；其出於特創而無所因襲者，則八旗之制是也。開國之功，唯資禁旅，建州海西海東野人諸衛之良，是曰滿洲，蒙古漢軍，後先疏附，合爲旗營。至綠營爲經常之制，實皆明之舊兵也。戡定三藩，効用爲衆。嘉慶以降，鄉勇稱盛，足以補綠營之未逮；然未別爲制也。洪楊之役，勇營斯重，湘楚淮豫，厥庸顯然。蓋中葉以前，旗重於漢，中興以後，漢重於旗。直隸練軍，又挑綠兵，各省效之。甲午不競，改習洋操，更名陸軍。又仿外制，創設海軍。迨於末造，又仍重滿，綠營汰撤，十居其七，此變革之大略也。茲爲分述於後。

八旗略說

八旗在內爲禁旅，在外爲駐防，此入關以後所分制者也。太祖辛丑年，初設四旗，曰黃旗，曰白旗，曰紅旗，曰藍旗，以純色爲辨。甲寅年始定八旗之制，以初設四旗爲正黃、正白、正紅、正藍，增設四旗爲鑲黃、鑲白、鑲紅、鑲藍。黃白藍均鑲以紅，紅鑲以白，合爲八旗，統率滿洲、蒙古、漢軍之衆。每三百人編一佐領，滿語牛彔章京，猶言守備五佐領設一參領，滿語甲喇章京，猶言參將游擊領千五百人，五參領設一都統，滿語固山章京，猶言總兵領七千五百人；每都統設左右副都統，滿語梅勒章京，猶言副將八都統是爲八旗，然猶合滿蒙漢爲一也。迨其後戶口日繁，又編蒙古八旗，設官與滿洲等，繼編漢軍八旗，設官與滿洲蒙古等，合爲二十四旗。凡八旗次序，分上三旗，下五旗，行軍蒐狩，分左右翼。其制：以旗統人，即以旗統兵；蓋凡隸於旗者，皆可以爲兵，非如前代有僉派召募補充之煩，而後收兵之用也。

八旗禁旅之種類

其在京者有八：曰領侍衞府，即親軍也，以上三旗子弟爲之。上三旗者，其初天子自將之兵也，所屬有侍衞及親軍校親軍，皆統於領侍衞內大臣。侍衞之等級，分御前侍衞，乾清門侍衞，一二三等及藍翎侍衞，凡數百人。自三旗外，凡宗室之秀，外藩之侍子，漢人之武科出身者亦與焉。（漢侍衞別爲一二三等及藍翎）親軍校七十五人，親軍九百九十五人，皆隨侍衞班番直宿衞，乾清門爲內班，太和門爲外班。曰鑾儀衞，（後改鑾輿）總於掌衞事內大臣，所屬軍尉儀刀弓矢殳戟用親軍，豹尾槍仗馬用護軍，蒙古畫角用蒙古鳴角軍，奉鞏擎執儀仗各校尉，自內府選用者爲旗尉，自五城選用者爲民尉，駕出則執仗以從。曰內府三旗，鑲黃正黃正白之三旗也。隸內府者，有三旗驍騎營，三旗前鋒營，三旗護軍營，其圓明園內府三旗制亦如之，皆專衞禁苑者。曰驍騎營，滿蒙漢各八旗都統所領之兵也。定制，各旗官員兵丁，其戶口屬籍，皆隸於都統，至簡用充補，惟有驍騎營屬之，餘各分領於各該營大臣焉。驍騎營者，乃於每佐領下，選驍騎校一人，其次若干人爲領催，若干人爲馬甲，若干人爲匠役，而以驍騎參領及佐領層級遞制之，依京城汎地直班巡儌，蓋各旗都統之兵止此而已。曰前鋒營，滿蒙八旗，分左右翼，翼置前鋒統領一人，下爲前軍校，與前鋒營同備警蹕宿衞，而護軍兼宮禁傳籌與內禁門啓閉。曰步軍營，隸步軍統領，有左右翼步軍總尉、八旗步軍尉等，領步卒，掌守衞巡警；其城門領城門吏門千總等，掌外禁門啓閉者也。又五城巡捕營兵萬人，別爲綠營，亦附隸於步軍統領，分汎巡緝。曰火器營，總統六人，（王公大臣兼任）率八旗鳥槍護軍參領、護軍校、驍騎校，專習火器。曰健銳營，總統無員限，（仝上）置兩翼翼長，率八旗前鋒參領、前鋒校等，演習雲梯、鳥槍、馬步射、馳馬、躍馬、舞刀、舞鞭諸技。曰虎槍營，總統一人，（公侯或領侍衛內大臣兼任）惟選用上三旗，有三旗總領各二人，領虎槍長及虎槍人，備蒐苗行田。蓋火器、健銳、虎槍三營尤為禁旅之選鋒，號為勁卒者也。

八旗駐防之分布

八旗駐防之兵，自畿輔及各省，東則東三省，西則新疆，北包內外蒙古，皆分列將軍都統及諸大臣鎮撫之，列表如左：

省名	將軍都統等駐防	成守尉駐防
直隸	稽察[illegible]處旗務大臣（駐京） 熱河都統 圍場正副總管 密雲副都統 山海關副都統 察哈爾都統（駐張家口）	保定府城守尉 東安縣　采育里 滄州　固安縣　雄縣 寶坻縣　良鄉縣防守尉 霸州 古北口防守尉 昌平州防守尉 永平府　三河縣　喜峯口防守尉 玉田縣　順義縣　冷口 獨石口防守尉
山東	青州副都統	德州城守尉
山西	綏遠城將軍 歸化城副都統	太原城守尉　歸巡撫節制

省名	將軍副都統駐防
盛京	盛京將軍 副都統 金州副都統 興京副都統 錦州副都統
吉林	吉林烏剌將軍 副都統 寧古塔副都統 琿春副都統

省部	將軍副都統諸大臣駐防
新疆	伊犁將軍 索倫領隊大臣 額魯特領隊大臣 察哈爾領隊大臣 錫伯領隊大臣 以上駐伊犁 伊犁塔爾巴哈台副都統 塔爾巴哈台領隊大臣 以上駐塔爾巴哈台

河南	陝西	甘肅	四川	湖北	江南	浙江	福建	廣東
	左翼副都統 西安將軍 右翼副都統	寧夏將軍 寧夏副都統 涼州副都統	成都將軍 成都副都統	左翼副都統 荊州將軍 右翼副都統	江寧將軍 江寧副都統 京口副都統	杭州將軍 杭州副都統 乍浦副都統	福州將軍 福州副都統	滿州副都統 廣州將軍 漢軍副都統
開封城守尉　歸巡撫節制		莊浪城守尉						

沐	黑龍江
伯都訥副都統 阿勒楚喀副都統 三姓副都統	黑龍江將軍　駐齊齊哈爾 齊齊哈爾副都統 黑龍江副都統 墨爾根副都統 呼蘭副都統 呼倫貝爾副都統 庫特哈副都統 通肯副都統

烏里雅蘇台	科布多
定邊左副將軍 定邊等處參贊大臣 烏里雅蘇台參贊大臣 以上駐烏里雅蘇台	科布多參贊大臣 科布多幫辦大臣 以上駐科布多

凡駐防之兵，無論騎步，皆合滿蒙漢軍爲營，自將軍都統城防守尉以下，亦有以防禦或佐領分駐他所者，此在東三省及察哈爾所屬往往而是。又東三省及新疆之地，別有索倫兵，錫伯兵，達瑚爾兵，巴爾虎兵，察哈爾兵，額魯特兵，則皆打牲游牧部落之臣服較後者，別編佐領，不列於八旗者也。

綠營略說

綠營之種類有三，曰馬兵，曰守兵，曰戰兵，而戰守皆步兵，其額外外委則馬兵也。總督所屬爲督標，巡撫所屬爲撫標，提督所屬爲提標，總兵所屬爲鎭標，自總兵以下則爲副將、參將、游擊、都司、守備、千總、把總等員，凡撫標、提標、鎭標，率歸總督節制，而提督又節制各鎭標也。各鎭標統轄各協及各營，其隸於河道總督者爲河標，所轄各營專司防河護運；隸於漕運總督者爲漕標，所轄各衞所專司分幫領運，此其槩也。舊制，各省綠營兵都六十六萬一千六百五十有六，歲糜餉幾二千萬。洪楊之役，所在譁潰；中興倚募勇平亂，綠營兵制，猶因循而未革也。甲午以後，始議分成裁汰，而河漕標營又以次倂廢，至宣統年間，殆十無一二矣。

京外各省提鎭分布之處，列表如左：

省名	提鎭	駐地
京師	步軍統領九門提督	京師
	左翼總兵	京師
	右翼總兵	京師

省名	提鎭	駐地
湖南	湖南提督	常德府
	鎭筸鎭總兵	鳳凰廳
	綏靖鎭總兵	永綏廳
	永州鎭總兵	永州府

省	官	駐地
直隸	直隸提督	古北口
	泰寧鎮總兵	易州
	馬蘭鎮總兵	馬蘭峪
	天津鎮總兵	天津府
	通永鎮總兵	天津蘆台
	正定鎮總兵	正定府
	大名鎮總兵	大名府
	宣化鎮總兵	宣化府
山東	山東巡撫兼提督	濟南府
	登州鎮總兵	登州府
	兗州鎮總兵	兗州府
	曹州鎮總兵	曹州府
山西	山西巡撫兼提督	太原府

省	官	駐地
四川	四川提督	成都府
	川北鎮總兵	保寧府
	重慶鎮總兵	重慶府
	建昌鎮總兵	寧遠府
	松潘鎮總兵	松潘廳
浙江	浙江提督	寧波府
	海門鎮總兵	黃巖縣
	溫州鎮總兵	溫州府
	處州鎮總兵	處州府
	衢州鎮總兵	衢州府
	定海鎮總兵	定海廳
福建	福建提督	泉州府

勇營練軍略說

咸同軍興，曾國藩左宗棠輩提一旅之師，戡定大難，連城專閫，戰無不勝，知兵之將以百數，由是湘軍淮軍名滿天下。方咸豐初元，江忠源以鄉兵五百，從副都統烏蘭泰，破洪軍於廣西，號楚勇；及長沙亂，羅澤南亦率鄉子弟三百人，以衞桑梓，號湘勇，湘軍之起自此始。明年，國藩以團練大臣，治軍長沙，乃益搜討營制，恢廓兵額，水陸之師，相繼而起。其時綠營軍帥忮忌甚，動相齟齬，顧湘軍戰輒有功，奮勇敢死，官軍無以難也。其後湘軍厮養下卒，往往起行伍至偏裨，甚者乃爲大將，朝議專倚重之，卒以夷難。淮軍者，出李鴻章麾下，本仿湘軍以興者也。鴻章佐曾幕久，諳練兵事。十年，國藩疏薦鴻章，往治淮陽水師，以湘軍若干入資附之，其餉章營制訓練之法，悉依湘軍。同治元年，鴻章拜蘇撫之命，將淮軍八千赴上海。先是美國人華爾，膺中國之聘，募歐美人數十爲軍校，益以中國人應募者數百，號常勝軍，屯防上海，常能以少擊衆。淮軍至，西人見其衣服粗陋，意頗輕之；及嘉定青浦之戰，常勝軍潰走，淮軍力戰大破之，西人大嘆服。旋與西兵習處，亦頗利用火器及事平，國藩嘆湘軍爲暮氣。故凡東西捻之破滅，皆淮軍力也。然湘軍嘗西出玉門、陽關，宗棠將之，遂定伊犂，郡縣新疆；所謂暮氣者能如是乎？要之兵氣勇銳，隨將爲轉移。鴻章既久督北洋，習外事，淮軍已改舊制，或採用西操，而江南大帥多任以湘中舊將，其所部士卒盡是湘人，兩軍勢力隱分南北。蓋綠營既不足恃，自是巖疆大郡，遂多以勇營列屯寄戍矣。時或簡汰綠營，厚其餉糈，別訓肄之，以自成軍，號爲練軍，比於勇營之制，其在各省，往往而是；然紛撓錯亂，其成績亦無可言。厥後中日戰事起，湘淮軍同時失敗，疆事遂至大壞，其弊亦同綠營也。

水師略說

長江水師，自同治四年立爲經制額兵，各以副將、參將、游擊分級爲營。副將營設督陣大舢板一號，兵二十，長龍二號，每船兵二十五；舢板四十號，每船兵十四，共戰船四十三號；參將營及游擊營督陣大舢板及長龍，並如上制。舢板則參將減副將營四之一，游擊減參將營三之一。上起荊鄂，下盡崇海，列營二十有四，有戰船七百七十四，兵萬二千餘，一提督統之，四總兵分轄之，外狼山鎮總兵兼隸長江，分轄兩營，緣江五千里，擊柝聞於海，歲月綿衍，亦疲苶不任戰守矣。

海軍略說

自同治間，上海機器局、福州船政局，先後成立，而福州局特設學堂，專習造船、水師兩事，故獨以船政名，是為中國海軍之始基。然所成者率木質淺水之船，猶未能盡資軍用也。十三年，日本擾我臺灣，朝議經畫防海，令總稅務司赫德，先後赴英廠，購蚊子船八艘，（龍驤、虎威、飛霆、策電、鎮北、鎮南、鎮東、鎮西）藉壯聲勢；已而復購超勇、揚威兩快艦，委提督丁汝昌駕歸，而山東亦有蚊子船兩艘，（鎮中、鎮邊）合之南洋諸兵輪，都二十艘，時光緒七年也。顧練船運船居泰半，不足戰大洋。十年，法人擾閩浙口岸，南洋諸船如揚武、濟安、飛雲、振威、福星、永保、琛航、福勝，毀於馬江，澄慶、馭遠毀於石浦港。和議成，於是銳意整軍，立海軍衙門於京師，以綜其成。先是北洋訂購德廠鎮遠、定遠兩鐵甲，濟遠一快艦，久未成，及是賡續至，復增購英德廠致遠、靖遠、經遠、來遠四快艦，以十三年來華，合超勇、揚威，遂有鐵甲二，快艦七，附以蚊子魚雷各船，北洋軍容煸然矣。明年，定經制，分編四軍，以汝昌為提督，自是嘗周巡南北，以旅順威海為根據地，三歲則派大臣出洋會校一次，然雖新軍，而將士驕惰甚，甲午一役，全軍盡殲焉。厥後又購新式軍艦數艘，復設海軍衙門，陸續增購。不久，海軍歸附民軍，而清遂以亡。

新軍略說

自甲午以後，新軍起，而勇營之制又一變，大抵擇勇營精銳之士，模仿外國操，別自成軍；如江南之自強軍，北洋之武衞軍，湖北之護軍營，營分中左右前後五大枝，江南淮宿等處則置武衞先鋒左右軍，此其最著者。同時各省亦或參用常備續備諸目，名爲新軍，腐舊如故。庚子之役，直隸提督聶士成統武衞前軍，其左軍爲馬玉崑所統，頗以力戰稱，然拳匪偪於內，八國聯軍偪於外，譬猶孤豚咋虎耳。後自北洋銳意治兵，以次成立六鎭。光緒三十年，練兵處爲改良全國陸軍之豫備，規定營制餉章，頒布各省，大江南北疆吏頗注意言徵兵，而各省亦皆聞風興起矣。其營制分常備軍、續備軍、後備軍，有棚、（每棚正副目兵十四名以下類推）有排、（每排三棚）有隊、（每隊三排）有營、（每營四隊）有標、（每標三營）有協、（每協二標）有鎭、（步隊兩協馬隊一標礮隊一標工程一營輜重一營共計官兵九千五百七十二名排長以上之官弁不與焉）合兩鎭而成一軍。此常備軍臨時編制也。至戰時徵調，應按地勢敵情，或以三鎭爲一軍，或合數軍爲一大軍，或祇派一鎭分往一路，不受軍之節制；又步隊每排三棚者，亦可增爲六棚，其增數以續備軍調充，其正副目以常備軍選拔至礮兵、輜重兵，亦得就續後備軍調用之，不以常法拘也。新制，凡諸成立軍隊，不得自立主名，統由第一以至於十百之數名之。（此指新軍合格者而言）凡全國有若干軍，一軍有若干鎭，一鎭有若干協，一協有若干標，皆隨其數以推之，期於脈絡一貫，此又中央集權之意也。

附清季陸軍官職表

軍官名	鎭官名	協官名	標官名	營官名

總統官	總參謀官	一二等參謀官	礮工隊協參領	護軍官	一等書記官	總執法官	總軍需械官	總軍馬醫官	書記長	司事書生	稽査官
統制官	正參謀官	二三等參謀官	中軍官	一等書記官	正執法官	正軍需械官	正軍馬醫官	司號官	書記長	司事書生	
統領官	參軍官	執事官	二等書記官	司書生	司號長				二等書記官		
統帶官	教練官	執事官	掌旗官	副軍需官	副軍械官	副軍醫官			二等書記官	司書生	
管帶官	督隊官	隊官	排長	司務長							

第十章　歷朝兵制異同之比較

三代之制，兵出閭里，軍未有主名。東周以降，列邦始恢張武略：齊桓募士五五，晉文召爲前行四五，而是時秦有陷陣三萬，吳子 楚有組甲三百，被練三千，左傳襄三年 越有習流二千，教士四萬，君子六千，諸御千人，史記 而軍名於是乎起。中更七雄暴秦之亂，益用紛更。至漢，則內之爲南北諸軍，外之爲輕車騎士材官樓船，與三代古制殊異，此古今兵制一大變革之原也。自漢不能守初制，而專用召募，以後歷代政策之設施，總不外乎募兵與徵兵之制；上下古今，可參觀而互得也。爲條附之於左方：

漢與唐之異同

漢	唐
漢制南北軍分衛宮禁京城	唐制南衙十六衛同之
光祿勳增置之期門羽林軍	北衙十軍同之
二千石以上子弟之充衛郎	品官子孫之補親勳翊三衞
郡國兵分材官騎士樓船	府兵分越騎步兵
材官騎士番上京師爲衞士（太守都尉令長丞尉常以秋後行都試之法）	府兵給番宿衞同之（歲季參衞都尉率五校之在府者還左右校尉位以習戰陣）

唐與明之異同

唐	明
唐制十六衛分衛宮禁京城	明制親軍二十六衛同之
諸道折衝府內隸諸衞（兵籍總掌於左右衞而文符調發則聽之兵部）	京外衛所統於五軍都督府（五都督府綜兵籍而不與調發兵部得調發而不治兵）
折衝府兵受有世業田	衛所兵給耕田屯戍

衛兵由外府番上

北衙兵握於內豎而紳衿獨置北軍獄恣意羅織

京營衛番上同之

內臣干預軍政而錦衣衛亦有詔獄與東西廠表裏爲奸

清與宋金元之異同

清制

新軍不自立主名軍鎮協標統山第一推至於十百名之

佐領分統軍戶以參領副都統都統節制之

八旗駐防分布衝要之地

滿蒙漢二十四旗其制以旗統人即以旗統兵兵民爲一

宋熙寧將兵之法

金之明安穆昆軍帥萬戶都統

金以明安穆昆制中原元以蒙古特穆齊軍分戍內地

金元之軍戶

兵學二

第一章　歷代水陸戰事之演進

吾國民族開化最早，初時之繁殖，起於黃河流域，凡冀豫接壤之境，實三五帝王之所宅也。平原曠野，利用馳驟，所以讀周詩北伐者曰：『出車彭彭，旂旐央央。』南征者曰：『方叔涖止，其車三千。』車固用兵所必需乎？古者馳車一乘，則革車一乘。馳車、戰車也，革車、則以載器械財貨衣裝之用，以至天子之車，見於六月之元戎；諸侯之車，見於秦風之小戎；二車皆藉以戰，是爲兵車。春秋之世，惟吳楚憑長江之險，習用舟師，蓋皆隨其地勢之形便而爲之制；然以戰事劇烈，交通頻繁之故，水陸師徒，日取其利，其遞推而進，有自然之趨勢焉。

今分述之。

古車乘之制

其制：大率車一乘，馬四匹，每車甲士三人，步卒七十二人，以二十四人居前，左右各二十四人，居前者戰，其起原不可得而詳。然觀甘誓所載，一車有左右御三人，是夏時而已然矣。凡三人乘車之法，將帥車、馭者在左，戎右在右，將帥居中；士卒車，左人持弓，右人持矛，中人御；故御無定位，右有常處，右之職，雖將帥士卒之車常持矛也。行則以車爲衞，止則以車爲營，步卒夾輔以從，其分合變化，有偏參兩專伍之別。偏之名有三：九乘爲小偏，十五乘爲大偏，尤大者又有二十五乘之偏。由是增之，二十九乘爲參，五十乘爲兩，八十一乘爲專，百二十乘爲伍，稽古司馬法，可見者如此。

崇卒之所始

自世下衰，諸侯或以車逐利於原隰草莽之間，於是有還寧而止，經木而止，乃寢車戰而用徒。春秋魯昭公元年，晉中行穆子敗無終及羣翟於太原，崇卒也。此爲陸戰上兵事一大進步。方是時，緣太行山麓，窟穴於其間者，皆羣翟，登山陟嶺，其長技也，以徒戰爲利。將戰，魏舒曰：『彼徒我車，所遇又阸，請皆卒，自我始。』荀吳之嬖人不肯卽卒，斬以徇，爲五陳以相離，（布陳使相遠也）兩於前，（五十乘之卒）伍於後，（百二十乘之卒）專爲右角，（八十一乘之卒）參爲左角，（二十九乘之卒）偏爲前拒，（二十五乘之卒）以誘之。蓋雖用卒，猶襲車乘之名也。（此言布陳之法）翟人笑之，未陳而薄之，遂大敗。自此始知徒兵之用，利便於車，車制幾幾乎廢矣。第去古未遠，遺躅猶存，亦間有用之者。

騎兵之起源

古者車戰，本以車步相濟，故毀車崇卒，亦有自來，而古籍流傳，獨未有記戰騎者。戰騎本出匈奴，蓋北翟逐水草遷徙，無城郭，輕騎馳逐，以射獵爲生業。六國時，西北邊拓地益廣，胡騎遝陵，爲中土患。趙武靈王變服騎射，北破林胡樓煩，此廢車用騎之權輿；此爲陸戰上兵事第二進步。夫胡之用騎，亦其地勢曼衍，土產良馬，隨自然之習慣爲之，與昔翟人蟄居山險，以徒戰爲能者正同。然中國皆師其長技，因以爲用者，其經驗然也。昔唐太宗謂蕃兵惟勁馬奔衝，在六國時，燕趙邊胡始有之。秦遂有騎卒將，曹操始爲戰騎、陷騎、游騎之法，且云：車徒常教以正，騎隊常教以奇。是可知中國騎戰之源流也。

車戰之一斑

自騎兵興，而遲速利鈍之間，車之遜騎遠甚。漢魏以降，雖嘗用車，大率行則以之載糗糧，止則環而爲營，亦間用以殺敵致勝者：如在漢夏侯嬰破李田軍於雍邱，以兵車趣戰；灌嬰以御史大夫將車騎別追項籍至東城；武帝時衞青出塞，以武剛車自環爲營，而縱五千騎往當其鋒；後光武造戰車，可駕數牛，置塞上以拒敵；在晉則馬隆擊鮮卑，樹機能（鮮卑酋名）以數萬衆據險拒之，隆以山陿隘，乃作偏箱車，地廣則爲鹿角車營，路狹則爲木屋施於車上，遂殺傷敵衆；劉裕伐南燕，以車四千乘爲左右翼，方軌徐進，又伐秦，假道於魏，魏遣軍徼之，裕帥伏士七百人，車百乘，爲卻月陣，魏師奔潰；魏太武北伐蠕蠕，亦用車十五萬兩；隋諸將之與突厥戰也，皆戎車步騎，爲鹿角方陣，此皆其證也。至唐以後，益不復尚。房琯將兵復兩京，至便橋，陳濤斜，琯效春秋時戰法，以牛車二千乘馬步夾之，賊乘風縱火，人畜大亂，死傷者四萬，議者咸以爲用車不若用人與騎之愈。沿至宋代，高宗建炎初，宗澤造戰車法，李綱造戰車法，均不及施。紹興初布衣王大智獻車式，車成而不可用，竟罷。明成化間，都御史李賓請造偏箱車五百輛，鹿角柞五百具，已命工製造，竟以登高涉險不便，遂已。而邱濬亦言：古者車制，其制太大，利守不利戰。唯嘉靖間，戚繼光刱立軍營，每營二十八輛，車上安大佛機二架，每車派軍士二十人，分爲奇正二隊，而鳥銃長刀籐牌火箭無不畢具，以之環衞車馬，一則可以爲部伍，一則可以爲營壘，一則可以代甲胄，誠爲有足之城，不秣之馬。但所恃全在火器，火器若廢，車亦何能獨禦哉？

火攻之發明

孫子曰：火攻有五，一曰火人，二曰火積，三曰火輜，四曰火庫，五曰火隊。行火必有因，烟火素具，發火有時，起火有日。時者，天之燥也。日者，月在戊箕、東壁、翼軫也。凡此四宿者，風起之日。凡火攻必因五火之變而發之，火發於內，則早應之於外，火發而其兵靜者，待而勿攻，極其火力，可從而攻之，不可則止。此言火攻所自始也。漢建安時，曹操得劉琮水軍船步兵數十萬，悉浮以沿江，劉備遣諸葛亮詣孫權，權遂遣周瑜等與備併力逆曹，遇於赤壁。黃蓋曰：觀操軍方連船艦，首尾相接，可燒而走也。乃取蒙衝鬥艦數十艘，實以薪草，膏油灌其中，裹以帷幕，又預備走舸，各繫大船後，因引次俱前。曹軍吏士皆觀望，指言蓋降，蓋放諸船，同時發火，時風盛猛，悉延燒岸上營落，頃之，烟燄漲天，人馬燒溺死者甚衆，軍遂敗退。唐末王重師爲潁州刺史，從梁太祖攻濮州，縱兵壞其墉，一人因屯火塞其壞壘，烟焰亘空，人莫敢越。重師方苦金瘡，勉躍起，命將士悉取氈罽，投水中，擲於火上；重師率精銳，持短兵突入，諸軍踵之，濮州乃陷。宋冀州將官李政備守有方，一日金人登城，火其門樓，政以重賞募士撲之，俄有數千人皆以溼氈裹身，躍火而進，大呼力戰，金人解去，城賴以全。又王德旣破邵青，諜言青復索戰，將用火牛，德笑曰此古法也，可一不可再，命合軍時萬弩齊發，牛皆反奔，賊衆盡殲，青遂面縛焉。餘如火兵、火獸、火禽、火盜、火杏、火箭，次第發明，亦皆火攻之法之進步者。

水師之發明

水師戰事，肇於吳楚之爭強。楚居長江上游形勢之地，而吳承其下流，故並以舟師相雄長。左傳襄三年，楚子重使鄧廖帥組甲三百、被練三千以侵吳，蓋水師戰紀，至此始見於書傳。自是大江淮漢之間，兩國戰事不絕。至春秋末，乃有涉江入海者，如吳徐承率舟師自海入齊，越王勾踐命范蠡舌庸率師沿海泝淮，以絕吳路，是為海上用師之始；皆以水戰經驗而得進步。其舟制，吳初有戈船下瀨舡，漢遂有樓船，樓船高十餘丈，加旗幟其上。戈船，漢書注曰：『船下安戈戟，以御蛟龍之害也。』三輔黃圖曰：『漢昆明池布百艘樓船，上建樓櫓戈船各數十，上建戈矛，四角垂幡葆麾蓋。』毗志經曰：『樓船上建樓一，戈船上建戈矛，又作二石人東西相對，象牽牛織女，露楫在外，人在船中。』此皆漢戰船制度。吳之飛雲蓋海者，吳都賦注曰：『飛雲、船上樓名，甚高。蓋海、言多也。』晉之連舫，則王濬所修，方百二十步，受二千餘人，以木為城，起樓櫓，開四出門，其上皆得馳馬，此尤制度之奇者。隋之五牙大艦，乃楊素所造，上起樓五層，高百餘尺，左右前後置六柏竿，並高十尺，容戰士八百人；次曰黃龍，置五百人，此亦制度之異者。唐則李皋常運心巧思為戰艦，挾二輪蹈之，鼓水前進，駛於陣馬，此亦制度之巧者。宋則咸平中造船務，時有獻轉海船式者，惜其式不傳。宋王應麟曰：「鬥船之制，近世太精，昔人智巧，殆不可及。北人望之，驚若鬼神，限以天際之水，駕以如山之浪，彼雖虎兕貔貅，莫敢前也。」此則專指宋代而言之。若今之兵艦火器與夫水寨陣法，及一切出奇制勝之具，其擴張殆不可思議。由風帆變火輪，由明輪變暗輪，由是而變為鐵甲，為快船，為帶甲快船，其出沒轟擊者，又變而有蚊子、穹龜、水雷諸名，循是以往，當更有日新而月異者。

軍行航路之推廣

今夫鐵艦縱橫於海上，視古伏波橫海之時，殆無足言。然自春秋吳越始用海師，一自蘇州下海至山東，一自浙東下海至淮上，其涉險出奇，已通南北洋之郵。迄漢武遣樓船將軍楊僕自齊浮渤海擊朝鮮，則由山東下海，北達遼東；復遣中大夫嚴助發會稽兵，浮海救東甌，橫海將軍韓說自勾章浮海擊東越，則由浙江下海，南達福建。而東晉劉裕遣孫處沈田子自海道襲番禺，且達至廣東矣。然此不過以海上為通道耳，其戰事實現，要仍在陸地。夫宋元厓山之役，元將張宏範破張世傑兵於廣海，其為海上交戰之始乎？雖然，此猶僅出於內海也。元以舟九百艘，兵十萬衆，征日本，至元十一年，大敗之平壺，島名，在日本海中。則遠戰外洋矣，而兵威頓挫，不足言武。至明永樂時，宦者鄭和，率舟師之南洋群島諸酋，咸受命聽約束唯謹。於是中國水軍之勢力，且越蔴剌甲海峽，而威振印度洋矣。是故自江而海，自內海而外洋，覽古昔水師之戰績，固有可言。至今環海交通，艦隊絡繹者，非能驟而幾於是也，蓋由積漸而成也。

第二章　歷代兵器發明之次第

優勝劣敗之萌芽，奮發而不可阻遏者，時也，勢也。人類以競爭而生存，故時勢所至，競爭起焉。競爭愈烈，戰備愈精，所以殺敵之器亦愈猛而不止。其進化之次序，大略可分之爲三時期。

削石爲兵時期

近世史家追溯文化起原，必上推於遠古之石器時代，以爲人類生活，所以能演進成現代之生活，不似其他動物之永安於愚蠢者，全在能以手使用工具也。古用石器，不止一端，而用之於戰爭，確有明證。上古之時，戰爭方熾，不可一日無兵，然兵器或用石。越絕書引風胡子云：『軒轅神農赫胥之世，以石爲兵，黃帝時以玉爲兵，禹時以銅爲兵，當今之世作鐵兵。』於兵器進化之次第，敍述特詳，此古代削石爲兵之證。一爲石旝，左傳桓五年『命二距曰旝動而鼓，旝發石也，一曰飛石。』范蠡兵法云：『飛石重二十斤，爲機發行二百步。』（御覽三百三十七卷引春秋舊說亦云旝發石車也）說文云：『旝，建大木置石於其上，發其機以磓敵。』詩曰：『其旝如林。』觀於說文之說，則知旝動而鼓，指發石而言；其旝如林，亦指發石之木而言；故其字亦作檜。蓋建木發機，亦古人磓敵之利器。一爲石鈇，說文斧字下云：從斤父聲；鈇字下云：莝斫刀也。蓋鈇爲莝斫之刀，斧訓爲斫，而斫字從石，是古用石鈇，後世乃以金爲鈇也。故中庸云：『不怒而民威於斧鉞。』斧或作砆，此古有石鈇之證。史記楚世家：『碆新繳』集解徐廣注以石傳弋曰碆。國語魯語：『楛矢貫之石砮。』韋昭注：『砮鏃也，以石爲之。』漢書鼂錯傳：「具藺石。」服虔注：藺石，可投人石也。如淳注：城上雷石也。以上皆是削石爲兵之石器。又詩言「取厲取碫」（俗本作鍛係後人所改）鄭箋謂鍛石所以爲鍛質。書經費誓：「段乃戈矛，厲乃鋒刃。」蓋段之欲其堅，厲之欲其利也。古時不獨以石爲兵也，凡欲兵器之堅利者，亦不得不取資於石焉。至於石刀、石礶、（任昉述異記）石弩、石斫、（說文）之屬，古籍所詳，亦多古有而今無，推之殊方異俗，蓋莫不皆然也。

弓矢利用時期

自石器不足以刃人，乃舍石而用鐵。蓋自神農爲陶冶斧斤，迨黃帝之世，蚩尤好亂，作刀戟大弩，而戈殳戟酋矛夷矛以起，是蓋因鐵冶發明而然也。時黃帝命揮作弓，夷牟作矢，弧矢之利啓。短兵長用，尤戰事利器所繫。於是骨、（爾雅言骨鏃）角、（詩言角弓）羽、（爾雅矢鏃以羽爲飾）木、（易言「弦木爲弧，剡木爲矢」）竹，（禹貢「篠簜既敷」注篠箭竹簜大竹）皆附金鐵以爲用，而弓矢製造之術乃益繁。周禮考工記分四弩八矢，凡弩夾庾（皆弩名利近射）利攻守；唐大（皆弩名適遠近）利車戰、野戰；凡矢、枉矢、絜矢、利火射，用諸守城車戰；殺矢、鍭矢，用諸近射田獵；矰矢、茀矢，用諸弋射；恆矢、庳矢，用諸散射。（禮射及習射也）故善戰者必言射。古人萃精金良材，備疆場一日之用者，大要莫先乎矢人函人之二職，而戈矛殳戟猶後也。弓強則有以致人，甲堅則人無以致我。雖漢唐而下考工軍器之官，其所典領亦不外是。然而矢之遠百步耳，至宋乃有牀子弩發矢及七百步千步弩發矢；及三里神臂弓發矢二百四十餘步，入楡木半簳，（簳箭幹也）後專以神臂弓爲利器，蓋數千年戰事之經歷，人心之構造，蓋至是已臻於極矣。

火藥發明時期

弓矢之利，至宋時已盡啓無餘，於是戰事上又發明一利器焉，則火礮是也。林山居士礮考曰：『百兵作於黃帝，而礮字始見於文選閑居賦，所謂礮石雷駭者，是漢以前無此字，蓋即范蠡所作飛石。礮字或作拋，見文選注；又作碻，見沈約宋書。其作礮者，宋初平江南時，所造有礮，蓋借礮燔之礮而音匹孝也。古之礮用石，見通典所載衛公兵法守城篇。其用火藥者，大約起於南北宋金元之際，自虞允文采石之戰，用霹靂礮敗衆，而火礮之製以肇，然第用紙包硫磺石灰而成之也。後理宗時有所謂突火槍，亦第用粗竹作筒，內裝子窠而皆未用鐵者。自金人有所謂震天雷者，用鐵器盛藥，以火點之，此火礮用鐵之始。至元世祖時，回回人伊斯瑪音（譯作亦思馬因）所獻新礮法，而其製加精，自此器出，遠非中國所及。故相傳以爲大礮之制，來自西域，實則火藥之發明，則在吾國也。明成祖得交趾神機鎗礮法，而其器始多。厥後嘉靖復造佛郎機礮，發諸邊鎮，而外間始知製造之法。萬歷時，又得大西洋紅夷礮，天啓中，錫以大將軍號，而礮之用乃大著。淸初亦製此，改號紅衣，師行必攜，倚以爲利器焉。自咸同之際，用兵定亂，時中西互市之局方啓，始購用外國槍礮。最近百年來，西洋火器之製，日新月異，而中國亦委輸不絕。戰事翻新，則往日之制，今皆糟粕。蓋兵無常勢，善用者强，往往一法之更，各國從而效之；一術之精，全球起而學之。佛郎機之器，法所造也，今則視之若窳器矣；克虜伯之礮，德所創也，今則遍行於地球矣；且自前膛槍礮，一變而爲後膛，其費已不知凡幾。而法迫不及待，因思火藥之烟可去也，由是列邦之材力聰明，又一變而爲無烟火藥矣；尋又一變而爲綠氣毒藥矣。挾其殺敵之器，愈出愈奇，以抗衡於宇內，以求逞志於海陸空之間，其爲因爲果，固有可得而言者。

第三章　歷代戰術學之演進

握奇法爲營陣之始

自昔黃帝時代，即有劍、鎧、矛、戟、弧、矢之具，而戰術學亦於是發明。蓋古人類之生，分無數部落，司牧之長，聰明有大小，推戴有衆寡，彼此勢均，或以力敵相爭相噬，力強者勝，蓋唯知鬥力而已，遑論戰術。自風后爲黃帝衍握奇圖，設五旗五麾六纛而制其陣，勇銳之士，則有熊羆貔貅以爲前行，旗纛之繪，則有鵰鶚雁鷂以爲左右；又命岐伯作鐲、鐃、鼓、角、靈鞞、神鉦以揚德而建武。夫師之耳目，在於旗鼓飾奏，而後止則爲營，行則爲陣，出入變化，乃有奇正之可言。是以書言步伐止齊，左傳言偏兩卒伍，其陣法則爲鸛、爲鵝、爲魚麗之陣，爲支離之卒，經驗愈多，而智術乃愈進。尉繚子謂陣皆向敵，有內向，有外向，有立陣，有坐陣，內向顧中，外向修外，立陣所以行，坐陣所以止，立坐之陣相參進止，類皆本於營陣之法；即其後八陣圖六花陣之類，亦何一非營法。營爲止之陣，陣爲行之營，臨敵時須以營陣中人逐隊調發，交戰運用，全在此心，依古圖不可行也，神而明之，則遂成一專門之學矣。

司馬法與孫吳二子之概略

營陣始於黃帝，而兵略則共祖呂尙。然六韜六卷，其文義不類三代，蓋因莊子金版六弢之語而附會之。第陸德明莊子釋文，謂太公六韜，文、武、虎、豹、龍、犬也，因漢志勿錄，疑其僞，在陳隋以前，其兵家書之傳於世者，莫古於司馬法，蓋周之政典也。自齊景公時，田穰苴爲將，有聲於時。至戰國，齊威王使大夫追論古者司馬兵法，而附穰苴於其中，因號曰司馬穰苴兵法。太史公謂其書閎廓深遠，雖三代征伐，未能竟其義，如其文也。古者以師克亂而濟百姓，動之以仁義，行之以禮讓，故司馬法說行兵揖讓，猶存三代之風。簡明目錄曰：舊本題齊司馬穰苴撰，證以史記，而附穰苴於中，非穰苴作也；其時去古未遠，三代遺規，往往於此書見之，然哉然哉！迨至戰國，出奇設伏，變詐之兵並作，而孫武吳起，遂各以其書彪炳爭塗，然起之書六篇，尋其旨，則猶尚禮義，明教訓，大要不離乎司馬法者近是。至孫子十三篇，則反覆馳騁，一出乎奇，而兵行竅要，至此已搜剔而無遺；論者謂趨利忘義，不復能有假借者，自孫子始。然兵不厭詐，論古今之戰術，不能不謂一大進步者也。

總論兵家四種之書

自周末訖漢，說兵之書，紛然而作，或以自成一家之言，或依傳於古之作者。故漢張良韓信序次兵法，凡百八十二家，刪取要用，定著三十五家；蓋承戰國楚漢兵戈相尋之久，而此專門科學之發達，遂有一日千里之勢。故漢書藝文志曰：兵權謀十三家。權謀者，以正守國，以奇用兵，先計而後戰，兼形勢，包陰陽，用技巧者也；形勢十一家，形勢者，雷動風舉，後發而先至，離合背向，變化無常，以輕疾制敵者也；陰陽十六家，陰陽者，順時而發，推形德，隨斗擊，因五勝，假鬼神而爲助者也；技巧十三家，技巧者，習手足，便器械，積機關，以立攻守之勝者也。都此四種，別爲兵略，兵書凡五十三家，圖凡四十三卷。自是以後，代有作者，而方略之所存，綜不能越此範圍。綜觀吾國，自黃帝爲指南車，墨翟之技削鳶能飛，諸葛武侯之木牛流馬，以及史家方伎之傳，子部藝術之類，且不勝列。至火器之精，得於普魯斯人，爲元將部下卒，彼亦具述源流，安見黃種智慧，出皙種下？積戰事之閱歷，殫人心之機智，遂使規模日啓，卒然成一科學者，驗其進化之跡，亦良足味也。近百年來，彼族日益强，學日益盛，且挾其所長以威侮而凌逼。而我不自恥術之失其傳，而他人之能發明吾術者，猶不博採而廣用之。夫家有祕方，再傳而失於鄰人，久而迹所在，或不憚集千金以購還。烏虖，何其陋也！

中國通史卷七

選舉編

敍言

科舉與學校，二者相爲表裏。故自新唐書立選舉志，即融治二事於一爐，後代因之而不改。良以選舉得人，而後措施咸宜，所關非細故也。論者多以科舉爲敝政，科舉、法之最善者也。古者世卿，春秋譏之，譏世卿，所以立科舉也。世卿之敝，世家之子，不必讀書，雖騃愚淫佚，亦循例入政，是故上無才；齊民之裔，雖復知學，而格於品第，末由得官，是故下無才。科舉立，斯二敝革，梁氏所由以世卿爲據亂世之政，科舉爲升平世之政也。古者科舉皆出學校，制度今多失傳。然據何休公羊解詁，則周代之民，八歲者學小學；其有秀者，移於鄉學；鄉學之秀者，移於庠；庠之秀者，移於國學。學於小學，諸侯歲獻貢士於天子，學於大學，其有秀者，名曰造士。足徵其時教有定程，課有定業，與今制大約相符；第爾時官學盛興，私學未立耳。自周室東遷，樂崩禮壞，有志之士，惕焉憂傷，於是以私門教育，輔國家教育之窮。漢得天下於馬上，庠序之事未遑，鄉舉里選，名焉而已。天子不能教士，而唯立一榮塗爲之標準，以誘厲之，天下之士趨焉；孟堅所謂利祿之路，然矣！取士與教士，既分其塗，則雖其所立標準，盡善盡美，而於得人，抑已難矣。故兩漢辟舉之法，其流弊乃至變爲九品中正，選舉之敝極矣！

隋唐以後，制科代興，寖至於其所立以爲標準，降而求諸雕蟲之技，兔園之業，蛙鳴之文，其所餘能幾何哉？昔人論科舉之弊不一，而以探籌之喩爲最當。所謂非科舉之能得人才，而奇才異能之人之能得科舉，斯固然矣。故科舉合於學校，則人才盛；科舉離於學校，則人才衰；人才之盛衰，亦古今得失之林也。茲編先述學校，次述科舉，其中與文治進化爲比例，讀史者於此二端，盍少留意焉？輯選舉編。

學校一

第一章　成周學制之明備

周建四代之學

神州制作，權輿五帝，故學制之可考者，自五帝始：黃帝學於大塡，顓頊學於綠圖，帝嚳學於赤松子，堯學於尹壽，舜學於務成附。自古帝皇，當無不學，其名曰成均，說者曰，以成性也。有虞氏始卽學以藏粢而命之曰庠，又曰米廩，蓋自其孝養之心發之也。夏后氏以射造士，如行葦矍相之所言，而命之曰序，則以檢其行也。商人以樂造士，如夔與大司樂所言，而命之曰學，又曰瞽宗，則以成其德也。其立學之大端：上庠爲大學，在西郊；下庠爲小學，在國中；是曰虞制。東序爲大學，在國中；西序爲小學，在西郊；而國學爲學，鄉學爲校；是曰夏制。右學爲大學，在西郊；左學爲小學，在國中；而國學爲學，鄉學爲序；是曰商制。周人修而兼用之，內卽近郊，並建四學，虞庠在其北，夏序在其東，商校在其西，當代之學居中，南面而三學環之，命之曰膠，又曰辟雍，亦曰成均，曰澤宮。於是虞學以養庶老，夏學以養國老，商學以祭樂祖，而澤宮則王擇侯國所貢士與之大射，逮國有大事出征，受脤獻馘，於是乎在，是爲大學。凡鄉皆立虞庠，凡州皆立夏序，凡黨皆立商校，是爲小學。其在侯國，皆立當代之學，而稍損其制，曰泮宮。詩有泮水，頌魯僖公也；子衿，譏鄭國失學也；而左傳有鄭人游於鄉校，以論執政。故學始於五帝，繼於夏商，而大備於成周。

周制合於現時之教育

古之教者，二十五家而有塾，五百家而有庠，萬二千五百家而有序，里胥鄰長分爲之師，中年考校，課其殿最；三年大比，則舉其賢能，貢於國學；此立學之等也。人生八歲，自王公以下至庶人之子弟，皆入小學，教以洒掃應對進退之節，禮、樂、射、御、書、數之文；十有五年，則自天子之元子、衆子以至公卿、大夫、元士之適子與凡民之俊秀，皆入大學，教以窮理、正心、修己、治人之道，大小之節，所以分焉。此受學之序也。比年入學，一年視離經辨志，三年視敬業樂羣，五年視博習親師，七年視論學取友，謂之小成；九年知類通達，强立而不反，謂之大成。此課學之程也。大學一篇，言大學校之事也；弟子職一篇，言小學校之事也；內則一篇，言女學校之事也；學記一篇，言師範學校之事也。管子言農、工、商羣萃而州處，相語以事，相示以功，故其父兄之敎不肅而成，其子弟之學不勞而能，是農學、工學、商學，皆有學校也。其有專務他業，不能就學者，猶以十月事訖，使父老教於校室；（見公羊傳宣十五年注）有不帥教者，鄉官簡而以告，其視之重而督之嚴也如此。故使一國之內，無一人不受教，無一人不知學，兔罝之野人，可以備干城；小戎之女子，可以敵王愾；販牛之鄭商，可以退敵師；斲輪之齊工，可以語治道；聽與人之誦，可以定霸；采鄉校之議，可以閑政；舉國之人，與國爲體，塡城溢野，無非人才。所謂以天下之目視，以天下之耳聽，以天下之慮慮；周代盛强，蓋以此也。

周衰學權在師儒

當其盛時，學權操於史官，自官學變爲私學，於是儒家始爲教育之主。孝弟謹信，汎愛親仁，其所以教弟子者，不外尊崇德育；至智育各科，已該於六藝。論語言游於藝，即禮、樂、射、御、書、數也。子路有若之徒，皆知用武，尤孔子不廢體育之徵。且其所取者，爲教育普及之義，故孔子言誨人不倦，無行不與；又曰，有教無類。蓋類者，非指善惡言，乃指貴賤言也。考之王制，國之俊選，與公卿之子，並升於太學，是殷制教人不以族類也；周禮鄉大夫職掌選賢與能，是周制教人亦不以族類也。春秋之世，則世卿在位，貴族在官，故卿士有學，庶民無學。孔子此語，正以破當時等級之分。且教授之法，貴時習而重分科，故承學之士，各得其性之所近，執一術以自鳴，非因材設教之證哉？孟子之論教育也，亦以教育之權歸之國家，對梁王齊王，皆言謹庠序之教，對滕文公，尤殷殷語以立學之制，而不廢私門教育。如言得天下英才而教育之是也。即荀子著書，亦首崇勸學，非儒家重視教育之證哉？此則學興於下之效也。自商君以爲民智則難馴，於是愚民之術起，秦政焚書，五經出於灰燼，古代教民之良法，湮沒無聞。唯學記一書，列於戴禮，前儒教法，僅略具於茲編已！

第二章　漢以後分科立學之制

漢博士弟子分經而治

三代之時，有學之人卽從政之人，從政之地卽治學之地，故職官外無師儒，都畿外無學術。秦燄以後，儒者抱殘守缺，匿跡遐陬。漢興，猶存周代官師合一之遺制。西漢初年，說經之儒，皆官學而非私學。及文帝設立諸經博士，而漢武時仿秦以吏爲師之例，頒五經於學宮，其儒生肄經，大抵游學京師，受經博士，而私學易爲官學。爲博士官置弟子五十人，復其身。太常擇民年十八以上儀狀端正者，補博士弟子，郡國縣道邑有好文學，敬長上，肅政教，順鄉里，出入不悖所聞者，令相長丞上二千石，二千石謹察可者，當與計偕詣太常，受業爲弟子。一歲輒試，能通一藝以上，補文學掌故；缺其高第可以爲郎中者，太常籍奏；卽有秀才異等，輒以名聞。其不事學若下材及不能通一藝，輒罷之。其博士所置弟子，有兼通數經者，始謂之高第。東漢之時，益崇官學，而經學愈昌。一經教授，恒千百人，弟子受經卒業者，咸任博士議郎之職；其有不守師法者，則皆見屏於朝廷。是傳師學者，固未嘗背官學也。故論者謂學術廣被，已遠邁於西京云。

漢東西京皆有太學

兩漢刊誤補遺：藝文志曲臺后倉九篇，晉灼曰：西京無太學。然以西京之盛，生徒至三千人，豈學術定於一尊而無學校以作育人材歟？按儒林傳，詔太常議予博士弟子，太常請因舊官而興焉，爲博士官置弟子員是也。先是董仲舒對策，願興太學，以養天下之士；史謂立學校之官，自仲舒發之，故武紀以是列之贊語，宣紀以是載於議尊號詔文，是太學興於武帝時明甚。賈誼曰：學者，所學之官也，韓延壽修治學官，註謂庠序之舍；

文翁修起學官，招學官弟子，註謂學之官舍；然則儒林傳所謂興舊官及博士官，非太學而何？下文郡國，縣官有好文學者與計偕，故文翁傳云：武帝時，令天下郡國皆立學校官，爲有天下皆立學，而天子之都反無太學之理？紀於元朔五年，書丞相洪請爲博士置弟子員，致太常議本文爲博士下有官字，紀脫之耳。通鑑知其誤，故武紀書曰博士官，蓋取儒林傳文足之也。且史載何武等習歌詩，太學下博士弟子王咸，舉幡太學下；孰謂西京無太學也哉？王尊師事郡文學官，此郡文學之官舍如博士官也。師古曰：郡有文學官，而尊事之以爲師，豈忘前註邪？易官有渝。蜀本作館，古官館通，官當讀作館也。至光武中興，起太學於東京，明帝臨雍拜老，內而貴戚小侯入學，外而匈奴遺子入學，生徒祁祁，至三萬餘，學校稱極盛焉。乃至桓帝時，而學生多陷黨籍矣；至獻帝時，而學舍鞠爲園蔬矣。觀東漢學校之顛末，君子以是知其學術之途之日狹也。

六朝分科之學

漢儒通經，期於致用，故經以外無學。魏黃初間，亦嘗建太學，置博士，依漢制設五經課試之法，而其時杜瓊治韓詩，許慈治毛詩三禮，胡潛治喪服，孟光通公羊春秋，來敏尹敏通左傳，尙守漢人經訓。及晉永嘉之亂，兵戈俶擾，漢學淪亡。北方唯秦王苻堅親臨太學，考第諸生經義，又作敎武堂於渭城，命太學諸生明陰陽兵法者，敎授諸將，是爲文武分學之始。江左則宋文帝修孔子廟，雅好藝文，使丹陽尹何尙之立玄學，太子率更令何承天立史學，司徒參軍謝玄立文學，散騎常侍雷次宗立儒學，是稱四學，故元嘉之治，冠江左焉。齊高帝踐阼，伊始崔思祖建議，請開文武二學，使人依方習業，優殊者待以不次。而梁武置五經博士各一人外，又置律學博士，專門習業，各致其精，雖建置不常，亦足取矣。

講經與今制相合

其間有一事最堪注意者，莫如升座說經之例。例雖肇於漢世，石渠白虎，已開講學之先聲。而梁武召岑敬之登講座論難孝經；簡文亦與張譏講論，而周弘正復升座說經，推之戚袞說朝聘之儀，沈峻講周官之義，張正見預經筵，請決疑義，崔靈恩爲博士，解析經文，伏曼容說經瓦官寺，生徒數百，嚴植之登席，五館生聽者千餘；此皆升座說經之證也。開堂升座，與今教授法相符，且其說經之書，有講疏、（如梁武帝周易講義中庸義疏是也）義疏（此體甚多）二體。義疏者，筆之於書者也；講疏者，宣之於口者也。至隋平陳，教尚北學，不復以才辯逞長，而繇是講學之風日尠矣。夫學必賴講而後明，故孔子猶以學之不講爲憂。近儒貿然斥南朝講學之習，何哉？隋世益尚儒書，論者謂爲中邦學術統一之期，揆厥由來，蓋有二焉：一因隋文建立黌序，徵辟儒生，一時經師，並在朝列，故承其風者，莫不崇儒術而排玄學；一因隋代之時，以科舉取士，故士習空疏，而窮理之功，致爲詩賦詞章所奪。此儒學而外，所以不別立學派也。況當其時牛弘治儒術，奏開獻書之路，又修撰五禮百卷，以儒學倡於朝；而文中子少通六經，以聖人自居，挂弟子錄者千餘人，復以儒學倡於野；唐代學派，蓋已於此肇其端矣。

唐代分科之學

自國子學以下，曰太學，曰四門學，曰京都學，皆以經史課士，其外曰律學，曰書學，曰算學；此六學者，並隸國子監。而門下省有宏文館，東宮有崇文館，皆貴胄之學也。凡經分三等：禮記春秋左氏傳爲大經，詩周禮儀經爲中經，易尚書春秋公羊傳穀梁爲小經。通二經者，大經小經各一，或中經二；通三經者，大中小經各一；通五經者，大經皆通，餘經（卽中經小經）各一，孝經論語皆兼通之。凡治孝經論語共限一歲，尚書公羊穀梁各一歲半，易詩周禮儀禮各二歲，禮記左氏傳各三歲。學書日紙一幅，間習時務策，讀國語說文字林三蒼爾雅。凡史以史記前後漢書三國志爲三史。凡書學，石經三體限三歲，說文二歲，字林一歲。凡算學，孫子五曹共限一歲，九章海島共三歲，張邱建夏侯陽各一歲，周髀五經算共一歲，綴術四歲，緝古三歲，記遺三等數，皆兼習之。旬給假一日。前假博士考試，讀者千言試一帖，帖三言，講者二千言問大義一條，總三條，（謂帖試講解及大義總爲三條）通二爲第，不及者有罰。歲終通一年之業，口問大義十條，通八爲上，六爲中，五爲下。併三下，（三次俱下）與在學九歲律生六歲不堪貢者，罷歸。諸學生通二經，俊士通三經，已及第而願留者，四門學生補太學，太學生補國子學。每歲五月有田假，九月有授衣假，二百里外給程。其不帥敎及歲中違程滿三十日，事故百日，緣親病二百日，皆罷歸。高宗朝，以書學改隸蘭臺，算學隸祕閣，律學隸詳刑。明皇重道，增置玄學。中葉以後，又令明經習律，以代爾雅。然則經、史、書、律，在唐世爲兼修之科，而唯算學則屬諸專門也。

唐代盛時，學舍至千二百間，藏書之富，其著錄者至五萬三千九百一十五卷，而學者自爲之書，又二萬八千四百六十九卷；雖非三代家塾黨庠之法，然國家所以養士者，不爲不備矣。然至今稱唐之學校者，必曰昌黎揭解，士皆精業成行；（李翺作韓公行狀云公遷祭酒奏儒生爲學官日使會講生徒奔走聽聞皆喜曰國子監不寂寞矣）楊恭作賦，士林傳布稱頌；（楊作華山賦示愈曰士林傳布）此祭酒之得人。陽城之進退作則，動言是效；（宗元爲司業時遺廢語也）竇公之嚴以得禮，扶善遏過；（愈爲司業竇公墓志云云）此司業之得人。而廣文先生才過屈宋，（鄭虔為廣文館博士杜甫贈以詩曰先生有才過屈宋）國子先生上規姚姒，（見進學解）房昭遠攬筆卽下（遠考定國子生通一經者攬筆卽下初無疑滯）王元感看書不寐，（感轉四門博士年老猶燭下看書通宵不寐）又皆唐時之博士也。然則學校之盛，任法不若任人矣。然猶有說焉。漢時立經學於學宮，而諸子百家之學亡；唐初為五經撰正義，而兩漢魏晉南北朝之經說盡亡，何者？孔沖遠作疏，卽以所用之法為是，而所舍之注為非，其所以貽誤於人者，專主一家之故也。又況正義之書，頒之天下，凡試明經，必衷於是，致使讀經之儒，不復發揮新義，非趣天下士民於狹陋乎？此亦儒林一恨事也。

宋代分科之學

自仁宗朝胡瑗教授湖州，立經義、治事二齋，以教實學。慶歷四年，興太學，取瑗之法，著為令式。此外則終宋之世，其分科並舉者，又六：一武學，仁宗初嘗置之，已而中輟，神宗熙寧間，復置。其人才弓馬應格者，聽入學習諸家兵法，教授纂次歷代用兵成敗，前世忠義之節，足以為訓者，講釋之。願試陣隊者，量給兵伍。一律學，亦熙寧間所置。凡朝廷新頒律令，刑部卽送學，其學科有二：一曰斷案，一曰律義。南渡以後，以法官罕能知書，兼課經義。一算學，其業以九章周髀及假設疑數為算問，仍兼海島孫子五曹張邱建夏侯陽算法，幷歷算三式，天文書為本科，本科外，人占一小經，願占大經者，聽。一書學，習篆、隸、草三體，明說文字說爾雅博雅方言，兼通論語孟子義，願占大經者，聽。一畫學，分佛道、人物、山水、鳥獸、花竹、屋木，以說文爾雅方言釋名教授，說文則令書篆字，著音訓，餘書皆設問答，以所解義觀其能通畫意與否，仍分士流雜流，別其齋以居之，士流兼習一大經一小經，雜流則誦小經或讀律。凡算、書、畫三學，皆徽宗崇寧三年所立。一醫學，初隸太常寺，神宗始置提舉判局，說三科以教之：曰方脈科，曰鍼科，曰瘍科，徽宗初，改隸國子監，大觀四年，以算學生歸大史局，併書學生入翰林書藝局，畫學生入翰林圖畫局，醫學生入太醫局。其時徽宗方崇道教，又即州縣學別置齋授道徒，未幾即罷。

宋代盛時，設五學以分教法，立六齋以訓宗戚，（六齋者曰貴仁曰大雅曰明賢曰立愛曰懷德曰升俊）建五書院以養山林之秀，（五書院者曰嵩陽曰岳麓曰白鹿曰淮陽後復有茅山）謂之法有未備焉，不可也。然至今稱宋之學校者，必曰呂公著以名德碩輔為祭酒，陳瑩中以純儒正學為博士，（元祐中名臣擢為博士）此國監之得人。孫明復教授泰山，明春秋之旨；（明復居泰山之陽以春秋教授）范仲淹教授南京，立夜課之法；（掌府學置夜課諸生膳食俱有時刻）此郡學之得人。而錢藻之淵篤，孫覺之純明，范純仁之直溫，錢公輔之簡諒，是又湖學之弟子也。然則學校之盛，在於得人耳。然猶有說焉：上以學究處之，（學究官名宋太宗時陳貽中以學究及第）則彼亦以學究自處，月書也，季考也，齋規也，舍選也，上徒恃此以為養士之法而已乎！熙寧間議建學校，變貢舉，罷詩賦，問大義，此三代下一大舉動也。夫天下任舉一事，必有本末，王安石之議興學，本也，變科，末也；惜荊公以無助而敗，後人廢其學校之閎議，而沿其經義之偏制；本既不行，徒用其末，不成片段，安得不敗？而惜乎以人而廢言也。

金元明分科之學

金制養士之地曰國子監，天德初，定制詞賦經義生與小學生各百人，以外戚功臣及三品以上兄弟子孫年十五以上者入學，不及十五者入小學。厥後士額增多，凡試補太學生，禮部主之，曾得府薦，及終場舉人，俱免試。凡經史用某氏註疏，皆有定式，由監印之，授諸學校。承安四年，詔建太學於京城南，總爲屋七十五區。泰和初，更定贍學養士法，其郡國鄉黨之學，初凡十七處，共千人，後復增州學，經史註疏，會課學規，悉如太學。章宗踐祚，其時太學所養，止百六十人，外京府或止十人，天下僅及千人；自戶部尚書鄧儼等疏請黜陟學官之法，於是詔計州府戶口增養士之數，凡得千八百人，又置司天臺學士，於醫尤注意，京外府州，置醫學生，凡十科，每月試疑難，以所對優劣加懲勸。此金代重經史及醫學之證也。

元世祖至元二十四年，始立國子學，國子生博果密等請講解經傳，教以修齊治平之道，其下分設小學律書算諸科，俾國子學官領其事，加意點勘，勤者升上舍，惰則降下舍。時遷都北城，更立國學於城東，令博士通掌學事，分教三齋，助教專守一齋。凡讀書必先孝經小學論孟學庸，次及詩書禮記周禮春秋易，博士助教，親授句讀，音訓正錄伴讀，以其次傳習之，講說亦然。次日抽籤，令諸生復說。又置回回國子學，依漢人入學之制，日肄習之。仁宗延祐三年，用集賢學士趙孟頫等議，立國學貢試之法，（詳見下）其郡國鄉黨之學，太宗初置，並立孔顏孟三氏學，後又置蒙古字學；至元二十五年，學校之數二萬四千四百餘所，越三年，增至二萬一千三百餘所，可謂盛矣。復置諸路陰陽學，設教授以訓誨之，有藝術精通者，升用司天臺，至醫學，世祖繼設諸路提舉以綱維之，其課選視金特重，故名醫爲多。

明初國學之政甚備，其諸生則取之公卿之子，拔之郡國之秀，廣爲號舍以居之，厚其衣食以養之，在學十餘年，始給出身，往往仕至顯宦；而其所最重者，尤在司成一席，特簡大學士尙書侍郎爲之。迨至中葉，名儒輩出，如李時勉陳敬宗章懋羅欽順蔡淸崔銑呂柟，分教南北；晝則會饌同堂，夜則燈火徹旦，如家塾之教其子弟。故成材之士多出其門，筮仕之後，知禮義，重廉隅，尊主庇民，事業皆有原本。至萬歷以後，雖屢勤振飭，然求之法而不求之人，如博古正誼之倪元璐，講席未煖，斥之而去，則當日之所振飭，亦名焉已耳！至天文生醫士，則以世業子弟充之，有選用，無課授，其時日月交推，屢用訛舛，推步之術，由此而衰。卽武學一科，建文永樂之世，旣建復罷；英宗朝，始議選驍勇都指揮官五十一人，嫻騎射幼官百人，令兩京並建武學訓誨之。然其教讀之書，不過小學論孟大學及五經七書百將傳中取一節，講說大義，使之通曉而已。科目之行，雖盛於唐宋元兩代，學校猶聞講誦之聲，明季之衰，則黌舍鍵戶，學官守位，其造士之方，殆無可言者矣！

第三章　宋元明升舍積分之法

後世學校規模，合於成周大小成之制，而復加詳者，於宋則太學三舍之法，於元則升齋積分之法，明初承元制，亦嘗一行之而不久卽廢，蓋亦近足與今日分級課功相比附者也。試分述如左：

宋制太學三舍法

自神宗垂意儒學，熙寧四年，推廣太學，增直講爲十二員，率二員共講一經，釐生員爲三等：始入太學，居外舍；定額七百人；外舍升入內舍，員三百；內舍升上舍，員百；各執一經，從所講官受學。其後增八十齋，齋容三十人，外舍生二千，內舍三百，上舍百人，總二千四百。月一私試，歲一公試，其業優者補內舍；間歲一舍試，入優平二等補上舍，皆參考以行藝。上舍分三等：俱優爲上，一優一平爲中，俱平或一優一否爲下。上等命以官，中等免禮部試，下等免解，蓋與科舉並行也。徽宗廢科舉，取士皆從學校三舍，而別建外學於城南，以處外舍生與郡邑所貢士凡三千人，其內舍生至六百，上舍生至二百，規模日拓矣。南渡之初，倥傯戎馬，未遑立學。紹興十三年，始建太學，上舍生三十員，內舍百員，外舍五百七十員，三舍舊法，凡四百十條，紹興重修，視前時爲密。孝寧兩朝之際，屢有損益，（寧宗時外舍生增至千四百員）大要舊制以五六分爲優選，其後增至十分或八分，積舍中私試之所得日年分，又合以公試所得之分數，於此定升黜示用舍。然終宋之世，其專以學校取士者，唯徽宗一代十餘年耳，而自崇寧以前，宣和以後，（宣和三年即徽宗之二十一年復行科舉）固皆科舉學校兩途並進爲取士之程者也。

元制國學升齋積分法

元仁宗時定國子生貢試積分法，其條例凡三：（一）曰升齋等第，下兩齋，左游藝，右依仁，凡誦書講說小學屬對者隸焉；中兩齋，左據德，右志道，講說四書、課肄詩律者隸焉；上兩齋，左時習，右日新，講說易書詩春秋，課習明經義等程文者隸焉。六齋各以學業淺深分三等，每齋員數不等，每季考其所習經書課業及不違規矩者，以次遞升。（二）曰私試規矩，齋分三等，漢人以第一等爲上齋，蒙古色目人以第二等爲上齋，蓋智識程度出漢人下，故從寬，且示優待本族也。既升上齋，踰再歲，始與私試，詞理俱優者一分，詞平理優者半分，歲修積至八分者爲高等，以四十名爲額，蒙古色目人各十，漢人則二十。（三）曰黜罰科條，應私試積分，生員有不事課業,及違戾規矩者,初犯罰一分,再犯罰二分,三犯除名;應補高等生員,有違戾規矩者,初犯罰殿試一年,再犯除名;應在學生員歲終歷實坐齋不滿半歲者,除名,除月假外,其餘告假,並不準算;應在學生員除蒙古色目人別議外,漢人生員三年不能通一經及不肯勤學者,勒令出學。此其課士之較也。其積分高等生員,初即以國子監學正錄諸職相處,自後則三年一次,依科舉例入會試,故國學所從出之途,要仍以科舉爲歸宿。

明制國學分堂課業法

太祖定鼎金陵,國學規制,分六堂以館諸生,每旦祭酒司業坐堂上,屬官以次序立,諸生揖畢,質問經史,唯朔望給假,餘日升堂會饌會講。所習自四子本經外,兼及劉向說苑及律令書數。每班選一人,充齋長,督諸生功課、衣冠、步履、飲食,必嚴飭中節。監丞置集愆簿,有不遵者,書之;再三犯者,決責;四犯者,至發遣安置。其堂宇宿舍飲饌澡浴,俱有禁例,假歸必立期限,違限者謫遠方典史,有罰充吏者,其嚴如此。六堂學業分三級,其積分升次,一如元制,積八分者爲及格,與出身。時進士之科未盛,內而臺諫,外而藩臬,率以授太學生之成材者;自制科既重,太學生之成材者,與天下賢士,盡入蒐羅而入監讀書,久且等於虛設矣。夫分科分級,雖立教止於太學,學科亦未見完備,造士之方,不爲不隘;然其淺深之殊業,歲月之考覈,積分之比較,乃至飲食服御作息出入,至纖至悉,殆無不與今日學校規則有相合之處。居今稽古,亦足引以爲佐證也。

第四章 漢宋明三朝學界之政治運動

士君子生非其時，不能閉門掃軌，舍華隱曜，以高棲其志而蒿目時艱，手不假尺寸柄，而欲仗一簣之微力，障頹波橫流之衝，一戰不勝，羣議敗績，而神姦巨憝，伺隙而動，海內人譽轉激而爲黨錮之禍，人之云亡，其如邦國殄瘁何哉！如漢宋明學界氣節之士，其最著者也。試分爲述之：

東漢太學生之主持清議

當桓帝朝，宦官恣橫，會冀州民饑，詔朱穆爲刺史，穆到官，徵劾貪汚，政治一清。宦者趙忠喪父歸葬，僭爲玉匣，穆案驗剖棺出之。帝聞大怒，徵穆詣廷尉輸作左校，則有太學生劉陶等數千人詣闕上書訟之，穆以獲免。皇甫規之討羌也，督軍於其鄉里，無私惠而多所舉奏，又惡絕宦官，不與交通，宦官等遂相與誣陷其罪，論輸左校。則有太學生張鳳等三百餘人詣闕訟之，會赦，還家。太學諸生，既得列於言路，議論日以發舒。時甘陵（今山東清平縣）有南北部黨人之議，爭以虛聲標榜，因此流言轉入太學，諸生三萬餘人，郭泰賈彪爲其冠，並與李膺陳蕃王暢更相褒重，又渤海公族（姓）進階（名）扶風魏齊卿，並危言深論，不隱豪强，自公卿以下，莫不畏其貶議，屣履到門。於是宦官切齒，教人上書誣告：李膺等養太學游士，交結諸郡生徒，共爲部黨，誹訕朝廷，疑亂風俗。天子震怒，鉤黨之獄以起，而漢亦旋亡矣。

兩宋太學生之排斥奸相

北宋之末，金師南下，時天下皆知蔡京之誤國，而用事者多受其薦引，緘口莫敢言，太學生陳東獨率諸生上書論之。欽宗祚當板蕩，南朝無人，胡馬分牧，以大肆需索，唯李綱有爲國之謀，而罷之以謝金人；東復率千餘人上書宣德門，請復用綱，於是軍民不期而集者數萬。欽宗不獲已，以綱爲尙書右丞京城防禦使，蔡京尋亦貶死，然東之禍已萌芽於此矣。建炎之初，高宗跋涉江淮，猶信用僉壬，時黃潛善汪伯彥用事，力排李綱，罷之。陳東復上書，乞留綱而罷汪黃，又疏請帝親征，以還二聖車駕，宜還京師，勿幸金陵，皆不報。會撫州布衣歐陽澈徒步詣行在，上書極詆用事大臣，潛善遽以語激怒帝，言不亟誅，將復鼓衆伏闕，於是東與歐陽澈同斬於市。東初未識綱，特以國故，願爲之死，無論識與不識，莫不爲之流涕。

自陳東以節義著聞，一時太學諸生，類皆關懷軍國，抗疏言事，冀有所匡救。其在孝宗朝，湯思退爲相，力主和議，慮帝不從，潛諭金人以重兵相脅，有若張觀等七十二人，論其鉤致敵人之罪，乞斬首以謝天下；時思退已先爲言者糺奏，遠竄永州，聞之憂悸而死。其在光宗朝，光宗嗣統，受制於將種之婦，（李后爲慶陽節度使女，道士皇甫坦言於高宗，遂聘之）父子之間，浸以疏隔。有若汪安仁等二百十八人之上書，請帝朝重華宮，（孝宗所居）時公卿爭有言者，皆不報，及冬，始一朝焉。其在寧宗朝，韓侂胄怨丞相趙汝愚，欲爲一網打盡之計，而陰嗾李沐罷其職。有若楊宏中等六人訟汝愚之忠勤，論李沐之欺罔，然此六人者，反獲譴，送五百里外編管。其在理宗朝，由前則史嵩之深姦橫恣，會其父彌忠卒，詔復嵩之之官。有若太學生黃愷伯等百四十四人，武學生翁日善等六十七人，皆上書切諫，不報，卒以士論譁然，嵩之竟終喪，且以此致仕不獲出。由後則丁大全以奸邪小人，得寵於帝，怨丞相董槐誣劾之章未下，大全夜率兵圍槐第而逐之，物論殊駭，槐益驕縱用事。有若陳宜中黃鏞林則祖曾唯劉黼陳宗六人，上書攻之，大全怒，使御史吳衍劾之，削其籍，編管遠州，時有六君子之稱焉。方是時，三學士權乃與人主抗衡，執政者多畏之。至賈似道當國，有若臨安府學生葉李蕭規，詆其專權誤國，二人得罪，黥配遠州；然似道知終不可以力勝也，遂以術爲籠絡，度宗之世，每重恩數，豐餽給，增學田，啖之以利，遂無復有言，而彼得以賭鬭蟋蟀，笑傲湖山。逮蕪湖兵潰，錯愕徬徨，了無一計，似道以罪免，三學士子，始疏請誅之。蓋其末流士氣，亦以衰歇，其贊美似道，稱頌師相，頗爲世所譏焉。

明季東林復社之論議時政

神宗朝，顧憲成會推閣臣，以舉王家屏忤帝意，削籍歸。憲成既廢，名益高，里故有東林書院，爲宋楊時講道處，憲成與弟允成倡修之，偕同志高攀龍錢一本薛敷教史孟麟于孔兼諸人，講學其中。海內聞風景附，往往諷議時政，裁量人物，朝士慕之，亦遙相應和。繇是東林名大著，而忌者亦多。其後孫丕揚鄒元標趙南星等相繼講學，自負氣節，與政府相抗，是爲東林黨議之始。熹宗之世，魏忠賢專政，尤切齒東林，御史盧承欽希風旨上言：東林自顧憲成李三才趙南星外，如王圖高攀龍等，謂之副帥；曹于汴湯兆京史記事魏大中袁化中，謂之先鋒；丁元薦沈正宗李朴賀烺，謂之敢死軍人；孫丕揚鄒元標，謂之土木魔神；宜榜示海內，俾奸慝無所容。忠賢大喜，悉刊黨人名示天下，盡毀天下書院，毒痡士類，其禍始烈。而陸萬齡濫廁成均，竟敢以忠賢上配孔子，司業林釬，塗抹挂冠，尙能稍扶名敎。乃來之俊覥顏師儒之席，公然奏請施行，斯文道喪，至斯而極。崇禎初年，忠賢以罪誅，講學之風復振，於時婁東張溥張采更倡爲復社，聲氣通朝右，所品題甲乙，類能爲榮辱，於是奔走附麗者，輒矜言以爲嗣東林也。諸忌者先後疏論，欲有以中傷之，會溥卒，大臣又爲左右之，亦竟勿問。

凡東林復社，其主盟者皆一時士大夫，棄官居鄉，以講習論文相結合，而朝廷用人之臧否，輒有所評量，自比於淸議，而視甘陵南北部爲近。顧自學校既廢，天下以書院爲講習之地，是猶以學界干涉政界者也。夫漢宋明三朝，士類之能以氣節自任，不可謂非國家栽培之力。然上之人既不能反身以求過，而以天下公理之顯著，其輿論終不在彼而在此，囂陵浮薄者或亦從而鼓吹之；言者日進，聽者日倦，兩相激則其爭益烈，卒之握實權者占優勢，而僇辱之禍以成。此亦氣數所必至，有莫之爲而爲者，於東林乎何尤？

第五章　歷代學校盛衰總略

學校至周而大備。漢以後，分科分級，其制既如上所述矣。然取士之方，不專出於一途，學校之盛衰，往往視其國君好尚爲遷移，而求盛衰相乘除之理，當自東周始。自古逮今，綜挈其綱，可分之爲五時期：

（一）自古至西周爲一期。古者學校皆國家所立，教師皆朝廷所庸，故大戴七屬，言學則任師；周官九兩，言以賢得民；而學記一篇，乃專標誨人之術。雖徵之三代，書缺有間，若乃其意則可推而見矣。家有塾，黨有庠，術有序，國有學，州有黨正、遂師、鄉大夫，皆其地之教師也。（見於周禮者皆掌其地之教令）王制所紀，有秀士、選士、俊士、進士諸目。當其爲秀士也，家、黨、術、鄉教之；（國語齊桓公內正之法，五屬大夫退而修於其屬，屬退而修縣，縣退而修鄉，鄉退而修卒，卒退而修邑，邑退而修家，是故匹夫有善可得而舉也。案屬縣鄉卒邑家，以周禮管子證之，皆使教於其地者）當其爲選士也，司徒教之；當其爲俊士也，大樂正教之。故升秀士於司徒者，鄉大夫也；（尚書大傳：七十致仕，老其鄉里，大夫爲父師，士爲少師，歲事已畢，餘子皆入學）升進士於學者，司徒也；升進士於司馬而告於王者，大樂正也。居處相通，耳目相習，爲之師者，當平居之時，於羣士之德行道藝，孰高孰下，孰賢孰不肖，固已熟習之而飫知之。中年考校，課其殿最，三年大比，則書其賢者與其能者，彙而貢之國學。蓋教之有素，非漫然決優劣於一二日之間而已。於是朝廷釐爲經制，歲一行之，爲或敢廢。故均是人也，役之則爲民，官之則爲吏，教之則爲士，文學盛於上，才智生於下，先王牖民之典，皆由是也。蓋古者士必有學，說文「仕」字下云：學也，從人士聲；「士」字下云：事也。仕學二字，卽爲互訓之詞，故其時有學之人，卽爲入仕之人，官守與師儒未分，學校與科舉合一，三古之隆，天下之士，無一人不能自成其才，而國家不可勝用，此其所以爲盛也。

（二）東周秦漢爲一期。西京庠序之制，尙已。自西轍轉東，王迹掃地，陵夷至於威烈之際，泯泯棼棼，諸侯並大，未聞有西歸以懷好音者。戰國時君，唯魏文侯爲好學，以卜商爲師，設教於西河上，四方賢士多歸之。齊宣王喜文學游說之士，稷下學士，集者至數百千人，然月無復立教之意。秦政遂欲流唐漂虞，滌殷蕩周，灰詩書於烈熖中，埋儒生於塵土內；學術既詘，是爲學校闃寂時代。漢興，至於武帝，首策賢良方正於大廷，而得一代大儒爲之首，力請興太學，置明師，養天下士，帝遂立博士，置弟子員，勸以官祿，自是公卿大夫士吏，彬彬多文學之士。初，博士弟子五十人，昭帝時，增滿百人，宣帝復增倍之，成帝末，太學至三千人；歲餘，復如故。而王莽以此與明堂辟雍靈臺，爲學者築舍萬區，然特誇耀衆庶，藉以羈縻天下士心，冀圖僭竊而已。長安兵起，宮室圖書，盪爲灰燼。光武中興，未及下車，先求文雅，四方學士，雲集京師。車駕親臨太學，稽式古典，修明禮樂，文物煥然可觀，於是始建三雍。明帝嗣業，躬親行禮，坐明堂而朝羣后，登靈臺而望雲物，以李躬爲三老，以桓榮爲五更，饗射禮畢，帝正坐自講，諸儒執經問業於前，冠帶縉紳之人，圜橋門而聽者億萬，郁郁乎禮縟五帝，儀繁三王。其後復爲功臣子孫、四姓末屬，（外戚樊郭陰馬四氏）別立校舍，搜選高能，以授其業，自期門羽林之士，悉通孝經章句，匈奴亦遣子入學，東京風教，於斯爲美矣。蓋自東周秦代之衰，西漢始以振舉，而大盛於東漢永平之世，此西周以後，至此乃始鬱而勃發者也。其後章帝大會諸儒於白虎觀；和帝亦數幸東觀，覽書林；安帝親政，薄於藝文，朋徒怠散，學舍頹敝；順帝更修黌舍，開拓房室，自是游學增盛，至三萬餘生，雖章句漸疏，或多以浮華相尙，然氣節之士，比肩相屬。凡門生舉主曹掾守郡，於患難死生之際，不惜糜身隕命，護衞所知，雖鍛鍊慘毒，不改初詞，其所以矜惜名節者，不可謂非祖宗養士之報也。

（三）魏晉南北朝隋唐爲一期。漢末民訛搆煽，奸宄飆舉，滄溟怒濤，漂及縫掖。魏文帝始興復太學，其後諸生有千數，而諸博士率皆麤疏，無以教子弟。弟子之來，本以避役，亦竟無能習學。正始中，有詔議圜丘，普延學士。時郎官及司徒領吏，其在京師者且萬人，而應書與議者無幾。又朝堂公卿以下四百餘人，其能操筆者不及十數，學業沈隕，至於如此！西晉初，武帝崇儒置學，稍以振起。劉石憑陵，京華覆滅，國故朝章，從而失墜。永嘉喪亂，庠序墮廢，中原唯後趙石勒、前秦苻堅較有可言，江左亦時有建置，而勸課未博。宋文齊高，留意植教，建之不及十年，亦已即罷，是爲學校頹廢時代。梁武雅好儒術，置五經博士，開館宇，招後進，四館所養士踰千人，分遣博士祭酒，巡州郡立學。而北方自元魏孝文崇尙文治，立國子太學四門小學，宣武之世，天下承平，學業大盛，燕齊趙魏之間，橫經著錄者，不可勝數。南北始並驅於學，神州鼎沸，文運猶興。隋文統一海內，本以刑名爲治，仁壽初元，詔以學校生徒，多而不精，唯簡留國子學生七十人，太學四門及州縣學並廢。是時散遺生徒，奚慮數千萬，劉炫雖切諫，不聽。煬帝修復諸學，盛於開皇之初，而未幾大亂，盜賊蝟起，方領矩步之徒，轉死溝壑。唐開國之初，建學校，奠先師，植基已厚，太宗貞觀之治，比隆三代，故學校修備，學舍至千二百間，置宏文崇文兩館。其國學、太學、四門學，俱增生員，書算學各置博士；其屯營飛將，亦設博士授經，學雖高麗百濟新羅（今朝鮮境）高昌（今新疆吐魯番）吐蕃（今青海）諸國酋長，並遣子弟來學，國學之內，至八千餘人，近代以來，莫與媲隆矣。魏晉學校之衰，至蕭梁元魏始以振舉，而大盛於唐貞觀之世，此東漢以後，至此再鬱而勃發者也。開元中，明皇置麗正書院，聚文學之士，是爲後世書院之始。天寶以降，學校荒廢，生徒流散，論者謂開元之時，一玄宗，天寶之時又一玄宗也。詩曰：靡不有初，鮮克有終，此之謂矣。憲宗重定員額，已不及貞觀之半，蓋其末葉，亦以即衰矣。

（四）五代兩宋爲一期，而遼金附見焉。五季衰亂，祭酒一官，等於贅旒。梁唐之際，入監諸生，皆取光學錢，既徵其錢，復不蠲其役，待士之意，亦已太薄。其時多有未曾授業，輒取解送者，是爲學校鄙賤時代。宋初稍稍增修國子監舍，而居常講筵，無一二十人聽講者。慶歷中乃令監生在學滿五百日，始許應秋試，其未係監生而求入監者，先在學聽讀，亦立課程，嚴考選，始得試補。於是又詔天下州縣皆立學，本道使者選部屬官爲敎員，不足，取鄉里宿學有道業者。內建太學，置內舍生二百人，學始萌芽矣。神宗大啓爾宇，增擴太學，置三舍法，頒學令，增學費，所以敎之者如不及焉。五季學校之衰，至宋仁宗始以振舉，而大盛於神宗熙豐之世，此唐以後至此，又再鬱而勃發者也。自三舍法行，凡律算書畫醫五學，無不準是，迄於南渡不廢。兩宋立國雖弱，其學校大端固可觀也。與宋相爲終始者爲遼金，遼雖有國子監太學之置，而規模亦隘；金人奄有中原，世宗之世，太學養士至四百人，又別置女直學以教本族，蓋文物遠勝於遼矣。

（五）元明至清爲一期。元自世祖混一區夏，始建國學，其後又有蒙古國子學、回回國子學，則皆以教其西北之民族也。明興，太祖提倡儒學，修明學制，自是高麗日本琉球暹羅，皆有官生入監讀書，以至滇蜀各土官，時遣子弟民生入監者甚衆。永樂北遷，兩京並建，而國學亦分南北。亦越有清，自國子監外，有宗學、旗學，皆滿蒙漢三文並授。康熙朝，國子監兼設俄羅斯館，以課俄人之居京者。其天下州縣，自元明迄清，並置黌舍。然取士專重科舉，士之入貢於國學者，雖嘗嚴講肄之條，致殊方之慕，而所造甚淺，且終不能出科舉之範圍，以視漢唐宋之分途並進，又彌不及也。是爲學校虛具時代。海通既久，外患頻乘，同光之間，中興諸老，知非習常守故，可以出而應世變也。於是恭親王奕訢等，疏請選編檢庶常並五品以下由進士出身之京外各官及舉貢等入同文館，學習西藝，給以廩俸，予以陞途。曾國藩有請選幼童出洋習藝之舉，而沈寶楨立船政學堂於福建，李鴻章設水師學堂於天津，廣方言館、實學館亦相繼而起；顧其所注重者，又不過語言文字之淺，水火攻戰之末；不務其大，不究其精，即令盡其道，而所成已無幾矣。甲午以後，銳意自强，陳侍御其璋、李侍郎端棻，先後疏請推廣學校，於是京師首建大學堂，江海各省，中小學次第建舉。拳民變起，內憂外訌相偪而來，迺更急起直追，競以興學智民爲務，以今況昔，灑然非舊矣。自元明以來，學校之衰，至清季而始推原於立學之方，育才之術，嶄以革舊習而奮新機。烏虖，吾中國民族之存亡，其殆係於此乎！

科舉二

第一章　總論

古無所謂貢舉也。自周時內有國子之選舉，外有諸侯之獻貢，於是始有貢舉之名；然皆以德行道藝教之於平素，而後貢舉之於王廷，初無所謂設科也。自漢設科以來，科目紛紛，不知凡幾，於是始有科舉之名。蓋其時學校虛具，有司初無人才之責，一旦以考校賓興之事，責之於渺不相關之刺史守相；是以不考實行，專採虛聲，乃至寒門貴族，劃若鴻溝，亦勢所必至也。隋唐以降，制科代興，慮郡國之不實，乃悉貢京師，以一其權；慮牧守之徇私，乃專出侍臣，以承其乏。夫郡國之疏逖，已遜於庠序，而京師又加甚焉；牧守之閡隔，已異於學官，而內臣又加甚焉。舉一切耳目而寄之虛空無薄之區，於孔子舉爾所知之義，其悖謬爲何如矣！其疏逖而閡隔既已如是，則匪惟實行無可見，即虛望亦無所聞。於是其所挾持以求天下士者，不得不重在進士一科；遂令天下學子，雖有絕學高志，亦不能不降心相就，以肆力於詩賦帖括之業。大抵自漢至隋以前，唯行孝廉秀才之科；自隋唐至明清，唯行進士之科。至博學宏詞之目立，則尚文而不考行矣。故韓昌黎謂古之豪傑，必慙是選，而且試以經義律以時藝，則所尚者皆無用之文矣。取士於帖括，其所取者果安在哉！但鄉舉里選之法壞，士之抱寸長挾一藝者，非此無由自進於功名，故進士之科，歷唐而宋而元而明而清，皆行之而不舍。卒之非常之士，亦皆願出於其途；出於其途，而後可以致通顯，則士藉以伸其才而壯其志。然則科舉果何負於

士乎？蓋嘗綜而論之，古者、上蓋有求於下；其後也、上下交相求；又其後也，下始亟於求上。此古今之所由異也，試分爲述之

第二章　周代之鄉舉里選

賓興大典取重於鄉評

三代教士之法，莫備於成周，故其舉士之典，亦莫切於成周。大司徒以鄉三物（事也）教萬民而賓興之，一曰六德，智、仁、聖、義、忠、和；二曰六行，孝、友、睦、婣、任、卹；三曰六藝，禮、樂、射、御、書、數。蓋亦師氏保氏所以教於其學之學科也。三年，則鄉大夫比考其德行道藝，而興賢者能者，鄉老及鄉大夫率其衆以禮禮賓之；厥明，獻其書於王，王再拜受之，登於天府，內史貳之。此謂使民興賢，出使長之；使民興能，入使治之也。於鄉如此，於遂亦然；然其累歲月而求之者，又加詳焉。夫論成周選舉之法，孰不知鄉舉里選之爲公論？三年大比之法，孰不知德行道藝之爲重？然亦思周之選舉，不屬他官，而必屬之教官者，夫豈無意歟？蓋必有以教之於平時，斯可以興之於異日；既有以書之於每歲，斯可以考之於三年。其自鄉大夫以正月頒法教民之時，而考察者，即德行道藝也；黨正以正歲屬民讀灋之時，而所書者，亦德行道藝也。族師所書，雖曰孝友睦婣有學；閭胥所書，雖曰敬敏任恤，無非德行道藝也。平日之教者以此，則今日之興者亦以此；平日之書者以此，則今日之考者亦以此。教之之初，已爲賓興之地；興之之日，尚何負於賓禮之隆哉！總之此三年中，無日不加之考察，故內以佐學校之教，

而終以成大比之典也。

王官侯國之分選

自其舉於鄉，所謂升諸司徒者是也。司徒其試以事焉，又由此升之學焉，升之司馬焉，以論定而官之，此則屬於天子畿內者。每三歲，諸侯貢士於天子，天子試之於射宮，其容體比於禮，其節比於樂，而中多者得與於祭，否者不得與於祭；數與於祭而君有慶，不與於祭而君有讓；數有慶而益地，數有讓則削地；（禮記射義）此則屬於諸侯歲貢者。是故周之取士有三善焉：道德學問，體用賅備，期可見諸施行，一也；積日累功，考覈縝密，杜倖進之端，無曠職之患，二也；信賞必罰，寄其責於使國，使由此歸重教育，三也。蓋使人人以積學敦品為其一生之榮辱，而國家之利祿，猶後為化民成俗，要非後世所能幾及也。

第三章　漢代之三途取士

學校科舉絕續之關係

三代以學校取士，其法既廢，自茲以還，無教士之方，而亦無取士之程。大要春秋重世家，寒畯恆無出路，天下並驅於戰國，於是民族階級之制大破，甕牖繩樞之子，往往以立談取卿相，故周秦之際，取士於客。漢之興也，其公卿大夫多以武夫積功起家，高祖草創，未遑立制。至十一年，始詔求賢，其有意稱明德者，丞相御史下諸侯王郡守必身勸為之駕，此為漢選士之始。故當時號為詔諛，若公孫弘者，猶出於鄉人之勸勉，然未嘗明設以科條也。夫自東周訖於漢初，雄強並峙，天下無日不干戈，無人不介冑，嘗得不羈之士而用之，又其時君臣之情易通，賢者亦得以自奮於其間，其取士輒寬爲網羅，不復示以意指所在，亦時勢之所趨也。逮承平日久，不能無所裁擇，而京師大學猶且議數十年不能定，郡國之間尤無聞焉。天子既不能教士，則不得不懸一鵠以取士，於是遂分三途以誘厲之：策於天子者曰賢良方正，察於州郡者曰孝廉茂才，升於學校者曰博士弟子。自三者之制立，後世言取士者，其態萬變，而終不能越此範圍，亦可謂非常之原矣。雖然，漢亦承前代之流，而稍變其面目者。讀史者至此，應亦知爲學校科舉兩端絕續之交乎？

賢良爲特舉之科

賢良方正者，但舉一端以例其餘，槩括之可名曰特舉。蓋亦孝公下令求奇計以強秦之遺也。文帝兩詔舉賢良方正，上親策之，而賈山鼂錯先後爲最著。武帝踐祚之始，董仲舒以賢良對策，當上意，三試皆異之，擢江都相。五年，復策賢良，公孫弘至太常上策，時對策者百餘人，太常奏弘第居下策，天子擢弘對第一，拜博士，待詔金馬門。此科歷兩漢之世，相承不絕。其名目亦繁變，要皆以賢良二字爲之冠。其別於此科者，有直言極諫者，明當世之務習先聖之術者，元光五年 文學高第者，有行義者，茂才異倫者，多不具徵 可充博士位者，陽朔二年 勇猛知兵法者，元延元年 能直言通政事、延於側陋、可親民者，建平元年 明兵法有大慮者，建平四年 治獄平者，元始二年 通天文曆算鍾律方術本草者。元始五年 其取之也，或特詔徵，或特科試，或三府辟，或公車召，或公卿郡國舉，或遣持節察上，或上書待詔，或博士弟子射策，或以技藝爲郎，漢書衞綰傳 或仕郡爲曹掾從事。其科目與出身之多如此，以是搜揚俊乂，咨詢治化。不然，遇日蝕地震，虛衷納言，求所以弭災而消患者，往往臨軒策問，親試其才而登庸焉，漢所以無乏才之患也。

孝秀爲歲舉之科

孝廉茂材者，郡國通常察舉之士，質言之，亦可名曰歲舉。文帝詔舉孝弟力田及廉吏，勞賜帛疋，此其濫觴。漢初，疾吏之貪，以爲衣食足而知榮辱，凡貲算十以上乃得官。景帝復以廉吏寡欲易足，減至四算得官，（貲萬錢算百二十也算十十萬也）蓋興廉舉孝，敦美風俗，其所獎勵，專在德行，然未嘗以是爲常制也。歲舉之議，自董仲舒發之，武帝於是始令郡國舉孝廉各一人。又制郡國口二十萬以上，歲察一人，（四十萬者二人，以上準此類推）不滿二十萬，二歲一人，不滿十萬，三歲一人。限以四科：一曰德行高潔，志節清白；二曰學通行修，經中博士；三曰明習法令，足以決疑，能按章覆問，文中御史；四曰剛毅多略，遭事不惑，明足決斷，材任三輔縣令。其制實參周代鄉舉里選之意而變通之。自西漢歲舉，祗於孝廉，而茂材之名，綴以異倫，是爲特舉。光武中興，詔三公舉茂材各一人，光祿勳歲舉茂材四行各一人，監察御史司隸州牧歲舉茂材一人。於是東漢之世，茂材一科，始與孝廉之按籍而徵者同入歲舉。陽嘉之初，尚書令左雄改察舉之制，限年四十以上，諸生試家法，文吏課牋奏，如有顏回子奇（子奇年十八，齊君使治阿，阿縣大化）之類，不拘年齒。時有廣陵孝廉徐淑，年未及舉，即疑而詰之，乃遣還郡；濟陰太守胡廣等三十餘人，得拜郎中。自是牧守畏慄，莫敢輕舉，雄在尚書十餘年間，號稱得人。安帝元年，尚書令黃瓊以雄所上孝廉之選，專用儒學文吏，於取士之義，猶有所遺，復奏增孝悌及能從政者爲四科，則東漢中葉以後，雖以孝廉名科，而已不能責其孝行廉隅之實，而憑文爲試，殆無異於後世科舉之法也。

博士弟子爲明經之科

博士弟子者，受業太學，歲試補官，其初自郡國貢於太學，則曰明經，獨此爲成均教士之規，而取材於學校者也。漢承秦制，立博士。至武帝時，公孫弘爲學官，慮道之鬱滯，始奏請爲博士官置弟子。王莽秉政，歲課太常弟子，學業高者，制分三級：曰甲科，四十人爲郎中；曰乙科，二十人爲太子舍人；曰丙科，四十人補文學掌故。光武以儒生踐帝位，其所御才，即以詩書禮樂之文，代其悖亂囂陵之習；及太學既設，誘以利祿之途，萃集儒生，辨難經誼，俾雄才偉略，汨沒於章句訓詁之中。章帝朝，令郡國上明經者，口十萬以上五人，不滿十萬三人；中葉以後，太學游學增盛矣。迄於桓帝，定制學生滿二歲，試通二經者補文學掌故；又滿二歲，試能通三經者擢高第，爲太子舍人；又滿二歲，試能通四經者，擢高第爲郎中；又滿二歲，試能通五經者，擢高第爲吏。此由太學敍用者也。其他郡國所舉孝廉有道及辟署掾史功曹，亦太學之人居多。是以東京之末，游學者三萬餘人。且其時凡年幼才俊能通經者，拜童子郎，唐宋以下，遂有童科之目焉。夫周代賓興之典，合學校於鄉里；漢則有明經，有歲舉，與鄉舉里選，稍殊途矣。雖然，漢猶不專倚於科目也。鄉里有推舉之事，州郡有辟舉之召，故士之修於鄉者，雖不由科目以進，而辟書踵門，選拔州縣，等而上之，與科目之士同於擢用，此後世之所未講也。

第四章　魏晉九品中正與六朝門閥

九品中正倡於陳羣

自魏武崇獎跅弛，明言廉士不足用，(見魏志武帝紀)綱紀廢墜，仕途猥濫極矣。當是時，何夔杜恕已目擊其弊，先後疏請選人之道，宜歸重鄉評。文帝踐祚伊始，卽定九品官人法，郡邑設小中正，州設大中正，擇州郡之賢有識鑒者爲之，因人之品詣區第高下。或以五升四，以六升五，或自五退六，自六退七，由小中正以上大中正，大中正覈實以上司徒，再覈以付尚書選用，此陳羣之所建白也。原中正之制，本以激揚人物，故下之秀孝之科，(後漢避光武諱故曰茂材魏曰秀才)以是爲舉選，上之服官之塗，以是爲升黜。魏晉之世，如陳壽居喪，令婢丸藥，積年沈廢，張華申理之始舉孝廉。溫嶠已爲丹陽尹平蘇峻有大功，司徒長史以嶠母亡不葬，乃下其品。其懲勸之嚴如此。約而計之，蓋有三善焉：注重鄉里之淸議，一也；銓定方法之詳愼，二也；吏部官人之利便，三也。雖然，天下利之所在，弊卽隨之。劉毅曰：『魏立九品，權時之制，未見得人，而有八損。』(詳晉書本傳)在魏晉初年，已可見以意爲輕重矣。

孝秀興舉之失實

且夫九品中正者，其取士之制，固猶仍循漢法，大要賢良文學博士弟子，魏晉至隋，廢舉不常，唯孝秀一科，粗有可紀。今按魏制，郡口十萬以上，歲察孝廉一人，其有秀異，不拘戶口。東晉初元，天下喪亂，務在慰勉遠方孝秀，不復策試。既經略粗定，尚書陳頵以爲宜漸復舊，搜揚隱逸，試以經策。於是帝申明舊制，皆令試經，有不中科者，刺史太守免官。其後孝秀莫敢應命，蓋兵戈之餘，經籍道缺，有由然矣。自是而後，南北取士，率由是遣，其科條亦與漢制大同：一曰殊科，高才博學者爲秀才，經明行修者爲孝廉，秀才州舉之，孝廉郡舉之，二者相權，秀才爲重。二曰限年，此承東漢左雄之遺規也，唯曹魏文帝嘗以勿拘老幼爲言；其在蕭齊，則甲族以二十登仕，後門（即寒門）以三十試吏；梁陳稍破門閥之見，而限年必以三十，然後得仕。（其時有增年矯貌以圖進者）三曰課試，凡策秀才，格以五問，並得爲上，四三爲中，二爲下，一則不與第。此南齊制也。凡中書策秀才，集書策貢士，考功郎中策廉良，天子出坐朝堂，秀孝各以班草對字，有脫誤者，呼起立席後，書有濫劣者，飲墨水一升，文理孟浪者，奪席脫容刀，此齊制也。雖然，中正之弊既無以淸其源，行義不可得聞矣；而策試之方，其可考見者又止於如此，士又何以得用？而風敎之所以日敝也！

士庶階級之弊

方九品之法既行，夏侯玄已謂中正干銓衡之權，而晉衞瓘亦言魏因喪亂之後，人士流離，考詳無地，故立此制。其始鄉邑淸議，不拘爵位，褒貶所加，足爲勸勵，猶有鄉論餘風；其後遂計資定品，唯以居位爲重，然則是非之殽亂於此，亦可見一斑矣。蓋晉氏以來，專以門閥爲重，於是士庶之間，又生一大階級焉。而州郡中正，其所題獎，遂亦趨重於貴族，所謂上品無寒門，下品無世族者，（劉毅語）此亦時尙爲之也。甚者寄雌黃於一人之口，快恩怨於私心之用，雖言者屢欲廢九品，罷中正，而自魏晉以訖南北朝三四百年間，而莫有能改之者。蓋當時執權者卽中正高品之人，各自顧其門戶，固不肯變法，且習俗已久，自帝王以及士庶，皆視爲固然，而無可如何者也。

重門閥之弊原於九品中正

周代世卿制度，經戰國已消滅無餘；沿及六朝，重門閥而輕寒賤，其所以養成此風尙者，卽此九品中正之流弊居多。觀陳頵與王導書曰：中華所以傾弊，四海所以土崩者，正以取才失所，先白望而後實事，浮競驅馳，互相貢薦，言重者先顯，言輕者後敍，遂相波扇，迺至陵遲也。自是世祿之家，習爲舊準，貴仕素資，皆由門慶，平流進取，坐致公卿。南齊書褚淵王儉傳 而門族寒陋者，訪第必不成，北齊書樊遜傳 此王弘所以謂士庶之際，實自天隔之也。故世族子弟，好以門望自矜，由門望而生族望，由族望而生郡望，甚至郡望而生房望；烏衣諸王所繇不及其他房聲望者，此也。南齊書王僧虔傳時還御史中丞領驍騎將軍甲族向來多不居憲臺王氏以分支居烏衣者位宦微減僧虔爲此官乃曰此烏衣諸郎坐處我亦可試爲耳 此門次之差等，社會早已成爲定格矣。而其顯著而易見者，尤有二焉：一爲政治上之位置，祕書郎與著作郎，江左以來，多爲貴游起家之選，故時諺曰：上車不落爲著作，體中何如則祕書。見徐堅初學記 至於東宮官屬，與僕射以上顯要之職，亦非甲族不能居；若使出任外藩，卽以爲有損家代。見北齊書崔劼傳 至寒士則幷求此而不獲，故馮元興爲主簿，論者以爲非倫；魏書馮元興傳 吳逵擢功曹，自以爲門寒不受。宋書吳逵傳 一爲社會上之位置，世族寒門，不通婚姻，以侯景之跋扈，請婚王謝，梁武猶云門大非偶；徐勉權重一時，爲子繇求婚江蒨王泰，俱遭拒絕。並見南史 其區別之嚴，北朝已成爲定制，南朝雖無明令，而觀沈約奏彈王源貴賤通婚，亦爲科令所禁。見文選 夫以社會之習尙，政治之勢力，其階級已牢不可破矣；重以朝廷選擧，亦視婚姻爲升降焉。魏書韓顯宗傳朝廷每選擧士人則校其一婚一宦以爲升降 盛族婚姻，幾可視爲獎品也。南史胡諧之傳上方欲獎以貴族婚姻云云 夫文之弊至於尙官，官之弊至於尙姓，姓之弊至於尙詐。隋承其弊，不知其所以弊，乃反古道罷鄉舉，離地著，尊執事之吏。於是乎士無鄉里，里無衣冠，人無廉恥，士族亂而庶人僭矣。（新唐書柳冲傳）至文帝時，治書侍御史李諤謂州縣選舉，不遵典則，作輕薄之篇章，結朋黨以傲誕，競一韻之奇，爭一字之巧，連篇累牘，不出月露之形，積案盈箱，唯是風雲之狀。世俗以此相高，朝廷從茲擢士，祿利之路既開，愛尚之情愈篤，由縣令刺史不聞風教，挾私踵弊而然也。請諸司禁勅。而文帝好文詞，始置進士科，專以詩賦取士，不復關行能而貢之，弊至斯極矣。然其選舉制度之改革，雖曰尚文使然，而其所以廢除門閥之意，亦深切矣。

第五章　唐宋元明清科目之繁變

取士之制，一變於漢魏，再變於唐宋；大都漢魏猶尚實行，而唐宋務尚文辭，此其大較也。今欲自唐宋迄清，一究其紛紜嬗變之故，則不得不舉兩例以爲言。兩例者何？一曰科舉之塗徑，一曰文章之程式，此亦研究歷史者所當詳知也。

唐制以進士科爲重

唐制取士，多循隋舊，其大要有三：由學館者，曰生徒；由州縣者，曰鄉貢；其天子自詔者，曰制舉。由鄉貢者，懷牒而自列於州縣；由學館者，亦初無清濁士庶之分；而制舉者，又朝廷所以待非常之材，近之可破前代門閥之弊，遠之猶承漢代三塗取士之遺也。然而生徒鄉貢，其科之目則繁矣：有秀才，有明經，有進士，有明法，有明字，有明算；又有一史，有三史，有開元禮，有道舉，有童子；而明經之別，有五經，有三經，有二經，有學究一經，有三禮，有三傳，有史科，此歲舉之常選也。秀才科等最高，試方略五條，有上上、上中、上下、中上，凡四等。貞觀中，有舉而不第者，坐其州長，繇是廢絕，故唐代舉秀才，止十餘人。（見舊唐書杜正倫傳）玄宗御選六典，言凡貢舉人有博識高才，強學待問，無失俊選者，爲秀才；通三經以上者，爲明經，明嫻時務，精熟一經者，爲進士；是進士不如明經，明經不如秀才也。明經分甲乙丙丁四科，進士分甲乙二科。自武德以來，明經唯有丙丁，第進士止有乙科。大抵進士千人得第者百一二；明經倍之，得第者十一二。初，諸州貢選，每歲仲冬，行鄉飲酒禮，送由戶部集閱，而關於考功課試者可爲第。開元間，考功員外郎李昂詆訶選士李權文章，大爲權所陵抵，朝議以郎官望輕，改移禮部，以侍郎掌之，禮部選士自此始。其間又有及第、出身之別焉。既及第，猶須試於吏部，得選，乃解褐入仕；故韓昌黎三試吏部無成，則十年猶布衣。其試出身者，亦吏部主之，然且有二十年不獲祿者；蓋其慎其難如此。外此，則有武舉。武后時，以將帥乏人，故設是科，以振其衰，亦以鄉飲酒禮送兵部。開元增才略堪任將相科；天寶復增深明兵法科，且立武學焉。唐時雖諸科並行，然士人所趨嚮，唯明經進士二科，故其得人亦以二科爲盛。明經得狄仁傑徐有功，進士得顏眞卿白居易，班班可數矣。厥後進士尤貴，其所取人亦愈多，浸至文華之士日盛。文宗朝，鄭覃以經術位宰相，深嫉進士浮薄；武宗朝，李德裕惡之尤甚。當時皆知其非，而不能更革者，亦風尙使然也。

宋制以進士科爲重

宋初繼軌，亦有九經、五經、三史、三禮、三傳、通禮、（初沿唐制試開元禮至開寶六年開寶通禮成乃改科是歲以新書試問）學究、明經、明法、明醫、（宋史醫學初隸太常寺元祐間始置提舉判局以教之曰方脈科鍼科瘍科科試題有六一墨義二脈義三大義四論方五假令六運氣）武舉常選之外，又有制科，有童子舉，而以進士得人爲最盛。開國之始，試以詩賦、帖經、墨義，百餘年間，人才相望，而諸科之設，又可得質樸記誦之士，相濟以爲用。神宗時罷諸科，其所偏重，乃專在進士一科，遂令莘莘學子，莫不肆力於詩賦帖括之業。王安石采周官王制之緒，自京師至郡學，歲時月各有程，以程其能，以差次升舍，上舍免解發及吏部試而賜之第，遂欲以此額取士，而寖廢科舉。業進士者，以經義易故習，應諸科者，以明法消舊額。意若尊經復古，未始非一大振作也。然新經學說，頒命四方，驅天下學子而宗諸己。同時程頤以道學倡於洛，科舉之文，亦稍用頤說；司馬光乃疏斥王學，陳公輔乃疏禁頤學。至南宋高宗紹興中，以趙鼎主程頤，秦檜主王安石，爲偏曲，詔自今毋拘一家之言，務求至當之論。而經賦兩科既復設，於是士始有定嚮，而得專所習矣。論者宋代諸科之設，雖皆足以得人，而未若有進士一科也；觀於范仲淹、韓琦輩，往往出焉。故觀唐人之諺，謂三十老明經，五十少進士，則猶劣進士而優明經；至讀宋人之詩，則謂焚香禮進士，撤幕待進士；是明以經生爲鄙，而進士爲貴矣。今即進士一科考之，其興置之制，乾德五年，李昉知貢舉，下第人徐士廉等打鼓論牓，帝御講武殿，給紙筆別試詩賦，自是殿試遂爲永制。且糊名之制，行於淳化，而諸州之糊名，則自明道始；易書之制，立於祥符，其諸州之易書，則自景祐始。傳義有禁，昉於雍熙；匿服有禁，昉於天禧；慶歷則有冒貢之禁，祥符則有挾書之禁。封印卷首，因溫仲舒之言而行；嚴禁秉燭，因戚綸之言而行。舊未有避親移試者也，而祥符張士遜請行之；舊未有隨侍就試者也，而景祐賈昌朝請行之。廷試取士，或取之多，或取之少，而與廷試者不黜，則始自嘉祐之二年。舉士歲數，或一歲一舉，或間歲一舉，或四年一舉，或累歲不舉，而三歲一舉，則始自治平之四年。自梁灝等唱名，於是有唱名及第之典；自王世則等錫宴，於是有錫宴瓊林之禮。禮之如此其重，是以名公鉅卿，悉由此選。然及其季世，往往廉恥道喪，請謁風行，此王旦覩科場條貫所由興隔絕賢路之嗟也。蓋非科舉之能得人才，而奇才異能之得科舉耳；故是科歷數百年而不衰。

元明清亦以進士科爲重

遼金居北方，俗尚弓馬，遼景宗道宗亦行貢試；金太宗世宗屢闢科場。且唐宋諸科，歲有舉行，遼始以三歲爲限，歷代承之。舉人者，普通之稱，進士者，舉人中之一科。自金以詞賦經義策論中選者曰進士，律科經童中選者曰舉人，始以舉人爲定名。元則仍遼金之制，而明規之。世祖始得中原，輒用科舉取士；太宗即位十年，猶以論賦試士，後方趨重經學。先是世祖既定天下，王鶚獻計，許衡立法；裕宗在東宮時，省臣即以翰林學士所議程式上聞，詔謂蒙古進士科及漢人進士科，參酌時宜，以立新制，事未果行，而制已粗定。延祐初，始開科，分進士爲左右榜，蒙古人色目人爲右，漢人南人爲左，仍用趙孟頫等所議貢試法，凡蒙古人由科舉出身亦授從六品，色目人漢人遞降一級，並賜進士恩榮宴於翰林院，進士之重如此。明沿唐宋之舊，而稍變其試士之法，專取四子書五經命題，蓋太祖與劉基所定，其文略仿宋經義，然代古人語氣爲之，體用排偶，謂之八股，通謂之制義。制既定，帝嘗曰：天下英雄，盡入吾彀中矣。三年大比，以諸生試之直省，曰鄉試，中式者爲舉人；次年以舉人試之京師，曰會試；中式者天子親策於廷，曰殿試，亦曰廷試；分一二三甲，以爲名第之次，擢一二甲爲翰林官，進士入翰林自此始。並命進士觀政於諸司，其在翰林院承敕監中書六科者曰庶吉士，在六部都察院諸司者仍稱進士，庶吉士及觀政進士之名，亦俱自此始。然是時猶科薦並行也。其科舉之制，諸明經宏詞等科並革，止存進士一科，與薦舉、歲貢爲三途，以並用，其實所重者，亦唯進士耳。清承其制，故清代得人亦以此科爲盛。康乾以來，通儒魁士，坌起雲興，同治中興，曾胡駱李，武功煊赫，皆其選也。夫國家之取士也，取其足以致用也；進士之科既足以致用，則上之所求者在是，下之所應者亦在是。然則士所當自勉者，正如昌黎所云：業患不能精，無患有司之不明；行患不能成，無患有司之不公矣。雖然，此皆常舉之科目而已。

制舉之概略

有唐制舉，名目猥多，有直言極諫及才堪經邦、武足安邊諸科，不可勝舉。往往數歲一舉行，徒異其名而已；其實與諸科相等。宋初設三科：曰賢良方正，直言極諫；經學優深，可爲師法；詳閑正理，達於教化。至天聖中，增爲六科：曰博通墳典，明乎教化；賢良方正，直言極諫；才識兼茂，明於體用；詳明吏理，可使從政；識過韜略，運籌決勝；軍謀宏遠，材任邊寄。又增以高蹈邱園，沉淪草澤，茂材異等，書判拔萃四科，通謂之天聖十科。當時得人：如蘇軾中賢良，吳育中材識，富弼中異等，余靖中拔萃，並爲一代名臣。元祐中，司馬光建議，又欲立十科目，以薦舉天下奇士：曰行誼純固，如蕭嵩之薦韓休；節操方正，如李嶠之薦李邕；智勇兼人，如謝安之薦謝玄；公正聰明，如匡衡之薦孔光；經術精通，如蕭望之之薦薛廣德；學問賅博，如張說之薦張九齡；文章典麗，如魏元忠之薦吳競；善聽獄訟，如袁盎之薦張釋之；善治財賦，如李祐之薦李巽；練習法令，如丙吉之薦于定國；當時卒不能行焉。竊嘗究宋之得士，多由進士，而以制科應詔者尙少。及後來博學宏詞開科，頗稱得人。按此科在唐已爲優選，昌黎所謂吏部有以博學宏詞舉者，其名甚美，且得美仕，可以知當日之趨向矣。而劉禹錫柳宗元諸人，皆以進士復中此科入仕，爲時所豔稱。迨宋紹興以後，此科得人，亦號極盛，每科不過取三四人或一人，選擇之愼如此。如洪遵洪适周必大，至因之以取宰相執政，其佗亦多至侍從。元明以來，此科廢罷已久，唯進士一科孤行，議者所以有偏重之說也。迄於有淸，立孝廉方正以勵德行，復舉博學宏詞以求文學，（康熙十八年取五十人乾隆元年取十五人次年補取三人）網羅俊良，激厲後進，故有淸人才，亦以康乾爲最盛。要皆所以補科舉之不及者也。

夫科舉以有常之法，範圍天下之人才；彼魁磊豪俊者，往往莫由以自拔。歷代知其然也，乃舉至美甚高之名詞，懸格以求非常之才，冀以應世變而搜遺佚。凡士之樂於自見者，亦慕其名之高且美，皆可因此以自達；其有未成就者，亦可以益厲於實學，以爲天下用；則其事甚順，而其效亦甚捷。且科舉學校，既已分矣，則上之所立之標準，出於多途者，其才稍盛；拘拘出於一途者，其才益衰，此亦古今得失之林也。至科目盛，而學校取士之途，不敵其半；唯唐玄宗一罷鄉貢，（天寶十二年罷十四年卽復）宋徽宗一廢科舉，（崇寧三年罷宣和三年復前後凡十八年）專欲取士於學，而未幾卽復。至於後世郡縣歲貢之士，名與於學，益以無實，又不足言矣。此統唐宋以下之制，而別爲科舉途徑者一例也。

論議詩賦之廢興

程文始自隋唐，由前雖以文詞章句爲取士之鵠，而其法未備。唐因隋制，始尚程式，凡關於經史者，曰帖文；曰口義；曰墨義。所謂帖文者，以所習經掩其兩端，中開一行，裁紙爲帖，而隱其三數字，使讀之，以驗其章句之成熟否也；所謂墨義者，問其書中之事實，與其上下文之連綴；至於口義，則如後世塾師之挑誦，而墨義如其默寫也。關於時務者，曰策，即漢世策問之遺也。關於文藝者，曰詩賦，曰雜文。雜文者，箴論表贊之屬也。厥後又單立一格，是曰論議。大抵唐制諸科，帖文義策三者並試，進士一科，初止試策，後乃帖經兼試雜文。開元以後，並增詩賦，士亦恥不以文章達，而多致力於此科矣。其間德宗（建中二年）廢詩賦，而用論議；文宗（太和八年）又罷論議，而復詩賦；尋以詩賦爲第一場，論第二場，策第三場，帖經第四場；而綜其大要，則論議與詩賦並爭之局也。

經義詩賦之廢興

五季至宋，並沿唐制。宋初，有帖經、墨義，而無口義，（唐憲宗元和中停口義試墨義，此後口義遂廢）有詩賦、雜文，而不及策。仁宗朝試進士者，乃有策論詩賦、帖經墨義四場，略如唐制。及神宗廢帖、墨，而考大義，（王安石所著三經新說頒之學宮）棄詩賦，而主策論，其式一變，使數百年來帖、墨、記誦之陋習永除，而經文中又開一新制作焉，則經義是也。專用經義取士，凡十五年。至元祐元年，復詩賦與經義並行。至紹聖元年，復罷詩賦，專用經義，凡三十五年。至建炎二年，又兼用經賦。蓋熙寧紹聖，則專用經而廢賦；元祐建炎，則雖復賦而未嘗不兼經。然則自熙寧以來，士無不習經義之日矣。然元祐初始復賦，欲經賦中分取人。而東坡上疏言，自更法以來，士工習詩賦者，十人而七，欲朝廷隨經賦人數多少，各自立額取人。則知當時士雖不習詩賦者十五年，而變法之餘，一習即工且多矣。迄建炎紹興之間，則朝廷以經義取士者，且五六十年，其間兼用詩賦纔十餘年耳。然共場而試，則經絀而賦工；分科而試，則經少而賦多；流傳既久，後來所至場屋，率是賦居其三之二。詩賦勝而經學寖微。然在北方，遼則分經義詞賦二科；金更以經賦策論分三科，並爲調停之舉。綜其大要，則又詩賦與經義並爭之局也。

制義策論之廢興

元明兩代，兼綜並舉，合三事爲一科。元制鄉會試，首場試經疑、經義，二場試古賦、詔誥、章表，三場試策。明制首場試經義、四書義，二場試論判、詔誥、表，三場試策。然明之取士，所重專在經義。成化以後，經義之文漸起排偶，而程文中又開一新制作焉，則制藝是也。自詞賦之勢力既絀，制藝遂風靡一世，論者謂明太祖之設制藝，與秦始皇之燔詩書，遙遙兩心，千載同揆，所以馭一統之天下，弭內亂之道，未有善於此者也。傳曰：子有美錦，不使人學製焉。言不學之人，不可以共政事也。今其用之也在彼，而取之也在此，豈不傎哉？入清，則又以策論與制藝爭，其間消長之故，一見之於康熙二年，廢八股，用策論；（分爲二場，第一場試策，第二場試四書論、經論及表判）越二年，禮部侍郎黃機疏請仍如舊制，（初制鄉會試文均依明制。乾隆二十二年改第一場爲四書文，第二場經文，刪去論表判，三場用策）行之二百數十年。至光緒二十四年，仍用策論，數月即罷。然八股之文，至末流而其敝已極。方是時，沈幾觀變，知墨守之覆轍，辛丑壬寅之間，重又廢絕。（第一場史論三篇，第二場時務策五道，第三場四書義三篇）蓋至是凡三變矣。夫詞賦之盛也，其始論議與之爭，其繼經義與之爭，及其終也，制藝盛而策論更奪其席焉。此統唐宋以下之制，而別爲試文程式者，又一例也。繼今以往，絕科舉之途徑，破試文之程式，舉千餘年之敝制，掃除而廓清之。祁祁生徒，逢茲嘉會，於以崇尙實學，砥礪廉隅，豈無自強之一日歟！烏虖，悔迷途其未遠，思繼起之有功，其毋使後人而復哀後人也！

中國通史 卷八

外交編

敍言

天生烝民，各從其類，無懷葛天之前，民至老死不相往來，無所謂中外也，無所謂交涉也。有聖人起，作之君，作之師，教以人倫禮樂法制相維，而人道以立，就文物休明者，推爲華夏。三代以還，庸蜀羌髳微盧彭濮淮夷徐戎赤狄白狄，錯處九州之內；厥後吳楚崛起蠻疆，燕趙遠開胡域，左旋右擷，要以冠帶爲芾之倫，自相統役。迄於强秦，夷封建於郡縣，遮北胡於遠方，嶺海陰山，咸隸版宇。漢武威震百蠻，覩犀甲則建珠崖，思葡萄則通大宛，時聞塢笛，遙聽塞笳，以空漠南之王庭，拓地亦云廣矣。繇是磧西漠北海東，單騎驛使，來往勿絕，而制册之中，所以防遏獯鬻者，猶三致意焉；是爲中國民族强盛之初期。晉氏失計，延非種以召禍亂，向使守牧無資，十六國之戎馬精悍，恐非江東之所能敵也。拓跋氏幷燕涼秦夏，雄長北方，以與南朝對峙，實奄有中國本部之大半，且爲宗姓娶中州名族，注重種族同化，實不啻以一族而被化於他族，是爲中國民族强盛之第二期。世稱三代下令主，必曰漢唐，然自學術制度言之，則唐不如漢，而自民族武功言之，則漢不如唐。貞觀之盛，服突厥，制吐谷渾，征高麗，收薛延陀，服天竺，臣龜茲，而邊外六大都護之制以立，蓋其地已跨西伯利亞之西境與希馬拉雅山之南境，兼而有之。至襲五季之亂，掃蕩羣雄，則宋祖之偉略也。然外見偪於契丹，燕雲十六州之地，終宋之世，不見恢復，西夏抗命西陲，八州久淪異族，內用中央集權之法，無强兵重鎮，亭亭然勢絀於所守，而力絀於所爭。南朝無人，胡馬分牧，遼金諸國，遂得遠起東海之表，角逐中區。一折而入於女眞，再折而入於韃靼，然亞洲全境至此已開拓靡遺矣，是爲中國民族强盛之第三期。蒙古部長奇渥溫鐵木眞席捲全亞，進偪東歐，黃種勢力之擴張，未有盛於此時者。明初武功頗赫，故幅員亦廣，聲教之訖，幾及漢唐，然不久而九邊殘缺，西陲益多事矣。淸代乾嘉以來，苗疆既闢，金川授首，此時版圖之廣，東瀕黃海，南盡瓊崖，北走外興安嶺，西循葱嶺下靑海藏衞，及亞洲險要，盡爲己有，是爲中國民族强盛之第四期。雖然，中國民族之所繇盛，亦中國民族之所繇衰也。攷外交之原始，乾嘉以上，皆亞洲本部之交涉；道咸以下，則無一事不繫於歐西之事故者，此亦疇古今未有之掀局也。原始要終，略著得失，輯外交編。

第一章　周代建國前漢族與外族雜處之形勢

三代夷夏之界說

中國自黃帝戰勝蚩尤於涿鹿，始驅苗人至南方，而據中原建國焉，是實中國本部開闢之始。今就著名之種族言之，約分四區：一曰漢族，即我等氏族生息於中國本部者也；二曰苗族，即中國本部土人，自漢族日强，遂退處於南部萬山間；三曰蒙古族，居沙漠南北及東三省，今多與漢族同化；四曰回族，其先蓋自土耳其移來，多散居陝甘新疆各省。此四族同生本國，而漢族實占優勝，其時雖分中土爲九州，然所經營敷治者，止於黃河流域。夏禹氏既平苗族，而漢族之基益鞏固。三危既宅，三苗丕敘，而左洞庭，右彭蠡之絕大部落，不復能生抵抗力矣。於是奠九州，錫土姓，千五百里外，卽爲要荒。故三代之世，中原疆土，夷夏雜處，其對於外族，服則置之，畔則誅之而已。

自夏訖殷，所轄土宇，僅今河南東部暨陝西長安以西一帶。其餘黃河流域，非弱小之部落，卽爲未開化之戎狄蠻夷。其環而居之者，自北迤東而南，曰山戎、萊夷、徐戎，南曰荊蠻羣蠻，迤西曰庸蜀，迤北曰犬戎、小戎、大戎，自西北而橫亘於北境曰狄，所謂狄者，卽獯鬻玁狁是也。周人既東下克殷，環顧諸夷，不能不籌所以防禦之者，因是大封功臣子弟於黃河流域，而尤注意於東方。而太公初至齊，萊夷卽見偪；伯禽初至魯，淮夷、徐戎並侵；晉居深山，與戎狄爲鄰；燕則久淪於夷狄，至春秋猶未通上國；周勢雖盛，其所以制玁狁者，不敢少懈。穆王嗣統，經營西北，職是之繇。亦越厲王，玁狁漸熾，侵及鎬京，東蹙徐淮，南病荊蠻，民亦勞止矣。宣王崛起，號曰共和，命秦仲而西戎遠颭，命南仲而玁狁于襄，命方叔而荊蠻來威，命召虎而淮夷率服，撥亂反正，四海翕然。君子讀雲漢、江漢諸詩，而知其憂民之勤，讀崧高、常武諸詩，而知其蕃宣之盛，可謂中興令主矣。第其時東南雖定，西境未寧。至幽王時，西都爲犬戎所滅，且入居漢水之北，平王不能不退守洛陽，此周轍之所以東也。

春秋南北之局

終春秋二百四十年，其時黃河流域之中原諸侯同心協力，而視之爲外寇者楚也。楚居長江流域，漢陽諸姬，漸爲所滅，勢且駸駸北上，於是齊桓帥諸侯以抗之，而有召陵之師；晉文會各國以拒之，而有城濮之役。其餘若魯若衞若宋，亦莫不兢兢業業，爲之保其疆而衞其羣。陳蔡近楚，欲守疆土，不得不唯楚是依，而鄭居其間，尤爲晉楚爭衡之要衝，此春秋爭霸之局也。當齊、晉、魯、衞爲備楚計，壹意兼併附近之戎狄，以開闢其土地，訓練其人民；黃河下流，草昧遂盡闢矣。同時楚爲侵略中原計，亦壹意併吞南方之諸蠻，以吸收其文化，充實其國力；長江中流，文明遂日啓矣。故楚者，雖謂春秋時代外交之主動力可也。以是之故，而爲和平之策，可紀者，又有兩事：(一)向戌之弭兵。當魯襄公二十七年，宋向戌善於晉趙文子，又善於楚令尹子木，思欲弭各國之兵以爲名，而晉、楚、齊、秦，並許之，徧告小國，爲會於宋。會既成，越五年，魯伐莒取鄆，實始敗盟。時各國之大夫會於虢，尋宋盟也；莒愬於會，楚欲戮魯使，賴趙孟固請乃免。然自是中國無大侵伐者垂十年。(二)鄭僑之使命。同時以弭兵好會，故區區鄭國，周旋於兩大國間，子產以外交家瓊瑤玉佩，掉三寸之舌以折衝；壞舍館之垣而晉謝不敏，伐衆逆之謀而楚知有備。蓋晉楚雖言弭兵，而其心未嘗一日忘鄭，其使鄭得重於九鼎者，微子產之力不及此。夫南北有事，首先被兵者，唯宋與鄭，向戌子產，逞其雄辯之才，以輟二國之兵革，則所以繫全局之安危者非淺鮮也。厥後吳越代興，楚且未暇北圖，而吳乃會晉於黃池，晉願不敢先焉。大抵春秋南北勢力之消長，以召陵始，以黃池終也。唯吳越皆驟起而驟滅，而二國版圖，至竟併入楚國。是時中原文化，且已至長江下流矣。

戰國縱橫之策

周室東遷而後，秦命襄公鎮守岐周，以備戎患。而穆公尤能引用中原人才如百里奚等，國勢漸强，遂思東向以爭中原。至孝公發憤修政，商鞅以刑名佐之，益能虎視殽函而甲諸國。其時黃河長江兩流域唯齊、晉、秦、楚猶存。未幾，晉又裂爲韓趙魏，而所謂中原諸侯者，魯見併於楚，宋見併於齊，鄭見併於韓，於是遂成齊、楚、燕、韓、趙、魏、秦七大國。夫春秋之世，爲中原諸侯之憂者唯楚；戰國之世，爲東方諸侯之憂者唯秦。秦既養成鷙鷙之勢，而山之西，山之東，談士蜂起，狙詐如星，儀秦輩鼓雷光之舌，馳波濤之辯，以爭相雄長，今日說合從，明日說連衡，而外交之情勢又一變。秦之主從約以說六國也，規始於燕趙，燕趙者阻於韓魏而遠秦，而其勢稍弱，故以趙蔽燕，以韓魏蔽趙之說，頗爲二國所願聞；燕趙既和，進說韓魏，韓魏方日苦於秦師，詎有不樂從之理？"山東之國，唯楚偪於秦，而其地最廣，齊遠於秦，而其勢亦厚，各懷雄心，未易與四國相合。乃先以韓魏之關繫說齊，齊幸而聽，然後說楚，楚亦不得不屈己以從五國之欲矣。如是而爲洹水（源出河南林縣隆慮山）之約曰：秦攻一國，則五國各出銳師以撓之，或救之，有不如約者，五國共攻之。然未踰年，秦使公孫衍欺齊魏，與共伐趙，而從約遂解。蘇氏之計不行，秦又盡銳以劫魏而攻楚，魏且附秦，於是儀復以連衡之說進。其說楚曰：秦楚願爲昆弟之國；說韓曰：願事秦而攻楚也。魏韓與楚既得，然後假三國之勢，以東刼齊，西制趙，終乃挾趙以威燕，而諸國咸惕息奉命。儀未歸報，會秦惠王死，諸侯畔衡，復合從。使六國并力以擯秦，與壹志以事秦，利害雖殊，其不相能則一也。故爲從爲衡，皆暫合而復絕。向使六國之君，申盟締好，如率然在山，睢渠在原，而首動尾應，一唱五從，以撥劇釐亂，吾恐秦人食之不得下咽也。而卒不悟，致使范睢先以遠交近攻之策，肆其併吞，繼以千金行間之計，使其內潰，而六國始困。此秦最後之政策，而得以破從擅衡，吞嚼八區，而成一統之業也。

晚周漢族與外族之混合

春秋戰國兩期，既以立國平均之大勢，述其梗概矣。然開拓疆土，其促進中國之文化不少，又可得而言焉。宋周之初，自秦以西皆西戎，自江之表爲蠻濮，其緣太行山麓，大都爲赤白狄種所棲止。不寧唯是，河南者，文化之中心也，陸渾之戎，則遷伊川，(今河南嵩縣北境)揚拒泉皋伊洛之戎，(今河南舊府境)同伐王城；齊魯，禮義之邦也，鄭瞞(山東濟南北境)偪處乎其北，萊(山東黃縣東南)介(山東膠縣南)根牟(山東沂水縣東南)分峙乎其東。雖中原交通之會，而異族實偪處此，列侯強大者，北斥南征，抗拒外族，意未有所弛，而權不可得而衰。故其後，秦勝西戎，楚開蠻濮，晉滅羣狄，齊併東夷，廣谷大川之民，幾經物競天擇之趨勢，而以滅以興。其興者，必其民族之能力強於他種者也，如秦、楚、吳、越，本以中原苗裔，竄越戎蠻，而卒兼併其族以坐大，理或然歟？然猶未已也。至於戰國，秦自隴以西有綿諸緄戎翟獂之戎，岐梁(岐山梁山)涇漆(涇水漆水)之北，有義渠(甘肅舊慶陽平涼二府地)大荔(陝西大荔縣)烏氏(甘肅涇川縣北)朐衍(今寧夏省靈武縣)之戎，趙北有林胡樓煩，(俱山西邊外)燕北有東胡(遼寧北境)山戎，(河北盧龍縣北)靡不散居山谷，自有君長，長其宂壞，然卒莫能相統，卒以次爲三國所滅。故凡隴西北地上郡雁門漁陽上谷遼東西諸郡，並開拓胡戎而置之，西南巴蜀黔中，秦楚亦並略地置郡，合黃河長江兩流域之各國部落，而成一擴大之民族，所以開本部之交通者此也。

第二章　秦漢之統一政策

秦皇之攘斥胡越

秦起西陲，剗蕩諸戎，及其混一六合，北方則以燕趙之攘斥，南亦因於强楚之故壤，疆土廣遠。然是時匈奴（卽周時獫狁）始大，始皇使其臣蒙氏將三十萬衆北伐，斥逐之，收河南地（今河套）爲四十四縣。因地形險塞，乃築長城，起臨洮（甘肅岷縣），訖遼東，延袤萬餘里，發諸嘗逋亡人、贅壻、賈人爲兵，略取南越陸梁地，置桂林南海象郡，以謫徙民五十萬人戍五嶺；（大庾嶺（江西大庾縣南）騎田嶺（湖南郴縣南）都龐嶺（湖南永明縣北）萌渚嶺（湖南江華縣南）越城嶺（廣西興安縣北））收其地爲郡縣，實行其殖民之政策。是時漢族文化且將發展於嶺外矣。然未幾秦卽亡，而匈奴復稍南渡河，勢益張；南越亦爲趙佗據之，秦所得地復失。

漢衞霍之遠征

漢興，高帝擊匈奴，被困平城，（山西大同縣）始與和親，以家人子（官人名號）名長公主妻單于；顧匈奴畔服靡恆也。惠帝備夷，每飯念李齊，拊髀思頗牧，按轡行細柳，外雖和親，而內不廢自治之策；匈奴三入而三拒之，未嘗窮兵出塞，與「薄伐玁狁，至於太原，」曷以異焉？文景之世，寇盜頻仍，漢無以制。武帝好勤遠略，有馬邑豪聶翁壹者，因王恢獻策於帝，欲計誘匈奴深入，伏兵擊之，單于果大至，甫入塞，有泄其計者，大驚引去。帝既未獲逞志，而匈奴復侵擾不已。迺遣將軍衞青等擊之，遂收河南故地，立朔方郡，募民徙者十萬口，築城繕塞，因河爲固，自是數發師深入。青姊子霍去病，素以善戰名，嘗與壯騎先其大軍，頻有功，威名幾與青埒。武帝倚此兩人，十年之間，先後出塞凡六，最後絕大幕，封狼居胥山（爲蒙古杭愛山支脈）而還，凡虜殺匈奴，計八九萬，而漢士卒亡者亦數萬。自後匈奴遠遁，漢南無王庭云。

張騫之通西域

匈奴之強盛也，漢固欲有以制之，然第知匈奴之大，而不知其有他國在也。會有降胡言，月氏故居敦煌（甘肅燉煌縣）祁連間，（祁連山一曰南山，在甘肅張掖縣，綿亙甘涼間）夙稱強國，匈奴攻破之，殺其王，餘衆奔遁，怨匈奴，無與共擊之。武帝於是募能通月氏者，張騫迺以郎應募，出隴西，徑匈奴中，單于得之，留十餘歲，獲間西去，抵大宛，（今哈薩克右部）大宛爲發譯，至康居，（今新疆北境至蘇聯中亞地）傳致大月氏。（今布哈爾）月氏太子已王大夏，（今阿母河南地）而臣之，殊無報胡心，騫不得其要領而歸。其時匈奴屢敗，其別部號渾邪王（在今甘肅一帶）者，亦已降伏，空其故地。騫因建議烏孫（今新疆伊甯縣）王昆莫，本臣匈奴，近稍強，不欲朝事之，誠以厚幣賂烏孫，招居故渾邪之地，是斷匈奴右臂也。既連烏孫，自其西大夏之屬，皆可得臣。帝遂拜騫爲中郎將，齎金帛往。騫既至烏孫，分遣副使至大宛、康居、大月氏、大夏、安息、（今波斯國）于闐、（今新疆和闐縣）及諸旁國。烏孫發使隨騫報謝，其所遺使大夏之屬者，亦頗與其人偕來，於是西域始通於漢。烏孫既不肯東還，迺於渾邪故地，分置酒泉（甘肅酒泉縣）武威（甘肅武威縣）二郡，稍發徙民以實之；嗣復分置張掖敦煌二郡，絕匈奴與羌往來之道。自此玉關以西，發現一新陸地，而引起諸國之交通者，皆騫之功也。

南徼新地之開拓

漢之武力既伸於西北，時蜀郡以南，矯激奮起者，尚有數十國，若邛（今四川西昌縣古邛國）若滇，（今雲南昆明縣）而夜郎爲最大；（貴州西境）然皆隔絕而不通。趙佗撫有南越，垂四十餘年，使聘往來，比之外臣。番陽令唐蒙者，因事奉使，風曉南越。南越食蒙以蜀枸醬，蒙問所從來，曰道西北牂牁江，（上流爲今貴州盤江逕兩廣柳慶梧潯諸府至番禺入海）江廣數里，出番禺城下。既歸，詢之蜀賈人，乃知蜀以枸醬竊出市夜郎，夜郎臨牂牁江，南粵以財物役屬之。蒙因建言通道夜郎，下兵牂牁，足以制粵。於是拜蒙中郎將，將千人，從筰關（四川清溪縣境）入，遂通夜郎，夜郎貪漢繒帛，且聽約束。時邛、筰、（四川雅安）冉、駹，（西夷二族在今四川茂縣）聞南夷獲賞賜，多請置吏以爲郡縣，然反覆如故，兵興耗費，久無功，會漢方有事於匈奴，遂置之。及張騫自西域還，言在大夏見邛竹杖蜀布，問安得此？曰市之身毒；（今五印度）身毒在大夏東南數千里，度大夏在漢西南，身毒又居大夏東南，有蜀物，其去蜀必不遠矣。今使大夏，從羌中險，少北則爲匈奴所得，從蜀宜徑，又無寇。天子以爲然，迺令騫因蜀犍爲（今貴州遵義縣地漢夜郎所置郡）發使四出，指求身毒國。各行一千里，終莫得通，然因是遂通滇國。此在大金沙江流域，又開闢一新地者也。厥後北患稍紓，銳意南略，迺平南粵，置南海、蒼梧、鬱林、合浦、交趾、九眞、日南、珠崖、儋耳九郡，遂席餘威，還定西南夷，復置夜郎爲牂牁郡，邛都爲越嶲郡，筰爲沈黎郡，冉駹爲汶山郡，白馬爲武都郡，並降滇以爲益州郡。凡漢之南北拓地，其發端皆以匈奴南越二國，以南越故，始知夜郎，以匈奴故，始知大夏，又欲因身毒以通大夏，而更得滇焉。其思想魄力洵雄偉已！

東征航路之交通

亞東陸路之交通，既如上所述矣，至其海上進取之蹟，亦有足多者。南越之北，福建之地有閩越；更北浙江之地有東甌。閩越王無諸及東越王搖，爲越句踐後，並受漢封爵。吳楚反時，東甌王從吳，及其敗亡，迺殺吳王濞以謝漢。濞子駒亡入閩越，說其王使擊東甌，漢發會稽兵浮海往救，未至，閩越引兵去。東甌請舉國內徙，迺悉徙其衆於江淮間。案西漢會稽郡，緣今江蘇吳縣，自吳下海，而達浙之溫州，此海行航路，漢以前未聞得通，爲武帝時代所進闢也。閩越已北走，東甌乘勢南伐南越。時佗已死，其孫胡請救於漢，武帝分軍四道擊之，而橫海將軍韓說，自句章（浙江慈谿縣）浮海出師，則益進而南矣。事寧，帝以閩地險阻，數反覆，亦徙其民江淮間，而閩地遂墟。凡東南瀕海之地，始無復有異族立國者。於是漢族文化，遂統一黃河長江粵江三大流域矣。

西域既通，胡戎遠卻，遂更東略海外而窺朝鮮。古朝鮮地，大抵當今遼寧之東南，西自遼河，東達大同江附近，其北部則爲肅愼族蔓延之地，東部則爲諸韓族蕃殖之地也。朝鮮在戰國時故屬燕，秦爲遼東徼外。漢興，爲其遠難守，復修遼東故塞，以浿水（今大同江）爲界。燕人衞滿盜據之，傳至孫右渠，武帝使涉何諭之，終不肯奉詔；復遣樓船將軍楊僕從齊浮渤海，（今登萊北海道）左將軍荀彘出遼東擊平之。迺分其地爲四郡：以今遼寧東南境及吉林寧安縣附近爲眞番郡；以今咸鏡道爲玄菟郡；其南爲樂浪郡，大抵當今平安黃海二道；其東江原道附近爲臨屯郡，在四郡之最南。今朝鮮半島南部，當時皆屬諸韓族所集止，多建小國。朝鮮既亡，三韓分立，馬韓弁韓辰韓是也。箕準失國南奔至海上，遂君其地，是爲馬韓，占今京畿道南部暨忠淸全羅一帶。秦亡時，秦人來居半島東邊，撫土民，併四鄰，遂王辰韓，領慶尙道之東北。弁韓據慶尙道之西南。自武帝滅朝鮮，中國與三韓接壤，交涉漸繁，渤海航路，繇此大啓，日本交通亦始於是時。至東漢光武帝時，其九州酋長入貢於我，受中國印綬云。

漢與匈奴和戰顚末

秦漢之際，中國以外，東亞諸國尤强大者，匈奴最著。漢武帝旣平南越，滅朝鮮，迺一意北嚮，謀制匈奴。匈奴當秦始皇時，畏威北徙者十餘年，秦亡，匈奴復稍南渡河，日以强大。其君長號曰單于，下有左右賢王，右賢王居西方，直上郡北，（今陝西膚施縣）左賢王居東方，直上谷北，（今察哈爾宣化縣東南）而單于庭直代（今察哈爾蔚縣）雲中。（今綏遠省歸綏縣南）當楚漢相距時，中國疲於兵革，冒頓單于得自强，控弦之士三十餘萬，弑其父頭曼自立。東破東胡，西卻月氏，南幷樓煩，（今山西寧武府）白羊。（匈奴別種居河套地）平城一敗，高祖不復與匈奴爭，厚歲幣通婚姻以羈之，以後皆持此爲政策。然匈奴自是益輕漢，文景之世屢寇北邊。及老上嗣冒頓爲單于，大破月氏，奪其地，於是匈奴屬土，東自朝鮮，西抵西藏之間，天山南北諸國，亦皆爲所役屬。其子軍臣嗣立，適值武帝絕和親，幷力百戰，驅之漠北；又通西域，分匈奴西方之援國。顧自衛霍死，其後趙破奴、李廣利，先後發兵深入浚稽山，（在今蒙古圖拉河及鄂爾昆河間）皆以敗沒。雖以武帝之雄才大略，未易征服也。當時葱嶺之西大國凡四：條支最西，其東爲安息，又東爲大月氏，大月氏東南爲罽賓；北爲大宛國；（今俄屬費爾干省）又北爲康居國，佔今吉利吉思荒原地；（卽今哈薩克之地）康居東南大宛之東，卽烏孫國，當今伊犂地。烏孫東南，匈奴西邊，小國碁布，凡三十餘，其較大者爲疏勒、（今疏勒縣）于闐、（今和闐縣）溫宿、（今阿克蘇縣）龜茲、（庫車縣附近）焉耆、（今焉耆縣）姑師、（吐魯番附近）樓蘭（羅卜爾南）諸國，皆臣服匈奴，匈奴置僮僕都尉監之。宣帝初元，烏孫昆彌上書，謂連歲爲匈奴侵削，請乞師。漢以常惠護烏孫兵大破之，獲牛馬七十餘萬頭。其冬，壺衍鞮單于自將數萬騎，復攻烏孫，會天大雪，人畜多凍死，於是諸族怨匈奴者，羣起而伺其隙：貝加爾湖西南，有匈奴別部曰丁零者，略其北；內蒙古東有東胡一種，曰烏桓者，略其東；烏孫略其西，所殺數萬級，屬國多瓦解，匈奴大虛弱。未幾，國內叛亂相踵，五單于爭立，互相誅殺，遂分爲三部。既而勢俱歸於呼韓邪，而其兄右賢王呼屠吾斯又自立爲郅支單于。呼韓邪與之爭，事敗，率衆歸漢，倚漢得還幕南，居光祿塞下。（今烏喇忒旗故九原城北）郅支迺西走阿爾泰地，與康居王結，數辱漢使者；又連擊烏孫大宛，擾西陲，勢轉强。時甘延壽爲西域都護，與副校尉陳湯謀，矯詔發西域諸國兵，急襲康居，殺郅支，時元帝建昭三年也。於是呼韓邪入朝，自言願壻漢氏以自親，元帝以宮女王嬙妻之，匈奴自是世稱漢甥，不復犯邊。

東漢與西域諸國之關繫

自宣帝時呼韓邪來臣，匈奴不犯者六十餘年。逮王莽篡漢，擾動戎夷，匈奴大怨，東連烏桓鮮卑，西搆西域諸國，侵苦北邊。光武厭武事，不欲啓衅匈奴，匈奴滋益驕，歲劫山陝邊地。會日逐王比與單于蒲奴有隙，建武二十四年，遂自立爲南匈奴單于，稱呼韓邪，內附漢，居西河美稷，（今鄂爾多斯右翼中旗）列置諸部王，助漢捍戍，自朔方（鄂爾多斯西界）東至代郡，（山西代縣）皆領部衆爲郡縣偵邏耳目，自是西北相爭不止。北匈奴反覆無常，至明帝初年，勢日强，數擾邊，帝遂命太僕祭肜等併南匈奴衆，破之蒲類海（天山南路巴爾庫勒）附近，取伊吾盧（天山南路哈密）地。帝既破匈奴，欲通西域，以殺北匈奴之勢，迺遣軍司馬班超使西域。超先緣南山至鄯善國，（即西漢之樓蘭）其王廣憚北匈奴使者，不禮漢使，超迺會其吏士三十六人，襲殺北匈奴使者，王怖降漢；超復西往降于闐，定疏勒。時竇固耿秉等亦屢破北匈奴，奪車師地，（即西漢之姑師國）於是漢威復振於西域，更置西域都護監諸國，然龜茲、焉耆猶抗命也。明帝崩，北匈奴乘漢兵不至，誘諸國陷都護府，漢廷遂絕意西域，召還班超。超上書請鎭定西域，發疏勒于闐兵，先降龜茲，襲焉耆，尋招致烏孫，復大破月氏兵，於是漢威再振於葱嶺東西，西域五十餘國，先後內屬，復置都護府於龜茲，以班超任之。自西域諸國隸漢，北匈奴勢頓衰，諸國又乘其敝，南匈奴伐其前，丁零寇其後，鮮卑擊其左，西域侵其右，北匈奴益憊。時和帝外戚竇憲有罪懼誅，自求擊匈奴贖死，帥大軍北嚮，追北匈奴至燕然山，（即蒙古三音諾顏之杭愛山）降二十餘萬人；後二年，竇憲復大破之金微山，（當是阿爾泰山）獲單于母閼氏，名王以下五千餘級，餘皆遠遁，北匈奴地遂墟，而南匈奴亦稱臣塞外，悉入版圖。厥後班超死，任尙代之，頗失民和，西域諸國並叛漢；廷議棄西域，罷都護，時安帝永初元年也。嗣是漢威不復行於西域，然卒以先時威震塞外，遂起二大事焉：

（一）海上交通。中國之於世界，實蠶絲產地，所製繒綵，爲他國所嗜，蓋自上古時已開販路於波斯印度，亞歷山大東征以來，更輸入歐洲羅馬。繒兒音近瑟兒，故指其賈曰瑟列司，蓋絹商之義也；指其地曰瑟里加，蓋絹布產地之義也。桓帝之世，大秦王安敦，始自海道遣使經印度洋，由安南東京以通於漢。安敦者，蓋指羅馬帝安敦彪士也。當時日南（即安南南部交趾中國附近）交趾（東京地）爲東西兩洋交通中樞，西賈多集其地；是地爲光武時馬援所征服者，故漢開新路於南嶺以便往來。（二）佛教流傳。西漢之時，佛教流通未盛，自明帝遣蔡愔至大月氏，迺得佛經。其後漢威徧西域，東西道通，僧侶來者漸多，支婁迦讖自月氏，安世高自安息，竺佛朔自印度，康孟祥自康居，先後入中土，從事譯經。故東漢之季，佛教流行頗盛云。

第三章　五胡入侵及南北朝之交涉

漢末以來塞外諸族與漢族之關係

兩漢之際，中國疆域廣大，塞外諸族，漸入居內地。三國初年，內徙益多，匈奴、羯、鮮卑、氐、羌，其尤大者也。其實匈奴與羯爲一族，氐與羌亦似同屬一族，雖稱五胡，不過匈奴、鮮卑、羌三大族而已。

(一)匈奴　漢宣帝時，呼韓邪單于內降，東漢初，南單于亦來歸，故匈奴族入山西塞內，與漢族雜居者，前後部落近萬。年月既久，戶口滋蔓，寖難禁制。及曹操爲漢丞相，憂其強大，更將南匈奴分爲左、右、中、南、北五部，左部居太原，右部居祁，南部居蒲子，北部居新興，中部居大陵，各立其貴人爲帥，選漢人爲司馬，居平陽監之，以殺其勢。西晉初，匈奴餘衆乞歸化者以十萬數，武帝皆居之塞外。於是山西之地，半爲匈奴族所據，其中最著者爲石勒，即五胡中羯人之崛起者。

(二)鮮卑　鮮卑言語風俗，與烏桓同，同屬東胡族，皆以弋獵禽獸爲生。秦漢之際，東胡頗強大，幾與匈奴頡頏，後爲冒頓所破，餘衆退保烏桓鮮卑二山，因以爲種號。武帝擊破匈奴左地，因徙烏桓於上谷、(今察哈爾延慶縣)漁陽、(今北平市)右北平、(今河北遵化縣)遼東、(今遼寧錦縣)塞外，置烏桓校尉監之。至獻帝時有蹋頓者，助袁紹斃公孫瓚，紹敗，復助其二子謀復故地，爲曹操所滅，徙其餘衆於山東，後遂不振。鮮卑則於東漢擊走北匈奴時，盡收其衆而據北匈奴地，遂漸南下，散處中土北方邊境，所以有遼東鮮卑、遼西鮮卑、代郡鮮卑諸目。後漢時，屢入寇，桓帝時，諸部推檀石槐爲大人，立庭內蒙古彈汗山(今察哈爾左翼)歠仇水上，(今奇爾泊)去高柳(山西陽高縣西北)三百餘里，南抄海邊，北拒丁零，(今蒙古北境)東破扶餘，(在東三省)西擊烏孫，(今伊甯縣)其屬地東西萬四千餘里。檀石槐死，各部分裂，益南下分居中土北境，其中最著者爲遼東慕容氏，遼西段氏，代都拓跋氏，涼州禿髮氏，隴西乞伏氏，東蒙宇文氏。或曰宇文氏爲匈奴族也。

（三）氐羌　氐羌故屬西藏族，羌居青海之地，氐在其東南，散居岷山附近至巴蜀之間。西漢時，趙充國征服之，故久隸於漢。王莽末年，入居塞內金城。（甘肅皋蘭縣）東漢初，諸種數萬，屯聚寇鈔拒浩亹隘，（當在青海省樂都縣東）馬援再征服之，徙降衆於關中河東。（即今山西陝西）厥後族類蕃息，三國時乘中國內亂，入塞者益多。羌族之在關中者，殆與居民相半云。

西晉之初，外族之情形如此，故郭欽江統輩，屢請攘之，以絕後患，朝廷不用其言。及八王亂起，西北各民族之居內地者，因見晉室已失統治能力，遂紛紛而爲割據之謀。夫雜夷之種，茹血餐腥，本非人品，（任孝恭檄魏文）顧迺處以內地，是何異種荊棘於良田，養虺蛇於室內乎？江淮以北，幾成戰場，使晉室不能不退向江南立國矣，於是江南遂漸成爲文化之中心。

五胡入居之由來

五胡之亂，匈奴左部帥劉淵，首先發難。同時角逐於四方者，鮮卑則遼東慕容，代都拓跋，羌族則南安姚氏，氐族則略陽蒲氏，天水楊氏，巴郡李氏，而匈奴劉氏爲盛。羯本匈奴之一支，自石勒繼興，降附諸種，勢遂軼前趙。故五胡之第一期，羯最强，而匈奴次之。石趙衰而慕容苻氏分乘其後，終則苻秦統一之。故其第二期，氐最强，而鮮卑次之。苻氏亡而鮮卑慕容南安姚羌，其勢復振，然漸分裂矣。於是氐種有略陽呂氏，鮮卑有隴西乞伏河西禿髮，匈奴有臨松沮渠，朔方赫連，繼慕容姚氏之後，稱雄西方故其第三期為匈奴鮮卑羌三族疊興之會也。其時拓跋氏久睨其旁其結果遂為元魏所收拾，鮮卑之族終建一大帝國，而與南朝對峙焉。然經五胡百數十年之亂，西北諸族久處中原漸歸同化，至元魏孝文，又慕華風變前俗，聲明文物，亦與南朝相並。蓋至是而壇坫樽俎之禮頗足言矣。

南北之通使及其得失

當南北朝之分立也，玉帛兵戎相見靡定，聘使之選，於時為重。魏游明根嘗三使於宋，李彪嘗六使於齊，齊武帝以裴昭明有將命才，特命使魏，並為隣國所禮重，此皆可紀者也。厥後南北交聘，務以俊乂相矜，梁使每入，鄴下為之傾動，貴游子弟，盛飾聚觀；魏使至梁亦然。蓋從容談辨之際，亦足以覘國勢矣；然此不過極應對之能事耳。其時外交政策，有一大關鍵焉，匪唯梁所以亡，即南朝衰弱之因，亦基於此。東魏高歡死，子澄嗣為東魏大丞相，河南軍事都督侯景舊與澄有隙，至是以河南十三州降梁，時梁與東魏方睦，廷議懼納叛啓釁，武帝不從，以是失和。已而澄數求成於梁，又令蕭淵明奉啓武帝，梁臣朱异等固執以為可，司農卿傅岐獨曰：此高澄設計，欲令侯景自疑而作亂耳；若許通好，是墮其計也。帝復不從。果也貞陽（淵明也）旦至，侯景夕還，壽陽之舉，固吳老公之薄心腸，有以速之也。其始以納叛而失和，其繼復聯和而召叛，為梁計殆無一可者，惜乎入高氏之牢籠而不悟也。因侯景之亂，梁之諸王，乘時搆釁，西魏又從而收其利，及陳之得國，扶傷救敝，亦滋弱矣。此南北得失之林也。

第四章　隋唐對外政策

隋代與唐初，緣中國邊境，自東訖西，又有數種民族崛起，爲隋唐之邊患。綜計其時，各民族分布，大抵東北自高麗起，由此而北有渤海，北而西有奚契丹，突厥自中國西北境而南有吐谷渾、吐蕃。其中渤海、契丹較微弱，或附高麗，或附突厥，或附中國，吐谷渾次之，吐蕃強盛時，遂併有其地，其爲中國邊患最劇者，爲高麗突厥吐蕃，試略述如下。

高麗之戡定

高麗即高句麗之省稱，亦曰藁離，在遼東之東南，與朝鮮接壤。漢武帝滅朝鮮，曾收其地置爲縣，屬玄菟郡。後有扶餘國朱蒙者，始來此建國，勢漸强。其次子溫祚，南赴馬韓至慰禮城（忠淸道稷山縣）附近，建一部落曰百濟，東晉初，始統一馬韓百濟。東南有新羅國，本辰韓一部落，其後高麗與百濟聯盟，新羅勢成孤立，一意倚我中國。時隋文帝方統一南北，高麗與陳通好，懼隋更伐己，開皇十八年，率靺鞨族侵遼西。文帝大怒，發兵三十萬伐之，不克而還。煬帝嗣位，思雪前恥，復大敗，高麗益橫恣，率百濟連侵新羅，且杜其至中國貢道。及唐太宗滅東突厥，引兵而東，因高麗有內難，又杜絕新羅朝貢，遂發海陸軍征之，帝自將陸軍赴遼東，圍安市城（遼甯省蓋平縣東北）不克，會天寒食盡，人馬凍死，帥師而還。高宗之世，新羅屢爲百濟高麗所侵，乞救愈急。顯慶五年，遣蘇定方自成山（山東文登縣南）濟海，與新羅武烈王會師，先擊百濟，大敗之，遂降。嗣百濟乞援於日本，日使阿曇比邏夫等救之，唐劉仁軌大破之白江口，（錦江入海處）百濟亡。唐乘勢圖高麗，命李勣圍平壤，高麗亦亡。於是新羅以外朝鮮地，悉入版圖，唐置安東都護府統治之。

日本之交通

日本獨立東海中，距朝鮮最近，自漢武滅朝鮮，始有驛使通漢，光武時，其九州酋亦遣使奉貢。漢賜以印綬，曰委奴國王。（九州今西海道，其筑前有那珂郡，即古怡土縣地，怡土一名伊都，國王即古伊都縣主也，譯音無定字，故又作委奴）至獻帝時，其仲哀帝后渡海攻新羅，降之，高麗百濟皆歸款。後遂因高麗鄉導，數遣使朝獻於魏，自西晉迄南朝，貢聘不絕。晉武帝時，有王仁，自百濟往，傳論語及千字文，漢文儒學入日本自此始。王仁爲漢高祖裔，留日不歸，子孫世其業，居河內，稱西文氏；同時靈帝遠孫阿知使主，率其子都賀使主往，亦世其業，居大和，稱東文氏。阿知父子，復爲日使吳，（故吳地謂江南諸朝）求縫織工，有兄媛、弟媛、吳織、穴織四人，自高麗往，後至劉宋時，復有漢織、吳織、及四縫女往。時秦公子扶蘇後，避地日本者至萬八千餘人。梁武帝時，漢人赴日者益蕃膴，皆別爲姓氏，日本之文化，皆我國有以啓之也。及至隋代，日本遣小野妹子來通好，煬帝命鴻臚寺掌客裴世清報使。至難波，（今大阪）日本造新館於高麗，設儀仗鳴鼓角迎之，曰清道飾館，以待大使。冀聞大國維新之化，饗世清於朝，迺引就館，復設饗遣歸。時隋大業四年也。隋之國書曰『皇帝問倭王。』日本答書曰『東天皇敬白西皇帝。』其國人至今謂與我通使，實始於隋，而於前之朝貢封拜，概置弗道也。世清之還也，妹子復偕學生元理、清安、僧旻等八人從，日人留學中國自此始。（八人者其祖皆漢人避亂至東，修文學者也）唐太宗貞觀五年，日使至，久之，更附新羅使者上書云。亦越高宗，蘇定方既破百濟，日本敗還，迺築筑紫水城，嚴兵以備唐，唐使劉德高往約和，日本亦報聘如故。及李勣滅高麗，高麗、百濟、並請於唐，許其建國存祀，新羅亦常朝貢，於是三韓皆爲唐有，日本亦不敢更窺三韓，與唐修好。自此日本歷朝，皆置遣唐使出聘之車，冠蓋駱驛，上自天時、地理、官制、兵備，暨乎典章、制度、語言、文字，以至飲食、居處、玩好、游戲之細，無一不效法於唐，禮儀文物，燦然大備。時僧侶學生，留學我國者益多，道昭、最澄、空海等入唐，傳佛法，粟田眞人、吉備眞備、阿部仲麻呂等入唐修儒學，亦間有爲客卿者。及昭宗時，國內擾亂，日本留學僧中瓘，致書其太政官言唐國彫敝，聘使渡海者，或不勝任，或沒於賊，能達者無幾，遂罷遣唐使，時乾寧之二年也。爾後唯僧侶商舶來往猶如故，至國際交通，彼此皆絕焉。

突厥之征定

突厥，卽漢代之丁零，丁零亦名狄歷，與突厥鐵勒敕勒爲一音之轉。隋唐之交，亞洲大陸，大半爲突厥勢力所掩，然終不免夷滅，此亦南北民族消長之關也。突厥世居金山（阿爾泰山）之南，夙爲柔然部屬，梁武帝時，有土門者爲其部長，有勇略，南破高車，併其部落五萬餘衆，國勢遂强，求婚柔然，柔然不應，又辱之，土門怨，迺自立爲伊列可汗，擊柔然，滅之，又西破嚈噠（卽月氏），南降吐谷渾，東攘契丹，北併結骨。契丹者，通古斯族，當時自內蒙古東部，蔓延滿洲西境，結骨者，蕃殖於葉尼塞河上流，土耳其族也。於是突厥屬土，東至滿洲，西近阿拉海，北包貝加爾湖，南併青海，建牙外蒙古都斤山（當在杭愛山附近），以統東方諸國；使從弟達頭可汗建牙千泉（蘇聯中亞細亞塔拉斯河上流），以統西方諸國，是爲突厥分東西之始。

東突厥木杆可汗，連寇中國西北邊，北周諸帝，以千金公主妻佗鉢可汗，（伊利少子）且厚歲幣以結之，佗鉢滋益驕，謂其徒屬曰，但使我在南，兩兒（指齊周）孝順，何患貧也。嗣隋歲幣薄，遂寇隴西，文帝發兵擊破之，木杆子阿波可汗，（佗鉢姪）故怨沙鉢略，（名攝圖亦沙鉢略姪）至是西奔，依其從父達頭可汗，率師東還，以乘其敗。自是東西突厥，長爲怨敵，沙鉢略迺稱藩於隋，倚其保護焉。沙鉢略死，其弟葉護可汗立，擊西突厥，擒阿波可汗，沙鉢略子都藍可汗繼立，與從弟染干有隙，隋厚遇之，且妻以公主，爲離間。都藍果與西突厥達頭可汗連兵擊染干，染干遂來奔，隋置之夏（今陝西橫山縣）勝（鄂爾多斯左翼後旗）之間，賜號啓民可汗。未幾都藍爲部衆所殺，國大亂，啓民得隋援，遂北歸，盡并其衆，以故始終不叛。隋煬帝大業四年，啓民死，子始畢嗣，勢復振，中原羣雄如薛舉、李軌、竇建德、王世充、劉武周、梁師都、高開道之徒，雖僭尊號，俱北面臣事之。唐祖起太原，借援兵，亦稱臣，贈遺極厚。而頡利可汗（名咄苾，啓民少子，自始畢三傳至頡利，並弟及）席其餘蔭，兵馬強盛，數相侵伐，以始畢子什鉢苾爲突利可汗，使居東部。武德七年，連兵入寇。太宗時爲秦王，督兵臨陣，縱反間以離之，頻通好於突利，約爲兄弟，頡利於是與突利失和；唐所以制服突厥，實伏於此。太宗踐祚，頡利以新喪可乘，傾國入寇，帝親幸渭上，與可汗隔水而語，兵騎嚴整，頡利望見大驚，既深入，懼不能返，遂請和，帝仍厚賂遺之，以驕其志。太宗爲是欲取姑與之計，以使其自忘者，此馭夷之方略也。厥後頡利突利自相殘殺，突利來乞援，太宗出師以乘其敝，遂擒頡利，東突厥平。

西突厥達頭可汗，先以納阿波可汗，屢與東突厥戰。隋末唐興之際，達頭孫射匱可汗立，玉門關（甘肅燉煌縣西）以西諸國，皆爲所役屬。其弟統葉護可汗繼之，大拓屬土，擊破波斯，名之曰羈縻州，是實西突厥極盛時也。俄而為其諸父阿史那莫賀咄所弒，國大亂，國人立國利失可汗。已而西部諸族，別迎東突厥始畢可汗子乙毗咄陸，與國利失爭。自是西突厥更分東西二部，以伊列河（即伊犁河）為界，西部勢漸盛，乙毗咄陸遂統一兩部，暴虐，為下所逐。國人議立莫賀咄子乙毗射匱可汗。太宗季葉，乙毗咄陸之族，阿史那賀魯奔唐，唐處之庭州，（天山之麓迪化縣東濟水薩也）頻招集舊部，擊破乙毗射匱，悉併西突厥地，號沙鉢羅可汗，役屬西域諸國，勢以強大。後叛唐，數擾邊，於是唐高宗顯慶二年，蘇定方被高宗命擊沙鉢羅擒之，西突厥自是臣服於唐。後高宗末年，西突厥餘衆，復起應吐蕃，屢擾天山南路地。時波斯已為大食所滅，國王卑路斯子泥洹師留質於唐，高宗命裴行儉以送其歸國為名，亟發兵襲叛衆，悉定其地，時高宗調露元年也。

〔附〕薛延陀　方東西突厥之初衰，北方復有一新民族崛起，即薛延陀是也。本鐵勒分部，鐵勒為統葉護所破，薛延陀保有餘衆，受其役屬，西突厥內亂，改附東突厥，乘其衰，反攻頡利，弱之，太宗遣使拜其酋夷男為眞珠毗伽可汗，與共謀頡利。夷男建牙鬱督軍山（即蒙古杭愛山支脈）直京師西北六千里，諸姓多叛頡利歸之，地大人附。頡利之滅，塞隧空荒，夷男率衆徙居，東至室韋，（黑龍江一帶）西及金山，北逾瀚海，南接突厥，蓋古匈奴地也。唐平突厥，以李思摩（突厥本姓阿思那太宗賜姓李）為可汗，建牙河套之北，夷男惡之，乘間勒兵二十萬南攻，太宗命李勣等分道擊之，大破其衆。夷男死，諸部內離，國大亂，太宗再興師，遂滅其國。漠北既平，其後突厥餘種，遠走北方者亦款附。高宗初元，為置瀚海單于二都護，分鎮磧南北以統其衆焉。

吐蕃印度之形勢及其與隋唐之關繫

鮮卑支族，有吐谷渾，東晉末，始建國於青海附近，隋末唐初，乘中土極亂，其可汗伏允數寇隴西。太宗貞觀九年，遣李靖往討，伏允悉燒野草，輕兵走入磧，靖追及於烏海，（在青海漢哭山西）大破之，吐谷渾自是內附。其南有黨項，屬西藏族，本屬於吐谷渾，唐因乘勢併其地，於是青海附近，悉隸於唐，唐疆域遂直接吐蕃。吐蕃，即西藏地；土地曠遠，山岳重疊，古不與中國通。唐貞觀時，棄宗弄贊君其國，英略有大志，夙奉佛法，踐祚伊始，即遣大臣十六人至印度，求佛典，且本佛教之旨，更定國憲刑法，以治其境內。復外拓疆域，征服南方阿撒母、尼泊爾，東侵吐谷渾地。時吐谷渾為唐外藩，故太宗命侯君集等禦之，互有勝負。貞觀十五年，吐蕃請和，帝遂以文成公主妻弄贊，弄贊慕唐衣服儀衞之美，并遣子弟入學。是時唐之南境，已經尼泊爾直通中印度，故中國與印度，自是交通日盛。印度當梁武帝時，北印度烏萇國毗訖羅摩迭多王，併西、北、中三印度，又復獎勵文學，勢益熾。尸羅迭多一世出，為印度霸王。後經二代，當隋煬帝大業六年，訖唐高宗永徽初元間，尸羅迭多二世（戒日王）出，據曲女城，號令全印度。王亦獎文學，尚佛法，詩人學者高僧多集於其朝，凡百五六十年間，實為印度極盛時代，近世文學，推此間為最云。

尸羅迭多二世，與唐太宗同時。太宗既滅東突厥，服吐蕃，餘威震於殊俗，印度聞唐富強，以貞觀五十年，發使者通中國，自是兩國使者往來不絕。先是太宗遣王元策使其國，時尸羅迭多死，權臣阿羅那順自立，發兵拒元策，元策遁入吐蕃，募尼泊爾兵破之，繇是五天竺諸侯，皆懼唐威勢，前後朝貢相踵。尸羅迭多二世後，印度復分裂，諸侯紛紛割據，無所統一。當是時，西印度有喇諦菩特人與蓋塞種月氏、嚈噠等侵入印度後，與土著阿利安人渾爲一族者，年久得勢，討滅阿利安人所建諸國，代領其地。當印度文學再興時，凡婆羅門教徒所至恢復勢力，復酌改婆羅門教而創一濕都教。唐德宗貞元間，婆羅門教徒商羯羅阿闍黎輩出，盛倡濕都教，力排佛教，喇諦菩特人利之，崇奉濕都，以壓婆羅門教徒。是以唐玄宗開元二十八年，至晉高祖天福五年，二百年間，喇諦菩特人，握印度西半霸權，因而佛教之在印度，其勢寖衰；濕都教代之，而爲印度國教。故論當時印度之情勢，其政治則阿利安與喇諦菩特爭，其宗教則佛教徒與濕都教爭，以是國力凋敝日甚。而其間阿剌伯之摩訶末教徒，屢侵西印度，遂爲異日握印度政權之基礎。

隋唐間東西互市

隋唐既建立一大帝國，與四方政治交涉頗繁，東西兩亞之交通，因之日盛，諸外教以是流衍傳入東方者亦多，亦可見當時文化之派別也。(一)陸路。東西陸路之互市，至唐極盛。先是隋煬帝時，河西諸郡，爲東西交易中樞，西方賈人來集其地者，溢四十國。唐興，中亞細亞及天山以南之路開，西域諸國商於東方者益衆，華商往中亞波斯印度諸地者亦多。猶太人素精商計者也，乘機而起，西自歐洲阿非利加，東至中國印度，商權悉歸其掌握；或自紅海巡印度洋至中國南海，或自地中海東岸安提柯巡呼羅珊中亞細亞天山南路至中國長安。逮大食國勃興，阿剌伯人於通商範圍，日漸開拓，無論陸路海路，凡世界商權，全歸其操縱云。(二)海路。兩漢晉魏之際，羅馬商船，獨專印度洋航業，及佛教次第東漸，錫蘭暨南洋諸國，皆通道於我中國，海運緣此以興。暹爪哇蘇門答臘而至錫蘭，遂爲中國之航路。自南北朝以至隋唐初葉，中國商務益騖而西，或自錫蘭，緣西印度海岸入波斯灣內；或緣阿剌伯海岸，至紅海灣頭亞丁，推廣海程，所至益遠。當時錫蘭一島，爲世界商業中心，中國人、馬來人、波斯人、哀西比亞人皆集於斯，以從事交易。及大食勃興，非洲與西亞緣岸及印度河口所有港灣，先後歸其版圖。以故阿剌伯人與其屬境波斯人、猶太人等，益恢張海運，遂東向逕南洋諸國，而通商於我邦緣岸，我亞洲全境之航海權，遂爲阿剌伯人所代。至周武后天授中，其人商於中土者，廣州、泉州、杭州、諸港，至以數萬計。唐並置提舉市舶官，征海關諸稅，爲歲入大宗。二百五十年間，互市極盛。其後大食國衰，唐室內亂，東西互市之局，亦漸以不振矣。

唐中葉以後回紇吐蕃南詔等外患

唐自安祿山亂後，邊塞之警備全廢，以是回紇振於北，吐蕃盛於西，南詔又紛擾西南之徼，外族之情勢一變，而唐之邊患，亦至此爲亟。茲再分述之。

一　回紇

太宗既討平東突厥及薛延陀，回紇據其地，併鐵勒諸部，臣服於唐。至玄宗時，吐迷度八世孫裴羅者，悉征服突厥餘衆，帝冊爲懷仁可汗，建牙烏德鞬山（在蒙古三音諾顏境內）即鬱督軍山也。其屬土東際室韋（黑龍江緣岸），西抵金山，南跨大漠，斥地愈廣，回紇以是時爲最盛。天寶四年，裴羅卒，子葛勒可汗嗣，肅宗時，屢助唐平內亂有功，冊爲英武威遠可汗，以女寧國公主妻之，且厚遺歲幣，回紇自是漸尊大，時略邊地，唐不能制。葛勒卒，子牟羽可汗嗣，自將兵援唐，破史朝義，取東京。代宗初元，僕固懷恩叛唐，誘回紇與吐蕃兵入寇，郭子儀說回紇與襲吐蕃破之，吐蕃自是與回紇爲仇敵。德宗立，牟羽欲乘喪入寇，其相頓莫賀諫不聽，怒弒之，自立，稱天親可汗，求婚於唐。德宗方病吐蕃入寇，故妻以皇女咸安公主，以結其歡心，懷柔之道至矣。回紇屬部有沙陀者，西突厥別種也，居蒲類海（新疆鎭西縣西北巴爾庫勒泊）東，兵馬強壯，冠諸部，遂附吐蕃，吐蕃併其兵，大破回紇，時德宗貞元六年也。回紇自是勢愈蹙。當回紇之西北，緣仙娥河（外蒙古土謝圖之色楞格河）有戛黠斯部，即古之結骨，文宗太和間，有阿熱者長其部，自稱可汗，連破回紇，回紇餘衆走天山南路，或遁河西，其國散亡殆盡，阿熱代領其地，宣宗册爲誠明可汗，然其國遂以不強，至五代時，爲契丹所併。

二　吐蕃

初，弄贊與唐和，吐蕃久不寇邊，至高宗初年，吐谷渾叛臣逃奔吐蕃，洩其虛實，吐蕃因復侵吐谷渾。高宗發大軍十萬救之，敗績大非川（在青海西今布喀河）其地盡爲吐蕃所併。吐蕃更連西突厥餘衆，偪安西都護府，臨疏勒于闐焉耆龜茲四鎭，天山南路之地盡沒於吐蕃；高宗畏其勢，不復爭，吐蕃益強大。武后以來，稍恢復四鎭地。睿宗時，遂以金城公主妻吐蕃王棄隸蹜贊以和，與以河西九曲地，虜益張。棄隸蹜贊，棄宗弄贊玄孫也，越二世至挲悉籠臘贊，乘祿山亂，盡奪唐河西隴西地；代宗廣德初元，遂陷長安，代宗奔陝州，吐蕃縱兵刼略者半月，子儀說回紇合兵反攻之，吐蕃遁去。德宗嗣位，以藩鎭未靖，外與虜角非計，迺歸其俘，使使修好，吐蕃亦遣使與俱來。始唐與吐蕃盟，以舅甥相稱，其界約以赤嶺（今青海西寧縣西）爲限，至是命鴻臚卿崔漢衡與吐蕃使者會盟淸水，（甘肅淸水縣西）約唐地：涇州右盡彈箏峽，（甘肅平涼縣西百里）隴州右極淸水，鳳州西盡同谷，（甘肅成縣）

治劍南盡西山（蜀西之山）大度水。（上流即四川大小金川下流統舊雅州府西南逕嶲嘉定敘州府入大江）蓋河隴沒，嶲州復陷於南詔，故其西境止於如此。爾後唐每有內難，則率衆入寇抄掠，奪川陝地。後其屬沙陀族及雲南之南詔，俱叛通於唐，吐蕃漸以不振，遂請和於唐，建和盟碑於國都邏娑（今之拉薩）時唐穆宗長慶二年也。吐蕃自是不復侵唐。

三　南詔

唐初，雲南蠻族分六部，曰六詔，詔者，蠻語稱王之謂也。蒙舍詔在最南，故又曰南詔。玄宗時，其酋皮邏閣有武略，脅五詔，據太和城，（雲南太和縣南）玄宗冊封為雲南王，南詔自是服唐。雲南太守張虔陀侮辱其侍子閣羅鳳，遂為所殺，邊帥操之亟，臨以兵，反為所敗，閣羅鳳遂北臣吐蕃，吐蕃號曰東帝。會安祿山亂，屢侵四川，自此蜀南生一大敵矣。已而吐蕃與唐及回紇連年搆兵，嘗以雲南為前鋒，賦斂煩重，歲徵兵助防，南詔怨之，遂絕吐蕃，復與唐通，屢破吐蕃，大拓疆土。宣宗大中十三年，皮邏閣六世孫酋龍以中國冊禮不及，僭號稱帝，國號大理，偵唐邊備弛，分兵寇成都，又侵交趾，陷安南都護府，後唐將高駢恢復之。是時南詔屬地，跨交趾，以至東印度。酋龍死，國勢漸衰弱，復請和於唐。

〔附〕海南諸國　自秦漢以降，列交趾於州郡，以是中國南境，包有今越南北部之地。唐置安南都護府，安南之名始此。其南林邑眞臘二國較大，即今越南之中南二部，而兼有暹羅國境者也。林邑之先，因漢末交趾女子徵側之亂，內縣功曹子區連殺縣令，自立為王。無子，其甥范熊代立，世傳為范氏。六朝間朝貢不絕。隋平陳，宇內寧謐，羣臣言林邑多奇寶，迺遣將軍劉芳伐之。其王范梵志挺走，以其地為三郡，（比景海陰林邑）

道阻不通，梵志衰，遺衆別建國邑，唐肅宗後，更號環王。其西南眞臘，隋代始通中國，北多山阜，號陸眞臘，南際海饒陂澤，號水眞臘，並臣服於唐。又赤土扶南西國，為今暹羅境，驃國（漢通西南夷謂之撣）為今緬甸地，亦於此時並著。而海外番夷之內通者，亦甚衆云。

第五章　宋遼金之交涉

契丹之興起

契丹者，東胡之裔，鮮卑之別種也。南北朝時，國於潢河（源出熱河省克什克騰旗境亦名西喇木倫河）附近，佔內蒙古東部一帶地。隋唐間，常為中國所羈縻，安祿山亂後，乘唐室衰微，南侵拓地。其國舊分八部，部各有大人，更推一人為王，以號令諸部，三年一代，依次為之。唐末，遙輦氏當國，為劉仁恭所攻，賂以良馬，求市牧地，請聽盟約甚謹。後梁開平初元，八部謂遙輦不任事，選耶律阿保機代之。其時幽涿（即今河北）人民，多亡入契丹，阿保機間入塞，俘人民，置城以居漢人，遂告之曰：中國之王無代立者。繇是阿保機益以威制諸部，不肯交代，復率種落居古漢城（今熱河西南），別為一部。漢人不復思歸，於是契丹始有國家之模型。嗣復以兵擊滅隣近諸部，北侵室韋女眞，西取突厥故地，儼然成一北方强國。又用漢人韓延徽為相，建城郭，設市里，墾闢荒地，制作文字，國勢日盛。以梁貞明二年，稱帝建元，自號天皇王，改臨潢（西喇木倫河之北熱河巴林旗東北）為上京，南下闚視中國，操縱於梁晉之間。沙陀人晉王李存勗為攻取後梁計，至稱阿保機為叔父，遂啓後晉後漢。及宋代稱父子稱兄弟之外交惡例。存勗既滅後梁，立國號曰後唐，雖爲中國北部之大國，然嘗被契丹侵擾。至其子明宗時，契丹思經營中國，又慮渤海乘其後，因先與後唐通好，出兵滅之。未幾阿保機死，子德光立，改國號曰遼，公卿庶官，並仿中國，且參用中國人爲之。以中國內亂，助後唐叛將石敬瑭滅後唐。敬瑭自立爲帝，立國號爲後晉，稱臣於遼，幷以燕雲十六州地割予之，中國皇帝受其册封，遼繇是威行中外。敬瑭死，兄子重貴立，不肯向遼稱臣，尋爲所滅，遼遂都汴梁；嗣以中國人難統馭，仍北歸。然自征服渤海，其屬土內包蒙古東三省，西則吐蕃回紇大食，東則新羅諸國，皆先後來貢，國勢寖强。故至宋興，雖已統一中原，而與遼南北對峙，未嘗見絀。宋太宗挾全盛之勢，曹彬、潘美、楊業等皆大將才，尙復一挫於高粱河，（今河北宛平縣西）再挫於岐溝關，（河北涿縣西南）三挫於君子館，（河北河間縣西北）宋人皆爲之奪氣云。

北宋與遼之議和

太宗崩，子眞宗立，遼聖宗奉太后大舉入寇，攻定州，（今河北定縣）進次澶州，（河北濮陽縣）中外震駭。王欽若請幸金陵，陳堯叟請幸成都，寇準爲帝定議親征。初，周世宗嘗欲先收瀛（河北河間縣）莫，（河北任邱縣）安定關南；（瓦橋益津高陽三關在河北雄縣霸縣文安縣境）瀛莫者，石氏所獻十六州之二。契丹入寇，宋遣曹利用往議和，契丹以欲得關內地爲言。會澶州守將李繼隆，破契丹兵，殺其統將蕭德蘭，眞宗遂渡河，宋軍踴躍呼萬歲，聲聞數十里，遼人怖駭請盟。帝曰：『所言歸地事極無名，若欲金帛則無傷。』寇準執不可，帝卒遣利用往議歲幣曰：必不得已，雖百萬亦可。準召利用曰：雖有敕旨，汝所許過三十萬，吾斬汝矣。利用竟以銀十萬，絹二十萬匹，定和議，南朝爲兄，北朝爲弟，交誓約各解兵歸。時眞宗景德元年也；是爲宋遼和約之始。越四十年，仁宗慶歷中，有增幣之議。宋自元昊寇亂，西邊騷然，遼興宗乘其敝，欲取關南地，且責宋修邊備，聚兵於燕，聲言南下。仁宗不欲予地，欲增歲賂或結婚以和，命富弼爲接伴使，奏建大名爲北京，示將親征。弼至遼，反覆辨難，力拒其割地，且直陳和戰之利害。弼還，復持國書往，且受口傳之辭於政府，途謂副使曰：吾不見國書，脫書辭與口傳異，吾事敗矣。啓視，果不同，馳還白之，易書而行，增歲幣銀絹各十萬，互致誓書，自是通好如故。又越三十年，神宗熙寧中，有河東割地之議。宋遼接壤，涿易之間，以白溝（即拒馬河）爲界，蔚（山西靈邱縣）應（山西應縣）朔（山西朔縣）三州，以古長城爲界。初，神宗欲滅西夏，降交趾，而後專力治遼，以恢復北邊，皆不如願。遼復乘宋有夏難，於河東路緣邊戍壘，侵入三州界內，遣使如宋，乞行毀撤，別立界至。帝遣使即境上議，不決，知制誥沈括據故牘折之，遼使不能屈；而王安石勸帝曰：將欲取之，必姑與之。迺遣韓縝往割新疆界之，凡東西失地七百里。於是神宗經略外國之策，迺全失敗。

女眞之興及宋約金滅遼

遼之東邊，有女眞族，漢魏謂之挹婁，後魏謂之勿吉，隋唐謂之靺鞨。唐初，有粟末黑水二部，後粟末盛強，建渤海國，黑水靺鞨爲其役屬。渤海既滅，黑水族居混同江，（今松花江吉黑之間）居西南者隸遼，號熟女眞；居江東者不隸遼，號生女眞。其民驚悍，善騎射。有完顏部者，世居出虎水，（出虎水土言金也今名阿勒楚喀河源出小白山之北北入松花江）遼道宗時，部長烏古迺禽獻遼叛臣，始爲節度使。四傳至阿骨打，沈毅有大志，會遼天祚帝征求無藝，遂舉兵攻遼，取契丹東北諸州。（今吉林省地）宋徽宗政和五年，自稱帝，居愛新水上，（今瑚爾哈河在吉林省寧安縣東南源出吉林烏喇東北流入混同江唐時名忽汗河）國號金，是爲太祖，攻克黃龍府。天祚親征，已渡混同江，會有叛者，遁西還，太祖追敗之，進陷遼陽，於是熟女眞皆降，金勢益大。先是蔡京當國，以開邊蠱上，西南夷峒，皆建城邑，童貫領兵擊吐蕃，得志於西羌，遂謂契丹可圖，自請使遼。遼光祿卿馬植，自言有滅燕之策，貫挾之歸，易姓名曰李良嗣，薦諸朝。良嗣建言女眞恨遼切骨，而天祚荒淫失道，若由登萊涉海，結好女眞，與約攻遼，其國可圖也。帝嘉納之，賜姓趙氏，以爲祕書丞。後聞女眞建國，屢破遼師，遣馬政浮海使金通好，金亦遣使報聘，宣和二年，更遣良嗣往議攻遼，宋復遣馬政報金，遂與訂攻遼之約，其條款如下：（一）金兵自平地松林（亦曰千里松林蒙古名阿宅尼喀喇莫多在熱河省克什克騰部西黃河之源）趨古北口，（關名河北密雲縣東北）宋兵自白溝夾攻，彼此兵不得過關；（二）成功之日，金取中京大定府，宋取石晉賂契丹故地；（三）與金歲幣如與遼之數。金既數破遼兵，遼主延禧方獵鴛鴦濼（湖名蒙古曰昂吉爾圖在察哈爾省阿巴噶右翼西南）敵奄至，西走夾山，（烏喇忒旗西北）宋遣童貫蔡攸等勒兵巡邊以應之，敗績，班師再舉兵，遼將郭藥師以涿易二州來降，自請間道襲燕，敗走，宋軍潰於盧溝，（河名在北平西南）自熙豐以來所儲軍實殆盡。貫不克成功，懼獲罪，潛遣人如金，求如約夾攻。金師分道而進，關兵自潰，遂度而南，遼統軍都監高六降金，金人遂入燕京，責宋出兵失期，且因己力下燕，其地租稅當輸於金。良嗣往議，許於遼人歲幣四十萬外，更加燕京代稅錢百萬緡，並遣使賀金主正旦生辰，置榷場交易，金主大喜，然僅許歸燕京及山前六州，（薊景檀順涿易也元有山前山後十七州）約職官富民金帛子女，皆掠而東。貫攸入燕交割，止七空城而已，時宋徽宋二十三年也。

宋金交戰及宋之南渡

金既滅遼，與宋接壤，謀南下併河北，宋新與金盟，納其平州（河北盧龍縣府）叛將張轂。金責宋，宋不得已殺轂，於是故遼降將卒皆解體。金又索趙良嗣所許糧二十萬石，不與，金遂分道南侵：粘沒喝（漢名宗翰）自雲中趨太原，斡離不（漢名宗望太祖次子）自平州入燕山。時童貫方宣撫兩河，（河東路河北東西路）聞金已南下，自太原遁歸。斡離不至燕，郭藥師降，導金軍深入。徽宗急徵兵四方，傳位太子桓，是爲欽宗，距前此議和止三年耳。金兵渡河，上皇東奔，如鎮江。李邦彥計議和，李綱請行，不許，命李棁往，恐怖喪膽，失其所言。於是斡離不與棁定議，謂當輸金五百萬，銀五千萬，牛馬萬頭，采緞百萬匹，割中山（河北定縣）太原河間三鎮地，尊金爲伯父，以宰相親王爲質。羣臣力勸從之，綱獨不可，不聽，盡括借都城民財，得金二十萬，銀四百萬，而民間已空。更以張邦昌爲計議使，奉康王構以質於金。金人日肆屠掠，既而四方兵漸集，都統制姚平仲，夜襲金營不克。帝罷綱謝金，更以弟肅王樞往質。康王張邦昌還，遂許割三鎮地，始退師。比退，宋既不修備，亦不允割地，復誘遼舊臣，使爲內應。金再南下，欽宗詣金營降。金人更索金千萬，銀二千萬，帛千萬匹。欽宗歸，括民財，不盈數，明年春再往，遂不反。金並虜上皇后妃等三千人北去。自金之南下也，每兵出，即遣使示和議，以愚宋，宋遂漫信之，而不爲戰備，凡有所求，靡不如約。其所以爲退敵之計者，不過六甲兵、六丁力士、北斗神兵、天闢大將，以效兒戲而已。敵去而君臣酣嬉如故，背約挑釁，一誤再誤，未有甚於北宋之季葉者已！

金與南宋之戰

金人聞李綱罷，帝如揚州，復分道南下：婁室攻陝西，兀朮（漢名宗弼太祖第四子）攻山東，會粘沒喝取中道，攻河南，聞南陽議備巡幸，亟攻破鄧州，分兵破襄陽、兀朮侵汴；宗澤敗之，益招撫羣盜，聚城下，復募兵儲糧，召諸將約日渡河，請帝還京，章二十餘上，皆爲黃潛善汪伯彥所抑，憤死。粘沒喝旋入淮泗，長驅而南，帝奔鎭江，遂如杭州，時建炎三年也。知樞密張浚謂中興當自關陝始，慮金人先入東南不保，遂以浚爲川陝京湖宣撫使，與綠江襄漢守臣議儲蓄。未幾，金復遣兀朮來伐，分兩路入：一自蘄黃（屬淮南西路今湖北蘄春黃梅縣）入江西，（又曰江南西路）追隆祐太后，西至潭州，（屬湖南路今湖南省治長沙縣）悉爲屠滅；一自滁和（屬淮南西路今安徽滁縣和縣）入江東，（又曰江南東路今江寧縣及安徽南境）降其帥杜充，遂趨臨安。（即今杭縣）帝奔明州，（屬兩浙路今鄞縣）明年走溫州。兀朮遂焚臨安，掠而北，陷平江常州，至鎭江，韓世忠以舟師屯焦山，（丹徒縣東大江中）邀擊於金山龍王廟，（即鎭江縣治西之銀山在江南岸以廟屬金山寺故繫之金山彼時金山在其西北大江中不與今南岸連今已相接矣）大敗之，兀朮走建康，（今江寧縣）僅迺得濟。建康金人自靜安（鎭名上元縣西北）渡者，岳飛復敗之。其湖南之軍，自荊門（軍名屬荊湖北路今湖北省當陽縣治）而北，亦爲牛臯所敗。自是金人不復渡江。兀朮既北，自淮上引兵西馳，與婁室合攻陝西，張浚與戰於富平，（縣名屬永興路陝西富平縣）軍敗，皆潰，退保興州，（今陝西略陽縣）遣吳玠扼和尙原，（陝西寶雞縣西南大散關之東）禦金。其後關陝盡喪，賴玠與弟璘保蜀而已。兀朮之北還也，金議援立漢人爲藩輔，宋降將劉豫重賂言者，得立爲齊帝，居汴。金得陝西，復以畀豫，豫遂全有中原。時江淮湖湘以及閩越嶺表，悉爲盜藪：李成據有襄陽，楊太據有洞庭，皆與豫通。岳飛既復襄鄧，豫遣子麟姪猊邀金兵南下。高宗親征，舟次平江，世忠屯揚州，大敗金兵於大儀，（鎭名在江蘇江都縣西與安徽天長縣接界）追至淮。兀朮不得志，又聞其主疾篤，遂引兵還，時高宗紹興四年也。踰年，岳飛大破楊太於洞庭，上流湖湘亦寧謐。又踰年，飛乘勝北至伊洛，復蔡州（屬京西北路今河南汝南縣治）唐州，（屬京西南路今河南唐縣）請進復中原，帝不許，還鄂州。（屬荊湖北路今武昌縣治）

金太宗殂，從孫亶立，是爲熙宗。粘沒喝入相，失兵柄，太宗子蒲魯虎（漢名宗磐）等欲挫之，多治其黨。劉豫爲粘沒喝所立，會豫寇淮西，敗於藕塘，（鎭名，安徽定遠縣東）乞金援，不許。飛復約豫同誅兀朮，兀朮遂襲汴，執豫廢之，時紹興七年也。

紹興之和議

自宋轍既南，斡離不聞高宗立，議還上皇修好，時粘沒喝專權，不許。高宗數募人使金，名祈請使，稱臣奉表，請還二帝，歸故地。粘沒喝等方大舉南下，拘宋使王倫洪皓等。其後有許和議，遣倫歸報，時方議討劉豫，和議遂中格；久之，迺遣使通問，然宋且守且和，未專意與金解仇息兵也。初，御史中丞秦檜爲金人所執，從二帝至燕，金主以賜撻懶。（蒲魯虎從弟）撻懶素持和議，縱檜使還，高宗大喜，檜遂入相專政。會劉豫廢，撻懶請以廢齊舊地與宋，蒲魯虎贊其議，遣使如宋，檜請使王倫如金定議，金以張通古爲江南詔諭使，與倫偕至，言先歸河南陝西地，徐議餘事。高宗聞金以詔諭爲名，不自安，朝論皆咎檜，檜懼生變，力排言者。明年，倫遂至汴，受地於金，時紹興九年也。兀朮北還，言於金主，謂二人主割地，有陰謀。金熙宗遂變約，執王倫。宋方置戍河南，遣將屯陝西，兀朮已率師趨汴。宋劉錡大敗之順昌；（府名，屬京西北路，今安徽阜陽縣）岳飛復敗之郾城，（縣名，屬京西北路，今河南郾城縣）進至朱仙鎭，（開封城南四十五里）兩河豪傑，多揭岳旗應之。檜奏亟諭飛班師，諸將皆還鎭。同時吳璘軍在陝者，亦屢挫金軍，奉詔還，自是金人治兵中原，自燕南至淮隴之北，皆置屯田。紹興十一年，兀朮復入廬州，（屬淮南西路，今安徽合肥縣）錡等復敗之橐皋，（鎭名，今安徽巢縣西北）高宗再召還諸將，遣使乞罷兵。兀朮遺檜書曰：『爾朝夕以和請，而岳飛方爲河北圖，必殺飛，迺可和。』張俊故忌飛，構成其罪，檜逮飛父子下獄，殺之，兀朮遂許和。其誓書大略：（一）畫疆，東以淮水中流爲界，西割唐鄧二州及陝西商（屬永興軍路今商縣也）秦（屬秦鳳路治今甘肅天水縣）之半，以大散關（今陝西寶鷄縣西南和尚原之西）爲界。（二）宋歲幣銀絹各二十萬兩匹。（三）奉表稱臣。（四）每年金國皇帝生辰及正旦，遣使稱賀。南宋之奉金如此，其所取償，不過還徽宗梓宮及韋太后而已。先是王倫自金還，檜必欲成和議，胡銓力爭，以爲大辱，請斬倫檜屬虜使；外而張浚韓世忠岳飛上疏論諫，皆爲檜所排。至是和成，檜自以爲功，復慮人議己，迺起文字之獄，以傾陷善類，而附勢干進之徒，承望風指，有一言一句稍涉忌諱者，無不爭先告訐。其時如趙鼎張浚輩貶竄殆盡，自是無敢言戰者。而金亦內訌相繼，不克圖南，因是南北相安者殆二十年。

孝宗與金之和戰

金熙宗委政於粘沒喝兀朮，復爲后裴滿氏所制，縱酒自遣，屢酗怒殺從臣，從弟廸古迺（漢名亮）弒之自立。性殘虐，荒淫穢亂，無復人理，然慕中國衣冠文物，以上京（金取遼五京仍居金源之地名會寧府熙宗升爲上京）地僻，遷都於燕，更名中都大興府，屢議南侵，而苦於無名。其倖臣張仲軻謂宋人購馬修器械，招納山東叛亡，不得謂無罪。金主遂籍諸路兵，造戰具，大括民馬，遷都於汴，遣使徵宋漢淮之地。宋以兵三千戍襄陽，三萬戍鄂州。時紹興三十一年也。未幾，廸古迺大舉入寇，擁兵六十萬，分五道進，自將克淮西諸郡，軍和州，遣舟師渡采石（江名安徽當塗縣城西北）爲虞允文所敗。徙軍揚州，屯瓜洲（江都縣南四十里）龜山寺，將攻京口（今鎭江縣），與諸將期三日必濟，否則盡殺之。諸將弒廸古迺，北還。時廸古迺從弟烏祿（漢名雍）已立於遼陽，是爲世宗。踰年，宋高宗傳位太子眘，是爲孝宗，銳意圖恢復，命張浚知樞密，督江淮。先是廸古迺南侵，宋兵取海（屬金山東東路今江蘇東海縣）、泗（屬金山東西路安徽泗縣）、唐、鄧、秦、商諸州，至是金責宋歸侵疆，貢歲幣如故。浚遣將李顯忠渡淮，拔宿州，（屬宋淮南路今安徽宿縣）金人來爭，顯忠以別帥邵宏淵相違異，引還，至符離，（安徽宿縣北二十五里有故城）師大潰，時孝宗隆興元年也。自是金屯重兵脅和，聲言刻日決戰，宋既罷浚，遂撤兩淮邊備，決棄地，三遣使議和。乾道元年，（孝宗三年）訂條款如下：（一）地界如金熙宗時。（二）宋金為叔姪之國，得稱皇帝，改詔表為國書。（三）易歲貢為歲幣，減銀絹各五萬。初，金使至宋，宋帝起立，問金帝起居，降坐受詔，館伴之屬，皆拜金使。宋使至金，自同陪臣。至是盟成，雖易稱減幣，而餘禮竟不能改；孝宗屢請改受書儀，且還河南陵寢地，世宗不許。世宗既許宋和，南北各治其國，生民暫得休息。西夏相任得敬，脅其主仁孝中分其國，求金封。高麗將趙位寵以四十餘城叛附金，（淳熙二年）世宗皆不受。得敬、位寵皆被誅，二國以是深德金，事之謹。當是時，金之疆域，東極海，西盡蒙古，南抵淮漢，北至臚朐河，為東亞一大强國云。

南宋中葉與金之和戰

金世宗殂，孫璟即位，是為章宗，銳意治平。及後嬖臣胥持國用事，國勢漸以不振，宋謀乘之以議恢復，於是兩國戰事復起。宋寧宗之世，韓侂胄專政，聞金勢衰，始蓄意用兵。時金朝嬖妾用事，紀綱不修，北邊為阻轐等所擾，連歲用兵，饋餉空乏。侂胄欲立不世勳以自固，遂於緣邊聚糧，置忠義保捷軍，取先世開寶天禧紀元，號曰開禧，命吳曦練兵西蜀，興師北伐。曦首附金，賴安丙誅之，僅得保蜀。宋師出屢敗，金章宗大發兵，連克荊襄兩淮諸郡，江南大震。侂胄悔前謀，遣使求和，金必欲斬元謀，函首以獻。侂胄怒，復銳意用兵，中外憂懼，皇后楊氏潛令史彌遠圖之，彌遠邀侂胄於塗殺之。明年，以其首畀金，易淮陝侵地，和議復成，時寧宗嘉定元年也。

（宣宗十四年）其條款：（一）兩國境界如故。（二）依靖康故事，世爲伯姪之國。（三）增歲幣銀絹各至三十萬兩匹。（四）宋別以犒軍銀三百萬予金。凡南宋和議，屈於紹興，一正於隆興，再虧於開禧，而金亦緣此衰矣。開禧和議既成，宋置安邊所，凡侂冑與他權倖沒入之田，及圍田湖田之在官者皆隸焉。凡所輸田租，藉以給行人金繒之資。迨後與北方絕好，軍需邊用，每於此取焉。

南宋外交之失策

金既與宋和，章宗旋殂，其叔父衞王永濟立，是爲衞紹王。是時蒙古已興於漠北，以事與金絕，數侵其境，金不暇延宋使。（嘉定四年）宣宗立，自中都避敵，南徙汴，宋乘其難，遂罷歲幣。金謀侵宋，以廣疆土，右丞相高琪主其議，羣臣言不可者，皆勿用。其時宋朝議和戰未定，金將烏古論、慶壽等已渡淮，取光州，（屬淮南西路，今河南光山縣）分兵犯棗陽。（屬京西南路，湖北棗陽縣）京湖制置使趙方抗疏主戰，遣鈴轄孟宗政敗之。其後完顏賽不等屢擁步騎圍城，宗政等力戰，殺其衆三萬，長驅鄧州，金自是不敢窺襄漢棗陽。中原遺民，來歸以萬數，籍其勇壯者，號忠順軍，出沒唐鄧間，時嘉定十二年也。後金來圍漢陽，（屬荆湖北路，今漢陽縣）陷黃蘄二州，尋渡淮北去。先是金人入成階諸州，（屬陝西路，階今甘肅武都縣，成今成縣）欲乘勝來議和，使人至淮中流，宋不納，緣是和好遂絕。金渡淮，圍滁（屬淮南東路，安徽滁縣）濠（屬淮南西路，今鳳陽縣）光州，遂自三道分兵而南，西自麻城（湖北麻城縣）而和州，（安徽和縣）迤東至六合，（江蘇六合縣）諸城悉閉，淮南流民皆渡江避亂，建康（江甯縣治）大震。初，金主徙汴，賦斂益橫，無賴羣聚爲盜，李全鈔掠山東，聞朝廷慰接羣豪，置忠義軍，遂舉衆歸宋，得京東路（今山東及河南商丘縣）總管。至是淮東制置賈涉，使全要金歸路，連戰於化湖陂，（安徽懷遠縣南）殺金將數人，解諸州圍而去，全復敗之，自是金人不敢窺淮東，時嘉定十二年也。其後全以驕暴難制，卒作亂，金以宋絕歲幣，國用日困，復自潁壽（安徽阜陽縣與壽縣）渡淮來侵，還值淮漲，士卒皆覆沒，金之兵財，繇是大竭。哀宗既立，遣尚書令史李唐英至滁州，與宋通好。其時金之河北山東，已沒於蒙古，既與宋和，復至光州，榜諭軍民，更不南侵。宋寧宗崩，史彌遠矯詔立沂王（寧宗從弟）子昀，是爲理宗，以皇子竑出居湖州，（屬浙西路今浙江吳興縣）州人謀擁立之，彌遠遣人逼竑自縊。李全作亂於淮安，（屬淮南東路今江蘇淮安縣）彌遠縱之，遂跳梁南北，趙范等大敗之揚州，全迺走死，紛紜者七年。時宋以孟珙爲京西兵馬鈐轄，領忠順軍，屯襄陽，邊儲豐足。蒙古既圍金汴京，遣王檝來京湖，議夾攻金。史嵩之上聞，朝臣以爲可遂復仇之舉，獨趙范不喜曰：『宣和海上之盟，厥初甚堅，迄以取禍，不可不鑑。』帝不從，命嵩之報使許之。嵩之迺遣鄒伸之往報蒙古，俟成功，以河南地來歸。宋自開國以來，常以契丹爲至憂，徽宗幸契丹之衰，助金滅之，而不知金之可憂，更甚於契丹；及已與金接壤，始悔招強敵，自開衅端，以速禍變。其後稱臣稱姪，受屈辱殆百年。宋之君臣，唯念世仇之必報，而不暇慮後事，且若蒙古之實力，則南人所未詳悉。於是理宗助蒙古滅金，取快一時，既而輕舉敗盟，挑怒強鄰，正與徽宗之失計，歸於一轍耳。

宋會蒙古滅金

宋理宗九年，蒙古陷汴京，金主守緒保歸德，又走蔡州。（河南汝南縣）宋兵復唐鄧，與蒙古會於蔡州，共克之，以陳蔡西北地，分屬蒙古。金遷汴二十年，所在之民，皆破田宅，鬻妻子，以養軍士，自和議既絕，復簽民兵，括汴京粟爲備，尋糧盡援絕，速不臺復圍汴，金哀宗出走歸德，又走蔡州，卒自經死，時宋理宗十年也。金之亡也，宋廷不自量，忽倡收復三京（東京西京南京）之議，欲乘時規定中原，朝臣多以爲未可，獨右丞相鄭淸之力主其說。時趙范爲兩淮制置使，迺命移司黃州，（屬湖北黃州路今黃岡縣）尅日進兵。范參議官丘岳曰：『方興之敵，新盟而退，氣盛鋒銳，寧肯捐所得以與人邪？開釁致兵，必自此始。』范不從。史嵩之亦言荆襄方飢，未可興師，理宗不聽，於是有端平（理宗年號）入洛之師。宋兵次汴洛者，戍守未定，而蒙古兵復大至，軍潰，趙葵等亦棄汴南還。蒙古使王檝來責宋敗盟，（理宗十年）自是襄漢、淮、蜀無寧日矣。宋人於淮上力保安豐，（安徽壽縣）於京湖守襄陽，於蜀守合州，（四川合川縣）蜀西盡失，時理宗三十五年也。蒙古攻鄂亟，城中死傷者至萬三千人，荆湖宣撫大使賈似道，遣宋京詣蒙古軍，請稱臣納幣，再往，迺許宋割江北地，歲奉銀絹各二十萬，呼必賚（舊作忽必烈）亟引還。似道匿議和事，反奏大捷，還朝進官。

宋元構釁

元世祖既立，遣郝經來徵前議，似道恐謀洩，幽之眞州，（屬淮南東路今江蘇儀徵縣）復以會計邊費治諸將。潼川路（四川舊潼川順慶重慶敍州諸府州地）安撫使劉整叛降蒙古，（理宗景定二年）說以攻宋，先事襄陽。蒙古遂誘守臣呂文德，置榷場於樊城，築堡遏南北之援，（景定四年）越四年，史天澤遂築壘白河口，（自河南南陽縣流至湖北襄陽縣入漢）以偪襄陽，呂文煥拒守五年，援軍不至，礮中其譙樓，以城降，時度宗咸淳九年也。明年，度宗崩，子㬎立，元遣巴延（舊作伯顏）大舉南下，破郢，（湖北鍾祥縣）破鄂，緣江而下，宋始以禮遣元行人郝經還，經留宋蓋至是已十六年矣。巴延長驅入建康，而元主猶遣廉希賢等奉國書而南，抵獨松關，（浙江餘杭縣西北）爲宋守將誤殺。元因以執戮行人爲辭，進偪臨安，而宋亡矣。南宋之亡，肇於端平之啓釁，而烈於似道之諱和羈使及江上之師既潰，雖無戮元使之事，亦未可以圖存，此可斷言者也。

宋與西夏之交涉

宋太宗眞宗時，頻年與遼搆兵，其時西夏新建國，亦數窺宋西陲。西夏者，黨項之後也，屬西藏族。唐末，部酋拓跋思恭以討黃巢功，封夏國公，賜姓李氏，子孫世據夏州。（故城在陝西懷遠縣西內蒙古鄂爾多斯界內）數傳至繼捧，率衆朝宋，其族弟繼遷襲據銀州，（陝西米脂縣）降於遼，遼封夏王，遂數侵宋邊。太宗賜繼捧姓名趙保忠，使圖繼遷；繼遷降，賜姓名趙保吉，已復叛。保忠亦附遼，李繼隆往討，執之送汴。保吉叛服靡恆，宋擊之不克。傳子德明，漸跋扈，境內飢嗛，上表求粟百萬。時王旦請敕有司具粟京師，詔其來取，德明知朝廷有人，迺止。至元昊，雄毅有大略，地方萬里，帝制自爲。仁宗詔削其官爵，絕互市，自是元昊連歲入寇，西邊騷然。其時韓琦、范仲淹皆名將相，專膺邊任，推誠撫綏，諸羌服其恩威，元昊之不獲逞志，二人寔力爲多。後雖稱臣請和，然宋歲賜銀絹各二十萬兩匹，茶葉三萬斤，比於契丹，不過名義略殊耳。熙寧以後，銳意經略西陲，既破吐蕃羣羌，取熙（甘肅狄道縣）河（甘肅導河縣）諸州，又收夏之銀（見上）綏（陝西綏德縣）蘭（甘肅皋蘭縣）州及諸堡寨。然一敗於靈州，（寧夏省靈武縣）再敗於永樂，（城名以永樂川得名米脂縣北）軍資耗喪殆盡，最後章楶建議令緣邊諸路，相繼據形勝，建城堡以偪之，繇是大捷於平夏。（城名甘肅固原縣北）夏人經此劫，遂不復振。夏自元昊稱帝凡一百九十年，抗衡宋遼金元四國，偭背無常，視四國之強弱以爲異同，至是迺亡，時宋理宗寶慶三年也。然論北宋西夏之患，其勞擾實甚於遼矣。

第六章　元明對外政策

歐亞之始通

自蒙古建國以來，諸小國悉滅，四方無割據，商賈往來日便，且又開官道，設驛站，分置守兵以衞行旅，東西兩洋之交通，實肇於此。當是時，西亞細亞及歐洲商人，陸路自中亞、經天山南路，或自西伯亞利南部，經天山北路，而遠開販路於和林燕京。又波斯、印度與中國之間，海上之交通，亦日以繁；我福建之泉州、福州諸港，爲當時世界第一商場，外人來居其地者，殆以萬數。彼義大利之馬哥博羅，及非洲之伊本巴支塔等，其遠游我國，皆在是時。且蒙古大汗，重致遠人，一切色目，咸與登進。故阿剌伯及波斯之學者、軍人，義大利、法蘭西之畫家、方伎等來仕其朝者頗多。是以西洋之天文、算學、礮術，皆得入傳於我國，而我國之羅盤鍼、活字板等，亦於是時傳至西方也。是時歐洲之人，爲回教所轢，法蘭西、德意志諸侯王等，方再興十字軍，與之盛兵相攻，耶穌教徒，皆謀聯盟蒙古，以壓回勢。蒙古於各教傳布，皆許自便，且以謀併回教國，用遠交近攻之策，於耶穌教國，不能不與修好，故蒙古大汗，於西士東覲，皆爲慰接。世祖既立，且遣使西謁教皇，請派教士。至元三十一年，蒙迭哥爾維諾航海來華，世祖許建教會於燕京，爾後耶穌教徒，來者益衆。及明代中葉，喜望峯航路發現，葡西諸國，先後東來，以南洋爲根據地，而通商於廣州、廈門、寧波諸港。嘉靖中，葡人請於粵東香山縣之濠鏡，租地建屋，歲納租銀五百兩，疆臣林富代請，許之。濠鏡，即今澳門也。葡人繇是築城立埔，比於領土。同時荷蘭亦據臺澎（臺灣澎湖）而有之。蓋明廷第貪互市之利，而不知正疆界明主權，此其所以失敗也。然元拔都、旭烈兀之西征，與明鄭和之下南洋，陸海遠征，道里所啓，則亞東民族之勢力，固嘗駕越歐洲矣。

元初中亞形勢

時亞洲西部，自忽章河（錫爾河）以西，包有鹹海裏海間，南盡今阿富汗俾路支及波斯東境者，為花剌子模，（即貨勒自彌朝）號為大國。其直波斯海灣者為報達，（西北據體格力斯河）回教主哈里發（譯義代天治事為回教主之尊稱）之根據地也。居裏海以南山間者，為木剌奚部。高加索山之南者，為角兒只國。自此及於小亞西亞，分部建國者甚衆。其歐洲東境，當浮爾嘎河流域者，曰欽察部；（一作奇卜察克）其西為阿羅思；又西為波蘭，為馬札兒；（今匈牙利）蓋其大勢如此。始太祖之西征也，率其子朮赤、察合臺、窩闊臺、拖雷，西向自也里的石河源，逕阿力麻里，（伊犂曲城之附近）渡忽章河，侵入花剌子模，其王謨罕默德走死。因分兵征欽察，朮赤大將哲別等，更緣裏海西岸，踰高加索山，大掠而北，襲其部，（此部當時散居西伯利亞西南，在烏拉嶺西，裏海黑海以北，突厥種族之一也）南方阿羅思諸侯王（時俄行封建制）悉援之，蒙古兵逆擊於阿速海（黑海之東北一大海灣）附近之阿里吉河畔，大破之。太祖即以鹹海裏海之北封朮赤，同時封窩闊臺（今改譯格德依是為太宗）以阿爾泰山附近之乃蠻故土，封察合臺（今作察罕台）以錫爾河東之地，為西北三汗國所自始。蒙兵凱旋，花剌子模子札剌勒丁者，擁衆復興，至太宗遣將討平之。於是欽察亦叛。朮赤次子拔都，（今改巴都）破擒其別部酋八赤蠻，乘勝入阿羅思，北向屠烈野贊，（今俄之利森省在鄂嘞河右岸）陷莫斯科，（俄舊都在利森西北）更南下取幾富。（一作計掖甫）俄境既定，益驅其餘勢以偪歐洲內地。一軍自馬札兒渡禿納河，（今多惱河源出德意志南流而東逕奧地利羅馬尼亞入黑海）一軍自孛烈兒（今波蘭土）侵細勒西亞，（今普魯士東部之一部在巴郎約不爾居東南）所至輒殺掠。歐洲北部諸王聯軍逆擊之。里格尼自（今細勒西亞部會城在北勒斯勞之西）皆為所挫，歐洲全土震動。揑迷思（今德意志）諸部民皆荷擔而去；會太宗凶問至，蒙古軍東還。拔都治城於薩萊（浮爾嘎河東岸）是為欽察汗國，俄之南北部皆屬焉。當太宗再定西域，花剌子模遂亡；厥後旭烈兀（太宗姪世祖弟今改譯犗魯）復用兵於裏海黑海之南，平木剌奚；定報達，天方（今沙剌伯）全部肅清，因更略定小亞西亞諸部；遣郭侃西渡海，收富浪，（古時波斯島等國皆稱歐羅巴人爲佛郎即法蘭西也地中海有扯撥耳島（鄭圖作塞下洛斯）當時謀復耶穌基人據島立國富浪即佛郎殆即此島見元史證補西域傳注）始開藩波斯之境，號伊兒汗國，與西北三部比肩爲四。唯拔都旭烈兀兵威所至尤遠，故其分封之地亦軼於歐境。

明初南洋形勢

元世祖既征占城交趾，又發使者招致南洋諸國，至元十九年以來，馬八兒、（南印度東岸）俱藍（南印度西岸）來來（即羅斛今暹羅南部）蘇木都剌，（今蘇門答臘）先後皆入貢於元，獨爪哇不聽命。成宗大德七年，遣兵三萬擊破之，餘未嘗加一矢焉。故論者謂南境海上之師，則不如明。明成宗既好武功，頗思張威域外，聞西南諸國多殊俗，欲一一通之，比於漢武，且疑建文亡海外，思蹤跡之。初遣中官侯顯往烏斯藏，既而又遣馬彬使爪哇蘇門答臘諸國，李興使暹羅，尹慶使滿剌加、（今麻六甲）柯枝。踰年，又使雲南人鄭和與王景宏等使西洋，多齎金帛，率兵三萬七千餘人，造大船六十有二，自蘇州劉家港出海，至福建，達占城，以次遍歷西洋，實所至者爲三佛齊、錫蘭、蘇門答臘諸國，即今南洋各島是也。諸中官至其國，頒天子詔，宣示威德，不服則以兵力攝之，各國皆遣使隨和入朝。及明併安南，國威加於南海，於是琉球、眞臘、（柬浦寨）暹羅、滿剌加、渤泥、（今婆羅洲島）蘇門答臘、爪哇、榜葛剌（今印度孟加拉）等三十餘國，皆帖然俯伏。時諸番利中國貨物，益互市通商，往來不絕。歷成祖仁宗宣宗三朝，鄭和凡七奉使，三禽番長，爲古來宦官所未有，國人豔稱之曰三保太監下西洋者也。其所經歷南洋一帶：南路則今越南之西貢、暹羅之曼谷，以至馬來半島、蘇門答臘、爪哇；東路則臺灣、呂宋、婆羅洲，凡中國東海、南海、暹羅灣、麻六甲海峽、爪哇海，皆其所行之航路線也。印度洋一帶：北路則印度、波斯、阿拉伯；西路則非洲東部諸國，凡孟加拉海、錫蘭島、阿拉伯海、波斯灣、亞丁、紅海、莫三鼻給峽，皆其所行之航路線也。方是時，歐洲葡西諸國，亦皆獎勵航業，哥倫布自此尋獲美洲，而葡人華士哥德噶馬，發見喜望峯航路，遂至印度；麥哲倫亦橫渡太平洋，啓非律賓羣島；皆在鄭和後百年內事。故明中葉以後，雖國威寖衰，而南海諸國交通如故，然其後終爲葡西荷蘭諸國所據者，蓋以歐人東來，厲行殖民政策之所致也。此中國民族之所繇衰也。

倭寇之騷擾

其時東方則有日本高麗二國，而日本尤强悍。高麗自元初征服，世受約束，至明洪武二十五年，爲其臣李成桂篡奪，王氏國統遂絕，改封朝鮮國王，爲明外藩。而日本自罷遣唐使，五代及宋，唯僧侶商船，私渡來華，國交彼此皆絕。元世祖既臣服高麗，欲介其王以招致日本，時日本將軍開府鎌倉，（東海道相模國之東，橫濱之西南也）北條時宗專權，怒元國書無禮，不答。當至元十一年，以忻都爲將，合高麗兵二萬餘，攻壹岐對島，（與朝鮮釜山隔一海峽，其東南即是島也）不克。明年命杜世宗等往使，時宗斬之，嚴備西海。元欲報前仇，復以范文虎等爲將，合高麗兵，號十四萬，戰艦四千五百艘，自壹岐東迫博多，（福岡廳沿海之地）日本河野通有等力戰，元兵不能進，颶風覆舟，還者止數千人。世祖謀再舉，以經略南方，遂罷其事。日本自被元兵，築石砦於博多，禁通商，海船往來，皆奸利小民，元亦懸禁，久之遂流爲海寇。其後日本內亂，分南北朝，盜賊猋起，南朝敗，遺臣越海侵高麗，九州民附之，大擾，覃及中國，而張士誠方國珍餘黨，復導倭出沒海上，北自遼海山東，南抵閩浙東粵，皆被其害。明太祖時，嘗遣使臣齎詔往，不得達，移牒譙讓，或遣僧上書，詞終不遜。會胡惟庸謀反，潛招倭，與期會，繇是深惡日本，命湯和瀕海築城，量地遠近，置衞所禦之，海疆稍靖。成祖時，遼東總兵劉江，大破之望海堝，（今遼寧金縣東南事在永樂十七年）倭不得逞。時日本將軍足利義滿，已統一南北，遣使於明，成祖封為日本國王，賜勘合百道，設市舶司於寧波，俾領貢市。至世宗時，日本諸道爭貢，大掠寧波緣海郡邑。給事中夏言倡議罷市舶，番貨至，奸商貴官，挾以為利，負其直不償，倭積憤，始大掠浙東，嬰害尤劇。中國諸奸與通，為之鄉導，倭更推汪直徐海為謀主，往來剽忽，蔓延浙西江北者綿歲。洎胡宗憲綜軍事，計誘二人誅之，江浙患漸紓。餘衆改寇海門，（今江蘇海門縣）緣海東掠，至廟灣，（今淮安縣東北）李遂擊破之，焚其舟，江北悉平。（嘉靖三十八年）倭遂竄閩廣，戚繼光俞大猷等，又破之平海衞，（福建莆田縣）倭勢始衰，時嘉靖四十二年也。然尚據臺灣，出沒於遼海，高麗時猶犯浙粵，疆吏懲前禍，海防頗飭，敵至輒失利，患始息。

越緬之叛服

初，蒙古下大理國，定雲南地，其西南境接緬國，今之緬甸也。介乎越緬間者，曰暹，曰羅斛，此其概也。緬王時都蒲甘，（今緬甸南部首城緬洚西南約百二十里）併阿羅漢（今緬甸西境阿剌干部西瀕印度孟加拉海灣）及白古，（今緬甸南境之擺古部）略暹國，（暹羅之一部）威振後印度。世祖徵其入貢，不聽，至元二十年，征緬，取江頭太公，（均西臨伊洛瓦底江皆緬甸北部江頭在八莫之最東北境今北莫也東界雲南騰越邊太公在八莫西南）順流而下，陷其都，王南遁白古，遵海至錫蘭，會元軍以糧竭去，緬王復歸國，納貢請降。是時自西藏東南散在阿撒母（今印度阿薩密也在孟加拉部東不丹國南北跨雅魯藏布江）地方，金齒（雲南龍陵縣舊為隴川南甸干崖盞達芒市遮放鎮康灣甸諸土司地隴川盞達干崖並改為行政委員治所南甸騰衝

（縣南改置八撣縣佐於此芒市遮放二地合置芒遮板行政委員治所鎭康已爲縣治灣甸卽其屬地也）以下諸蠻，南及暹國，皆先後入貢。交趾南有占城國，隋唐林邑也。世祖征占城，遣兵假道，且徵糧餉，安南王陳日烜拒命，元因而攻之，失利，世祖爲罷東征之役，（平壹喪師議再舉攻日本）專事安南，安南遂奉職維謹。自陳氏有國，傳百餘年，至明永樂初，爲大臣黎季犛所篡，盡殺陳氏之族，成祖遣將討平之，爲置交趾布政使司，安南自宋以來，至是又列於郡縣矣。既而交趾蠻族數侵擾，兵興久疲，不能制。宣宗初元，詔罷兵，如故事，復封黎利爲安南國王。凡交趾爲明有者，計二十年，遂復棄之。至嘉靖初，莫登庸又篡黎氏之位，明遣師討之，登庸降，改授安南都統使。嗣黎氏又起兵復故土，莫氏止保高平一郡，（在諒山附近）明亦兩存之云。

若西南夷，自元初三討緬甸，至明初緬甸入貢，置宣慰使司，授其酋卜剌浪。英宗時，明將王驥討麓川，（卽龍川江騰衝縣南）緬人執其部長思任發獻其首，（正統十二年）以功欲得其北鄰孟養地，（緬甸北部伊洛瓦底江西更的宛江東）明不許。孟養宣慰思倫發者，思任發之裔也，故怨緬，遂東糾木邦，（伊洛瓦底江東抹能江北）合兵破緬，殺宣慰莽紀歲。其子瑞體，南奔洞吾（緬甸東南海隅地那悉林部北境東濟西當江）母家，長有其地，募印度葡萄牙人爲兵，南奪古剌，（緬甸擺古部）北克阿瓦，（歷代緬都北瀕伊洛瓦底江東臨抹能江支流入伊洛瓦底江邊）復緬舊疆，時嘉靖三十二年也。自是更進幷孟密（木邦所分之西境）木邦，東侵車里（今雲南寧洱縣西南瀾滄江西岸）老撾，盡據孟養地，遂崛强於西南，漸侵及雲南邊內諸土司。及子應裏起兵內侵，萬歷十年，明將劉綎等大破之，進陷阿瓦，勢頓衰。

明與韃靼之關繫

蒙古雖已服明，然其族裔走漠北者，實分二部：東曰韃靼，西曰衛拉特（舊作瓦剌），日相仇敵。成祖五次親征，北族震懾。已而衛拉特獨強，其酋額森（舊作也先）兇狡桀驁，西制哈密（新疆哈密縣），東降兀良哈（今烏梁海），專俟衅圖寇明。通事輩利其賄，告以中國虛實。會宦者王振減其馬價，遂搆諸部入寇大同，振勸帝親征，次土木（堡名，今察哈爾懷來縣西），敵騎四圍，英宗為虜（正統十四年八月）。景泰帝即位，太后遣使齎金寶，詣額森營請還帝，不報。于謙修緣邊關隘，自遼薊至甘肅中間，堡塞皆得人戍守，敵至輒敗去。額森無所利，尋遣使請和，歸英宗，皆謙力也。額森死，衛拉特衰，韃靼部長保喇（舊作孛來）、瑪拉噶（舊作毛里孩）二人雄視部中，已而二人爭權互攻，韃靼部落四分，勢未大振。憲宗成化六年，達延有雄略，復統一諸部，韃靼復熾，南入河套（今鄂爾多斯旗）駐牧，與賀蘭山（今寧夏省邊外黃河西）後強酋火篩相倚，率十萬騎，自花馬池（陝西定邊縣西北）入，散掠固原、寧夏，東及延（陝西膚施縣）綏（綏德縣），往來數千里，戕殺慘酷，骸骨遍野，關中震動。然徙處者不常其部，明雖築邊牆，而終不能收套地，據形勢，故其後終為敵有。至小王子自稱大元大可汗，徙幕東方，稱土默特，分諸部落在西北邊者甚衆，而濟農（舊作吉囊）、諳達（舊作俺答）二人據套地，尤喜兵。嘉靖間，小王子及諳達東西寇鈔，曾銑建言復河套條八議以進，夏言力主其說，帝亦壯之。諳達求貢不許，銑遂修邊造器，出塞擊敗之，敵移帳漸北。復督諸軍驅之，遂遠遁不敢近塞。時銑方銳志出師，條上方略。廷臣一如銑言，而帝忽中變，嚴旨詰責。閣臣嚴嵩一意媚上，因極言河套必不可復，結廷臣攻銑，并及言，竟誅死。繇是諸臣不敢言復套事，而大權一歸於嵩。越二年，諳達復入寇，進薄京師，京軍飢且疲，不任戰守。丁汝夔問計於嵩，嵩曰：『塞上敗，可掩也。失利輦下，上無不知，誰執其咎？寇飽，自颺去耳。』汝夔因不敢戰，寇縱橫內地凡八日，整輜重而去。嵩諉罪汝夔，殺之。而其黨仇鸞復潛通諳達義子脫脫，遂開馬市於大同宣府，邊卒盡撤，時嘉靖三十年也。自是諳達益無忌，既侵暴西邊，復破衞拉特，擊吐番，取青海，兵力西漸，然以是佞佛，建寺院，招喇嘛，厭殺戮，不復寇邊。會諳達奪其孫把漢那吉婦，把漢來歸，諳達執叛人趙全等予明，以易把漢，請互市，明封為順義王。（穆宗隆慶五年）而套部濟農等亦如約請命，均授官。諳達死，其妻三娘子迭配數王，主兵柄，為中國守邊保塞，獲封忠順夫人，套患盡除。然西藏佛教，繇此傳播漠南北，而獷悍之俗悉化，其勢亦浸衰矣。

明代歐人來華通商傳教之始

自唐貞觀中景教僧阿羅本來中土，至元初威尼西亞巨商尼哥羅博羅父子亦先後至，而馬哥博羅仕元尤久，其著東方旅行記，大動歐人之視聽，然此不過私人旅行，曠代一至，於國際尚無關繫也。元代國威遠被歐洲，時羅馬教皇及法蘭西路易九世嘗遣使與元通聘問，是為中西國際交通之始。然元亡明興，中亞交通之道猶艱阻，中西國際關繫因之中梗。明弘治十年，葡萄牙人華士哥德噶馬繞喜望峯達印度，是為歐亞航路發見之始，亦即中西國際交通開拓之起源。時葡萄牙王以馬努利一世，於印度航路發見以後，遂起東略之志，占臥亞及馬喇甲，設印度總督，掌東方貿易，置僧正，掌東方教務，蘇門答臘、爪哇諸島，亦漸趨於勢力範圍之內。武宗正德十一年，葡人拉斐爾伯斯德羅乘篷船至，是為近世歐洲船隻至中國之始。拉氏求與中國締約通商，未遂。明年，印度總督遣使臣比勒斯與臥亞市長匪地難得安剌德至粵東，地方官厚遇之，使碇泊上川島，自此葡商來者日衆。先是，暹羅、占城、爪哇、琉球、勃泥等國互市，本俱在廣東，設市舶司領其事，至是移於高州電白縣，葡人亦至焉。至嘉靖十四年都指揮黃慶納葡人賄，請於上官，徙之澳門，開爲葡人通商地，科地租歲二萬金。三十年，葡人藉口商船遭風，水漬貢品，乞地曬之，自是展地益闊，葡商來者益夥。三十六年，葡人以澳門爲殖民地，設官置吏，明廷不之拒。神宗萬歷初元，廷議且於澳門附近築牆爲界，默認界外爲葡人自治地，是又爲歐人占有租借地之濫觴。自此葡人數要求減少地租，越十年，承認葡商年科地租五百兩，至清道光二十八年以前，尚如之。繼葡而思握中國商權者，西班牙也。穆宗神宗時，先後遣使求締商約，皆爲葡人所間。嗣後荷蘭人亦亟開東方商路，謀挫西葡之海上勢力。崇禎十年，繼荷蘭而握海上霸權之英吉利，以艦隊至澳門，求通商，葡人亦力格之。時英人威代爾率船四艘，自虎門入，以武力強入廣東，盡售其貨而去。以武力強迫通商者，當以英人爲始云。

西人之侵略人國也，以通商爲入手，繼踵而深入內地，以誘結其人民者，則爲傳教。葡人既得澳門爲通商地，傳教之士亦遂聯翩而至。蓋歐洲正值改革宗教之後，新教盛於北歐，於是南歐西葡等國舊教徒，亦結耶穌會，剔除舊教積弊，盡力布教於海外。其首至中國之利瑪竇，即耶穌會之舊教徒也。利氏籍義大利，以萬歷九年抵澳門，初布教廣東肇慶府，習華語，服華服，自附於漢姓，號曰利西泰，務以其說附會中國之儒教，且以天算與地醫學要結人心；廣東大吏亦信之，許其建天主教堂於韶州。更於萬曆二十九年，夤緣入北京，以聖像時表獻神宗，又與諸大臣相交接，仍以天算等科學爲傳教之具。帝嘉其遠來，假館授餐，給賜優厚，公卿以下，咸重其人，樂與之游。如徐光啓輩，且爲潤飾其文辭，故其教驟興。自是教徒日盛，王豐肅、龍華民、艾如略、寵迪我，其尤著者也。逮明之季葉，中國人奉其教者達數千人；及其亡也，永曆太妃且致書羅馬教皇及耶穌會，祈禱其國中興。而當時反對者，亦頗不乏其人，如明禮部侍郎沈漼與郎中徐如珂等，卽嘗合疏斥其邪說惑衆，禮科給事中余懋孳亦言天主教煽惑羣衆，夜聚曉散，一如白蓮無爲諸教，且往來壕鏡（卽澳門）與澳中諸番通謀云云。雖反對者不能謂其無成見，然歐人侵略政策本以通商傳教相輔而行，又烏得謂其無見哉！

第七章　淸代與國內各民族之關繫

滿洲，東北女眞族也。自淸代統一中國，西北邊外蒙古族勢漸强，直包圍中國之西北部，於是而有女眞族與蒙古族之爭衡；更由此而涉及藏族與回族，其結果蒙回藏均受治於淸，混一而成中華民族。試分述之如左：

淸與準噶爾之關繫

新疆跨有天山，周二萬餘里，天山以北爲行國，準部據之，其南爲城國，回部據之。明時之瓦剌中衰後，徙居喀爾喀以西，舊分四部：曰綽羅斯，牧伊犂；曰杜爾伯特，牧厄爾齊斯河（河名，下流入齋桑泊）流域；曰土爾扈特，牧塔爾巴哈台；曰和碩特，牧烏魯木齊（新疆迪化縣）。總稱爲厄魯特蒙古。和碩特固始汗自明季入據青海，而厄魯特之在漠西者，以綽羅斯爲雄。康熙初，其族人噶爾丹篡竊，兼併四部，自立爲準噶爾汗，回部諸國亦屬之，幷擴張餘威於衞藏青海諸地，成西北一大汗國。於是益東向而圖喀爾喀部，會喀爾喀已內附，清遣使於達賴喇嘛，使和解三部，噶爾丹亦遣其族人往覘，故與土謝圖汗挑衅，土謝圖汗執殺之，噶爾丹益有辭，遂大舉入其庭，分躪左右翼，（左翼車臣汗，右翼土謝圖汗）乘勢東犯，不獲逞。聖祖再親征，噶爾丹敗歸，窮蹙自殺。第噶爾丹雖敗死，而其子策妄阿布坦，孫噶爾丹策零，及和碩特部汗羅卜藏丹津，輝特部酋阿睦撒納，仍繼起統一厄魯特，與清抗衡。清亦歷康熙雍正乾隆三朝，前後六十餘年，始平定厄魯特蒙古，迺設一將軍駐伊犂，鎮守其地，更分設滿兵駐防，漢兵屯種，自此蒙古全部，帖然就伏焉。

清與西藏之關繫

西藏卽唐時吐蕃也，自唐時以公主嫁其酋長，公主信佛，自中國鑄釋迦像迎奉之。其後印度尼泊爾兩國王，又以女來嬪，女亦佞佛者，酋長被二女感化，翕然從之，馴致全藏化爲佛教國。逮元混一亞洲，世祖因其俗獷悍難馴，特封喇嘛八思巴爲大寶法王以治之，衣冠盡赤。明初，宗喀巴出，別立一宗，製黃衣冠爲徽號，謂之黃教，而以舊教爲紅教。宗喀巴大弟子二人，一達賴，一班禪，並居前藏拉薩，握政教全權。傳至達賴二世，始舉政權授第巴，專領宗教。至達賴五世時，第巴桑結藉和碩特兵力，奪紅教徒根據地之後藏，而以達賴班禪分主西藏。清初，桑結以和碩特干涉藏事，復藉準噶爾兵力攻服青海。嗣達賴五世卒，桑結祕不發喪，矯達賴命，爲己乞封。會噶爾丹自殺，桑結勢衰，清遂執其所立假達賴。然青海與西藏遂以達賴轉生問題，大起鬩；而策妄遂乘機入藏境，引兵陷拉薩，殺清所封之拉藏汗，並執拉藏汗奏立之六世達賴幽之。清先後所遣援軍，復敗於哈喇烏蘇河。廷臣多請緩西征，聖祖以準部世爲邊患，不宜使兼藏地，大發兵討之。而藏人亦厭亂，咸悟青海所立新達賴爲眞，乞中國兵護之來藏。於是蒙古諸部亦各率兵隨西寧軍，扈新達賴西行，準部兵屢戰皆北，西藏大定。因以拉藏汗舊臣分掌兩藏權。雍正初，復設駐藏大臣監之，於是西藏完全爲中國之領土。

清與回部之關係

回部，卽唐時回紇餘衆，元之畏吾兒也。舊據天山南路，回教徒和卓木子孫繼之。和卓木者，譯言聖裔，謂教祖謨罕默德後裔也。其地小汗國甚衆，而以喀什噶爾爲最大。其教分兩種，一曰黑山宗，一曰白山宗，喀什噶爾汗崇奉黑山宗，排斥白山宗，而白山宗首領亞巴克藉準噶爾之兵力，爲喀什噶爾汗服屬於準酋。乾隆間，中國兵擊定伊犂，回部謀獨立，帝遣兵討之，分擊喀什噶爾及葉爾羌。回酋布羅尼特與霍集占兄弟，號爲大小和卓木者，皆遁踰葱嶺而西，巴達克山國王以其酋來獻，於是回部大定。迺於喀什噶爾置參贊大臣，復於諸城分別置辦事大臣、領隊大臣以統之。然未幾又有烏什之變。烏什者，回部大都會之一，居民達數萬，其伯克阿布都拉，性暴戾，魚肉土著，辦事大臣蘇成又縱酒不治事，回民無所訴。是時葱嶺西境布哈爾阿富汗諸國，迺起同盟軍，襲殺其國王，屠其城，遂舉兵反。伊犂將軍明瑞及喀什噶爾參贊納世通會兵擊平之。於是中國國威遠震葱嶺以西，迤北則吉爾吉思部落，迤南則敖罕阿富汗諸國，皆嘗遣使通貢，倚中國保護焉。

清與苗族之關繫

清代歷康雍乾三朝之力征經營，匪特使東胡蒙古突厥西藏諸族，同化於漢族，併將僻處西南之苗猺黎諸族，亦收其地入版圖而混化之。苗猺黎諸族中，嘗以苗族最居多數，其所根據之地，大約在四川西南及雲貴廣西等省中，即漢代之西南夷，唐代之南詔是也。宋代劃之大渡江以外，元明以來復有土府土州縣之設，而以宣慰宣撫、招討、安撫、長官等司分轄之。其民仍世狉榛，未能與漢族同化，故治之良難。清初承明制，分設土官，爲平西、定南諸藩所鈐轄。吳三桂舉兵時，諸土司頗爲所用，及事平，亦以度外置之，未能清其亂本也。雍正時，鄂爾泰倡改土歸流議，世宗令佩雲南貴州廣西三省總督印，經營凡五年，招撫貴州生苗二千餘寨，闢地二三千里，劾罷雲南霑益等地土官，以流官代之，廣西諸土官自泗城岑氏以下，先後繳回敕印與軍器，於是三省悉改土歸流，全疆底定，時乾隆初元也。越十餘年，又有四川大小金川之變。其俗故信喇嘛教，經五年之久，遣將討平之，遂以小金川地爲美諾廳，大金川地爲阿爾古廳，皆直隸四川省，而於勒烏圍設重兵鎮守之。自此苗猺黎等人，與漢人同受治於地方行政官廳，與漢人雜處既久，亦漸同化於漢人矣。

清與臺灣之關繫

臺灣孤懸閩海，明嘉靖間，爲倭寇所據，尋復爲荷蘭所奪。明亡，鄭成功謀恢復，擁衆居金（金門）廈（廈門）二島，受明桂王之封，號延平郡王，明宗室遺老多歸之。康熙三年，王師收金廈，時成功已前死，長子經嗣，猶奉永歷年號。（桂王年號）三藩變起，鄭氏復乘間略有閩邊海之境。耿藩平，經復棄金廈歸臺灣。會經卒，子克塽立，閩督姚啓聖奏請乘時征臺，薦水師提督施琅往，大破之於澎湖，克塽降，臺灣平，開置郡縣，隸福建布政司。自鄭氏後，中經朱一貴林爽文兩大變亂，復有吳球劉却陳光愛陳周全等，無慮八九起，政府例以兵力戡定之，未暇謀善後也。會太平軍亡，同時日本覆幕中興，以同治八年遣使通好，十一年而臺灣之膠葛起。先是，日本人民漂流臺灣，爲生番所殺，日本謂生番非我領土，遂率兵艦五艘至，擊破番人，斬牡丹社酋，十八社酋長俱震懾往降。我國迺請其撤兵，弗聽。又風聞日本將襲臺灣西部，始遣沈葆楨往察形狀。日本以保利通爲全權大臣，自上海抵京，與政府議臺灣所屬，數日不決，英使烏威特出爲調停，清政府議定，日本撤其所駐兵，由中國償軍費銀四十萬兩，又撫卹銀十萬兩，利通遂至臺灣撤兵而還。政府唯遣公使駐日本，及西洋通商各國而已，未暇爲臺灣謀長久也。自安南事起，法兵攻陷基隆，和議旣成，法兵迺退。政府始知臺灣爲南洋門戶，宜有大員控制之，迺援新疆改建行省例，改福建巡撫爲臺灣巡撫，常川駐紮；以臺北爲省城，增置臺南府，並設布政、按察等官，以專責成，時光緒十年後也。二十一年馬關條約成，（詳見朝鮮節）割臺畀日，臺民請政府收回成命，不報；迺奉巡撫唐景崧爲民主，兵鬨城內，景崧倉卒內渡。時劉永福駐臺南，與部下謀拒日，兵敗亦遁歸。自是臺灣遂爲日本所有矣。（按民國三十四年抗戰勝利，臺灣仍爲我國行省之一。）

第八章　清代與諸屬國之關繫

自中國統一西藏，漸與印度相接近，鎭定苗疆，復與後印度相接近，於是域外之交涉以起。第上章所言，皆實行屬地主義，有半治權者也；唯朝鮮尼泊爾緬甸暹羅安南琉球諸屬國，僅於名義上有通貢受封之責，而不主干涉。今再述之如左：

清與朝鮮之關繫

朝鮮僑近遼瀋，清之初起也，即先征服。然自明萬歷中，其國嘗被日本兵，明出師救援，故深德中國，當是時，嘗助明以抗清。天命初，征瓦爾喀，鴨綠江北新賓縣南朝鮮兵出境拒戰；太祖崩，亦不遣使弔問。會朝鮮叛人韓潤鄭梅亡命入清，請爲嚮導，於是太宗決征朝鮮，遣貝子阿敏等出發，渡鴨綠江，長驅入平壤，乘勝進偪國都，其王李倧遣使乞降，訂約而還。然猶約爲兄弟之國，令春秋輸歲幣及通互市而已。未幾，漸渝成約，頗增國防以自固。及清軍平察哈爾內蒙古，諸部咸議上尊號，朝鮮不從。太宗改元崇德，國號大清，朝鮮遣使入賀，亦不拜賜書；令送質子，又不報。於是崇德元年，定親征之議，會蒙古軍伐之，入其都城，分敗其援兵，圍之亟，倧再乞降，定議質二子，奉正朔，歲時貢獻，表賀一如明制；自此遂爲清東藩矣。各國之與朝鮮通商也，皆以我爲主國，政府苦外交棘手，多謝絕之。於是有介日本爲先容者，日本迺與之訂平等條約，各國亦遂如其例，而咸認爲獨立國，以去吾國之勢力，而吾不之覺也。已而朝鮮東學黨亂起，日本見我國出兵，亦發兵入朝鮮，復以改革朝鮮內政爲名，與中國發難，漸陷遼東諸廳縣，復陷旅順及威海，海軍盡燼，而澎湖羣島又猝爲所奪。清廷大震，介美使請和，日本不允，乃遣李鴻章赴日，與議定條約如下：（一）公認朝鮮爲獨立自主國；（二）割遼南臺灣全島予日；（三）償兵費二萬萬兩；（四）開沙市重慶蘇州杭州四口，並許內河通航。議既定，俄以日占遼南，於己不利，迺約德法兩國，迫日本還遼南，而由清出償銀三千萬兩，是爲馬關條約，時光緒二十一年也。自是朝鮮不我屬矣。

清與尼泊爾之關繫

尼泊爾在西藏之南，雪山之陽，居民務農商業，與藏人及英人之在印度者，夙通貿易。雍正時，嘗奉金葉表貢方物。其地向分三部，以加德滿都爲盟主。乾隆三十二年，爲西境廓爾喀所侵入，卽尼泊爾王位，漸掠隣地，會西藏紅敎徒舍瑪爾巴與其兄黃敎徒巴胡土克圖以分貲不遂，憤入尼泊爾，引廓爾喀人入寇，侵擾後藏，陷札什倫布。時高宗五十六年也。福康安率索倫勁旅征之，自青海趨西藏，悉逐敵屯，偪其都城，廓爾喀以乞降緩我師，陰通款英人，以訂通商約，要其援兵。於是印度總督知事亟遣使作調人，而大軍已六戰六捷。廓爾喀待英使不至，再使乞和。比英使至而和約已定，自是尼泊爾世貢中國。高宗懲前事，注重藏防，增戍兵，並令駐藏大臣行事儀制，與達賴班禪埒。迄光緒三十四年夏，尼泊爾遣使臣噶箕入覲。夫尼泊爾之稱藩，始於雍正，而乾隆之世又大創之，餘威寖替，尋復犯順，蓋咸豐時而已然。顧至今而又來朝者何也？蓋其時所謂公法，於弱小國爲最虐，稍一不愼，而墮於附庸之地位，則夷爲殖民地可也；不然，則夷爲保護國可也；又不然，亦得爲半主權國而止。世寧復有附庸於人，而猶主權完具如尼泊爾之於中國者哉？西望印度，今復何如？東望日本之規韓，亦必先使脫離主國，而後迺一舉而墟之。而後知區區繫屬之空名，在國際間有大力焉，此尼泊爾之所以泥首稱臣而不悔歟。

清與緬甸之關繫

緬甸於明時爲中國藩屬，萬歷後，朝貢寖廢。清乾隆時，有石屏州人吳尙賢者，設銀廠緬東卡瓦部，復游說緬甸，使入貢中國。然未幾緬甸各部不相能，南境之擺古部聯軍陷國都亞瓦，木疏部長起兵滅之，建一新緬甸國。嗣見中國官吏之貪而狠也，遂以邊界土司舊交涉為辭，舉兵寇邊，中國屢失利。帝以傅恒為經略，阿里袞阿桂為副將軍，進擊之時，緬方用兵暹羅，不欲與中國重開釁，上書請罷兵，帝不許。傅恒擬與暹羅訂夾攻之約，卒以交通阻滯不果行。會緬人來議和，而中國諸將亦憚攻亞瓦，遂定議各還俘虜，返所侵土司地，未實行。帝復遣阿桂赴滇，與滇督勘邊，增兵備，於是緬酋大懼，始以乾隆五十三年入貢，返俘如前約。明年，遣使賀帝壽，帝因册封為緬甸國王，定十年一貢之制，自是額貢罔缺。已而其西鄙之民與孟加拉英屬部人，屢以阿臘干界線互爭所屬，至逐英之守兵，英遣兵進偪都城，始乞和，割阿臘干等地予之，償兵費數百萬，事迺寢，時道光六年也。英緬二方舉未以是聞於中國。迨咸豐二年，緬英衅又起，緬軍固守琵牛城，英苦戰拔之，緬王再乞和，割琵牛及馬爾達般等地，始罷兵。自是海岸地悉歸英領，僅於怒江上流保殘局而已。時中國太平軍事方棘，亦未暇南顧也。至光緒十一年，緬復與英宣戰，改建王城於仰光，旋為英軍所偪，遂出降，英分緬甸為上下二部，並置仰光總督府。事為中國所聞，迺與英議抗，英人許代緬納歲貢，顧納貢亦虛言，厥後未實踐云。

清與暹羅之關繫

暹羅者，以暹降於羅斛得名。在元順帝至正時。明初始受封，世貢金葉表，與緬世仇搆兵。清乾隆時，國都猶地亞嘗為緬攻破，僑暹有鄭昭者，粵人也，結合同志為暹報仇，復猶地亞。會故王子亡走柬埔寨，因推昭為國王，改都盤谷。俄昭被弒，其弟華方統兵在外，入討賊而卽位，嗣以高宗五十五年賀帝壽，受册封，十年一貢，如緬甸。

嘉慶間，曾上表以攻緬獲勝告，仁宗諭解之。厥後歐力東漸，其南境舊柔佛部、新嘉坡島、麻六甲部、內埠、西南吉德部、檳榔嶼，先後爲英人所割據。復於北境扼湄公河之上流，以通我雲南，法人亦以湄公河東地曾屬越南爲辭，迫暹羅割讓，暹羅不能抗，遂許之。英慮其妨害滇緬交通，因與法協議，指定湄公河上流中立地約百四十餘里，誓兩國不相侵占，而中國實未參預其間。暹羅雖以英法相競而幸存，而中國數百年來所稱爲炎服屏藩及天南樂國者，至是已非我所有矣。

清與安南之關繫

安南自明嘉靖時爲黎氏復國以來，北方則莫氏仍保高平，然黎氏新王朝之內容，隱分兩國。初，黎之起兵恢復也，其臣鄭松阮淦故爲左右輔政，並有力。後鄭氏乘阮死幼孤，獨專國事，而出阮氏於順化，號廣南王。順化故占城國地，黎氏舊朝嘗併有之者。於是鄭氏輔黎朝居東京，（河內）阮氏居西京，（順化）與高平莫氏，實已鼎足而三，此明季世事也。清初依舊制封黎維禧爲安南國王，而高平莫元清亦受都統使職。未幾，黎氏併高平，六傳至維禑，其世臣鄭棟益跋扈，忌廣南強盛，迺誘其土酋阮文岳阮文惠共攻滅之，繇是廣南爲新阮所有。當是時，鄭阮並世稱王，黎氏僅守府，無如何也。乾隆五十一年，鄭棟死，二子內鬨，廣南新阮乘間引兵誅其宗，而自爲安南攝政。會維禑卒，嗣孫維祁立，文惠盡收其財寶歸廣南，復連歲舉兵入河內，毀其王宮。五十三年，維祁率族，叩關來歸，高宗以黎氏守藩禮百餘年，宜興師助其復國，命粵督孫士毅等率師一萬出鎮南關，（在廣西龍州）自諒山分道入，而安南義勇從者亦數萬，轉戰而前，踰月入其國都，阮惠奔廣南，維祁復位。士毅既定廣南，不即班師，又驕不設備。文惠詷知虛實，遂潛襲東京。五十四年正月朔，我軍方置酒張樂，阮兵乘夜猝至，師潰，將士爭渡富良江，擠溺而死者大半，輜重盡棄，士毅走回鎮南關，維祁母子亦脫身來歸。文惠復據安南方與暹羅構兵，大懼。王師再討，迺更名阮光平，遣使謝罪乞降。高宗以維祁再棄其國，是天厭黎氏，亦遂允阮氏所請，而賞維祁三品銜，編旗安置京師。五十五年，光平來朝祝嘏，班親王下郡王下受封而歸。嘉慶初，有閩廣海寇之警，新阮有國十餘年，其前王黎氏甥阮福映逃至暹羅，藉法之兵力，驅光平子孫而代有其國，上書清廷，改號越南。然自光平之起兵篡國，嘗乞援法國，訂法越同盟之約，（事在乾隆五十一年見越南亡國史）是為法占越南之張本。及光緒八年，中法戰於諒山，和議成，越南與中國之關繫遂絕。

清與琉球之關繫

琉球自明洪武時，即遣使朝貢。入清後，受封中山王，奉職尤謹。其貢舟三年一至，凡國王嗣立，必請命於中國，中國派遣正副使持節航海册封之。咸豐時，日本乘中國多事，滅琉球而存其王號。然在同治初年，國王尚泰繼立，仍請襲受封如例，中國主權，固儼然尚在也。逮同治十三年，臺灣生番有殺琉球難民之事，日人聲言琉球隸日本，致開交涉，政府倉皇與日本訂約，止求臺灣無事，不復與爭琉球，而琉球之主權，已陰讓於日本。至光緒五年，日本遂遣使至琉球，傳日皇旨，令琉球勿入貢中國，並改易正朔。琉球國王以久隸中國藩封，世修貢職，不便擅自更張，婉辭謝之，復遣使告急於中國。時樞府方經營新疆，中西交涉頻繁，未遑兼顧，日本迺發兵艦數艘，執琉球王以歸，尋廢之而夷其地為沖繩縣。政府始與抗爭，不得直，比安南法約定，日本援以爲例，政府遂不復問琉球事，唯創立海軍，爲防禦計云。

第九章　東西各國之交涉上

自明代亞歐航路大通，至清而使節駱驛，道光以前，南方以廣州爲貿易場，聽諸國商販之出入，初無與於國際之交涉也。有國際之交涉，而後可言外交。雖然，外交者兵力之先聲，兵力者外交之後盾；不有兵力而言外交，則應用之機能已失，而欲責其收效於壇坫樽俎間，又烏乎可？夫國家能立於不敗之地，必其未開談判，先計動員，出語之軟硬，純視兵力之强弱爲轉移。而我國以一千一百餘萬方公里之大陸，迺盡投於列强漩渦之中，亦可以瞰此而知其故矣。綜觀我國近百餘年外交歷史，約可分爲四時期：其以正式會議勘界通商者，首俄羅斯。當康熙二十八年，一訂尼布楚之約，雍正五年，再訂恰克圖之約，是時各國所要求者，通商而已，減輕稅則而已。而我之視通商，亦猶明代之視馬市，藉以爲懷柔之具已耳，此爲第一時期。道光十九年鴉片之役，中英搆衅，二十二年講和於江寧，許五口通商，於是門戶洞開，自無懷柔政策之可言。然以粵民積憤思逞，而當事者又謬於應付，遂有咸豐七年廣州之變，卒至聯軍入京，文宗北狩，和議成，復增開緣海口岸及長江通商之約；同時又與俄結瑷琿條約，棄黑龍江以北地，十年，又割烏蘇里江東岸畀之，凡失地二千餘里，此爲第二時期。新疆回亂，俄人乘機進據伊犂者十年，光緒五年，戡定新疆，遣使索還，歷三年，迺始定議，而伊犂霍爾果斯河外之地，竟以不及至東南緣海兵事，日兵闖入臺灣後，復有法越戰役，是時中國併所謂馭夷之道而無之，此爲第三時期。逮光緒二十年，日本以朝鮮發難，我水陸師徒相繼覆沒，一蹶不振，其影響所及，英俄德法至羣起而割我軍港以爲利。國人切膚致痛，因激起排外之謀，而釀成庚子拳民之亂，聯軍深入，吾國之底蘊畢宣，此近年失敗之情狀也，此爲第四時期。烏虖！觀此亦知世界大勢與外交慣例矣。茲故總敍大凡而分國以述之如下。

中俄之交涉

與中國陸路交通先歐西各國開國交者，則首爲俄羅斯。俄自建設西伯利亞殖民地以來，遂東進不已，嗣聞黑龍江緣岸饒衍，迺組織黑龍江探險隊，以從事侵略。順治六年，建雅克薩堡於雅克薩河口，十五年，復建尼布楚砦於尼布楚河口，爲經營黑龍江根據地，二城互相呼應，聲勢頗振。樞府知之，康熙九年，遣使尼布楚，責其速離黑龍江。俄人亦遣使赴北京，獻方物，幷聲明無他意；樞府固素目俄爲朝貢國，至是益視爲歸順之左證。詎知俄人益經營雅克薩城，將席捲黑龍江東北數千里地，中俄戰機於是始迫。二十四年，聖祖遂命都統彭春等督兵愛琿，分兩路進，列礮轟雅克薩城而陷之，俄人力不敵，退守尼布楚。明年，俄軍復據舊址，建土壘，我軍圍之，兼旬，俄將士死亡相繼，雅克薩城旦夕可下，會中國以荷蘭使者之介紹，遺書俄皇，論曲直。俄大彼得新立，亦以國內不靖，且恐危及西伯利亞南部，極願修好，覆書謂中國前數遺書，本國無能通辭者，今已知邊人搆衅之罪，卽遣使詣邊定界，請先釋雅克薩圍。二十八年十二月，我內大臣索額圖等，始與俄全權公使費要多羅會議於尼布楚，時我水陸精兵從者萬人，俄人氣奪，遂定議，立約七條，卽所謂尼布楚條約也。

摘其要如下：(一)循綽爾納河上流不毛之地，由石大興安以至於海，凡嶺南屬中國，嶺北屬俄國；(二)西以額爾古納河爲界，南屬中國領，北屬俄國領；(三)毀雅克薩城，俄之居民及物用，聽自遷往；(四)禁容留逃亡，及獵人逾界與商旅往來之無文票者。右約迺以滿漢俄拉丁四種文字，勒界碑於兩國境上，於是東北邊境之紛議漸定。然自康熙三十九年以來，聖祖迭舉大軍征準噶爾，未幾，喀爾喀內附，外蒙古主權遂歸中國所有，俄素與喀爾喀通貿易，至是北方中俄之互市與境界問題遂起。五十八年，俄遣使至京，請改訂商約，未果。雍正五年，俄使臣薩瓦申前請，且請劃蒙古西伯利亞疆界，我全權大臣策淩等被命往國境布拉河上，(即恰克圖)締結恰克圖條約，議定額爾古納河至恰克圖及由恰克圖至沙畢奈嶺(一作沙賓達巴哈在唐努烏梁海北)之界，同時又許俄國留喇嘛三人學生四人於京師，且定恰克圖爲市場，俄商每三年得至北京互市一次。彼時國力全盛，凡前後所定界約商約，其條款皆由我指示，故於土地主權，均極鞏固。

俄人尼布楚條約之締結，此固非俄人之所甘心，特怵於清之國威，不敢問鼎耳。迨鴉片戰役後，見清之聲威驟減，不復足畏，又歆於英之滿志而歸，其對於我國，遂復爲東西並進之侵略。道光三十年，樹其國旗於黑龍江岸，假俄美公司之名，照會中國政府，樞府視爲無足重輕，漠焉置之，遂益生心。咸豐八年，西伯利亞總督莫拉維哀夫，移哥薩克兵萬二千屯黑龍江口，要將軍奕山與訂愛琿條約三章，割棄石大興安以南地，明年，英法聯軍犯北京，文宗出走熱河，俄居間媾和，責償於我，并割烏蘇里江以東地及開放陸路商埠，於是又有北京之約十五款。東北疆事，視尼布楚舊約大變，而恰克圖商市亦異於雍正時代之制。茲彙兩次結約之損失如下：（一）因愛琿條約之承認，中國北界由額爾古納河循黑龍江左岸達於海口，其北盡以屬俄，俄人並得於黑龍江松花江烏蘇里江通航；（二）北京續約，自烏蘇里江以上至興凱湖，逾綏芬河，盡圖們江海口迤東一帶地，復爲俄有；（三）同時允俄人於庫倫張家口及西路之伊犂塔爾巴哈台喀什噶爾三城得自由貿易，給地建棧，幷分設領事於庫倫喀城。此兩年中，俄則不折一兵，不交一礮，坐獲阿穆爾東海濱兩省之大區域，且得一出海口海參崴於遼東，然而其西界未定也。

同治三年，將軍明誼奉勘西北界，訂明自沙畢奈嶺起，訖喀城邊外止，以中國現管卡倫爲界，然已將塔城之雅爾（在塔城西二百里）及伊犂以西之特穆爾伯（即伊斯色克庫里湖）劃入界外。會新疆回亂起，南北兩路盡失，俄遂於同治初元入據伊犂，藉詞代我收復，謀久佔。光緒四年，戡定新疆，索還伊犂，遣崇厚往議。崇厚至俄，俄人狡賴百端，直至五年，始於克里米離宮締結返還伊犂條約，規定中國償還俄占領費五百萬盧布，伊犂南部特克斯河流域之廣大平原，割讓俄國，又修改同治三年塔爾巴哈台界約所規定齋桑淖爾方面之國境，及通商事務。約成而歸，廷議大譁，責其辱命，詔逮治，改命曾紀澤使俄再議。俄拒之，分遣黑海軍艦赴中國，圖封遼海，而軍帥左宗棠亦主廢約力戰，兩國國交幾決裂。時英人戈登以助平太平軍功，爲清廷所信任，力勸和平修約，樞府納之，俄亦許可，於是紀澤避重就輕，經六閱月折衝，改訂新約二十條，時七年十一月也。其與崇厚所訂條約相異之處，摘述於下：（一）賠償俄國占領伊犂軍政費，改五百萬盧布爲九百萬；（二）割讓地爭回伊犂南部特克斯河流域廣大沃土，改以伊犂西部霍爾果斯河以西一小區讓予俄國。此外則准俄國添設肅州卽嘉峪關及土魯番兩領事。唯俄民在蒙古各盟伊犂、塔爾巴哈台、喀什噶爾、烏魯木齊及關外天山南北兩路各城貿易，暫不納稅。唯緣海通商各口，仍照各國通商總例辦理。此次所訂條約，雖仍不免於割地，然已挽回崇厚所訂約之大失敗。此次中國外交史上可以稱之爲外交者，止此一事而已。然而向非左宗棠之力修戰備，耀兵新疆，恐非徒恃口舌所能奏效也。

俄之欲由新疆趨嘉峪、通道陝鄂以入長江也，志既不獲逞，迺復銳意經營鐵路，東規東三省。中日之戰，合德法二國，仗義執言，逼日還我遼東，又以中國償巨款於日之故，二十二年借集國債盧布金一萬萬於我，示親暱，而約定西伯利亞鐵道綫得穿黑吉之境，接於海參崴，以華俄道勝銀行名義承攬之，卽所謂東淸鐵路是也。是時德亦急欲得一軍港於中國緣海，以與各國競爭，至是窺知俄意，遂私與俄約，由德藉故强據膠州灣，屆時俄迺可資爲口實而佔旅順。俄大喜，許之。會德宣教師在曹州被殺，德旣占膠州灣，俄遂乘機派西伯利亞艦隊駛入旅順口，迫中國爲訂旅順大連租借條約，謬託二十五年租借之期，日夜修戰備不輟。同時又接展南滿鐵路支綫，逕達旅順，而黃海霸權至此已完全在俄人掌握中矣。拳民亂起，俄遂占我東三省，和議成，各國約定交地撤師，俄迫於公議，亦聲言將撤東三省之師，而增修兵備如故。時日本以還遼之怨，忌俄尤甚，迺結日英協約以抗之。俄不獲已，以二十八年三月與我訂撤兵之約四條，俄兵以六箇月爲一期，分三期撤盡。次年第二次撤兵期至，俄忽變計，要求東三省用人行政，須俄協議而定，於是日本出而抗戰，俄軍大敗，卒以朴資茅斯之議，舉俄所得於中國南滿之權利，盡以畀日。計自咸豐八年至此，俄嘗乘中國有事，節次進取，今雖爲日所敗，而所割棄者本非俄之物，而中國之物也。未幾，英俄協約又成矣，俄認長江流域爲英之鐵道築造權範圍，英認長城北爲俄國鐵道築造權範圍，俄所自認爲己之勢力範圍益擴大，兩國舉未以是關中國，然中國亦竟無如之何。嗚虖！此猶得謂之有外交乎？況俄對於中國之欲望，猶未有已也。

中英之交涉

中國今日之國勢，大半爲與各國所訂之不平等條約有以造成之；而首先開此惡例者，英吉利也。英人經營東方，殆與荷蘭人同時；唯荷人注重馬來羣島，而英人注重於印度。明萬曆二十七年，倫敦商人組織東印度會社，竭力經營印度大陸，與葡人戰爭無已，葡遂許英艦有出入澳門之權利。至崇禎八年，英人威代爾之以强力要求通商，頗引起中國官民之反感，及其既通商也，則重征稅課以困之。清康熙三年，英艦來澳，既索其租金二千兩，復派兵警備之，艦泊留五閱月，卒不得要領而去。越十年，英艦再至，復僅以賤值售去織物而歸。蓋其時英之所通商者，僅明遺臣鄭經所據之臺灣廈門二處而已；迨鄭氏爲清所滅，即二處亦復停止。四十年，東印度會社遣喀齊佈爾齎貢物至北京，其結果得於河口通商外，更得在舟山貿易。自後中國以彼貿易日盛，遂於五十九年課輸入稅四分，輸出稅一分六釐。雍正六年，輸出稅加課一分，英商迺轉而至廈門寧波；顧其地官吏之課稅，尤重於廣東，於是東印度會社在兩處之經營，仍歸失敗，屢哀請減免，皆不得請。乾隆五十七年，英遣馬甘尼爲大使，欲與中國結修好通商約，攜英王國書，贈獻品，是爲英政府正式派使至中國之第一次。馬甘尼至大沽，時高宗狩熱河，令其逕往熱河覲見，且視爲貢獻使，强使行拜跪禮，馬甘尼峻拒之，然亦不敢有異言。先是，康雍朝歐西使者入覲，皆行叩頭禮，至是雖以議禮不合而歸，而締約之事終未達。當時國力全盛，其足以屈服遠人如此。嘉慶二十一年，英復遣亞墨爾斯爲大使，至北京，樞府仍目爲例貢使，亦以不行拜跪禮，命之出境。蓋中國唯知各國之遣使，皆爲朝貢而來，實未知通商之利害關繫；第視之爲古代緣邊之互市，所以嘉惠遠人而已。故如葡萄牙荷蘭等國商人之來也，遵命行拜跪禮，則許其通商；英人之不肯屈也，則絕之。即其已許通商者，亦時厭惡其煩擾，而責其本國派人管轄之。英政府遂於道光十三年下令廢止東印度會社專業，設對華通商總監督，予以管轄商人之全權。其年冬，英復任那蘇爲主務監督，然中國猶目爲領袖商人之大班也。故粵督盧坤因其來書用平行式，即拒不與見，并不許其至廣州。當是時，英商雖遭華官齮齕，而東印度會社之鴉片輸入固日盛，至十七年，每年私鬻者至四五萬箱，（每箱百二十斤）而中國之銀輸出者，漏卮亦可知已，繇是鴉片之戰爭起。

唐貞元時，中國有自亞剌伯商人輸入罌粟者，至明中世，其貿易概歸葡萄牙人手。至萬曆十七年，關稅表中有「鴉片十斤，銀條十二兩」之規定。明季，英人代葡人執東洋貿易權於印度，廣植鴉片，以中國銷路廣，英遂以鴉片爲年獲巨額財源。清乾嘉間，屢嚴律禁止，而其風不少遏。至道光十六年，鴉片輸入額爲二萬八千箱，價值一千八百萬兩，漏卮之鉅，煙毒之深，舉國驚駭。鴻臚寺卿黃爵滋等痛論鴉片之害，奏請嚴禁。清廷下其議於地方疆吏，湖廣總督林則徐勵行禁令，卓著成效，其覆奏尤凱切，略云：『煙不禁，國日貧，民日弱，數十年後，豈唯無可籌之餉，抑且無可用之兵！』宣宗極賞之，命爲欽差大臣，查辦廣東海港事宜。道光十九年正月，則徐至廣東，迫英商繳出鴉片二萬二百八十三箱而燬之；且布告各國商吏，令具結：不得夾帶鴉片入口，違者正法，船貨沒官。美葡商人，皆具結互市如故，獨英拒絕，則徐迺令緣海州縣，絕英人供給。英商務監督甲必丹伊利我以兵艦挑釁，擊沈廣東礮船多艘，水師提督楊靖江負傷而逃。英迺以陸軍萬五千人、軍艦二十六艘攻廣東，則徐嚴守備，英軍不獲逞，則移師攻擾閩浙，遂陷定海，封鎖寧波；又分遣兵艦至天津，多所要索。當事者大懼，多中傷則徐，詔以琦善代則徐，赴粵與議。至則盡反則徐所爲，裁水師，撤戰備，務以媚悅英人，允償煙價七百萬圓。而英人必欲索香港或廈門，議久不決，乘粵無備，攻陷虎門礮臺，琦善惶恐無策，再申和議。清廷赫怒，復棄和而備戰，命奕山爲靖逆將軍，而珠江要害，盡爲英兵所占。奕山等急許以償金及割讓香港乞和，而以英人止求如舊通商上聞；逮英責償前約，則又以清帝不允答之。於是英兵復至，緣海北上，自吳淞溯江而進，直攻南京。清廷迺命耆英伊里布爲媾和全權大臣，與英使濮鼎查議和於南京，訂定媾和條約：中國賠償銀二千一百萬圓；割讓香港與英；開廣州、福州、廈門、寧波、上海五口，許英人通商，任其派領事駐五口約束商民；允予秉公議定稅則；是卽所謂道光二十二年江寧條約是也。是爲中國與外國締結不平等條約之始。蓋割地償金，雖爲戰敗國常有之事，然迫開商埠，協定關稅，實非對等國家所宜有也。是約既成，北美合衆國、法蘭西、義大利、瑞典、比利時、荷蘭、普魯士、西班牙、葡萄牙諸國，相率派公使或領事來廣東。美、法、瑞、義四國，且援英例，要求締結修好通商條約焉。因戰敗而訂立不平等條約，四國迺不費一兵，唾手而得之。五口開放，福州、廈門、寧波、上海，尙稱相安。唯廣州人民目擊英人暴慢無禮，誓拒其入城，大集民團以阻之。兩廣總督徐廣縉，巡撫葉名琛，迺潛召團練十萬餘，廣縉自乘扁舟赴英艦言，衆怒不可犯，英亦知難而退，遂廢入城事時道光二十九年也。已而洪楊軍起，粵事方棘，廣縉他調，名琛擢督兩廣，治之急，諸附洪楊者或逭棲海島，英故憾粵民，思得當以報，遂招降若輩，使揭英國旗乘舟出入粵港中，有一船曰亞羅者，官兵執而捕之，毀其旗。咸豐六年九月，英領事巴夏禮遂以背約折辱爲辭，稱兵入犯廣州，約總督面議曲直，名琛不之應，而粵民復縱火焚外國市場，延及英美人居室，洋商耗喪資財無算，於是法美二國亦怨。英政府聞之，遣使發兵，既至粵，先致書葉督，請賠款改約，否則以兵戎相見，法美領事亦以毀屋失財要求償卹。名琛置不答，英遂煽合法美，共搆衅，美人不欲戰。七年十一月，英法聯軍，遂破廣州，名琛爲虜。踰歲，聯軍北上，拔白河礮臺，進攻天津，清廷遣使請和，於是有天津之約，其時俄西葡三國，亦乘間圖改訂商約，而清廷一方則約英法聯軍去天津，清廷使臣桂良花沙納會上海，議通商善後事宜；一方則命科爾沁親王僧格林沁以重兵扼大沽，嚴戰備。議既定，翌年，各國來天津換約，我以大沽設防，令改道自北塘（大沽北十餘里）入。英人不聽，兵艦逕入大沽，我軍擊沈其二艘，英兵死者數百，戰衅復啓。十年夏，英法聯軍北犯，再破大沽，陷天津，重開和議，命怡親王載垣赴通州議之。英公使額羅金遣其參贊巴夏禮來，載垣以其言不遜，執之。於是聯軍敗僧軍於通州，進偪京師，文宗狩熱河。恭親王奕訢留守，釋巴夏禮以解。其秋，聯軍且入京城，俄公使爲居間調停，始媾和焉，是爲北京續約。凡九款，而續約所得權利，視前增倍。茲擷天津北京兩約，擇要述之：（一）天津原約，以牛莊、登州、臺灣、潮州、瓊州緣海五港及長江緣岸之鎮江、九江、漢口三港並許通商；續約增開天津一港，又割香港對岸之九龍畀英。（二）

天津原約，中國償英法兵費銀二百萬兩，商虧銀二百萬兩，續約則改兵費為六百萬，共八百萬兩，由各關稅分啓提運。(三)許英國設使館於京師，中國亦可遣使往駐英京。(四)耶教徒往來傳教，中國應任保護之責。(五)英國人民犯事者，英官自行懲治；中英人交涉案件，由兩國會同審斷之。以上三條皆天津原約所定者 其結果，則使歐西諸國，於中國握有領事裁判權，及內地自由傳教而起無數之波瀾者，皆此約為之也。

其後英於西南諸方，漸次進歸印度陸路交通之道。光緒初元，印度政府派探險隊，請由滇邊入勘緬甸北境，使者馬加利，渡長江，歷湘黔，至滇屬西界之孟連土司境，屬普洱府 為土民所害，英遂藉詞保護不力，要求賠䘏。滇南大吏委罪山賊，捕十餘人付英查辦委員治罪，英以為未足，踰年不決。英使威妥瑪駐華久，知易以威脅也，遂去北京，分遣艦隊入渤海，示決裂；政府不得已請和，命李鴻章赴煙臺與議，以光緒二年先後訂約二十六款，亦曰芝罘條約：中國賠撫卹銀二十萬兩，增開重慶、宜昌、蕪湖、溫州、北海廣東合浦海口諸港，并允以後英人持護照游歷內地，不幸而遇戕害，唯各省疆吏是問。此約定後，迄十二年，英滅全緬，中國允英在緬一切政權，英亦允循緬十年一貢之例，而有中英緬約五款。十六年，英復收復哲孟雄，與我議西藏交涉事，卒開亞東即靖西關在西藏南為商埠，而有藏印商約十二款，光緒十九年定 此為後來滇緬藏印界務商務各約之張本。滇緬界約者，當光緒十一二年間，我駐英欽使曾紀澤，謀自普洱順寧邊外之南掌、即老撾 撣人諸土司，盡為我屬，議未決而歸；薛福成繼之，申前議，迄二十年，始立界務商務二十款，滇之西南界頗有展拓。中日戰役，俄法德居間調停後，予法以湄江上游東岸之江洪江場地，英遂藉口改薛約。越三年，復訂附款，其前收回各地，割棄大半。茲參照兩次成約，述其大端：(一)薛約，中國自騰越邊外，收回穆雷江之昔馬地，及舊淪於緬之漢龍、天馬、鐵壁三關，其南自南碗沙迤南，抵潞江，東有北丹尼、(卸木邦)科干(南丁河與潞江中間)二地，悉屬中國，并昔洱邊外中緬兼屬之孟連、江洪二土司，亦以全權歸我；至附款，則昔馬、北丹尼、科干諸地，棄爲英有。(二)薛約於中國之蠻允，(騰衝邊境之南)緬甸之仰光，彼此各派領事駐紮；附款則改蠻允爲騰越，或順寧府，增開思茅商埠，及廣西之梧州，廣東之三水、江根墟。(三)薛約，英國允中國商船，得任便出入伊勒瓦底江；附款則增入中國亦允英國修建雲南鐵路與緬路相接。兩約之得失如此，而覈其原因，則以薛約第五條有孟連與江洪之全地或片土，不得讓別國，而我卒以江洪予法，故英得有辭。二十四年，以俄占旅大爲言，既展拓九龍界址，又奪我威海衛地，同時享有內港行輪之利。及拳亂後，中英續議通商行船條約，增開長沙、萬縣、安慶、惠州及江門(廣東新會縣)諸商港。俄而日俄戰起，即乘機略我西藏，藏番拒之，遂兆釁端。三十年，結藏條約，藏地自亞東外，江孜、(後藏境)噶大克，(阿里境)皆開商埠，償軍費二百五十萬盧布，並定西藏政治權利爲中國獨有，他國不得干預；然英駐春丕(亞東關北境)之師如故。溯五口互市以來，外自緣海，內及長江珠江流域，商埠日闢，無不以英爲導源，近數十年西南陸路商場，益漸次增拓，大抵乘危圖利，蓋俄以狡猾勝，而英以敏捷勝，其所得於中國之權利，皆最夥也。

中法之交涉

溯自中英鴉片之戰，江寧約成，五口通商之利，法與美並享之。逮亞羅船案起，以英事，并燬二國市屋；同時廣西西林縣有戕害法教士之舉，粵督葉名琛益置之不理，於是英法聯軍之勢成，而京津戰禍起。咸豐八年十年，中法始先後結天津北京條約。天津約中，有許耶教自由傳布之文。法於羅馬，固以護教自任者，故教案之起十九而屬於法。當是時，民衆相仇如冰炭，同治九年，天津教案起，戕害法領事豐大業，本地教民死者數十輩，及英美俄教士財產，會有普法之戰，未暇及也。中國爲貶地方官，誅兇犯十餘人以謝之，事迺寢。自法國聯軍入京後，亘二十餘年，至光緒甲申，（十年）兵端再見。先是咸豐九年中法和議初成，值安南亦有殺害教士事，法艦以歸程之便，臨其國大敗之，越力竭乞和，割西貢以予之。於是法人銳意經營安南，旋割其下交趾六省，蓋至此已儼然爲法之保護國矣。其時越人積憤，羣思有以報之。廣西人劉永福者，據保勝，所部黑旗軍，甚驍勇。越利用之，以抗法兵，戰輒有功。光緒九年，法兵大舉入河內，（越之東京）安南遣使來乞援，政府移牒法廷詰責，不報，且進犯順化。（越之西京）十一年，我軍大集鎮南關外，以援越而抗法，並增修緣海國防以自固，時李鴻章督直隸，力主和議；四月，訂約天津：中國承認法越所結條約，且允開放滇粵商埠，法國亦允中國有安南之宗主權。然法於安南握有實權，而僅奉我以虛名，又迫我諒山屯駐之師，我軍擊卻之，法反索償款千萬佛郎，清政執不可，於是戰釁再起。法將孤拔遽攻臺灣之基隆礮臺，其秋，大戰於馬江，（福建閩侯縣海口）閩水師熸焉。次年，法先請和會，馮子材之軍戰勝於諒山，朝旨遂宣和班師，於是締結中法新約，於前約尚無甚出入焉。(一)法人於安南舉動，中國無所掣肘，其以前法越所結之約，及將來所結之約，中國悉承認之；(二)廣西之龍州，雲南之蒙自及河口，闢爲商場，中國亦得於安南之北圻各大城鎮派駐領事；(三)法將鼓勵建築北圻一帶鐵路，自後中國欲自擬築時，可與法國業此之人商辦，時光緒十一年四月事也。同時英亦滅緬甸，而西南之藩屬盡失。

二十一年，中東戰役既罷，法俄德干涉還遼東，遂索我滇南邊外江洪、江場（湄河東岸）之地以爲報，法猶未饜望也。越三年，步德俄英後塵，據廣州灣，（廣東吳川縣海口）而其所耽耽者，唯此中越鐵路相接之利。其自廣西之邊，甲午以後，攬有龍州至鎮南關一段；雲南之境，庚午以後，攬有老開（自蒙自邊外）至雲南省城一段。此其禍胎已伏於中法新約中，今則分支歧出，漸次而窺入腹地矣。

中德之交涉

俄國既獲北滿鐵路建築權及各種權利矣，而德國尚未藉口三國干涉而向中國索報酬也。當時俄與奧大利潛相結託，維持巴爾幹半島之現狀，於是德有孤立之勢，欲乘親俄之機會，拓展勢力於極東。德皇維廉一世偕其后赴俄京，與俄皇舉杯演說，互表誠意；適山東鉅野縣有殺害教士之事。先是，咸豐時北京和約成，英法俄美皆與，翌年，德始來立約，其後雖勝奧破法，然於中國交通極疏，商務亦不足言，至是與俄相親，其經營進取之心，無時或已。故殺斃教士二人事起，甫十餘日，而德皇即命巡洋艦四艘入我山東東岸之膠州灣，又任其弟顯理親王爲極東巡洋艦隊司令長官，續向膠州進發，迫青島礮臺守將章高元退讓，遂占領之。一方則駐京德使即向總理衙門要求永據膠州灣，及山東路礦權。清廷驚愕無措，以德軍已抵膠州，非徒恃口舌所能爭駁，迺商之俄法，請調停。二國置之不理，英亦作壁上觀，蓋德俄之蓄謀已久矣。我不得已，先與商結教案，償銀二十萬兩，更決定山東權利之關繫，以二十四年二月議定條款：（一）中國以膠州灣及附近島嶼，借與德國，以九十九年爲期；（二）膠濟、（自膠澳達濟南即今歷城縣）膠沂（自膠澳達沂州即今臨沂縣）兩路，及由濟南往山東界之一道，其鐵道敷設權，緣鐵道綫內三十里內之礦產開礦權，中國與德國共之；(三)山東開辦各事，如有需外人助理之處，德國有儘先承辦權。此條約之性質，租借地域，於租借期限內，德國除不能租與他國外，有完全主權。租借地外之中立地，雖承認中國主權，然中國不得駐兵，而德國則有軍隊自由通過之權，不稍受制限。並許於鐵道礦山權，與全省開辦事務之優先權，則山東全省，悉劃入德國勢力範圍（行使政治權之地域），與利益範圍（獲商工業優先權之地域）之內。及英德協約（二十四年八月津鎮鐵道協約）成，自天津至山東南境之鐵路，又歸德所有，於是德之勢力所及，且超過山東範圍之外。要之以殺二宣教師之故，生此重大之結果，實國際上所罕見也。

第十章　東西各國之交涉下

中歐交涉，前章已略言之，此外若美、若日，皆近世交涉之最有關繫者。庚子變起，合九國以謀我，其結果則有辛丑和約、通商行船條約，此實中國存亡絕續之所關繫也。今爲分述如下。

中美之交涉

自英法聯軍破廣州，寇天津，美固未與戰役也。此次和議成，美使列衞廉始與中國使臣桂良花沙納訂約凡三十款。咸豐九年，列強赴天津換約，我軍設防大沽，令改由北塘入，英法不從，衅端復起。獨美使華若翰遵議入自北塘，呈遞國書，廷議以爲恭順云。翌年，英法俄重訂北京之約，其時美約已結，未嘗別有要求也。光緒二十年以後，列强對中國之情勢，幾同對阿非利加之狀況；勢力範圍、利益範圍之名詞各異，或直接迫中國政府認可，或間接列强協商，利害衝突，在在伏有危機，一觸卽發。故是時中國之問題，已成世界問題漩渦之一。美總統麥荆萊，以超然第三者之地位，謀世界永久之和平，於光緒二十五年，先後命國務卿海約翰向英德法俄日宣言開放中國門戶。自是中國之形勢一變，各國以相互之利益爲相互之約束，實救出中國於瓜分場中，而開爲世界之公共市場，中國之得苟延殘喘，固賴美之宣言也。庚子（二十六年）以後，中美交涉，頗爲世人所注意，其一爲粵漢路案。先是二十四年，鐵路大臣盛宣懷與美國合興公司訂借美金四千萬圓，由其承造，以五十年爲期；其後合興轉以小票售歸比國，比國小而貧，其資本金出自俄法，京漢鐵路其前車也。繇是鄂湘粵三省官民羣起而主廢約贖路，起三十年二月，訖次年八月，定議贖路，全價爲美金六百七十五萬圓，借匯豐款一百十萬鎊應之，由三省分成攤還。鄂督張之洞與駐美公使梁誠內外夾持之力，有以致之。今純爲商辦之路矣。其二卽爲華工問題。當粵漢贖路將定未定之時，適美國特設苛例，限制華工，內地人民，倡議禁購美貨，以相抵制。原華工禁約之起也，事在光緒六年，美使以限制爲請，我使臣寶鋆李鴻藻與結約四款，略言續往之華工，應規定人數與年限。二十年，駐美欽使楊儒復與訂約六款，始聲明禁止華工往美，期以十年，雖約載在美華工及他項華人赴美者，並受優待保護之利，美故苛虐，靡所不至。三十年，禁約十年期滿，美國加設苛例，名曰限制華工，實則禁絕華人前往。我使臣爭之不得，於是國民羣起抵抗，禁購美貨，相持幾一年，卒允修改華民進口條例，然而禁止華工如故也。不過於在美華工及他項華人赴美者，稍寬其例而已。

中日之交涉

日本與中國交通最早，至清初尚無正式交涉。道光咸豐以來，中國大開海禁，亦未與之結約，第視同西洋無約諸小國而已。同治六年，日本王政復古，國勢大變，大啓維新之志，與西洋各國結開國通商條約，中國人亦援例得雜居開市場，日又鑒於我國海禁已弛，亦思享通商利益。九年，日派柳原前光爲正使，花房義質鄭永寧爲副使，來華修好，總理衙門應之。翌年，復任伊達宗城爲全權大使，與直督李鴻章會於天津，訂修好規條十八條，通商章程三十三款，日本得置領事於中國各通商港場，是爲中日兩國締約之始。後條約尚未批准，而臺灣生番戕害琉球難民事件以起；次年，日本小田縣四人亦漂至遇害。日謂生番非我領土，遂直接興問罪之師，以陸軍中將西鄉從道任番地事務總督，率軍艦五艘入臺灣，擊破番人，遂營龜山務剿撫，未以商之中國也。唯生番之在中國，與蝦夷之在日本，事同一體，不得以非領土强誣之。於是我國迺請其撤兵，日本不聽。朝命船政大臣沈葆楨統福建舟師，往察形狀。日本以參謀大久保利通任全權大臣，自上海抵北京，與清廷議臺灣所屬，數日不決，利通忿然去，英使烏威特出爲調停，中國卒償軍費四十萬兩，撫卹費十萬兩。然彼自此益輕我，遂以兵劫朝鮮，立約尊之爲自主，明非我藩屬之分。未幾，日更發軍艦數艘，執琉球王以歸，遂滅之。日既南縣琉球，復於朝鮮謀擴其權利，迺滑搆朝鮮內部黨爭迭起，自相鷸蚌，而朝鮮人不知也。光緒八年，朝鮮軍亂，燬日本使署，日興師問罪，我遣馬建忠等至仁川，執大院君歸，遂議和，朝鮮償金五十萬圓。大院君雖廢，悍妃閔氏顓制，朴永孝等議變法，與外戚黨意不合，國中分新舊二黨。日本陰助新黨。十年，新黨首領金玉均等舉兵覆閔氏，日兵助之，日使竹添進一郎夜襲王宮，王族請兵於我，新黨敗，日遣使來議善後。伊藤博文與李鴻章議約，嗣後派兵朝鮮，互相照會。此約既定，中國在朝鮮之宗主權，遂與日本共之矣。後此甲午之戰役，已伏於此。

是時日本之心，固猶未以爲足也，而吞併朝鮮之陰謀，始終不懈。會朝鮮東學黨事起，遂不惜背棄天津條約，而壹意向中國挑戰。東學黨者，憤其國之政教淩夷，於光緒二十年以匡政府秕政爲名，而舉兵者也。朝政府不能制，來乞師。直隸提督葉志超遂率兵三營，進駐牙山，（在忠清南道洪州北）並告日本援朝師期。日本報書，不認朝鮮爲我藩屬，且亦告我出兵。東學黨知中日並出兵，悉潰散。袁世凱迺以同時撤兵照會日使，日使無端以助朝改革內政爲名，不允退，且轉迫朝鮮趣中國撤兵。是歲六月二十一日，日兵直偪朝鮮王宮，據要害。越二日，即轟擊中國運兵之艦沉之，於是戰釁遂啓。初，志超屯牙山，見日本海陸軍大進，即電請援軍。李鴻章主謀立遣大兵往援，爲反對者所阻，至是雖一無準備，亦不得不倉猝宣戰，坐使日本得先發制人。而中國海軍因窳敗，又無備，尤易爲日本所乘，故兩軍一接觸，而陸軍有平壤之潰，水師有大東溝之敗，旅順、威海衞諸要隘，皆爲日軍所占領，海軍提督丁汝昌自盡。中政府大震，以承認朝鮮獨立、賠償軍費兩事，介美使與日言和。日本拒之，謂必令中國遣使求和，且必須中日兩使會見，然後迺提出條件，蓋恐各國干涉，不能任彼需索也。中國不得已，改以張蔭桓、邵友濂爲議和專使，會日使伊藤博文、陸奧宗光於廣島。日本又謂兩使全權不足，不允開議，而私以鴻章爲請。踰歲正月，張、邵兩使歸，言其事，於是再派鴻章爲全權大臣，日本猶以是否確有全權爲問，而後指定馬關爲議和地。鴻章迺以二月初行，會吳大澂牛莊陸路之兵，適又大潰，割地償款，唯所欲爲。鴻章抵馬關，次日即會見交換全權文憑，鴻章即要求先行休戰。第二次會見，日使提出休戰條件甚苛，鴻章力爭不得，迺欲舍休戰問題，直入媾和談判，日復不允。迨第三次會見畢，鴻章出會議所，爲日暴徒所傷，日使懼，亟以無條件休戰許鴻章，蓋恐鴻章以負傷中止談判，而動各國之公憤也。鴻章遂就病床協定休戰條約，然後由日本提出媾和條件。鴻章苦口交涉，日本亦略讓步，始結媾和條約二十一款，所謂馬關媾和條約是也，茲摘要述之：(一)認朝鮮爲獨立自主國；(二)割讓遼南、臺灣全島於日本；(三)中國賠償兵費二万万兩；(四)增開沙市、重慶、蘇州、杭州爲通商口岸；(五)日本臣民得在中國通商口岸自由製造各項工藝。議成，中外大譁，謀翻前約，忽有俄法德三國出而干涉割讓遼南之舉，其主動本出於俄國。初，俄之經營黑龍江也，本思在遼東半島求得一出海口，雖已得有海參崴，然每年長期結冰，不得謂爲良港，故遼南之旅順口大連灣，爲俄久已垂涎之兩港，今爲日本所有，匪但兩港不能得，并海參崴亦受其威脅，於是一方對日修戰備，命太平洋艦隊出而示威，一方聯合法德，警告日本，勸其放棄遼南。同時中國亦以三國干涉爲口實，要求展限馬關條約批准交換之期。日本恐滋糾紛，不得已允還遼南，索中國庫平銀三千萬兩以爲賠償，於是中日之爭迺止。

俄既以陰忌日人，仗義責言，脅日還遼南於我，故日深銜之。已而德法諸國，俱以有德於我，索償之意頗奢，相繼攫取膠州灣、廣州灣而去。英在中國，固無一事不爲戎首者，今見諸國肆其宰割，又豈能袖手作壁上觀者亦遂以保持均勢爲言，既得威海衛於北，復擴張九龍租借區域於南。日本自戰勝中國後，固亦大有野心於中國者，至是亦遂結不割讓福建之約。於是中國緣海各要隘，未嘗與各國交一兵，開一礮，迺如風捲殘雲，頃刻而盡，是時美挾紓徐遠大之手段，亦於斐律賓樹之幟，以觀變也。然而日據臺灣，志未饜也，而卒有攻俄之役。庚子變起，俄據東三省，久而不肯撤兵，又以朝鮮保護問題，齟齬不下。俄東三省總督阿力克雪夫堅持其交涉之議，日遂以軍艦襲擊旅順，又擊在仁川之俄艦，始行宣戰，時光緒二十九年十二月二十四日也。自朝鮮進奪旅順，陸軍復攻取遼東半島，俄調波羅的海艦至東，大敗，日生擒其兩提督，於是美統領出而勸二國議和，大略如左之約：(一)樺太島讓予日本；(二)俄撤退滿洲兵，保全中國領土，開放門戶；(三)南清鐵道及緣海州漁業權，讓予日本。當日俄之戰於遼東半島也，我國守局外中立界限，概不與聞戰事，日遂與各公使約定，圈出戰地，警告政府，不得有偏袒舉動，俄屢徵軍需於蒙古，且留軍艦於上海港內，幾致破壞中立。既而日俄媾和，我國亦以遼東租借及東清鐵道歸之交涉，與日本協商，奕劻、瞿鴻禨、袁世凱等與日本外部小村壽太郎、公使內田康哉，議定十二款，約中要旨：(一)俄國獲有中國南滿之權利，讓歸日本；(二)奉天省內之鳳皇城、遼陽、新民屯、鐵嶺、通江子、法庫門，吉林省內之長春、吉林省城、哈爾濱、寧古塔、琿春、三姓，黑龍江省內之齊齊哈爾、海拉爾、愛琿、滿洲里，各地方自行開埠通商；(三)日俄兩國駐紮東三省軍隊，一律撤退；(四)南滿鐵路材料，均許免稅，其自安東縣至奉天省城之行軍鐵路，日本接續經營，改爲商業通用鐵路，以十五年爲限；(五)設中日木植公司，開採鴨綠江右岸木植。此約既成，自表面觀之，中國於東三省不可謂無完全自主之權者。於是我國始改東三省官制，設總督巡撫，布置一切新政焉。要之朝鮮既滅，南滿亦彼之外府耳，雖暫歸還，彼之欲望詎有饜哉！

辛丑和約

庚子拳亂起，八國聯軍自天津進犯北京，兩宮西狩，聯軍即占宮禁，毀掠重器，俄且乘機進占東三省，直隸各要城，亦先後爲聯軍所占據。唯東南各省督撫，獨先與西人結約，聯合保衛，遂得無事。是時俄日兩國頗有叵測之心，英德兩國恐俄日有妨其權利，遂根據保全中國領土之原則，訂立英德協約於倫敦，並通告法、義、日、奧、俄、美諸國。美以是約與其開放門戶政策相合，首贊成之，各國亦不反抗，唯俄則主張滿洲除外，日本則以滿洲密邇三島，堅決反對俄謀。先是各國對於處分中國之意見極不一致，自法外相提出議和案六條，大旨與英德協議相近，於是遂以法國提案爲根據，斟酌損益，向中國提出十二條之要求。李鴻章與開談判，經半年之往返折衝，迺締和約於北京，即所謂辛丑和約是也。是約之規定，除懲罰元兇及遣使謝罪外，其喪權辱國之條件如下：（一）諸國人民被害之城鎮，停止文武考試五年；（二）中國允付償款銀海關銀四百五十兆兩，分三十九年還清，加入年息四釐；其中國新關進口稅，各國允加至切實値百抽五；（三）展拓京城各使館界，變通各使入覲禮節；（四）禁止軍火進口二年，撤毀津沽緣海礮臺，其由京至津，及山海關一帶要地，各國均留兵駐守；（五）白河黃埔江兩水路改良，中國分擔經費。右約合俄、美、英、法、德、奧、義、比、荷、西、日本凡十一國會訂而成者。其後金價日漲，各國以賠款原議用金，索增鎊虧，聚訟綿歲，卒以光緒三十一年議定，補還前三年鎊虧，其數又增至八百萬兩。此種流弊鉅大之條文，當時外交當局未聞稍與之辨，而斤斤以保全償事載漪輩為事，是果何心也。唯吾國首都為外人所占者年餘，迺和議之成，而無割讓領土之事，固由各國之互相猜忌，要不可謂非食門戶開放政策保全中國領土主義之賜也。質言之，則當時中國實僥倖生息於各國均勢之下也。

各國之借款

考各國承攬借款之競爭，始於光緒二十一年（西歷一八九五年）俄法借款，其時中日甲午戰敗後，中國須償日本二萬三千萬兩之賠款，自非大借外債，不足以支應。迺先詢之總稅務司英人赫德。俄適有大欲於滿洲，雅不願對華投資事業為英人所壟斷，遂潛與法國聯合，於是歲六月與駐法中國公使簽訂向俄法借款四萬萬佛郎之合同，由俄政府為擔保。英政府聞之，亟提出抗議，德本與俄法聯名干涉遼南事件者，至是不得與聞俄法借款，亦大恚，力與英親。踰歲，即趣中國訂借款英金一千六百萬鎊之約，是為各國對華借款競爭之始。嗣是因中俄密約之締結，及德國之強租膠澳，各國更由借款競爭，進而為租借地競爭，與鐵道築造權之競爭；後復因美國門戶開放之倡議，及華民收回路權之熱忱，則又舍棄鐵道築造權之競爭，轉而為鐵道投資之競爭；自是以訖於清末，英美法德四國銀行團成立，又一變而為協調之投資。初，俄以中俄密約攫有東清鐵路利權，極思與法在粵桂滇之勢力聯成一氣，以控制我中國。會中國有築造京漢鐵路之議，美人正在承攬借款，俄聞之，亟與法聯合，並嗾比利時出，以減消擔保之輕條件，與盛宣懷訂借款築路之約。比固非各國所疑忌者，而此路爲貫通南北之幹路，亦俄法控制中國意計中之幹綫也。翌年，比忽藉口條件過輕，迺更訂契約而規定「自保定至漢口鐵道建築費由華俄道勝銀行出資，該銀行卽得承認辦該鐵道之權。」自此大江以北之幹綫，遂爲俄所攫取矣。而華俄道勝銀行益承借山西商務局修築正太鐵路之借款，而伸勢力於煤礦豐富之山西。先是英之福公司本與山西商務局訂有借款採礦附設鐵路之約。至是英旣忌俄承攬京漢路借款，伸其勢力於長江，復以俄之伸足山西爲有妨害於其已得之利益，遂向中國要求築造天津鎭江間、山西河南襄陽間、九龍廣東間、上海南京間、浦口信陽間、蘇州杭州寧波間各鐵道之全權。同年，更由匯豐銀行與鐵道督辦胡燏芬締結關外鐵道借款契約，建築山海關外鐵道，一以伸其勢力於滿洲，一以斷俄之東淸鐵道與京漢鐵道之聯絡，於是英俄勢力之衝突日迫。明年，在俄京訂立英俄劃定勢力範圍之條約，規定「長城以北爲俄國建造鐵道範圍，揚子江流域爲英國建造鐵道範圍。」當英之要求天津鎭江間鐵道全權也，德以妨害其山東之勢力與利益，起而爭之，遂由英德兩公使自行協定：「自天津至山東南境，由德築造；自山東南境至鎭江之路，由英築造。」我國人心大懼，各省士紳旣熱心醵資，主張商辦；路政當局，亦盡力折衝，主用外資，而保留管理之權。時各國亦慮以此等勢力之衝突，引起糾紛，而爲投資競爭之障礙，於是除在各國勢力範圍內之鐵道外，各路管理權，皆得陸續收回，唯以較輕或較重之條件，任各國之投資而已。嗣中國擬造粵漢鐵道，迺與中美合興公司締結借款契約。公司本此契約招股，時股票多落於比人之手。我國人大譁，力主廢約，迺與合興公司協定，償以六百七十五萬美金，收回自辦。後湖廣總督張之洞貸款一百十萬鎊於香港政府，先償還其一部，此路遂由湘鄂粵三省醵資自築。卒以償還香港政府之借款，資金缺乏，不能進行，越二年，張之洞復向日本正金銀行交涉，借款築湘鄂兩段，格於英之抗議，迺止。次年，張之洞被命爲督辦粵漢鐵路大臣，兼湖北省內川漢鐵路督辦大臣，轉向英國資本團借款，以條件過苛，歸於停頓。時德國欲由山東伸其足於長江，乘機提出較輕之條件。次年，之洞轉與德締結借款草約，英法又提出抗議，英法德三國資本團知非聯合不足以解決爭執，迺會議於巴黎，決定歸三國分擔借款。六月，與之洞訂共同借款之約。美見三國協同投資，亦力爭加入，遂於翌年在巴黎調印，成立四國銀行團，與之洞訂湖廣借款草約，未幾，之洞死，湘鄂人民又欲收回自辦，四國銀行團堅執草約有效，屢向清廷要求訂結正約。會盛宣懷長郵傳部，主用外資辦實業，因擬實行粵漢川漢兩路借款，先於宣統三年三月公布鐵路國有之詔；四月，卽與四國銀行團訂結借款正約，以建築自武昌至廣州之粵漢路綫，與自漢口至都成之川漢路綫。於是輿論大譁，羣起反對鐵路國有政策，民黨乘機起事於武昌，各省應之，清室遂以覆亡，借款契約亦遂停罷。自此各國不爲競爭之投資，一轉而爲協調主義之投資，此亦受均勢主義之影響也。

附重要條約訂立年表

國名	事件	清曆	西曆
俄	尼布楚條約	康熙二十八年	一六八九
俄	恰克圖條約	雍正五年	一七二七

英	廣東互市章程	嘉慶五年	一八〇〇
英	南京條約	道光二十二年	一八四二
俄	愛琿條約	咸豐八年	一八六九
英	天津條約	咸豐十年	一八七一
法	同上	同上	同上
英法	煙台條約	光緒二年	一八七六
俄	伊犁條約	光緒六年	一八八〇
法	越南條約	光緒十一年	一八八五
日本	馬關條約	光緒二十二年	一八九六
德	膠州條約	光緒二十三年	一八九七
俄	中俄密約	光緒二十四年	一八九八
英	緬甸條約	同上	同上
法	廣州灣條約	同上	同上
英俄法德意美奧日	辛丑條約	光緒二十七年	一九〇一
英	商約	光緒二十八年	一九〇二

附商埠簡表租借地附

埠名	所在省	開闢年代	開闢由來	西曆
廣州	廣東	道光二十二年	南京條約	一八四二
廈門	福建	同上	同上	同上
福州	同上	同上	同上	同上
寧波	浙江	同上	同上	同上
香港租借地	廣東	同上	同上	同上
上海	江蘇	同上	同上	同上
舟山保護地	浙江	同上	同上	同上
登州煙台	山東	咸豐十年	天津條約	一八六〇
台灣	福建	同上	同上	同上
潮州汕頭	廣東	同上	同上	同上
瓊州	同上	同上	同上	同上
九江	江西	同上	同上	同上
漢口	湖北	同上	同上	同上
天津	直隸(今河北)	同上	同上	同上
牛莊營口	奉天(今遼寧)	同上	同上	同上

鎭江	江蘇	同上	同上	同上
蕪湖	安徽	光緒二年	煙台條約	一八七六
重慶	四川	同上	同上	同上
宜昌	湖北	同上	同上	同上
溫州	浙江	同上	同上	同上
北海	廣東	同上	同上	同上
龍州	廣西	光緒十一年	法越戰後	一八八五
南京	江蘇	同上	同上	同上
澳門	廣東	光緒十三年（是年正式割讓）	中葡條約	一八八七
蘇州	江蘇	光緒二十二年	馬關條約	一八九六
杭州	浙江	同上	同上	同上
岳州	湖南	同上	同上	同上
沙市	湖北	同上	同上	同上
膠州	山東	光緒二十三年	膠州條約	一八九七
大連灣	奉天（今遼寧）	光緒二十四年	中俄密約	一八九八
旅順租借地	同上	同上	同上	同上
廣州灣	廣東	同上	廣州灣之約	同上

九龍租借地	同上	同上	緬甸條約	同上
威海衛租借地	山東	同上	同上	同上
三水	廣東	同上	同上	同上
秦皇島	直隸(今河北)	同上	自行開放	同上
三都澳	福建	光緒二十五年	同上	一八九九
安慶	安徽	光緒二十八年	中英商約	一九〇二
長沙	湖南	同上	同上	同上
敘州萬縣	四川	同上	同上	同上
江門	廣東	同上	同上	同上
甘竹	同上	同上	同上	同上
惠州	同上	同上	同上	同上
梧州	廣西	同上	同上	同上
騰越	雲南	同上	同上	同上
思茅	同上	同上	同上	同上
蒙自	同上	同上	中法商約	同上
河口	同上	同上	同上	同上
安東	奉天(遼寧)	同上	美日立約	同上

張家口	直隸（河北）	同　上	俄約	同　上
周村 濰縣	山東	光緒三十一年	自行開放	一九〇五
鳳凰城	奉天（今遼寧）	同　上	中日立約	同　上
遼陽	同上	同　上	同　上	同　上
新民屯	同上	同　上	同　上	同　上
鐵嶺	同上	同　上	同　上	同　上
通江子	同上	同　上	同　上	同　上
法庫門	同上	同　上	同　上	同　上
海州	江蘇	光緒三十二年	自行開放	一九〇六
湘潭	湖南	同　上	同　上	同　上
常德	同上	同　上	同　上	同　上
吉林	吉林	同　上	中日立約	同　上
長春	同上	同　上	同　上	同　上
哈爾濱	同上	同　上	同　上	同　上
寧古塔	同上	同　上	同　上	同　上
三姓	同上	同　上	同　上	同　上
琿春	同上	同　上	同　上	同　上

南苑	北京	同上	自行開放	同上
南寧	廣西	同上	同上	同上
雲南（昆明）	雲南	同上	同上	同上

文字編

敍言

環球諸國，製字之最早者，曰巴比倫，曰埃及，曰中國。三國製字之源，雖各不相襲，而實可相通。吾國六書之綱，不外指事，象形，形聲；而埃及之古文，一爲圖解，猶象形也；二爲符號，猶指事也；三爲音聲、模擬，猶形聲也。（威氏歷史哲學謂埃及國語全藉圖解由圖解變爲記號由記號變爲音聲遂生今日三種特別文字）而中國古代稱文字爲書契，亦猶巴比倫之稱文字爲鍥文，鍥契古通，如鍥刀亦作契刀是也。然巴埃古篆，雖有象形、諧聲、會意之分，而經腓尼基希伯來之改造，取埃及二十二字母，定爲二十二聲，以拼合天下字數，繇是歐洲專尚諧聲之字。若中國篆文，三者並重，義例既立，而子母相生，音義相通，至今五千餘年，雖經籀篆隸楷草之變遷，而六書大體，不致盡行改易，於此見我國文字流傳甚久，推行甚遠，其用至廣而至便也。至於積文成字，積字成句，積句成篇，其中盛衰沿革之端，亦隱似有文化以綱維之者。太古以前毋論已，周秦之際，學術多端，理想獨闢，其文一變而爲閎肆；東京西京，易語爲文，已漸趨重於排偶；三國兩晉，清綺成風；迄六朝而詞華淫麗；唐則有以振文士之委衰；逮五代而藻思式微；宋則有以返古風之醇樸；遼金及元，文采可觀，體格漸弱；洎自明至清，則更樹宗派之幟，哆然相與角勝，而思據其巔藉此以譁世而取寵，於是文士遂爲世所詆諆。夫文章者，經國之大業，不朽之盛事，至斤斤焉而守一家言以自是，殆亦文勝之失也夫。輯文字編。

字篇一

第一章 製字之起源

書契之創造

乾坤肇奠，萬彙渾噩，故有屯盈之象。伏羲氏出，仰觀俯察，近取諸身，遠取諸物，於是始作八卦，以通神明之德，以類萬物之情。今觀八卦，有衡畫而無縱畫，制作簡質。易緯乾鑿度解八卦，亦以乾☰、坤☷、艮☶、兌☱、坎☵、離☲、巽☴、震☳爲天、地、山、澤、水、火、風、雷等字。文字之起原，先有文而後有字，故八卦文也。象數之理，後人愈推而愈密，而當其初民程度，必不如後日之繁，斯其所以代語言者，亦極單簡。易之爲道，變化無方，非一成而不可易也。孫星衍周易集疏引鄭康成曰：『結繩者，事大，大結其繩；事小，小結其繩。』（據近人劉師培說「結繩之字不復可考，觀於「一」「二」「三」諸字古文則作「弌」「弍」「弎」，蓋由狩獵時代以獲禽記數，取古文之字咸附列「弋」字於其旁，所以表田獵所得之物數也，是爲結繩時代之字」）又曰：『以書書木邊，言其事，刻其木，謂之書契。』蓋結繩記事，猶不足昭符信，書契則刻於木邊，各持其一，可分可合，而後世劵約執照之類，皆有騎縫號印，即基於此。

書契之作用

據許氏說文之序觀之，如畫卦始於伏羲，結繩始於神農，造字始於黃帝。吳草廬曰：十三卦之制作，自畫卦而始，至書契而終，蓋萬世文字之祖，肇於畫卦，而備於書契也。即此觀之，則知物生有象，表象始於畫卦，知畫卦即知象形，象而有滋，滋而有數，記數始於結繩，知結繩即知指事，（所謂察而見意也）故倉頡造書，以依類（即指事也）象形者為文，是則六書起源，不外指事象形二體。書契既成，吾國專門科學，遂發明於黃帝之世：如羲和占日，常儀占月，臾區占星氣，伶倫造律呂，大撓作甲子，隸首作算數，容成綜斯六術而著調曆，風后制握奇陳法，胲作牛車，高元作室，寧封為陶正，赤將為木正，揮作弓，夷牟作矢，共鼓化狐為舟楫，岐伯作內經，俞跗雷公察明堂、究息脈，巫彭桐君處方餌，其元妃西陵氏女嫘祖教民蠶。凡今時實驗之學，無不備於是，陶姚以上，當以此為極盛之會矣。

古文之變遷

許叔重云：倉頡之初作書，蓋依類象形，故謂之文，其後形聲相益，即謂之字。文者，物象之本，字者，言孳乳而浸多也。草昧之初，民羣闇昧，事物雖殊，名詞未別，故三皇之世無文，（孝經緯援神契）行封禪者七十君，銘功勒石，亦泰半苗族之言文。（錢塘夏氏以封禪七十二家苗族必居大半其名字乃吾族方言所固有）及倉氏造書，後世稱為古文，（說文所引古文皆倉頡所造之字）然著於竹帛謂之書。書者，如也，以迄五帝三皇之世，改易殊體，封於泰山者七十有二代，靡有同焉。（許氏說文序）是古文不盡由倉頡作也。第晉衛恆四體書勢云：自黃帝至三代，其文不改，與許說異。韋續字源言：包犧氏獲景龍之瑞，作龍書；少昊金天氏以鳥紀官，作鸞鳳書；神農因上黨生嘉禾，生八穗，作穗書；黃帝因卿雲見，作雲書；堯因靈龜負圖，作龜書；高陽氏製科斗書；夏后作鐘鼎書；皆隨所見而製者也。墨池編言務光辭湯禪，作倒薤書。古今篆隸云：周文王因赤雁御書，武王因丹鳥入室，作鳥書；又因白魚之慶，作魚書。日本人中國文學史即據此以爲中國文字之發源。今攷商鼎二類，多與周鼎之文異，則謂五帝三皇之世，其文不變，亦不足信矣。特其變遷之跡，年代久遠，古籍已佚，無可徵耳。叔重言：字者，孳也，孳生愈多也。今字多於古字，今事賾於古事，則其上下古今數千年間，亦必由漸而增矣。等而下之，百世可知也。

許書有功於古文

荀子曰：『好書者衆矣，而蒼頡獨傳者，一也。』古三墳曰：『天皇始畫八卦，命臣飛龍造六書。』書斷曰，『古文者，黃帝史蒼頡所造也。頡有四目，通於神明，仰觀奎星圜曲之勢，俯察龜文鳥跡之象，博采衆美，合而爲字，是曰古文。』說文言：『古文者，謂蒼頡所作古文也。先小篆而後古籀者，尊漢制也。以小篆爲質，兼錄古文籀文，所謂今敘篆文，合以古籀也。小篆之於古籀，或仍之，或省改之，仍者十之八九，省改者十之一二而已。仍則小篆皆古籀也，故不更出古籀；省改，則古籀非小篆也，故更出一二三之本古文明矣，何以更出弌弍弎也？蓋所謂古文而異者，當謂之古文奇字。此金壇段氏之說。又攷奇氏說文曰，即古文而異者也。故張懷瓘書斷云：『籀文者，周太史籀之所作也，與古文大篆小異。』按張氏以許氏即古文而異之言，合於與古文或異之說，而謂籀文即奇字，其說自通。竊以爲古文而異者，當爲倉頡造字以後之變遷也。古代之民，方言各殊，及文字既興，各本方言造文字，而言文以淆。逮宣王之時，史籀易古文爲大篆，而字體以更。故儒家者流，想像同文之盛。秦採其說爲隸異文，而小篆隸書之體以興。自是以降，小學日淪，唯許書據形系聯，條牽理貫，使倉頡古文之精義，賴以僅存，此近代說經諸儒所繇以說文爲小學津筏也。

六書之義例及次第

成周初興，保氏以六書爲教。許叔重曰：『一曰象形，象形者，謂日月之類象形體而爲之也；二曰指事，指事者，謂上下之類，人在一上爲上，人在一下爲下，各指其事而爲之也；三曰會意，會意者，謂武信之類，止戈爲武，人言爲信，會合人意也；四曰轉注，轉注者，謂考老之類，左右相轉，以爲言也；五曰諧聲，諧聲者，謂江河之類，皆以水爲形，以工、可爲聲也；六曰叚借，叚借者，謂令長之類，一字而兩用也。』段氏謂『六書者，文字聲音義理之總匯也。有指事、象形、形聲、會意，而字形盡於此矣。字各有音，而聲音盡乎此矣。有轉注叚借，而字義盡於此矣。兩形並立者爲會意，兩字同意者爲轉注，一音兩用者爲叚借。故指事、象形、形聲者，文字之本原也；會意、轉注、叚借者，文字之作用也。六書之義例，已備於是矣。』漢書藝文志：『小學家謂象形、象事、象意、象聲、轉注、叚借，爲造字之本也。』其次第與許書小異，象事即指事也，象意即會意也，象聲即形聲也。鄭樵通志曰：『六書也，象形爲本，形不可象，則屬諸事；事不可指，則屬諸意；意不可會，則屬諸聲；聲則無不諧矣。五不足而後叚借生焉。』其言次第，頗爲明晰，疑周禮保氏鄭注，或係後人所倒亂；（見王筠說文釋例）蓋象形窮而後有會意，指事窮而後有轉注，形聲窮而後有叚借。故通志曰：『獨體爲文，合體爲字。』象形、指事，皆獨體也；會意、形聲，皆合體也；四者爲經，造字之本也。轉注、叚借，二者爲緯，用字之法也。漢志以六書爲造字之本，則未合。唯敍次第，較許氏爲便耳。

說文之傳受

自說文奏上以後，鄭康成注三禮，各引一事；建初中，曹喜邯鄲淳韋誕，咸以篆法相授受；吳嚴畯好說文；晉嵇令呂忱上字林六卷，附託許愼說文；（見法書要錄）後魏江式之論書表，梁黃門侍郎顧野王撰玉篇，陳書稱蟲篆奇字，無所不通，皆有得於許氏也。唐李陽冰善小篆，與李斯齊名，謂之筆虎。蓋唐以說文立博士，習之者多耳。林罕謂文中之古籀爲呂忱所增，其說未是，字則有郭忠恕之汗簡，佩觿，夏竦之古文四聲韻，張有之復古編，鄭樵之六書略，戴侗之六書，故其大旨皆不違於許氏者近是。而其傳述之功，則以南唐二徐爲最，楚金（鍇）之繫傳，鼎臣（鉉）之校理，世所謂大徐小徐也。元明以降，訓詁之學漸微，語錄性理有以問之。元之楊桓劉泰戴侗周伯琦舒天民，明之趙古則楊植（涑）深朱謀瑋張位，所說轉注，言人人殊。近人臧氏禮堂著說文引經攷，嚴氏可均說文天算攷、說文聲類，皆有專門之功。孫氏星衍攷三體石經，校倉頡篇，並以許書爲依據；段氏玉裁，注說文解字，竭數十年之心力爲之，精實通博，非前之傳說文者可及。雖鈕氏樹玉，訂其誼例，鄒氏伯奇作札記，糾其牴牾，而段書終爲治說文者之所重。桂氏馥說文義證，徵引羣言，不加斷制，致後人有類書之譏。王氏筠說文釋例，條分許氏原書所稱引而部分之，便於學者。及朱氏駿聲說文通訓定聲出，幾欲竭智殫精，使後人不能加矣。夫古人小學之一，今人皓首或未能窮，焉則亦他種關繫限之也。

籀篆之變遷

周宣王太史籀著大篆十五篇與古文或異。漢書藝文志史籀十五篇，自注：宣王太史公作大篆十五篇。又云：史籀篇者，周時史官教學童之書，然其姓不詳。紀傳中，蓋史官不言姓，亦猶孔子之稱史魚，後人之稱史遷也。史籀大篆，與古文異者，詳於許氏十四篇中，其已改者，別之曰籀文；其未改者，則仍曰古文。其古籀之無異於古文者，雖不言古文籀文，實則古文籀文也。王莽傳徵天下史篇文字，孟康云史籀所作，蓋史篇以官名，猶籀文以人名耳。許書引史篇者三：奭下云此燕召公名史篇名醜；匋下云，史篇讀與缶同；姚下云，史篇以爲姚易知，則大篆之下乘有解說。自漢以後，亡佚幾盡，許氏所謂籀文九千字者，其遺文止此數語耳。至籀文之變，亦可得而言者。中庸孔子曰：『書同文，』其時列國皆以大篆爲通行之字。自秦孝公趙武靈王皆變亂先王之法制，許氏所謂言語異聲、文字異形。今攷六國異聲異形之字，不傳於後世者，國滅而文字隨之也。（古之渤海西夏皆有字不傳今波蘭字亦滅）且後世六經諸子中，往往有字形音讀與說文異，而說文亦收之者，大抵皆六國遺文。揚雄因攷輶軒之方言，多識奇字，蓋六國之書，就大篆而損益之，非離六書而自造一體也。秦并六國，大一統，李斯作倉頡篇，趙高作爰歷篇，胡毋敬作博學篇，皆取古文大篆或頗省改，所謂小篆是也。以大篆小篆比而觀之，籀文繁而小篆簡，人情孰不憚繁而趨簡乎？史籀較古文已簡，小篆則更簡矣。治六經者，皆究大小篆而已，未有上溯科斗鐘鼎者，蓋好古者學之，非必人人盡學之也。

篆隸之變遷

秦用小篆，既如上所述矣，而用於獄事，及刻石告功，復作隸書以施之。徒隸者非好變也，亦時勢之所趨也。古者天子邦畿千里，環四方所至，皆五百里，文告易通，文雖繁重，猶爲可用。秦一四海，賦役獄訟，文牘繁興，勢不得不以隸人佐書，而隸人但求記事，勢不得不日趨簡易。下邽人程邈爲縣吏，得罪始皇，幽繫雲陽，增減大篆體，去其繁複，爲三千字。始皇善之，用爲御史，以奏事繁多，篆字難成，乃用隸字，名曰隸書，爲秦書八體之一焉。漢靈帝懲隸書篡亂，命蔡邕刊定六經。邕乃修正隸法，勒石鴻都門，是爲石經，程式所用之字，卽謂之漢隸。婁機撰漢隸字源，王念孫撰漢隸拾遺，所以別於秦隸也。逮鍾王變體，又謂之今隸，遂合秦漢而稱古隸焉。今隸卽今日楷書之元胎也。庾元成搬散隸，謂以散筆作隸書也。後世徒隸益務簡易，公牘文字，俗體日滋，如準（作准，驗作騐之類）吾不知其變遷何所底止也。

篆隸與八分之區別

班志史籀十五篇下，卽次之以八體、六技，而不注釋其篇目。韋昭以許愼說注八體：一曰大篆，二曰小篆，三曰刻符，四曰蟲書，五曰摹印，六曰署書，七曰殳書，八曰隸書；六技者，卽說文所謂刻符以至隸書六者也。而獨未言八分。李陽冰論秦王次仲制八分書，鍾繇謂之章程書；張懷瓘亦云秦時上谷人王次仲作八分，且謂八分從大篆出鋒而加疾。書斷上卷，遂列八分於籀篆之後，隸書之前，則八分殆爲篆隸變遷之樞紐歟？晉書衞恆四體書勢，謂王次仲始作楷法，又言梁鵠謂邯鄲淳得次仲法，鵠弟子毛宏教於祕書，令八分皆宏法也。是以八分爲楷書也。是八分之法，更在漢隸之後也。且以次仲爲漢人，於時代亦未合。而歐陽修集古錄，乃又以八分爲隸書，蓋誤於衞恆言次仲以善隸爲楷法也。考八分名義，周越書苑引蔡琰云：割程隸字八分取二字，割李篆字二分取八分，是爲八分。是八分明明起於篆隸之後耳。顧亭林謂蔡邕石經之作，隸者蓋隨俗爲之，欲人易曉而已，固不必若許叔重之一點一畫，皆有根柢也。石經之文，大抵其變而從省者也。省者謂之隸，其稍繁而猶雜篆法者，謂之八分。然則八分者，省於篆而繁於隸也，與文姬之說頗合。是以仍從說文序目爲次，退八分附隸書之後，庶幾篆隸變遷之迹，或尚可攷焉。

隸草之變遷

許書言秦初有隸書，又言漢興有草書，蓋草之始，亦出於隸，隸省於篆，而草又省於隸也。漢趙壹曰：『秦末刑峻網密，官書煩冗，戰攻並作，軍書交馳，羽檄紛飛，故爲隸草，趣急速耳。』漢元帝時，黃門令史史游作急就章，是謂章草，故書斷曰：『章草，漢黃門令史史游所作也。章草者，各字不連綿者也；晉以下，相連綿者曰今草，猶隸之有漢隸今隸也。』蕭子良曰：章草者，漢齊相杜操始變稾法，庾肩吾亦謂：建初中，京兆杜操始以善書知名，今之草書也。然杜氏之後，草又一變，衛恆四體書勢曰：『自杜度之後，有崔瑗崔寔，亦皆稱工，杜氏結字甚安，而書體微瘦，崔氏甚得筆勢，而結字小疎，弘農張伯英者，因而轉精甚巧，韋仲將謂之草聖；伯英弟文舒者，次伯英；又有姜孟穎梁孟達田彥和及韋仲將之徒，皆伯英弟子，有名於世，然殊不及文舒也。羅叔景趙元嗣者，與伯英並時，見稱於西州，而矜巧自與，衆頗惑之，故伯英自稱上比崔杜不足，下方羅趙有餘。按張懷瓘稱草變於張伯英，蓋今草之始也。』（書斷謂伯英章草急就章字皆一筆而成，蓋其草入神而晉以下則各字相連綿矣）後漢之季，剏書體者又有潁川劉德升，德升字君嗣，桓靈之世，以造行書擅名，鍾繇胡昭並從學焉，而鍾氏小異，世謂鍾繇善行狎書是也。

蓋胡書肥而鍾書瘦，亦各有君嗣之美，大行於世。而鍾爲行書法，非草非眞，視章草又加正也。吾聞諸梁武帝曰：自倉頡科斗一變爲史籀大篆，再變爲李斯小篆，三變爲程邈隸書，四變爲楷書，至草書爲五變，然則至行草又爲六變矣。

正書之變遷

魏鍾繇晉衞瓘乘古篆衰歇，漢隸式微，由草書行書而近於正書，常典午統壹吳蜀時，文教尙定於一也。自永嘉擾亂，南北隔閡，南朝王羲之、獻之、僧虔等以及智永、虞世南，衍爲南派；北朝則索靖、崔悅、盧諶、高遵、沈馥、姚元標、趙文深、丁道護等衍爲北派。唐初歐陽詢、褚遂良，其源亦自北派，而南派幾不顯。逮太宗善王羲之書法，南派顯而北又微矣。趙宋閣帖盛行，北派益晦，唯集古錄論南北書，謂南朝士氣卑弱，書法以淸媚爲佳，北朝碑誌，文詞淺鄙，復多言浮屠，其字畫往往工妙，唯後魏北齊差劣耳。蓋篆隸遺法，東晉已多更變，何論宋齊也。牋牘繁而減筆多，復古愈難，北朝拘謹拙陋，而古趣盎然；近人書法崇尙北魏，蓋亦風氣使然歟。蘇氏東坡謂唐六家書：永禪師骨氣深穩，體兼衆妙，精能之至，反造疏淡；歐陽率更詢妍緊拔羣，尤工小楷；褚河南遂良書，淸遠蕭灑，微雜隸體；張長史旭草書，頹然天放，略有點畫處，而意態自足，號爲神逸；顏魯公眞卿書，雄秀獨出，一變古法；柳少師公權本出於顏，而能自出新意。東坡於唐代書法變遷之迹，論之最精。至北宋書家，東坡及黃山谷庭堅、米襄陽芾大抵高視闊步，氣韻軒昂，或詆其稜角怒張，則失之過。蔡襄、李時雍，亦有聲於世。高宗南渡，乃作評書之文，玩物而已。大旨所宗，唯在羲獻。其後裔趙孟頫，遂覥顏仕元，所書御服諸碑，頌揚大元盛德，不自知其數典而忘祖矣！攷書體之變遷，其亦興亡之大鑑戒乎？

書學之傳授

書自蔡邕於嵩山石室中得八角垂芒之祕，遂爲書家授受之祖；後傳崔子玉、韋仲將及其女文姬；姬傳鍾繇；繇傳庾征西翼、衛夫人李氏；衛夫人傳王逸少（羲之）逸少傳子若孫及郄超、謝朏等，而大令（羲之子獻之）獨擅厥美。大令傳甥羊欣；欣傳王僧虔；僧虔傳蕭子雲、阮研、孔琳之；子雲傳隋智永；智永傳虞世南；虞傳歐陽詢與褚遂良；褚傳薛稷，而孫過庭獨以草書名；薛傳李邕、賀知章；李更傳陸柬之；柬之傳猶子彥遠；彥遠傳張旭；旭傳顏眞卿、李白、徐浩；眞卿傳柳公權、僧懷素、藏眞、鄔彤、韋玩、崔邈、張從申以至楊凝式；楊傳南唐韓熙載、徐鉉兄弟。宋興，李西臺、周繕皆知名家，蘇舜欽、薛紹彭繼之，以迄南渡，小米傳其家法。王廷筠以南宮之甥，擅名於金，傳子濟游，至張天錫。元初，鮮于樞伯機得之。獨趙孟頫始事張，即之得南宮之傳，超入魏晉。康里平章子山得其奇偉，浦城楊仲弘得其雄健，淸江范文白公得其灑落，仲穆造其純和，及門之徒，唯桐江俞和子中以書鳴。子山在南臺時，臨川危太樸、饒介之得其傳授，而太樸以教宋璲；璲字仲珩，金華人，太史潛溪公仲子，仕止中書舍人，（洪武辛酉年卒）杜環、詹希元亦受其傳；介之以教宋克。至正初，揭文安公亦以楷法名，傳其子汯，其孫樞，洪武中爲中書舍人，與仲珩等名相埒云。（節錄春雨雜述）

第二章　古今音韻之源流

羣經音韻

皇古未有文字，先有語言，情動於中，則言情感於物，形於聲，聲能成文，斯謂之音。白虎通云：音、飲也，言剛柔清濁，和而相飲也。近人謂蒼沮以前，直有史詩，蓋史詩者但求其音之叶，不求其文之工也。古人之文，既以音爲主，故尙書和聲依永，八音於焉克諧；六律五聲，五言於焉出納；聲音之道，與政通矣。商周風、雅、頌，踵起，藉歌德政，作詩者雖未必如今人檢韻以求叶，然今人之攷古音者，唯據古詩及有韻之文，足以互證。易彖辭如初筮告，再三瀆，屋沃古通也；爻辭如需于血，出自穴，並在屑韻；長子帥師，弟子輿尸，並在支韻。且文言同聲相應四句，求燥同韻，與箕子麥秀歌同。繫辭上下篇，用韻者一百一十。（見文筆阮福對）曲禮首章：『毋不敬，儼若思，安定辭，安民哉！』思辭哉同韻。「無體之禮，上下相同，無服之喪，以畜萬邦。」邦、卜工切，韻同；其餘散見禮經中者，不可枚舉。儀禮士冠禮、士婚禮之醮詞；攷工記之梓人祭侯辭、㮚氏量銘，皆有韻文也；春秋左傳中之筮辭、童謠，與誦、諺語，亦皆韻文。故近世攷古韻者，取羣經有韻之文，折衷於毛詩，而後諦煌以上之元音，乃復顯於世。蓋經爲專門之業，不以古音讀古書，於古義究多扞格處也。

周秦諸子音韻

三代之文，多雜韻語，不唯六經爲然也。即楚辭、老子、荀子、莊子、管子諸書，亦莫不奇耦相生，音韻相叶。故楊氏升菴古音略例，取易、詩、禮、楚辭、老、莊、荀、管諸子有韻之文，標爲略例，頗得古韻褸領。如老子：『朝甚除，田甚蕪，倉甚虛，服文彩，帶利劍，厭飲食，資財有餘，是謂盜夸。』愼據韓非解老篇改夸爲竽，謂竽字方與餘字叶；

柳子厚詩仍押盜夸均誤，今改。說文，夸字從子大聲，則夸之本音不作枯瓜切明甚。近人劉氏且撰老子韻表。莊子「竊鉤者誅，竊國者爲諸侯。」愼讀誅爲之由切，不知侯之古音胡，正與誅爲韻。荀子第二十六篇曰賦有禮賦、知賦、雲賦、蠶賦、箴賦，鼎立於風騷之閒，爲有韻文之大宗。管子「四維不張，國乃滅亡」之語，最傳誦於人口者，亦以文之有韻，便唫詠而易記臆也。夫以升菴遠謫滇南，藉搜剔古書以自娛，自後世韻學日精，楊氏之書式微矣；然其𠜱始之功，要亦不可沒也。

附老子韻表序略古音之說始於宋吳才老作毛詩補音又作韻補就二百六部注古通某古轉聲通某古通某或轉入某前儒多議其分合疏舛鄭庠作古音辨分陽支先虞尤覃六部近世顧亭林作音學五書更析東陽耕眞爲二更析魚歌爲二爲十部江愼修又據三百篇爲本作古韻標準分古音爲十三部段若膺又作音韻表析二支脂之爲三析眞諄元爲三析尤侯爲二計十有七部言音學者多宗之又戴東原作聲類表分爲九類孔巽軒作詩聲類分爲十八類又挪爲陰陽對轉之說嚴鐵橋作說文聲類以聲爲經以形爲緯分爲十六類共陰陽對轉略與孔氏相同此諸家韻學之大略也

漢魏音韻

高皇大風之歌，武帝秋風之辭，與夫魏武橫槊賦詩，所用之韻，皆與今韻爲近，非若三代上奇字硬語、詰屈聱牙也。漢文選古文苑詩賦以及箴銘頌讚之屬，韻文較羣經諸子爲多，而焦氏易林，幾於全書用韻，故攷證漢韻較攷經韻尤易。然音有小大之區，語有翕張之異。觀滂沆、龐鴻，一音相轉，而平子長卿用之各別，平子西京賦「滄池漭沆」長卿封禪文「滋恩龐鴻」案漭沆龐鴻四字音近義同而一用漭沆一用龐鴻者則以聲音有高下之殊也崴鬼㳌瀁，二字相通，而太沖景純用之各殊，太沖吳都賦「隱賑崴嵬」景純江賦「㴔淪㳌瀁」案此四字亦音近義同而用之各殊亦以其聲音有輕重之分耳施之於文，言各有當。若夫上林之作，易逍遙爲消搖；長楊之篇，以桔隔代戞擊。千眼文賦盱瞑，南都賦音義相同；漫衍甘泉賦曼延，西京賦言詞靡別。則以上古字簡，一字兼數字之音，後代義明，數字歸一字之用也。惜唐人自撰唐韻，漢人未嘗自撰漢韻耳。漢魏之文，音韻頗古，非六朝八家之所能及，凡將急就漢人小學書皆韻文，蓋於古意猶未盡失也。

六朝音韻

魏晉間，李登作聲類，雖以聲分韻，凡萬一千五百二十字，未嘗謂之韻也。今已散佚，唯漢學堂叢書有輯本。陸機文賦云：采千載之遺韻，蓋韻由晉人采集而成。東晉呂忱之弟靜因聲類而撰集，是爲有韻書之稱。至宋周彥倫始著四聲切韻，行於時。齊梁之際，吳興沈約、陳郡謝朓、瑯琊王融，以氣類相推，爲文善用宮商，以平上去入爲四聲，以此製韻，不可增減，世呼爲永明體；遂以爲四聲肇自周沈。然清土多利，重土多遲，清水音小，濁水音大，早見於淮南，此即一字有兩聲三聲之說，亦即一字有平上去入之旨也。劉彥和亦云：吐納律呂，脣吻爲先，故高誘注淮南呂覽，有橫口、蹴口、閉口、籠口、在舌諸讀；且橫口合脣，蹴口開脣，並見於劉熙釋名，此雖未言四聲，而四聲已肇，特自沈約始明言耳。第自沈約以後，四聲之學，歷唐宋元明清及至今不能變，且燕粵齊秦四方睽隔，方言俗諺，絕然不相同者，音韻無不同焉，未必非周沈諸家之力也。

經典釋文音韻

陸德明生於江左，其彙輯前人之音以釋經典之文，則不盡吳音也。乃毛居正著六經正誤一書，譏陸氏偏於土音，因取他字以易之，後人信其說，遂據以竄改本書矣。大凡切音，有音和，亦有類隔，陸氏在當時或用類隔，未始不可以得聲，而後人疑其不諧，亦私爲改易，蜀本多有之，幸本書無恙耳。陸氏所見經典之本，與賈孔諸人不同，強此就彼，實有未安。夫古無舌頭舌上之分，知、徹、澄三字母以今音讀之，與照、穿、牀無異，求之古音，則與端、透、定無異。說文沖讀若動，書惟予沖人釋文直忠切，古讀直如特，沖子之音，猶童子也。字母之學明者明，闇者闇，明者引千言而解一音，闇者憚其煩苦而弗習焉。此音韻之學所繇終不大顯於世歟！

廣韻

韻書之存於今者，以廣韻爲最古。然廣韻之原本，今亦不存，唯後世屢有修改，皆以廣韻爲鼻祖，故見重於世耳。初，隋陸法言以呂靜、夏侯該、楊休之、周思言、李季節、杜臺卿等六家韻書，各有乖互，因與劉臻、顏之推、魏淵、盧思道、李若膺、辛德源、薛道衡八人撰爲切韻五卷，書成於仁壽元年。迄唐儀鳳二年，長孫訥言爲之注，後郭知元、關亮、薛峋、王仁煦、祝尚邱遞有增加。天寶十載，陳州司徒孫愐，重爲刊定，更名唐韻。後嚴寶文、裴務齊、陳道固又各有添字。宋景德四年，以舊本偏旁差訛，傳寫遺漏，箋以注解未備，乃命陳彭年、邱雍等重修。大中祥符四年書成，賜名大宋重修廣韻。今日與疏沙刻本並存於世。則廣韻一書，自隋迄宋，修改不一，未知其孰爲原本也。

唐韻

唐人以陸法言切韻試進士，孫愐又重定爲唐韻，及宋人重修廣韻，而於是唐韻亡矣。然徐鼎臣校許氏說文，在重修廣韻以前，所用翻切，一從唐韻。河間紀遲叟作唐韻考，以爲翻切之法，其上字必同母，下字必同部，謂之音和，間有用類隔之法者，亦僅叚借其上字，而不叚借其下字。因其翻切下一字，參互鉤稽，轉輾相證，猶可得其部分，乃取說文所載唐韻，翻切排比，析歸各類。乃知唐韻部分與廣韻同，但所收之字，多寡不等耳。故有此書，而隋唐音韻變遷之跡猶可尋也。

集韻

宋景祐四年，太常博士直史館宋祁太常丞直史館鄭戩等建言陳彭年邱雍所定廣韻，多用舊文，繁略失當。因詔祁戩與國子監直講賈昌朝王洙同加修定，刑部郎中知制詔丁度、禮部員外郎知制誥李淑爲之典領，此集韻之例言也。司馬光切韻指掌圖序，則稱「仁宗詔翰林學士丁公度李公淑增崇韻學，自許叔重而降，凡數十家，總爲集韻，而以賈公昌朝、王公洙爲之屬。治平四年，余得旨繼纂其職，書成，上之，有詔頒焉」是集韻成於溫公之手也。其書平聲四卷，上、去、入各二卷，共五萬三千五百二十五字，視廣韻增多二萬七千三百三十二字，蓋字如孳乳寖多，音韻亦猶是也。後世韻府之屬，蔚爲類書，韻編之例，用於閱史，一則廣博而人不厭其繁，一則精實而人皆樂其易，要皆便於檢察，有裨於攷證也。

宋禮部韻

宋禮部韻有二本，附釋文互註禮部韻略五卷，附貢舉條式一卷，增修互註禮部韻略五卷，則毛晃父子所增也。宋初程式用韻，漫無限制，景祐以後，始撰此書，著爲令式，以迄南宋不改。然收字頗狹，俞文豹吹劍錄曾譏之。孫諤黃積厚黃啓宗張貴謨吳杜皆屢請增收，而伯嵒亦作九經補韻以拾其遺，然每有陳奏，必下國子監看詳，再三審定，而後附刊韻末。或有未允者，如黃啓宗所增躋一作齊、躁一作矜之類，趙彥衞雲麓漫鈔尙駁詰之，蓋既經廷評，復經公論，故較他韻書爲謹嚴。毛晃蒐采典籍，依韻增附韻略之例，凡字有別體別音者，皆以䚵闌圈其四圍，亦往往舛漏，并釐訂音義字畫之誤，凡增二千六百五十五字，增圈一千六百九十一字，訂正四百八十五字。其子居正，復續所遺，增一千四百二字。父子相繼，用力頗勤，但不知古今文字音韻之殊，往往以古音入律詩，借聲爲本讀。殆所謂引漢律斷唐獄者非邪？

平水韻

今日通行之韻，上下平各十五，上聲二十九，去聲三十，入聲十七，大抵因平水韻之舊耳。古韻分二百六部，唐宋相承，雖先後次第不同，而部分未改。平水韻併四聲爲一百七韻，陰時夫又併上聲拯韻入迥韻，遂成今日通行之韻焉。後人往往以平水爲劉淵。攷元槧本平水韻略，卷首有河間許古序，乃知平水書籍王文郁所撰，後題正大六年己丑，則文郁書成於金哀宗時，非宋人也。劉淵刊王平水韻略而去其序，故黃公紹以爲劉淵所撰也。元明以來，承用已久，雖洪武正韻，以帝王之力，尙不能奪焉。清康乾時，以佩文詩韻爲官韻，沿習不改，而音韻名家，專以討論官韻爲功，不復以今韻爲學，唯詞章家頗資以爲用也。大成集成，鏤銅板於前；合璧全璧，縮石印於後；層疊堆積，專供應試者之獺祭焉。科舉既罷，不復用此，將舍聲偶之微，究音韻之實，中西科學，咸基於此矣。

翻切

左傳之丁甯爲鉦，國語之勃鞮爲披，國策之勃蘇爲胥，實爲翻切之始。漢之許鄭釋音，究形聲之原，從偏旁之正音或轉音，不過讀如讀若從某聲，半爲譬況之詞而已。及曹魏之初，孫炎注經，始爲翻切，顏氏家訓曰孫叔言創爾雅音義是漢末人獨知反語陸德明經典釋文曰孫炎始爲反語魏朝以降漸繁張守節史記正義同王弼注易，亦有翻切二處，蓋古人但以一音釋一音，孫王乃合兩音以釋一音也。譬之鐘爲鐘聲，鼓爲鼓聲，鐘鼓並作而自成一音節；又譬之黃色藍色，並著於素質，則即成綠色，同一顯而易見之理也。但孫氏挪翻切，僅見於爾雅正義，而未明其原，故魏之末年，翻切盛行，而高貴鄉公猶不能解，反以爲怪也。孫炎韻學未甚精，故西域字母之學，遂乘其敝而入矣。

字母

孫叔言言翻切而不言字母。至六朝僧神珙，始作三十字母，珙有反紐圖，出於唐元和以後；或云唐初僧舍利作三十字母，後有僧守溫者，益以六字，今所謂見、溪、羣、疑是牙音，端、透、定、泥舌頭音，知、徹、澄、娘舌上音，幫、滂、並、明重唇音，非、敷、奉、微輕唇音，精、清、從、心、邪、齒頭音，照、牀、穿、審、禪、正齒音，影、曉、喻、匣喉音，來日半唇半齒音是也。中國字母仿西法，亦猶日本字母借中文也。悉曇梵偈，儒者不言，然字母之學，於彼教無與也。神珙五音聲論及四聲五音九弄反紐圖，附於玉篇，傳之後世。然隋書經籍志已稱婆羅門書十四音，貫一切字，漢明帝時，與佛書同入中國，釋藏譯經字母，自晉僧伽婆羅以下，可攷者尙十二家，則字母亦不始於神珙矣。

雙聲

中國以雙聲取翻切，與西域以字母統雙聲，其理一也。翻切之音同母者謂之雙聲，同部者謂之疊韻。疊韻之字易知，如關雎之詩：窈窕、輾轉之類是也。雙聲之字，古人多用爲形容詞，如關雎之詩參差、優游之類是也。詞章善用疊韻雙聲，取其音節之諧也。古人不但疊韻之字可爲韻，卽雙聲之字亦可爲韻，經韻之雜合者，皆雙聲也；試取三百篇之不合於疊韻者而以雙聲通之，則自無不合，而初不必增立轉音合韻之種種名目也。終南之詩裘與梅哉爲韻；蒹葭之詩，俟與濡渝爲韻，皆雙聲也。七月之陰與冲韻，雲漢之臨與躬韻，蕩之諶與終韻，小戎之驂與中韻，皆雙聲也。養新錄以爲轉音不若謂之雙聲較合，疊韻諧和必同韻，雙聲之諧和則自此韻歧入彼韻，學者所當詳察焉。

六朝反語

等韻盛於齊梁，陸法言之切韻，卽反語也。兩字文互相切謂之反，取反覆之義，亦謂之翻，如同秦之反爲大通，桑落之反爲索郎是也。兩字切一字，磨切而出聲謂之切，德紅之切東，徒紅之切同是也。亦謂之紐，有正紐，有倒紐，有旁紐，而不越一反，名異而實同耳。以三十六字母貫穿天下無窮之字，切韻以同母出切，以同韻定聲，而本音生焉。千載後音讀差訛，可藉反切而攷其元音，卽向無同音之字，亦可以反切取其音。然後世用反切者或所用上下兩字不合，則所切之音亦不合，此其未盡善者矣；蓋兩音拼一音，猶西人兩字母拼一語，故其用猶狹而不廣也。

三合音

鄭夾漈六書略謂：華有二合之音，無三合之音字；梵有二合三合四合之音，亦有其字，因舉娑縛之二合，囉馱曩之三合、悉底哩野之四合爲證。沈括夢溪筆談亦謂梵語薩嚩訶三字合言之卽楚詞之些字。清乾隆時，御定淸文鑑，左爲國書，右爲漢語。國書之左，譯以漢音，用漢字三合切韻；漢書之右，譯以國書，爲取對音。國書之聲，多漢字所無，故以三合取之；又推及蒙古西域，而同文韻統以梵書合國書切韻，復以國書切韻叶華音字母。凡華言之未備者，悉合音切字，曲取其音，則有至於三合四合五合者；是又切韻之例所爲推廣也。且吉黑邊務，知俄語不知滿蒙語，不能任也；新疆邊務，知英俄語不知準回語，不能任也；西藏邊務，知英語不知衞藏語，不能任也。中國文字應習者凡五種，茲因論三合音而類及之；且合音者，卽西文之拼法，亦無他巧焉。

宋元明諸家音韻之學

宋吳棫字才老，作韻補五卷，爲學者發明古韻之始。別有詩補音楚辭釋音，據其本文以推古讀，故朱子有取焉。韻補則引書五十種，下逮歐蘇諸作與張商英之僞三略，旁及黃庭經道藏諸歌，故參錯冗雜，漫無體例。唯棫言雖牴牾百端，後之言古音者，皆由此推闡加密，故仍居功首焉。元人熊忠撰古今韻會舉要，拾李涪餘論，排江左吳音，今韻古韻，茫然無據；東韻收窗字，先韻收西字，雖舊典有徵，而未免有心駭俗，不便施行。明洪武正韻，樂宋諸臣私臆竄改，非復古也。楊愼撰古音叢目古音獵要古音餘各五卷，古音附錄一卷，古音略例一卷，轉注古音略五卷。愼在明人中博洽多聞，故蒐輯秦漢古書，頗爲賅備，惜才大而心未細，往往爲後人所訾議。陳第毛詩古音攷四卷，屈宋古音義三卷，言必有徵，典必探本，焦竑以外，無人能通其說者，雖卷帙無多，其精實殆過於楊愼也。

附錄陳第讀詩拙言論古韻語（此條論古韻最精，故特錄之）

說者謂自五季之衰外夷入寇驅中原之人入於江左而河淮南北間雜夷言聲音之變或自此始然一郡之內聲有不同繫乎地者也百年之中語有遞轉繫乎時者也況有文字而後有音讀由大小篆而八分由八分而隸凡幾變矣音能不變乎所貴誦詩讀書尚論其當世之音而已矣三百篇詩之祖亦韻之祖也作韻書者宜權與於此遡源沿流部提其字曰古音某則今音行而古音庶幾不泯矣自周至後漢音已轉移其未變者實多恐考說文訟以公得聲福以偪得聲霾以貍斯以其脫以兌節以即溱臻皆秦闐塡皆眞者讀旅淚讀矣滔讀田玫讀芑叉我讀俄也故義有俄音而儀議因之得聲矣且以我娥蛾鵝峨硪哦誐之類例之我可讀平也奚疑乎可讀阿也故奇有阿音而猗錡因之得聲矣且以何河柯軻珂婀哿訶之類例之可讀平也亦奚疑乎凡此皆毛詩音也徐鉉修說文繫依孫愐之切韻是以唐音而反律古矣厥後諸韻書引古詩如晨星而於唐宋名家之辭每數數焉無亦譜子孫而忘祖宗乎嗟夫說文之音多與時違幾爲淸中之斷矣愚獨取之以讀詩豈偶也哉豈偶也哉

清代顧江戴段王諸家音韻之學

顧寧人音學五書，爲當代治古音者之圭臬，音論三卷，詩本音十卷，易音三卷，皆精覈；唐韻正二十卷，則不免是古非今；古音表二十卷，頗變亂舊部；韻補正一卷，絕無叫囂之氣，正其失，不攻其短也。亭林謂欲復三代之制，必自復古音始，此則可言不可行也。顧氏第分古韻爲十部，江永古韻標準，凡平上去各十三部，入聲八部，以詩三百篇爲詩韻，周秦以下，音之近古者爲補韻，視諸家界限較明。其弟子戴震受音韻算數之學於江氏，而復古之志益銳。所著聲韻攷，力辨反切，始於孫炎，不始於神珙，亦猶所著勾股割圜記謂弧角不始於西人也。段玉裁著六書音韻表，分古韻爲十七部，大端畢備。王引之更分之爲二十一部，則分析之條理愈密也。顧江戴段王五家，音韻專科，統系所在也。毛西河古今通韻易韻之類，雖博涉羣書，有裨攷證，而穿鑿附會，蓋亦不免焉，攷古者師其長而救其失焉可也。

附錄陸紹明言音敍言於古今變遷之跡言之頗精

毛詩三百五篇古音賴存魏晉而下詞賦日繁沈約作四聲之譜於是今音行而古音亡爲音學之一變迨至東京古音愈乖休文作譜按而班張以下諸人之賦曹劉以下諸人之詩所用之音譔爲定例於是今音變而古音愈亡爲音學之再變下及唐代僧守溫挪三十六字母以案古音於是梵音盛而古音難復爲音學之三變宋理宗末年平水劉淵併二百六韻爲一百七韻元初黃公紹因之作古今韻會於是宋韻行而唐韻亡而古音更無論矣爲音學之四變嗟乎顧寧人音學五書韻補正殆有復古之功乎

文篇二

第一章　上古至夏商之文學

上古唐虞之文學

夫神農以前，均爲結繩之時代，莊周言之甚詳；至於黃帝史臣倉頡，始造文字，於是文籍興焉。史遷作史，託始黃帝，而以神農以前爲不可知；記事且然，況言文學。雖然，三皇之書，掌於外史，孫詒讓主尚書大傳說遂人爲遂皇伏羲爲戲皇神農爲農皇其說可採見周禮正義 河圖之寶，陳於東序，漢書五行志劉歆以爲虙羲氏受河圖則畫之八卦是也尚書顧命天球河圖在東序 經典可徵，遺文莫得而覩焉。伏羲氏興，作瑟而造駕辯之曲，楚辭大招篇王逸注 教漁而作網罟之歌，見隋書樂志及夏侯玄辨樂論 其文亦佚。唯十言之教，左定四年正義引易 片語流轉，遂稱爲文章始祖焉。降及葛天，三人操牛尾，投足以歌八闋：一曰載民，二曰玄鳥，三曰遂草木，四曰奮五穀，五曰敬天帝，六曰建帝功，七曰依地德，八曰總禽獸之極。夫樂不空絃，必有其歌；歌不空名，必有其目；目之所存，亦必傳自故老之口，決非呂覽嚮壁而虛造也。至若神農，流傳尤衆，夏侯辨樂，稱豐年之詠；夏侯玄謂神農教民食穀有豐年之詠，莊子天運，著有焱之頌；莊子釋文焱亦作炎有炎氏卽炎帝神農也 然此猶可言曰說近傅會，若六韜傳其禁令，羣書治要六韜虎韜篇引神農之禁 管子述其數詞，見揆度篇 文子載其法言，見上義篇淮南齊俗訓略同 漢書志其教語，見食貨志所引鼂錯 遺文佚句，粲然可觀矣。且漢志列神農之書數十篇，藝文志農家有神農二十篇兵陰陽家有神農兵法一篇五行家有神農大幽五行二十七卷雜占家有神農教田相土耕種十四卷經方家有神農黃帝食禁七卷神僊家有神農雜子技道二十三卷 占經引神農之占數百言，開元占經一百十一引神農占神農書各數百言 本草一經，尤擬植物教科文體，雖藝文不志，而漢書平帝紀樓護傳未嘗不稱道焉。夫未有文字，理無文章，然古人口授其詞，後人追錄其語，理至顯也。唯明乎追錄之條，斯無所容其疑信，劉勰所謂三皇辭質，心絕於道華，尙未知作述之有殊，論讀之相須也。

黃帝之世，鳥跡代繩，而文字始炳，流觀古籍，單篇韻語，流傳獨多。至紀事之史，成家之言，首尾相銜，勒成部帙者，則寥若晨星焉。當斯之時，文字雖興，而文學之士，牙角不見，故僞託之書猶衆，追記之作實繁。漢書藝文志有黃帝銘六篇，今所見者，唯巾几金人二銘。路史疏仡紀黃帝作巾几之銘後漢書朱穆傳注黃帝作巾几之法即此金人銘見說苑敬愼篇嚴可均曰此銘蓋無撰人名據太公陰謀太公金匱知即黃帝六銘之一金匱僅載銘首廿餘字茲取說苑以足之 至於明臺之議，文心雕龍議對篇引管子 祝邪之文，文心雕龍祝盟篇 渡江之歌，水經注 袞龍之頌，王嘉拾遺記 第傳其目，未見其文。世言短簫鐃歌，黃帝使岐伯所作，所以建揚武德，風勸戰士，古今注 而歸藏因載棡鼓曲十章之名，見古詩紀所引首數句亦見初學記卷九 舊文泯沒，眞僞亦莫能辨焉。文心雕龍言黃歌斷竹，其辭見於吳越春秋，亦名彈歌，其斷爲黃帝時歌，亦無緜察其昭證。少昊顓頊，聲采靡追，白帝皇娥，子年所造，可無論已。帝嚳之世，咸黑爲頌，以歌九招，其文隱沒，靡得而詳。陶唐氏興，文思光被，野老吐何力之談，帝王世紀堯世有老人擊壤而歌 郊童傳不識之謠，列子堯五十年康衢有童謠 封人上三多之祝，莊子華封人請祝 心樂聲泰，此之謂矣。觀其躓垤致戒，語極其敬（淮南子人間訓引堯戒）始蜡，爲祝辭探其本。（禮郊特牲伊耆氏始爲蜡鄭注伊耆氏古天子號也陸德明釋文云即帝堯孔穎達正義則謂神農案陸說是也下文蜡之祭也主先嗇而祭司嗇也鄭注先嗇若神農者司嗇后稷也然則始爲蜡者必非神農矣）文德所體，（見文選）夫豈偶然？凡若此者，豈與夫刻璧沈雒同其誣，（御覽八十引尚書中侯有刻璧東沈於雒辭）郊天作暢同其誕邪？（謝希說琴論曰神人暢帝堯所作其辭載古今樂錄謂堯郊天時作）有虞繼作，辭栞光昌：明良喜起之歌，卿雲南風之詠，（卿雲歌見尚書大傳南風歌見尹子古今樂錄又造南風操）開唱和之風，極賡颺之盛。又何必侈言祠田之辭、（文心雕龍祝盟篇）普天之詩、（呂氏春秋）大唐之歌、（尚書大傳）思親之操哉！（古今樂錄）況乎定四時，齊七政，測天之文也；嵎夷南交，昧谷幽都，並察其民情物候，志地之文也；命官唯百，四岳羣牧，各有攸司，知人之文也；其斯爲文明之祖乎！

夏商之文學

夏禹承之，其憂勤惕厲之心，見於二箴餘句，（周書大傳篇載禹箴二孔注禹之箴戒書）復作開望以備災，（周書太傳篇引開望孔晁注開望古書名）銘簨簴以待士，（鬻子又見淮南子）祀六沴以警民，（尚書大傳洪範五行傳）歌九德以敍功，（左文七年傳引夏書）僾哉禹乎！明德遠矣。當時塗山、孔甲之歌，（呂氏春秋音初篇禹行功見塗山之女女作歌曰候人兮猗實始爲南音周公及召公取風焉以爲周南召南又孔甲破斧歌實始爲東音）開國風周南召南之什，破斧缺斨之篇；而帝啓之樂，（楚辭注九辯九歌啓所作樂也亦見山海經）亦爲楚辭九歌九辯之宗，流風尤遠也。若夫五子源水之歌，（孫星衍以爲五子之歌即楚語之五觀墨子之武觀爲尚書之篇名非五子之歌詩其說是也又繹史引古琴疏帝相作源水之歌）或爲僞造，或爲依託，不若桀時夏人之歌較爲可信也。迨及商湯，盤銘厲日新之規，網祝表深仁之度，（賈誼新書七）帝乙歸妹，（困學紀聞京房引湯嫁妹之詞）桑林禱天，（見墨子兼愛下）開國之辭，迴異叔世；及其衰也，乃有商銘。（國語）然箕子麥秀，伯夷采薇，君子賢人，德音不已。蓋有殷一代，樂章足以繼夏，詩頌足以開周，故有娀爲北音之祖，殷整爲西音之宗；（呂氏春秋音初篇有娀氏有二佚女作歌一終曰燕燕往飛實始作爲北音殷整甲徙宅西河）

猶思故處，實始作爲西音，長公繼是音以處西山，秦繆公取風焉，實始作爲秦音。上攀塗山孔甲之歌，下啓邶鄘衛秦之風，邶風燕燕于飛，有娀之遺音也。而商之名頌十二，毛詩那序云：微子至於戴公，其間禮樂廢壞，有正考父者，得商頌十二篇於周之太師，以那爲首。國語魯語引閔馬父云：昔正考父校商之名頌十二篇於周太師，逮孔子採詩，僅得五篇，那祀成湯，烈祖祀中宗，玄鳥祀高宗，長發大禘，殷武祀高宗，皆商之樂章，故藏於周太師。而司馬遷揚雄均主魯詩說，以商頌爲正考父所作，非也。又爲周魯二頌之原。故樂記云：商者、五帝之遺聲也，商人志之，故謂之商。又云：明乎商之詩者，臨事而屢斷也。惜乎受辛失德，作朝歌北鄙之音，靡靡之樂，爲溺於詞章之始；論者所由譏其餘風所扇，致流爲鄭衛之淫聲也。

典墳邱索不若尙書之可信

如上所述，則聲詩韻語，雖發自蒼沮造文，而史官記事，仰錄三皇之書，遞述五帝之史，至於周代，外史猶掌其籍，左史能讀其文。乃王子朝奉周之典籍奔楚，於時周室微而禮樂廢，詩書缺。孔子刪訂六經，三皇五帝之書，止存堯舜二典，遭秦一燼，舜典云亡，而堯典一篇，遂爲上古史書之碩果。當春秋之季，中原文獻，多萃於楚，故三墳五典八索九邱，柱下不聞有其書，魯史僅得記其目。夫墳典，卽三皇五帝之書，邱索，卽八卦九州之志，往代經詁，或有所承。然管子言封泰山者七十二家，夷吾所記十有二焉，故或謂無懷伏羲神農謂之三墳，炎帝黃帝顓頊帝嚳堯舜禹湯周成王謂之九邱；蓋神農以前，六書未興，刻石紀功，別具符號，案神農本稱炎帝，十二家中之炎帝，乃炎帝神農之子孫，與黃帝同時，時文字已興，故炎帝不列三墳。故三九分列，而墳邱異名。不知同爲刻石之辭，故能爲倚相所讀，託體泰岳，所以名墳邱也。五典爲五帝之典，堯舜五典，卽在其中；八索爲三皇五帝之書，典書之異，詳略不同，或因占事而異書，或如紀傳之互見，而旣同爲簡編，所以名典索也。夫古書散佚，自孔子時已不具見，故無從質其是非，各存其說，以備多聞而已。唯唐虞夏商之書，經先聖所手定，爲周秦之先河，渾渾灝灝，前哲已有定評，今雖不能覩其全，猶十得其二三。（尚書百篇虞夏商書有六十篇今所存者止堯典皐陶謨禹貢甘誓湯誓盤庚上中下高宗彤日西伯戡黎微子十有一篇耳）咨故實獵文華，斯足與夏時並珍，商頌儷美已。

山海經夏小正之可據

太史公曰：禹本紀言河出崑崙，崑崙其高二千五百餘里，日月所相避隱爲光明也，其上有醴泉瑤池。又曰：山海經所有怪物，余不敢言之。今禹本紀已亡，而山海經獨存，世之覽山海經者，皆以其閎誕迂誇，多奇怪俶儻之言，莫不疑焉。然自劉子駿之奏，王仲任之論衡，趙長君之吳越春秋，皆以爲禹益所據，畢沅考定篇目，以爲三十四篇禹益所作，（原注劉秀表曰凡三十二篇今合五藏山經海外海內經共三十四篇二當爲四字之誤）及十三篇漢時所合，（原注藝文志形法家有山海經十三篇劉向校經合南山經三篇以爲南山經一篇西山經四篇以爲西山經一篇北山經三篇以爲北山經一篇東山經四篇以爲東山經一篇中山經十二篇以爲中山經一篇并海外經四篇海內經四篇凡十三篇班固作藝文志取之於七略而無大荒經以下五篇也）十八篇劉秀所增。（原注藏本目錄云此海內經及大荒經本皆進在外又篇內有成湯有王亥僕牛則知後人所述又按大荒經四篇似釋海外經海內經一篇似釋海內經四篇當是秀所增也）禹與伯益，主名山川，定其秩祀，量其道里，類別草木鳥獸，今其事見夏書禹貢、爾雅釋地，及此經三十四篇之中。列子引夏革之言，呂覽引伊尹之書，多出此經，二書皆先秦人著，夏革伊尹，並爲商人，故知此書禹益所作，無疑義也。（以上畢說）然古書不免錯簡，後人或有攙羼，故自酈善長之注水經，顏之推之撰家訓，已懷此慮。（水經注云山海經薶緼歲久編韋稀絕書策落次難以輯綴後人假合多差遠意顏氏家訓書證篇云山海經禹益所記而有長沙零陵桂陽諸暨山後人所羼非本文也）今觀海外南經有文王葬所，海內西經有夏后啓事，南次二經有郡縣之語，中次三經十二經稱禹父述禹言，非簡策之錯編,即注記之羼入,不足以疑本經也。至於紀載神怪,尤不足疑,古文每好譬辭,古史類多神話,(列子黃帝篇云:庖犧氏女媧氏神農氏夏后氏蛇身人面牛首虎鼻。張湛注云:人形貌自有偶與禽獸相似者,古諸聖人多有奇表,所謂蛇身人面,非被鱗臆行無有四肢;牛首虎鼻,非戴角垂胡曼額解頤,亦如相書龜背鵠步鳶肩鷹喙耳。案古文譬況之辭,亦多類此。)明乎上古文史之例,則知此為古代最詳之地志,足為禹貢之外傳矣。

孔子曰:吾欲觀夏道,是故之杞,而不足徵也,吾得夏時焉;吾欲觀殷道,是故之宋,而不足徵也,吾得坤乾焉。太史公曰:孔子正夏時,學者多傳夏小正云。鄭康成亦云:夏時、夏四時之書,其書存者有小正。夫小正原書,今已亡佚,僅類戴德傳記,猶存夏代遺文。(附書經籍志夏小正一卷,或謂此乃小正經文,大戴禮記所載夏小正乃戴德之傳,高誘注呂覽,郭璞注爾雅,蔡邕明堂月令論,皆引夏小正傳可證,蓋漢晉之時經傳別行,然附志之小正是經與否,無從質證,戴記是傳,其說甚是。)其書上紀星文之昏旦,雨澤之寒暑,下陳草木稊秀之候,蟲羽飛伏之時,旁及冠昏祭薦、耕穫蠶桑之節,文句簡要,寓義婉深,疑義和敬授民時之則,開周秦明堂月令之規,斯足邵也。

連山歸藏之解釋

孔子所謂吾得坤乾者,鄭康成以為殷陰陽書,其書存者有歸藏。申其說者,以為殷易以坤為首,故先坤而後乾,(熊安生說)然其說之是非,亦無從質證焉。唯周禮太卜掌三易之法:一曰連山,二曰歸藏,三曰周易,其經卦皆八,其別皆六十有四。杜子春以為連山宓戲,歸藏黃帝。鄭康成謂夏曰連山,殷曰歸藏。王充則謂古者烈山氏之王得河圖,夏后因之曰連山;歸藏氏之王得河圖,殷人因之曰歸藏;(歸藏氏今本論衡誤作烈山氏,案宋翔鳳漢上易傳引姚信易注三易之說,與論衡同,其說即本王氏而云歸藏氏之王得河圖,殷人因之曰歸藏,今據以改正。)伏義氏之王得河圖,周人因之,(今本論衡脫因之二字,據姚信說補)曰周易。(論衡正說篇)杜鄭二說，各得其偏，王氏雖爲折中，而所說未諦，尋重卦之說，略有四家。見周易疏王弼以爲伏羲重卦，其說最塙。伏羲既造卦名，又周著卜，理必有繇，繇爲韻語，與歌謠相類，其時雖無文字，亦可口耳相傳。迨至黃帝，始以繇辭著之文字，而轉輾口授，或有異同。且卦爻分列，法亦變異，故伏羲黃帝，不妨異名。杜氏所謂連山宓戲、歸藏黃帝，其說是也。至於夏殷承宓戲連山黃帝歸藏之繇，轉輾占驗，各附其辭，故至漢代，連山八萬言，歸藏四千三百言，御覽學部引桓譚新語夏易繁而殷易簡者，以所附有多寡耳。鄭氏所謂夏曰連山、殷曰歸藏，其說亦未爲非也。連山歸藏之書，雖不見於藝文，然桓譚有言：連山藏於蘭臺，歸藏藏於太卜。北堂書鈔藝文部引桓譚新論唯連山作厲山案厲烈連一聲之轉耳桓鄭二君，爲兩漢大儒，並言其書尚存，其言必可深信，今其書雖亡，然干寶皇甫謐之引連山，郭璞張華之引歸藏，干寶周禮注皇甫謐帝王世紀郭璞爾雅山海經注張華博物志徵引頗多必爲君山所見之故書，非爲劉炫所造之新籍，可決也。北史劉炫傳時牛宏奏購天下遺逸之書炫遂僞造書百餘卷題爲連山易魯史記等錄上送官唐書藝文志有連山十卷司馬膺注卽炫僞造之書也歸藏隋書經籍志有十三卷晉太尉參軍薛貞注唐書藝文志卷同宋中興書目載有初經齊母本蓍三篇馬端臨以爲歸藏一書亦與劉炫連山同類亦屬肊論觀其造辭用韻，而語多奇古，與左傳所載繇辭相類，不特易林靈棋，其源皆出於此，卽奔月李淳風乙巳占引連山云有馮羿者得不死之藥於西王母姮娥竊之以奔月將往枚筮於有黃占之曰吉翩翩歸妹獨將西行逢天晦芒毋恐毋驚後且大昌姮娥遂託身於月案此枚筮有黃與張衡靈憲同決爲古之佚文畢日郭璞山海經注引歸藏云昔者羿善射畢十日果畢之尚書大傳正義並引羿彈畢之言，亦與龍戰載鬼之語同其荒怪。蓋三易取象，均託鬼神卜筮之事，固應如斯。然則三易之繇，各有所因，孔子殷因夏禮，周因殷禮，各有損益，唯易亦然。黃帝因伏羲，夏因伏羲，殷因黃帝，周監二代，各有損益，故三易繁簡，各不相同。王充言三代之易，皆有所因，其言亦是；唯不明連山歸藏，乃卦爻之總名，非帝皇之名氏，故與杜說有牴牾耳。

夏周政刑之書

二代距周未甚久遠，其所措行之政刑，當時史官必有紀載，至周必未淪亡。故孔子曰：夏殷之禮，吾能言之。晉叔向亦云：夏有亂政而作禹刑，商有亂政而作湯刑。今其書雖亡，然經曲二禮，監於二代，或因或革，有損有益。其所益者，固爲周代新禮，其所因者，必爲夏商舊文。故鄭注禮經時，推見夏殷二禮也。呂命穆王訓夏贖刑，而作呂刑。(尚書序) 夫金作贖刑，唐虞之法，夏禹承之，普及於衆；周代贖刑，殊於夏制，唯士有贖，入於司兵。(周禮職金) 穆王法夏，更從輕制，罪實則刑，罪疑則贖，周官五刑二千五百，(周禮司刑) 呂刑法夏，乃有三千；然則夏代刑書，其條文必有三千矣。夫夏刑列舉，故其書繁，至於商代，或反簡易，蓋有比例之法，有總括之條，故昧者爲之，乃有罪合於一多瘠罔詔之弊；然刑書正宗，實在於此。故荀子云：刑名從商，或以此也。及至商亡，傳者不絕，商君之法，卽產殷墟；然則夏殷二代，政典刑書，其流遠矣。夫史官所掌，範圍甚廣，禮樂刑政，在所不遺，雖作始似簡，而後代羣經衆史，皆爲其支流與苗裔矣。

伊尹一書開諸子之源

夫入道見志之書，專門名家之言，連接篇章，較爲可信者，唯伊尹一書，(漢書藝文志道家伊尹五十一篇原注湯相) 爲道家之冠，七略藝文，亦無依託之疑。今其書雖佚，然觀呂覽史記說苑所引，或言取天下之法，(呂氏春秋先己篇伊尹對湯問) 或言知臣下之道，(說苑君道臣術二篇伊尹對湯問) 或言素王及九主之事，(史記殷本紀) 頗有秉要執本之談，具君人南面之術，不得以孟子稱爲任聖，而疑其非道家也。至於割烹要湯，旣爲孟子所不信，呂覽本味所述，或在伊尹說中。(漢書藝文志小說家伊尹)

說二十七篇原注其言淺薄似依託也）唯區田之法，（齊民要術引江勝之述伊尹區田法）獻令之文，（周書王會篇有伊尹四方獻令）其於二書，不知何屬，斷壁零珪，亦足珍貴。而黃帝之經，（漢書藝文志道家黃帝四經四篇黃帝君臣十篇雜黃帝五十八篇）力牧之書，（藝文志道家力牧二十二篇）同列道家，反置伊尹之後，明爲後人所依託。陰陽家之黃帝泰素，（二十篇）容成子，（十四篇）小說家之務成子，（十一篇）天乙，（三篇）黃帝說，（四十篇）其例亦視此矣。雜家之孔甲，盤盂（二十六篇）農家之神農，（二十篇）小說家之伊尹說，（二十七篇）雖各冠於其首，明著依託之言。綜觀藝文之例，則伊尹五十七篇，自不得與風后力牧同類並觀，而劉彥和（勰）均謂爲上古遺語，戰代所記，斯亦未嘗深究者也。唯兵書、術數、方技諸略，有神農黃帝顓頊堯舜湯盤庚之書，至容成務成封胡風后力牧等籍，此皆專門名家之學，轉輾相授，後乃記於簡册，斯則合於彥和之說，無疑義也。蓋夏商以前，典籍文章，留遺甚寡，依託之作，追記之書，至於後代，彌覺其多。太史公（司馬遷）云：擇言尤雅，折中孔子，斯足治上古文學之法已。

第二章　周代至三國之文學

周代之文學

周監二代，郁郁乎文，訖乎秦漢，踵事增華，中國文體於焉大備。迨至三國，已開晉宋風調，然猶未失秦漢矩矱也。竟委窮源，可以知已。自文王演易，卦爻繫辭，陳夏殷之制，寓憂患之思。而或言文王作卦辭，周公作爻辭，（馬融說）不悟岐山爲冀州之望，箕子乃荄茲之義。（詳惠棟周易述）周易一書，人更三聖，世歷三古，不數周公，不必因岐山箕子而疑爲周公之言也。或又謂卦爻二辭，皆孔子作，（皮錫瑞說）不悟左傳所引繇辭，多在孔子之前，而「不恆其德，或承之羞」，孔子亦謂不占而已矣。若爲孔子所作，豈能卽期盡人占之？是故繇辭爲文王所作，無疑義也。上繼連山歸藏之軌，下啓太玄潛虛之規，開周代之文治，爲羣經之冠冕，不特符采複隱，精義堅深而已也。逮公旦(卽周公旦)多材，振其徽烈，陳詩書之作，輯經曲之禮，其後作詩者，有召康公召穆公凡伯仍叔蘇公尹吉甫衞武公公子素秦康公史克作書者有召公芮伯帶伯呂侯魯侯伯禽秦穆公，此皆其最著者。若夫周政周法周書之屬，(漢書藝文志儒家周政六篇周法九篇尙書類有周書七十一篇)類皆史官所記，今所存者，唯有周書，蓋與尙書同類，而爲晉史所藏，故間有出於晉史所記者。(朱右曾云考之春秋傳曰辛有之二子、董之晉於是有董史辛有當周平王時周史辛甲之裔世職載籍或其適晉以周之典籍往未可知也觀太子晉篇末云師曠歸未及三年告死者至亦似晉史之辭)當周之時，天子諸侯，各有史官，五史之制，尤以太史內史爲重。太史爲左史，內史爲右史，動則左史書之，言則右史書之，是故武王時有太史辛甲、太史伯陽、(史記周本紀)太史儋，(史記老子傳)又有內史過、(左莊三十二年傳)內史叔興父、(左僖二十八年傳)內史叔服。(左文元年傳)而列國史臣，魯有史克，晉有董狐，鄭有太史伯，楚有左史倚相，其最著也。天子之史，則有周書(尙書中周書四十篇又周書七十一篇亦尙書之餘)亦稱周志；(左文二年傳晉狼瞫曰周志有之杜注周書也)至諸侯列國，魯有春秋，鄭有鄭書，晉有乘，楚有檮杌，而墨子又言有百國春秋。然則自周初以訖春秋，易詩書禮樂春秋，亦已備矣。

經學莫盛於孔門

自孔子以一車兩馬一豎子適周，師於老聃，時聃爲柱下守藏史，因列史之遺部以爲六經，(詩書各三千餘篇經禮三百曲禮三千樂篇數失亡不可考易經卦八別卦六十四春秋始終百二十國)孔子至，遂全爲發之，俾縱觀焉。故曰，述而不作，竊比老彭，蓋表其六經之功也。孔子晚年，知道終不行，於是退而刪訂六經，以游夏分任編輯，閱三載而其書告成，是爲五經。此五經、視六經所存，不及十一，易專以乾坤爲經，凡二篇，尚書凡二十八篇，詩凡三百五篇，官禮五篇，士禮十七篇，春秋始終魯十二公，凡十一篇。而古史反隱沒而不彰矣。自時厥後，其徒傳述不絕，左邱明作春秋傳，卜子夏作喪服傳，七十子後學者，復述孝經、輯論語、綴禮記。漢書藝文志禮記百三十一篇，原注七十子後學者所記也。經典釋文序錄、引劉向別錄云古文記二百四篇 後古文記散佚，而二戴後學，雜采夏小正周書世本曾子子思子公孫尼子孔子三朝記家語明堂陰陽荀子呂氏春秋賈誼新書漢之王制、河間之樂記、石蒼之臺記及古文記以成大小戴禮，鄭康成六藝論云戴德傳記八十五篇戴聖傳記四十九篇錢大昕以爲小戴四十九篇曲禮檀弓雜記分上下篇實止四十六篇合大戴八十五篇正合藝文志記百三十一篇之數案錢說非是藝文志記百三十一篇爲古文記大小戴記今古文雜糅且篇目重複決非一書 既非七十子後學者所記，又非二戴所輯；雜周漢之著述，淆古今之家法，七略藝文，不載其書，若果出於二戴，劉歆班固亦當明爲標注，何至隱晦其名。太史公云：書傳禮記自孔氏。今書傳已亡，二戴禮記亦豈盡出於孔氏之門邪？然古書之不盡亡，實賴於此；且其文之深美淵奧，非後世所能及，宜其見重儒林也。自孔子作春秋，左邱明爲之傳，春秋所貶損當世君臣，其事實皆形於傳，故隱其書而不宣；及末世口說流行，故有公羊穀梁鄒氏夾氏之傳。蓋傳記之作，體同訓釋古人傳記，與經別行，故其文繁簡適當。若爾雅者，所以總釋五經，辨章同異，釋詁一篇，或言周公所作，釋言以下，或言仲尼所增，子夏所足，叔孫通所益，梁文所補。經典釋文序錄 其後孔鮒之小爾雅，張揖之廣雅，皆規撫此書，專釋經與傳記，與所謂小學書者有別，此皆經學之附庸，儒家之先導也。

說經釋經諸家之概略

若夫周之史籀，秦之蒼頡，爰歷，博學，漢之凡將，急就，以及八體、六技，說文解字，斯則小學之管鑰，文章之始基，凡百學術，皆莫能外。及夫方國殊言，古今異字，經生文士，各著專書，（漢書藝文志有古今字一卷，別字十三篇，或曰即揚雄方言）而說經者遂有古文今文之別。嗜今文者好雜緯書，治古文者多重徵驗。當漢之初，燕齊多迂怪之士，故齊學之徒，喜言神怪，齊詩公羊傳，此其徵矣。至其甚者，沛獻集緯以通經，曹褒撰讖以定禮，乖道謬典，見譏通人；蓋讖緯之書，事豐奇偉，辭富膏腴，無益經典，而有助文章，故浮華之士，趨之若鶩，樸學之徒，卽與異撰。夫注釋爲文，與論議同科，析理必求其精，徵事必驗諸實，華僞之辭，易爲敵破，石渠論藝，白虎通講，說者以爲論家之正體，然箴言曲說，亦所不免。徵實之徒，雖少斯弊，繁瑣紛紜，人亦厭棄。是以劉彥和云：注釋爲詞，解散論體，雜文雖異，總會是同。若秦延君之注堯典，十餘萬言，朱普之解尚書，三十萬言，所以通人惡煩，羞學章句。若毛公之訓詩，安國之傳書，鄭君之釋禮，王弼之解易，要約明暢，可以爲式。（文心雕龍論說篇）斯則漢魏儒林，通其利病矣。

尚書春秋搬諸史之文體

漢時六家之史，其體已全，然經史二部，尚未分流，七略藝文，總歸六藝，覈衡厥誼，尚書春秋，爲史大宗，左國史漢，皆其苗裔。後世述其家數，乃駢列爲六，實則尚書春秋，當時尚無效之者。至孔衍王劭，始祖述尚書，王通朱熹，乃憲章春秋，若周書者，本爲尚書之餘，合爲一家，固其所宜。晏子虞卿呂氏陸賈，雖有春秋之名，而誼各不同，是故二家之體，漢魏之際，無聞焉耳。自左邱明作春秋傳，始開後世編年之體，當漢獻帝之世，史書皆以遷固爲宗，而紀傳互出，表志相重，於文爲煩，頗難周覽，於是命荀悅撰漢紀，以倣左氏，自是每代國史，皆有斯作。其後斯體復有斷代、通史之別，蔚爲大宗矣。左邱明既爲春秋內傳，又稽其逸文，纂其別說，分周魯齊晉鄭楚吳越八國之事，別爲春秋外傳國語，（劉向有新國語五十四篇已亡見藝文志）國別之體，自此權輿。戰國時，又有宋東西二周秦齊燕楚三晉宋衛中山十二國之事，成戰國策，斯則陳壽（三國志）崔鴻（十六國春秋）路振（九國志）所繇昉也。

漢代六家之史各有祖述

孔子作春秋，本魯史之名，兼周禮之法，因仍前紀，述而不作，太史公書亦然。世謂本紀、世家、列傳、書表之體，爲子長所㧗，實則皆原於世本。（漢書藝文志世本十五篇原注古史官記黃帝以來迄春秋時諸侯大夫劉向亦云世本古史官明於古事者所記錄黃帝以來帝王諸侯及卿大夫系謚名號凡十五篇見王應麟漢書藝文志補注宋本紀出於世本者左襄二十一年傳正義引世本記文史記索隱路史注引世本記文記紀晉同即史記本紀之所本也世家出於世本者左桓二年傳正義引世本世家文襄十一年二十一年定元年傳正義皆引此篇言諸侯世代謚號即史記世家所本也列傳本於世本者史記魏世家索隱引世本傳文述卿大夫世代謚號此史記列傳之所本也書出於世本者世本有作篇記占驗飲食禮樂兵農車服圖書器用藝術之原即史記八書所本亦爲後世諸志之祖又有居篇記帝王都邑亦爲後世地理志所昉唯篇目稍異耳表出於世本者桓譚新論云太史公三代世表旁行邪上並效周譜案隋書經籍志世本王侯大夫譜二卷是世本即周譜也故史記集解引世本氏姓篇云言姓則在上言氏則在下此即周譜旁行邪上之法史記索隱曰三代世表依帝繫詩生民篇正義引大戴禮帝繫篇謂世文亦然書序正義云大戴禮本於世本即指此況表譜爲一聲之轉譜即表也此史記表之所本也）仍前代之例，㧗通史之體，上起黃帝，下窮漢武，貫穿經傳，馳騁古今，勒成一家，事核文直，惜其十篇補者不倫。（漢書藝文志太史公百三十篇原注十篇有錄無書十篇之目見張晏注）其後劉向子歆，及諸好事者若馮商衛衡揚雄史岑梁審肆仁晉馮段肅金丹馮衍韋融蕭奮劉恂之徒，相次撰續，迄於哀平。（見王應麟漢書藝文志補注）斯皆步談遷之後塵，爲彪固之先導，雖各勒撰述，亦未能成家。唯梁之通史，魏之科錄，唐之南北史，宋之五代史，庶幾具體而微焉。昔尚書記周事，終秦穆；春秋述魯文，止哀公；紀年不遠於魏亡，史記唯論於漢始，獨有漢書，究西都之首末，窮劉氏之廢興，包舉一代，撰成一書，（本劉知幾史通漢書家語）斯則班孟堅之所首倡，而斷代史之所權輿也。自是之後，著述之才，羣聚於蘭臺，讎羅於東觀。班氏既爲蘭臺令史，作漢書，又撰光武本紀及諸列傳載記，而楊終爲郡上計吏，獻所作哀牢傳，亦徵詣蘭臺。至永初中，劉珍劉騊駼等著作東觀，撰集東觀漢記；（隋書經籍志東觀漢記一百四十三卷）其後盧植蔡邕馬日磾等，皆嘗補續；至吳謝承又撰後漢書。（隋代經籍志後漢書一百三十卷吳謝承撰）其後晉薛瑩，司馬彪，華嶠，謝沈，張瑩，袁山松，宋劉義慶，范曄，梁蕭子顯，皆有是作；而范之紀傳，司馬之志，獨傳，斯亦班氏爲其先導也。凡斯六家，後代作者，各有祖述，唯左傳史記，其流尤長，子玄論其利病，其言諦矣。

漢魏間雜史並興

三國之際，魏魚豢撰魏略，吳韋昭著吳書，獨蜀僻遠西陲，史書湮沒，是以陳壽云：國不置史，記注無官，是以行事多遺，災異靡書；諸葛亮雖達於爲政，凡此之類，猶有未周焉。（蜀志後主傳）然史通言蜀志，稱王崇補東觀，許蓋掌禮儀，又郤正爲祕書郎，廣求益部書籍，斯則典校無闕，屬辭有所矣，陳壽所云，得非厚誣諸葛乎？（史通正史篇）夫蜀立史官，誠如劉說，記注之籍，當時弗傳。故陳壽立志，唯蜀獨略，觀夫季漢，輔臣楊戲述贊，附載蜀志，且爲注疏，諸葛氏集，獨標目錄，上書之奏，亦附於篇，此雖史中之變例，亦因事實之太寡也。尋魏略吳書之屬，雖體同漢書，而賈等國語，（魏略與吳書均爲紀志列傳之體，詳章宗源隋書經籍志考證）是以三國書行而偏方史廢。當漢魏之際，雜史並作，袁康越絕書，趙曄吳越春秋，伏侯古今注，譙周古史考，均志在述古，託體傳記；劉向列女傳，梁鴻逸民傳，王粲英雄記，嵇康高士傳，則又偏記人物，別具史裁。若禁中起居注，（西京雜記序曰葛洪家有漢武禁中起居注一卷，隋書經籍志有後漢明德馬后撰明帝起居注，又有漢獻帝起居注五卷無撰名海內先賢傳，隋書經籍志海內先賢傳四卷魏明帝時撰案太平御覽職官部引此書稱魏明帝先賢傳省海內二字漢武故事，隋書經籍志漢武故事二卷又有魏武故事及漢魏吳蜀舊事江東舊事等書隸於吏部舊事類東方朔傳，隋書經籍志東方朔傳八卷案漢書東方朔傳曰凡劉向所錄朔書俱是矣世所傳他事皆非也注曰謂如朔別傳皆非實事然則此八卷即別傳也斯則內廷之記注，地方之傳志，史家之舊事別傳，皆起於此矣。至於揚雄家牒，藝文類聚禮部太平御覽禮儀部均引揚雄家牒隋書經籍志有桓氏家傳王朗王肅家傳斯亦家牒之流也為家史之始；陳留耆舊，隋書經籍志陳留耆舊傳二卷為郡書之宗。宮殿有疏，文選李注史記索隱均引漢宮闕疏唐書藝文志有漢宮闕簿三卷職官有儀，隋書經籍志漢官儀十卷應劭撰魏官儀一卷荀攸撰官儀職訓一卷韋昭撰此則史家之支流，記注之瑣小者也。夫雜史之作，雖同識小，然政俗所繫，史材所儲，雖不能並駕六家，要亦賢者所不廢。是以太史公曰：漢興，蕭何次法令，韓信申軍法，張蒼為章程，叔孫通定朝儀，則文學彬彬稍進。蓋法令、章程、儀注之屬，在後世同附庸於史書，在前代實並列於經典；能乎此者，實文學之上材，固非空疏浮華之士所能為也。自周以來，律令莫美於九刑，左昭六年傳周有亂政而作九刑軍法莫善於司馬，漢書藝文志軍禮司馬法百五十五篇章程莫精於周髀九章，周髀算經二卷漢趙君卿注九章算術九卷魏劉徽注朝儀莫備於周官儀禮，斯皆聖賢之制作，後世之楷模。蕭何韓信張蒼叔孫通之徒，亦皆專門名家，是故依倣古典，而文質彬彬。後世文人，纂修史籍，能為紀傳而不能為書志者，文有餘而實不足耳。

周代學術盡出於史官

蓋史之為官，洞明人事，練達文章，各成專家，著書垂世。是故諸子十家，莫不原本人事，共出史官。漢書藝文志儒家者流游文於六經之中章學誠言六經皆史尚書春秋為史固無待論禮樂二經為後世書志所出是為政典之史詩為樂章後世史志亦載樂詩況詩中固多有韻之史乎易為卜筮之書為史官所兼掌左傳所載卜筮皆史官占之周官太史乃馮相保章之長並主占候漢太史亦兼掌天官後漢直以太史令為天文歷紀占候之官是易亦為史家之書無疑矣是儒家出於史也藝文志云道家者流出於史官歷紀成敗存亡禍福古今之道然後知秉要執本清虛以自守卑弱以自持周代道家以辛甲爲最始辛甲爲紂臣後爲周太史著書二十九篇後世道家均以老子爲宗而老子亦爲周守藏室之史是道家出於史也藝文志云陰陽家者流蓋出於羲和之官羲和爲天官亦即史官志陰陽家首載守司星子韋三篇子韋爲景公之史張蒼十六篇蒼爲秦柱下史是陰陽家出於史也藝文志墨家首載尹佚二篇左傳稱史佚有言史佚之志晉語文王訪於辛尹注云辛甲尹佚皆周太史墨子七十一篇呂氏春秋言墨子學於史角後是墨家出於史也藝文志云名家者流蓋出於禮官周禮禮官所掌五禮太史皆掌其貳又有外史掌達書名於四方周禮書名之名論語正名之名鄭注皆曰古曰名今曰字此名家所致用者也荀子正名篇刑名從商爵名從周文名從禮散名之加於萬物者則從諸夏之成俗曲期則外史所掌盡之矣又老聃爲禮學之宗其書開宗明義先言道可道非常道名可名非常名荀子隆禮亦著正名篇墨家爲淸廟之守本爲禮官而墨子亦著經說以言名理則名本根本於此審矣是名家出於史也法家出於名家即出於道家藝文志名家首鄧析法家首李悝鄧析傳刑名李悝以之著法經商君受之以相秦各著書傳後世慎到申不害亦皆有黃老意而韓非解老喩老二篇文美義深老韓同傳蓋緣于此道家名家出於史故法家亦出於史也藝文志云縱橫家者流出於行人之官孔子曰誦詩三百使於四方不能專對雖多亦奚以爲縱橫家出乎詩故春秋時往來使臣多賦詩言志普於詞令詩爲史之一端是縱橫家亦出於史也農家出於法家李悝作盡地力之敎商君首開阡陌藝文志農家首載神農二十篇劉向別錄疑李悝商君所說是也管子言倉廩實而知禮節衣食足而知榮辱故著地員篇以言農是農家出於法家之證追其本源蓋亦出乎史矣雜家兼儒墨合名法儒墨名法出於史是雜家亦出於史也小說家者流出於稗官周禮誦訓掌道方志而訓方氏又誦四方之傳道及閭師縣師各有其書藝文志周考七十六篇寄史子五十七篇原注古史官記事也臣壽周紀七篇虞初周說九百四十二篇是小說皆爲史類後世稱小說爲稗史是也是小說出於史也凡此十家班固謂皆六經之支與流裔其言信矣

考學術之淵源，詳文章之派別，雖分流爲十，而大別有三：一曰小說，雖名爲子，而與史最近者也；一曰名，由名家出者，爲諸子正宗，此雖由史出，而可與史抗衡者也；一曰縱橫，由縱橫出者，其流爲辭人文士，雖亦爲史家之流裔，而實爲集部之遠宗者也。

小說家之概略

漢志小說之書，若黃帝說務成子天乙伊尹說鬻子說師曠說，爲外史別傳之宗；封禪方說心術未央術，又爲雜記筆談之祖；出入乎子史，兼賞乎雅俗，而揚雄之蜀王本紀，管辰之管輅別傳，魏文帝之列異傳，郭憲之洞冥記，即其流也。周考靑史周紀周說之屬，道於誦訓之職，采於黃車之使，方志郡書，即由此出；趙岐之三輔決錄，韋昭之三吳郡國志，顧啓期之婁地記，譙周之益州志，亦其流也。唯宋子十八篇，原注以爲孫卿道宋子，其言黃老意，然不列乎道家，而廁於小說，蓋亦以文體別之耳。考孫卿所云之宋子，（荀子云宋子有見於少無見於多又云宋子蔽於欲而不知得又引子宋子曰明見侮之不辱使人不鬭又云子宋子曰人之情欲寡而皆以已之情欲爲多是過也所謂其言黃老意如此）即孟子所遇之宋牼，（宋牼將之楚孟子遇於石邱）莊子所稱之宋鈃，（莊子不累於俗不飾於物一節宋鈃尹文聞其風而說之云云案莊荀之言互相發明亦與孟子事合）上說下教，强聒不舍，其著書立說，亦必使雅俗咸宜，取譬近而指意遠，樹義深而措辭淺，此小說之正宗，茲其所以成家也。後世別傳地志之屬，既不覩爲小說，小說之書，唯怪力亂神是務，其於小說稱家之意，偏其反矣。唯以俗語演史、筆札識小，猶未失古人之意，而宋子之風，則銷聲匿跡，曠千載而絕聞覩矣！

名家之概略

出於名家者有道家、儒家、墨家、法家、雜家，各本名理，人無異說。陰陽家、農家，似與形名之學不相涉，然如騶衍著書，亦必先驗小物，推而大之，至於無垠，則亦有合於名家之律令者也。農家本重徵驗，稱物理以施人力，至如許行陳相之徒，倡並耕之說，鉏厲民之政，人我之養，畢足而止，所持道術，與名家之尹文相似，且足以濟其窮，是亦本於名家，而加之以實力者也。道家始伊呂，而仲尼不稱，蓋道家初任權數，尚詐術；至老聃莊周，始本形名之學，深黜聖知，發其情僞，倡自然之說，立無爲之教，致文景之小康，啓魏晉之玄學，其文深美，爲諸子之冠。儒家祖周公而宗仲尼，七十子之徒，通論禮制，時有美言，而孫卿隆禮，始著正名之篇，定散名之例，其文頗爲密致；孟子深詩書，文益豪峻，蓋名家出於禮官，孫卿隆禮而殺詩書，其道自相近也。墨家始尹佚，佚書二篇雖亡，然引於周書左傳者，頗與儒道相出入；至墨子始著經說，魯勝所謂取辨乎一物，而原極天下之汙隆，名之至也。凡此四家，蓋先名家而出者也。名家首鄧析，鄧析傳刑名，又爲法家之祖，魯定公九年，鄭駟顓殺鄧析，而用其竹刑。故淮南子云：鄧析巧辯而亂法，蓋亂國法、故見殺，能巧辯、故其書行。其初出也，蓋猶考伐閱、程爵位、守禮官舊法，故法家若李悝商君申子慎子韓子之徒，一秉其術，審名分，輔禮制，辨上下，定民志；至尹文（藝文志尹文子一篇原注說齊宣王先公孫龍）惠施，（藝文志惠子一篇原注名施與莊子同時）而名家又一變。尹文作華山冠表上下平，（莊子天下篇及注）而惠施之學去尊，（呂氏春秋愛類篇匡章謂惠子曰公子學去尊）於是農家之許行陳相，小說家之宋銒，亦因之而出。蓋循名責實之學，物物而辨，事事而較，必反之自然，歸之至善；蓋至是不獨學貴去尊，而文章亦謀溥及之術矣。此名家之極軌也。

降及秦漢，名家之道已削小，雜家乃起而承之，兼儒墨合名法，於斯爲盛。至於呂不韋淮南王，各輯智略之士，纂采衆家之學，貫綜其說，鎔爲一家。其後王充繼之，間孔非韓，談天說日，論死辨祟，記妖訂鬼，命祿氣壽之言，自然齊世之語，雜然並作；然其論世間事，亦能辨昭然否，虛妄之言，僞飾之辭，莫不證定。是故春秋戰國而後，諸子之書，在秦莫過於呂氏春秋，在兩漢莫過於淮南論衡。蓋名家析理之言熄，求是獨到之學衰，采衆長則美，抒己見則絀，雜論衆事，辨析是非則善，彌綸羣言、始終條理則蔑。故雖仲長昌言、蔣濟萬機、杜恕篤論、鍾會芻蕘、張儼嘿記、裴玄新言，在當時雜家，或相形見絀，而較兩漢諸子，亦未皁多讓也。且自秦統一區宇，墨家兼愛、名家去尊、農家並耕之說，亦不容於世；（雜家雖云兼儒墨合名法，唯呂氏春秋則然，蓋其書尚在六國之時；若漢代雜家已掛名墨之言矣。）成農家唯存樹藝之書，已無名理之論；道家法家在景武之世，雖稍有論著，（藝文志法家有鼂錯三十一篇，道家有捷子二篇，原注齊人，武帝時說；曹羽二篇，原注楚人，武帝時說於齊王；郎中嬰齊十二篇，原注武帝時。）然微弱已甚；唯陰陽與儒行於王路，故其言獨盛。（秦任法家，而史記封禪書言始皇採鄒衍終始五德之運，以水德之瑞更命河曰德水，以冬十月爲年首，色尚黑；漢祖初興，以應赤帝之名，讖緯尚赤；文景好黃老，景帝又好法家，而張蒼賈誼之徒，仍述陰陽家言以實政治；自武帝崇儒，而西漢儒者多雜陰陽。）自張蒼、賈誼、董仲舒、劉向、揚雄之徒，皆以儒兼陰陽，蒼誼仲舒，皆傳春秋，而蒼著書言陰陽律歷，誼與仲舒並言五德三統，紛紏不已；劉向洪範五行傳、揚雄太玄經，皆以陰陽說經術於時。說詩言五際六情，說禮言明堂陰陽，其後緯候繁興，窮極詭秘，是故西漢儒書，大抵雜於陰陽，逢世所好，遠於形名，而近於縱橫，其不能追蹤戰國，蓋以此也。自劉歆以後，古文家崛起，說經純朴，頗近形名。於時儒家，若桓譚新論，質定世事，論說世疑，爲王充所宗；法家若崔寔政論、王符潛夫論，爲昌言先導。其時汝潁之間，品第人物，褒貶得情。魏有九品中正之言，衡量人士，於是魏文帝作士操，劉劭作人物志，盧毓作九州人士論，姚信作士緯新書，皆列於名家。爰俞辯於論議，采公孫龍之辭，以談微理，（魏志鄧艾傳注引荀綽冀州記）名家之學復興，諸子之書又盛，而老莊之學，最爲稱首。董遇、王肅、何晏、張揖、孟康、荀融、王弼、虞翻之徒，各爲訓注，復作講疏，任嘏、鍾會皆有道論，而四本之論，深究才性，各含名理，玄言妙論，播於時矣。法家踵起，深擅刑名，陳羣定魏律，諸葛亮造蜀科，參訂者既極一時之選，而劉廙政論、劉劭法論、阮武正論、陳融要言，莫不原本黃老，追跡申商，遺文佚句，可得而按焉。儒家之書，雖不能遠攀孟荀，陵駕揚桓，然若譙周、徐幹、杜恕、王昶、周生烈之書，縱未能務去陳言，亦能時出新意，而陰陽禨祥之言，固已盪滌淨盡矣。

此則名家之成效大驗也。

縱橫家之概略

縱橫家善於辭令，長於諷諭，能移人之情，奪人之意，其原本出於詩。春秋之時，列國卿大夫，聘問往來，賦詩言志，此其徵也。其時若鄭之辭命，稗諶草創，世叔討論，子羽修飾，子產潤色，是以應對諸侯，鮮有敗事；而燭之武、王孫滿、子家、呂相之徒，奮其筆舌，折衝强敵，轉害爲利，垂聲無窮。迨至戰國，人持弄丸之辨，家挾飛鉗之術，劇談者以譎誑爲宗，利口者以寓言爲主。是以蘇秦合縱，張儀連衡，著書立說，蔚爲家言。而當時文學之士，滑稽之流，亦染縱橫之習。是故秦漢一統，辨士雖已弭筆，（文心雕龍論說篇云：至漢定秦楚，辨士弭節，酈君既斃於齊鑊，蒯子幾入乎漢鼎，雖復陸賈籍甚，張釋傅會，杜欽文辨，樓護脣舌，頡頏萬乘之階，抵噓公卿之席，並順風以託勢，莫能逆波而泝洄矣。）辭人尙祖其風；蓋自屈宋淳于以來，發言措詞，聯藻交彩，既有暐曄之奇意，即出游談之詭俗，故鄒陽主父偃徐樂莊安之徒，雖稱縱橫，特長文學。（漢書藝文志縱橫家鄒陽七篇，主父偃二十八篇，徐樂一篇，莊安一篇。）而司馬相如爲文學之宗，東方朔爲滑稽之雄，祖述屈宋，憲章淳于，流風餘韻，施及建安，七子辭章，邯鄲笑林，非其流邪？

自周至魏文體之變遷

藝文志云：古者諸侯卿大夫，交接鄰國，以微言相感，當揖讓之時，必稱詩以諭其志。春秋之後，聘問歌詠，不行於列國，而賢人失志之賦作；大儒孫卿及楚臣屈原，皆作賦以風諭，著謂有古詩之意。是時雖有賦體，未有賦名。（屈原賦乃後人題名）厥後宋玉、唐勒、景差之徒，相競造賦，至秦復有雜賦，於是詩賦始畫境。漢志詩賦，唯有賦與歌，詩賦有四家：屈原賦言情，孫卿賦效物，陸賈賦有朱建、嚴助、朱買臣之屬，爲縱橫之變。雜賦有隱書，亦與縱橫相出入，其中高者：相如上林，揚雄甘泉，班固兩都，張衡二京，馬融廣成，王生靈光，（皇甫謐三都賦序）此雖博觀而約取，亦賦衰而詩興之所由也。是故兩漢之時，辭賦方張，而述志之詩鮮。成帝品錄三百餘篇，皆屬歌詩，若韋孟李陵蘇武班婕妤之作，寥寥無幾，古詩佳麗，篇僅十餘。至建安而後，詩乃勃興，文帝陳思，縱轡以騁節；王徐應劉，望路而爭驅，慷慨任氣，磊落使才，所謂公幹升堂，思王入室，與賦家之賈誼相如媲美矣。（法言吾子篇：如孔氏之門用賦也，則賈誼升堂，相如入室矣。鍾嶸詩品：故孔氏之門如用詩，則公幹升堂，思王入室。）雖正始而後，詩雜仙心，何晏之徒，率多浮淺，而嵇志清峻，阮旨遙深，亦能雄視百代。然則魏詩漢賦，美盛悉敵。漢之古詩，如兵所誅滅歌詩、出行巡狩及游歌詩、高祖歌詩、臨江王及愁思節士歌詩、宗廟歌詩及送迎靈頌歌詩、孝武立樂府歌詩之類，亦猶戰國之楚辭，各爲先導，其美亦未能軒輊焉。

若夫詔策章表、檄移書記之流，亦有揚厲以馳旨，煒曄以騰說，麗辭植義，頗近乎詩。與夫奏疏議駁之屬，綜覈事情，協於名理者，殊科異撰矣。蓋奏疏議駁，近論頗取於形名；詔表策檄，近詩頗取於縱橫。秦始立奏，辭無膏潤，王綰之奏勳德，辭質而義近，李斯之奏驪山，事略而意逕。自漢以來，奏事或稱上疏，儒雅繼踵，始可觀采。若漢之賈誼、鼂錯、匡衡、王吉，後漢之楊秉、陳蕃、張衡、蔡邕，魏之高堂隆、王觀、王朗、甄毅，博雅通達，見稱於劉勰。然漢之善作奏者，莫如趙充國，探籌而數，辭無枝葉；而王充於漢，獨取谷永，永質不及文，獨爲後世宗。若充國者，王劉皆不之及也。駁議之制，亦始於漢，吾邱駁挾弓，安國辨匈奴，張敏斷輕侮，郭躬議擅誅，程曉駁校事，司馬芝議貨錢，可謂明於事實，達於議體。而漢世善於駁者，首推應劭，捷於議者，唯有賈誼；此皆采故實於前代，觀通變於當今，理不繆搖其枝，字不妄舒其藻者也。若夫詔書之作，文景以前，辭尚近質，武帝以後，時稱詩書，潤色鴻業，始爲詩之流矣。武帝策三王，潘勗策魏公，皆上擬尚書，比於崧高韓奕，徒無韻耳。漢世表以陳情，與奏議異用，孔融之薦禰衡，曹植之求自試，皆煒曄可觀；蓋秦漢間上書，如李斯諫逐客，鄒陽上梁王，已啓其端，其後別名爲表，至今尙辭，亦無韻之風也。（自詔書以下略采國故論衡）後世論文之士，率取近乎詩者，明其源流，指其變遷。是以沈約云：屈平宋玉導清源於前，賈誼相如振芳塵於後。自漢至魏，四百餘年，辭人才子，文體三變：相如巧爲形似之言，班固長於情理之說，子建仲宣以氣質爲體，竝標能擅美，獨映當時。是以一世之士，各相慕習，原其飆流所始，莫不同祖風騷。（宋書謝靈運傳論）劉勰云：屈平聯藻於日月，宋玉交彩於風雲；觀其豔說，則籠罩雅頌，故知煒曄之奇意，出乎縱橫之詭俗。爰自漢室，迄至成哀，雖世漸百齡，辭人九變，而大抵所歸，祖術楚辭，靈均餘響，於是乎在。（文心雕龍時序篇）二家之論，皆探原詩騷，可謂知本之言；唯劉氏論漢魏才略，謂卿淵以前，多俊才而不課學；雄向以後，頗引書以之助文，可謂明其分際，涵蓋一切者矣。

第三章　晉至陳文學總論

自魏正始中，何晏王弼祖述老莊，晉王衍樂廣慕之，崇虛玄之學，開談講之風，迄於江左，學術文章，頗能綜於名理，稱爲華妙。迨梁天監，始崇儒術，玄風將泯，而文弊漸滋，後世史臣，莫不崇儒道，斥玄學，弘講經之業，賤清談之儒。五胡分裂之禍，論者歸罪於玄學，斯蓋非弘通平恕之論乎？自晉以來，學者所趨，略分四科，所謂儒、玄、文、史是也。宋元嘉時，立國子學，遂四學並建，豫章雷次宗、會稽朱膺之、潁川庾蔚之，並以儒學總監諸生，丹陽何尚之立玄學，太子率更令何承天立史學，司徒參軍謝元立文學。（南史雷次宗傳）雖勸課未博，建制亦暫，而圖籍文章，亦自此遂分為四部矣。（魏祕書郎鄭默始制中經，祕書監荀勖用之，更著新簿，分為四部。宋元嘉八年祕書監謝靈運造四部目錄。齊永明中祕書丞王亮、監謝朏又造四部書目。梁祕書監任昉、殷鈞亦有四部書目。雖齊王儉有七志，梁阮孝緒有七錄，而隋唐以後均以四部為定制。或謂當時玄學有所謂三玄者，指易與老莊而言，四部之子，不能謂玄。實則老子謂有無同出而異名，同謂之玄，故玄者兼賅有無，凡成家言，皆可稱玄。稱子本不能名詞，說無亦玄中之一義耳。故古之子學，今之哲學，皆當稱為玄學。）試分為述之。

儒學

當時說經之士，南北異尚。李延壽云：江左周易則王輔嗣，尚書則孔安國，左傳則杜元凱；河洛左傳則服子慎，尚書、周易則鄭康成，詩則並主於毛公，禮則同遵於鄭氏。南人簡約，得其英華；北人深蕪，窮其枝葉。（北史儒林傳）蓋江左之儒，崇尚玄學，略迹言理，自歸簡約，是故說經之作，大抵雜以玄言。自伏曼容、嚴植之、太史叔明、皇侃、張譏、顧越諸儒，莫不並善儒玄，雜糅其旨。今諸家之書云亡，而皇侃論語義疏尚存，儒書道說，詞旨華妙，以此例彼，諸書可知。唯范甯集解穀梁，深嫉玄談，斥何晏王弼謂其罪深於桀紂，此與孟子詆楊墨為禽獸，同其疾惡；祇深門戶之見，難挽習尚之心，雖大儒如范宣口絕老莊，而心尚默識。（晉書范宣傳：宣言談未嘗及老莊，客有問人生與憂俱生，不知此語何出？宣云：出莊子至樂篇。客曰：君言不讀老莊，何由識此？宣笑曰：小時嘗一覽。宣著禮易論難皆行於世。）其後陸德明著經典釋文，亦附老莊音義，儒玄並尊，其流遠矣。應詹謂元康以來，賤經尚道，永嘉之弊由此，不亦過乎？且六朝諸儒，玄談雖衆，而禮學尤盛，南史儒林，多明三禮；（南史儒林傳何佟之司馬筠司馬褧崔靈恩孔僉孔元素沈峻皇侃沈洙鄭灼張崖劉文紹皆通三禮其餘明禮者尚多詳宋之際若范隆雷次宗等亦通三禮）五代經籍，喪服獨多；（隋書經籍志晉袁準孔倫陳銓宋裴松之雷次宗蔡超宗劉道拔齊田僧紹司馬瓛樓幼瑜劉瓛沈麟士梁賀瑒何佟之裴子野皇侃陳謝嶠皆注疏喪服又晉杜預劉逵衛瓘賀循劉德明環濟宋庾蔚之張耀崔凱孔智皆有喪服要記等作而喪服圖譜略例雜議尚有數十家）禮論之作，既富且美。（宋何承天撰集禮論三百卷梁孔子祛續何承天集禮論一百五十卷而何佟之讀禮論三百餘篇略皆上口）蓋老莊之學，深於形名，持論精微，不索章句，故當時議禮之文，優於漢世。陳壽賀循孫毓范宣蔡謨徐野人雷次宗者，蓋二戴聞人所不能上。卞壼斥玄學之徒，悖禮傷教，中朝傾覆，實由於此，蓋亦見彼而不見此耳。兩漢之時，詔諸生講五經異同，石渠白虎，各有奏議，講辨之端，已啓於此。宋齊以後，談玄講經，莫不有講疏義疏之作；（隋書經籍志義疏之書亦爲講而作如周易義疏十九卷宋明帝集羣臣講齊永明國學講周易講疏二十六卷是講疏義疏名異而實則同）開唐代注疏之體，爲後世講義之宗。區段次第，有條不紊，文貴清析，言必探源；雖微傷繁瑣，而頗絕妄虛。且當時疏體，義尚玄虛，言必徵實，南得英華；北窮枝葉，蓋已兼而有之矣。自漢武三王之冊，潘勗九錫之文，揚雄之法言太玄，摹經而作，遂開尚書僞古之風。東晉豫章內史梅賾始獻孔安國之傳，齊建武中，吳姚方興又奏舜典二十八字，齊梁之際，又有造尚書逸篇者，於是北周蘇綽亦仿尚書作大誥；自是之後，文筆皆依此體，（周書蘇綽傳）斯則六朝浮華之體所由革，隋唐復古之文所由興焉。（王通文中子摹論語元經摹春秋韓愈作碑所謂點竄堯典舜典字塗改清廟生民詩亦多摹經之語）

玄學

晉代學者，承魏之餘烈，形名之學未替，成家之言亦衆。魯勝注墨辨，引說就經，各附其章，又采諸家雜集，爲形名二篇，略解指歸，以爲名者所以別同異，明是非，道義之門，政化之準繩，當時頗多宗之。是故爲文者善於析理，談玄者皆能入微，杜夷幽求、張機遊玄、梁澡玄言、簡文談疏，其最著者；唐滂孫綽符朗蘇彥，亦有家言，莫不祖述老莊為其羽翼，不特疏其文句已也。漢魏以降，佛學漸興，孟福張蓮嚴佛調支謙之徒，已開漢人譯經之端。六朝之際，譯學更盛，帝王公卿，躬筆受校讎之任。（帝王如姚興梁武魏宣武帝公卿如苻秦趙政前涼趙瀟北魏崔光皆躬自筆受或校讎）文人學士，弘修飾潤色之風。（如宋謝靈運梁劉孝標並亦嘗重譯筆受諸經）而姚秦之際，鳩摩羅什西來，重譯舊經，一洗天竺滯文格義之病，於是僧肇肇論，僧佑弘明集，慧皎高僧傳，文理密察，咸推作者之宗。蓋天竺之學與玄言相契，玄家隆禮而釋教重律，故玄學既興，釋典乃更昌明焉。當玄釋二學交盛之時，諸子百家之學漸衰，名法縱橫，不絕如縷，儒家有正論（晉袁準撰十九卷）新論（晉夏侯湛撰十卷）要覽（晉呂竦撰十卷）正覽（梁周捨撰六卷）采於隋志；成敗志（晉孫毓撰三卷）化清經（晉蔡洪撰十卷）物理論太玄經（晉楊泉撰物理論十六卷太玄經十四卷）引於意林；亡佚既屬八九，存者亦甚淺雜。唯雜家之抱朴金樓顏氏家訓，其書尚存，文質並茂，傑出於當時。傅子之書，雖十不存一，視彼三家未皇多讓。張華博物志，崔豹古今注，則相形見絀矣。蓋葛洪梁元帝顏之推，或尙玄，或崇釋，有秉要執本之言，綜名核實之語，故能冠冕雜家，輝映百世。而隋志雜家，有對林、文府、典言、論集、類苑、書鈔諸書，因屬文儲材而作，為類書叢鈔之宗，廁於家言，實屬不倫。唯子鈔一書，上規呂覽，而下啓意林，雖無裁成之功，尙通衆家之意，與夫雜錯漫羨，而無所指歸者殊矣。小說家唯劉義慶之世說新語，清談玄論，典而可味，流風餘韻，播於後世。加以劉孝標之注世說，與裴松之之注三國志，同其義法，一代風儀，盡萃於此。小說一家，本出於史，此為近古，與夫干寶搜神記之志怪，魯褒錢神論之憤世，異其撰矣。然則六代家言，總之不離乎玄言者近是。

史學

自晉以後，六家之史，唯紀傳編年最盛。陳壽之書，雖迹同國語，而體實紀傳；馬彪范曄，集成乎後漢；王隱法盛，各記於二晉。至臧榮緒括二晉十餘家之史，合成一書，已爲唐修晉書之先導。沈約踵何裴孫蘇而撰宋書，蕭子顯繼江淹沈約而成齊史，雖皆奄集衆長，而整齊故事，質而有文，亦足劭也。姚察撰勒梁陳二書，粗有條貫，而未奏厥庸；至唐其子思廉續成之。談彪之業，豈可沒哉！魏收之書，雖稱穢史，亦有獨長，官氏釋老諸志，爲史家之刱例，得世本之遺意。是故魏澹楊素，縱奉敕別撰，未能奪其席焉。夫斷代之史，紀傳之體，後世號爲正史，然紀表志傳，周覽旣難，貫穿匪易。自荀悅撰漢紀，仿左傳，自是每代國史，皆有編年之作。起自後漢，訖於高齊，如袁宏張璠孫盛干寶徐廣裴子野吳均何之元王劭之徒，其所著書，或謂之春秋，或謂之紀，或謂之略，或謂之典，或謂之志，名雖歧異，實同左傳。然則六代史書，唯左班二體，差能並駕齊驅，若夫孔衍之漢魏尚書，司馬彪之九州春秋，梁武帝之通史，雖倣尚書國語史記而作，而多寡已迴不相侔；春秋一經，則更絕比擬焉。唐撰五代史志，史部類分十三，正史而外，尙有古史、雜史、霸史、起居注、舊事、職官、儀注、刑法、雜傳、地理、譜系、簿錄等類。攷古史所錄，皆屬編年；雜史之類，各有所歸；霸史之書，散之則屬紀傳編年之體，總之則成國語國策之流；起居注、舊事、雜傳，爲紀傳之材；職官、儀注、刑法、地理、譜系、簿錄，爲書志之藪；凡此諸書，譬猶未修之春秋，百國之寶書，實紀傳編年之附庸，不能與成家之史相提並論明矣。

自錄略讎校之學衰，文章部署之法亂，史之附庸，蔚爲大國，成家之史尠，識小之書盛，敢於成名，而甘於小就，斆文華以緯國典，守賤簿而無闕容者，鮮矣！然若益部耆舊，爲國志之緒餘；（附志益部耆舊傳十四卷陳壽撰）聖賢高士，爲素志之所託；（附志聖賢高士傳贊三卷嵇康撰皇甫謐虞槃佐孫緯周弘讓亦各有高士傳）高僧紀法教之盛；（附志高僧傳六卷虞孝敬撰釋僧祐亦有高僧傳十四卷）文士述文學之統，（附志文士傳五十卷張隱撰）與正史而別行，頗有關乎風化，而譜牒之學，所以明族類辨華夷；文章之志，所以識源流，明正變，此亦有足多者。觀夫陳壽作史，辭多勸戒，明乎得失，雖文豔不及相如，而質有過之。馬范二史，亦能文質相扶。自是厥後，非失之華，即失之野，宏識孤懷，不相逮矣。其時作史文體，若孫盛習鑿齒輩，規撫左氏，爲司馬通鑑之宗。姚察梁書，序事立論，頗多散體，洗齊梁駢儷之習，開昌黎古文之風。酈道元水經注，羊衒之洛陽伽藍記，善言景物，啓遊記之體；柳州之作，化繁爲散，其淵源蓋本乎此焉。

文學

自晉以來，文尚藻鍊；齊梁而後，屬對彌工，析句彌密，浮濫靡麗，華而不實。於是陳周諸彥，漸有見端，擬古而作，偏爲單奇，固不待隋唐之復古、文體爲之一變也。然當時南北文學，好尚不同。隋書文學傳云：江左宮商發越，貴乎清綺，河朔詞義貞剛，重乎氣質。氣質則理勝其詞，清綺則文過其意；理深者便於時用，文華者宜於詠歌。是以江左詞賦，盛於河朔，雖晉中朝之時，南北未分，文學亦無偏尚。若張華左思潘岳劉琨二陸三張，應傅孫摯成公之徒，並結藻清英，流韻綺靡，朔南固猶相敵也。迨元帝中興，江左河洛，爲五胡宰割，衣冠文物，萃於南服，北方非無遺彥，而戎馬流離，已未能盡其才矣。是以後世論文，獨推江左。劉彥和云：『自中朝貴玄，江左稱盛，因談餘氣，流成文體，是以世極迍邅，而辭意夷泰，詩必柱下之旨歸，賦乃漆園之義疏。』（文心雕龍時序篇）『

宋初文詠，體有因革，莊老告退，而山水方滋。』（文心雕龍明詩篇）蕭子顯云：『江左風味，盛道家之言，郭璞舉其靈變；許恂極其名理；仲文玄氣，猶不盡除，謝混清新，得名未盛。顏謝竝起，乃各擅奇；（宋書謝靈運傳論亦云：仲文始革孫許之風，叔源大變太玄之氣，爰逮宋氏，顏謝騰聲。靈運之興會標舉，延年之體裁明密，竝方軌前秀，垂範後昆。）休鮑後出，咸亦標世。朱藍共妍，不相祖述，作文者衆，綜而論之，略有三體：一啓心閑繹，託辭華曠，雖存巧綺，終致迂回，宜登公宴，未爲準的，而疏慢闡緩，膏肓之病，典正可采，酷不入情，此體之源出靈運而成也。一、緝事比類，非對不發，博物可嘉，職成拘制，或全借古語，用申今情，崎嶇牽引，直爲偶說，唯睹事例，頓失精采，此則傅咸五經，應璩指事，雖不全似，可以類從。一、發唱驚挺，操調險急，雕藻淫豔，傾炫心魂，亦猶五色之有紅紫，八音之有鄭衛，斯則鮑照之遺烈也。』（南齊書文苑傳論）魏徵云：『梁自大同之後，雅道淪缺，漸乖典則，爭馳新巧；簡文湘東，啓其淫放，徐陵庾信，分路揚鑣。其意淺而繁，其文匿而采，詞尚輕險，情多哀思，格以延陵之聽，蓋亦亡國之音。』（隋書文學傳序）此則自晉迄陳，文變略具，孫許扇以玄言，陶潛革以田園，靈運暢以山水，簡文變以宮體；雖雅鄭不同，而淸綺則一，然則江左文華，宜於詠歌，信矣！

令狐德棻云：『中州板蕩，戎狄交侵，僭僞相屬，士民塗炭，故文章黜焉。其潛思於戰爭之間，揮翰於鋒鏑之下，亦往往而間出。若魯徽杜廣徐光尹弼之疇，知名於二趙；宋諺封弈朱彤梁讜之屬，見重於燕秦；然皆迫於倉卒，牽於戰爭，競奏符檄，則粲然可觀，體物緣情，則寂寥於世。唯胡義周之頌國都，劉延明之銘酒泉，頗有宏麗淸典之風焉。逮乎有魏，定鼎沙朔，南包河淮，西吞關隴，當時之士，有許謙崔宏崔浩高允高閭游雅等，聲實俱茂，詞義典正。及太和之辰，雖復崇尚文雅，方驂竝路，多乖往轍，涉海登山，罕值良賓。其後袁翻才稱澹雅，常景思標沈鬱，彬彬焉蓋一時之俊秀也！周氏剏業，運屬陵夷，纂遺文於既喪，聘奇士如弗及。是以蘇亮蘇綽盧柔唐瑾元偉李昶之徒，咸奮鱗翼，自致青紫。然綽建言務存質朴，遂糠粃魏晉，憲章虞夏，雖屬詞有師古之美，矯枉非適時之用，故莫能常行焉。（周書王褒庾信傳論）李百藥亦云：天保中，李愔陸卬崔瞻陸元規，並在中書，參掌綸誥；李廣樊遜李德林盧詢祖盧思道，始以文章著名；皇建之朝，常侍王晞獨擅其美；河清天統之辰，杜臺卿劉逖魏騫，亦參知詔敕；自愔以下，在省唯撰述除官詔旨，其關涉軍國文翰，多是魏收作之。及在武平，李若荀士遜李德林薛道衡，爲中書侍郎，諸軍國文書及大詔誥，俱是李德林之筆。後主館客，有蕭慤顏之推，待詔文林，有徐之才陽休之等，皆令入館撰書，當時操筆之徒，搜求略盡。（北齊書文苑傳序）然則河朔文人，理勝其詞，便於時用，亦信而有徵矣。

自梁簡文以後，宮體既興，徐庾承其流化，遂爲一代文宗，輕豔之體，徧於南北。徐陵之文，緝裁巧密，每一文出，好事者已傳寫成誦，遂被之華夷，家藏其本；（陳書徐陵傳）庾信入周，牢籠一代，是時世宗雅詞雲委，滕趙二王雕章間發，咸築宮虛館，有如布衣之交，由是朝廷之文，閭閻之士，莫不忘味於遺韻，眩精於末光，猶丘陵之仰嵩岳，川流之宗溟渤也。其體以浮放爲本，其詞以輕險爲宗，故能誇目侈於紅紫，蕩心逾於鄭衞。（周書王褒庾信傳論）自此徐庾之體，浸淫漸漬，訖陳隋而爲俗矣。

第四章　隋唐五代文學總論

隋唐之時，文史之學盛，而經史之學微。蓋自隋平陳以後，玄學已熄，關陝樸僿，本無此風，魏周以來，初未習受，魏李業興對梁武帝云少爲書生止習五典素不玄學何敢仰酬則玄學不行於北可知陳人之入長安者，又已衰苶不振；故老莊之學衰，形名之術息。於是意必之言、唐肆之辭、怪亂之說，接踵於世矣！試分爲述之。

意必之言

梁陳之世，義疏雖煩猥，然皆篤守舊常，不背師法。唐初五經正義，本諸六代，六代經學南北不同北史言之已詳隋唐一統五經正義亦遂統集南北匯爲一家蓋當時義疏之學南如崔靈恩三禮義宗左氏經傳義沈文阿春秋禮記孝經論語義疏皇侃論語義禮記義戚袞禮記義張譏周易尚書毛詩孝經論語義疏顧越喪服毛詩孝經論語義王元規春秋孝經義記北如劉獻之三禮大義徐遵明春秋義章李鉉撰定孝經論語毛詩三禮義疏沈重周禮儀禮禮記毛詩喪服經義熊安生周禮禮記義疏孝經義皆唐人五經正義之先河而采集其說亦多雖言煩碎，未嘗專恣。其後說經務爲穿鑿，啖助趙匡於春秋，施士匄於詩，仲子陵韋彤韋茝於禮，蔡廣成於易，強蒙於論語，皆自名其學。苟異先儒，棄古義而取新奇，喜通學而惡顓門，蔑佐證而逞胸臆，意必之言興，而空疏之學起矣。

唐肆之辭

魏晉以來，老莊形名之學，發爲言辭，多覃思自得，且多沐浴禮化，進退不移；故政事墮於上，而民德厚於下。唐自王勃僞造中說，唐志王通中說五卷章先生檢論云中說時有善言其長夸詐則甚矣案其言長安見李德林援琴鼓蕩及杜淹所爲世家稱通問禮關朗其年齒皆不逮而房玄齡杜淹陳叔達年皆長通不得爲其弟子舊唐書稱通仕至蜀郡司戶書佐疑其言獻策亦妄也諸此詐欺之文世或以爲福郊福時增之案通弟績既以通比仲尼子姓襲其唐虛宜然然其年世尚近不可顛倒而勃去通稍遠矣生既不識李房杜陳之儔比長故老漸凋得以妄述其事唐書稱通皆起漢魏盡晉作書百二十篇續古尚書有錄無書者十篇勃補完缺遺定著二十五篇由今驗之中說與文中子世家皆勃所翻詐也逞爲文辭，過自高賢，而文沒於勢利，妄援隋書羣貴，以自光寵。浮澤盛而慮憲衰，矜夸行而廉讓廢，終唐之世，文士如韓愈呂溫柳宗元劉禹錫李翺皇甫湜之徒，皆勃之倫也。其辭音觭耦不與焉，猶言魏晉浮華，古道湮替，唐世振而復之，不亦反乎？且中說所稱，記注興而史道誣，其言鑒燧也。而勃更僭其言，矯稱諛辭，增其先德，唐世學士慕之，以爲後世可給，公取寵賂，盛爲碑銘，窮極虛譽，以誣來史，此又勃之罪也。魏晉雖衰，中間如裴松之之禁斷立碑，法制所延，江表莫敢私違其式，此何可得於唐世邪！（此節本師說。）是故唐肆之辭興而諸子之學替，雖儒家有劉禹錫之因論，林愼思之續孟子伸蒙子，雜家有趙蕤之長短經，羅隱之兩同書，譚峭之化書，比之戰國六朝，實卑卑不足道矣。

怪亂之說

魏晉之際，言談雖屬玄虛，而猶近名理，世說之所甄錄，大都紀實之言，足覘其時之風尚。至於唐代，若杜寶劉肅封演李肇蘇鶚鄭處誨段成式李匡乂李綽趙璘。五代之際，若邱光庭孫光憲，雖善於識小，已多遠於名理。而裴鉶傳奇，蘇鶚演義，漸爲後世小說之宗。且當時神怪之志，婚媾之言，列於唐代叢書、采於太平廣記者，不可勝數。扇神誕以釀迷妄，布淫哇以蕩風紀，怪亂之說興，而小說之律破矣。

隋唐譯經之盛

夫名理之愜人心意，不能一日無也。玄學既微，而佛典代興。自隋設翻經館，置翻經學士，訖於唐代，譯學大昌。漢世儒先明於經術，而短於名理，故其筆受諸經，名學尙疏，何有持論，其文往往近於論語孝經。及乎魏晉，士大夫喜老莊，言談頗利，而術語尚未能密切，故僧肇道安，往往傅以清言；至流支眞諦，術語稍密。逮唐玄奘義淨所述，始嚴栗合其本書。蓋五明之學皆，而譯語始少皮傅，加以潤色鴻業，有于志寧許敬宗張說蘇頲諸儒，而證義大德，又極一時之選。是以唐世譯經，獨號圓通，超軼八代，非偶然也。

隋唐史學之盛

自魏收撰書，有穢史之目。至隋開皇，特敕魏澹顏之推辛德源更撰魏書，矯正收失。十三年，又發令禁絕人間撰集國史臧否人物；於是設官修史之局啓，私家著述之風微。自昔文人，若陸機謝靈運江淹沈約之徒，皆以作史爲業，而以其緒餘爲文，故文士無空疏之病，史家鮮拙鈍之譏，成一家之言，備一代之典。自隋唐而後，文人乏作史之才，史官少成家之選，文史之業，交相弊矣。然當隋之中葉，唐之始年，雖多奉敕修史，而私家之緒餘尚未絕也。開皇之時，若牛弘王劭，尚各勒成一書；至於唐初修五代紀傳，則令狐德棻岑文本承牛弘之業而成周書，顏師古孔穎達纘王劭之緒而成隋書，姚思廉之梁陳二書，李百藥之北齊書，則各秉其父之遺業，告厥成功。（姚察在陳撰勒梁陳二書粗有條貫入隋以後又續奏所成至唐貞觀初其子思廉奉詔續成二書李德林在齊預奏國史撰紀傳書二十七卷至隋奉詔被撰增多齊史三十八篇唐貞觀初敕其子百藥續成北齊書）其後又有于志寧令狐德棻李淳風韋安仁李延壽敬播續撰五代史志，紀傳各有淵源，書志出於專家，故五史之作，粲然可觀。貞觀中，又詔房玄齡等重撰晉書，本臧榮緒之所修，而參以十八家書，佐以十六國史，取精多而用物宏，故新撰行而舊本廢。而李延壽刪補宋齊梁陳及魏齊周隋八代史，成南北史，則亦繼述父志，託體史記，媲德馬遷，（李延壽父大師嘗謂宋齊逮周隋分隔南北南謂北爲索虜北謂南爲島夷欲改正爲編年未就而卒延壽究悉舊事更依馬遷體總序八代北二百四）

（十年南百七十年爲南北史）此皆撰述有以啓之。故唐代官修之史；後世亦未能幾及也。至於唐代史書，已無私家之作，若許敬宗之曲希時旨，猥飾私憾，牛鳳及之發言怪誕，敍事倒錯，濫廁史職，其弊遂多。是以劉子玄三爲史臣，再入東觀，（史通自敍）懷獨到之見，忤同作之臣，遂撰史通，寄恨辨職，以爲邱明修傳，以避時難；子長立記，藏諸名山；班固成書，出自家庭；陳壽草志，擬於私室；遂欲成其一家以任獨斷。嘗擬自班馬以降，訖於姚李令狐顏孔諸書，因其舊義，普加釐革，以私史不行，恐致驚末俗，取咎時人，千秋絕業，格於時制。史學之衰，其自此始乎！

雖曰徐堅吳兢，頗各撰書，（唐書藝文志徐堅晉書一百卷吳兢齊史十卷梁史十卷陳史五卷周史十卷隋史二十卷唐書一百卷）譬猶揚爝火於朝陽，挽頹波於已逝，人莫之重，其書遂亡，宜矣。當梁之時，周興嗣謝昊始撰梁皇帝實錄。至於唐代，每帝各成一書，有監修之職，有撰述之人，自是實錄與起居注，並爲世所沿襲。隋唐之際，沿江左隆禮之風，典禮之書，頗稱宏富，隋有江都集禮，唐有永徽五禮，咸欲納民軌物，垂爲一代之經。當斯時也，摹經之風大啓，六典以仿周官，（開元十年詔陸堅等脩六典玄宗手寫六條曰理典敎典禮典政典刑典事典以象周禮六官）五禮以仿儀禮，（貞觀時長孫無忌等撰大唐儀禮一百卷實爲永徽五禮之所本）開元禮以仿禮記，（開元中王嵒請改禮記附唐制度張說以漢代舊文不可更乃請脩貞觀永徽五禮爲開元禮一百卷）斯固王氏六經之所不能掩也。蓋唐代政典，尚稱美備，制作之隆，亦莫之與京。若吳兢之貞觀政要，林寶之元和姓纂，李吉甫之元和郡縣志，長孫無忌之律疏，留什一於千百，已足爲後代之典謨。至於杜佑通典，網羅宏博，評議精簡，爲典章之通史，實與編年一體，足以方軌並駕，自成一家。此則六家之史所未備，爲司馬通鑑之先導者也。（案通史之體唯三家足以當之司馬遷之史記爲正史之通史五代史通志其嗣也若南北史有紀傳而無書志已非其類矣杜佑通典典制之通史也實即爲志書之合體馬貴與之文獻通考實屬此類而已爲變體司馬光之通鑑編年之通史也今舉通考與通典通志並稱三通似屬不倫易以通鑑差堪並駕）

隋文有齊梁遺音

隋開皇時，既禁私撰國史，又詔天下公私文翰，並宜實錄。其時司馬幼文表華艷，至付有司治罪，自是公卿大夫，咸鑽仰墳集，屏絕華綺。然外州遠縣，仍踵敝風，體尚輕薄，遞相師效，於是李諤上書曰：『自魏三祖更尙文辭，忽人君之大道，好雕蟲之小藝，下之從上，有同影響，競逐文華，遂成風俗。江左齊梁，其弊彌甚，貴賤賢愚，唯務吟詠，遂復遺理存異，尋虛逐微，競一韻之奇，爭一字之巧，連篇累牘，不出月露之形，積案盈箱，唯是風雲之狀。世俗以此相高，朝廷據茲取士，利祿之路既開，愛尚之情愈篤。於是閭里童昏，貴游總丱，未窺六甲，先製五言。至如羲皇舜禹之典，伊傅周孔之說，不復關心，何嘗入耳。以傲誕爲清虛，以緣情爲勳績，指儒素爲古拙，用詞賦爲君子，故文章日繁，其政日亂。及大隋受命，屏出輕薄，遏止華僞，自非懷經抱質，志道依仁，不得引領搢紳，參廁纓冕。唯聞選吏舉人，尙有不遵典則，作輕薄之篇章，結朋黨而沽譽，則選充吏職，舉送天朝，請敕諸司普加搜訪，有如此者，具狀送臺。』（隋書李諤傳）蓋高祖初統萬機，每念斵雕爲樸，發號施令，咸去浮華。然時俗詞藻，猶多淫麗，故憲臺執法，屢飛霜簡。煬帝初習藝文，猶未軌法，暨乎即位，一變其風，其詔書詩賦，並存雅體，歸於典制，雖意在驕淫，而詞無浮蕩。當時綴文之士，遂得依而取正焉。若盧思道李德林薛道衡李元操魏澹虞世基柳䛒許善心潘徽萬壽之徒，咸馳譽藝林，見稱當世。雖尠淫麗輕側之辭，而駢儷藻飾，猶存齊梁遺音焉。

唐及五代文學之盛衰

唐興，仍陳隋靡習，徐庾流化，彌遍南北。逮四傑出，稍振以清麗之風，至於燕許，始以雄駿之氣，鴻麗之詞，丕變習俗。於是元結獨孤及蕭穎士李華輩，復以三代之文律度當世；韓愈繼之，更超卓流俗，首唱古文；（唐實錄稱韓愈學獨孤及之文）柳宗元皇甫湜張籍李翺之徒，又從而和之，唐之古文，遂蔚然稱盛。蓋當時世俗之文，多偶對儷句，屬綴風雲，羈束聲韻，漸致文弊，其以雄詞遠致矯之，亦有所不得已也。然過於磔裂章句，隳廢聲韻，遂來倒置眉目，反易冠帶之譏，此裴度所以箴李翺也。（見裴度與李翺書）且當時所謂古文者，如元結之五規，韓愈之五原，李翺之復性，平賦書，皮日休之鹿門隱書，體仿諸子，文尚理致，與應制酬酢之文迥異。若夫用之於廊廟，施之於弔祭，則終唐之世，多爲駢儷偶對之文，遠自王楊盧駱，以至張說蘇頲陸贄李德裕令狐楚諸公，未嘗變也。李商隱初爲古文，不喜偶對，其後從事令狐楚幕，楚能章奏，遂以其道授商隱，自是始爲今體章奏，自以四六題署其集，（宋謝伋四六談麈謂四六施於制誥表奏文檄本以便於宣讀多以四字六字爲句案自齊梁以來四六之句頗多唯李商隱始以四六名文）與溫庭筠段成式齊名，時號三十六體。至於唐末，漸趨工巧，組織繁碎，文格日卑。降及五季，韓柳之道日微，溫李之風亦替，雖有劉煦鑄史之文，徐鍇鎔經之作，亦不能稍振其衰陋也。

詩自簡文以後，頹靡已極，唐太宗始以清麗振之，而名作尙尠。至陳子昂始追建安之風骨，變齊梁之綺靡，張九齡李白繼之，自攄懷抱，風裁各異，而皆原本嗣宗，上追曹劉，唐詩之能復古者，自以三家爲最。自蘇李以後，五言所貴，大率優柔善入，婉而多風。自杜甫出，材力標舉，篇幅恢張，縱橫揮霍，詩品爲之一變。是故李白結古風之局，杜甫開新體之端，唐之五言，氣勢盡矣。唯歌行律體，爲當時所獨擅。蓋自大風柏梁，權輿七言，魏宋之間，時多傑作，初唐諸家，出於齊梁，多雕繪之習，至有點鬼簿、算博士之誚。王李高岑，漸能跌宕生姿，安詳合度；至於李杜，乃闢絕塵習，放筆騁氣。杜甫歌行，自稱庾鮑，加以時事，大作波濤，有咫尺萬里之目。其五言若北征諸作，抒寫悲憤，沈痛蒼勁，有李陵劉琨之風焉。韓愈並推李杜，而專於杜，以佶倔聱牙爲勝。他如盧仝劉叉之奇恣，白居易之平易，亦一體也。五律自陰鏗何遜徐陵庾信，已開其體，至沈宋則約句準篇，其體遂定。開寶以來，李白之穠麗，王維孟浩然之自得，分道揚鑣，並稱極勝。至杜甫則寓縱橫顛倒於整密中，故能超然拔類。七律則王維李頎，舂容大雅，時崔顥高適岑參諸公，實爲同調，下及大曆十子，亦嗣其音。唯杜甫則闔闢開闔，盡掩諸家。然則李杜爲唐音之宗，固其宜也。雖少陵絕句，少唱歎之音，固不礙其爲大家矣。若夫王孟韋柳，祖陶宗謝，善得田園山水之趣；劉希夷上官儀，皆學簡文，其後李商隱溫庭筠，實遠挹其潤，宋詞元曲，盡其支流，此則宮體之巨瀾也。五季文弊，韋穀才調一集，遂以晚唐穠麗宏敞之氣，救粗疏淺弱之習，西崑之體，基於此矣。然則唐代詩文，其流變若出一轍焉。

至於詞者，則爲詩之變體，古者聲詩皆屬可歌，詩三百篇，皆古樂章，西京歌詩，皆入樂府，此其徵也。自十九首出，而詩始不歌，然樂府詩則尚可歌焉。自唐新樂府出，而樂府詩亦不歌，唯詞則尚可歌焉。蓋唐之詩人，采樂府之音，以製新律，因繫其詞，故名曰詞。（案唐人樂府用律絕諸詩雜和聲歌之，其并和聲作實字，長短其句以就曲拍者，爲塡詞。開元天寶肇其端，元和衍其流，大中咸通以後，迄於南唐二蜀，尤家工戶習，以盡其變。凡有五音二十八調，各有分屬，詳淩廷堪燕樂攷原。）其時詞人以李白爲首，厥後韋應物王建韓翃白居易劉禹錫皇甫松司空圖韓偓，並有述造，而溫庭筠爲最高，其言深美閎約。五代之際，孟氏李氏，君臣爲謔，競作新詞，詞之雜流，自此起矣。然其工者，往往絕倫，亦如齊梁五言，依託魏晉近古故其體貌相似，初創則其氣勢未盡，時使然也。至於兩宋，則詞又不可歌，於是元曲遂起而代之矣。

第五章　宋至明文學總論

魏晉之際，知玄理者甚衆，而文亦華妙。及唐，則務好文辭，而微言幾絕。至於宋明，理學盛而文學漸衰，文質遞尚，彬彬之風日微，此可以觀世變矣。

宋明說經多空衍義理

宋世儒者，多善儒言，原本五經，而長於義理，然往往以己意變亂舊事。蓋自邢昺孫奭之流，所習不出五經正義，上既不足理羣經，下猶不入穎達公彥之室，學愈拙陋，致人不信注疏，其變固其宜也。王應麟云：『自漢儒至慶歷間，談經者守訓故而不鑿，七經小傳出，稍稍尚新奇矣。至三經義行，視漢儒之學若土梗。』（困學紀聞）洎元祐諸賢，排斥王學，而伊川易傳，專明義理，東坡書傳，橫生議論，雖皆傳世，亦各標新。其甚者，則排繫辭，毀周禮，疑孟子，譏書之胤征顧命，黜詩之序。他若大學既移其文，又補其傳，孝經既分經傳，又刪經文，程胡作俑於先，朱汪加厲於後。王柏書疑增刪尚書，詩疑刪削鄭衛，改易雅頌，俞廷椿復古編，刓割五官，以補冬官；吳澄禮記纂言，顛倒篇第，割裂章句；自宋迄明，如此類者，不勝枚舉。疑注疏不已，則至疑經；疑經不已，遂至改經、刪經，移易經文，以就己說，尚空衍而忘實徵，逞胸肊而背事實。蓋自宋神宗變帖經為墨義以來，荒經蔑古，未有如是之甚者也。降及明代，雖齋坊所造諸書，世且莫能辨其僞，每況愈下，固其宜也！明永樂十二年敕胡廣等修五經大全頒行天下此一代盛事自唐修五經正義後越八百餘年而再見者也乃所修之書全襲元人舊作顧炎武等盡發其覆夫官脩之書多剿舊說唐修正義已不免此唯唐因六朝舊篇猶賅洽可觀明因元人遺書謭陋彌甚故正義不廢而大全廢也元以宋儒之書取士禮記猶存鄭注明則并此而去之而代以陳澔集說空疏固陋經學至此而極衰文章亦因之而多浮夸矣宋學以朱子爲集大成，風行數百年，與漢學之鄭君並爲齊驅。蓋朱子說經，雖詳於義理，而不棄注疏，朱子論語要義序云其文義名物之詳當求之注疏朱子語類一百二十九云祖宗以來學者但守注疏其後便論道如二蘇直是要論道但注疏如何棄得意在匡補前哲，相輔而行，非欲攘奪學官之席也。且輯漢注、疑僞孔，皆清代治經之巨業，而朱子之緒餘，實有以啓之。王應麟三家詩攷，詩攷序云文公語門人文選注多韓詩章句嘗欲寫出應麟竊觀傳記所述三家緒言尙多有之網羅遺佚亦文公之意云梅鷟尙書攷異，尙書參異辨古文之僞開閻若璩惠棟之先而朱子實先疑之嘗謂某嘗疑孔安國書是僞書凡讀易者皆古文伏生傳皆難讀如何偏記其所難而易者全不能記雖至宋明之世，亦有不爲風氣所囿者，則其流澤長矣。

宋明文學多俚俗語言

宋明說經者既昧於事實，於是文少淹雅之才，學有空疏之誚，一二大儒，復倡文以載道之言，標玩物喪志之戒。後之君子，往往於下學之初，即談性道，乃以文章爲小技。自二程以下，至於考亭象山陽明，弟子十百，莫不各有語錄，明白如話，不避俚俗，以視濂溪橫渠以文言談理者，夐乎不同。當唐之世，僧徒不通於文，乃書其師語以俚俗，謂之語錄，宋世儒者弟子，羣起效之，以至明世，相習成風。迨嘉靖以後，此風稍殺，如王元美之箚記，范介儒之膚語，上規子雲，下法文中，然其間詩詞小說，莫不競用白話。樂府用諺語詩餘亦多俳體至宋則更漫無限制詩用白話如擊壤集詞至山谷始有竟體用白話者南宋蔣竹山石次仲亦有之小說若宣和遺事已開施耐菴水滸傳羅定三國演義之體而平話陶眞又即今之彈詞明永樂大典所收評話多至二十目即平話也至於記事之史，詔告之文，亦習用其體，（元代以兔兒虎兒紀年而元祕史即用白話體其時朝廷文告亦多俚鄙之言）則其漸染已廣矣。至其上者，乃有紀言、（如宋葉適習學紀言）紀聞、（如宋王楙野客紀聞王應麟困學紀聞）之書，筆記、（如宋祁景文筆記陸游老學庵筆記）筆談（如宋沈括夢溪筆談）之作，叢話（如宋姚寬西溪叢話）隨筆（如宋洪邁容齋隨筆）雜錄（如明楊愼丹鉛雜錄）瑣言（如明鄭瑗井觀瑣言）筆叢（如明胡應麟少室山房筆叢）漫錄（如宋吳曾能改齋漫錄）雜記（如宋黃朝英靖康緗素雜記）學林，（如宋王觀國學林）出入乎子史，依違乎傳注。然散無友紀，不爲本末條貫之談，僅等識小之書，雖入九流之目，與夫茅亭客話（宋黃休復撰）萍洲可談（宋朱或撰）山居新語（元楊瑀撰）水東日記，（明葉盛撰）以及清異（宋陶穀撰清異錄）歸田（宋歐陽修撰歸田錄）侯鯖（宋趙令時撰侯鯖錄）輟耕（元陶宗儀撰輟耕錄）諸錄，語林（宋王讜撰何良俊撰唐語林明何氏語林）世說（宋孔平仲撰續世說）默記（宋王銍撰）桯史（宋岳珂撰）諸書，同類並觀，斯亦可矣。蓋文章雖勝於語錄，體裁不越乎小說，風氣使然，無足深責。若夫潛虛中經等作，繼元苞溯太玄，上擬周易，陳陳相因，文雖奧緻，亦數見而不鮮。易曰：形上謂道，形下謂器。宋儒倡文以載道之言，反致文弊而不任載，其至者乃在器數之末。若宋之楊輝秦九韶，元之李冶朱世傑，明之徐光啓李之藻，於九章四元之數，弧矢渾蓋之形，言明且清，文質具舉，賢於空談義理者矣！

宋代史學勝元明

自晉開運中，劉昫上唐書，宋開寶間，薛居正成梁唐晉漢周書，皆出於官修，成於衆手，（唐書乃趙瑩趙熙鄭受益李爲光所成劉昫僅爲監修表上而已五代史乃盧多遜扈蒙張澣李昉劉兼李穆李九齡所成薛居正爲監修而已）搜輯雖勤，未臻精覈。於是詔歐陽修宋祁重修唐書。修撰紀志表，祁撰列傳，事增文省，頗有良史之目。修以工於文詞，復私撰五代史記。薛書體例，遠規宋齊梁陳諸書，歐史則仿史記；薛史重敍事，歐史重書法，各有所長，不可偏廢。舊唐書雖有繁蕪缺略之疵，然其佳處，亦有爲新書所不及者。及王偁爲東都事略，義法簡實，直可下視歐宋。洎元修三史，明修元史，程期忽遽，率爾操觚，是以宋史繁蕪，遼金二史多闕略，元史則複傳錯見，舛漏尤多。官修之史，斯爲最下矣。其間唯北宋與金事較詳覈，則以有王偁之劉祁元好問私家之史爲之先導也。三史既不饜人意，於是周以立嚴嵩修之於前，柯維騏錢士升編之於後，唯元史亦有朱右之拾遺，解縉之正誤，然董理非人，傳者亦尠，斯則宋代作者，較之元明，差有一日之長也。即馬令陸游之書，契丹大金之志，雖爲記載別史，瑕瑜互見，亦足以步趨華陽，追隨東觀者矣。

至若司馬通鑑，爲編年之大宗，體仿邱明，論宗孫習。當時通儒碩學，如劉攽劉恕范祖禹輩，實爲分纂，（修資治通鑑時史記兩漢書屬之劉攽三國南北朝屬之劉恕唐五代屬之范祖禹）外紀唐鑑，爲其支流，網羅宏富，體大思精，非李燾輩所能續也。而鄭樵通志又爲通史之鉅作，遠紹史遷，近規梁武，其二十略，尤能窺見學術之大，政理之精；唯采摭既富，攷核不免疏誤，然能綜括千古，成一家言，斯亦未可苛責也。此二通者，實可與通典鼎立。貴與通考，雖云詳博，了無精意，與夫策案類書，實無差別，比於杜鄭，非其倫矣。劉子玄言史有六家，自唐杜佑宋袁樞出，實可廣之爲八。蓋紀傳之弊，一事複見數篇，主賓莫辨；編年之弊，一事隔越數卷，首尾難稽。自袁樞紀事本末出，遂使紀傳編年貫而爲一。典制之史，仿於周官八書十志等作，廁於紀傳，未爲專書，且多斷代爲之。（漢書十志始擬典制通史之法惟不爲專書）杜佑始創通典，至宋徐天麟王溥李攸，又創會要之體，體似杜典而別以斷代，成爲專書，條綴字繫，鉅細畢賅。斯二體者，又皆宋代之所創，非徒因襲舊貫已也。若錢文子之補漢兵志，熊方之補後漢年表，王應麟之漢藝文志攷證，吳仁傑之兩漢刊誤，開清儒補志、補表、補注、校勘之風，斯則清代諸儒攷訂經史之法，皆宋人有以啓之也。

宋文以歐曾王蘇爲首

自五代文弊，至宋興且百年，而文章體裁，猶仍其餘習，鏤刻駢偶，淟涊弗振，士人因陋守舊，論卑氣弱。柳開穆修蘇舜元舜欽尹洙輩，咸有意作而張之，而力不足；至於宋祁歐陽修，同學韓文，規模始大，然各得其性之所近，而所造不同。宋祁作唐書，好以新字更改舊文，（如以師老爲師耄，不可忍爲叵可忍，不敢動爲不敢搖之類。）遠效法言蠢迪檢押之辭，近師闕史虬戶銑溪之句，雖無宗師之怪，已懍剽賊之箴。歐陽修則特創搖曳之句，散韓柳奧博謹嚴之氣，開曾蘇連綿狂肆之風，冗語盈詞，於時始盛。是故宋祁尚不失舊法，而歐陽已開新體之宗，斯皆秉昌黎詞必己出之戒，而一嚴用字，一矜造句，體貌不同，而標新立異者，遂開風氣之先。自歐陽出而南豐曾鞏、眉山蘇洵及其子軾轍、臨川王安石，皆聞風興起。五子者，皆布衣屏處，未爲人知，修爲游其聲譽，汲引之，俾顯於世。其爲文也，雖造詣有殊，而體貌略似，大都勤盪排奡，才氣發揚，自是而後，文章宗匠，悉推歐曾，而蘇氏縱橫之習，論策之鋒，便於科舉，亦往往家尸戶祝。歐宋並宗昌黎，各得其一體，而後世法韓者，以歐曾王蘇與韓柳並學，稱爲八家，則其所謂學韓者，實法歐陽。（昌黎之門有樊紹述李翱，其文特異，宋祁近樊，歐陽近李，人謂北宋文章皆學李翱，指歐陽一派言之耳。歐陽讀李翱文曰：恨翱不生於今，不得與之交，又恨予不得生翱時，與翱上下其議論也。此又歐宋不同之所由，學韓而舍宋取歐，故不能至韓而僅歸於歐矣。）唐宋文章分疆之樞紐，實在於是。文學日衰，固其宜也。南宋唯朱熹之文，祖韓宗曾，頗不囿於時習，末流效之，冗沓萎薾，其失彌甚。餘皆誦法蘇氏，陳亮葉適樓鑰周必大呂祖謙陳傅良之徒，或失之粗豪平實，或失之空廓猥俗，縱橫之風，科舉之習，幷於此矣。金之文以蔡珪馬定國趙秉文元好問爲最著，亦宗法蘇氏，蓋其時風氣使然也。陸游老學庵筆記，建炎以來，尚蘇氏文章，學者翕然從之，當時爲之語曰，蘇文熟，喫羊肉，蘇文生，喫菜羹。

元明之文多宗歐曾

元明之際，自姚燧崇歐，元史姚燧傳曰，使復有班孟堅者出，表古今人物，九品中必以一等置歐陽子。而元之四傑，若虞集揭傒斯黃溍柳貫輩，皆靡然從風。降及明初，宋濂學於黃溍，胡翰蘇伯衡繼之，以纘金華之緒。方孝孺揚潛溪之風，浸衰至於李東陽，欲救三楊臺閣之體，而出入宋元，無以矯其膚廓冗沓之弊。於是李夢陽何景明昌言復古，規摹秦漢，使學者毋讀唐以後諸書，非是則詆爲宋學，宏治七子，震於時矣。然王守仁繼軌潛溪，王愼中唐荊川力主歐曾，其勢復足以相抗。李攀龍王世貞出，復宗何李，抨擊王唐，嘉靖七子，復又風靡一世。歸有光近承王唐，遠法歐曾，澤以經語，世復以大家目之，八家之後，隱然以文統屬歸。其後張溥倡復社，夏允彝陳子龍倡幾社，以衍王李之緒，而艾南英倡豫章社，以宗震川，三袁又搬公安體，以宗眉山，皆以詆排王李爲主。是故自宋以來，上則學歐曾，下則學蘇氏，雖有一二豪傑之士，倡言復古，而不得其術，卒不能以勝之。蓋不揣其本，空疏無實，祖述歐曾，憲章秦漢，其弊一也。

宋元明之駢文

自唐李商隱以四六名文，宋初楊億劉筠輩宗之，號爲西崑體，詞尚密緻，學者競宗之。至天聖中，操觚之士，多病對偶，穆修蘇舜欽輩革以平文，其風稍歇；然制誥表奏文檄諸體，便於宣讀，仍以四六爲主。二宋(郊祁)以雄才奧學，一變五代衰陋之氣，公序館閣之作，追蹤燕許，沈博極麗；子京深於訓詁，其文更多奇字；唐之矩矱，其時尙未失也。歐陽修行以排奡之氣，王安石喜用經史之語，蘇軾繼之，遂以成俗。散六朝渾厚之氣，壞三唐蘊藉之風，摛詞以刻露爲工，隸事以切合爲密，屬對以精巧爲能。宣和以後，多用全文長句爲對，此又宋四六之自成一格者也。南宋古文衰而駢文盛，然多出於科舉，若孫覿滕康洪适洪邁洪遵周必大呂祖謙眞德秀之倫，在博學宏辭科最爲傑出，而有文名。王應麟作辭學指南，體崇四六，宗法歐陽王蘇。詳宏辭之科，始於紹聖，繼經義而起，(熙寧四年始以經義取士紹聖元年始立宏辭科試文遞增至十二體即制誥詔書表露布札啓箴銘記贊頌序是也其文多用四六)四六以三家爲法，固與古文同，皆近於科舉，便於則效。然則宋代駢散文格，皆自此三家變而成之也。自周必大以下，以細密爲能，組織繁碎，文格日卑；元代姚燧虞集袁桷揭傒斯之徒，揚其餘波，亦未有以大過。明初，宋濂劉基，猶有連珠等作，而制誥易以散文，斯體遂絕百數十年。迨七子倡言復古，而駢儷之文亦漸振起，何景明徐禎卿謝榛輩，遠法六朝，而王志堅四六法海，遂上溯魏晉，不拘對偶；近啓明季幾復兩社之文，遠開清代駢散不分之兆，其範圍實非四六所能囿已。(魏晉以來駢文實與四六大異後世以魏晉駢文與唐宋四六同類並觀實未辨涇渭之言此則自王志堅始作俑矣故定名不可不愼)

宋元明之詩學

宋初之詩，尙沿襲唐人，魏野潘閬學晚唐，王禹偁學白居易；而楊億劉筠等十七人學李商隱，爲西崑體，其流最盛，詞取姸華，不乏興象，末流效之，唯工組織。祥符下詔改禁浮艷，於是蘇舜欽以雄放易浮靡，梅堯臣以古淡易穠艷。論者謂有宋一代豪健淺露之詩格始啓於此。歐陽修學韓，唯七古略似。王安石學杜，僅得其瘦勁。至蘇軾黃庭堅，始自出己意以爲詩，唐人之風變矣。蘇詩用事繁多，失之豐縟；庭堅本於禪學，未脫蘇門之習。然世之學宋詩者，視蘇黃猶唐之李杜焉。元祐以後，詩人迭起，不出蘇黃二體，而尤以江西詩派爲盛。南渡之初，陳與義號稱學杜，以簡嚴掃繁縟，以雄渾代尖巧，其詩較勝於黃陳，（師道）然亦未能盡脫蘇黃之習也。尤袤范成大陸游楊萬里繼之，亦稱作者，而游之詩，每飯不忘君國，尤見崇於當世。此數子者，皆於山谷爲近。自永嘉四靈出，宗法賈島姚合，以野逸清苦之風，矯江西末派之粗獷，約性斂情，以求合於唐風，江湖詩人，多效其體。是故南宋之詩，以江西江湖二派爲最盛。金詩多伉厲之音，如劉迎李汾黨懷英趙秉文諸人，未染宋季鄙俗之習，能衍山谷生硬之風。元好問輯河北諸人詩爲中州集，其詞浮厲，亦異乎詩人之旨。好問所自爲，頗欲學古，然其論詩，下拜涪翁，（遺山論詩絕句有論詩寧下涪翁拜之句）許歐梅復古之功，喜蘇詩百態之新，則亦未能超出北宋諸公之上也。元初，方回宗江西，郝經法遺山，戴表元趙孟頫獨以清新密麗，洗宋金粗獷之習；虞揚范揭承之，蔚爲著作之材。蓋元代文士，以宋詩不文，類欲祖唐，然尚不循其本。（宋金元初詩人大抵祖杜甫而宗蘇黃，元遺山所謂只知詩到蘇黃盡，滄海橫流却是誰，可見當時之風尚已）唯仇遠又倡近體主唐，古體主選之說，張翥薩都剌繼之，其流益鬯。楊維禎晚出，更知求比興風諭之恉於樂府古詩，雖繁麗弔詭，其言不盡軌於正，而其意固甚美。由是郭茂倩左克明之書，盛行於代。明弘正間，詩教中興，維禎實啓之也。明初承元季之遺，大雅漸復，而弔詭繁麗，未能盡忘。劉基以蒼莽古直著，高啓以沈鬱幽遠稱，始一埽纖靡之習。四方文士，標舉詩派，不無利鈍，而清典可味。維時吳下，遂爲冠冕，故一代文教，東南爲盛。（明初吳下多詩人，高啓與楊基、張羽、徐賁稱四傑；啓又與王行、徐賁、高遜志、唐肅、宋克、余堯臣、張羽、呂敏、陳則卜居相近，皆能詩文，號稱十才子，流風餘韻，至明末猶盛焉。）永樂而後，一變爲臺閣體，詩道復衰。前後七子，希風建安，折衷杜甫，接武旁派，差無愧響。薛高皇甫，同工異曲。李王之詩雖剿至僞體，亦視乎別裁。其後四十子之倫，未盡厭乎衆志。公安三袁，非通變之才；竟陵鍾譚，爲亡國之訞。盛極而衰，亦足知政。其後殉國之賢，遺民之作，若東夏屈顧諸公，攄澤畔之吟，詠黍離之什，氣薄曹劉，義繼風騷，斯足以上媲元（好問）趙（孟頫），下軼錢（謙益）吳（偉業）者矣。

宋元明之詞曲

詞莫盛於宋，曲莫盛於元。詞者詩之餘，曲者詞之餘，故詩人之詞麗以則，詞人之詞麗以淫。唐人樂府，多采五七言絕句；自李白擬詞調，至宋初慢詞尚少；至大成之署，應天長瑞鶴仙之屬，上薦郊廟，拓大厥宇，正變日備；上之言志永言，次之志潔行芳，而後洋洋乎會於風雅。故自其高者言之，北宋多北風雨雪之感，南宋多黍離麥秀之悲，斯足劭也。至於琱琢曼辭，蕩而不反，文而無物者，過矣靡矣。宋之於詞，猶唐之於詩，帝王如昇元靖康，將相大臣如范仲淹辛棄疾，文學侍從如蘇軾周邦彥，志士遺民如王沂孫唐珏，推而至於道學、武夫、婦人、女子以及方外之士，類多精究音律，度曲塡詞，風氣所扇，遂多作者。天聖明道間，晏殊歐陽修輩皆工小令，柳永始作慢詞，多至百餘字，音律諧婉，聲情激越，蓋擒旎近情，故使人易入，而好爲市語，亦一病也。至蘇軾出，乃一洗綺羅薌澤之態，綢繆宛轉之度，浩氣逸懷，超乎塵埃之外，遂爲詞之別派。論者謂詞自晚唐五季以來，大抵以淸切婉轉爲宗，至柳永而一變，如詩家之有白居易；至蘇軾而又一變，如詩家之有韓愈。亶其然乎？

繼蘇而起，有秦七黃九之稱。然山谷粗鄙，未足相儷；少游與蘇亦異撰，淸妍婉約，辭情兼勝，直堪上繼溫韋，下啓美成。崇寧之際，周邦彥提舉大晟時，万俟雅言充大晟府製撰，同精音律。雅言之詞，發妙音於律呂之中，運巧思於斧鑿之外，平而工，和而雅，人稱爲詞中之聖；惜大聲集五卷不傳於世，遂不得不推邦彥爲巨擘。邦彥既精音律，下字用韻，皆有法度，故千里和詞，不敢稍失尺寸，而思力沈厚，富艷精工，金聲玉振，實集諸家之大成，此與詩家杜甫，並爲百世正宗，後有作者，莫能出其範圍者也。南宋之初，辛棄疾學蘇詞，於悲壯激越之中，寓溫柔敦厚之意，爲倚聲之變調。劉過蔣捷張安國劉克莊繼之，往往襲貌遺神。蓋南渡之後，慢詞大盛，學柳則俗，學蘇則粗，柳永雖多惡濫可笑之語，然其鋪敘委婉，言近意遠，森秀幽淡之趣在骨，實爲北宋大家，近人比之詩中李白，亦或有相似之處。蘇軾雖有粗豪之病，然亦甚有韶秀處，舍短取長，自在學者唯陸游出入二家，能通其郵；顧世以詩人之詞，反不見重，而姜張一派，遂爲南宋詞宗。張炎著詞源，以作詞者多效邦彥體製，失之軟媚，而以秦觀高觀國姜夔史達祖吳文英，格調不侔，句法挺異，俱能特立淸新之意，刪削靡曼之詞，自成一家，各名於世，唯此數家可歌可誦。詞源下然秦觀之詞，平易近人，用力者終不能到。玉田導源於秦，故山中白雲之作，專事脩飾字句，或失之甜，或失之滑，則知其趨向歧也。姜夔淸勁知音，亦有生硬之句，而玉田過尊白石，但主淸空，故其淸絕處，人亦未易臻也。吳文英深得淸眞之妙，唯下語太晦，人不可曉，世以詩家李商隱比之，實與玉田異派，尹惟曉云，求詞於吾宋，前有淸眞，後有夢窗。案夢窗實超姜張之上繼起者有周密，世有二窗之目。吳文英號夢窗，周密號草窗王沂孫碧山樂府每多眷念君國之音，不事二朝，情見乎辭，與周密頗同調，斯足以冠冕晚宋，下啓鳳林者矣。鳳林書院詩餘三卷無名氏選皆元初入作宋代遺民也金元以來，詞學漸衰。金初唯吳激蔡松年最著，號吳蔡體。元好問繼之，宏獎蘇辛，出入秦晁賀晏，（見遺山自題樂府引）然較之宋詞，每嫌其盡。元初王惲朱自全仇遠趙孟頫來自宋，而元始有詞。及張翥出，婉麗風流，頗有南宋舊格。蓋元代作者，往往詞曲相混，唯蛻巖之詞，無一曲語，故稱大宗。虞集薩都剌次之，若陶宗儀則曲手而已。明代詞人，類以花間草堂爲本，若商輅瞿祐顧璘小詞，亦尚可歌，而慢詞多不知而作，未諧音律。（金元工於小令套數而詞亡論詞於明已不逮金元遑言兩宋哉明詞無專門名家一二才人又等詞於傳奇宜乎詞之不振也故萬紅友詞律於明人自度腔概置弗錄如王世貞之怨朱絃等調楊慎之落燈風等調徐渭之鵲踏花翻陳子龍之蘭干拍皆所不采若湯顯祖添字昭君怨與乾荷葉小桃紅等調皆出傳奇尤爲不取）自張綖著詩餘圖譜，辨詞體之舛錯，定倚聲之矩矱，其自爲詞，亦足振起一時。於是陳鐸樂府，以協律聞；馬洪詞句，馳譽東南；而元好問卓發之徒，詞尚駿逸，頗有宋人風味。至陳子龍夏完淳，攄綿邈悽惻之情，寫慷慨淋漓之致，追碧山之逸韻，繫易水之悲歌，亦稍足以盡詞之用矣。

自宋人爲詞，間雜俚鄙之語；金元入據中夏，不諳文理，詞人乃曲意遷就，間用彼語，雅俗雜陳，而曲乃作。故曲之爲文，託體最卑；然播之聲律，感人尤深，雅俗兼賞，所被尤廣。自漢人樂府之詩，如孔雀東南飛數篇，非唯敍衆人之事，亦且敍衆人之言，此爲曲劇描摹口吻之遠源。隋時始有康衢戲，唐曰梨園樂，宋曰華林戲，至元乃曰昇平樂。陶宗儀謂宋有戲曲，金有院本雜劇。（按宋人多用大曲編數既多其次序字句皆有定法金院本則同一宮調中皆可通用然大率二三曲而止至元而南北曲分流北曲必四折每折易一宮調曰雜劇體南十六齣至四十齣曰傳奇體故以北曲作傳奇非以南曲作雜劇亦非南北曲雜糅尤非）降及元代，曲分南北：北多雜劇，南多傳奇，而尤以北曲爲盛。其後北曲不諧於南，而始有南曲，南曲則大備於明。北曲之存者，以金末董氏西廂記爲最古。元初，關漢卿馬致遠鄭德輝白樸爲四大家。關之切膾旦，馬之黃粱夢，鄭之倩女離魂，白之梧桐雨，皆名震一時。關漢卿王實甫又足成西廂記，流傳尤遠焉。中葉以後作者，若范康楊梓蕭德祥王曄等，皆爲浙人。鄭光祖宮天挺秦簡夫鍾嗣成等，雖爲北人，而皆居於浙；其所製曲宗派雖存，而風骨差薄，元初北方剛勁之氣，已漸消失矣。元末，永嘉高明作琵琶記，以北曲改南曲，數人合唱，專以和婉爲工，於是南曲漸盛，而北曲漸衰。言南曲者，以明王敬夫徐渭湯顯祖李日華等爲最著。王有杜陵春，徐有四聲猿，湯有臨川四夢，李有南曲西廂。其後阮大鋮有春燈謎燕子箋諸作，衆亦翕然稱之。識者謂阮氏以尖刻爲能，自謂學臨川，實未窺見毫髮也。大抵北曲以勁切雄麗勝，南曲以清峭柔遠勝，風氣所因，自不同科，合而舉之，良可哂也。南北曲之歌，其初皆用絃索；自楊梓傳海鹽腔，（清王士禎香祖筆記云海鹽少年多善歌蓋出于澉川楊氏其先人康惠公梓與貫年石交善得其樂府之傳今雜劇中豫讓吞炭霍光鬼諫敬德不伏老皆康惠自製家僮千指皆善南北歌調海鹽遂以善歌名浙西）至明嘉靖隆慶間，崑山魏良輔出，一變而爲崑腔，始備衆樂器，而劇場大成。（李調元曲話引絃索辨訛云明雖有南曲祇用絃索官腔至嘉隆間崑山有魏良輔者乃漸改舊習始備衆樂器而劇場大成至今遵之所謂南曲即崑曲也）王世貞謂北曲多辭情，而南曲多聲情，蓋謂此也。夫詞曲爲樂府之變調，其原皆出於詩，自後世以小道目之，於是言北曲者多殺伐之聲，言南曲者多柔靡之音，其去風雅之道遠矣。

第六章　清代文學總論

清代學術，其初尙承宋明舊軌，自理學之儒暨歌詩文史之士，雖無超軼之才，而典型猶未墜焉。唯經學自萌芽時已不類宋明，至雍乾之間而學術大變。近儒章氏言：歌詩文史楛理學之言竭而無餘華，舉世智慧大湊於說經，而其術工眇踔，善矣。

清儒之治經

自明顧炎武作唐韻正易詩本音，古韻始明，肇開江戴之風。閻若璩撰古文尚書疏證，定東晉晚書爲僞作，遂啓惠江之業。張爾岐明儀禮，胡渭闢易圖，疏禹貢，並爲鉅儒。然草創未精博，且雜糅宋明讕言，其成學著系統者，自乾隆朝始。一自吳，一自皖南，一自常州。吳始惠棟，其學好博而尊聞，校輯之風自此而盛。皖南始江永戴震，綜形名，任裁斷，復先漢之小學，以六書九數爲本，而推及水地度數名物聲律，以窮極乎義理，故戴學之徒，分析條理，皆縝密嚴肅，上溯古誼而斷以己之律令，頗近名家，與蘇州諸學異矣。常州始莊存與，喜治公羊，尤稱說周官，其徒承之，乃耑治今文，頗雜讖緯神秘之辭，其義瑰瑋，而其文特華妙，與治樸學者異術，文士便之，其學遂昌。夫六藝爲史之流，足以觀世，不盡足效當世之用。傅會師說，以制法決爭，茲益爲害。故博其別記，稽其法度，核其名實，論其羣衆，以之觀世，差有一日之長焉。吳自惠士奇始明周官，其子棟博綜古義，言不滯俗，剬志經術，撰九經古義周易述古文尚書攷左傳補注。然棟承何焯陳景雲之風，亦嘗泛濫百家，故校輯箋語之書尤衆。其弟子有江聲余蕭客。聲爲尚書集注音疏。陽湖孫星衍與聲同爲畢沅客，亦爲尚書古今文注疏。蕭客爲古經解鉤沈，大抵尊信古義，匙下己見。王鳴盛錢大昕世稱嘉定二君，亦被惠氏之風，稍益發舒。王著尚書後案，專宗馬鄭，篤守家法；錢則兼綜吳皖二派，博覽經史羣書，心得尤多。棟晚年教於揚州，則汪中劉台拱賈田祖，以次興起。蕭客弟子甘泉江藩，復纘續周易述，李林松又繼之。斯皆陳義爾雅，古訓是式者也。

皖自休寧戴震受學婺源江永，所著小學、禮經、算術、輿地、性道之書，條理緻密，綜覈形名，不苟信古人，不虛言性命。其鄉里同學有金榜程瑤田，後有淩廷堪三胡。（匡衷承珙培翬）皆善治禮，而胡培翬有儀禮正義，其名尤著。瑤田亦兼通輿地聲律工藝穀食之學。震之教於京師也，任大椿盧文弨孔廣森，皆從問業。弟子最知名者，金壇段玉裁，高郵王念孫及其子引之，皆深通小學，超軼漢魏諸儒。其後寶應劉寶楠儀徵劉文淇，德清俞樾，瑞安孫詒讓，皆承念孫之學。寶楠著論語正義，文淇著春秋左氏傳正義，詒讓著周禮正義。樾之經學獨誦法引之，引之有經義述聞、經傳釋詞，而樾乃著羣經平議、古書疑義舉例，以爲步趨。平議雖不逮，而古書疑義舉例條列精確，實有以過之。斯則漢儒之所不能理，魏晉以來所未有也。而甘泉焦循，棲霞郝懿行，承阮元宏獎漢學，篤信皖派之風，亦各著新疏。循有孟子正義，懿行有爾雅義疏。玉裁弟子長洲陳奐，亦著毛詩傳疏，詩疏稍膠固，其他皆過唐人舊疏，取精多而用物宏，時使然也。初明末有浙東之學，萬斯大斯同兄弟，師事餘姚黃宗羲，稱說禮經，雜陳漢宋，而斯同獨尊史法。餘姚邵晉涵繼之，與戴震同官四庫館，始與皖南交通，著爾雅正義、穀梁正義。（穀梁正義見錢大昕邵君墓志銘，未行於世）其後定海黃式三承其風，著論語後案，其子以周作禮書通故，三代制度大定。浙東之學自此始完集云。

自桐城姚鼐誋樸學殘碎，方東樹著漢學商兌，始與經儒交惡。（後曾國藩出，始稍調和）而文人又恥不習經典，於是常州今文之學，務爲瑰意眇辭，以便文士。始武進莊存與與戴震同時，治公羊，作春秋正辭，又著周官說，其徒陽湖劉逢祿始專主董仲舒李育，爲公羊釋例，其後句容陳立疏證白虎通義，以作公羊義疏。德清戴望述公羊以注論語；善化皮錫瑞著五經通論以張今文，而著孝經鄭注疏，此皆倘爲有師法者。自長洲宋翔鳳采翼奉諸家，雜以讖緯，牽引飾說，於是始多傅會之論，華妙之辭，文士尤利之。仁和龔自珍、邵懿辰，邵陽魏源，皆好爲姚易卓犖之詞，欲以前漢經術，助其文采，而論者謂其攻擊古文，往往支離自陷。王闓運之徒，竝注五經，時出新義，特說多不根耳。當惠戴學衰，今文家又守章句，不調洽於他書，於是番禺陳澧始知集漢宋，調合鄭朱，著通論及讀書記，其聲律切韻之學，頗成一家之言。而其弟子不能傳，諸顯貴好名者，獨張其經學。及翁同龢、潘祖蔭當國，專重談聞之儒，學者務得宋元雕槧，上者喜校輯以沽名，下者通目錄以貿利，而清學始大衰。夫清學所以超越前代者，在能綜核形名以發明義理，與理學文士空談肊說者異撰，故其單篇通論，亦多醇美確固。諸家新疏，雖多憑藉舊釋，然如朱右曾周書校釋，孔廣森大戴禮補注，董曾齡國語正義，亦能輔弱扶微，足以垂世。而故訓既明，又多移以說古史諸子，度制事狀，亦用其律令以相徵驗，此皆實事求是之學，與空疏無術，瑣碎無紀者，固大殊也。

清儒之治史

自明末黃宗羲著明史案二百四十四卷，復欲輯宋史而未就，僅存叢目補遺三卷；於是鄞萬斯同，烏程溫睿臨，餘姚邵廷采、邵晉涵，會稽章學誠，接踵而起，浙江史學，稱極盛焉。學誠爲文史校讐諸通義，卓約近乎史通，言史例者宗之。方清興三十餘載，南服初平，士夫有節操者，往往眷懷故國，高尙不仕，清廷乃特開博學宏詞科以招之。斯同承宗羲學，同膺薦辟，不受，遂取彭孫遹等五十人俾纂修明史，總裁徐元文特延斯同於家，主編纂。斯同不署銜，不受祿，孫遹等所修稾皆請其覆審，懼褒貶之權操之非其人也。張玉書、陳廷敬、王鴻緒繼之，皆延之如初，成明史稾三百十卷。其後張廷玉刊定明史，本其稾而增省之，而刪其三五傳，已失斯同本志矣。初宗羲既爲明史案，又作三王紀年及記魯監國、鄭成功事。溫睿臨故諳史法，斯同乃以明南渡後三朝事跡，屬其別爲一書，成南疆佚史四十卷。乾隆時銷燬明季史書，其書湮沒不彰。道光中，李瑤獲其缺本二十卷，因忌諱，改竄過半，失其恉已。（清季溫氏原本復出，校勘後始知之。）而餘姚邵廷采、鄞全祖望承宗羲志，捃采遺事，著書垂後。其後六合徐鼒作小腆紀傳，元和錢綺作南明書，亦能彌縫其闕，溫氏遺緒，賴以不墜。邵晉涵承其從祖廷采之學，嫻於明季史事，復繼宗羲之志，欲重修宋史，惜其志不逮，事略書成亦未見傳本，唯所輯薛居正五代史行於世焉。厥後吳陳黃中、海寧陳鱣、荊溪周濟、邵陽魏源，並承邵氏法，重修舊史。黃中成宋史稾；鱣改修新舊五代史，以後唐南唐爲正統，補撰志表爲續唐書；濟撰晉略，而郭倫之晉記微；源撰元史新編，而邵遠平之類編廢。斯皆黃氏發其緒，萬溫邵三家恢其業，浙江史學遂被於吳楚矣。

先是仁和吳任臣仿崔鴻之例，撰十國春秋，於是南康謝啓昆作西魏書，順德梁廷枏作南漢書，雖偏方記載，亦具紀傳。秀水朱彝尊仿裴松之之例注五代史記，自是南昌彭元瑞，萍鄉劉鳳誥，踵其成例，成新五代史補注，吳惠棟輯東漢諸書以補注范曄後漢書，青浦楊進泰采五代諸史以補注陸游南唐書。此皆博聞強識，力能改造正史，而前史既善，遂爲補苴之作。錢唐厲鶚爲遼史拾遺，錢大昕繼之，遂有三史拾遺、諸史拾遺之作，與其所謂攷異者有別，則此三事亦自浙人啓其端也。自宋錢文子補漢兵志，熊方補後漢書年表，清儒承其遺法，而補志補表之作大盛。昔劉知幾謂史之有表，煩費無用，而萬斯同則謂表立而紀傳之文可省，遂爲歷代史表，錢唐周嘉猷繼之，作南北史補表。其專爲一朝而作者，如錢大昭後漢書補表；專爲一事而作者，如洪齮孫三國職官表；此皆意在補紀傳諸史而作。若夫歷代職官地理諸表，志存沿革，非其倫比矣。志則有汪士鐸南北史補志，頗有唐修五代史志之遺意。其專爲一朝一事而作者，若郝懿行之補宋書刑法食貨二志，錢儀吉之補晉兵志，其最著者也。而地理補志則有洪亮吉、洪齮孫、畢沅，藝文補志則有錢大昭、侯康、丁國鈞、湯治、顧懷三、盧文弨、金門詔、錢大昕。至章宗源隋經籍志攷證，繼宋王應麟漢志而作，旁搜遠紹，遂集輯逸之大成。章宗源隋經籍志攷證今僅存史部一類當其成書時先輯成玉函山房輯逸叢書後馬國翰校讐之淸代輯逸之書自邵晉涵從永樂大典輯出舊五代史後四庫館臣遂於大典中輯出書數百種以成聚珍板叢書而宗源以一人之力復爲輯逸叢書經史子集佚收並著可謂集大成矣汪文臺七家後漢書，湯球十家晉書，實爲其支流耳。凡斯諸作，貫穿羣書，有徵實之功，無虛妄之作，賢於空言無補者多矣。

繼通志而作者，有徐乾學、畢沅，然皆成自他人。徐書詳南略北，畢書詳宋略元，詳略之間，不無訾議，而畢書晚出，較勝於徐。或謂畢書成於邵晉涵手，南都事略之緒餘，僅可見於此書，此肊論耳，邵之稾本實已亡矣。他若陳鶴明紀，語過簡略，事端不備，徐鼒小腆紀年，失於斷限，偏於識小，是故編年諸書未有以過於司馬者也。豐潤谷應泰明史紀事本末先明史而成，頗多異同，各篇論議文仿晉書，多儷偶之辭，遺詞隸事，曲折詳盡。或謂史實成於張岱，論實成於陸圻，二人皆浙產，谷爲浙學使，多以金購，事雖等於徐畢，而文史之業頗能勝之。其後靑浦楊陸榮記三藩，烏程張鑑春紀西夏，雖步趨應泰，而文采已不能及。唯馬驌繹史貫穿三代，雖爲紀事本末之體，而政典、學案、世表、輿圖，靡有所遺，斯能自成一家者也。雖其間僞書讖緯，不能有純而無疵，然其大體固已宏且遠矣。會要之書，清代不昌，唯嘉興錢儀吉嘗有志作三國晉南北朝諸會要，而三國先成，未傳於世，紀事稾中僅存敍例一篇。祥符周星詒踵其成例，亦頗有撰述，（見譚獻復堂日記）然皆未見成書，不無遺憾。自漢劉向作別錄，晉張隱傳文士，始爲學術專家成書立傳。明黃宗羲乃剏爲學案之體，成宋儒明儒學案。全祖望、王梓材迭有增補，吳鼎、唐鑑亦各有述作，學術之史，粲然可觀。其後江藩作漢學師承記，阮元作疇人傳，周亮工作印人傳，張庚作畫徵錄，各就專家之學，敍其淵源，識其流別，而年表年譜之作，亦實繁有徒，或爲專書，或傳別集，此皆爲論世知人之助也。

清儒之治諸子

大抵清代學術，善於綜核名實，而不屑空言名理，雖在諸子之書，亦多以治經史之法治之。始明顧炎武承王應麟紀聞之法而爲日知錄，雖多攷證之語，亦富經世之言，其博大過於紀聞，頗能成爲一家。至清閻若璩、盧文弨、王鳴盛、錢大昕、孫志祖、桂馥、李賡芸、洪頤煊、臧庸、姚範之徒，各有札記叢錄隨筆諸作，偏於攷證，雜治羣書，文無篇章，頗等識小，唯俞正燮類稾存稾，近於雜家。迨王念孫讀書雜志，俞樾諸子平議，始專以經學律令迻治子書。而洪頤煊爲管子義證，郝懿行爲荀子補注，汪繼培爲潛夫論箋，孫詒讓爲墨子閒詁，咸治一家，傳其故訓故事，於是管、荀、莊、韓，咸有集解集釋之作，而尹文、商君、淮南、法言，亦有爲之校錄疏證，稽其異同者。若夫弟子職之有集解，天文訓之有補注，墨經之解，地員之疏，雖屬單篇，亦必有專家之學爲之疏通證明。

下及顏氏家訓，馬總意林，且棄其術以爲之校注，雖精粗不同，短長異數，要其綜核形名，不苟空言義理，其揆一也。至於天算之學，雖憑數理，頗亦出乎形名。自九章五曹以來，至元而中法極盛，至明而西法大啓。清代諸家，頗能兼貫，言中法者，有釋例細草之作，六經諸史，咸有天文律曆諸算草，戴震觀象授時，董祐誠五十三家曆術，汪曰楨歷代長術輯要，其最著者也。震之句股割圜記，吐言成典，尤爲近古之所無。言西法者，大都出於譯述，以李善蘭爲最。及其季世，譯算之書，言之不文，人頗視爲畏途，較之理學家之語錄，其難解且過之，製器之不能紹述西法，此亦其一障也。是以古代小學以六書九數爲始，二者並重，其文章乃有實際。清代唯焦循能以算術說易理，其餘說理者，大抵祖述程朱陸王，空言抵拒，互相攻訐，而無所發明。顏元雖能矯其弊，獨以保氏六藝，策勵躬行，勉爲有用之學。第清初言理學者，亦自有喜談經濟一流，如顧炎武、黃宗羲、陸世儀，並以理學名家，各抒經世宏議。其後胡承諾著繹志，唐甄作潛書，檀萃成法書，自是策士奮起，如包世臣、龔自珍、馮桂芬、薛福成之徒，咸抵掌論天下事。迄於季葉，治平有議，籌邊有記，富國有策，魏源、賀長齡輯經世文編，然嚴衡厥誼，綜核之言少，郛廓之言多，仍不免與理學同弊；而羅有高、汪縉、彭紹升，以釋典治理學，方苞、姚鼐以文章潤理學，是故終清之世，言理學者多變端，唯戴震著原善及孟子字義疏證，思矯宋儒之失，以視紛爭於程朱陸王者勝矣。

清代之散文

自明末錢謙益艾南英出，昌北宋之體格，張溥陳子龍起，擷東漢之英華，而文體又一變矣。清初，如侯方城、魏禧、汪琬、施閏章輩，文名藉甚，並不以角立宗派，自炫所長，而追跡源流，實亦開一代之風氣者。其後方苞、劉大櫆繼之，專以古文一道開示後進，義法益嚴，而師承不易之二子者，籍隸桐城，當世之持論者，因有天下文章盡在桐城之語，由是海內學者多歸嚮桐城。故其徒遂以韓歐曾歸而後直接方姚，而屏錢侯等於宗派外，號曰桐城派。其最稱高弟者，上元之管同、梅曾亮，桐城之方東樹、姚瑩，而東樹之徒戴鈞衡爲姚氏再傳弟子，尤以開通後起自任，於是桐城派流傳漸廣。而同時服膺者，新城有魯仕驥，自此遂流衍於江西矣；永福有呂璜，自此遂流衍於廣西矣。外此若巴陵吳敏樹，武陵楊彝珍，善化孫鼎臣，湘陰郭嵩燾，自此幷流衍於湖南矣。逮陽湖惲敬，武進張惠言，始以江戴經術，用方姚之律令以爲文章。（世稱惲張陸繼輅爲陽湖派，實皆桐城派也）湘鄉曾國藩和之，每欲以戴段錢王之訓詁，發爲班張左郭之文章，雖不能至，心嚮往之，比之桐城規模，益爲宏遠矣。其弟子張裕釗、吳汝綸差能繼起，桐城派之未墜於地，賴以此耳。清初顧炎武著救文格論，黃宗羲、萬斯同、邵晉涵、全祖望頗善於記事，實皆有以啓之。而錢大昕猶以此二事詬詈望溪，以爲不諳義法；要其清眞雅正，其功亦未可盡沒，但忽略名實，亦非文之至者耳。

清代之駢文

爲駢文者，吳兆騫承復社之流，吳綺摹義山之作，陳維崧章藻功雖云導源徐庾，而體格實近於唐宋，此皆氣疎詞繁，其體未純者也。胡天游追蹤燕許，頗稱壯美，而俗調僞體，汰除未盡。袁枚承之，亦自詭麗，而神苶氣散，音響凡猥。吳錫麒正味齋集圓美可誦，意主近人而未協古義。唯昭文邵齊燾氣獨遒古，有正宗雅器之目焉。嘗言清新雅麗必澤於目，非苟且牽率以娛一世之耳目者，駢體之尊自此始。武進劉星煒，曲阜孔廣森、南城曾燠、陽湖孫星衍洪亮吉相繼而起，其旨益恢。廣森以達意明事爲主，開闔縱橫，一與散文同法。燠亦以爲古文喪具反遜駢體，駢體既俗，即是古文。三家之論，漸開合駢於散之機。吳鼒則以袁邵劉吳孔孫洪曾爲駢文八大家，袁吳實非其倫也。厥後陽湖董祐誠，湘潭王闓運，會稽李慈銘，皆氣體清潔，詞旨雅潤，頗能乖愆於允軌。而張惠言爲賦，獨宗兩漢，足以超軼齊梁，下視唐宋。夫學六代者下視唐宋，學唐宋者亦非薄六代，駢散之分，其來久矣。至清而桐城儀徵兩派，皆奮其一偏之見，以相水火，不務反觀三代兩漢魏晉之文，以綜合體要，各欲以其私見槩括一切文體，其弊甚矣。自武進李兆洛，江都汪中出，始上法魏晉，以復古代駢散不分之體。周濟始學桐城，其作晉略，持論亦同李汪。其後譚獻以此體倡浙中，其風始盛。（見日記中）而論者每以別體目之，昧者又欲以四六混駢文，斯皆所謂囿於習俗者也。然駢文自孔曾以來，以達意明事爲極則，汪李周譚諸公雖文體有異，而用意亦未變。文章之用固又有要於此者。清代文士每短於持論，拙於說理，駢散諸家，槪乎其未有聞，斯則綜核名理，扶文以質，有待乎後起之英矣。

清代之詩學

清初詩人有錢謙益、吳偉業、龔鼎孳，稱江左三大家。謙益稱揚白居易、蘇軾、陸游，而明代何李王李則排斥不遺餘力，二袁鍾譚更在不足齒數之列，一時學者靡然從之，然薄之者謂爲漸滅唐風。偉業七古仿元白，而五七言近體，聲華格律，不減唐人，五古長篇亦足自成一家。鼎孳雖與錢吳齊名，而讌飲酬酢之作多於登臨遇弔，實已少遜。三子皆名列貳臣，苟不以人廢言，則吳之可取爲較多也。其後萊陽宋琬，宣城施閏章，亦頗以詩名，有南施北宋之目。而新城王士禎，宗尚王孟，以神韻爲主；秀水朱彝尊兼學唐宋，以博雅稱；屹然分立南北，主盟詩壇者數十年，而士禎之名尤盛，至有推爲清代第一流者。趙執信著談龍錄，與之齟齬，亦不能撼焉。當是時，屈大均、陳恭尹、梁佩蘭有嶺南三家之稱。大均神似李白，恭尹師法曹植杜甫，唯佩蘭醇樸而意蘊句中，大似龔鼎孳。士禎謂嶺海多才，以未染中原江左積習，故尚存古風；理或然歟？蕭山毛奇齡以時尚宋體，故專法唐音，而自出新意。常熟馮班獨宗晚唐，嘗欲以李商隱詩醫江西粗俗槎枒之病。趙執信亦頗服習其意，以貶士禎。然士禎而後，獨稱查慎行。慎行學蘇陸，少蘊藉，與宋犖、陳維崧、邵長蘅諸錦，頗有同調，而魄力風韻差或過於諸家。其後厲鶚學陶謝王孟韋柳，以淡遠勝，頗稱後起之英。袁枚主性靈，翁方綱尚肌理，二子得名雖盛，皆非正軌。唯長洲沈德潛差能爲一代宗。先是康熙之際，有吳江葉燮者，作原詩內外篇，以杜爲歸，以情境理爲宗旨，語頗實際。德潛受其法，故古體宗漢魏，近體宗盛唐，而尤服膺於杜。德潛弟子極盛，吳中七子，唯王昶著湖海詩傳以續別裁集。（德潛著古詩源及五朝詩別裁集。其國朝詩別裁集三十六卷，昶湖海詩傳四十八卷，實續此集而作。）然其宦成之後，皮傅韓蘇，已與師說背馳，再傳爲黃景仁，有青出於藍之目。其詩希蹤李白，風格矜重，生氣遠出，而澤於古，清詩至此，頗有極盛難繼之歎矣。自乾隆時，興文字之獄，詩人皆不敢詠時事，於是考證之學起焉。往往睹一器論一事，則紀之五言，陳數首尾，頗似馬醫歌括。逮曾國藩出，詔法江西諸家，矜其奇詭，學者鶩逐之，其詩多詰詘不可誦。時山陽潘德輿論詩獨宗曹陶李杜，探源風騷，可謂知本，然觀其所爲，亦不能稱其所論。其後李慈銘譚獻皆推本性情，頗有以詩爲史之意。王闓運宗緣情綺靡之旨，不貴質說，論者所以謂潘能宏其用，王能明其法者也。一代之盛衰，庶皎然若覽焉。

清代之詞曲

詞爲詩餘，自南宋之季，幾成絕響。元之張翥，稍存比興，明則陳子龍，直接唐人，號爲天才。清初宋徵輿、李雯、錢芳標，並籍華亭，頗能嗣其音。世以三子與顧貞觀、王士禎、納蘭性德、彭孫遹、沈豐垣、沈謙、陳維崧爲前十家，張惠言、張琦、周濟、龔自珍、項鴻祚、許宗衡、蔣春霖、姚燮、蔣敦復、王錫振爲後十家，皆樂府中高境，爲三百年所未有。芳標源出義山；豐垣推本淮海方回，猶有黍離之感；徵輿詞近馮韋；貞觀出入北宋諸家；士禎小令頗近南唐二主；性德亦然，其品格在晏賀間；彭孫遹多唐調；李雯亦近溫韋；沈謙陳維崧步武蘇辛，大抵以五代北宋爲歸。與維崧齊名者，又有朱彝尊，以南宋姜張爲宗。論者謂自維崧彝尊出，清之詞派始成，而朱傷於碎，陳傷於率，流弊亦百年而漸變。然維崧筆重，彝尊情深，固後人所難到，故嘉慶以前，爲二家所牢籠者十居八九。繼彝尊而起者，有厲鶚，而浙派始盛。其後效之者，往往以姜張爲止境，遂多巧構形似之言，而漸忘古意。自張惠言與弟琦撰宛鄰詞選，推源騷雅，而詞之道始尊。其所自爲，亦大雅遒逸，能振北宋名家之緒。至周濟撰定詞辨，持論益精，其所作亦精密純正，與惠言相伯仲，世稱爲常州派。潘德輿作書非之，亦不能掩也。其後龔自珍、楊傳第、莊棫、譚獻諸家，皆誦法張周。而周之琦戈載獨謹於擇律，和之者謂惠言爲不知音，要之不失爲聲律諍友。惠言之獨尊詞體，使得與於著作之林，其功亦不可沒也。項許二蔣姚王諸家，雖爲常州派，而聲息相通，鴻祚幽艷哀斷，與性德同；而春霖尤爲杰出，有南唐之骨，北宋之神。洪楊之役，天挺此才，爲一代詞史，足與詩家杜甫媲美已。譚獻有言：王士禎、錢芳標爲才人之詞，張惠言、周濟爲學人之詞，唯性德、項鴻祚、蔣春霖爲詞人之詞，與朱厲同工而異曲。有清二百數十年中，前有性德，後有鴻祚春霖，差堪鼎足。及其季也，寶應成肇麐、南寧鍾德祥、臨桂王鵬運、歸安朱祖謀，亦詞壇之錚錚者，大抵皆瓣香石帚，又出入草窗玉田間，蓋亦非偶然也。

南北各曲，清代已衰。李漁憐香伴風箏誤等十種曲多優伶俳語，不足齒數；唯孔尚任、洪昇、蔣士銓、黃燮清堪稱作者，多以傳奇鳴。洪昇爲漁洋弟子，詩詞皆有淵源，其爲長生殿天涯淚諸劇，盛傳於世。蔣士銓爲銅絃詞，頗似其年。藏園九種曲，一洗淫哇之習。黃燮清爲詞綜續編，而浙派曼衍闡緩之病頗能湔滌，其帝女花桃谿雪等七種曲，亦能繼軌藏園。三子者雖不能並駕臨川，而阮李之尖刻亦庶幾歇矣。獨孔尚任桃花扇傳奇頗能抒寫南渡亡國之恨，可爲後明曲史。曲雖小道，亦著春秋之筆，蓋自有曲以來，未有過於此者也。夫詩詞歌曲，通於國政，神於史鑑，其用甚鉅，其效甚遠。音律詞藻，不可偏廢。自文人作曲，不諧音律，崑曲既衰，而秦腔京調粵謳，乘之而起，其曲文等於蛙吟蟬唱，有聲無詞，而淫靡之俗調中於人心，風俗亦由此而敝矣。樂記曰：鄭衞之音，亂世之音也。風雅之士，當有以挽救之矣！

中國通史卷十

學說編

敘言

人羣進化之原，與社會變遷之跡，自古迄今，雖頭緒紛繁，而自有必循之階級，此西儒言社會學者，必以心理爲主體，而以物理爲證明，所以導人心於趨事赴功也。蓋人智之鑰，發於思想，思想之發蔚爲實驗，故思想爲學術之母，而實驗開政教之原焉。予觀開闢之初，所謂聖哲，不過制器利用，而古人以其開物成務，輒尊之爲盛德大業。故老子曰：形而上者謂之道，形而下者謂之器。制作既盛，則民生之業日以進，生業日進，則爭端日開，於是所謂教育學、政治學興焉。厥後師儒既分，道與藝猶並言，故孔子以絜矩之道悟均平，孟子以規矩之理喻法守，雖託空言，猶重實用。迨諸子並興，而於數化電氣諸學，或片語僅存，或粹言湮沒，亦各趨尙實科矣。班氏之言曰：時君世主，好惡無方，是以九家之說蠭起。由班氏之言觀之，則諸家學術，悉隨時勢爲轉移。學也者，指事物之原理而言；術也者，指事物之作用而言。學爲術之體，術爲學之用，咸自各尊所聞，各欲措之當代之君民，是皆學術而非宗教。儒家祖述孔子，雖有改制之文，亦革政而非革教；雖道家侈言玄虛，墨家侈言鬼神，陰陽家侈言術數，則猶沿守古代相傳之教也。自無知愚民，咸崇釋老，有事禱祈，於是宗教之勢力日趨於澎漲而莫能遏。夫以挾持之勢力，而潛使社會移轉於不自覺者，莫宗教若也。故論羣治之道，學術而外，宗教亦一大原因焉。是編首論政教之分合，次論學術之同異，次論宗教之盛衰，末論學派變遷之概略，亦讀史者所當詳究也。輯學說編。

第一章　上古製作開政教之原

人類始生，狉狉獉獉，羣相安於不識不知之天，與禽獸無甚別也；其所以特殊於禽獸者，天特賦以特殊之性質；而此性質之所生，即具有天然之學力，以漸闢乎草昧，而漸入乎文明。自伏羲氏畫八卦，衍重爻，已開數學之先聲；繇是神農作耒耜，黃帝作弓矢舟車諸器用，而製造學興焉。神農教樹藝，西陵氏教育蠶，而動植學興焉。而且倉頡制六書，而發明文字學；伶倫造律呂，而發明音樂學；神農嘗百草，作方書，黃帝本此以作內經，察明堂而究息脈，而發明醫藥學。神農時，夙沙煮海爲鹽，至黃帝則範金爲貨，採銅鑄鼎，而發明食貨學。至唐虞之世，製作日昌，觀其命羲仲、和仲、羲叔、和叔，則皆測量天文之人也；又以仲春仲夏仲秋仲冬之夕，定中星之所在，而虞舜攝政，復創設璿璣玉衡，以爲觀察天象之用，此天文學之可考者也。堯時以三百六十日爲一年，置閏月以定四時，而舜時復協時月正日，此曆數學之可考者也。舜典復言同律度量衡，亦唐虞時代不廢數學之確證。凡此者，不必借詩書以通智慧，自足洩苞符未洩之藏；不必假名象以啓心知，實能宣古今未宣之蘊，其留遺以餉後人者，實開政教之先河也。

周以上學定於一尊

迨及夏商，文明日盛，民智日開，導之以利而無所止，則必有梗其化而干其法者，於是政教尚焉。契敷五教，而倫理學以明；臯陶典五刑，而法律學以明；夔典樂，而教育學以明。許愼說文育字下引虞書曰教育子鄭玄周禮大司樂注若舜命夔典樂教育子馬融注亦以教育連文而孔傳曰教長國子是明明以長訓胄考胄無長義唯育乃得訓長其或作胄者形近誤耳考之殷誥周書，其所論敍，亦務納民於軌物，而歸重於人倫道德之學，此爲由物理而入心理，亦進化之過程然也。爰逮成周，周公創制政典，爲一王法，周官一書，於敷政立教諸端，言之綦備。蓋官師合一，在朝之政令，期於化民成俗；在野之聞見，習於讀法懸書。載之文字，謂之法，謂之書；其事謂之史；職以其法載之文字，而宣之士民者，謂之太史，謂之卿大夫。有官斯有法，故法具於官；有法斯有書，故官守其書；書是則史也者，掌一代之學者也；一代之學，即一國政教之本之所繇啓也。故三代之時，有學之人，即從政之人；從政之地，即治學之地；都畿外無學術，職官外無師儒。官學既興，私學禁立；致所學定於一尊。會稽章氏曰：『天下以同文爲治，故私門無著述。』然哉然哉！

宗教之起原本於孝

今天下士相聚而談，曰羣治之進化。夫進化必有其始焉者也；始焉者何？即此宗教是也。宗教之於社會，其感化力至速，則其挾持力至鉅。西儒斯賓塞有言：各教起原，皆出於祖先教。斯言也，證之吾國古代，益信而有徵。吾國古初，以宗法立國，即以人鬼立教。伏羲制嫁娶，實爲宗法社會之始，以其所重在血統也。人之初生，無不報本而返始，故等而上之，必致敬於其祖先。孝經有言：『夫孝，德之本也，教之所由生也。』禮記有言：

『教之本在孝。』而倉頡造字，孝文爲教，此吾人最古之宗教也，始由血統而推之人鬼，繼由人鬼而推之神祇，故古帝王以始祖配天，用行禘禮，是爲祀天之典；由同族之神，而祀同社之神，（同社一神即同居一地二十五家爲社故同祀社神）是爲祭地之儀；是天神地祇，其始皆基於人鬼。特皇古之初，天鬼並祀，唐虞以降，特重祀天，以天爲萬有之本原。（禮曰萬物本於天）故人君作事，輒稱天而治，即其所出之條教號令，亦必託之天而後行，曰天命，曰天討，曰天序，曰天秩，抑若君主始可與天相接，是則古代之政治，即神權之政治也。既借天以比附人事，則天事人事，相爲表裏，因此而遂生三派學術，一曰祀學，一曰讖緯學，一曰占驗學。天人之事，史實司之，是古代之學術，即天人表裏之學術也。既以監視之權歸之天，則因監視而生賞罰，因賞罰而降災祥；死生禍福之說有所託，持此以馭民，則其從之亦如水之趨下，因以知政教起原，非藉宗教不爲功；而宗教之所由立，實本家族之主義，此吾國綱常倫紀，所以特重於西方諸國也歟？

第二章　六藝之原始

孔子以前之六經

六藝者何？六經之謂也，即易、書、詩、禮、樂、春秋也。章氏實齋，推六藝之起原，以爲周公之舊典，近人劉氏則謂六藝實始於唐虞。其實六藝之學，皆出於古史官之職守也。蓋一代之興，必以史官司典籍。韓宣適魯觀書太史，首見易象，則易掌於史矣。五帝三皇之書，掌於外史，傳曰：史誦書，則書掌於史矣。風詩采於輶軒，魯頌作於史克，見小序祁招聞於倚相，則詩掌於史矣。韓宣觀書魯史，見春秋；而孟子之解春秋也，亦曰，『其文則史，』則春秋掌於史矣。老聃為周史而明禮，萇弘為周史而明樂，則禮樂掌於史矣。故曰六藝出於史也。而或謂西周之時，太卜司易，宗伯掌禮，司樂典樂，太師陳詩，不知此就職守言，非指書籍言也。六藝之學，掌於史官，孔子刪訂六經，實周史償保存之力也。龔氏自珍曰，『史無孔，雖美何待？孔無史，雖聖曷庸？』然則孔子者，實周史學術之正傳者歟？

孔子刪定六經

自官司失守，而孔子棲棲皇皇，道大莫容，不得已退而刪訂六經：刪書斷自唐虞，下至秦穆，編次其事；言三代之禮，而曰吾從周，故禮記以傳自孔氏；語魯太師以樂，自衛反魯而樂正，雅頌各得其所。古者詩三千篇，孔子去其重，取其可施於禮義，上采契后稷，中述殷周之盛，至幽厲之缺，始於衽席。故曰：關雎之亂，以為風始，鹿鳴為小雅始，文王為大雅始，清廟為頌始；三百五篇，孔子皆弦歌之，以求合韶武雅頌之音，禮樂自此可得而述。晚而喜易，序彖繫象，說卦文言，孔子作十翼謂上彖下彖上象下象上繫下繫說卦序卦文言雜卦也史記不及雜卦讀易，韋編三絕，曰：『假我數年，若是我於易則彬彬矣。』魯哀公十四年春，狩大野，叔孫氏之車子微者也鉏商名也獲獸，以為不祥。孔子視之曰：『麟也！孰為來哉！吾道窮矣！』乃因魯史作春秋，上起隱公，至獲麟止，凡十二公二百四十二年，約其文辭以繩當世，筆則筆，削則削，游夏不能贊一詞，自其後天子王侯中國言六藝者，皆折衷於夫子矣。

孔子之道

孔子者，集六藝之大成者也。司馬子長謂孔子以詩書禮樂教弟子，身通六藝者七十二人。蓋聖人道廣知深，無行不與，其所示及門者，亦無非經旨而已。近人劉氏亦謂六藝之學，卽孔門所編訂教科書也。孔子之前，已有六經，然皆未修之本。自孔子刪詩書，定禮樂，贊周易，修春秋，而未修之六經，易以孔門編訂之六經。孔子曰：『潔靜精微，易教也，』是卽哲理之課本；『疏通知遠，書教也，』是卽政治學之課本；『屬辭比事，春秋教也，』是卽本國史及近事史之課本；『恭儉莊敬，禮教也，』是卽倫理心理之課本；『溫柔敦厚，詩教也，廣博易良，樂教也，』是卽音樂之課本。蓋自孔子刪訂之本行，而六經之眞籍亡，而孔子之道著。

孔學兼備師儒之長

孔子之道，在於六藝，堯舜禹湯文武周公之道，卽孔子之道也。三代而上，道在君相，故其道行；三代而下道在師儒，故其說長。周禮太宰職云：『師以賢得名，儒以道得名，』是爲師儒分歧之始。儀徵阮氏云：『孔子以王法作述，道與藝合，兼備師儒，』（見清史儒林傳）知言哉！孔子徵三代之禮，訂六經之書，徵文考獻，多識前言往行，凡詩書六藝之文，皆儒之業也。孔子衍心性之傳，明道藝之蘊，成一家之言，集學術之大成，凡論語孝經諸書，皆師之業也。蓋述而不作者，爲儒之業；自成一書者，爲師之業。學術操諸師儒之手，學之大幸，政之大不幸也。夫使孔子獲假斧柯，能行道於斯世，則以政爲教，六經可以不述，論語諸書可以無錄；大道之行，志焉未逮，既不能見之行事，不得不載之空言矣。此卽以學爲教者也。至以學爲教，故孔學乃兼具師儒之長。

孔子重天道

古代神權宗教之盛也，基於尊祖而敬天，而衍其流，則爲陰陽占驗禱禳野祭，觀左氏所記，亦既窮形盡態矣。至孔子則一反其說曰『非其鬼而祭之諂也。』子路問事鬼神，曰：『未能事人，焉能事鬼？』又曰：『祭如在，祭神如神在。』而禮記四十九篇，載孔子所論祭禮甚多。至其生平學術，以敬天畏天爲最要，又信天能保護己身，故其言曰：『天生德於予，桓魋其如予何？』又以天爲道德之主宰，曰：『獲罪於天，無所禱也。』又以天操人世賞罰，曰：『故大德者必受命。』其立說大旨，仍歸本於祖天也，此實孔子探古教之眞源，藉以警世之愚惑者耳。夫孔子既歸重人事，故罕言命性與天道，不可得而聞；其修己也以忠，其治人也以恕，而其教育之旨，尊崇德育，第智育體育二端，亦所不廢。其教授之法，貴時習而重分科，其言布帛菽粟，其事日用倫常，其爲道易明，而其爲教易行也。故曰：『夫婦之愚，可以與知也，及其至也，雖聖人亦有所不能。』蓋既以人心風俗引爲己責，乃舉其所學倡導以示之準的，返駁者而使之純，虛者而使之實，怪詭陰賊者使之中正而光明，於是天下知所歸而專所嚮。

孟子得孔門學派之正傳

孔子之道大而能傳，故承學之士，各得其性之所近，執一術以自鳴；而得一貫之傳者，曾子子貢而已。孟子受業於子思門人，而子思之學出自曾子。自孔子卒後，七十子之徒，莫不有書，獨孟軻氏得其正傳。孟子生當戰國之世，運會詭變，狙詐萌起，士之飾巧馳辯、要能釣利，不期而景從者比比。獨孟子稱仁道義，尊王黜霸，故所如者不合，退而與萬章之徒，序詩書，述仲尼之意，作孟子七篇。然則守先王之道，以待後學，坐言起行，其得於經者蓋非無自矣。向微孟子，則所謂堯舜傳之禹湯，禹湯傳之文武周公，文武周公傳之孔子者，幾何不露墜塵輕，掃地俱盡哉？論者必以受業子思，斷斷致辨，（趙邠卿氏孟子題辭以爲長師孔子之孫子思毛西河氏四書賸言焦理堂氏孟子正義皆主其說者）不知孟子之生，距孔子百有餘歲，斯道之傳，夙稟聞知，（本陸氏說）亦何必以親炙子思，始爲無憾。孔子無常師，又何疑於孟子？且七篇之旨，至爲閎深，而揭其要，則曰『孟子道性善，言必稱堯舜者，』何也？蓋其時異端並作，人心陷溺，幾不知返，孟子洞究乎變化消息之原，非是不足以振靡而祛惑；曰性善者，所以著生人之本也；曰堯舜者，所以立人類之極也；唯其見性也明，斯其論世也切，禹湯文武之所以紹往開來者，不過是也。

荀子有功於經

戰國之世，學說競作，挾其所長，無不欲以之治天下，干世主；迺不爲苟合，毅然以道義爲己任者，孟子而外，荀子一人而已。孔門後學，孟荀並軌。孟多言仁，（孟子言仁心仁政仁術皆發揮仁字）荀多言禮；（勸學篇夫學始乎誦經終乎讀禮又學至乎禮止矣又有禮論全部荀子多發揮禮學）孟主良知，（主良知故言性善所謂仁義禮智非由外鑠我也我固有之也）荀重實行；（修身篇皆注重實行）孟言養氣，荀言師法；孟言擴充，荀言積僞；（注僞爲也矯其本性也僞即人爲會意字非詐僞之僞）孟言平治天下，荀言度量分界。（禮論求而無度量分界則不能不爭）兩派分流，其說不無同異，其非子思孟子，尤有顯然者。不知荀子之旨，意在勸學，其意以爲人性本惡，修爲斯善，意似耑主習而不主性，殆類中庸之所謂矯。（本黃氏說）故曰：必將有師法之化，禮義之導，然後出於辭讓，合於文理，而歸於治，此塗之人可以爲禹；以視孟子之言稱堯舜，豈大相逕庭乎？至欲觀聖王之跡，則於其粲然者，雖指而別之曰後王，然曰古今一度，五帝之外，非無傳人，傳政久故也。其意在濟時極世，以爲俗儒反古者警。且曰：凡言不合先王，雖辯弗聽。

又曰勞知而不律先王，謂之姦心。固非徒爲是蔑古以徇今者也。仲尼之門，羞稱五伯；其黜霸之心，與孟子同；其宗王之旨，豈迥與孟子判？然則所以非子思孟子者，意不過學說相競，蓋欲以道自任，而上接孔子之傳耳。且儒之義，久不著於天下，而荀子以經正之，故其學尤有功於六經。汪氏荀卿通論 蓋自子夏傳曾申，申傳魏人李克，克傳魯人孟仲子，孟仲子傳根牟子，根牟子傳荀卿子。孟與荀同本於孔氏，而皆爲儒學正宗，此太史公著書，所以孟荀合傳云。

第三章　老墨之道

老學爲九流百家初祖

自周官失職，而諸說並興，此亦一是非，彼亦一是非，惑衆干時，積漸成習，要其博大精深，具左右一世之勢力者，孔子而外，實唯老墨。而其言深微奧古，沖遠靜專，求之彌幽而挹之靡竭，博哉！開衆妙之門者，又首推老子也。老子者，姓李名耳諡聃楚苦縣人 周柱下史，史所稱爲孔子問禮者也。班志所傳，風后、力牧、伊尹、太公、鬻熊，並有述作，類皆後人依託，子書肇始，其道德經乎。溯夫周秦學術，孔老角立，墨亦大國，後學繁衍，三家爲多。老子巍然道宗，太史公之論道家曰：『其術以虛無爲宗，以因循爲用，無成勢，無常形，故能究萬物之情；不爲物先，不爲物後，故能爲萬物主。』莊周之論道家曰：『建之以常無有，主之以太一，以濡弱謙下爲表，以空虛不毀萬物爲實。』其論老聃曰：『人皆取先，己獨取後。』曰：『受天下之垢，人皆取實，己獨取虛，無藏也故有餘，歸然而有餘。其行身也徐而不費，無爲也而笑巧，人皆求福，己獨曲全。』曰：『苟免於咎，以深爲根，以約爲紀。』曰：『堅則毀矣，銳則挫矣。常寬容於物，不削於人，可謂至極。』老子學派，數言握其樞矣。夫老子後學，派別滋繁，莊列衍夫清虛，寶爲眞裔；楊朱專尙縱欲，已呲一偏；關尹尹文能繼玄風；田駢愼到流爲權術；至於天地不仁，以萬物爲芻狗，聖人不仁，以百姓爲芻狗，實開申韓慘刻之風。綿綿若存，用之不勤，亦爲參同契所祖；谷神不死，是爲玄牝，精微之至，洞見眞源。後世道流，相矜奧訣，支流遞衍，得其一端，遂有放達權謀神仙三大派。孫曾祕祕，實迷厥祖，其不足自攖，固其所也。

墨學兼諸子雜說之長

楊墨之學，並與儒敵。楊說雖間見於他書，已不甚著。（列子引楊說最多）而墨之說，乃至今延於天下。墨子（名翟，宋大夫）生孔子後，其敎貴儉、兼愛、尊賢、右鬼、非命、尙同，其旨在於因時施設。蓋覩周衰文勝之弊，相競以奢靡，相尙以詐妄，相爭陵以兵，而爲强本節用之計，堅忍植其體，親愛神其用，雖枯槁不舍也。且其立論，顯然與儒爲敵，孔言愼終，而墨言薄葬；孔言從周，而墨言法夏；（墨子公孟篇墨子謂孟子曰：子法周而未法夏也）儒家敬鬼神而遠之，而墨子明鬼，雜陳怪異；（墨言見鬼神之物，聞鬼神之聲，引杜伯死後見形射周宣王死爲證）儒家尊樂，列於六經，而墨子非樂，以爲病民；（見非樂篇）儒家稱天功之以造化，而墨家言天柄之以禍福。（天志三篇言禍福皆司之於天）且墨子非儒，厚誣孔子，蓋本爲孔氏之徒，既畔道而倡說，（見淮南子要略）則不得不別樹幟而與角其勝。況其傳道，必以鉅子，（呂氏春秋謂墨者鉅子孟勝以楚陽城君之難將死之，弟子徐弱曰：死無益也，而絕墨者於世不可。孟勝曰：我將屬鉅子於宋之田襄子云）遂使儒墨之間，永爲讎國。儒術統一，百氏並熸，西漢而還，墨學漸熄，莫敢抗儒矣。夫以墨當戰國，疆宇至恢，門徒甚盛，猶釋氏之沙門，耶氏之教士，堅苦卓絕，心平救世，寧肯稍自毀邪？若夫大取小取，開名家之派；大取篇非白馬與公孫龍白馬非馬之說同小取篇白馬馬也乘白馬乘馬也驪馬馬也乘驪馬乘馬也亦堅白異同之類公輸備城門，挈兵家之長；見公輸篇備城門諸篇經上經下，析物理之巧。經說下鑒者近中則所鑒大景亦大遠中則所鑒小景亦小而必正取於中又均髮均懸輕重而髮絕不均也均其絕也莫絕按此文與列子湯問篇同發端引緒，吐納衆流，宜其屹然獨峙，響應當時矣。孟子言天下之言，不歸楊則歸墨；可見當時墨學之盛行。厥後有相里勤之弟子五侯之徒，南方之墨者，苦獲、已齒、鄧陵子之屬，俱誦墨經。韓非顯學，儒墨並軌。又謂孔墨之後，儒分為八，墨離為三云。相里氏之墨相夫氏之墨鄧陵氏之墨

第四章　孔老墨學說之比較

三家宗旨之異趣

周之衰也，孔老墨三家，各行其道，持之有故，言之成理，皆與時為興，因地為異。而其弟子承流枝附，又復各伸己說，各排異教，如冰炭之不相容。韓子有云：夫沿河而下，苟不止，雖有遲疾，必至於海。如不得其道，雖疾不止，終莫幸而至焉。故學者必慎其所道。雖然，狂夫之言，聖人擇焉，學者窮理，可以正天下之是非，非必深閉固拒，遂以為捍衛之功也。范史序方術列傳云：意者多迷其統，取遺頗偏，甚有雖流宕過誕，亦失也。注取遺謂信與不信也或信或不信各有所執故偏頗也以為甚有者雖流宕失中過稱虛誕者亦為失也舍短取長，是在學者。茲將孔老墨三家宗旨不同之點，列舉如左。

孔子宗旨

老學宗旨

墨學宗旨

崇儉	貴虛	刻苦
貴強	尙柔	輕死
修己	爲我	爲人
擇可（無適無莫義之與比）	守靜	務時
差等	齊物	兼愛
導民	愚民	苦民
繁禮	蔑禮（禮忠信之薄亂之首）	節用
畏天	任天	尊天
遠鬼	無鬼	明鬼
哀死	蛻化（歸根則靜是爲復命）	薄葬

三家宗旨之大較

綜觀三家之學說，孔學宗旨切近人情；墨學過於人情；老學則不近人情，此其大較也。老氏遠宗黃帝，游心物外，持論太高；學之者本其厭世主義，遯而入於虛無之鄉，寥廓之域則爲放達爲神仙；甚至求其說而不得，但以其利用愚民也，束縛馳驟，一變而爲申韓之學，所謂道德之窮，流於刑名。墨氏稱道夏禹，形勞天下，從墨氏者，必自苦以腓無胈，脛無毛，其爲人多，爲己少，非人所能堪也，故秦漢之際，墨學久亡。第推二家之精意，老雖退藏於密，外似無爲，內有蘊蓄，此爲政治家所利用也。墨則堅忍敢死，明公義以尙合羣，其造就民質，有獨高者焉。唯老氏以詭，而孔氏以誠；墨氏以俠，而孔氏以義，此中庸之爲德，所以獨稱其至矣乎。

第五章　周秦諸子之學派

莊荀與太史公所論學派

班固曰：『今異家者，各推所長，窮知究慮，以明其指，雖有蔽短，合其要歸，亦六經之支與流裔。使其人遭明王聖主，得所折中，皆股肱之才矣。』夫諸子覃思，多由獨創，概目以六經流裔，豈得謂之允辭。論周秦諸學派者，荀子非十二子，肆爲觝擊，凡分六家：一、它囂、魏牟，（它囂不詳何代人魏牟魏公子）二、陳仲、史鰌，（陳仲即於陵子史鰌即史魚）三、墨翟、宋鈃，（宋鈃即宋牼）四、愼到、田駢，（皆齊人）五、惠施、鄧析，六、子思、孟軻。由今觀之，其一則道也，二爲墨家之一派，三墨，四道，五名法，六儒也。莊子天下篇，挈其短長，亦分爲六：一、墨翟、禽滑釐，（墨翟弟子）二、宋鈃、尹文，（齊宣王時人與宋鈃俱游稷下）三、彭蒙、（不詳）田駢、愼到，四、關尹、老聃，五、莊周，六、惠施。（魏人）由今觀之，其一二皆墨也，三道而近於法者也，四五皆道也，六名也。生當並世，特相勝爲盛衰，荀子詞稍近激，莊則猶爲平情之論。至司馬談所論六家，一陰陽，二儒，三墨，四法，五名，六道。綜而論之，荀莊論諸家之學，第舉其人而未嘗標其家數；太史公明指家數，而又不專屬人，然則所當詳究者，此六家之原委也。

諸家學派至七略而始備

西漢之季，劉歆敍次七略，其三爲諸子略，區分品目，乃有儒家、道家、陰陽家、法家、名家、墨家、縱橫家、雜家、農家、小說家，綜此十家，亦號九流。（所謂諸子十家其可觀者九家而已故號爲九流）又推求其源之所自出，著其流失，以爲儒家者流，出於司徒之官；道家者流，出於史官；陰陽者流，出於羲和之官；法家者流，出於理官；名家出於禮官；墨家出於清廟之官；縱橫家出於行人之官；雜家出於議官；農家出於農稷之官；小說家出於稗官；其流則爲某氏之學，其失則爲某氏之弊，陳說長短，可謂盡矣。老墨二派，抗衡儒家，已具前篇；其餘諸家在當時亦自有一種至深之學說，使非漢武罷黜，獨崇儒者，則儒廁九流，烏覩其混一區宇也。

諸家學說以劉勰爲定評

劉勰曰：伯陽（老子字）識禮而仲尼訪問，爰序道德以冠百氏。又曰：孟荀所述，理懿而辭雅；管晏屬篇，事覈而言練；（藝文志管子八十六篇晏子八篇）列禦寇之書，氣偉而采奇；鄒子之說，心奢而辭壯；（史記騶衍深觀陰陽消息而作怪迂之變終始大聖之篇十餘萬言騶衍齊人爲燕昭王師居稷下號談天衍藝文志鄒子四十九篇）墨翟隨巢，意顯而語質；（藝文志墨子七十篇）尸佼尉繚，術通而文鈍；（尸子名佼魯人秦相商鞅師之鞅死逃入蜀梁穀梁傳引尸子卽其人藝文志尸子二十篇尉繚戰國時人藝文志尉繚子二十九篇）鶡冠綿綿，亟發深言；（楚人居深山以鶡爲冠藝文志鶡冠子十一篇）鬼谷眇眇，每環奧義；（史記蘇秦傳東事師於齊而習之於鬼谷先生注因所居以爲號也）情辨以澤，文子擅其能；（藝文志文子九篇注老子弟子師古云似僞託之書也）辭約而精，尹文得其要；（劉向別錄尹文子學於莊老其書自道以至名自名以至法以名爲根以法爲柄凡二卷僅五千言又與宋鈃同游稷下）愼到析密理之巧；（史記愼到學黃老之術因發明序其指意著十二篇）韓非著博喻之富。（史記韓非者韓之諸公子也喜刑名法術之學爲人口吃而善著書作孤憤五蠹內外儲說林說難十餘萬言）又謂呂氏春秋鑒遠體周，（藝文志呂氏春秋二十六篇注秦相呂不韋輯）公孫龍之白馬孤犢，辭巧理拙。（列子公孫龍誑魏王曰白馬非馬孤犢未嘗有母莊子天下篇稱公孫龍孤駒未嘗有母蓋白馬之白則重在白而不重在馬也孤駒本

(有母但既謂之孤則無母可知故曰未嘗有母)洽聞之士，宜撮綱要，覽華而食實，棄邪而取正，極睇參差，亦學家之壯觀也。(以上皆文心雕龍語)夫以九流遙起，七略雲萃，騁詞則雲烟萬態，飛辯則黑白易色，拾其片羽，猶振奇采。若夫綜畢衆流，淄澠別味，約旨以定其宗，片言而提其要，則彥和(劉勰字)之論，精約可師已。假使各持一端，互相攻擊，未有不成其害者。韓詩外傳曰：別殊類使不相害，序異端使不相悖。唯執不通則悖，悖則害，相觀而善謂之摩，人異於己，亦必己異於人，互有是非，則相觀而各歸於善。(本焦氏說)執兩用中，其斯爲聖人之道歟。

第六章　嬴秦焚書坑儒之禍

秦利用愚民政術

始皇既幷天下，遂以專制爲政。二十八年東行郡縣，祠鄒嶧山，頌秦功業；召魯儒生至泰山下，議封禪，諸儒議各乖異。始皇以其難施用，遂絀儒生，焚坑之機，已萌於此矣。李斯窺帝旨，遂上書言曰：『異時諸侯並爭，厚招游學；今天下已定，法令出一，百姓力農工，士則學習法令。今諸生不師今而師古，以非當世，惑亂黔首；聞令下，則各以其學議之，入則心非，出則巷議，誇主以爲名，異趣以爲高，率羣臣以造謗。如此勿禁，則主勢降乎上，黨與成乎下矣。臣請史官非秦記者燒之；非博士所職，天下有藏詩書百家語者，皆詣守，尉雜燒之；有敢偶語詩書，棄市；以古非今者，族；吏見知不舉者，與同罪；令下三十日，不燒，黥爲城旦。所不去者，醫藥卜筮種樹之書；欲學法令者，以吏爲師。』制曰：『可。』魏人陳餘謂孔鮒曰：『秦將滅先王之籍，而子爲書籍之主，其危哉！

「子魚曰『知吾學者惟友，秦非吾友，吾何危哉？吾將藏之以待其求，求至無患矣。』」

秦火後之遺經

先自鄒衍論始終五德之運，爲秦皇所採用，於是益侈心神仙，盧生，燕人儒生也，始皇使入海求仙，歸奏亡秦之兆，又勸始皇微行以辟惡鬼，此神術雜入仙術之證，亦讖緯出於仙術之證也。未幾，侯生韓客盧生相與譏議始皇，因亡去。始皇大怒曰：諸生或爲妖言亂黔首，使御史按問之。諸生傳音轉相告引，乃自除犯禁者四百六十餘人，皆阬之咸陽。夫盧生既習儒，而又欲因仙而致用，則亦不得不竄儒書於仙術。始皇即因其亡而阬諸生，復使博士爲仙眞人詩，史記是秦皇崇仙而黜儒也。然其所阬者，不過數百怪誕之士，即其所焚者，亦不過私家收藏之書，且易與春秋二經，首末俱存；詩亡其六篇，或以爲笙詩元無其辭，是詩亦未嘗亡也；禮本無成書，禮記雜出漢儒所編，儀禮十七篇及六典最晚出，然其書純駁相半，其存亡未足爲經之疵也；獨書亡其四十六篇耳。然則所燔者，除書之外，其餘未嘗亡也。

第七章　漢初儒道勢力之消長

曹參定治於蓋公

秦火以後，至於漢初高、惠、文、景、武五朝之間，此儒道兩家競爭之時代，而儒終以得勝，且以後相沿爲歷代之國教，則武帝之力也。自老氏高言無爲，漢初果以清靜致治。曹參爲齊相，時天下初定，參至齊，盡召長老諸先生問所以安集百姓，而齊諸儒故以百數，言人人殊。參未知所定，聞膠西有蓋公，善治黃老言，使人請之。蓋公為言治道貴清靜而民自定。參用其言，故相齊九年，而齊國安集，稱賢相。及蕭何卒，惠帝以仁柔之資，年幼嗣統，以清靜為治，故召參為相。參至，壹遵何之約束，日夜飲酒不事事，見人有細過，掩匿覆蓋之，府中無事。及其卒也，民歌之曰：『蕭何為法，斠（或作較）若畫一；曹參代之，守而勿失。載其清靜，民以寧壹。』蓋當秦政暴虐，楚漢兵爭以後，民厭囂思靜，所以能順流而治也。

竇太后絀儒術

文景二帝，又皆深於黃老刑名之言，致治太平。齊人轅固以治詩，孝景時為博士。竇太后好老子書，召問固，固曰：此家人言耳。太后怒曰：安得司空城旦書乎？及武帝立，雅嚮儒術，竇嬰田蚡好儒，推轂趙綰王臧，並以儒見用。綰請立明堂以朝諸侯，且薦其師申公。（魯人）天子使使束帛加璧安車駟馬迎之，既至，問治亂之事。申公年八十餘，對曰：為治不在多言，顧力行何如耳。帝默然。是時太皇太后竇氏不悅儒術，綰請毋奏事東宮。竇太后聞之怒，因求得綰臧姦利事，以讓上，由是諸人皆得罪。竇太后以儒者文多質少，萬石君石奮無文學而恭謹無與比，子孫遵教，乃以其長子建為郎君，令少子慶為內史。自初至此，始僅以黃老之道，推行於治術，未嘗據以求仙。唯劉安治道家言，慕游仙之術，作淮南子一書，多祖述莊老，而枕中鴻寶祕書，則言重道延年之術。劉向以為奇，故其所作列仙傳，亦言重道延年，是蓋祖道家之養生也。故漢興至武帝初，凡七十餘年，其政論學說，純然為道家之勢力而已。

董仲舒倡儒術統一之議

武帝卽位之初，首策賢良方正於大廷，而得一代大儒董仲舒爲之首。其所對之策，推明仁義禮樂教化之具，請諸不在六藝之科，孔子之術者，皆絕其道，勿使並進。丞相衞綰因奏所舉賢良，或治申韓蘇張之言，亂國政，請皆罷之，奏可。於時折衷羣言，儒學已占優勢。且前者劉安求仙，近丹鼎派，已偏於道家；迺者漢武求仙，近符籙派，故兼用儒書。顧猶格於竇太后，其勢伸而復絀。迨竇太后崩，田蚡爲相，黜黃老刑名百家之言，延文學儒者以百數，而儒術漸伸。至公孫弘以治春秋，起布衣爲丞相，封平津侯，天下學士靡然鄉風，而儒術大伸。自茲以還，儒學統一，則又幾經廢絕而始恢廓者，不可謂非兩教之大競爭也。

第八章　秦漢方士之言神仙

神仙基於上古之宗教

自孔老二家，未嘗侈言鬼神，而神權迷信之說以破。然自上古以來，陰陽五行，分爲二派，而陰陽術數之學，皆掌於史官，其所以浸漬於社會人心者，歲月綿衍。降及東周，天人並稱，故百家諸子，咸雜宗教家言。誕欺迂怪之文，博采旁徵，則又依於鬼神之事，而遂有神仙一派。後世言神仙者，多祖述老子。老子言谷神不死，又言天地所以能長且久者，以其不自生，故曰長生。於是傅會其說者，往往託言仙術以自寄其思，且擬爲升仙化胡之言，以自神其術。夫儒家不言仙術，老子不信鬼神，則神仙之說，固未嘗合之爲一也。然自秦皇漢武，甘心溺於方士之言，則此派之在中國，愈衍而愈多，亦愈變而愈幻，流風所扇，遂乃與儒佛鼎立爲三，溯其所自，亦古代宗教之濫觴也。

徐市之入海求仙

初，燕人宋毋忌羨門子高之徒，稱有仙道形解銷化之術；燕齊迂怪之士，爭相傳習之，自齊威王、宣王、燕昭王，皆信其言，使人入海求蓬萊、方丈、瀛洲云。此三神山，在渤海中，去人不遠，患且至則風引船去，嘗有至者，諸仙人及不死之藥皆在焉。及始皇并天下，東巡海上，諸方士徐市等（齊人）爭上書言之。於是遣徐市，發童男女數千人入海求之。船交海中，皆以風爲解，（解說也）曰未能至，望見之焉。自是始皇數游海上，嘗禪梁父，封泰山，并采太祝祀雍之禮，則以求仙必本於祀神，而祀神即所以求仙，而古代祀神之典，咸見於儒書，由是儒生之明祀禮者，遂得因求仙而進用。此儒術雜入仙術之證，亦神術雜入仙術之證也。

新垣平之言神氣

漢文帝時，趙人新垣平，以望氣見帝曰：長安東北，有神氣成五采，東北神明之舍，天瑞下，宜立祠以合符應。於是作渭陽五帝（白青黃赤黑）廟，貴平上大夫，纍賜千金。未幾，平使人持玉杯，詣闕下，而入言於上曰：闕下有寶氣。已視之，果有獻玉杯者，刻曰人主延壽。平又言：臣候日再中，居頃之，日卻復中。於是始更以十七年爲元年。平復言曰：周鼎亡在泗水中，今河決通於泗，而汾陰（山西榮河縣。）有金寶氣，意鼎出乎。乃治廟汾陰，欲祠鼎出。人有上書告新垣平言神氣事，皆詐也。帝下吏治，誅夷新垣平。夫自古儒書多言受命之符，（孔子言有大德者必受命，推之，書太誓言赤烏之瑞詩言文王受命之符及稷契感生之說春秋家言孔子受命及赤血之書皆其明證其說與鄒衍之書相近，爲符籙派之始。故儒生之言禮儀者，一變而爲言符瑞。第言符瑞者，必出於祀神。而平之言符瑞，不過藉以逢迎人主之求仙耳。乃始爲希其指而貴終，焉忤其意而誅，蓋文帝但惑於平之談言微中，未嘗如始皇欲以冀幸長生也。文帝固深於老氏學，外視死生者也。故其遺詔云：天下萬物之萌生，靡不有死。死者，天地之理，萬物之自然，奚可甚哀。

李少君之祠竈卻老

武帝雄心大欲，並駕秦皇，自其先李少君，以祠竈卻老方來見，帝尊之。少君者，故深澤侯趙將高祖功臣舍人，匿其年，及所生長，善爲巧發奇中，嘗從田蚡飲坐中有九十餘老人少君乃言與其大父游射處老人爲兒時從大父識其處一座盡驚及見上上有故銅器問少君少君曰此器齊桓公十年陳於栢寢已而案其刻果然於是上大駭以爲少君數百歲人也言於帝曰：祠竈則致物，謂鬼物而丹砂可化爲黃金，蓬萊仙者可見，見之以封禪，則不死。臣嘗游海上，見安期生，琅琊人秦時賣藥海邊人言其千歲安期生食臣巨棗，大如瓜。於是天子親祠竈，遣方士入海求神仙，而事化丹砂諸藥齊同劑爲黃金。久之少君病死，天子以爲化去不死。夫自齊侯言古者不死，其樂若何，左傳昭公二十年皆屬秦漢君主求仙之權輿。少君言祠竈致物，則以神符參仙術矣，是爲符籙派竄入道家之始。言丹砂化金，則以丹藥參仙術矣，是爲丹鼎派竄入道家之始。明明言病死也，而帝猶以爲不死；又曷怪海上燕齊之士更多求仙事乎。

少翁欒大公孫卿之誕說

少翁，齊人。帝所幸王夫人卒，少翁以方，夜致鬼，如王夫人貌，帝自帷中望見焉，拜爲文成將軍，以客禮之。

少翁又勸帝爲臺室，置祭具，以致天神。居歲餘，其方益衰，乃爲帛書以飯牛，陽不知，言曰：此牛腹中有奇，殺視得書，書言甚怪，天子識其手書，於是誅之。已復悔，轉惜其方不盡。欒大者，故與文成同師，爲膠東王家人。樂成侯丁義薦之，見帝曰：臣嘗往來海上，見安期羨門之屬，曰：黃金可成，而河決可塞，不死之藥可得，仙人可致也。時帝方憂河決，而黃金不就，乃拜大五利將軍，封侯食邑，賜甲第，妻以公主。其後東入海求其師，帝使人隨驗，無所見，而大妄言見其師，方又多不售，遂誅之。是時漢方得大鼎於汾陰，（元鼎四年郎武帝之二十八年）齊人公孫卿以漢得寶鼎，與黃帝時等，爲札書因嬖人奏之。帝召問卿，卿曰：寶鼎出而與神通，當封禪，封禪則能仙登天矣。又言：黃帝採首山銅，鑄鼎荊山下，既成，有龍垂胡髯下迎。黃帝上騎，與羣臣後宮七十餘人俱登天。於是帝曰：嗟乎！誠得如黃帝，吾視去妻子如脫屣耳。乃拜卿爲郎。後卿候神河南，言見仙人跡緱氏（河南偃師縣）城上。帝親往視，謂卿得無效文成五利乎？卿曰：仙者非有求於人主，人主自求之，其道非寬假，神不來，積以歲，乃可致。帝信之。武帝三十二年，東巡，行封禪之典。齊人言神怪奇方者萬數，益發船令入海求神山。公孫卿等言蓬萊諸神若將可得，帝欲自浮海求之，東方朔切諫乃止。夫少翁初以神術進，不售；欒大繼以仙術進，又不售；會漢得寶鼎，於是公孫卿遂託言黃帝，以詡其通靈，以爲黃帝接萬靈合符釜山，此即黃帝之神術；又能乘龍上天，此即黃帝之仙術；而復言當封禪以示其隆重。帝果爲其所動，而遂行其典。自是倪寬草封禪禮儀，司馬相如作封禪文，致儒者亦皆歆其術矣。

武帝求仙之徵驗

大抵文成五利所以不久見誅者，其爲術誠不如公孫卿之巧，既如上所述矣。但其間又自有一大原因在：方卿見用之時，而適值寶鼎出，甘泉房生芝；（在三十二年）帝禮祭中嶽，（河南登封縣北）從官在山下，有若聞呼萬歲者三；東封泰山，則公孫卿言夜見大人長數丈，羣臣又言有老父牽狗，言吾欲見巨公，然皆已忽不見；帝見大人跡，聞羣臣言大以爲仙人也，故於卿言，無所不顛倒。又越人勇之（越人名）者，言越俗祠皆見鬼有效，東甌王敬鬼，得壽百六十歲。乃命立越祠，亦祀天神上帝百鬼而用雞卜。（越俗執雞以禱所占，殺之拔其骨，視骨上之孔以占吉凶）當時求仙之術，蓋雜而多端矣。雖然，大略雄材之主，其所設施，既自謂勳業震乎寰宇，則唯恐歲月之不長，而欲以永享其利，上之如黃帝游山與神會，且戰且學仙，百餘年後，乃與神通，其大願也；即不能然，降而思其次，則東甌王之壽百六十歲，或亦庶幾；此武帝所以顛倒於其中而不自已也。然而其效亦可以覩矣。

第九章　兩漢諸儒說經之旨

秦悖人道，書灰士坑，學者猶獲覩三代之遺，卓哉兩漢經師之力也！論者不察，以爲漢儒說經，專訓詁而遺義理，不足與於吾道之微，而尊之者復不揣其本，穿崖求穴，徒斷斷於一字一句，卽間能牣識條流，又往往鑿空肊說，藉以遂其出入之私。夫聖文埃滅，本得漢儒而章，而展轉破壞，乃因言漢學而晦，抑何弗思之甚邪？今世相距二千餘載，齊魯大師，其書之具存者十不及一，欲舉異同離合之故，一一疏通，不紊其實，夫誰敢信？然塗分流別，義歸有宗，沈潛參伍，蘄於不背，則雖經有數家，家有數說，亦何難綜貫繩合，折羣言以衷一是？大義徵言，百世莫殫；引伸觸類，存乎其人。至於稽古曼衍之辭，菱茲巧慧之辯，狗曲呈憤，馬肝嗜毒，豈唯經學之蠹，抑妒漢儒之眞，逐影希風，竊所不取。

漢儒說經重家法

諸經師說，此卽家法所由來。不明家法，不足言漢儒之學也。班氏范氏傳儒林，述之審矣。夫以時當秦餘之餘，學者不見全經，多由口授，一二老師，寧固而不肯少變者，非不能旁通曲證，正以戰國橫議，甫召奇禍，欲定六經之眞，不敢不愼。故伏生獨以書二十九篇教於齊魯之間；申公以詩經爲訓故以教，疑者則闕弗傳；至於王式謝諸弟子，且曰：聞之於師具是矣，自潤色之，不肯復授。雖孟喜好自稱譽，然得易家候陰陽災變書，必詐言師田生死時所傳，其守師法之專可知也。然丁寬從田何受易，學成，歸至洛陽，復從周王孫受古義。蓋寬饒本受易於孟喜，見涿韓生說易而好之，卽更從受。夏侯勝爲學精熟，所問非一師。嚴彭祖顏安樂俱事眭孟，質問疑誼，各持所見，孟死，各顓門教授。是知通經名家，師資所承，又豈必一一楷模，同於刻舟膠柱哉。且韓嬰推詩人之意，作內外傳數萬言，其語頗與齊魯間殊，然其歸一也。由是觀之，卽家法亦無不可相通者。夫以意說經，妄生穿鑿，誠不免如徐防所譏；然去聖久遠，學不厭博，扶進微學，尊廣道藝，前賢之望於後生，庸有涯乎？

漢學聚訟在今古

自漢武尊崇六經，學士大夫悉奉六經爲圭臬，學者恃以進身，（前漢書儒林傳贊云自武帝立五經博士開弟子員設科射策勸以官祿訖於元始傳業者寖盛）賢者用之以講學，（如鄭興鄭玄劉賈之徒）緣是有今文古文之分。其初立於學官，博士所習，大都稱爲今文者也。

藝文志云：武帝末，魯共王壞孔子宅，得古文尚書及禮記、論語、孝經，凡數十篇。河間獻王傳言求得書，皆古文先秦舊書，周官、尚書、禮記、孟子、老子之篇，皆經傳說記。七十子之徒所論古學，於是顯著於世。自劉歆移書太常，乃搆衅端，而陳元、范升之徒，復相黨伐，遂使古今兩家，幾如冰炭之不相入。然如志云：易有施、孟、梁邱、京氏，列於學官，而民間有費、高二家之說。是古學雖未獲立，亦流布於時，而聽其自習。劉子政氏校諸經，率本中古文。師古注：中者，天子之書也。其夙重於上可知。且叔孫通制禮，以為天子無親迎，宗廟有日祭之禮，皆用古義。見許氏五經異義即在漢初，古學固有可徵者。至孔氏古文尚書，安國以今文讀之，因起其家，則古文今文，何嘗不賴以相成乎？陳樸園氏云孔安國得壁中古文多逸書十六篇既無今文可考遂莫能盡通其義凡古文易書詩禮論語孝經所以傳悉由今文爲之先驅古春秋左氏傳賴張蒼先修其業故傳禮古經五十六卷傳士禮十七篇與后戴同而三十九篇逸禮竟亡古亦猶是也當日者，石渠肇會於前，白虎蹕議於後，剖析同異，具有眇旨。劉氏輯為五經通義，惜就散佚，而班氏通德論，千腋一裘，猶可尋覽。許叔重氏別纂異義，雖有畸重，不免鄭君之駁，然其敍說解，亦以易孟氏、書孔氏、詩毛氏並稱，且全書中，未嘗不用魯詩公羊傳今文禮。段若膺曰共稱易孟氏書孔氏詩毛氏禮周官春秋左氏論語孝經謂全書中明諭厥誼往往取證於諸經非皆壁中古文本也古書之言古文者有二一謂壁中經籍一謂倉頡所製文字謝曼卿、杜林、衛宏、鄭興之徒，方以古學後先倡鳴，至賈逵而尤著。許氏本從逵受學，乃能博采通人，信而有證，又豈區區守文之徒哉？至於洼丹作易通論，曹褒傳慶氏禮，纂通義，沛獻王輔有五經通論，程曾著書百餘篇，其書雖不概見，而顧名則義有可思已。

漢世經學至鄭玄而始備

漢代經學，大凡三變。宣元以前，尚重家法；哀平而降，稍興古學。至鄭氏而大無不盡，小無不備，鈎聯潰會，遂以集諸儒之大成。夫時勢所趨，學亦隨之，使非砥柱中流，誠不免逐波而靡，然支裔益分，學說益盛，更新滌舊，又未可執一以爲道，先入以爲主也。故鄭氏注經，先作六藝論以明其旨，而戒子一書，尤以見其思終業之意。其言有曰：天下之事，以前驗後，其不合者，何可悉信？是故信亦非，不信亦非。又曰：注諸詩宗毛爲主，毛義若隱略，則更表明，如有不同，即下己意。此可以概鄭氏著述之略矣。俗儒不循此義，乃疑其牽合一轍，不能條分流別，扶微學而存道眞。抑知異端紛紜，互相詭激，微鄭氏網羅刊改，則疑而莫正，勞而少功，綴學之士，亦安知所指歸哉？念述先聖之元意，思整百家之不齊，鄭氏其漢代通人之尤乎！

第十章　讖緯之說

讖緯託言於孔子

讖緯者，圖讖緯候之書，蓋出於卜筮之流裔，而惑於鬼神者之所說也。說者曰：孔子既敍六經，以明天人之道，知後世不能稽同其意，故別立緯與讖以詒後嗣。考其書出前漢，有河圖九篇，洛書六篇，云自黃帝至周文王所受本文。又別有三十篇，云自初起至於孔子，九聖之所增演，以廣其意。又有七經緯三十六篇，並云孔子所作，合前通爲八十一篇。而又有尚書中候、洛書緯、五行傳，詩推度災、汎歷樞、含神務，禮含文嘉、稽命徵、斗威儀，樂動聲儀、稽耀嘉、叶圖徵，孝經援神契、鉤命決，雜讖等書。漢代有郗氏、袁氏說。漢末郎中郗萌集圖緯讖雜占爲五十篇，謂之春秋災異，宋均、鄭玄並爲讖緯之注。然其文辭淺俗，顛倒舛謬，不類聖人之旨，相傳疑世人造爲之，或者又加竄點，非其實錄。

讖與緯之別

唯讖與緯，自非一類。讖者詭爲隱語，預決吉凶，自周室東遷，卮言日出，貍首射侯於洛邑，雉鳴啓瑞於陳倉，趙襄獲符於常山，盧生奏圖於秦關，是皆開讖學之先聲，出自方士家言，實與儒書異軌也。至於緯者，經之支流，衍及旁義，史記自序引易：失之毫釐，差以千里；漢書蓋寬饒傳引易五帝官天下，三王家天下；注者均以爲易緯之文是也。蓋秦漢以來，去聖益遠，儒者推闡論說，各自成書，與經本不相比附，如伏生尚書大傳，董子春秋陰陽，覈其文體，即是緯書，特以顯有主名，故不能託之於孔子。其它私相撰述，漸雜以術數之言，既不知作者爲誰，因傳會以神其說，逮彌傳彌失，復益以妖妄之辭，遂與讖合而爲一，而經學之淆亦於是乎始。

王莽班符命

兩漢之際，讖書盛行，王莽則託言符命，光武則信重圖讖符命者。始自謝囂奏言：浚井得白石，有丹書，文曰：『告安漢公莽爲皇帝。』時莽方弒平帝，因以是居攝。亡何，劉京扈雲（官名）臧鴻之徒，爭有所言之。而梓潼人哀章，學問長安，素無行，作兩銅匱，署其一曰『天帝行璽金匱圖』，其一署曰『赤帝璽邦（漢高帝名）傳予（同與）皇帝金策書。』（書言王莽爲眞天子，并書莽大臣八人，又取令名王興王盛，章亦自竄姓名，凡十一人，皆署官爵爲輔佐。）日昏時，衣黃衣持匱至高廟。莽聞，遂即眞，改號稱帝。按金匱封拜其黨與（王舜平晏劉秀哀章爲四輔，甄邯王尋王邑爲三公，甄豐王興孫建王盛爲四將，凡十一公；王興故城門令史，王盛賣餅兒，莽按符命登用以示神焉。）班符命四十二篇於天下。於時爭爲符命封侯；其不爲者，相戲曰：獨無天帝除書乎？已而莽亦厭之，乃使尚書檢治，非五威將帥（每一將各置左右前後中五帥衣冠車服駕馬各如其方面色數）所班，皆下獄，而甄豐劉棻等得罪死者，凡數百人。

光武信圖讖

光武之信讖，其有由也。初，光武微時，過穰（河南鄧縣）蔡少公，少公頗學圖讖，言劉秀當爲天子。或曰，是國師公劉秀（劉歆改名）乎？光武曰，何由知非僕邪？坐者大笑。及更始兵起，有道士西門君，亦謂莽將軍王涉曰：讖文劉氏當興，國師公姓名是也。涉與秀謀刼莽降漢，事泄被殺，而光武名應圖讖。其後儒生彊華（光武微時嘗與同舍風俗通作彊華）自關中奉赤伏符來，（讖書曰符漢尚火德赤火也伏藏也其文曰劉秀發兵捕不道四夷雲集龍鬬野四七之際火爲王）羣臣因復奏請，遂即帝位。然王莽既以愚衆，而光武又效之。公孫述帝蜀，亦屢移書中國，自陳符命。光武與述書，謂圖讖言公孫，即宣帝也，代漢者當塗高，君豈高之身邪？其斷斷相辨，以此爲天命之爭，亦可見當時好尚之重矣。而光武即位以後，封拜三公，以鄧禹爲大司徒，按赤伏符之言，用王梁爲大司空，（符曰王梁主衛作玄武時梁爲野王令帝以野王衛地玄武水神司空水土官特拔梁爲之）又欲以讖文用孫臧行大司馬，衆不悅，始以吳漢爲之。建武三十年，羣臣上言請封禪，帝不許。明年，感河洛會昌符之文，（文曰赤劉之九會命岱宗）遂行焉。乃建三雍，宣布圖讖於天下，尊爲祕經。故曰以經淆緯，始於西京；以緯亂經，基於東漢。夫光武英達主也，顧以赤伏自累，異哉！

桓譚張衡力排讖說

自此以後，言五經者，亦憑讖爲說。東平王蒼受詔正五經章句，皆命從讖。至於賈逵以此論左氏，（逵欲尊左傳乃奏曰五經無證圖讖以劉氏爲堯後者唯左傳有明文遂得選高才習之）曹褒以此定漢禮，（章帝初褒受命制禮依準舊典雜以五經讖記之文）雖何休鄭玄之倫，且沉溺其中而莫返。（何休注公羊以獲麟爲漢受命符康成於緯或稱爲傳或稱爲說且爲之作注）夫讖緯之書，雖間有資於經術；（如律曆之積分典禮之遺文六書之故訓秦火之後或賴緯書以傳）然支離怪誕，雖愚者亦察其非，而漢廷深信不疑者，不過藉以驗受命之眞耳。二百年間，卓然力排其說，如桓譚張衡不數數覯也。光武信讖，多以決定嫌疑，譚上疏論之，謂其事雖有時合，譬猶卜數隻偶之類，（言偶中也）宜屛羣小之曲說，述五經之正義。帝省奏不悅。會議靈臺所處，帝曰：吾欲以讖決之。譚復極言其非經。帝大怒曰：桓譚非聖無法，將斬之。譚叩頭流血，久得解。至明章二朝，儒者爭學圖緯，且復附以妖言。張衡在順帝時，獨以圖緯虛妄，非聖人法。疏言自漢取秦，莫或稱讖。夏侯勝眭孟，以道術立名，其所著述，無讖一言。劉向父子領校祕書閣，定九派，亦無讖錄。成哀以後，乃始聞之。此皆欺世罔俗之言，宜收藏禁絕。然雖力非之，而亦無以回也。上以僞學誣其民，民以僞學誣其上，又何怪賄改漆書者接踵而起乎？（儒林傳云黨人既誅其高名善士多坐流廢後遂至忿爭亦有私行金貨定蘭臺漆書以合其私文者）

隋代焚毀讖緯書籍

魏晉以革命受終，莫不傳會符命，故代漢者當塗高，言魏也。魏明帝九年，張掖（甘肅張掖縣）涌石負圖，有石馬七，又有文曰：大討曹。時帝方以爲瑞，而後人則以此爲晉繼魏之徵。孫皓在吳，臨平湖（浙江杭縣臨平山東南五里）開，其占爲青蓋入洛，卒兆銜璧之羞。是皆導源於漢世之讖言也。晉武嘗禁星氣讖緯之學，宋孝武帝亦禁圖讖，梁武以後，復重其制。隋祖受禪，禁之逾切。煬帝纘業，發使四出，搜天下圖籍，與讖緯相涉者皆焚之，爲吏所糾者至死。自是遂無其學。歐陽永叔欲取九經正義，刪去讖緯，不果行。後諸緯並亡，所存者唯易緯有乾鑿度、稽覽圖、坤靈圖、通卦驗、是類謀、辨終備等六種，而易緯幾全然與圖讖之熒惑民志者，又自不同。此則讖與緯未可連類而議者也。

論讖緯之得失

劉勰曰：『按經驗緯，其謬有四。蓋緯之成經，其猶織綜，絲麻不雜，布帛乃成；今經正緯奇，倍摘千里，其僞一。經顯聖訓也，緯隱神教也，聖訓宜廣，神教宜約；今緯多於經，神理更繁，其僞二。有命自天，乃稱符讖；而八十一篇，皆託於孔子，則是堯造綠圖，昌制丹書，其僞三。商周以前，圖籙頻見，春秋之末，羣經方備；先緯後經，體乖織綜，其僞四。』辨駁極爲分明矣。而近人劉氏則謂敬天明鬼，實爲古學之濫觴；以元統君，足儆後王之失德。是則漢崇讖學，雖近誣民，而隋禁緯書，亦爲蔑古。學術替興，不可不察。前人駁之如彼，而後人論之如此，究孰得而孰失邪？然嚴衡厥誼，後人所論，仍拾彥和之餘也。不觀其事豐奇偉，辭富膏腴，無益經典而有助文章之言乎？近人所謂校理祕文，掇拾墜簡，殆亦稽古者所樂聞，而博物家所不廢。其有異乎，其無以異也。

第十一章　魏晉南北朝說經諸儒

魏晉經學開南朝先聲

東漢末年，治經學者，皆奉鄭氏爲大師。蓋鄭氏博稽六藝，所治各經，不名一師，又以著述宏富，注易、書，箋毛詩，注左傳、三禮、論語。弟子最著者有數十人。故漢魏之間，盛行鄭氏一家之學。袁翻（稱鄭玄不隨周公舊法）、徐爰（謂聖人復起不易斯言至頌鄭氏爲周孔，而辯論時事，無不撮引其遺言。見孝經正義序及王粲斥其尙書注，而王肅徧治羣經，復集聖證論以譏之，力與鄭異，而鄭說驟衰。於是魏有蔣濟，駁鄭氏禘說吳有虞翻，奏鄭君解尙書違失者四事蜀有李譔，著古文易尙書毛詩三禮左氏傳皆與鄭氏立異晉有束晳，斥鄭君注緯羣起而排斥鄭學。雖典午之際，兩漢師說，傳之者不乏其人，然兩漢師法之亡，亦亡於是時矣。王肅之徒，既與鄭爲敵，王弼注易，雖舍數言理，然雜莊老之旨，而施、孟、梁邱、京氏之家法亡。皇甫謐之徒，僞造古文尙書二十五篇，梅賾奏之，以僞亂眞，而歐陽、夏侯之家法亡。杜預作左氏傳，乾沒賈服之書，復作左氏釋例，亦訐謬迭呈，而賈、服、鄭、潁之家法亡。何晏諸人，采撫論語經師之說，成論語集解，去取多乖，間雜己說，而孔、包、馬、鄭之旨微矣。郭璞注爾雅，隱襲李孫之說，音義圖讚，亦遜漢人，而李巡、樊、劉之注，淪矣。況西晉經生，尤多異議。春秋一經，三家殊塗；乃思其異而通之，則自劉兆之春秋調人始。左傳爲春秋古文學，而王接則謂左氏爲一家言，不主說經。新說橫生，舊說寖廢，此永嘉之亂，漢家所由淪亡也。如易經梁邱學京氏學尙書歐陽學夏侯學以及齊詩逸禮皆亡於永嘉時大約魏晉經學，尙排擊而鮮引伸，如王排鄭孫馬排王之類演空理而遺實詁，如王弼之易杜預之左傳是尙撫拾而寡折衷，如杜預乾沒賈服之言郭璞隱襲李孫之說是也遂開南朝經學之先，此經學一大變也。

南北經學之不同

南北所爲章句，好尙互有不同。江左，周易則王輔嗣，尙書則孔安國，卽僞古文尙書左傳則杜元凱；河洛，左傳則服子愼，尙書周易則鄭康成，詩則並主毛公，禮則同遵鄭氏。據隋書儒林傳數語觀之，則魏晉經學，行於南朝。漢世鄭玄，並爲衆經注解；服虔何休，各有所述。玄易書詩禮論語孝經，虔左氏春秋，休公羊傳，盛行於河北。王弼易亦間行焉。晉世杜預注左氏，預玄孫坦，坦弟驥，於宋文帝時並爲青州刺史，傳其家業，故齊地多習之。據魏書儒林傳數語觀之，則兩漢經學行於北朝。論者謂北朝之儒，恪守師承，南朝之儒，侈言新理，此其分派之大概也。

北學重師法

北朝經學之盛，咸有師承，在魏則劉獻之、張吾貴、徐遵明三人，聚徒教授，並稱儒宗。遵明尤爲之冠。周隋間，劉炫、劉焯，博學精貫，是稱二劉。其時五經傳業，惟詩出自劉獻之，易書三禮春秋，並出遵明門下。故其於易，講鄭康成之注，以傳景裕、崔瑾。景裕傳權會，權會傳郭茂，而言易者咸出郭茂之門。於尚書，通鄭注之今文，以授李周仁，而言尚書咸宗鄭氏。於三禮亦傳鄭氏學。同時治禮者有劉獻之，（三禮大義）沈重。（三禮義三禮音）從遵明受業者，有李炫、祖儁、熊安生。李炫又從劉子猛受禮記，從房虬（虬作禮義疏）受周禮儀禮，作三禮義疏。安生作周禮儀禮疏，尤爲北朝所崇。楊汪問禮於沈重，劉炫劉焯並受禮熊安生，咸治鄭氏。於左氏春秋，則館陶趙世業家有服氏書，爲晉永嘉舊本，遵明讀之，手撰春秋章義傳三十卷。傳其業者，有張買奴、馬敬德、邢峙、張思伯、張雕、劉晝、鮑長暄，並得服氏之精微。而李炫受左傳於鮮于靈馥、（作三傳異同）劉焯亦受左傳於郭茂，咸宗服注。衛冀隆、李獻之、樂遜，（作左氏序義）亦申服難杜。劉炫（作春秋述異春秋攻昧春秋規過諸書）張仲（作春秋義例略）諸儒，亦與杜注立異者也。而李周仁亦從劉獻之受詩，以傳程歸則，歸則傳劉敬和、劉軌仁，故言詩者又多出二劉之門。周仁並傳李炫、炫作毛詩義疏。劉焯劉炫，咸從敬和軌仁受詩，炫作毛詩述議。而河北治毛詩者，復有沈重、（毛詩義毛詩音）樂遜、（毛詩序論）魯世達。（毛詩章句義疏）大抵兼崇毛鄭，焯於賈馬王鄭章句，多所是非，名儒後進，質疑受業，至者不遠千里。論者謂數百年來，博學通儒，無出其右云。推之，治孝經者，有李炫、（作孝經義諸書）樂遜、（作孝經敍論）樊深；（作孝經喪服集解）治論語者，有張仲、（作論語義）樂遜、（作論語序論）李炫，（作論語義）咸以鄭注為宗。故北朝諸儒，有漢儒之遺風也。

南學精三禮

南朝經學，本不如北，重以晉尚玄風，宋尚文學，故專業者少。自齊高帝以王儉為輔，儉長於經禮，言論造次，必於儒者，而儒學大振。繼以梁武雅好儒術，開館置學，於是懷經負笈，雲會。大抵江左學者講經，其異於北方之故者，於易從王注，尚玄言也；於書從孔傳，梅賾姚察之流傳也；於左氏春秋從杜注，則杜氏之後，仕宋傳其家業也。然而南學之所以見重於世者，精三禮故也。故五經義注，以禮為多。當晉之世，為其學者，以董景道范宣為最，宣撰三禮吉凶宗紀，甚有條義，而景道通論，尤專宗鄭，以廣其旨。至徐邈上南北宗郊禮，皆有證據，是其亞也。宋之何承天禮論，刪減併合，可謂至約。齊何佟之略皆上口，著禮義百餘篇。梁孔子袪續之，著一百五十卷。夫以南學稱者，莫如齊之劉瓛，凡嚴植之、司馬筠皆出門下，並以習禮名。梁沈峻之學，與舅太史叔明並著，本於其宗人驎士。陸倕謂周官一書，實為群經原本，唯峻特精；劉嵒、沈宏、沈熊之徒，皆受業焉。其子文阿又博采先儒異同，自為義疏。皇侃（撰禮記講疏五十卷）師事賀瑒，（著喪禮儀注一百四十九卷，其子革亦通三禮）瑒世傳禮儀，授之侃者彌精；然病涉繁廣，又遵鄭時乖鄭義。（本孔氏禮記正義序）而沈洙之論變禮，戚袞（著禮記義四十卷）之說朝聘，庶幾通而不骫於正者也。昔人論六朝之學，慨乎其言。然朱子稱其多精於禮，朝廷有事，用此議之，則固不無所取矣。旨哉言乎！

南北學派之相通

是時北學師承，以兩漢爲宗；南學師說，以魏晉爲宗；雖分道揚鑣，然亦相爲灌注。南方巨儒，亦有鑽孳北學者，嚴植之治周易，力崇鄭注，其證一；范寧篤志今文尚書，其證二；王基治詩，駁王申鄭，陳統亦申鄭難孫，（孫毓）周續之作詩序義，最得毛鄭之旨，其證三；植之治三禮，篤好鄭學，戚袞從北人劉懷方受儀禮禮記疏，作三禮義記，其證四；崔靈恩作左氏條義，申服難杜，其證五；荀梟作孝經集解，以鄭注爲優，范蔚宗王儉亦信之，其證六；此皆北學之通於南者也。夫南方之儒，既治北學，則北方之儒，亦治南學。河南青齊之間，儒生多講王輔嗣易，（齊書儒林傳）此北方易學行於南方之始。劉焯劉炫得費甝（梁國子助教）僞古文書疏，並崇信姚方興之書，（復增舜典十六字）北方之士始治古文，此北方書學行於南方之始。姚文安治左氏傳，排斥服注，此北方左傳學行於南方之始。他如王逸託言得孝經孔傳，劉炫信爲眞本，復率意芟改，定以二十二章，亦北儒不守家法之一端。北人之學，既同化於南人，則南學日昌，北學日絀。北學絀，則兩漢經師之說淪，南學昌，則魏晉經師之說熾。此唐修義疏，所由易崇王弼，書用僞孔，而左傳並崇杜注也。蓋至是經學又一變矣。

南北學派

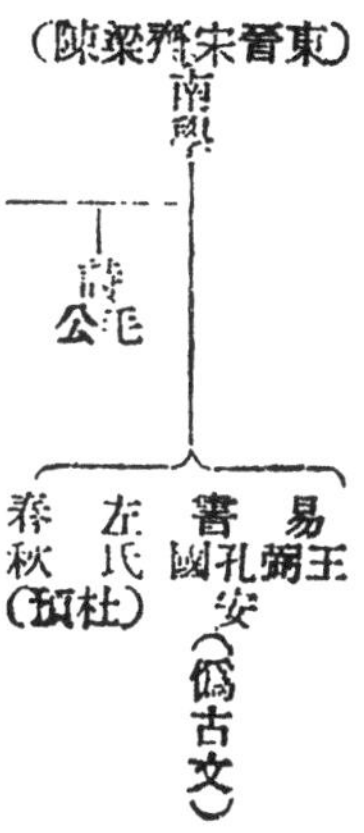

同異盛衰表

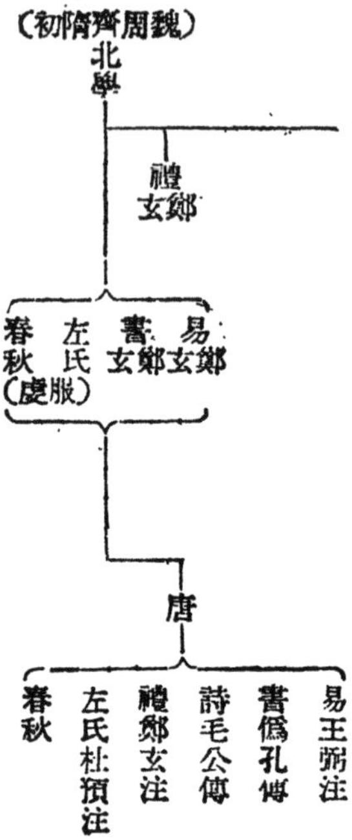

第十二章　六朝之玄學

王何祖述老莊

漢初之言道學者，咸以黃老並稱，至魏晉則不曰黃老，而變其名曰老莊，此政論與玄談之所以異旨也。合黃帝以言老子者，欲以清靜爲治本，而附莊周以言老子者，則以放誕爲風流，故漢初猶見其利，而晉則竟以亡國。考玄字之名，出於老子，其言『故常無欲以觀其妙，常有欲以觀其徼。此兩者同出而異名，同謂之玄。玄之又玄，衆妙之門。』而揚雄著書，亦曰太玄，則玄字之義，與易所言極深研幾相符，是玄學者亦一高尚之哲理也。玄學之原，基於正始時何晏王弼，祖述老莊，謂天地萬物以無爲本。（晉書王衍傳）而王弼之答裴徽也，亦曰聖人體無。（世說載裴徽問王弼曰聖人不言無而老子申之何也弼曰聖人體無是也）無也者，開物成務，無往而不存者也。其時曹爽專政，晏嘗依附用事，嘗爲名士品目曰：唯深也，故能通天下之志，夏侯太初是也；唯幾也，故能成天下之務，司馬子元（即司馬昭）是也；唯深故也，不疾而速，不行而至，吾聞其語，未見其人。蓋以自況也。然自晏等祖玄虛，尙淸談，謂六經爲聖人之糟粕，繇是天下士夫爭慕效之，遂成風流，不可復制云。

治玄學者之風流

自此而往，曠達之士，皆優遊竹林，棄禮法如土梗，視仁義如桎梏。如阮籍譏禮法君子如蝨處褌，阮咸縱酒昏酣，而畢卓山濤向秀之流，俱崇尚虛無，矜浮誕而賤名檢，以與儒學相詆排。餘如劉伶上無爲之書，（見晉書劉伶傳）司馬彪申無物之旨，（見莊子注）宅心事外，皆揭無字以爲標，是卽學老莊者之樂天派也。而儒林之士，復有反對此派者，則又揭有字以爲標，此裴頠崇有論之所由著也。復有反對此派者，則又標禮教以爲宗，此江惇崇檢論劉實崇讓論之所由著也。其時兩派雖相競爭，而天下言風流者，輒以王戎樂廣爲首，故其時學者，皆黜六經而崇莊老，談者以虛蕩爲辨，行者以放濁爲通，當官者以望空爲高，進仕者以苟得爲貴，是以劉頌屢言治道，傅咸每糾邪正，世反謂之俗吏；其倚杖虛曠，依阿無心者，皆名重海內云。

東晉風敎之頹敝

晉室方東，王澄謝鯤，値喪亂之餘，不自懲艾，尙扇餘風。衞玠善玄言，每出一語，聞者無不咨歎，以爲入微。王澄有高名，每聞玠言，輒歎息絕倒。後過江與鯤相見，欣然言論終日。王敦謂鯤曰：昔王輔嗣吐金聲於中朝，此子（謂玠）復玉振於江表，微言之緒，絕而復續，不意永嘉之末，復聞正始之音。又言沙門支遁以淸談著名於時，莫不崇敬，以爲造微之功，足參諸正始。時貴遊子弟，多慕澄鯤，爲放達，卞壼厲色於朝曰：悖禮傷教，罪莫大焉。中朝傾覆，實由於此。成帝之世，庾亮鎭武昌，辟殷浩爲記室參軍。浩與褚裒杜乂，皆以識度淸遠，善談老易，擅名江東，而浩尤爲風流所宗。謝尙王濛至伺其出處，以卜江左興亡，嘗曰：深源不出，如蒼生何？其時之所謂名士，大率類是。晉書儒林傳亦云：擯闕里之典經，習正始之餘論；蓋謂此也。

蕭梁盛談玄理

學者旣專推究老莊，以爲談資，五經中唯崇易理，餘則盡東之高閣也。故自王弼著老子通論，其注易亦多玄義；向秀則注解莊子，讀者超然心悟；郭象又復述而廣之，於是儒墨之迹見鄙，而道家之風益熾。至梁武崇尙經學，置五經博士，且幸國子學，親臨講肄，儒術稍振。然武帝嘗於重雲殿自講老子，而邵陵王綸（武帝子）爲南徐州刺史，令馬樞講維摩老子周易，同日發題，道俗聽者至二千人，殆杜弼所謂躁競盈胸，謬治淸淨者非邪？及元帝繹保有江陵時，魏師南伐，猶親講老子於龍光殿，百官戎服以聽，論者謂其甘蹈覆車之轍。風氣所趨，抑又甚矣。推魏晉以來，玄風所由張，亦以深厭漢季經師之拘陋，遂乃脫笠而出，衍爲淸談，其虛僞無實之弊，終六朝三百年至隋平陳後，始爲剗除，此又老學一派勢力充盛之時期也。

學術與世運相倚伏

當日儒門，參差互出，經學崇宗，誠難其選。然其間學術之爭辨，思想之發達，論理學之日昌，固未可概行泯滅焉。蕭梁時代，心宗之說，播入中邦，故玄學益精。（如梁武問魏使李業興儒玄之中何所通達，業興謂少爲諸生，止習五經，至於深義，何敢通釋。蓋以玄學爲深義也。）

故太極無極之論，非始於濂溪，實基於梁武；（魏書李業興傳謂梁武以太極有無問業興此亦梁代哲學之一端也）克欲斷私之意，非始於朱子，實基於蕭子良；（淨住子一書大旨在求放心而欲求放心必先克抑私情以遏嗜欲）本來面目之說，非始於陽明，實基於傅翕。（傅翕著心王銘謂觀心空王不染一物而王陽明實良知亦謂聖人之道吾性自足）匪直此也，觀於陸澄任昉之述圖經，（隋志晉世摯虞依禹貢周官作畿服經今亡齊時陸澄具一百六十家之說編爲地理書任昉又增八十四家謂之地記）崔靈恩（南史儒林傳先是儒者論天互執渾蓋二儀靈恩立義以爲一焉）信都芳（北史藝術傳安豐王延明欲抄集五經算書爲五經宗令芳算之會南奔芳乃自撰注）之言算術，因經起義，取則匪遙。乃論其世者，匪詆之以玄虛，卽譏之爲浮藻。不知劉勰雕龍，首重宗經，顏氏家訓，極陳勉學，黜華崇質，豈可蠱誣？雖皇侃以外教疏魯論，韓伯康以老氏注繫辭，流俗移人，賢者不免。然如雷次宗之習禮，周續之之善詩，時以毛鄭相譽，皆出自慧遠門下。而慧琳之論語說，智匠之古今樂錄，說經者在所不棄，又烏得以彼教而概屏之？夫舍短取長，在於鑒別，使中無所主，則鄭門之都慮，蜀漢之譙周，固吾道之羞也。嗟乎！學術世運，互爲倚伏，魏晉迄隋，其間擾攘，不可勝計，而河汾一席，功業基焉。司馬德操言儒生不識時務，豈其然哉？

第十三章　道教之發達

道家丹鼎符籙玄理三派之始

道家之說，雜而多端，而考其起原，不外神術仙術兩種。以天地神祇，咸有主持人世之權，是爲神術，占驗蓍龜各派所由生也。以人可長生不死，變形登天，是爲仙術，醫藥房中各派所由生也。秦伯祠陳倉而獲石，趙襄祠常山而獲符，皆屬神術，後世符籙派本之。蕭史弄玉之上升，齊侯言古者不死，其樂若何，皆屬仙術，後世丹鼎派本之。自鄒衍論始終五德之運，爲秦採用，而宋毋忌、正伯僑、充尚、羨門子高，最後皆燕人，爲方仙道，咸依於鬼神之事，是爲神仙合一之始。然神仙家言，皆欲冒以老氏，爲之宗主，而行其教。（文獻通考經籍考神仙類）其間唯魏晉談玄，爲老氏正派。若秦漢方士，侈言不死之藥，則唯知有服食；赤松子魏伯陽之徒，吐納導引，則唯知有煉養，是即丹鼎派也。漢末北方異人，爲神仙辟穀長生之術，時人多有學者。至符籙派，實起於漢順帝朝，琅琊人宮崇，上其師于吉所得神書，號太平清領書，其言以陰陽五行爲宗，而多巫覡雜語。時以其書妖妄，乃收藏之。後張角有其書，以能呪符水療病，遣弟子遊四方，轉相誑誘，十餘年間，徒衆數十萬，而黃巾亂作。先是張道陵亦託此術，從受道者，出五斗米，號米賊，傳子衡及孫魯。魯據漢中，以鬼道爲教，自號師君，初來學者稱鬼卒；受本道已信，稱祭酒，各領部衆，多者曰治頭大祭酒，大都與黃巾相似。魯以是雄據巴漢者垂三十年。

元魏時之道教

至太武之世，嵩山道士寇謙之，修張道陵之術，自言嘗遇老子，命繼道陵爲師，授以辟穀輕身之術，使之清整道教。又遇神人李譜文，云老子之元孫也，授以圖籙眞經，使之輔佐北方太平眞君。謙之奉其書獻於魏主。時朝野多未之信，光祿大夫崔浩，不好老莊書，尤不信佛法，以是罷歸；及見謙之之書，獨師受之，且言於太武帝。帝乃遣使禮祭嵩嶽，迎致謙之，起天師道場於平城東南，重壇五層，月設廚會數千人，太武親受符籙焉。自是道教大行，每帝即位，必受符籙，以爲故事，刻天尊及諸仙之象而供養焉。迄於齊周，相承不絕，此符籙派之盛行也。

蕭梁時之道教

自寇謙之之術盛於北，而南方有陶宏景者，隱於句容，好陰陽五行風角星算，修辟穀導引之術，受道經符籙。梁武素與之游，及禪代之際，宏景取圖讖文合成「梁」字以獻之，由是恩遇甚厚。宏景自言神丹可成，服之則能長生與天地永畢。帝令試合，意不能就；乃言中原隔絕，藥物不精故也。帝以爲然。武帝弱年好事，先受道法，及即位，猶自上章，朝士受道者衆，三吳邊海之士信之愈篤。陳武世居吳興，故亦信奉焉。此符籙派與丹鼎派雜糅之始也。

道家三派之糅合

北方唯周武信道士衞元嵩，欲廢釋教，僧徒爭之，帝幷罷二教。隋初復興，然文帝雅信佛法，於道士蔑如也。大業中，道士以術進者甚衆，其所講之經，以老子爲本，次講莊子，次講靈寶昇元之屬。然自符籙大盛，其旨與清談玄理，既渺不相涉，即服食煉養之說，亦本與符籙異趣。然自寇謙之陶宏景起，遂合符籙派丹鼎派玄理派三者而一之。至隋世道士，以老莊强相附合，其教亦更無宗旨。逮其末流，則唯以經典科教爲重。蓋道經所云有玄始天尊者，生於太元之先，姓樂，名靜信，常存不滅。每天地開闢，則以祕道授諸仙，謂之開劫度人。得其道者漸已長生，或白日昇天。其學有授籙之法，厥名曰齋；有拜章之儀，厥名曰醮。而後世黃冠羽衣，僅傳其經典科教，幷前三者之術而皆忘之矣。故後世之道家，止留經典科教一派而已矣。

第十四章　佛學之發達上

佛教之創立

佛教祖師，名喬答摩悉達，或號釋迦牟尼，中印度迦毘羅國（今孟加拉屬西北部哥魯克波爾附近）主之子也。生周靈王十五年，殆與孔子老聃同時。彼見世間生老病死，人不能離，頗抱厭世主義，遂棄家修道，求解脫之法新創一宗教，與婆羅門相反，而倡平等之旨。謂萬物皆本於理，而精神不滅，人因覺悟，可以得佛果。以周敬王四十三年圓寂。其高弟摩訶迦葉，會佛弟子五百人於王舍城（今孟加拉部巴哈爾之西南）為第一次結集。後百年，耶舍陀以佛徒七百人會毘舍離（孟加拉部摩蘇佛普爾西迤南七十里）諸種姓為婆羅門所屈辱者，皆樂從之，然猶限於恆河流域也。周赧王四五十年時，其孫阿輸迦王繼世，以僧侶千人，會國都華子城（今孟加拉之巴德拿一曰波吒釐子或謂香花宮城）為第三次結集，遂定佛教為國教。至漢明帝永平間，迦膩色迦王君臨月氏，尤皈依佛法，會五百僧侶於罽賓（北印度克什米爾）為第四次結集。其時北印度為佛教中樞，逕中亞細亞及葱嶺以東，包于闐疏勒，凡月氏屬境皆徧，故天山南路之地，佛法不久遂興。至後漢銳意通西域，東西交通，支婁迦讖自月氏，安世高自安息，竺佛朔自印度，康孟祥自康居，先後入中國，從事譯經。以是東漢季葉，佛教得流行而東，自南北朝隋唐間，更稱極盛焉。

漢代佛教之東漸

武帝獲休屠王金人，列於甘泉宮，不祭祀，但焚香禮拜，是為佛道流通之始。王莽之臣景顯，從月氏使者受佛經，是爲中國知佛經之始。明帝夜夢金神，項有白光，飛行殿庭，乃訪羣臣，傅毅以佛對。帝遣蔡愔等往天竺，（印度五印度）寫浮屠遺範，與番僧攝摩騰竺法蘭以白馬負經歸，就洛陽雍關西立白馬寺以處之。攝譯四十二章經，竺又譯十住經，是爲中國譯佛經之始，然所傳猶未廣，王公貴人中，唯楚王英最先嗜。逮至桓帝，信之尤篤，宮中乃立黃老浮屠，（浮屠即佛字之緩音華言譯之爲淨覺）祠以佛典，與老子並衡，是爲中國老釋並稱之始。故漢末之道教，多緣飾佛典之言，如張角之言劫運，（如言黃天已死是）即緣飾佛典浩劫之說者也。張角之時，靑徐八州之人莫不畢應，或棄賣財產，而張魯亦令從教之民納米五斗，即緣飾佛典布施之說者也。推之道教言長生，而佛教亦言不滅；道家言符呪，而佛家亦有呪詞。故漢魏以來，愚民老釋並尊，復以崇奉多神拜物者，參入老釋二家之說，此中國愚民所奉宗教之大略也，而已開後來儒道佛三教鼎立之局。

佛圖澄及鳩摩羅什之譯經

三國之世，西域沙門康僧會齎佛經至吳，譯之，此爲佛教布入南方之始。又有印度人曇科迦羅來洛陽，譯戒律，此爲佛教布入北方之始。魏黃初中，民間乃有依佛戒剃度爲僧者。及晉世而吳人朱仕行，月氏僧竺法護之屬，西游諸國，大講佛經，壹意傳釋迦遺響，佛教東流，自此而盛。其後天竺僧佛圖澄，龜茲僧鳩摩羅什，以方術顯五胡之季。佛圖澄誦神呪，能役使鬼神，又能聽鈴音占吉凶。石勒石虎奉之如神明，軍國大事必前諮焉，號曰大和尚。勒有惡意，輒先知之；國人相語：莫起惡心，和尚知汝。澄之所在，莫敢向其方涕唾者。鳩摩羅什初生時，慧解異常，年七歲，隨母出家，日誦千偈，偈有三十二字，凡三萬二千言，義亦自通。苻堅聞其名，遣呂光伐龜茲，新疆庫車欲以致之。及破龜茲，與東還。會苻堅敗死，什遂依呂氏。呂氏爲姚興所滅，興乃迎什，待以國師禮。什覽中土舊經，多有紕繆，興因使沙門僧叡等翻譯傳寫。先是梵僧入中國者，所譯經多及小乘，什雖於北方譯經典，然河北人民，鮮知大乘。每嘆大乘深識者寡，唯爲興著實相論二卷。以後中土佛學，獨得大乘者，什之功也。

衞道安之傳教

佛教之初盛也，諸沙門有譯經而無傳教，傳教則自衞道安始。道安者，石勒時常山沙門也。性聰敏，誦經日至萬餘言。以胡僧所譯維摩法華，未盡深旨，精思十年，心了神悟，乃正其乖舛，宣揚解釋。其時中原鼎沸，四方隔絕，道安乃率門徒，南游新野，欲令元宗，所在流布，分遣弟子，各趨諸方：法性詣揚州，法和入蜀，道安與慧遠之襄陽。後至長安，苻堅甚敬之。鳩摩羅什在西域，與道安皆聞聲相思。苻堅之迎什，道安教之也。迨什以姚興宏始三年至長安時，道安卒後已二十餘載矣。什深慨恨。而什所譯經，與道安所正，其義如一。於是佛旨乃大著。

後魏佛教之廢興

盧水胡蓋吳反亂，太武西征長安，從官入佛寺，見其室內大有兵器，帝命有司按誅闔寺沙門，閱其財產，得釀具及窟室婦女。時太武方信寇謙之，崔浩又不喜佛，浩因說帝悉誅境內沙門，焚燬經像，太武從之。而太子晃夙好佛，屢諫不聽，乃緩宣詔書，使遠近豫聞之，沙門亡匿獲免者十一二；或收藏書像，唯塔廟無復孑遺。

此佛入中國以來第一大劫也。然計其時，亦止七八年耳。其守道專至者，猶竊法服誦習。文成之世，又使修復，而大盛於宣武孝明兩朝。宣武親講佛書，沙門自西域來者三千餘人，立永明寺於洛陽以居之。處士馮亮有巧思，使擇嵩山形勝地，立閑居寺，極巖壑土木之美。由是遠近承風，比及末年，共有萬三千餘寺。胡后稱制，孝明帝母作永寧寺，浮圖九層，高可百丈，每夜靜，鈴鐸聲聞十里，佛殿僧房，珠玉錦繡，駭人心目。自佛法入中國，塔廟之盛，未有甚於此時者也。

江左佞佛之風

南朝自東晉以還，雖盛扇玄風，而佛學亦亶。宋文帝迎求那跋摩於罽賓，築戒壇以聽法，中國之有戒壇自此始。而齊竟陵王子良篤好釋氏，於邸閣營齋，造經唄新聲，或親爲賦食行水。時范縝盛稱無佛，子良曰：子不信因果，何得有富貴貧賤？縝曰：人生如樹花同發，隨風而散，或拂簾幌，墜茵席之上；或關籬牆，落糞溷之中。墜茵席者，殿下是也；落糞溷者，下官是也。貴賤雖殊，因果何在？縝復著神滅論，以乖刺釋氏。及梁武大崇佛法，三次捨身同泰寺，羣臣以錢奉贖始還。至於宗廟罷牲牢，薦蔬果，自奉所及，長齋一食，菜飯布衣而已。而塔廟繁興，公私費損，蓋與元魏武明兩朝，正極南北佞佛之盛。且自梁武作俑，陳高祖又捨身大莊嚴寺，以君主而下儕苦行僧，亦何其不憚煩也。

周隋間佛教之廢興

高齊遷鄴，佛法不改。至周武帝意頗重儒，嘗會集羣官及沙門道士，帝陞高座，辨釋三教先後，以儒爲先，道次之，佛爲後。尋斷道佛二教，經像悉毀，罷沙門道士，並令還俗。此又佛入中國以來第二次大劫也。隋初文帝普詔天下，任聽出家，仍令計口出錢，營造經像，並官寫一切經，置藏各大寺，又別寫藏於秘閣。天下風靡，競相景慕。大業中，以佛所說經爲三部，一曰大乘，二曰小乘，三曰雜經。其餘自後人假託爲之者，曰疑經。又有菩薩及諸深解奧義，贊明佛理者，曰論，曰律，並有大小及中三部之別。凡諸學者，錄其當時行事，是名曰記，都十一種。而一經二論三律，又總謂之三藏焉。其民間佛經，蓋多於六經十百倍。

第十五章　佛學之發達下

釋家之宗派

基於以上原因，佛教東流，遂光大於中土，然其宗派區分，亦因之而起。佛教之始入中國也，番僧專譯經典，本無所謂派別；其後歲綿月衍，蔓延勢盛，諸家所見多異，乃漸分數派，各樹標幟。自六朝而三唐四百年間，大師踵出，前後有十三宗。十三宗者，謂涅槃、地論、攝論、成實、俱舍、律、三論、淨土、禪、天台、華嚴、法相、眞言是也。其間涅槃、地論、攝論、成實、俱舍五宗，勢力不大，或多合於他宗。歸併者三：涅槃歸天台，地論歸華嚴，攝論歸法相。附屬者二：俱舍屬法相，成實屬三論，可從省略。實按之祗有八宗，今皆述其略焉。

(一)律宗。佛家以經、論、律三藏並重，而尤嚴戒律。其派以印度曇無德爲始祖。曹魏嘉平二年，曇科迦羅來洛陽，譯戒律。其後姚秦僧覺明，通戒律，後魏僧法聰，講四分律，皆爲律宗入中國之始。至唐僧智首作五部區分鈔，然後分律宗爲三派，法礪、道宣、陳素之徒，各守師承，而以道宣一派稱最盛焉。

（二）三論宗。以印度龍樹之中論十二門論，提婆之百論爲始祖。此派兼講大乘，自鳩摩羅什譯三論，弟子道濟講演之，此爲三論宗入中國之始。初行於姚秦，秦亡，其徒多遷江南，六傳至隋僧集藏，創爲新三論，得惠遠、智拔之傳布，而南方三論遂與北地三論殊宗焉。

（三）淨土宗。慧遠者，衞道安之弟子，自廬山結白蓮社，日夜開壇說法，爲此宗嚆矢。北魏時，流支譯淨土論，曇鸞爲之注，隋大業間道綽，唐貞觀間善導，皆此宗大師。然以勸諭淨業，廣被緇素，諸宗高僧，參而修之，號爲寓宗，無師傳之系也。而善導且別創終南一派，以大宏此宗，於是淨土論流行於世。

（四）禪宗。始於印度高僧達摩。其教不說法，不著書，以直指本心，見性成佛爲教義，故亦號心宗。至唐僧弘忍，始分爲二派：南派以慧能爲導師，北派以神秀爲導師。而南宗復分爲青原、南嶽二派。唐末，南嶽復分爲二，曰潙仰，曰臨濟。青原復分爲三，曰曹洞，曰法眼，曰雲門，而此宗大盛。

（五）天台宗。北齊時慧文所倡。陳隋間智顗廣其義，居天台山，陳宣帝割始豐縣（今浙江天台縣）以供其費，後煬帝又重之，賜號智者大師，爲建國清寺。其學觀心爲經，諸法爲緯，自成宗派。六傳至湛然，詳製疏釋以授道邃，道邃且廣其傳於日本也。又以依法華經立宗，亦曰法華宗。

（六）華嚴宗。東晉義熙中，沙門支法領從于闐國（新疆和闐縣）得華嚴經三萬六千偈，至金陵宣譯。隋時法順始提義綱，標立宗名，再傳而至賢首，賢首作華嚴疏，由是中國有華嚴一宗。論者謂至賢首，宗義益明云。

(七)法相宗。明諸法之體相，故名，又名唯識宗。唐釋玄奘受唯識論於印度，其弟子窺基(慈恩大師)復作百本疏，以唯識述記爲本典，大開相宗之蘊奧。復有惠詔(窺基弟子)圓側(與窺基立異者)二派之互爭，由是中國有法相一宗。蓋唐人佛學多由競爭而眞理日顯也。

(八)眞言宗，亦名密教。開元中，印度善無畏金剛智至唐，傳譯大日經。不空和尙繼之，譯眞言經。其弟子惠果等八人從事布教，由是中國有眞言一宗。然中國此派不盛，德宗末年，日本遣空海來唐，學於惠果，還傳彼國，故日本至今此宗特盛云。

以上八大宗，皆佛教之光被於吾國者。其中淨土、禪、律、三宗，自唐以後，勢力鼎盛。而十宗之中，唯俱舍成實爲小乘，餘則皆大乘也。

佛教隆盛之原因

佛教自漢已入中國，厥後諸教東漸，而佛教勢力，不但不爲減殺，且經魏晉南北朝而至唐代，反臻隆盛，其原因蓋有數端：

(一)東晉以來，印度及中亞佛徒，或遵陸而經天山南路，或航海而逾南洋諸國，遠游中國者頗多。其中佛圖澄鳩摩羅什等，尤有盛名。二人雖於北方譯經，然河北人民，鮮知大乘。北魏北齊雖崇佛教，然舍立僧寺、(魏國寺院共三萬餘)設戒壇(魏國僧尼共二百萬)外，不過行禱祀之禮而已。蓋昔時最重祀神之典，苟有可以祈福者，皆日事祈禱，此佛教所由見崇信也。

（二）魏晉以來，老莊之學，盛行於世，其宗派旨趣，多與佛似。晉室方東，玄學益盛。王羲之、王珉、許詢、習鑿齒，各與緇流相接，而謝安亦降心支遁。大抵名言雋永，自標遠致。而孫綽作喻道論，謝慶緒作安般守意經序，亦深洞釋經之理。慧遠結蓮社，雖標名淨土，然劉程之、宗少文、雷仲倫之流，咸翱翔物外，息心淸淨，而齊蕭子良、梁蕭統，則又默契心宗。蓋其時崇尙玄言，故淸談之流，皆由老莊而參佛學，此佛敎所由益盛行也。

（三）魏晉六朝君主，皆崇敬佛法，如宋文帝、梁武帝、後趙石勒、前秦苻堅、後秦姚興、魏獻文帝、宣武帝，尤獎佛敎。孝文雖好儒，然亦不敢斥佛。孝明時，胡太后建永寧寺，像塔僧房，營建尤盛，佛敎得其保護，乃益傳播民間。

（四）因佛敎之流行，而中國僧侶，亦多往西域印度，謀齎還經典，以暢佛敎之日盛，其中法顯、宋雲、玄奘、義淨等，尤有名於後世。法顯以東晉安帝隆安三年，渡流沙，踰葱嶺，路至險惡，伴侶多斃，入印度，歷三十餘國，遂渡錫蘭，經南洋，還中土，其間旅行者凡十二年，著有佛國記，以紀其行。後百餘年，至梁武帝大通元年，宋雲與惠生偕行北印度，索梵經，歷三年始歸，其西行具見於洛陽伽藍記。其後百餘年，有名僧玄奘，出以唐太宗貞觀三年，發中國，取道天山南路、中亞細亞，以入印度，周歷百餘國，徧探聖跡，訪名師，遂齎經典六百五十餘部，以歸長安。太宗嘗留居禁中，命就院翻譯，親爲作三藏聖敎序；高宗爲撰述聖記，創大慈恩寺，命奘居之。奘譯經論凡千三百餘卷，又撰西域記，述其地理風俗，最爲翔實。高宗咸亨二年，義淨亦發中國，航南海，入印度，二十五年後，始歸國，其間游歷三十餘國，攜歸佛典至有四百部之多云。蓋自漢代張騫、甘英而後，中國旅行探險之記，佛氏弟子，稱極盛已。

第十六章　唐代儒道佛三敎之爭

孔顏諸儒之經說

漢儒窮經則經明，唐儒疏注則注明。後之學者，讀經籍，知古義，以賴有正義存也。貞觀時，孔穎達與顏師古等，奉詔同撰，史稱其包貫詳博，然其中不能無謬冗，博士馬嘉運駁正其失，更定未就；逮及永徽，中書門下于志寧等就加損益，書始頒下。既經積年累月之勞，且非一手一足之烈，公之於世，宜無間然。說者乃謂師異道，人異論，漢儒之說，猶得以折同異，考是非，自萃章句爲正義，舉天下宗一說，而無深造自得之功。今讀其書，如以皇侃既遵鄭氏，乃時乖鄭義，此是木落不歸其本，狐死不首其邱。又云：劉炫性好矜伐，習杜義而攻杜氏，猶蠹生於木，而還食其木，非其理也。由是推之，大抵墨守之旨居多，故往往依注詮釋，不惜委曲迴護，以申其說。且其所謂正義者，即以所用之注爲正，而所舍之注爲邪，是其定名伊始，已具委棄舊注之心。故近人謂漢崇經學而諸子百家之學亡；唐撰正義，而漢魏晉南北朝之學亡，非苛論也。學術專制，則信有之，而詆之者必謂其妄出己見，去取失當，棄尊彝而寶康瓠，亦殊乖於公理。師古所正五經文字，今不概見，然匡謬正俗中，尚存經說四卷，雖非全豹，亦窺一斑。唯陸德明經典釋文，則博極羣書，多存古音古義，洵爲經詮之淵海，學者之指南。它如李元植作三禮音義，王恭作三禮義證，亦詳於制度典章，此皆出於正義之範圍者。然自是以降，經學微而學術衰矣。

唐諸帝之崇信道教

道教之名，始於漢魏，傳其教者曰道士。南北朝時，其教與佛教並盛。唐興，以與老子同氏李，尊爲祖先，藉以明天命而收人望，其意未嘗無取。逮高宗幸亳州，謁老子廟，復尊號曰太上玄元皇帝，詔王公以下皆習道德經，令明經舉人策試，而以道士隸宗正寺，班次諸侯王。玄宗且親爲道德經注疏，發揮玄理，兩京諸州，各置玄元廟，依道法齋醮。幷置玄學博士，每歲依明經舉，尋尊玄元爲大聖祖，莊、文、列、庚桑子，並爲眞人，其書爲眞經，以道德經列羣經首。諸郡祠觀，鑄天尊像，且以孔老二像並立，四眞人列侍左右。開元天寶間，天子嚮意道家之說，朝野上下，多以老子降臨。至其所以崇老之故，則仍不外求仙祈福，而金石服餌，尤長生之說有以誤之。其始，太宗服那羅邇娑婆之藥而致疾；其繼，高宗服盧伽阿逸多之藥而暴崩。憲宗自平淮西，侈心神仙，誤服金丹，重蹈覆轍。穆宗詔柳泌大通杖死，敬宗詔僧惟賢、道士趙歸眞流嶺南，又皆明知之而故蹈之。下至武宗、宣宗，亦皆爲藥所誤。統計服丹藥者凡六君，穆敬昏庸被惑，固無足怪；太憲武宣皆英主，何爲以身殉之，則貪生之心太甚，而轉以趣其死也。

傅奕韓愈之闢佛

自漢末以來，三教各騁爭塗，而道佛嘗爲儒黜。唐初，高祖已釋奠，召博士徐文遠、浮屠慧乘、道士劉進喜，各講經，太學博士陸德明，隨方立義，偏析其要。帝大喜曰：三人者誠辯，然德明一舉輒蔽，可謂賢矣。其時三教大師，論難於廟堂之上，而溢美之詞，恆在儒士，蓋孔子之道固高莫與京者也。唯唐祖老氏，道家學特重，故佛教雖盛，獨爲二家所排。其儒士之反對佛也，一見之於高祖朝傅奕之請除佛法，謂今天下僧尼數盈十萬，請令匹配，卽成十萬餘戶，長養教訓，可以足兵。太僕卿張道源是奕言。蕭瑀曰：佛聖人也，非聖者無法，當治罪。奕曰：人之大倫，莫如君父，佛以世嫡叛父，（釋迦以太子出家）以匹夫抗天子，（釋氏不拜君親）非孝者無親。瑀不能對，但合手曰：地獄之設，正爲此輩。高祖亦惡沙門道士，苟避征徭，不守戒律，詔汰天下僧尼道士女冠，京師留三寺二觀，諸州各留一所。已復罷是命，則太宗爲之也。再見之於憲宗朝韓愈之闢佛時，帝遣使赴鳳翔迎佛骨，旣至，王公士民，瞻奉舍施，唯恐勿及。愈上諫表，乞付有司，投諸水火。帝怒，將加極刑，以裴度等諫，乃貶潮州刺史。自晉迄隋，老佛顯行，聖道不斷如帶，愈獨喟然引聖，爭四海之惑，雖蒙訕笑，跆而復奮。昔孟子拒楊墨，去孔子才二百年；愈排二家，乃去千餘歲，撥衰反正，功與齊而力倍之。自愈沒，其言大行，學者仰之如泰山北斗云。

趙歸眞之以道排佛

其道家之反對佛也，自武氏稅天下，天下僧尼，作大像，糜費巨億。中宗以還，貴戚爭營寺度僧，富戶強丁，削髮避役。玄宗雖嘗從姚崇言，汰僧尼萬二千餘人，日久寖盛。迄於武宗，好道惡佛，毀佛寺，歸僧尼，而築望仙觀於禁中，受法籙於道士，授劉元靜崇玄學士，稱趙歸眞教授先生。歸眞與其徒力譏釋氏，乃詔兩都（上都東都）各留二寺，寺留僧三十人，天下節鎭各留一寺，寺分三等，留僧有差，餘僧及尼並勒歸俗，田貨財產悉入官。凡天下所毀寺四千六百餘區，招提（有常住之寺）蘭若（釋氏靜室）四萬餘區，歸俗僧尼二十六萬五百人，收良田數千萬頃，奴婢十五萬人。自前世後魏太武之誅沙門，北周武帝之斷道佛二教，至是爲佛入中國以來第三大劫。佛家所謂「三武之禍」是也。越二年，宣宗即位，君臣務反會昌之政，僧尼皆復其舊。

道佛二家論化胡經之是非

道流乘人主之喜怒以排佛，已具見於前篇矣。然佛氏弟子之對道家，初不稍假借，故道亦嘗見屈於佛。老子化胡經者，起於魏晉之際。經言老子歸崑崙化胡，次授罽賓，後及天竺，以爲西土亦老子教化所及也。佛徒怒之，歷世論爭。唐高祖集僧道論其眞僞，僧法明折之，道流無能應者。武氏萬歲通天元年，僧惠澄又上言乞毀其書，秋官侍郎劉如璿等議狀，證其非僞。中宗復位，以僧道互謗徒辱教祖，詔除是經。蓋黃冠方士，取一切丹鼎符籙經典科教之術，盡托於老氏，欲以附援儒者；彼其覩佛教之興也，復從而影射之，謂佛亦老氏所從出，見其教之勢力，殆無不包舉，此宜佛徒與之爭辨者。然綜以上所言，其彼此不相容之情勢，豈不較然哉？

第十七章　西教之東漸

東西交通既繁，中亞所行諸教，亦東入中土，諸教士俱聯翩而至，以圖教旨之廣播。通計唐代西教東漸者，前後四種：祆教、景教、摩尼教、大方教是也。茲分述之：

祆教

祆教自上古時，起於拔克德里亞，爲曾呂亞斯太所創，亦曰火祆教。祆字從天，胡神也。其教以爲有陰陽二神，陽神淸淨，爲至善之本；陰神汚穢，爲至惡之本；勸人宜就陽神，避陰神，以火表陽神而崇拜之，故又曰拜火教。西域諸胡事火祆者，皆詣波斯受法，以是祆教爲波斯國教。瑣羅阿斯得者，波斯國人，有弟子元眞，以其教化行於中國。四裔編年表云：周靈王二十一年，瑣羅阿斯得著經書，爲波斯之聖，即拜火教之祖，是周末已入中國矣。南北朝時，乃稍傳而東，及大食國與波斯中亞，皆爲所占，其地信祆教者，以數遇苛罰，多徙往東方，以是其教流行，遂踰葱嶺。唐初已盛行於中土，武德四年，置祆祠及官，常有羣胡奉事，取火呪詛。（通典職官門）又唐京城朱雀街有胡祆祠，祠有薩寶府官主祠祆神，亦以胡祝充其職。（見長安志）其祠部所掌，兩京及磧西諸州，火祆歲再祀，而禁民祈祭。（新唐書百官志）原事天拜火之義，本西方古代宗教，今西域之乾竺特，（印度北部）南印度之孟買與夫波斯本國，尙有仍其俗者。（瀛寰志略）

景教

東漢初，耶穌教起於猶太，漸自西里亞而及歐洲，景教、耶教之別派也。宋文帝元嘉中，羅馬東都耶教徒聶斯托爾以倡道新義，爲衆教官所不容，謫居阿美尼亞。（土耳其東境）其地之耶教徒，從之者多，號曰聶斯托爾派。後得波斯尊信，其王斐魯日斯，遂建爲國教，置教主於色流斯亞，（波斯名都，故址在古巴比倫城東北約一百三十餘里底格里斯河西岸）敷化東方，頗行於中亞細亞。魏宣武、梁武帝時，其教已流入中國。及唐興，太宗貞觀中，波斯人阿羅本，齎其經典至長安。帝尊信之，使房玄齡賓迎，留禁中翻經，並爲建波斯寺，度僧二十一人，其徒自號景教，取其教旨光輝發揚之義也。高宗時，更於諸州建波斯寺，尊阿羅本爲鎭國大法主，其教大行。至玄宗天寶四年，改波斯寺爲大秦寺。蓋大秦當羅馬耶穌創教之時，猶太已爲羅馬屬地，故亦稱大秦。其曰波斯教者，謂此教由波斯傳入也。其後經三十六年，至德宗之世，長安大秦寺僧景淨者，建大秦景教流行中國碑，其文云：『室女誕生於大秦，判十字以定四方，』此爲景教出於耶教之證。後人因其與拜火教同爲波斯所傳入，遂認而爲一，殆未考景教之源流也。

摩尼教

摩尼教，始於魏晉間，爲波斯人摩尼所創，以人名名其教者也。其源本於拜火教，參酌佛氏耶氏二教之道，欲自成一派。始與尼士會吉士加監督爭論，繼乃毅然立教，自稱聖神，時謂之摩尼教。唐初由波斯傳入中土，回紇人夙崇其教。中葉以後，唐常借援兵於回紇，回紇人多徙居中國內地，乃請於朝，各地建摩尼寺。其徒白衣白冠，代宗賜額「大雲光明，」其教遂稍流行焉。故時以大秦祆神摩尼爲三寺。武宗之斥佛也，三教僧寺並以廢罷，敕京城女摩尼七十二人皆死。（錢氏景教考）其後天方教行，而摩尼之教竟亡。

天方教

即回回教也，亦名謨罕默德教。陳宣帝太建三年，（公元五七一年）阿剌伯人謨罕默德者，生於麥加。（阿剌伯西境）初業商，往來西國，娶富商之寡，遂致富。性頗聰穎，睹佛教徒拜偶象，心焉非之。時泰西諸邦，耶教已盛行，思別創一新教以自高異，著書曰可蘭。入其教者，焚香禮拜，誦經，禁食豕肉。自謨氏新教出，衆譁然。謨氏不得已，避居麥地拿，在麥加之北時唐高祖武德五年公元六二二年也。麥地拿人靡然從之；即以是年爲回教紀元。瀛寰志畧謨氏之徒，皆剛强勇敢，視死如歸。謨氏遂率以攻陷麥加，以爲根據地，嗣漸統一阿剌伯諸部落，於是阿剌伯半島盡信奉其教，及大食國建立，其教傳播四方，漸入天山南路。方謨氏臨沒，遺言願以可蘭經傳之中國，其後遂有阿剌伯人賽爾底蘇哈八以可蘭經傳入中國之事，景教碑文紀事考正謨罕默德考唐書所謂大食國是也。唐末，天山以南佛教漸衰，回教乘之，遂布其地。及大食人航海至江南，乃請於唐廷，建會堂於廣東，盛傳其教。厥後回教之清眞寺，漸布滿中土焉。

第十八章　理學之流派上

理學之緣起

漢承秦後，六籍埃滅，學子莘莘，綴緝於殘灰遺燼之中，正不能不殫精訓詁，蘄於完復。自魏晉以暨隋唐，垂數百載，其間朝廟之議論，章布之撰述，淺深純駁，不能一轍，要之制度文物，燦然可觀。承其後者，使猶是字櫛句梳，黨枯護朽，而不能紬繹理道，攄其所見，豈非拾藥之滓而重浣以薦者乎？宋儒之學，我不敢知曰美善無憾；第其覃心闡發，粹然有見於天人訢合之故，即或有間出己意，持議各別，究於古聖賢之微言奧旨，不少併馳。漢儒之不逮，正賴宋儒有以濟之，非必謂有高下，適以見學術變遷之由，因時而出耳。夫不經漢儒之訓詁，宋儒義理無由而悟，此誠探本之論；必存門戶之見，代漢儒以仇視宋儒，獨何心哉？況今學術昌明，故見胥破，格致治平，豁然一貫，藉西哲之測驗，充宋儒之理想，以之發明吾學，當必有檃括萬端，同條共貫，愈辨正而愈親切者。烏虖！世以理學爲迂疏，吾無責耳矣，其或稱之，又唯是尺短寸長，規規於跬步之間，寧知宋儒者哉？

安定泰山爲宋學導師

宋世學術之盛，安定泰山爲之先。安定沈潛，泰山高明；安定篤實，泰山剛健；各得其性之所近，要其力肩斯道之傳則一也。胡瑗（字翼之江蘇如皋人世稱安定先生）少時，即以聖賢自期許，往泰山與孫復（字明復山西平陽人世稱富春先生）石介（字守道山東泰安人世稱徂徠先生）同學十年。仁宗時，范仲淹薦於朝，除湖州教授，訓人有法，科條纖悉備具，以身作則，雖盛暑，必公服坐堂上，嚴師弟之禮。從之遊者，常數百人。時方尚詞賦，湖學獨立經義、治事二齋，以敎實學。尋入爲國子監直講，學者爭歸之，至不能容。禮部所得士，瑗弟子十常居四五。孫復居泰山，以治經爲敎，其高弟石介，以振頑儒，則巖巖氣象，倍有力焉。瑗敎養諸生過復，學較爲更純，要其治經不如復也。石介入官太學，學者從之甚衆，太學繇此益盛。世以胡瑗爲安定學派，孫復石介爲泰山學派云。

濂溪橫渠之學

自安定泰山，以師道倡，同時周敦頤（字茂叔湖南道縣人）崛起於南，受學陳摶，（字圖南河南鹿邑縣人太宗賜號希夷先生）著太極圖說，並著通書四十篇，以易簡爲宗，（第六篇曰天地豈不易簡）以自然爲主，（第十篇言順化三十五篇言擬議及二十三篇稱顏子是）以無言垂敎，（見聖蘊精蘊兩篇）以主靜爲歸。（見聖學愼動兩篇）張載（字子厚關中長安人）崛起於西，由二程而私淑濂溪，著正蒙，其施敎以禮樂爲本；（如三十篇王禘篇之言禮樂是）又作西銘，槪言理一分殊之情，然後道之大原出於天者，灼然而無疑焉。敦頤博學力行，爲政精密嚴恕，歷州佐有續,據南安時,程珦(河南洛陽人)使顥(字伯淳稱大程子)頤(字正叔稱小程子)往從受學,教頤每令尋孔顏樂處,以是樂天知命,知化窮神,與濂溪學術相合。載少喜談兵,旁徹象緯曆律之術,(如參兩篇天道篇是)於名數實力之學,咸契其微。(正蒙一書多言幾何之理且知地球之說)初究釋老之說,知無所得,反而求之六經,與二程論道學之要,渙然自信曰:吾道自足,何事旁求?盡棄異學,湻如也。嘗爲雲巖令,以教本善俗爲先,學古力行,爲關中人士宗師。敦頤爲濂學之祖,是曰濂溪(湖南道縣城西)學派;載爲關學之祖,是曰橫渠(鎭名陝西郿縣東)學派。

明道伊川之學

程氏兄弟上接孔孟,獨得正傳。顥資性過人,充養有道,和藹之氣,溢於面背。居官敦教化,神宗數咨治道,進說甚多,大要以正心窒欲求賢育才爲先。其爲學泛濫諸家,出入老釋者幾十年,反求諸六經而後得之。自秦漢以來,未有臻斯理者。其弟頤師事胡瑗,於書無所不讀,其學本於誠,以大學語孟中庸爲標準,而達於六經,動止語默,一以聖人爲師。神宗召入經筵,每進講,色甚莊,繼以諷諫。顥以和,頤以嚴,秋霜春和,造詣自不同也。顥稱明道學派,頤稱伊川學派,是爲洛學。二程之高弟有謝良佐,(字顯道河南上蔡人稱上蔡學派)游酢,(字定夫福建建陽人稱廌山學派)楊時,(字中立福建將樂人稱龜山學派)呂大臨,(字和叔陝西藍田人大防之弟)號程門四先生。明道喜龜山,伊川喜上蔡。龜山之歸也,明道目送之曰:吾道南矣。是爲閩學。及明道卒,楊時事伊川愈恭,一傳爲羅從彥,(字仲素江西南昌人稱豫章學派)之潛思力行,再傳爲李侗,(字愿中福建延平人同上學派)之充養完粹,又再傳而朱子出,遂集諸儒之大成焉。

百源數理之學

義理之學，盛於周張二程。時則有言理而兼言數者，河南邵雍也。字堯夫諡康節始雍自雄其才，慷慨欲樹功名，苦學數年，乃踰河汾涉淮漢，周流齊魯宋鄭，久之，幡然歸曰：道在是矣，遂不復出。北海李之才字挺之受易先天圖於河南穆脩，脩之學出自种放，字名逸河南洛陽人放受之陳摶。故其言曰：天依形，地附氣；或問堯夫曰天何依曰天以氣而依於地地何附曰地以形而附於天是也又曰：象起於形，數起於質，名起於言，意起於用。觀物內篇象數之學，獨闢其精。又以水火土石為地體，其言曰太柔為水太剛為火少柔為土少剛為石水火土石交而地之體盡以代洪範之五行。地質之學，已啓其萌。秦漢以來，尠有知者。而復觀夫天地之運化，陰陽之消長，遠而古今世變，微而草木飛走之性情，深造曲暢，著皇極經世觀物內外篇及易先天之旨十餘萬言，於宋學為別派，是曰百源雍初居蘇門山百源之上學派。初，穆脩以先天圖授李之才，亦以太極圖授周子，故周邵之學，其始皆本於道家，即明道橫渠亦從釋老入手。第諸子因釋老之理論，進而求之儒者之性道，而康節則尤邃深於易，精而不惑。故明道謂堯夫內聖外王之學，其道純一不雜。伊川亦曰：其心虛明，自能前知。蓋二程重其理，而不貴其術也。

朱陸之異同

南渡洛學之傳，首推朱子。朱子少年，氾濫於佛老之學。見朱子答汪尚書書答孫近甫書答江元適書第進士，為泉州同安主簿。罷歸，聞延平李侗師事羅從彥，得伊洛之正，從其問道，講明性情之德，皆從發端處施功，乃漸悟佛老之非，見朱子年譜及延平行狀由中和舊說，一變而悟未發之眞。皆以涵養為宗旨及往湘南，從南軒，而治學之方，始易以察識為先，而以涵養為後，見與程允夫書答張欽夫書答何叔京書與石子重書而益之以徵實功夫。迨及晚年，力守二程之說，以為涵養莫如敬，進學在致知。（非南軒之說，見答張欽夫、張敬夫、林擇之、胡廣仲諸書，至游誠之書及陳淳所錄擇善固執一節，皆力主程子此二語）故施教之方，必立志以定其本，知性以明其要，（如答陳超宗、林德久書及與陳器之論太極是性書）主敬以持其志，窮理以致其知，力行以踐其實。（特敬、窮理、力行之說甚多）教人也周，用力也漸。（朱子教人最惡躐等，而以逐次漸進爲宗）於涵養主靜之說，亦有微詞。（疑涵養之說見答陳容仲、方賓王書，斥主靜之說見答張元德、熊夢北書）而講學之餘，不廢作述，（如四書集注、詩易傳、綱目、家禮、小學之類）於典章、（如禘祫議、郊壇說、明堂說諸篇是）聲律、（見答與士元廖子晤書）音韻（見答楊元範書）之學，咸能會其通，是曰晦翁（晚年自號）學派。論者謂道統之傳，由孔子而後，曾子子思繼其微，至孟子而始著；由孟子而後，周程張子繼其絕，至朱熹而始著。當此之時，與朱子並行而異派者，厥唯金谿陸氏，則陸九淵（字子靜，諡文安）與其兄九韶（字子美）九齡（字子壽）也。九淵爲象山學派，九韶爲梭山學派，九齡爲復齋學派。三陸子之學，梭山啓之，復齋昌之，而象山成之。究陸學擅長之處，亦有三端：一曰立志高超，（如象山教人以擴充四端爲先，以人人皆可爲堯舜，又言先立乎其大者，又言人不可沈埋卑陋凡下處）二曰學求自得，（如象山言語之學問只是在我，又言言聽人議論必求其實乃已）三曰不立成心。（如言此道與溺於意見之人言確難，又言荆公變法不可非）綜斯三美，感發齊民，頑廉懦立，洵不愧爲百世之師。第其講學論道，與考亭之言迴異，如以先後天非作易之旨，以無極主靜爲老子之學，以程子主靜知行合一，非孔孟之言。朱子屢作書辨之。且重涵養而輕省察，（象山謂涵養是主，省察是奴僕）樂徑省（象山之學惡支離而好直捷，厭煩碎而樂徑省）而極高明，廢講學而崇踐履；（朱學爲道問學，陸學爲尊德性）穎悟超卓，（李光地曰陸子窮理必深思力索以造於昭然而不可昧，確然而不可移）甚至以六經爲注脚，章句爲俗學，稍及讀書格物，即謂之破碎支離。（見與孫季和、胥必先、傅克明諸書）論者謂考亭之學，近於曾子子思，荆溪之學，近於曾皙琴張，豈其然乎！然自朱陸並行，兩家之學，遂分門戶。朱氏弟子甚盛，蔡氏父子，（蔡元定字季通，建陽人，有西山蔡氏學派。子沈字仲默，有九峯學派）黃榦、（字道卿，閩縣人，有勉齋學派）輔廣、（字漢卿，河北趙縣人，有潛庵學派）陳淳（字安卿，福建龍溪人，有北溪學派）並知名。眞德秀（字希元浦城人有西山眞氏學派）從游朱門，詹體仁（字元善浦城人）魏了翁（字華父四川蒲江人有鶴山學派）私淑朱張，並著於理宗朝。陸氏之門，楊簡（字敬仲慈谿人有慈湖學派）、袁燮（字和叔四明人有絜齋學派）、舒璘（字元質奉化人有廣平學派）、沈煥（字叔晦定海人有定川學派）爲貴，稱甬上四先生云。

南軒東萊及永嘉諸子之學

與考亭並得程氏之正傳者，曰南軒張栻（字敬夫漢州綿竹人有南軒學派），穎悟夙成，長師胡宏（字仁仲福建崇安人有五峯學派）。宏父安國（字康侯諡文定有武夷學派），嘗從程門謝楊游三先生（謝良佐楊時游酢）：以求學統，故其學獨光大。南軒見胡宏，宏卽稱爲聖門有人。南軒益自奮勵，以古聖賢自期，作希顏錄。嘗曰爲學莫先於辨義利，義也者，非有所爲而爲之也，凡有所爲而爲者，皆利也。學者稱爲南軒先生。當此之時，兩浙之間，有金華學派，有永嘉學派，淵源悉出於程門。（呂榮公從二程遊而子孫世傳其學以至於東萊永嘉之學出於周恭叔恭叔爲程門弟子再傳則爲陳葉）金華學派以呂祖謙（字伯恭金華人有東萊學派）爲大師，永嘉學派以薛季宣（字士龍浙江永嘉人有艮齋學派）、陳傅良（字君擧浙江瑞安人有止齋學派）、葉適（字正則永嘉人有水心學派）爲巨擘。呂氏世爲閥閱，自其四世祖希哲（字原明有滎陽學派）從程頤游，以儒行名於世，故其家有中原文獻之傳。祖謙從胡憲（字原仲崇安人稱籍溪先生）諸人游，而友朱熹張栻，故學以關洛爲宗。永嘉之學，主禮樂制度，以求見之事功，皆推原以爲得統於程氏。而永康學派，亦與相近。永康者，龍川陳亮（字同甫浙江永康人）。全祖望謂其專言事功，而無所承，其學更粗莽。自夫朱陸異同，學術之會，綜爲二派，永嘉崛起其間，遂稱鼎足。論南渡以還之學術，雖支分派別，其大端不出三者之範圍而已。

第十九章　理學之流派下

元代北方之學傳於趙復

南宋末葉，陸學漸衰，而得朱子之正傳者，厥唯勉齋。（黃幹字直卿閩縣人有勉齋學派）勉齋之傳，尤賴金華而益昌。說者謂北山（何基字子恭浙江金華人）絕似和靖，魯齋（許衡字會之金華人少慕諸葛亮之爲人自號長嘯後知非聖門持敬之道更以魯齋名）絕似上蔡，而金文安（金履祥蘭谿人世稱仁山先生諡文安）尤爲明體達用之儒，浙學之中興也。餘或崇典制，（如眞西山）或解遺經，（如蔡沈）或尙躬行，（如黃勉齋）皆以儒行名於世。然是時朱學尙未北行也。河北之學，自江漢先生，（趙復）曰姚樞、（字公茂柳城人）曰竇默，（字子聲肥鄉人諡文正）曰許衡，（字仲平河內人即魯齋）曰劉因，（字夢吉容城人諡文靖）而魯齋其大宗也。方蒙古屠德安，得趙復，既被獲，不欲北行，力求死所。時姚樞以行臺郎從軍，力勸之，挾與俱北。至燕，名益著，學子從者百餘人。樞南伐，亦得朱氏遺書，（見孫夏峯元儒江漢先生太極書院記）與元將楊惟中（字彥誠宏州人）建太極書院及周子祠，（以二程張楊游朱配食）請復講授其中。復乃原羲農堯舜所爲繼天立極，孔子孟軻所由垂世立教，與周程張朱所發明演繹者，標其宗旨，揭其條緒。繇是河朔始知理學，則樞得復之力也。自復爲程朱繼傳，其所傳者，曰許衡，是爲魯齋學派。劉因亦出江漢之傳，又別爲一派，是爲靜修學派。蕺山先生嘗曰：靜修頗近乎康節。劉因許衡極尊信朱子，其學行皆平正篤實。大成曰：自宋室諸儒既沒，斯道幾於絕響，得吳草廬許魯齋起而衞正祛邪，金（履祥）姚（樞）諸人，又爲之羽翼，而聖脈於茲不墜，惡可以其出處而概議之哉？草廬（吳澄字幼淸崇仁人諡曰文正）出於雙峯，（饒魯字伯輿餘干人有雙峯學派）固朱學也，其後亦兼主陸學。草廬又師程氏紹開，（名若庸字逢原休甯人雙峯弟子）程氏嘗築道一書院，思和會兩家。（是時學者於朱陸兩家頗思和會）然草廬之著書，則終近乎朱。蓋元世陸學之勢力，已遠不如朱矣。

陳白沙王陽明自立心傳

明初得宋儒之傳，南有方孝孺，(字希直一字希古甯海人世稱正學先生)首倡浙東；北有薛瑄，(字敬軒河津人有河東學派)奮起山右。一則接踵於金華宋濂，(字景濂諡文憲)一則接響於瀰池月川，(名曹端字正夫)其學皆原本程朱者也。獨天台(即方孝孺)靖難之變，淵源幾絕。自吳與弼(號康齋崇仁人有崇仁學派)振起於崇仁，王陽明(字伯安餘姚人學者稱陽明先生諡文成)築壇於舜水，其斯道絕而復續之機乎！與弼冠見伊洛淵源錄，心慕之，故其為學，以克己安貧為實地。其高弟陳獻章，(字公甫新會人近諡文恭有白沙學派)流風尤遠，其學以自然為宗，以忘己為大，以無欲為至，章楓山(名懋蘭谿人諡文懿)恒稱其誠能動人；弟子偏兩粵，唯甘泉湛氏(名若水字元明增城人稱甘泉先生)排斥主靜，(見答余督學書及語錄)不廢誦讀之功，(見答仲鶡書)學較近實，與陽明樹幟東南，各立宗旨。陽明年十七，即毅然有希聖志，日繹舊聞，默坐研索，提良知二字為聖學宗旨；勳業節義，卓絕古今；吳越楚蜀間，講壇林立，餘姚學派，風靡半天下焉。其纘緒者，龍溪、(王畿字汝中山陰人稱龍溪先生)心齋，(王艮字汝止泰州人稱心齋先生)宅太虛而宗超曠；唯鄒守益、(字謙之安福人諡文莊稱東郭先生有江右學派)羅洪先(別號念菴同上學派)能得其眞。故論者謂甘泉之隨處體認天理，足以救新會之偏；鄒從戒懼覓性，羅從無私識仁，足以糾二王之失。就二家而論，白沙之靜養端倪，蓋遠希曾點，近慕濂溪者也。陽明之致其良知，是即孟子良知之說也；第立義至單，未克自圓其說，未免啓後來異學之漸耳。故白沙之學，在於收斂近裏，一時宗其教者，能淡聲華而薄榮利。若陽明之士，道廣而才高，其流不能無弊。如二王之外，更有趙貞吉、(字孟靜號大洲蜀之內江人諡文肅)楊起元、(字貞復號復所廣東歸善人)周汝登、(字繼元別號海門嵊縣人)陶望齡(字周望號石簣會稽人諡文簡)諸儒，說妙談玄，自謂為說愈精，其實去道愈遠。後此高攀龍、(字存之別號景逸無錫人諡忠憲)顧憲成(字叔時別號涇陽先生無錫人諡端文)講學東林，力矯王學末流之失，（以王學近禪故以無善無惡心之體爲非）弘毅篤實，取法程朱。然立說著書，雖緣飾洛閩之言，猶隱襲餘姚之旨。（如梁溪先生言心無一事之謂敬與管登之書復曰以覺包理而理乃在外而靜坐說一篇亦指心爲性體陸稼書言梁溪一派看得性儘明白却不認得性中條目又忽遽僻格物以反求諸身爲主又言即明心人是天理王與氏之旨無異）劉宗周（字起東浙之山陰人稱念臺先生有蕺山學派）之學，出自東林，以誠意爲宗，以愼獨爲主，而良知之說，益臻乎實，不雜玄虛。溯明中葉以訖末造，王學風被垂百餘年，而末流雜於禪宗，而東林蕺山，誠足以矯當時之弊，有功於王學者也。

兩宋學術之禁黜

道學之傳，自宋以來，莫不交口推程朱；而當時巨憝權奸，羣出死力以相排斥，以致諸儒惕息其間，莫或甯處，殆君子道消、小人道長之時乎？究其始終，黜於北宋者一，黜於南宋者二。其始元祐（哲宗初立年號）學術之禁，二蔡、（蔡京及其弟卞）二惇（章惇安惇時天下怨疾有二蔡二惇之謠）主之。自王安石以三經（詩書周禮）新義及字說，頒行學宮，天下但知有王氏學。哲宗初年、所用者皆正人，（程頤范純仁等）所黜者皆奸黨，（章蔡等）所革者皆蠹政。所惜者衆賢相扼，有洛黨（程頤等）蜀黨（蘇軾等）朔黨（劉摯等）之名，而小人得以伺其隙，倡言紹述，盡反初政。及徽宗崇寧二年，蔡京又請立黨人碑，追毀程頤出身文字；復從范致虛言，謂頤邪說詖行，惑亂衆聽，於是盡逐其學徒。是禁也，歷二十有四年，至金人圍汴乃止。(二)爲紹興（高宗年號）專門學之禁，秦檜主之，而發端於陳公輔。紹興六年，疏論王氏學之害，既又請禁程氏學。越八年，檜專政，復指程頤張載遺書，爲專門曲學，請力加禁絕，自是又設專門之禁十二年，逮檜死乃已。(三)爲慶元（寧宗年號）僞學之禁，韓侂胄京鏜主之，而發端於鄭丙陳賈。孝宗時，王淮與朱熹有怨，二人希淮意，遂上言道學之徒，假名濟僞，不可信用，蓋指熹也；於是世有道學之目，賴劉光祖言定國是，論譏議道學之非，議者稍沮。未幾寧宗立，韓侂胄用事，遂以內批罷朱熹官，又從而禁僞學，籍自是主僞學之禁者凡六年。及鏜死，侂胄意稍稍悔，禁遂弛。夫春秋之時，百家爭是之時也，孔子爲之定一是，而羣喙息；戰國之時，楊墨爭是之時也，孟子爲之定一是，而邪說屏；自漢晉以迄隋唐，老佛爭是之時也，韓子爲之定一是，而異端闢。今宋之時，匪但小人與君子爭，且君子亦與君子爭。論者謂光祖定國是之言，誦者至爲泣下，而卒未能杜羣小而息其餤，此宋祚之所以不永也。然而至於今，又閱數百年，濂洛師承，遙遙可接，則又以見天下之自有公是，而吾道之顯晦，固不可以力強歟。

第二十章　宋世天書天神之誕說

眞宗天書之作僞

自來神仙之說，往往由於侈心所萌。是以秦皇求仙，恆重禮儀；漢武求仙，兼言封禪，一時臣下之逢迎者，亦莫不競詡通靈，以希君上之風指。特宋世之作僞，尤其甚焉。茲析而述之：其一爲眞宗時天書之發現。自宋與契丹澶州行成，寇準恆自矜功，王欽若思有以中之，遂謂帝曰：城下之盟，春秋所恥，而準以陛下爲孤注，斯亦危矣。帝聞之，念澶淵盟事常怏怏。欽若曰：唯封禪可以鎮四海，誇外國，然封禪當得天瑞，天瑞不可得，而可以人力爲之者。帝信之，而慮王旦以爲不可，欽若爲之乘間一言，帝復賜以樽酒美珠，遂略無異議。帝於是託言神降於寢，告以建黃籙道場，當得天書。而皇城司果奏有黃帛曳左承天門上鴟之，果然其書黃字三幅，詞類洪範、道德經，始言帝能以至孝至道紹世，次諭以清淨簡儉，終述世祚延永之意。帝跪而受之，王旦及羣臣皆拜賀，大赦改元，時大中祥符元年也。欽若之計既行，羣臣爭以經義附和，於是中外多上雲霧芝草之瑞，有司爭奏野雉山鹿之祥，舉國蓋若狂矣。獨龍圖閣待制孫奭曰：『以臣愚所聞，天何言哉，豈有書也？』帝默然。

神鬼之夢囈

自是眞宗則東封泰山，西祀汾陰，南幸亳州，謁老子廟，尊老子爲混元上德皇帝，自以爲效明皇崇祀老聃故事。且復陞改軍州，賜酺肆赦，效顰抑何可笑。又於京師作玉淸昭應宮，奉安天書，以王旦、王欽若、丁謂領昭應宮使。其間稱得天書者又二，一得之於泰山，欽若之所獻也；一得之於乾祐山，（陝西鎮安縣）寇準之所獻也，（天禧三年永興軍巡檢朱能挾內侍都知周懷政詐爲之，時寇準方判永興，遂上其書。）準且以是獲召用。言神降者又二：一以泰山天書之獻，帝自言夢中先有神告，今果與夢協，爲上天眷佑之祥；一以汀州人王捷，（賜名中正）上言遇道士，姓趙氏，授以丹術及小鐶神劍，蓋司命眞君也，是爲聖祖。既而帝語輔臣，謂聖祖趙元朗降臨，語朕曰：吾人皇中九人之一也，是趙之始祖；再降，乃軒轅皇帝；後唐時復降生趙氏之族，今已百年。皇帝善撫育蒼生，無怠前志。已忽乘雲去。於是羣臣皆拜賀，復肆赦加恩。自此道教大尊信。張道陵後嗣有名正隨者，（字寶神，道陵二十四世孫）居信州龍虎山，世以鬼道惑衆，至是召至闕，賜號眞靜先生，爲立授籙院及上淸觀，蠲其田租。自是凡嗣世者皆賜號，而龍虎山之天師，遂永爲歷代崇奉。眞宗崩，仁宗以天書殉葬山陵，其妖始絕

徽宗天眞之降靈

其一爲徽宗時道教之崇仰。徽宗好道術，王寶薦方士王老志，（濮人賜號洞微先生）蔡京又薦王仔昔，（洪州人賜號通妙先生）皆爲符籙之術，言人休咎事多驗。帝信之，而眞宗天神臨降之僞作法於前，帝得紹述焉。在位之十二年，祀圜丘，帝執大圭，道士百人爲前導，蔡攸執綏，玉輅出南薰門，帝忽曰：玉津園東若有樓臺重複，是何處也？攸卽奏見雲間樓臺殿閣。帝又曰：見人物否？攸卽奏有道流童子，持幡幢節蓋相往來。遂以天神降，詔告在位，卽其地建道宮，名曰迎眞。作大眞降靈示現記。蓋眞宗謀封禪，則天書見；徽宗祀圜丘，則天神降；皆緣飾古典大禮，震駭而夸耀之，不如是則無所憑藉也。然眞宗天書之妄，尙造作一物，以欺世誣民；至徽宗直於青天白日之下，君若臣忽作囈語，誕更甚矣。

道士之信用

時王老志死，王仔昔寵衰，道士中最被盼遇者，曰林靈素。（溫州人賜號通眞達靈元妙先生）靈素大言天有九霄，神霄最高，其治曰府。神霄玉淸王者，上帝長子，號長生大帝君，卽陛下也。諸臣自蔡京以下，皆列名仙籍，己卽仙卿褚慧下降，佐帝君之治。時劉貴妃有寵，靈素以爲九華玉眞安妃，帝尤心喜焉。已而道籙院册帝爲教主道君皇帝，靈素據高坐而甘受册。又自言天神降坤寧殿，詔示百官，所造帝誥、天書、雲象，誕妄不可究質。凡宦者道士，有所不快，必託爲帝誥，則莫不如志。復有張虛白者，（賜號通玄沖妙先生）視中大夫，出入呵引，至與諸王爭道，都人稱曰道家兩府，其徒美衣玉食者幾二萬人。靈素又請令天下僧尼，盡依道士法，道家勢力，披猖甚矣。緣是而土木之役遂起，既作上清寶籙宮，又聽道士劉混康言，作萬歲山（故址在今開封城東北）豐殿華楹，奇構磊落。東南花石綱之擾，盜賊蝟起，金師南下，遂以瓦解。夫眞宗知澶淵之可恥，而雪恥之方，乃在傅會神說，王旦、寇準之賢，卒且無以救正。宋之不振，豈獨南渡然哉？迨汴京圍急，欽宗猶信用六甲兵、六丁力士、北斗神兵、天闕大將，（郭京能施六甲法）以效兒戲，則猶天書、祆神荒誕之餘毒也夫。

第二十一章　元明清西藏之佛教

元尊帕克巴爲國師

西藏人種，名曰唐古特族，亦曰圖伯特。中國南北朝時，其人始知牧畜，有酋長，以累代戰死者爲貴族，奔北者懸狐尾於首以辱之，以故兵力驟強。隋唐間，遂征服近隣，始聞於中國，所謂吐蕃是也。吐蕃故無文字，無宗教，唐貞觀中，其第七世贊普（吐蕃稱王曰贊普）噶木布遣使來朝，太宗以宗室女文成公主妻之。公主信佛教，自齎釋迦牟尼像奉之入藏，又自印度迎僧侶入國都拉薩布教，用印度字爲國文，全藏遂化爲佛教國。其僧侶稱剌麻；剌麻者，唐古特無上之義也。既有特權，階級漸高，其實力乃出國王上。元初，吐蕃帕克巴爲世祖所信仰，入爲帝師，封大寶法王，使領藏地，予以統治政教之大權。帕克巴者，吐蕃人，生七歲，誦經典數十萬言，能通大義，稱神童。年十五，謁世祖潛邸。世祖即位，尊爲國師，製蒙古新字。（僅千餘，凡四十一母）今後藏薩迦有剌麻，即世祖國師後人，是爲紅教之宗。其服本印度袈裟舊式，衣冠皆赤。其來中國，先期中書大臣馳驛累百騎往迓；比至京，則勅法駕半仗爲前導，雖帝后妃主，皆受戒膜拜；正衙朝會，百官班列，帝師或專席隅坐，其禮敬如此。文宗天歷二年，帝師年托克喇錫至，朝臣自一品以下咸郊迎，大臣俯伏進觴，帝師不爲動；唯祭酒富珠哩翀舉觴立進曰：帝師釋迦之徒，天下僧人師也；予孔子之徒，天下儒人師也，請各不爲禮。帝師笑而起，舉觴立飲，衆爲之栗然。

西僧之恣橫

自元得吐蕃，其地險遠，俗獷好鬪，撫馭之職，皆任剌麻，西僧勢力日盛；立宣政院以領天下寺院，其徒侶遂以侵暴百姓，陵轢公卿，其干憲典者，所在皆是。當世祖朝，則有若嘉木揚喇智勒爲江南釋教總統，利宋殯宮金玉，發掘諸陵之在紹興者，其貪酷若此。當武宗朝，則有上都（今熱河境）開元寺西僧強市民薪，民訴諸留守李璧，璧方詢其由，僧已率黨至，輒敢梃擊，拘囚釋僧，不治。其徒龔柯等復與王妃爭道，拉妃墮車毆之，語侵上；事聞，亦貸勿問。而宣政院方奉旨言：毆西僧者斷手，詈者截舌。時仁宗居東宮，聞之，亟奏寢其令焉。其驕橫若此。泰定二年，御史李昌上言：嘗經平涼，奉元之間，見番僧佩金字圓符，絡繹道路，馳騎累百，傳舍至不能容，則假館民舍，肆爲淫掠，驛戶無所控訴，臺察莫得誰何，乞加限禁；不報，踰歲始禁之。其騷擾又若此。至於每歲功德司奏請布施設齋，費以千萬。又因佛事愈繁，至釋輕重囚徒以爲福利，姦惡之徒，貪緣幸免者多，賞罰之道廢。又寺觀田畝，皆免租稅，平民入寺籍爲佃戶者，亦不輸公賦。其縱濫又若此。雖西土獷悍，假是以爲懷柔，然有元政教不綱，其亡國之故，非無因矣。

明時宗喀巴創行黃教

明初太祖亦以西藏強悍，欲殺其勢而分其力，凡元代法王國師後人來朝貢者，輒因其故俗，許其世襲。成祖則兼崇其教，聞西藏僧哈里瑪有道術，遣使迎至京師，爲高帝高后薦福於靈國寺，封大寶法王西天大善自在佛，領天下釋教，其徒三人皆封國師。以後番僧受封者益衆，死則相承襲，歲一朝貢，略與土司等。嗜茶貪貢市，冀保世職，故終明世無西藏患。然此皆紅教，非黃教也。其黃教宗祖，創於宗喀巴，亦稱羅卜藏札克巴。永樂十五年，生於西甯衛，入大雪山，修苦行。道既成，爲番衆所敬信，因別立一宗。其徒皆自黃其衣冠，謂之黃教，而名舊剌麻曰紅教。黃教其徒皆通大乘，尙苦修，學行卓然，出紅教徒上。未幾，黃教遂盛行前藏，勢與法王相埒。以成化十五年圓寂，遺囑二大弟子，世世以呼畢勒罕（譯言轉世或言化身）轉生，演大乘教。二弟子：一曰達賴剌麻，一曰班禪剌麻，皆死而不失其道，自知所往生，其弟子輒迎而立之，故達賴班禪易世，互相爲師。其教重見性度生，斥聲聞小乘，及幻術下乘。當明中葉，未嘗受封於中國，中國亦莫之知也。

達賴班禪二大弟子之相承

達賴第一世曰敦根珠巴，唐世吐蕃贊普之裔，世爲藏王，至是舍位出家，因名羅倫嘉穆錯，嗣宗喀巴法傳衣鉢，黃教徒始兼有西藏政治權。達賴班禪，唯綜理宗教之事而已。二世曰根敦嘉穆錯者，自置第巴等官，以攝理政事，其弟子曰呼圖克圖，則分掌教化。當明武宗朝，始以活佛聞於中國，帝遣中使率兵迎之，達賴不願行，將士威以兵，爲番人所敗。武宗崩，世宗立，果盡斥遣番僧，已復崇道排佛，人始以達賴有前知焉。三世曰鎖南嘉穆錯，（明史稱鎖南堅錯）有高德，順義王諳達，奉其從孫黃台吉等入藏，迎至青海，建仰華寺奉之。鎖南堅戒其好殺，勸令東還，諳達亦勸其通中國，乃自甘州遺大學士張居正書，自稱釋迦牟尼比邱。其時紅教中大寶大乘諸法王，皆俯首稱弟子，改從黃教，化行諸部，東西數萬里，熬茶瞙拜，視若天神，諸番王不復能施其號令，徒擁虛位已耳。傳至第四世曰雲丹嘉穆錯，凡河套青海蒙古，皆守其戒，不敢鈔掠，西邊安枕者垂五十餘年。第五世曰羅卜藏嘉穆錯，聞滿清興東土，遣人至盛京，奉書及方物，清亦遣使報之，是爲清與西藏通聘之始。順治朝，達賴至京，禮遇有加。自第五世達賴卒，（卒於康熙二十一年）藏中第巴桑結擅權，與準噶（準噶爾部舊時新疆部族）相結，三十餘年，西陲俶擾，嘗兩立假達賴。而第六世噶爾藏嘉穆錯者，實生於裏塘，（西康打箭爐東）康熙五十七年，以兵送達賴入藏，準噶敗走，藏始寧謐。其班禪一支，事蹟不甚著，第六世曰羅卜藏巴丹伊什者，始於乾隆中來朝，以痘終京師云。

蒙古黃教之分支

達賴班禪而外，其分支蒙古，並著於時者又二：曰哲卜尊丹巴（名）呼圖克圖（位號）者，宗喀巴第三弟子之後身也，託生喀爾喀（外蒙古）地方，漠北之人奉之，號位與班禪埒。雍正初元，其第二世呼畢勒罕來朝，卒於京師，年九十矣。越五年，喀爾喀奏呼圖克圖轉生於庫倫，（外蒙古土謝圖汗部）詔賜金十萬，以綏喀爾喀之衆焉。曰章嘉（名）呼圖克圖者，達賴第五世之大弟子也。康熙中來朝，命住持多倫諾爾（口北三廳之一）之彙宗寺，章嘉通宗乘，爲世祖藩邸時所敬。逮其第二世呼畢勒罕轉生於多倫諾爾，詔造善因寺居之。高宗時，奉詔來京，審定大藏經咒，又佐莊親王修同文韻統，乾隆四十一年趺逝。此皆黃教之衍於西北諸部者也。

金奔巴瓶之制

前藏爲達賴所居，後藏爲班禪所居，哲卜尊丹巴則居庫倫，章嘉則居多倫諾爾。其自西藏青海漠南北之境，所稱呼圖克圖之能出呼畢勒罕者，多至百數，後皆不盡可信。蓋宗喀巴經言達賴班禪六世後，不復再來，故後此登座者，無復眞觀密諦，祇憑垂仲降神指示。所謂垂仲者，猶內地之師巫也，厥弊滋甚。會乾隆末，廓爾喀（西藏西南小國）擾藏，淸師討平之，高宗乘用兵之後，獨出心裁，特創金奔巴瓶，一供於中藏之大招寺，遇有呼畢勒罕出世，互報差異者，納籤瓶中，誦經降神，駐藏大臣會同達賴班禪掣籤取決焉。其蒙古所奉之呼圖克圖轉生，亦報名理藩院，與住京之章嘉呼圖克圖掣之，瓶供雍和宮。蓋制馭邊方，所以順俗而懷柔之，以視元代尊奉帝師，干紀妨政者，迥不侔矣。顧世變則道易，爲今日西北邊防計，又不能不亟爲更張，而以智其民人爲先務也。

第二十二章　淸代漢宋學之派別

綜論學術變遷之大概

三代以上之學術，匪特道與藝合，亦且道與文合，故論語『則以學文。』鄭注以爲道藝，蓋古代文章，莫不範以德義，此有德者所以必有言也。自周秦諸子，學派紛立，至兩漢而一變，故蔚宗作史，卽別文苑於儒林。

魏晉以迄隋唐，經學昌明，至宋而又一變，故宋史遂特立道學傳。元明二代，理學孤行，至今日而又一變，爲哲理科學所萌芽。縱觀元會之推遷，靜察學術之升降，其中盛衰沿革之端，隱似有樞紐以運之者。論者謂漢學之變，則秦皇焚書漢武尊經實爲關紐；宋學之變，則六朝三唐佛老競爭爲其關紐；今日之變，則自淸初以訖道咸漢宋兩派實爲關紐。豈其然乎！前代紛變之故，具詳前篇，則淸代漢宋學之分派，亦研究歷史者所當詳知也。

淸初遺老之傳學

順康之世，勝國遺老，越在草莽，其時南方則黃宗羲、（字太冲浙江餘姚人稱梨洲先生）顧炎武、（字甯人江南崑山人稱亭林先生）王夫之，（字而農湖南衡陽人稱船山先生）北方則孫奇逢、（字啓泰號鍾元河北容城人稱夏峯先生）李中孚、（名顒陝西盩厔人稱二曲先生）顏元，（字渾然號習齋河北博野人）皆韜伏明姿，以其經世之學，啓迪後進。梨洲爲劉宗周高弟，順治初，師下江南，宗周殉節，梨洲則從魯王（名以海明宗室）崎嶇海上數年，嘗乞師日本，抵長崎，不獲請。及海上傾覆，意無復望，乃歸餘姚，殫心著述，四方請業者日至。其爲學綜會諸家，兼舉所長，而歸本王學。船山當桂王（名由榔明宗室）稱號嶺表，以瞿式耜（字起田常熟人明大學士）薦，官行人。迨式耜死節桂林，船山知事不可爲，行遯以老。生平排斥王學，以程朱爲指歸。亭林博涉經史，亦守橫渠（張載）藍田（呂大臨）之教，學以禮爲先。明亡後，隻身載書，往來南北，足跡半天下。其所究心，皆經世有用之學。夏峯於諸遺老中年資最高，明天啓朝，魏閹擅權，左（光斗）魏（大中）諸賢被逮，奮身營救，事雖不成，誦義聲如沸焉。淸廷十一徵不就，晚歲講學蘇門，弟子甚盛。爲學持朱陸之平，不廢陽明之說，（故理學宗傳於宋儒兼崇朱陸於明儒兼崇薛王羅顧而歲寒集有曰朱陸不同豈可相非又伸陽明無善無惡之旨蓋）

（亦唯心學派也）與二曲同旨。二曲講學關中，指心立敎，不涉見聞，（二曲語錄言道理從聞見入者足障靈源，又作消極說，以靜坐遏欲爲宗，又有答門人論學書，亦盛稱知覺）與夏峯、梨洲，海內稱三大儒焉。顏習齋後起，於北學中獨上宗周孔，別於程朱，自樹一幟。此六先生者，承易代之餘，守道不變，洵鐵中之錚錚者歟。

二　陸恪守程朱之學

北方自孫李以實學爲倡，名儒輩出，從夏峯游者有湯斌、（字孔伯，號潛庵，河南睢縣人，諡文正）耿介、（字介石，號逸庵，河南登封人）張沐、（字仲誠，河南上蔡人，稱上蔡夫子）魏一鰲。（字蓮陸，河北新安人）湯耿學宗程朱，張魏仍主陸王。其關中一派，有李因篤（字天生，陝西富平人）李柏，（號念慈，陝西郿縣人）與二曲並著，而王心敬（字爾緝，號灃川，陝西鄠縣人）實傳二曲之學者也。南方諸儒，自梨洲紹述蕺山，（劉宗周）鼓動天下。桐鄉張履祥（字考夫，稱楊園先生）雖出劉氏門下，獨肆力於程朱遺書，謂梨洲爲名士，非純儒。於時江浙之間，恪守洛閩家法者，又稱二陸，一陸世儀，（字道成，號桴亭，江蘇太倉人）一陸隴其，（字稼書，浙江平湖人，諡淸獻）推理學正宗焉。楊園桴亭以布衣終，淸獻官康熙朝，（知江蘇嘉定及安徽靈壽縣，入官御史）著治蹟，與湯文正斌（官江寧巡撫）並以名儒而兼名臣。大江南北，口碑傳誦，至今弗衰云。

惠戴方姚爲漢宋學之宗

淸代漢學成系統者，自乾隆朝始，一自吳，一自皖南。吳始惠棟，（字定宇，號松厓，江蘇元和人，祖周惕字元龍，父士奇字天牧，學者稱紅豆先生）其學好博而尊聞。皖南始戴震，（字東原，安徽休寧人）綜形名，任裁斷，此其所異也。惠氏三世傳經，至定宇所得尤深，其學實事求是。弟子有江聲，（字叔澐，號艮庭，吳縣人）爲尙書集注音疏；余蕭客（字仲林，別字古農，江蘇吳縣人）爲古經解鉤沈，能大其傳。而王鳴盛（字鳳階號西莊江蘇嘉定人）錢大昕（字曉徵號辛楣又號竹汀嘉定人）孫星衍（字淵如江蘇陽湖人）洪亮吉（字稚存陽湖人）之流，甄綜古今，博見洽聞，皆羽翼吳學而興者也。震受學婺源江永（字慎修）永於禮經、小學、輿地、算術，咸會其通。東原淹貫如江氏，而義理必衷訓故，則功在正名，講學不蹈空虛，則學趨實用。自其後若洪榜（字汝登安徽歙縣人）汪萊（字孝嬰歙縣人）程瑤田（字易疇歙縣人）凌廷堪（字次仲歙縣人）之流，皆羽翼皖學而興者也。震又教於京師，弟子之最著者，金壇段玉裁（字懋堂）高郵王念孫（字懷祖）傳其訓詁之學；興化任大椿（字幼植又字子田）傳其典章之學；於是揚州爲經學者特盛。而儀徵阮元（字伯元號芸臺謚文達）從王氏任氏問故，爲海內宗師。德清俞樾（字蔭甫號曲園）瑞安孫詒讓（字仲容號籀廎）承念孫之學，爲近世經儒，皆近名家者流矣。然自惠戴二派盛言漢學，而同時與之對壘而峙者，桐城也。桐城以古文辭名家，方苞（字靈臯號望溪）姚鼐（字姬傳一字夢穀）並以效法曾鞏歸有光相高，亦頗尸程朱爲後世，蓋宋學也。姚氏與東原，論學宗旨既異，漢宋兩家，始相水火。於是甘泉江藩（字鄭堂余蕭客弟子）著國朝漢學師承記，獨尊漢儒，矜其家法，而桐城方東樹（字植之）亦著漢學商兌以反擊之，此又當日漢宋兩派之見所由分也。

常州今文學之盛

自漢學既盛，說經之書汗牛充棟，治其業者瑣屑卑狹，文采黯然，承學之士，漸以鄙夷。由是有常州今文之學，務爲瑰意眇辭，以便文士。今古文之分說，始於范升陳元李育賈逵等之爭論，厥後馬融答北地太守劉瓌，鄭玄答何休，義據通深，古學遂明。（後漢書鄭玄傳）古文者，易自費氏，書自孔傳，詩自毛氏，禮自周官經，春秋自左傳是也。而光武所立西京十四博士之業，則今文也。道咸之際，學者自闢蹊逕，改尊今文，以與惠戴競長，易宗施、孟、梁邱、京氏，書宗歐陽、大小夏侯，詩宗魯、齊、韓，春秋宗公羊，而排斥周官、毛詩、費易、左氏春秋、馬鄭尚書，其大體以公羊爲主。始自武進莊存與，（字方耕）與戴震同時，獨慤治公羊氏，作春秋正辭，猶稱說周官。其兄子述祖，亦徧治羣經，論六書雜引古籀遺文，分別部居，以蔓衍炫俗。故常州學者，說經必宗西漢，解字必宗籀文，擸拉舊說，以微言大義相矜。莊氏之甥武進劉逢祿，（字申受）長洲宋翔鳳，（字于庭）咸傳其學。劉氏主張公羊，難鄭（玄）申何；（休）宋氏作漢學今古文攷，謂毛詩、周官、左氏傳，皆非西漢博士所傳。而武進李兆洛，（字申耆）修言經世之術，亦雜治今文家言，由是今文之學益昌。別有仁和龔自珍，（字璱人號定庵）邵陽魏源，（字默深）皆私淑莊氏，從劉逢祿問故。自珍治公羊，篤信張三世（據亂世、昇平世、太平世）之例。源亦作兩漢經師今古文家法攷，又著書古微、詩古微、春秋董子發微，並主今文。時繼龔魏而起者，仁和則邵懿辰，（字位西）爲尚書通義、禮經通論，指逸書十六篇、逸禮三十九篇爲僞作，信士禮十七篇爲完書。湘潭則王闓運，（字壬秋）以公羊並治五經。其弟子資州廖平傳其學，時有新義，今文之學愈以光大。常州學派，遂進而敓吳皖之席矣。

漢宋二派之歸於實用

要之宗漢學者，有今文古文之別，宗宋學者，有程朱陸王之分，其爲學雖不同，而所以得之於實用則一也。以漢學言之，梅定九、江愼修爲皖派先驅，其算術精深，不讓西哲。而今文一派，若李申耆、魏默深之流，好言經世，亦不失爲通儒。以宋學言之，梨洲、夏峯之宗仰陸王，而自船山、楊園視之，必不喜也，而同歸於高義。桐城一派，自以爲得程朱要領，與漢幟並樹。夫經說尚樸實，文辭貴優衍，其分涂自然也。而咸同之間，海宇紛擾。其手夷大難，湘中諸賢，自曾文正（名國藩字滌生）以下，如羅澤南（字仲嶽號羅山諡忠節）劉蓉（字孟容）輩，並以理學名臣著中興之績。學術所致，斯亦盛矣。及其季也，外患躡迹，士夫羣知墨守故轍之不足以矯弊而起衰也，相與從事於實驗之學，上海製造局翻譯西書，實爲嚆矢。今世變益棘，綴學之士，進而不已，覬以闢文士之膚浮，振國民之痿弱，於吾國前涂，其或有以進化也夫。

中華史地叢書

中國通史

作　　者／金兆豐 著
主　　編／劉郁君
美術編輯／中華書局編輯部

出 版 者／中華書局
發 行 人／張敏君
行銷經理／王新君
地　　址／11494 臺北市內湖區舊宗路二段181巷8號5樓
客服專線／02-8797-8396　　傳　　真／02-8797-8909
網　　址／www.chunghwabook.com.tw
匯款帳號／兆豐國際商業銀行　東內湖分行
　　　　　067-09-036932　中華書局股份有限公司

法律顧問／安侯法律事務所
印刷公司／維中科技有限公司
出版日期／2015年3月臺十一版
版本備註／據1983年9月臺十版復刻重製
定　　價／NTD 1,410

國家圖書館出版品預行編目（CIP）資料

中國通史 / 金兆豐著. -- 11版. — 臺北市 :
中華書局, 2015.07印刷
面 ;　公分 --（中華史地叢書）
ISBN 978-957-43-0243-7(精裝)

1.中國-歷史

610.9　　90001401

版權所有・侵權必究
ALL RIGHTS RESERVED
NO.G0005Q
ISBN 978-957-43-0243-7（精裝）
本書如有缺頁、破損、裝訂錯誤請寄回本公司更換。